让 我 们 语文 一 起 追 寻

Invisible Armies: An Epic History of Guerrilla Warfare from Ancient Times to the Present
Copyright © 2013 by Max Boot
Thanks for Liveright Publishing Corporation, a division of W. W. Norton & Company, Inc.

本书根据 Liveright Publishing Corporation 2013 年版本译出，简体中文版权为社会科学文献出版社所有。
All Rights Reserved.

INVISIBLE ARMIES

An Epic History of Guerrrilla Warfare
from Ancient Times to the Present

隐形军队：游击战的历史

〔美〕马克斯·布特（Max Boot）/著
赵国星　张金勇/译

社会科学文献出版社
SOCIAL SCIENCES ACADEMIC PRESS (CHINA)

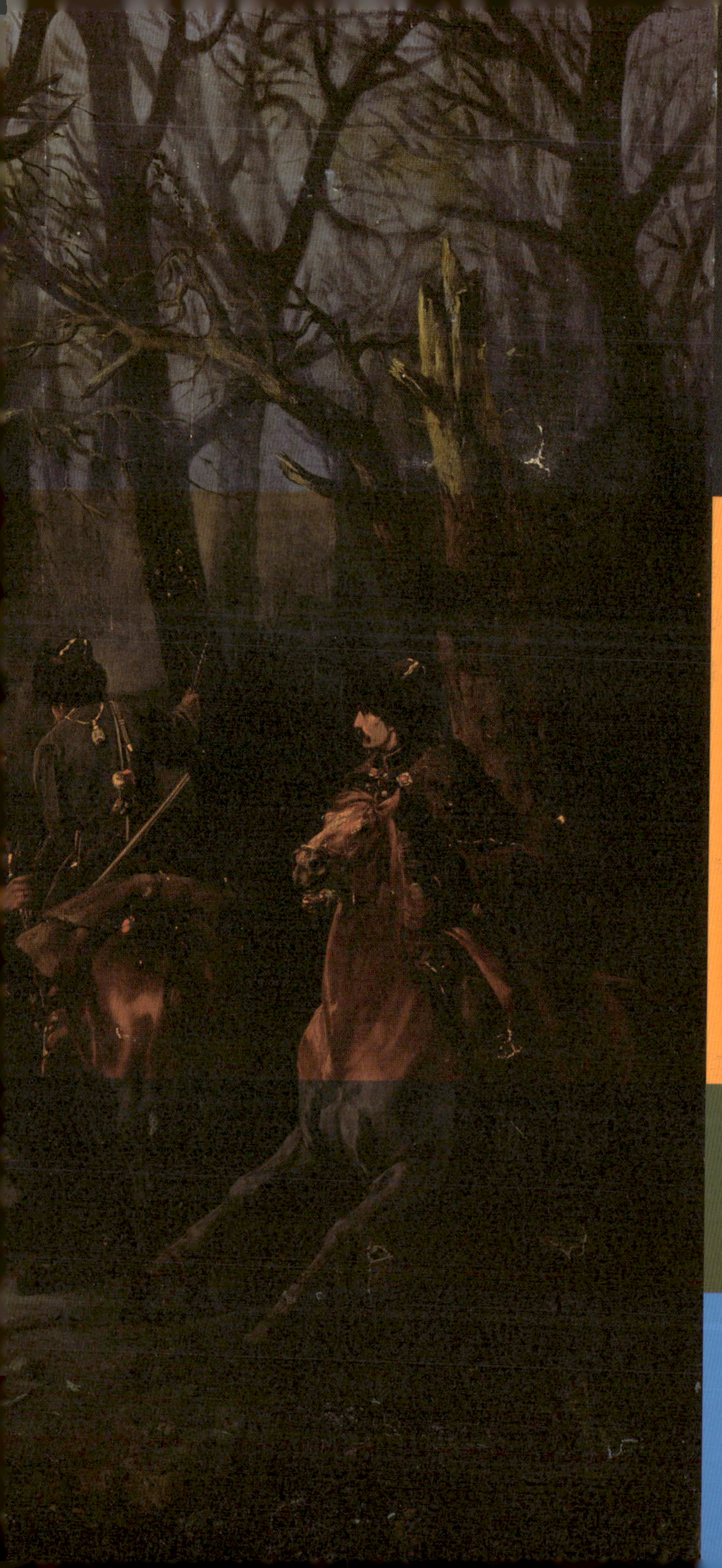

本书获誉

一本有关游击战争的综合性通史,笔触轻松而视角丰富……作者收录了许多细节……这将是一本令人印象深刻的著作,对于文明世界的任何决策者来说这都是一本必读的权威著作。

——史蒂夫·福布斯(Steve Forbes)

一本包罗万象的全景式……引人思考、睿智、笔锋流畅的好书。

——马克·马佐尔(Mark Mazover)

一位颇具洞察力的作者和思想者。

——《华尔街日报》

令人为之沉迷的好书……始于兵临罗马帝国城下的野蛮人,讲述了一段充满着丰富细节的精彩而珍贵的历史故事。

——沃尔特·艾萨克森(Walter Isaacson)

本书注定将成为描述游击战争这种历史最悠久同时也最艰

苦的战争方式的经典著作。

——约翰·纳格尔（John Nagl）

这是为有史以来的游击战争盖棺论定的著作——一位优秀的军事历史学家精心打造的杰作，将为将领、决策者和政治领导人提供参考。

——约翰·S. 麦凯恩（John S. McCain）

一位目光敏锐的军事专家，在书中为读者展示了大量的历史细节。

——《科克斯书评》（Kirkus Reviews）

令人印象深刻的研究，精明的谋篇布局以及显著的可读性。

——《书单》（Booklist）

很长一段时间以来"权威"这个字眼已经被用得太多了，但是对于马克斯·布特的这本对游击战争历史进行了全面而深入研究的著作来说，权威这个词名副其实。在本书的前三分之一，我们就能够发现游击战争（包括恐怖行动和叛乱行动）才是我们的战斗之道，而正规战，比如说拿破仑时代的战争反倒是例外。

——卢卡斯·韦特曼（Lucas Wittmann）

一本关于有史以来的游击战和反游击战的权威著作，其中还介绍了历史上许多极具个人魅力的人物，如罗伯特·布鲁斯、朱塞佩·加里波第、切·格瓦拉、爱德华·兰斯代尔、奥萨马·本·拉登和戴维·彼得雷乌斯。除了记叙历史之外还有深入浅出的分析：作者为所有要面对游击战的当代强权提供了一个非常重要的视角。当然，其优雅的文风之中也为我们展示了诸多经验教训。除了能从书中学到很多之外，本书也颇具可读性。

——杰拉德·德格鲁特（Gerard DeGroot，英国圣安德鲁斯大学历史学家）

对于历史学家和新闻人来说，用"传奇历史"来形容马克斯·布特的这本书，显然是大大低估了他的个人能力。这本书值得极力宣传……这样一本开创性的书应该让每一个希望成功地实施反游击战的北约军官读一读。

——安德鲁·罗伯茨（Andrew Roberts）

马克斯·布特的这本军事历史读物有着令人惊讶的可读性，因为每个章节——而且在这本厚厚的著作中类似的章节非常多——都生动地描绘了狂热的战士、大规模屠杀者、谋杀犯、战术家、游击队员、将军、国王，以及厌倦了战斗、战争、屠杀、暴行的幸存者。

——曼努尔拉·赫尔特霍夫（Manueala Hoelterhoff）

无论是过去还是未来，都不会有哪本书堪与本书相比。无论是学者还是愿意了解美国的敌人的读者，或是亲临前线的士兵，对他们来说，这都是一部杰作。

——《旗帜周刊》（The Weekly Standard）

美国外交关系委员会军事分析专家马克斯·布特在这部百科全书式的游击战历史著作中，提出了一个重要的论断：很多人都忽视了一点，即游击战争在战争史中源远流长……这是非常重要的观点……书中对历史上的游击战领袖做了详细的描述，如朱塞佩·加里波第、T. E. 劳伦斯、奥德·温盖特，以及毛泽东。

——詹姆斯·布利茨（James Blitz）

马克斯·布特作为思想的引领者，为读者适时奉上了这本在某种程度上解开有关游击战历史谜团的著作……本书的一大成就，是它在历史研究方面很有价值，同时又适合大众阅读……布特在书中讲述的不是所谓美德的传说或政治教化，而是客观地剖析一种至今仍不为人们所理解的战争形式，而其与我们国家安全的联系越来越紧密……作者所得出的结论令人惊讶……权威的研究。

——维克托·戴维斯·汉森（Victor Davis Hanson）

栩栩如生的笔触……书中囊括的那些经过艰苦努力才获得的历史经验，为政治家和军事将领们及时提了个醒。

——《经济学人》

布特是位优秀的作家……而本书的出版恰逢其时。

——马克宾·托马斯·欧文斯（Mackubin Thomas Owens）

本书内容涵盖广泛、精彩绝伦且意义非凡……白宫和五角大楼的高官都有必要一读……通俗易懂、富有启发性而且非常具有可读性。

——迈克尔·柯达（Michael Korda）

出色地总结了若干个世纪的历史经验。

——马丁·沃克（Martin Walker）

冷静而客观的著作。

——约翰·格雷（John Gray）

作为美国外交关系委员会资深研究员和作家，布特在书中巧妙地将数千年来的游击战和反游击战历史系统地揉合在一起，从伯罗奔尼撒战争到后"9·11"时代的今天。

——伊赫桑·泰勒（Ihsan Taylor）

中文版序言

有一种普遍的观点认为，游击战争是"亚洲战争模式"，相对应的所谓"西方战争模式"则更强调面对面的步兵战斗。但正如读者将要在本书中看到的，事实并非如此泾渭分明。无论是中国还是西方国家，在漫长的历史上都曾出现过正规战和非正规战的模式，在实力强劲的时候采用正规战术，而在力量相对弱小的时候采用非正规战术。不过，游击战争虽非中国人的独创，但游击战在中国可谓源远流长，而现代中国更是将游击战的技巧上升到了一个全新的高度。

从遥远的汉朝与匈奴的战争一直到 18 世纪 50 年代平定准噶尔叛乱，中原王朝不断地面临来自北方及亚洲内陆地区游牧民族的威胁。这些游牧民族绝不会和敌人进行阵地战，而是采用了在今天被称为游击战的战术，针对敌人的弱点进行打击，面临强敌时选择撤退。相比于中原王朝由应征入伍的农民组成的笨拙大军，这些游牧骑士驰骋如飞，飘忽难寻。

而到了近现代，中国和游击战争的联系变得更加紧密。毛泽东在 20 世纪堪称卓越的游击战争实践者和理论大师。他有着深刻的洞察力，明白要动员人们进行大规模的革命战争，就必须取得农民在政治上的支持。毛泽东的许多论调——比如说"人民群众是水,而军队是鱼"——至今仍广为引用,而他的相关著作——比如《论持久战》——如今也为人所广泛追捧。

毛泽东将革命战争划分成三个阶段,从零散的游击武装袭击过渡到主力兵团在大规模战役中歼灭敌人,而他的理论是胡志明,也就是20世纪排名第二的卓越游击战争领导人的指路明灯,后者领导了1945~1975年那长达三十年的战争,先后与法国、美国和南越交战。而在漫长的战争中,中华人民共和国为越南劳动党(即越南共产党)提供了大量援助,包括军事物资和军事顾问。

自从毛泽东去世以后,中国逐渐停止援助他国的革命战争,但是现在中国必须面对境内的"游击战争",也就是"疆独分子"。中国人在历史上是游击战的大师,那么必将也是反游击战的大师。随着中国的商业利益遍及非洲和中东这些不稳定的地区,其也面临着诸多非传统威胁,而中国人民解放军也将要在诸如东非海岸的地方应对这种威胁。(海盗恰恰是海上的游击队。)

随着今天常规战争越来越少,非常规战将成为未来武装冲突的主要模式。无论是乌克兰、叙利亚,还是南苏丹和哥伦比亚等地的武装冲突,都有非常规战出现。中国和其他大国一样,未来也将会面对种种类似的挑战。

那么,面对这种威胁最好的处理办法就是去了解它。本书将要呈献给读者的是从历史的宏观角度解读游击战争的发展,从古代一直到现代。本书深受美国和欧洲读者的欢迎,相信也会受到中国读者的青睐。在世界各个地区和国家的形成过程中，游击战争都或多或少地出现过，而在中国，游击战争的角色明显更为突出。

马克斯·布特
纽约，2015年7月4日

献给美国外交关系委员会，
是其使本书出版成为可能；
*
同样献给维多利亚、阿比盖尔和威廉，
能成为他们的父亲，是我人生最大的好运！

目 录

引　子　巴格达巡逻队，公元 2007 年 4 月 9 日 …………… 001

第一章
蛮族兵临城下：游击战争的起源

1. 伯和仑伏击
   罗马军队 vs. 犹太人，公元 66 年 ………………………… 001
2. 古典时代的战争
   伯罗奔尼撒战争、亚历山大大帝征服中亚、马加比和
   巴尔·科赫巴起义，公元前 426 ~ 公元 132 年 …………… 004
3. 野蛮时代的战争
   毁灭性的部落战争 ………………………………………… 008
4. 阿卡德与游击战争的起源
   美索不达米亚，公元前 2334 ~ 公元前 2005 年 ………… 015
5. 有本事就来抓我
   波斯人 vs. 斯基泰人，公元前 512 年 …………………… 018
6. "制造一片荒漠"
   亚述与罗马反游击战的起源，公元前 1100 ~ 公元 212 年 …… 021
7. 罗马帝国的崩溃
   蛮族入侵，公元 370 ~ 476 年 …………………………… 029

8. 东方式战术？

　　孙子之后的古代中国战争 …………………………… 034

9. 牧人与汉人

　　匈奴 vs. 汉，公元前 200 ~ 公元 48 年 …………… 037

10. 游击战悖论

　　为什么能以弱击强？ ………………………………… 044

11. 叛乱的格子裙

　　苏格兰 vs. 英格兰，公元 1296 ~ 1746 年 ………… 047

12. 纸上谈兵

　　反游击战的优点 ……………………………………… 057

第二章

自由或死亡：自由主义革命者起义

13. 启蒙时代的起义者

　　轻骑兵、潘都尔兵和游骑兵，公元 1648 ~ 1775 年 …… 069

14. 美国大黄蜂

　　反英革命，公元 1775 ~ 1783 年 …………………… 075

15. 殊死血战

　　半岛战争，公元 1808 ~ 1814 年 …………………… 094

16. 黑色斯巴达克斯

　　海地独立战争，公元 1791 ~ 1804 年 ……………… 107

17. 希腊人及其同情者

　　希腊独立战争，公元 1821 ~ 1832 年 ……………… 118

18. 两个世界的英雄

　　加里波第和意大利统一战争，公元 1833 ~ 1872 年 …… 128

19. 革命浪潮的后果

　　自由主义运动的成就 ………………………………… 143

第三章
蚕食：帝国的战争

20. 非战之战

　　为何大多数游击队很难抵挡欧洲人？ ……………… 157

21. 隐匿的战争

　　北美东部的"丛林战争"，公元 1622～1842 年 ……… 162

22. 西方的胜利

　　印第安勇士 vs. 美国蓝衫军，公元 1848～1890 年 …… 173

23. 东方的胜利

　　车臣与达吉斯坦反俄圣战，公元 1829～1859 年 …… 188

24. 黑暗的山道

　　第一次英阿战争，公元 1838～1842 年 ……………… 200

25. 西北边境省

　　英国人与普什图人，公元 1897～1947 年 …………… 209

26. 文明的使命

　　利奥泰在摩洛哥，公元 1912～1925 年 ……………… 215

27. 突击队

　　英国在南非险遭失败，公元 1899～1902 年 ………… 224

28. 帝国全盛时期

　　为什么帝国主义埋下了自我毁灭的种子？ ………… 241

第四章
投弹凶徒：国际恐怖主义的第一个大时代

29. 绝命刀客
   阿萨辛派，公元 1090～1256 年 …………………… 257

30. 约翰·布朗之躯
   引爆美国内战的恐怖分子，公元 1856～1859 年 ……… 265

31. 破坏重建
   三 K 党与反民权战争，公元 1866～1876 年 …………… 274

32. 以行动做宣传
   无政府主义者，约公元 1880～约 1939 年 ……………… 285

33. 刺杀沙皇
   追杀亚历山大二世的民粹主义者，
   公元 1879～1881 年 ……………………………………… 297

34. "无法控制的爆发"
   俄国的社会主义革命，公元 1902～1917 年 …………… 302

35. 新芬党分子和警察
   爱尔兰独立战争，公元 1919～1921 年 ………………… 310

36. 恐怖主义思潮
   罪人还是圣徒？ ………………………………………… 328

第五章
幕间插曲：世界大战中的游击队和突击队

37. 三十年战争
   血盟团和褐衫党，公元 1914～1945 年 ………………… 345

38. 考古学家的蜕变

"阿拉伯的劳伦斯"，公元 1916～1935 年 ·················· 351

39. 正规游击队

二战中英国特种部队的诞生 ························· 369

40. 温盖特的战争

游荡在巴勒斯坦、阿比西尼亚和缅甸的"不羁天才"，

公元 1936～1944 年 ······························ 374

41. 抵抗与通敌

南斯拉夫，公元 1941～1945 年，以及焦土政策

反游击战的局限性 ································ 392

42. 评估"超级战士"

突击队能否改变战局？ ···························· 401

第六章

帝国的终结："民族解放"战争

43. 战后的世界

松动的欧洲枷锁 ································· 417

44. 红色帝国的崛起

毛泽东与长征，公元 1921～1949 年 ················· 425

45. 在奠边府告别

印度支那战争，公元 1945～1954 年 ·················· 445

46. "安抚还是镇压"

阿尔及利亚独立战争，公元 1954～1962 年 ············ 465

47. 一个人和一份计划

布里格斯、坦普勒和马来亚紧急状态，公元 1948～1960 年 ······ 482

48. "特殊的英国式方法"？

为什么英国人至少有时成功了？ …………………… 495

第七章

激进派时髦：左翼革命者的传奇

49. 硬币的两面

20世纪六七十年代的游击战秘诀 …………………… 511

50. 文静的美国人

兰斯代尔和虎克叛乱，公元1945～1954年 ………… 515

51. 缔造南越

兰斯代尔和吴庭艳，公元1954～1956年 …………… 523

52. 另一场战争

越南战争中火力的局限，公元1960～1973年 ……… 530

53. 七二六运动

卡斯特罗的绝地反击，公元1952～1959年 ………… 547

54. 游击中心论还是狂热病？

切·格瓦拉的愚侠式冒险，公元1965～1967年 …… 564

55. 68一代以及48一代

奇袭恩德培和20世纪70年代的恐怖主义 …………… 577

56. 阿拉法特的奥德赛

巴勒斯坦人恐怖行动的得与失 ………………………… 589

57. 被忽视或者无人进行的事业

左翼事业在20世纪80年代的终结 …………………… 608

第八章
真主的杀手：伊斯兰激进派别的崛起

58. 震撼世界的五十天
    德黑兰、麦加、伊斯兰堡和喀布尔，
    公元1979年11月4日~12月24日 ……………… 623
59. 苏联的越南
    苏军 vs. 圣战者，公元1980~1989年 …………… 628
60. 一流的恐怖组织
    黎巴嫩真主党，公元1982~2006年 ……………… 647
61. 国际恐怖主义
    本·拉登和"基地"组织，公元1988~2011年 …… 665
62. 美索不达米亚大屠杀
    公元2003年后的"基地"组织伊拉克分支 ……… 683
63. 重新发现反游击战
    彼得雷乌斯和增兵计划，公元2007~2008年 …… 690
64. 一蹶不振？
    国际恐怖主义的成与败 …………………………… 705

尾　声　在马尔贾的会谈，公元2011年10月23日 ……… 713
启　示　五千年来的十二条准则或经验 ………………… 720
附　录　隐形军队数据库 ………………………………… 734
致　谢 …………………………………………………… 759
参考文献 ………………………………………………… 764
索　引 …………………………………………………… 829

一支隐形军队就像一张大网一样笼罩在整个西班牙境内，法军士兵一旦掉队或者离开据点，就会马上陷入这种天罗地网而无处可逃。游击队员没有军服也没有武器，他们可以很容易地摆脱大军的追击。经常发生以下这种情况：游击队就在前来围剿的法军的周围，但是不会被发现。

　　——梅奥·德·梅利托伯爵（Count Miot De Mélito, 1858 年）[1]

*

　　我们……是在向看不见、摸不着、抓不住的敌人进击。

　　——罗杰·特兰基耶上校（Colonel Roger Trinquier, 1961 年）[2]

注释

1　Miot de Mélito, *Memoirs*, 557. 伯爵是拿破仑之兄约瑟夫·波拿巴在西班牙当国王时的廷臣。
2　Trinquier, *Modern Warfare*, 74. 特兰基耶是位参加过法属印度支那战争和阿尔及利亚战争的老兵。

引 子

巴格达巡逻队，公元 2007 年 4 月 9 日

暮色渐渐降临，伞兵们像外出觅食的掠食动物一样，纷纷走出被称为"私酒坊"（hootches）的军营，沙漠靴踩在混杂着沙砾与泥土的地上，发出咯吱咯吱的响声。他们随身携带着各种装备：凯夫拉头盔、M-4 突击步枪、9 毫米手枪、阻燃手套、夜视护目镜、急救箱、弹夹、无线步话机，还有其他各式各样的装备。他们身上最重的装备莫过于防弹衣，将人从肩头到胯下严密包裹起来，前后左右还插着轻武器防护插板（Small Arms Protective Inserts，SAPI）。所有装备的重量总计至少有 60 磅——大约相当于古代罗马军团士兵携带的装备重量。

士兵们在听完一则简短的任务简报后，爬上一辆没有装甲的卡车，这让他们少走了到"正义"前沿作战基地（Foward Operating Base Justice）前门的半英里路程。开了一小段路以后，士兵们纷纷下车。从后面跳下 4 英尺高的卡车，走出大门，走入温暖的春天气息之中，附近的底格里斯河则散发出刺鼻的气味。

2007 年 4 月 9 日，星期一。巴格达西北的卡德米亚街区。

这天是萨达姆·侯赛因政权倒台的周年纪念日。尽管美军正是以大多数常规军队都偏好的阵地战方式，不费吹灰之力就击败了伊拉克陆军部队及共和国卫队，然而他们随后却陷入了同各种武装集团——从逊尼派伊斯兰圣战者到什叶派民兵——

的纠缠苦斗之中。各个派别的民兵使用简陋的武器——AK-47、火箭筒,特别是各种炸弹,也就是美军所谓的简易爆炸装置(Improvised Explosive Devices,IED,俗称路边炸弹)——已经造成了3300名美军死亡,25000多人受伤。而在接下来的四年零八个月的时间里,还将会有1184人死亡。伊拉克人的伤亡数字更为恐怖,最终有超过80000人死亡。[1] 就在几个月以前,巴格达街头那可怕的流血冲突几乎将这个国家带到了全面内战的边缘。

  美军发现自己的战术和技术,仍然是以如今已不复存在的苏军为对手设计的,而这对于目前遇到的全新威胁竟可悲地无所适从。在这种战争中,没有侧翼可以包抄,没有堡垒要夺取,也没有首都可占领,只有每天和无处不在又踪迹全无的敌人苦战。敌人往往会不择手段地肆意袭击,然后消失在平民中间,希望刺激美军进行野蛮的报复,从而激发平民的反抗。美军历史上也和同类型的敌人交过手,战场为从20世纪初的菲律宾丛林到20世纪60年代的越南稻田,但是大多数军人在对付这种敌人时恐怕都会感到不自在。

  直到2006年年底——也就是伊拉克战争爆发将近四年后——美国陆军和海军陆战队才下发了数十年来的第一部专门用于反叛乱行动的新作战条令(FM 3-24)。戴维·H. 彼得雷乌斯将军于2007年年初被任命为驻伊美军司令,作为FM 3-24编写负责人的彼得雷乌斯开始实践自己编制的条令。越来越多的美军被派往伊拉克,而越来越多的美军也开始离开偏远的前沿作战基地。这些基地周围有绵延的铁丝网和混凝土墙,将美军和应该由他们负责保障治安的社会隔绝开来。美军开始在联合安全站与战斗哨所里驻扎下来,他们在这里能在伊拉克人中间生活和工作。美军开始脱离盔坚甲厚的悍马汽车，以步兵巡逻队的方式，让士兵深入当地民众之中，搜集剿灭叛乱分子所需的情报。

戴维·布吕奈刚从中尉晋升为上尉，不过眼下还是个排长，他现在执行的任务恰恰是美军战略转变中的一小部分，他带着第82空降师的11名士兵和1名中士闯入夜幕中的卡德米亚街区。这是当天他们在这片什叶派穆斯林聚居区里的第三次巡逻，这里的少数逊尼派居民早在几个月以前就被赶走了。这个街区居住着许多穆克塔达·萨德尔的什叶派极端组织迈赫迪军的同情者，同时它也是得到安全部队严密保护的什叶派圣地。迈赫迪军很像约翰·高蒂手下的黑手党，在自己的地盘上很安稳，却总是在邻近地区煽风点火。因此，这个街区在伊拉克算得上相对安全的地方，但仅仅是相对安全而已。在这片无法无天的土地上，暴力袭击的出现往往毫无征兆，甚至市中心比较安全的绿区（Green Zone）也是如此。几天以后将会发生一次被媒体广泛报道的袭击事件，一名自杀式炸弹袭击分子渗入位于绿区的伊拉克议会，炸死了一位议员。

伞兵们在街道两侧呈扇面散开，密切注意着被夜视仪变成鲜艳绿色的暗夜之中的动静，不时通过固定在头盔上的麦克风低声交谈。他们遇到的唯一麻烦是一起交通事故：一辆出租车仰面朝天地翻倒。布吕奈停下脚步和一名伊拉克陆军少校闲聊，询问对方是否需要帮助，但是伊拉克人似乎认为局势尽在掌控之中。伞兵们继续前行，直到经过了一个露天咖啡馆，那里有五六个抽水烟的中年男子。布吕奈从一个月以前开始在这里巡逻时就认识了这些人。他停下来坐在一把廉价的塑料椅子上，开始和他们闲聊。

那些人展示了阿拉伯人一贯热情好客的传统，给布吕奈一支水烟,不过他谢绝了,但是他们随后又给了他一杯百事可乐,这次布吕奈接受了。有时候,在这些抽水烟的人里会有一个人能说英语,但今天那人没在,所以布吕奈把他的翻译叫了过来——一个戴面罩的伊拉克人,他戴面罩是为了防止暴露身份而遭到叛乱分子的报复。通过他的翻译,布吕奈和这些人在一种还算友好的氛围下磕磕绊绊地聊天,一开始是关于打牌和踢足球的玩笑,然后他解释了为什么伊拉克政府要在这么敏感的时间关闭首都周围的交通。这些人抱怨道路封闭影响了他们的日常生计。不过布吕奈指出,生意事小,汽车炸弹可不是闹着玩的。

谈话仅仅持续了几分钟,然后双方友好地道别。布吕奈带着他的人重新上路,原路返回出发地。他们在离开基地一个半小时之后又回来了,精疲力竭,汗流浃背,等一觉睡醒,第二天早上他们还得重复同样的行动。[2]

* * *

在这个平静的巴格达之夜,这群第 82 空降师的士兵没遇到什么异常状况。准确地说,他们所执行的是情报搜集和维护治安行动,这种行动烈度不高且枯燥乏味。从亚历山大大帝和尤利乌斯·恺撒的时代起,情报搜集和维护治安行动就是支撑反叛乱行动的基石。自古以来就有许多士兵为了掌握非常规战争的严酷性而艰苦奋斗,这群士兵只是其中的一部分,而他们的对手则是人数更多的非正规军勇士群体中的一部分,那伙人经常会让正规军恼怒万分。

游击战争在历史上曾经多次似乎要被"新新事物"所取代——20 世纪 10 年代的工业化战争,30 年代的空中战争,50 年代的核战争,90 年代的网络中心战。但是,游击战争每一次都出色地证明了自己存在的价值。

二战结束之后,叛乱和恐怖主义行动成为武装冲突的主要形式——并且在可预见的未来,还将继续成为主要形式。甚至虽然传统形式的武装冲突渐渐减少,但各种游击队组织和恐怖组织的数量仍在持续增加,而后者的增长速度甚至超过了前者。[3]一项研究数据显示,20世纪90年代,在各种内战的战场上超过90%人口的死亡是由非正规武装人员交火所致;毫无疑问,这个数字在21世纪的最初10年里仍然居高不下。[4]

游击战遍地开花的原因其实很简单。首先,游击战耗资低廉,技术水平不高:开展游击战既不需要昂贵的武器,也不需要复杂的指挥机构,而且这种形式有时非常有效。从阿尔及利亚、越南到阿富汗、车臣、黎巴嫩、索马里和伊拉克,造反者始终展现出强大的力量。美国人对非正规战术最惨痛的记忆恐怕就是2001年9月11日以及之后发生的一系列战争了。人们突然理解到游击战争的本质,以及恐怖主义,已经不再是"爱情与和平"年代(20世纪六七十年代)那些陈腐的学术研究课题中的东西。它开始关乎生死存亡。

然而时至今日,尚未有一本专著能够对自古以来游击战争和恐怖主义的演变过程做出准确而通俗易懂的解读。[5]本书的目的恰恰就是提供这样一种叙述,历数自史前时代一直到伊拉克战争、阿富汗战争乃至之后的非正规战争的故事。它的目的在于展示低烈度冲突在过去几个世纪中最重要的变种和表现形式。本书的主要内容集中在最近的两个世纪,但第一章还是阐述了古代和中世纪的内容,以便读者更好地了解该领域的最新研究进展。

本书打算成为一个"一站式目的地"(one-stop destination),

因为它正是为对游击战这个话题感兴趣的读者所写,不过我也无意将其写成一部百科全书。我的目的是既能引人入胜,又有所教益。本书并非各个时代游击战和恐怖行动的编年史——这也不太可能做到——我意在描绘主要趋势,通过精心挑选且具备可读性的故事来加以阐释。所以,为了避免长篇大论,我可能不得不对许多战争避而不提或者一笔带过。如试图就某一特定话题挖掘更多的细节,可参见章后注释中提到的著作。

在下文中,我会将重点放在著名指挥官的观点和个性方面。他们个性中的那些怪癖不仅相当有趣,而且往往在决定事件——特别是造反——发展的过程中会起到重要作用。游击队由于缺乏正规军的编制结构,往往是一个强有力的人物的反映,比如罗伯特·布鲁斯、朱塞佩·加里波第、奥德·温盖特或毛泽东。同样,最成功的反游击战斗士——如赫伯特·利奥泰、爱德华·兰斯代尔和戴维·彼得雷乌斯——也往往与其所在军队的固有体制格格不入。

* * *

撰写这一领域的专著遇到的第一个难题,就是"游击队员"或"恐怖分子"这样的词并没有一个能被广泛接受的定义。有这么句话,有的人口中的恐怖分子到别人嘴里就成了自由战士。沃尔特·拉克尔(Walter Laqueur)有很多的理由来抱怨,即"'恐怖主义'(就像'游击队员'一样)这个词被用在各种不同的意义上,由此变得几乎毫无意义"。[6] 正是由于难以界定此类概念,本书同时涵盖了恐怖分子和游击队员这二者,摒弃其中任何一个概念都有可能歪曲其本来面目。

在本书中,"恐怖主义"的定义是非国家行为体主要针对非作战人员(大多数是平民,但也包括政府官员、警察和未执勤的军人）使用暴力，以恐吓或强迫他们，并改变他们政府的政策或构成。通常情况下，恐怖分子想要获得的政治或心理影响，与他们所造成的实际破坏很不成比例。19世纪的口号"用行动做宣传"时至今日仍然为一些人所奉行：恐怖主义主要是一种心理武器。由国家行为体对平民施加的暴行并不在我们的讨论范围之内，因为自经历了1793～1794年法国大革命中的血雨腥风之后，"恐怖主义"的共同含义已经有所改变，正如埃德蒙·伯克所说的，它释放了"那些被称为恐怖分子的地狱恶犬"。[7]本书主要讨论的是自下而上而非自上而下的恐怖主义，当然，这个定义的界限也很模糊，因为有很多恐怖组织得到了一些国家的秘密支持。

游击战（Guerrilla）的字面意思是"小规模战争"。这个名称的来源是1808～1814年抵抗拿破仑大军的西班牙非正规军，但这种做法可以说和人类自身一样古老。这里它用来描述如下情形，一个武装集团出于政治或宗教原因，主要针对一个政府及其治安部队使用打了就跑的战术。土匪的主要目的是劫财，所以不在此列；他们一般对于动摇既有的政治体制不感兴趣，而只是希望攫取利益。大多数游击队属于非政府团体，但有些游击队是正规军事部队的组成部分（在现代叫特种部队），负责深入敌后展开行动。其他的非正规军则可能会和正规军紧密配合，即便其没有正式地列入正规军序列。在最低层面上，游击战争和正规军的小分队战术有些共同之处：两者都依赖伏击战和快速机动。不同之处是游击战争没有明显的前线和大规模的、精心策划的战斗——这是常规冲突的本质特征。

有时候恐怖分子被称为"城市游击队员"，但这种定义过分简单化了；城市地区既可以开展游击战也可以开展恐怖行动,农村地区亦然。此外,很少有武装起义者会严格限制其使用武力的对象是非战斗人员(恐怖行动)或战斗人员(游击战)。比如说,越南共产党既杀死了大量南越和美国军人,同时也杀害了相当数量的南越平民。同样,爱尔兰共和军的袭击目标既有商店、酒吧,也有英军的巡逻队和营房。一般来说,各种组织都有自己的侧重点,比如说20世纪初的布尔人侧重游击战术,而一个世纪以后的"基地"组织则强调恐怖主义。

还有其他一些值得注意的显著区别:游击队一般都试图控制一块领土,即使是暂时的,而恐怖分子则反之。游击队的兵力一般都数以万计,大多数恐怖组织的人数则不超过几百人。游击队通常会将其作战行动限制在一个公认的交战地带,恐怖分子则一般会在非正式处于战争状态的国家本土实施行动。游击队的目标是从身体上击败或至少是削弱敌人,恐怖分子则企图用少数几次引人注目的袭击引发革命。在武装冲突的持续性上,恐怖分子位于最底部,游击队其次,然后是正规军,最后是核武器和其他大规模杀伤性武器。

让问题更加混乱的是,各种"游击队"或"起义者"(这算是褒义词)的敌人总是给他们贴上"恐怖分子"或其他诸如"犯罪分子""土匪""卖国贼"或"死硬分子"的标签,而他们自己则更喜欢诸如"自由斗士""圣战者""爱国者""战士"或其他有积极含义的词。1944年英国政府在抛弃南斯拉夫的米哈伊洛维奇的切特尼克组织转而支持铁托的游击队的时候,一份文件中的说法就颇具代表性,这证明了对这些组织的称谓其实是很有灵活性的,该文件声称:"从今以后不再称呼米哈伊洛维奇所部为爱国者,而应称之为恐怖团伙,同时也不应再称铁托的游击队为'赤匪',应代之以'自由斗士'的称谓。"[8]纳粹德国在许多方面都和英国针锋相对，不过在玩弄文字游戏方面与其敌人倒是有共通之处。海因里希·希姆莱在1941年的一份指示中称，"考虑到心理方面的原因"，应用"土匪"这个词代替"游击队"。[9]

不管用什么样的称谓，这些人选择使用恐怖主义或游击战战术的原因只有一个：力量太弱小而无法使用正规战手段。正如政治学者塞缪尔·亨廷顿1962年时指出的，"游击战争是战略弱势一方以特定的形式、时间和地点实施战术进攻的一种战争形式"。[10]任何武装集团都更青睐采用正规作战的方式，因为这种方式自古以来就有比较高的成功率。正规军可以采用歼灭战略，寻求用最快的速度消灭敌对武装力量。非正规军则被迫采用消耗战略，试图削弱敌军的战斗意志。游击战这种方式代价高昂、旷日持久而且艰难困苦，任何一个投入战争的国家，如果不是别无选择的话，正常情况下都不会采用游击战的方式。游击战和恐怖主义战术因此往往成为以弱敌强的手段。这也是造反者选择躲在暗处展开战争的原因，如果他们像正规军一样公开地作战，那么肯定会被消灭。

当然，强势一方在施加恐怖暴力行为方面也不遑多让。希特勒时期的德国、斯大林时期的苏联等国家杀掉的人要比历史上所有恐怖分子和游击队所杀的人多得多，但是它们的行为不在本书的探讨范围之内，除非这几个国家是直接参与反游击战或使用游击战术。

游击战和恐怖主义战术归于诸如低烈度、非正规、不对称、复杂、混合或非传统的战争之类的宽泛分类——其在更早的时代被称为小规模冲突（la petite guerre）或小规模战争。所有这些分类形式都很难准确定义，就像色情作品一样，大多数分析家要在看到它们的时候才会知道。我希望本书的出版，能够让它们的特征更加明显。

* * *

我撰写本书，既非褒扬游击队员和恐怖分子，也绝不是要贬损他们。有些值得赞扬，而有些则并非如此。或褒或贬都取决于读者自己的世界观。弱势一方并不一定就比强者更具美德。我无意挑起什么争论，只是想讲述一个未曾被详细解读的故事，并且尽量用比较有趣而客观的手法来描述。

本书第一章将首先追溯这种最为古老的战争形式的源头，从史前时代的部落战争开始，到古代的美索不达米亚、罗马和中国，以中世纪苏格兰人和英格兰人的小规模冲突作结。

然后，第二章将目光投向18世纪70年代到19世纪70年代席卷世界的自由主义革命战争中的游击战。比较详细的描述不光有美国独立战争，还有西班牙人反抗拿破仑大军的战争、海地奴隶起义、希腊人反抗奥斯曼土耳其的独立战争以及加里波第的意大利统一战争。这几场战争和美国独立战争一样意义重大，但是近年来它们却被人们大大忽视了，本书将试图填补这些空白。

第三章主要讲述了19世纪时的游击战争的另一个面向——欧洲人发动的旨在镇压"土著"反抗帝国主义统治的战争。本章重点讲述了美国的印第安战争、俄国镇压车臣和达吉斯坦穆斯林的战争、第一次阿富汗战争以及英国在西北边境省和普什图人爆发的一系列战争、法国平定摩洛哥的战争以及布尔战争，尤其是布尔战争首次暴露了欧洲殖民统治的弱点。

接下来第四章离开游击战争本身，主要关注与其密切相关的恐怖主义的崛起。首先讲述恐怖主义行动第一波浪潮中由阿萨辛派发动的中世纪中东暗杀行动。然后跳到19世纪的美国，讲述两场最为成功，但往往为人所忽视的恐怖活动，也就是约翰·布朗因反对奴隶制而发动的袭击以及三K党对美国战后重建的破坏。最后视线会转向欧洲，特别关注俄国民粹主义者和社会主义者在沙俄的行动，以及爱尔兰共和军在英国治下的爱尔兰发动的袭击。

第五章考察两次世界大战之中的游击战争，重点关注T. E. 劳伦斯、奥德·温盖特和约瑟普·布罗兹·铁托——这些游击队领导人在战后世界都留下了自己的赫赫威名。

第六章则集中于亚洲和非洲地区，记录了中国革命，以及以毛泽东模式为蓝本的印度支那、阿尔及利亚和马来亚地区的非殖民化斗争的历史。

接下来的第七章主要关注20世纪50年代以后的左翼游击队和恐怖团体。首先介绍的是菲律宾虎克军和越南共产党；其次是菲德尔·卡斯特罗领导的古巴革命，以及切·格瓦拉将古巴革命经验推广到其他地区的失败经历；然后是20世纪70年代以后的恐怖团体，包括巴德尔－迈因霍夫帮（又叫红军派）；最后是斗争漫长艰苦、命运几起几伏的亚希尔·阿拉法特及其领导的巴勒斯坦解放组织。

最后一章介绍的是伊斯兰武装组织的兴起。大约在1979年前后，它开始取代左翼意识形态，成为令大多数西方国家胆寒的游击武装和恐怖团体的首要精神推动力。我们可以看到圣战者将苏军驱逐出阿富汗的不懈努力，真主党和"基地"组织的崛起，以及"基地"组织伊拉克分支的兴衰。

考察完上下五千年的历史，一些重要而令人印象深刻的主题也慢慢浮现。启示部分对它们进行了深入探讨，总结了十二条准则或称经验。附录部分则提供了从过往中汲取经验的一条统计学路径——它收录了为写作本书而编制的自1775年以来的起义或称游击战的数据。

当您翻开本书时，有五个要点是值得牢记的。

第一，低烈度冲突在历史上无处不在，同时对于这个世界的塑造也有极为重要的意义。

第二，在最近两个世纪，政治组织和宣传在低烈度战争中的重要性越来越大。现代游击队往往有强烈的意识形态指导，并且专注于打赢"宣传战"，而古代游击队则往往不关心政治，且多是以部落的形态存在。结果就是，现代政府要比古代政府花更多的精力来建立自己的合法性，同时还要管理自己的公众形象。

第三，1945年以后的游击队和恐怖组织的成功率逐渐上升，很大程度上是因为它们控制公众舆论的能力，这是战争中一个相对较新的因素。然而，大多数起义者仍难免失败。

第四，外部援助——不仅仅是支援武器，还包括提供庇护所，或者更大力度的援助，如派遣正规军协同游击队行动——是起义运动取得胜利的最重要因素之一。没有外部援助未必一定致命，但如果有援助，其对任何游击队和恐怖组织来讲都是大有帮助的。

第五，也是最后一点，"人口中心"反游击战理论，更通俗但未必准确的说法就是赢得"民心"，已经成为反游击战取得成功的一个基本条件。而焦土战术和"搜索和摧毁"行动，特别是在游击队被完全孤立、无法获得外援的情况下，往往会激起民怨，给反游击的一方埋下失败的种子。赢得民心这一手段往往有效，但并不是一般人所设想的那种"温情脉脉"的方式。在尽量满足民众的社会和政治诉求的同时，它更专注于建立治安，并采用相当的武力举措，这些武力举措会更明确而精准地打击目标，而不是常见于常规战争中的横扫一片。

＊　　＊　　＊

本书引用的大多数材料都是文字资料，包括出版物和档案，我已在其中浸淫多年，但它也包括我自己对游击战争和恐怖主义的亲身经历。我第一次对这个课题产生兴趣是20世纪90年代末，这一时期美军在世界各地，诸如海地和波斯尼亚执行"维和任务"，参加一些连名字都说不上来的战斗。我最初的研究成果是 The Savage Wars of Peace：Small Wars and the Rise of American Power（2002）。

就在 The Savage Wars of Peace 一书接近完成的时候，我碰巧在2001年9月11日这天早晨作为《华尔街日报》的编辑去上班。我在驶往纽约的大都会北方铁路通勤列车上听到了一架飞机撞击世贸中心的不祥流言。我当时觉得可能就是一架塞斯纳之类的小飞机撞上了什么建筑物。在好奇心的驱使下，我坐着当时唯一一趟还在运行的地铁到达市中心。就在我从市政厅站走出来的时候，才发现这绝不是一场小型空难。走在尘土飞扬、警报凄厉的大街上，我看到了双子塔中的一座塔楼，楼顶上火光冲天，里边的人们正在绝望地向下跳。然后，双子塔就塌掉了，白烟顿时遮天蔽日，笼罩了狭窄的大街。我和当时大街上其他晕头转向、目瞪口呆的路人一起落荒而逃。正是"9·11"事件拉开了后来被称为"反恐战争"的大幕。

此后不久，美军即投入了在阿富汗和伊拉克的战斗。我作为外交关系委员会高级研究员，同时也是评论员和美国军事将领的顾问，一直跟随着他们的脚步。我于2003年8月首次造访伊拉克，当时美军进军伊拉克后的幻梦刚刚散去，血腥漫长的游击战才刚刚展开。我和一支海军陆战队武装侦察突击队一起体验了一次即将发生的事情的滋味，当时我所在的车队在巴格达南部地区遭到了路边炸弹的袭击。我清楚地记得陆战队员们慌乱地向空中的武装直升机报告遇袭情况。我和一个陆战队员站在一辆轻型装甲车旁边时，一个伊拉克人走近我们，试图和我们说些什么，但是他不会说英语，我们也不会说阿拉伯语，而且当时美军部队很少有或者可以说几乎没有翻译。我们之间简直就是鸡同鸭讲——这个场景倒是陷入美索不达米亚泥潭的美国武装部队的绝佳象征。

另外一件小事也反映了当时一个迫在眉睫的问题。海军陆战队员曾逮捕了一名嫌疑犯，一个穿着运动服的小伙子。他在装甲车中挨着我坐着，两只手被塑料手铐铐在背后。由于没有足够的陆战队员——我后来理解这是一种标志，也就是说美军没有足够的兵力覆盖伊拉克全境——一个下士将他的手枪递给我，让我在将这个嫌疑犯转移到另外一辆车上时做好"掩护"。我依照这个下士的指令行动，但还是有点紧张：因为我从来都是耍笔杆子的（think tank），而不是一名军人（battle tank）。

我后来定期返回伊拉克，在一次会持续一两个星期的全国走访活动中，会见美军和伊军高层指挥官，以及普通士兵。由于形势恶化，我得乘坐重型"升级版"装甲汽车上街，这个家伙就像是穿越街区的城市潜水艇，而此时伊拉克的城镇变成了名副其实的鬼城。2008 年，在摩苏尔的一个这样的地区，我正好遭遇了一次战斗，用军事术语叫"协同伏击"（complex ambush）。当时在我前边的一辆悍马车被一颗藏在水坑里的路边炸弹炸中，随后整个车队遭到了自动武器的火力覆盖。幸运的是，这支车队里无人受重伤，尽管有一辆悍马车被炸毁，而一个倒霉的旁观者的胳膊也被横飞的弹片削断。

摩苏尔是"基地"组织伊拉克分支剩下的最后一个据点。当时，由于"增兵"行动取得了意想不到的成功，这个恐怖组织已丧失了在伊拉克的其他几个主要庇护所——诸如安巴尔省省会拉马迪，我在2007年春天造访过这座城市。

拉马迪的景象让人想起1945年的柏林，四处是成堆的瓦砾，房屋整栋倒塌。街道上一片汪洋，因为自来水管道被频繁的地下炸弹爆炸所摧毁。不过，那里的枪声突然归于沉寂。仅仅在几个月前，美国士兵和海军陆战队员还只能勉强守住政府所在的中心地区。而等我到达的时候，就可以安全地四处闲逛而不必担心被打黑枪，这恰恰是运用了古老的反叛乱作战原则的成果。我所到之处总能看见衣衫破烂的警卫，他们胸前斜挎着子弹带，就好像是三流战争电影里的临时演员。这些人都是"伊拉克之子"的成员，正是这些倒戈的逊尼派民兵宣判了伊拉克的"基地"组织的死刑。

到2008年，伊拉克战争逐渐接近尾声，我开始把注意力转向阿富汗，定期造访那里并为数名美军将领进行局势分析评估。比如说，在2010年夏天彼得雷乌斯将军第一次接手驻阿富汗美军指挥权时，我是他在喀布尔组织的一个名为"定向望远镜"（directed telescope）的顾问小组的成员。我还曾赶赴其他一些爆发了非正规冲突的地区。我去过以色列（1998年，我与阿拉法特见了面，并目睹了2006年打击真主党和2009年打击哈马斯的战争，我在2011年重返以色列，用了一周时间采访以色列军官），去过黎巴嫩（2009年，我访问了贝鲁特和贝卡谷地，而那里正是真主党的发源地），去过菲律宾（2009年和2011年，我两次随美国特种作战部队去菲律宾，参与美军帮助菲律宾军队清剿伊斯兰武装分子的进程），去过哥伦比亚（2008年，我目睹了哥政府军清剿哥伦比亚革命武装力量的进程）。

在这一系列过程中，我充分地认识到作为过客的自己是多么娇生惯养，所以我总是对那些我所见过的军人的献身精神和专业水准保持敬畏，这些人往往要忍受常人难以想象的艰难困苦。不过，我觉得这些旅程的真正价值在于我找到了"正确的方向"。离开纽约那图书林立的办公室，我能够更好地看到、闻到、感觉到叛乱作战和反叛乱作战是什么样的——不仅仅是翻故纸堆（这倒是历史学家的强项），还能在战斗仍在进行、胜负尚未可知的情况下亲临战场。

这些旅程让我受益良多。而我所得越多，也就越明白未知的领域仍然很大。正所谓"用尽登山力，方知行路难"，越接近目标，我的问题也就越多。2006年，通过着手研究游击战争和恐怖主义的历史，我启动了一个旨在寻找答案的进程，研究的成果就是本书。

注　释

1. *Guardian*, Oct. 23, 2010.
2. 此部分内容是根据作者本人的观察所写。
3. 根据国际战略研究所的数据，2010年全世界总共爆发了161次武装冲突，其中大多数是战术水准较低的内战。而根据同一来源的数据，当年全球总共有363个非国家的武装团体。
4. Weinstein, *Rebellion*, 5.
5. 关于游击战争的历史，可参见 Asprey, *Shadows*; Laqueur, *Guerrilla Warfare*; Ellis, *Barrel*; Polk, *Violent Politics*; Arnold, *Jungle*; O'Neil, *Insurgency*。关于恐怖主义的历史，可参见 Burleigh, *Blood*; Carr, *Infernal Machine*; Carr, *Lessons*; Bowden, *Terror*; Laqueur, *Terrorism*。
6. Laqueur, *Terrorism*, 6. 对于定义，作者参考了 Hoffman, *Terrorism*; Kalyvas, *Logic*; Chaliand, *Terrorism*; Cronin, *Ends*; Richardson, *Terrorists*; Bowden, *Terror*; O'Neill, *Insurgency*。
7. Burke, *Select Works*, 315.
8. Crossman, "Ethics".
9. Heer, *Extermination*, 112–13.
10. Osanka, *Guerrilla Warfare*, xvi.

苏格兰
公元1296~1745年
英格兰-苏格兰战争

西欧
公元370~476年
蛮族入侵；罗马帝国的崩溃

欧　　洲

南乌克兰 公元前512年
斯基泰-波斯战争

公元前117年罗马帝国疆域
（斜线部分）

埃托利亚山区 公元前426年
伯罗奔尼撒战争

阿德里安堡

地　中　海

公元前486年
波斯帝国疆域

伊比利亚（西班牙）
公元前218~72年 反抗罗马的起义

公元前117年罗马帝国疆域
（斜线部分）

朱迪亚 公元前167~前142年
马加比反抗塞琉古
公元66~70年
犹太人反抗罗马
公元132~135年
巴尔·科赫巴反抗罗马

非　　　洲

第一章
蛮族兵临城下
游击战争的起源

亚洲

阿富汗和中亚
公元前329~前327年
亚历山大大帝率军远征

汉帝国
公元前1世纪疆域

中国北方
公元前200~公元51年
匈奴入寇

公元前486年
波斯帝国疆域

·长安

阿拉伯海

孟加拉湾

南海

印度洋

1
伯和仑伏击

罗马军队 vs. 犹太人，公元 66 年

罗马军队的撤兵始于公元 66 年 11 月。[1] 一支人数超过 3 万的罗马军团从叙利亚南部进入朱迪亚（Judaea）镇压当地爆发的起义。罗马军队一路屠戮犹太人，烧毁城镇。最后罗马军队兵临耶路撒冷，在斯科普斯山（Mount Scopus）扎营，他们向城中派出使者，告诉起义者如果放下武器投降，就可以被赦免。犹太人的答复是杀掉了这位使者，让其他随行者带伤而归。罗马军队此后向耶路撒冷展开了持续五天的攻击。正当罗马军队夺取了耶路撒冷外围准备突入城内的时候，由于种种至今仍不为人知的原因，罗马军队的统帅、叙利亚总督克斯提乌斯·加卢斯（Cestius Gallus）突然命令停止进攻。

罗马-犹太历史学家弗拉菲乌斯·约瑟夫斯（Flavius Josephus）在被俘以前也是起义的参与者，他手中有不少第一手材料，约瑟夫斯指出，加卢斯"认为只需稍加围困，（他）就能夺取耶路撒冷"。但在战斗最激烈的时候加卢斯没有必胜的把握，并担心随着冬季的来临他的后勤补给线有可能被切断。或者可能是他认为自己已经一逞威风，犹太起义者已经尝到了罗马帝国的厉害，可能会做出理智的选择。如果是这样，

那加卢斯就大错特错了。犹太人并未被威胁所吓倒,反而因为"意料之外的撤军"而大受鼓舞,猛烈袭击撤退中的罗马军队。

罗马军队以其出色的训练、纪律和凝聚力,成为古代世界一支最令人畏惧的武装力量,但仅限于对摆开堂堂之阵的敌人。罗马步兵会排成严整的队形沉默而缓慢地投入战斗,披挂的甲胄与头盔在阳光下闪闪发亮。当距离敌军不到30码时,他们会投出短矛(pilum),这是一种7英尺长的标枪。然后罗马士兵们会发出令人恐惧的吼声冲向已经被密集的标枪打乱的敌军阵线,罗马士兵会用长盾(scutum)猛击敌人,这种矩形的盾牌重约17磅,然后用短剑(gladius)刺击敌兵腹部,这是一种因"角斗士"(gladiator)一词而得名的双刃短剑。第一波步兵将得到身后两个后备阵列的步兵以及侧翼骑兵,还有配备着弓箭和投石器等投射武器的外族辅助部队的援助。同时,罗马军队中还有诸如弩炮、筑垒、筑路、测量、架桥和后勤等方面的专业人员。每个罗马士兵都要发誓始终追随军团的鹰旗,即使赶赴黄泉也在所不辞,而且如果战败的话,罗马士兵知道他们会受到军官的"十一抽杀律"刑罚:在一支部队中,每十个人抽出一个人遭棍棒处决。毫无疑问,罗马军队是上古时代最具战斗力的军队。[2]

但是当罗马军团遇到恶劣的地形以及作战巧妙、意志坚定的游击队时,其战斗力势必大打折扣。而这正是克斯提乌斯·加卢斯麾下的军团在从耶路撒冷撤向罗马控制的地中海沿岸城市,穿行于狭长曲折的山间小道时所遇到的情况。罗马军团及其盟友被轻装简从的犹太战士围困住了,犹太人在高处用投石器或标枪袭击罗马人,或者冲下来用短剑和匕首肉搏。罗马士兵由于甲胄和装备过于沉重，单兵携带的装备重达100磅，因此行动迟缓，根本追不上这些敏捷的犹太士兵。在早期的战斗中，包括第六军团——该军团有5000多人，大约相当于现代美军的一个旅——军团长在内的许多人阵亡。罗马军团不得不抛弃了大量辎重，并宰杀了一批驮载用的骡马。

在开始撤退三天以后，罗马人不得不穿过伯和仑（Bethhoron）村附近的一条羊肠小道，其位于现代以色列小镇拜特和仑（Beit Horon）的西边。当时的伯和仑曾经是犹太游击队伏击占领军并取得辉煌胜利的古战场——正好在公元前166年，马加比家族率军击败了希腊-叙利亚的塞琉古军队。而如今历史又回到了原点。犹太起义军已经集结在这里，约瑟夫斯记述道："犹太军人用标枪覆盖罗马军队。"罗马士兵在围攻之下精疲力竭、无处可逃。在他们头顶的山头上，犹太人像橄榄树林一样密密麻麻。骑兵们由于战马受惊，"纷纷坠落"到旁边的悬崖中。约瑟夫斯写道："罗马人既没有路可以逃跑，也没有地方可以……展开防御。"罗马士兵唯一能做的就是躲在盾牌后边向神明祈祷。约瑟夫斯认为，"如果不是夜幕降临，犹太人势必将拿下加卢斯全军"。

在夜幕的掩护下，加卢斯设法率领余部突围。他留下了400名"最英勇善战"者殿后，命令他们遍插旌旗，造成全军仍然留在伯和仑的假象。当天色放亮时，犹太人发现罗马人已经金蝉脱壳，立即歼灭了留下来殿后的400人，然后开始追击加卢斯。虽然犹太人未能追到撤退的罗马军团，但加卢斯仍然遭受了耻辱性的失败。加卢斯麾下5700多名士兵阵亡，不但被迫丢弃了大批辎重和工程机械，而且最令他感到羞辱的是，罗马军团甚至丢掉了一面鹰旗。[3]

2
古典时代的战争

伯罗奔尼撒战争、亚历山大大帝征服中亚、
马加比和巴尔·科赫巴起义，公元前426~公元132年

4　　在罗马军团铩羽而归四年后，也就是公元70年，罗马皇帝之子、未来的皇帝提图斯·弗拉维乌斯·维斯帕西亚努斯（Titus Flavius Vespasianus）征服了耶路撒冷。约瑟夫斯根据一些诗歌的记载写道，犹太庙宇化为废墟，街道上尸积如山"以致都看不到地面"，"整个城市陷入了一片血海"。被俘的起义者不是被钉上了十字架，就是被当作奴隶贩卖。[4]

犹太人起义虽然未能成功，但显示了古代帝国面对游击战术时的脆弱一面。犹太人是古典时代开展游击战争最为成功的民族之一，但他们绝非独一无二。虽然"游击队"这个词本身诞生至今不足千年，但从那个时代留存至今的文献记录了游击队的威力。在有史以来流传下来的许多战争和政治记录中，许多著名的例子证实了这一点。

修昔底德所著的《伯罗奔尼撒战争史》（History of the Peloponnesian War）中记载的大多是雅典人和斯巴达人之间的正规战，但其中也有很多非正规冲突。在持续近三十年的战争中，只有55场大规模战役，然而仅仅在战争最初几年，雅典人就在各地发动了数百次低烈度的攻击。历史学家维克托·戴维斯·汉森写道："雅典人实施的袭击和猎杀行动并不是之前希腊人

之间那种约定俗成的战争方式。"[5] 修昔底德准确地记录了这场标志性战争中不那么光彩的一面。公元前427年在科孚岛上爆发了一场内战，交战双方是支持斯巴达"寡头专制"制度的一方和支持雅典"古典民主"制度的一方："杀戮的方式多种多样，而且人们的行为常常逾越了底线。父亲会杀死自己的儿子；人们被拖出神庙或者干脆被杀死在神庙里；有些人被堵在迪奥尼索司酒神庙里并死在那里。"[6]

伯罗奔尼撒战争中非正规战斗的例子还有很多。比如说修昔底德就记载了公元前426年，在希腊西北部的埃托利亚（Aetolian）山区，"运动迅捷、装备轻便"的土著人歼灭了一支来自雅典的装备笨重的部队。雅典军队指挥官德摩斯梯尼（Demosthenes）曾经轻信"击败埃托利亚人易如反掌"。德摩斯梯尼和其他来自平原地带城邦国家的将军一样，更倾向于使用队形密集的步兵方阵作战，这种方阵有50排，每个士兵都配备着青铜头盔和重型甲胄，而他们的敌人往往也配备类似的装备。但是，当面对埃托利亚人的"不对称"战术时，雅典人惯用的战法毫无用武之地。埃托利亚人会"在雅典军队进攻的任何方向上"后退，而"一旦雅典军队后撤"，他们就会立即发起进攻。唯有同盟军队的弓箭手能掩护雅典人免遭袭击，但随着弓箭用尽，雅典军队就开始崩溃了。雅典军队开始撤退，随后的场景类似伯和仑战斗，埃托利亚人"追上了雅典大部队，用标枪射杀了大批士兵"。其他士兵"慌不择路，冲进了沟壑，由于地形不熟"而"陷入绝境"。雅典军队的残部逃进了森林，而埃托利亚人则放了一把大火。可以想象这些身披重甲的士兵们被烈火炙烤时临死前的痛苦，或者笨拙地试图脱掉头盔和甲胄时窒息的感觉。修昔底德写道："雅典军队尸横遍野，生还者历尽艰险才逃出一命。"[7]

雅典人如果知道后世希腊最伟大的征服者亚历山大大帝未来将在水平可能更低的敌人手中遭受类似的挫败，那么也许会稍感欣慰。阿里安（Arrian）的《亚历山大远征记》（The Campaigns of Alexander）和普鲁塔克（Plutarch）的《亚历山大大帝传》（The Life of Alexander the Great）以及昆图斯·科丘斯·卢夫斯（Quintus Curtius Rufus）的《亚历山大的历史》（The History of Alexander）以及其他许多文献资料，都记载了亚历山大大帝在巴克特里亚（Bactria，大夏）、索格底亚那（Sogdiana，粟特）、斯基泰（Scythia）——现代阿富汗和中亚地区——等地遭受的挫败。亚历山大当时已经击败了强大的波斯帝国，但他为了征服这些边疆地区的强悍部落民族，又耗上了两年时间（公元前329~前327年）。派出的马其顿军一部在伏击中伤亡惨重，而亚历山大更是在战斗中两次负伤。一次是大腿被弓箭射中，还有一次是头部和颈部被石块砸伤，导致视力下降几乎失明。而从高耸入云的兴都库什（Hindu Kush）山脉到干旱缺水的中亚沙漠，恶劣的地形也是亚历山大的一大劲敌。普鲁塔克后来分析了马其顿军与此起彼伏的地方豪强之间的琐碎战斗，指出"砍掉九头蛇的一个蛇头，结果是长出了两个更大的蛇头"。除了派出马其顿军队爬冰卧雪、翻山越岭去搜剿那些反抗者之外，亚历山大不得不辅之以外交手段，而他做得最成功的一件事就是迎娶了当地最难以驾驭的贵族奥克夏特斯（Oxyartes）的美丽女儿罗克珊娜（Roxane）。到亚历山大兵临印度时，他的事业达到了顶峰，但此时他已经时日无多了。[8]

亚历山大死后，他的帝国被多个继承者瓜分。面积最大的塞琉古帝国（Seleucid kingdom）控制着中东的大部分地区。其国王之一,安条克四世(Antiochus IV)有些过分膨胀,他下令在耶路撒冷的犹太神庙中竖立宙斯的神像,命令犹太人向宙斯献祭活猪,同时用武力禁止犹太人保持其本来的宗教信仰。而这种倒行逆施的后果,就是公元前167年哈斯摩祭司家族领导的争取犹太人复国的起义,这次起义在约瑟夫斯的《犹太史》(*Jewish Antiquities*)和《圣经》的两部"马加比书"中均有记载。最初起义由犹大·马加比(Judas Maccabeus,被称为"铁锤犹大")领导,他死后则是由他的兄弟领导,犹太起义者使用伏击和突袭的战术消耗并挫败了实力强大、装备有骇人重甲战象的占领军。到公元前142年,在经过了差不多两个世纪的战争之后,犹太人驱逐了塞琉古王朝,建立了自己的王朝,这可以说是古典时期游击战争最为成功的范例之一。[9]

马加比家族的独立只维持了不到一个世纪,这个国家就落入了比塞琉古帝国更强大帝国的统治之下。而正如前所述,这个帝国成功地镇压了另外一次犹太人起义。但是罗马帝国在公元66~70年对犹太起义的血腥镇压,并未扑灭犹太人对独立的渴望。仅卡西乌斯·狄奥(Cassius Dio)在《罗马史》(*Roman History*)中记述犹太人反抗罗马的起义就有至少两次。一次是公元115年在中东地区散居的犹太人发动的起义,另一次是公元132年在圣地的犹太人发动的起义。115年的这次起义是由自称为"弥赛亚"的西缅·巴尔·科赫巴(Simon bar Kokhba,意为星之子)领导,他的追随者藏在朱迪亚沙漠(Judean desert)的洞穴里,袭扰罗马军队的据点。这两次起义最终都失败了,但是罗马军队为了镇压起义,不得不耗费数年陈兵多处。在西缅·巴尔·科赫巴起义之后,朱迪亚被命名为叙利亚巴勒斯坦行省(Syria Palaestina)——这也就是"巴勒斯坦"(Palestine)这个地名的来源。[10]

3
野蛮时代的战争

毁灭性的部落战争

如果我们想要了解现代的游击战和恐怖主义行为,回顾历史将会很有益处。尤其是要了解远古时期和中世纪的游击战争的基本面貌,在那个时代,从圣地的犹太人、中亚的游牧民到苏格兰高地民族都采用这样的战术。所有的古老帝国,不管是东方的还是西方的,都有爆发游击战的例子,而这些游击战很多都最终失败了。如果用现在的眼光来看,古代游击队缺乏像 AK-47 这样能造成大量伤亡的武器,没有一个政治机构来领导,无法通过境外获得资助,也很少通过夸大其词的宣传机构来证明自己存在的正当性,但是他们仍然相当有战斗力。正如下文将要讲述的,游击战争拖垮了美索不达米亚和罗马帝国,在中华帝国的历史上也留下了重要的一页。在凶狠无情的游骑铁蹄面前,普天之下没有哪里是安全的。这些群落并不像现代的起义者那样以政治或宗教的意识形态为连接纽带,他们仅仅是以部落和家族的形式存续。反抗帝国权威在一些被征服土地上也屡见不鲜。古代君主,甚至是寡头政体中的统治者面对这些反抗时,为了避免发生更多的叛乱,往往会稍稍缓和其严酷的统治手段,给治下小民一些甜头。因此,这也诞生了今天所谓的反游击或反叛乱①的概念。

18 世纪和 19 世纪这段时间的经典历史为人们所熟知，但其留下的关于权力和低烈度战争的普遍性的宝贵经验却几乎为人们所遗忘。即使有所记忆，也被认为是老古董时代的事情，对现代世界没多少借鉴意义。像克劳塞维茨和约米尼这样的军事理论作者对游击战争的想象很不切实际，当他们真正遭遇游击战的时候，往往既震动又恐惧。甚至直到今天，还有一种倾向认为游击战术是某种新生事物——认为这种战术在国与国之间的战争中有悖常理。

这种看法与事实相去甚远。对比古代，低烈度战争的特点虽然在很多方面都有很大变化，但是其基本要素自公元前 1000 年犹太以色列国王大卫——我们所知道的第一批游击战领导者之一——的那个时代起就已经确定下来了。[能够证明大卫领导过游击战的记载，并非传说中和腓力斯人（Philistine）歌利亚的战斗，而是数年之后，由于遭以色列王扫罗（Saul）的猜忌，大卫不得不率领一批人流亡，在朱迪亚荒原袭击亚玛力人（Amalekite）和腓力斯人]。[11]

游击战的历史跟人类的历史一样悠久。相反，倒是正规战的历史相对近一些。在狩猎采集占主导地位之后数千年，人类逐渐发展形成了农业社会，而这是促成正规战的因素。农业社会的形成使人类开始能够生产足够的剩余财富和人口，可以建

---

① 此处原文为 counterinsurgency，意为镇压、平定叛乱，英文中 insurgency 一词多为暴乱、暴动和起义的意思，但根据本书内容译者有时也将它们分别译为"反游击战""反叛乱作战""平叛行动"以及"起义""叛乱"等词，而专指"游击战"的词为 guerrilla，它们就本书内容来说差别不大，还望勿过于细究。——译者注

造专门设计的防御设施和武器,并雇佣专业人士来操作它们。这一过程在公元前10000年之后的中东地区和几千年之后的美洲、欧洲和东亚地区逐渐出现。第一支真正的正规军——有严格的等级制度,由训练有素的军人组成,有惩罚手段保证纪律,分不同的兵种(长矛兵、弓箭手、战车兵、工兵),成编制部署,由后勤机构供应物资——出现在公元前3100年以后的埃及和美索不达米亚。[12]而迄今有详细文字记载的两支正规军之间爆发的大规模战争是在公元前1468年,战场在现代以色列城市海法东南约18公里,一个叫米吉多(Megiddo)的小镇附近。交战双方是5000人的埃及军队和2000人的当地城邦联军。[13]

考虑到智人用了至少十五万年时间才逐渐迁徙到世界各地,而在此之前人类的祖先已经存在了数百万年之久,正规战从出现到今天不过是历史的一瞬。[14]另外,国家组织和军队组织的形成过程也要比人类社会其他部分的形成时间更长。正如地理学家兼历史学家贾雷德·戴蒙德(Jared Diamond)所记载的:"迟至1492年,北非、撒哈拉以南非洲、澳大利亚、新几内亚和太平洋诸岛所有地区,以及中南美洲的大部分地区都没有形成国家。"[15]在上述这些地区,有些仅仅在20世纪才出现了国家组织,而这些国家的一些基本能力,诸如维持军队的能力,是相当差的。索马里是一个比较极端的反面教材,但其他许多地区的状况也好不到哪去。

在漫长而血腥的人类历史长河中,在城市文明出现前后,大部分的战争是在一群缺乏组织和纪律、武器简单而且蔑视正规阵形的平民之间展开的。他们更喜欢采用诡秘、突然而快速的行动,采取骚扰、伏击和歼灭的方式,打击装备相当或更强的敌人，在消灭敌人的同时，己方能够采取打了就跑的方式以尽可能减少伤亡。无论是现代的游击战，还是那些已经消失在历史迷雾中的、远在国家出现之前就已爆发的远古战争，抑或是后世才慢慢在偏僻的亚马孙丛林和巴布亚新几内亚高地熄灭的战火，都体现着上述特点。游击队因此成为人类历史上仅次于猎人而位列第二的古老职业，而游击战术恰恰也吸取了游猎行为的一些特点。

至少从古希腊和古罗马时代开始，原始的战争及游击战争在西方世界的军人和学者眼中就被视为一种"非正规""怯懦"甚至是"卑鄙"的行为，给这种战争形式贴上了原始、罪恶或者说是野蛮的标签。[16]比如说，17世纪的马萨诸塞殖民者，经常抱怨印第安人在战斗中"用飘忽不定的诡秘方式，依托道路附近的丛林、灌木和沼泽行动，用这种卑劣无耻的手段杀人"。[17]

要想解释为什么人们普遍对游击战存在偏见，其实很简单。用约翰·基根（John Keegan）的话来说，前国家时代的战士"欺软怕硬"[18]——职业军人正好相反，而这也是职业军人令人敬畏的原因。前国家时代的战士拒绝用正规的方式交战，也就是与一个强大的对手正面交锋直到分出胜负为止。使正规战术得以永存不朽的是古希腊军队，如果说这种作战方式并非他们的发明的话。

非国家群体之间的战斗，顶多是各自派出两排人，互相大呼小叫，做一些侮辱性的手势，然后在几乎造成不了多大伤害的距离上投掷长矛、飞镖或射箭。原始社会缺乏强有力的组织结构，没有能够迫使人们克服自我保护的本能，从而投入血腥的近距离战斗的惩罚手段。因此，有一些观察家指出，非国家群体之间爆发的冲突往往不能称其为战争，更应该称之为"械斗"或者"仇杀"；和"真正"的战争，诸如坎尼、阿金库尔或葛底斯堡这样精彩的战役相比，没有什么共同点。回到17世纪的马萨诸塞，举个例子，一个英国职业军人曾经在信中嘲笑印第安人："打上七年也打不死几个人"，因为"他们的战斗更多地是为了消遣，而非战胜或歼灭敌人"。[19]

那些评论者忽视了一点，即这些战斗仅仅是原始战争形式的一部分。大多数伤亡并不是由精心设计的遭遇战造成的，往往是在战斗前后造成的——那些行踪不定的战士往往在邻居的土地上行动。人类学家劳伦斯·基利（Lawrence Keeley）写道："一种普遍的袭击战术（广泛应用于白令海峡的爱斯基摩人和新几内亚的恩加人等形形色色的民族）包括在拂晓以前秘密包围敌人的村落，用锋利的长矛刺穿院墙杀伤敌人，通过门堂和通风口向屋里射箭，或者是把屋子点着以后向逃出的攻击对象开火等方法。"[20]

在实施了一轮袭击之后，袭击者会在大队敌人赶来之前化整为零，可能要过些天才会重新出现，再对散居的敌人发动一轮新的袭击。一个部落里的所有成年男性都要参加这样的战争，既不会宽恕敌人，也不会祈求敌人的宽恕。他们绝不会选择投降；如果蒙受了战败的耻辱，他们要么被当即处决，要么普遍遭受另外一种命运，类似于北美东北部印第安易洛魁部落，把俘虏处决然后分而食之。在决出胜负之后，胜利者会霸占失败者的女人，奴役她们和她们的孩子，烧掉庄稼，赶走牲畜，毁掉村庄。

原始战争从始至终都要比文明世界的战争更残酷，这并非说杀戮的总数量（部落社会毕竟规模要比城市文明小），而是说杀戮的比例。人种学者研究了过去两个世纪的许多非国家族群，比如新几内亚的丹尼人、非洲东北部的丁卡人、加利福尼亚的莫多克印第安人、菲律宾的卡林加猎头族等，他们在战争中遭受的死亡率要远远高于（有时候甚至高500倍）战祸最惨烈的欧洲国家，比如20世纪的德国和俄国。部落社会平均每年要在战争中损失总人口的0.5%。[21]如果今天的美国遭到同样比例的损失，就意味着150万人死亡，或者一年发生500次"9·11"事件。而通过考古发现，这样的惨重损失并不仅在现代出现：在苏丹吉贝尔-撒哈巴（Djebel Sahaba）的一处推测年代约为公元前12000～前10000年的墓葬中，有40%的骸骨上有石质箭镞留下的伤痕，不少骸骨上有多处伤痕。[22]这表明在那个时代，战争不但频繁而且非常残酷。当然，以现代的眼光看，这种远古时代的游击战和大猩猩种群之间殴斗的区别，仅仅是前者存在着比较复杂的阴谋诡计。

无论是古代或近现代，部落武装之间的冲突背后基本没什么意识形态或战略因素。部落武装并不知道现代学者所谓的"特种部队闪电突袭"[23]这类术语，他们之所以选择类似的作战形式，是因为在对所有备选方案都深思熟虑之后，他们认为这种战术能给敌人以最严重的打击。他们之所以如此选择，仅仅是因为这是祖祖辈辈一脉相承的战术，也是他们唯一了解的战术。在近几个世纪以前，这种原始的游击战一直是最常见的作战类型。

随着第一批文明体的诞生，部落武装所要面对的敌人的类型也发生了重大变化。在大约公元前3000年以前，部落游击队的作战对象只是其他部落的游击队。在公元前3000年以后，这种部落间战争的形态仍然长期存在，但与此同时部落武装和起义者反抗新生文明国家的战争也不时发生，甚至有时占据主导地位。古代美索不达米亚的历史——一个远比《圣经》或《伊利亚特》所述时代更远古的年代——就充斥着游击队式武装和世界上第一批国家之间的战争。没有什么词比"游击战"更适合来描述这个时代的冲突了。

4
阿卡德与游击战争的起源

美索不达米亚，公元前2334~公元前2005年

有史以来首个王国的缔造者，同时也是第一支正规军的缔造者萨尔贡（Sargon）堪称史前的萨达姆·侯赛因，他定都于阿卡德（Akkad），一座位于巴格达附近的古代城市。根据石刻文字记载，萨尔贡的经历可以说是白手起家的传奇。关于萨尔贡的传说类似摩西（Moses），他是一个孤儿，被装在一个在河里随波逐流的柳条篮子里。萨尔贡从一个普通的侍酒下人逐渐成为基什（Kish）城邦的国王，然后成为诸王之王。在公元前2334~前2279年，他征服了今天伊拉克南部、伊朗西部和叙利亚北部以及土耳其南部的广大地区。萨尔贡一生之中打赢过三十四场战役，自称"天下之主"（king of the world）。

阿卡德王国取得如此大的军事成功的秘密尚不为人所知，可能是因为该国军队装备有一种强劲的复合弓，再加上装有青铜箭头的弓箭，这种武器的影响被称为"在当时具有革命性的创新，相当于……数千年后无烟火药的发明"。其他武器还有枪（lance）、矛（spear）、标枪（javelin）、狼牙棒（mace）和战斧（battle-ax）。同样重要的是，阿卡德王国需要维持一个庞大的官僚机构，来资助和保持这样一支军队，给军人们提供类似"面包和啤酒"的生活必需品。

这台战争机器不仅为阿卡德王国开疆拓土，还要保卫王国已经夺取的胜利果实。被征服的各个城市不时发生叛乱。为对付此种叛乱，阿卡德人的手段用现代的话来说就是"对战败者进行大规模屠杀、奴役和流放，同时彻底毁灭他们的城市"。自称为"狂暴的狮子"的萨尔贡对诸神之一恩利尔（Enlil，古代美索不达米亚的风与权力之神）的训谕相当虔诚，后者告诉他应当"无毒不丈夫"。因而一个个城市从此消失，成为历史长河中的"断壁残垣"。

当然萨尔贡也并未忽视争取其治下子民的拥戴，特别是生活在美索不达米亚的苏美尔人。他致力于推广阿卡德语，并且大力支持艺术的传播。他的女儿恩西杜安娜（Enheduanna）公主，既是诗人也是祭司，她经常思考有关世界缔造者的问题，用楔形文字写下了许多赞美苏美尔人和阿卡德人共同信奉的神明的诗句。而这正是为了维护萨尔贡帝国作为闪米特政权统治苏美尔人的合法性。

但在萨尔贡死后，帝国国土内的叛乱此起彼伏，而萨尔贡之子里木什（Rimush）只能维持短暂的稳定，他命令军队"夷平"了造反的城市。里木什的哥哥玛尼什吐苏（Manishtushu）发动政变杀掉弟弟后篡位，此后他发现"先王萨尔贡留下的土地上到处充满了深深的敌意"。

阿卡德帝国被不断的叛乱拖垮了国力，最终在公元前2190年左右被周边包括胡里安人（Hurrians）、卢卢比人（Lullubi）、埃兰人（Elamites）、亚摩利人（Amorites）在内的山地民族所攻灭。最为残忍的是来自伊朗西南部扎格罗斯山脉的古蒂人（Gutian），史料称古蒂人为"凶猛无情的野蛮人"。美索不达米亚铭文中记载的这些高地民族，可以说是有记载以来第一批成功的游击队组织,而这样的民族在此后的历史时期也会为欧洲人或中国人所熟悉,他们"是来自高山上的毒蛇,其所作所为人神共愤……夺人之妻,掠人之子,在苏美尔大地上散播邪恶与罪行"。而这也是所有遭到"野蛮民族"蹂躏的农耕民族的感受。[24]

在阿卡德帝国崩塌之后的两百年间,游牧民族靠双脚——而不是靠马(当时人类才刚刚开始驯化马和骆驼)——蜂拥进入美索不达米亚、叙利亚和巴勒斯坦。该地区盗匪横行,毫无秩序可言。那些定居在城市的苏美尔人对这些外来户又怕又恨,因为这些人既骁勇善战又粗鲁蛮横。这些游牧民族被称作"像恶狼一样,只有动物本能的毁灭者",被咒骂为"不吃鱼,不吃洋葱"和"发出骆驼刺和尿一般恶臭"(骆驼刺是产自亚洲的一种有毒植物)的野蛮人。

在公元前2059年,乌尔(Ur)帝国在伊拉克南部修筑了一条"直面高原的长城",以便阻挡游牧民族进入美索不达米亚中部地区。但这道长城的修筑过程不但严重超时而且耗资超过了预算,因为构筑过程不断遭到亚摩利人("从上古时代就没有定居城市的帐篷民族")的袭扰,而且最终也无法像中国的长城或者20世纪50年代法国人在阿尔及利亚修筑的莫里斯防线(Morice Line)那样起到一劳永逸的防护作用。在公元前2005年,"来自高地的敌人"——埃兰人洗劫了乌尔,把这座宏伟的城市变成了一座废墟。他们留下的只有"漂浮在幼发拉底河的尸体"和躲过屠杀的难民,根据美索不达米亚石刻铭文的记载,这些难民"像被猎狗追逐的山羊"一样仓皇逃命。[25]

5
有本事就来抓我

波斯人 vs. 斯基泰人，公元前 512 年

16　　美索不达米亚的古代城邦是第一批被游牧游击武装摧毁的政权，但它们绝不是最后一批。游牧民族将成为历史上出现次数最多且最成功的游击队。

最基本的问题其实提出来很简单，但想解决却难上加难：怎么抓住游牧民族？他们既没有精良的装备也没有冗长的辎重队伍，行动自如，基本上要比所有正规军部队的行动都迅速。他们的原则如果用现代语言来说很简单，就是"有本事就来抓我"（Catch me if you can）。在大多数时候，定居民族的军队都很难消灭游牧民族。阿契美尼德（Achaemenid）王朝统治的古波斯就是一个比较早期的案例。

波斯帝国是古代世界最伟大的帝国之一，最初定都于帕萨尔加（Pasargadae），此后迁都于波斯波利斯（Persepolis）。波斯帝国拥有由高大石柱环绕的宏伟殿堂，有分成行省并由总督管辖的广袤国土，有复杂的法律体系，有一套行之有效的税收制度，并且拥有可能是世界上最早的银行，帝国内部由全天候公路系统相连，而且有一套邮政系统，同时还有一支被称为"不死军"的精锐军队。

古波斯帝国的崛起依靠的是居鲁士二世（他被称为居鲁

士大帝）。在希腊军人兼学者色诺芬的笔下，居鲁士"用恐怖手段降服万民，无人敢于反抗；他能够唤醒子民的热情，使他们甘心听从居鲁士的引导"。[26] 不幸的是，居鲁士的魔力在游牧民族面前毫无效果。他在公元前529年丧生于和中亚的马萨革泰人（Massagetae）的战斗中。[27]

居鲁士的继任者大流士（Darius）曾是个军人，他的王位是从居鲁士儿子手中夺取的。同样自称为"大帝"的大流士比他的前辈更幸运，但在和斯基泰人——另外一个来自大草原的游牧民族，和马萨革泰人的关系比较亲近——的冲突中，大流士并不比先王们更成功。马萨革泰人与斯基泰人从本质上说，和那些直到18世纪以前仍肆虐欧亚大陆的各个游牧民族——匈人、匈奴人、阿瓦尔人、保加尔人、马扎尔人、塞尔柱人、蒙古人、鞑靼人、满族人——是不同的。相比之下，他们与19世纪的苏族人、夏延人、阿帕奇人，以及其他不时袭击密西西比河以西美国殖民定居点的印第安部落有些类似。欧亚大陆的所有游牧部落都会带着他们的羊群、马匹、牛、骆驼，有时候还有牦牛，横穿亚洲大草原寻找合适的牧场。游牧民族的生活完全依靠蓄养的牲畜——以奶和肉果腹，以皮与毛遮体，用粪便生火——而且他们也居住在被称为毡房的帐篷里。艰苦的生活环境造就了游牧民族弓马娴熟的特点，远比他们遇到的定居民族善战。世界上第一位历史学家希罗多德（Herodotus）早在公元前5世纪就写道，"斯基泰战士会喝下杀死的第一个敌人的鲜血"，并且把对方的头盖骨当成酒杯。希罗多德声称，有些斯基泰人甚至会剥下"敌人尸体右臂的皮肤"，并且用人皮做成披风或者箭囊。[28]

大流士决心教训一下闯进他领土中的游牧民族。大约在公元前512年,他率领数万大军借助浮桥横渡博斯普鲁斯海峡——这座浮桥堪称军事工程学上的壮举——通过巴尔干半岛进入了今天的乌克兰南部。但让大流士感到沮丧的是,斯基泰人并没有选择和他进行正面交锋。斯基泰人知道在正规作战中敌不过波斯大军,因此他们选择了撤退。希罗多德在他的著作《历史》中写道:"(斯基泰人)赶走了牲畜,毁坏了水井,塞住泉眼,而且在广大国土上几乎没有留下一丁点儿草料。"[29]大流士十分恼怒,他给斯基泰国王伊丹图苏斯(Idanthyrsus)写了一封言辞悲切的信:"你们这些蛮夷,为何不战而退……速来决一死战。"

伊丹图苏斯则回了一封口气轻蔑的信:"波斯人,这就是我的办法……我们斯基泰人既无城郭也无耕地,我们不会因为这些财产可能被夺取或毁坏,就急于与你决战……除非条件有利,否则我们不会决战。"[30]

两人一来一往的信件简单明了地道出了"正规"军团和"非正规"武装团体之间的巨大差别。这种情况很有可能发生在古代或中世纪的所有文明国家的国王与游牧民族酋长,或者今天许多总统或首相与游击队组织或恐怖组织头目之间。相比遇到同样情况的将领,大流士显然要聪明一些,他很清楚自己无法取胜,所以率领着大军全身而退,回到了波斯。

6
"制造一片荒漠"

亚述与罗马反游击战的起源，
公元前1100～公元212年

无论是外部的游牧民族还是内部的叛乱分子，大多数古代帝国在面对这样的游击战争时，应对策略是一样的，归根结底就是一个词：恐怖。古代君主都在寻求用最为残酷的手段来镇压和打消任何敢于武装反抗的行动和念头。因为除了像雅典或罗马共和国等少数例子之外，古代政体一般都是君主制或军人掌权，而不是共和制，这些统治者基本没有道德顾虑，也不怎么需要考虑平息公众舆论。当然，他们也并不理解"舆论"和"人权"的概念。（这两个概念的起源虽然能够追溯到古希腊时代，但具体到这两个词汇，前者是18世纪出现的，后者是20世纪出现的。）

亚述人在公元前1100年征服了从波斯到埃及的达数千英里的广袤领土，他们在实施恐怖性行动方面显得特别残暴。亚述王纳西拔二世（约公元前883～前859年，Ashurnasirpal II）在镇压了苏鲁城（Suru）的叛乱之后，在皇家宫廷里刻下了这么一段文字：

> 朕在叛乱城市的城门前竖起了一根柱子，将所有首恶之人剥皮，用叛乱者的人皮包裹柱子；有些塞进了柱子，

有些用木桩钉在柱子上，还有些用来把木桩捆在柱子上；许多人是在所属国土的境内被剥皮的，朕将他们的人皮挂在城墙上；朕还把参与叛乱的官员、皇室军官的四肢砍了下来。[31]

后世的蒙古人同样有各种稀奇古怪的招数来恐吓敌人，以使其屈服。但就算是在那个没有人权组织和出版自由的时代，这样的招数也未必总能管用，且往往会事与愿违地进一步树敌。由于毁灭性的内战，亚述人已无力镇压巴比伦人的反抗，而此前正是亚述人洗劫了巴比伦。同一时期，反抗亚述人统治的还有位于现代伊朗地区的米底王国。巴比伦人和米底人合力对付他们共同的敌人。在公元前612年，他们攻陷了亚述王国的首都，正如希罗多德所写的："奴隶挣脱了枷锁，一跃变成自由身。"[32]

* * *

罗马帝国所经历和镇压过的反叛次数之多，可谓前无古人后无来者，由此也积累了一套成熟的镇压叛乱的经验。但反过来看，反抗罗马人统治的叛乱者也更为开化。罗马人遭遇的不再是阿卡德人面对的原始游牧部落，而是像昆图斯·塞多留（Quintus Sertorius）、阿米尼乌斯（Arminius）、朱古达（Jugurtha）、塔克法里纳斯（Tacfarinas）、斯巴达克斯（Spartacus）和朱利叶斯·西维利斯（Julius Civilis）这些人领导的起义者，他们曾经和罗马人作战或者生活在罗马，熟知如何利用罗马军队的弱点。昆图斯·塞多留的经历最为独特，他曾经是罗马将军和西班牙总督。公元前87～前86年，塞多留在罗马输掉了第一次内战之后，领导卢西塔尼亚（Lusitanian）

起义者反抗罗马统治。而其他几个人则是罗马化程度不一、比较典型的军人出身的"蛮族",由于出生在国外,他们无法完全享有罗马公民权。对于像斯巴达克斯这样的巴尔干奴隶来说,这种不平等就显得特别残酷。斯巴达克斯从加普亚(Capua)的角斗士训练场逃了出来,最后率领9万奴隶大军一度席卷意大利南部。[33]不只是斯巴达克斯,许多半罗马化的蛮族都心怀怨恨与不满。他们也会同情本族同胞的遭遇,而这种同情心经常为罗马统治者所利用。就像许多现代的恐怖主义者——比如哈立德·谢赫·穆罕默德(Khalid Sheikh Mohammed,据说是策划"9·11"事件的首脑人物)——一样,他们对西方世界的情感夹杂着羡慕、嫉妒和怨恨。

这种情绪逐渐积累直到爆发,造成了许多让罗马人感觉相当棘手的叛乱,结果就是在战争中整个军团被敌人歼灭。最著名的就是在公元9年,由三个军团1.5万名士兵和民夫组成的大军在条顿森林里被日耳曼部落切鲁西人(Cherusci)歼灭,而日耳曼人的领军人物阿米尼乌斯曾取得过罗马公民权和骑士(或者说贵族)头衔。直到六年之后,另外一支罗马军队才在伏击战场找到了那支被歼灭的大军的遗骸。曾经亲临战场的历史学家塔西陀(Tacitus)后来记述道,军团士兵们的尸体形成了一片"满是白骨的平原,或是四下散落,或是堆成一堆,就好像士兵们活着时是倒下、奔逃或死战不退的姿态"。旁边散落着"矛尖和马骨,以及被钉在树上的人类头骨"。另一个罗马历史学家弗洛鲁斯(Florus)则记述了罗马俘虏被虐待的历史:"他们挖掉了部分战俘的眼睛,砍掉了另一些人的手;他们先割掉其中一位战俘的舌头,再缝上他的嘴,并且狂叫'这样你就不会像毒蛇一样吐芯了'。"罗马人此后虽然曾重返征服此地并经历了多次失败,但这次失败是决定性的。从此之后,罗马人收敛了征服莱茵河以东地区的脚步。[34]

为了报复这些叛乱,罗马人要像阿卡德人或亚述人一样残忍血腥。公元前146年被罗马摧毁的迦太基,或者先后在公元70年和公元135年两次毁于战火的耶路撒冷,都证明了罗马人的冷酷。希腊历史学家波利比乌斯(Polybius)记述道,在被罗马军团攻陷的城镇里"不仅能看到人的尸体,还能看到被砍成两截的狗,以及其他被肢解的动物的尸体……我想,罗马人这么干是为了制造恐怖"。[35]为了恐吓可能反抗的人,罗马人四处传播他们的残忍征服。比如说公元70年,为了纪念攻陷耶路撒冷,罗马帝国内部发行了一种纪念"征服朱迪亚"的钱币,硬币上刻有"一名罗马战士手持长矛看押哀痛的犹太人"的形象。[36]最后,正如塔西陀笔下一名不列颠部落酋长所说的那样,罗马帝国的镇暴战争就是:"他们制造了一片荒漠,然后管这叫和平。"[37]这种说法虽未必公正,但仍可以理解。

事实上,罗马人经常使用比较狡猾的战术——比如说,就像近年来以色列对付哈马斯、美国人对付"基地"组织的定点清除战术一样。公元前139年,罗马人因为垂涎伊比利亚半岛(西班牙)的金矿和银矿,计划刺杀当地最令他们棘手的起义领袖。牧羊人出身的维里亚图斯(Viriathus)是游击队领袖,他率军在八年间先后两次击败罗马军团。维里亚图斯以山地据点为依托展开战斗,以其精妙的战术赢得了各地起义者的爱戴:他经常在罗马军队赶到之前佯装败退,然后将其引入伏击圈。公元前146年这种战术收获了胜利战果,维里亚图斯的卢西塔尼亚部落武装用长矛和弯刀在战斗中击败了一支10000

人的罗马军队，歼灭了其中4000人。阵亡者包括体态肥硕的罗马总督盖乌斯·维提略（Gaius Vetilius）。维提略的继任者盖乌斯·普劳提乌斯（Gaius Plautius）也是个有勇无谋之辈，重蹈了维提略的覆辙，在徒劳地追击维里亚图斯的过程中又损失了另外4000人。罗马人几乎不可能抓住起义领导人，希腊历史学家阿庇安（Appian）写道，他和他的随从们跨着"灵便快马"，"而罗马人因为身披重甲、道路不熟加之坐骑不利而往往望尘莫及"。

可能是厌倦了无休止的征战，公元前139年，维里亚图斯派他的三个朋友去和罗马执政官卡塞维利乌斯·卡埃皮奥（Servilius Caepio）谈判。但是，卡埃皮奥并不想就维里亚图斯投降的条件进行谈判，反而以重金收买来使，让他们回去刺杀维里亚图斯。维里亚图斯相当警觉，睡觉时也穿着甲胄，所以刺客们只能朝没有甲胄的喉咙部位下手。事成后刺客们逃回罗马军营，但让他们失望的是，他们并未拿到预先许诺的酬劳。[38]

斩首行动的失败率很高。比如说，2006年"基地"组织伊拉克分支领导人阿布·穆萨布·扎卡维（Abu Musab al-Zarqawi）的遇刺并未对该组织的运转造成重大影响。但是在古代的西班牙，罗马的斩首策略至少取得了暂时的效果。维里亚图斯的死使其追随者丧失了信心，很快便纷纷投降。然而，对罗马人来说不幸的是，伊比利亚半岛很快就出现了新的反抗者。

除了暗杀之外，罗马人还使用过心理战。比如说在围攻耶路撒冷期间，罗马将领提图斯（Titus）至少两次中止攻城。在摧毁了外城城墙之后，提图斯为了震慑城内的抵抗者，以使他们不战而降，而在城外检阅自己的军队。军团老兵约瑟夫斯写道："士兵们披挂整齐，亮出兵刃，而骑兵则衣甲鲜明地按辔而行。"耶路撒冷北面城墙上挤满了"十分沮丧"的围观者，他们注视着军容盛大的罗马军团及其"精良的武器和严整的队列"。而另外一次，提图斯派约瑟夫斯劝说他的犹太同胞效仿自己叛逃到罗马军营这边。约瑟夫斯后来写道，他绕城而行，"找了一个在守军投枪射程之外，但又能让城里人听清喊话的地方，苦口婆心地劝说他们，保全自己的性命、国家和宗庙"。[39]但是劝降未能成功，约瑟夫斯等来的只有叫骂和标枪，而不是投降者。不过，这些行动显示了罗马人对能够动摇敌军抵抗意志的手段青睐有加。

那些想要颂扬罗马人镇压叛乱时的残忍的人，首先要认清这只是故事的一部分。罗马的敌人并非总是和罗马为敌，他们也经常被施以好处而稳定下来。许多罗马皇帝为了通过与"蛮族"达成谅解来维护边疆省份的稳定，经常使用通商的手段，按今天的话说就是"国际援助"。邻国的国王们就成为罗马的主顾，他们的追随者为罗马拱卫边境，或者至少不会再骚扰罗马帝国。罗马人和最为成功的帝国主义者一样，在敌国之间玩弄政治的手段相当纯熟，而且也使用金钱作为武器。

罗马帝国的统治阶层编织了一张复杂的社会和金融网络，将他们自己和帝国内外的地方豪强紧密联系起来。最典型的就是犹太希律王（在位时间约为公元前37～前4年）的情况。这位希腊化的犹太王也得到了罗马帝国有影响力的人物——比如马克·安东尼（Mark Antony）和奥古斯都（Augustus）——的支持，在政治斗争中希律王也对他们轮流施以援手，老练地在各个政治人物之间纵横捭阖。希律王的作为让罗马人不必劳师远征朱迪亚。[40]正是有这样的政治关系，动荡的罗马帝国才能凭借一支不足50万人的军队和占国内生产总值不到 10% 的税收（大多数现代国家的税收超过了国内生产总值的 40%），统治这个有六七百万人口的帝国。[41]

如果罗马帝国的统治手段只有死亡和毁灭，那它的国祚不会那么长久：罗马统治西欧大部、巴尔干、安纳托利亚和北非达 450 年之久。罗马帝国长寿的秘诀在于，罗马人一方面残酷地镇压反抗，另一方面对地方事务的介入不那么深。按照一名现代权威人士的说法，在犹太人起义之前，朱迪亚"也绝不能被称为一个警察国家"。[42]罗马人可能会用不同的方式触及犹太人敏感的神经［比如在一次逾越节（Passover）期间，一名罗马军人闲逛到犹太朝圣者聚集的地方，毫无礼貌地大声喧哗］，[43]但很大程度上犹太人还是能够保持自己的生活方式和宗教信仰，尽管罗马人对一神教有很大的偏见。在朱迪亚只有一支 3000 人的罗马驻军。（提图斯后来慨叹道，千百年来有无数的暴君，而犹太人错把罗马的"仁慈"与"人道"当成了"软弱"。）[44]

事实上，近年来出版的一本书声称，罗马像美国一样，是一个依靠其他国家自愿的服从而建立并维持的"负责任的帝国"。[45]另外一个学者声称罗马帝国主义首先是一种"外交甚至社会"领域的现象，而不"仅仅或主要"是一种军事形态，它是"被征服者和征服者在相对同等重要的地位上……展开了复杂协商"之后的结果。[46]罗马元老院甚至偶尔会惩罚那些对待被征服民族过于反复无常或残酷的军人和使节。[47]同样，如果不能将被征服民族转变为自己的盟友，那么失去由他们提供的人力资源和后勤物资，罗马军队也是寸步难行。

随着同化逐渐加深，罗马帝国内部的反抗虽然没有完全消失，但强度却不断下降。公元前 90 年，全体意大利人都被授予了罗马公民权，从而结束了被称为"同盟者战争"的罗马盟友起义。在公元212年，公民权的范围扩展到了帝国之内的所有自由民，使他们至少在理论上达到了法律面前人人平等。这是罗马所采用的消除动乱因素的手段中最有效的一种，因为它使罗马公民和帝国的兴衰形成了一致的利害关系。对大多数公民来说，维护罗马统治下的和平要比独立的诉求更有利。而维护罗马统治的最大益处是将被征服者从部落混战、盗匪横行、外敌入侵和内乱蜂起的恐惧中解救出来——在罗马帝国崛起之前及崩溃之后，这种现象遍布欧洲和北非各地。社会和平是繁荣的前提。

犹太人由于其强烈的民族归属感，并且其文明出现时间远在希腊-罗马文明崛起之前，因此是一个显著的例外，但许多其他民族也都成功地融入了罗马帝国。各民族的上层人士学习希腊语和拉丁语，使用罗马货币，建造罗马式的城镇，行走在罗马建设的公路上，享受着公共浴池和圆形竞技场，穿着罗马式宽外袍，喝葡萄酒，用橄榄油烹调，参加罗马的宗教仪式（并且此后还皈依罗马的新宗教——基督教）。在乡下，许多人仍然延续着古老的生活方式。然而，正如18世纪历史学家爱德华·吉本（Edward Gibbon）所写的那样："法律和风俗习惯逐渐温和而有力地渗透到各个行省的每个角落。"[48]

后世的历史学家，阿德里安·戈兹沃西（Adrian Goldsworthy）对那些分离活动较少的省份进行了观察："很显然，在罗马时期这些地方并没有甘地、尼赫鲁、华盛顿或玻利瓦尔、肯雅塔或穆加贝之类的人物。"[49]罗马统治的结束最终是由于外部入侵，而不是内部爆发的反抗。

罗马为人们展示了成功的反叛乱作战的正反两面——恩威并施。因此，它并不是那种原始的斯大林主义国家。

7
罗马帝国的崩溃

蛮族入侵，公元 370~476 年

时至今日，人们仍然在争论罗马帝国的崩溃是由于腐败滋生、内部倾轧、偷税漏税、通货膨胀，还是其他什么原因。传统的说法如爱德华·吉本在《罗马帝国衰亡史》(*The Decline and Fall of the Roman Empire*) 中强调的，是罗马帝国后期的缺陷、道德及其他问题。吉本在描述公元 3 世纪一位出生于叙利亚的荒淫君主时（"他穿着一身金光闪闪的丝绸的牧师服装，学着米底人和腓尼基人的打扮，衣襟宽松飘洒；他头上戴着一顶三重冕，多条颈圈和手镯上都镶嵌着价值连城的珠宝；额头染作黑色，两颊涂上不自然的红色和白色"），尖酸地讽刺道："罗马人在经历本国严厉暴君的长期统治之后，现在又该俯伏在华贵的充满女性气质的东方暴政之下了。"[50]

而后世的研究则认为，罗马帝国的根基是被一系列军事上的失败动摇的。[51] 这些惨败是由许多"蛮族"造成的。有些民族，比如日耳曼部落，是以步兵为主的农耕民族。而其他民族，诸如匈人，则是鄙夷农耕的马背民族。有时候这些蛮族能够动员起一支大军，参与主要战役决战，罗马人于公元 378 年在现代土耳其城市埃迪尔内附近的阿德里安堡（Adrianople）遭遇惨败。在这场双方投入兵力均约为 15000 人的战役中，罗马军队被歼灭,罗马皇帝瓦伦斯阵亡。[52] 但这场战役其实是个特例而非常态。蛮族最常见的作战形式是小股骑兵——本质上也就是游击队。至少最开始时历史学家约翰·埃利斯(John Ellis)是这样写的:"他们的战术和游击战模式非常相像。"[53]

罗马和古美索不达米亚都是游牧民族那种"打了就跑"战术的受害者。在罗马帝国崩溃的过程中,冲击最大的事件之一就是来自中亚的马背民族匈人的出现。他们在公元370年左右出现在欧洲——恰好在阿德里安堡战役大大削弱罗马的力量之前。不仅是匈人对西欧的入侵带来了巨大的破坏,许多周边民族为了躲避匈人的威胁而纷纷逃入罗马帝国境内,也给罗马造成了冲击。

今人对匈人知之甚少,他们没有文字,也没有留下任何文献。我们甚至不知道他们使用何种语言,具体来自何方,尽管一个流传甚广的说法认为匈人来自中国北方。我们唯一知道的是,和其他游牧民族一样,匈人既残忍又无畏,而且弓马娴熟(虽然他们显然没有使用马镫的技术),来去如风,坚忍能战。

4世纪的罗马历史学家阿米安·马塞林(Ammianus Marcellinus)用夹杂着赞赏和恐惧的语言总结了这些"嗜血禽兽"的特点,和古美索不达米亚石刻中让苏美尔人惊恐的古蒂人、埃兰人以及其他"草原民族"的描述一样。阿米安写道:"这些人被称为匈人……比当时所有的蛮族还要野蛮。"

> 他们的外形当然还是人形,虽然粗野但是很强壮,既不需要火也不需要精心烹制的食物,食用在草原上搜集的药草或任何动物半生不熟的肉就可以活命,而取暖则是挤在一起背靠他们的马匹……

> 匈人从不居住在屋子里……但是他们在高山密林之间 28
> 游荡,且能够忍受自出生以来就要忍受的饥寒困苦。

阿米安在描述其作战形式时,认为他们使用的是游击队式的战术:

> 他们的行动非常迅速,更喜欢突袭敌人。他们时聚时散,在给敌人以重创之后,就会化整为零、分散开来,而且总是避免死守要塞或工事。

可能是这个原因,6世纪的哥特历史学家约丹尼斯(Jordanes)写道:"匈人并非通过战争手段消灭别国,尽管他们也有这样的机会,而是通过叛乱这种更让人焦虑的方式。"这个评论对这样一个好战民族来说有些奇怪,因为很少有人注意到匈人狡诈的一面。唯一合理的解释是,把"叛乱"简单地理解成对"游击战"——而在当时这个概念并未出现——的一种蔑称。

很难有一支军队兼具"行动迅速而又顽强坚韧"的特点,这需要匈人王阿提拉(Attila the Hun)的出现。匈人的这位传奇领袖曾经和他的兄弟布来达(Bleda)共掌大权10年,但是在公元444年或445年,他谋杀了自己的兄弟,从而独揽大权。一位曾经朝见过这位被称为"上帝之鞭"(The Scourge of God)的帝王的罗马使者后来描述道,阿提拉身材不高,肌肉结实,胸部宽阔,小眼睛,灰白色胡须很稀疏,扁平鼻子而且"肤色黝黑"。他操一口"夹杂着拉丁语、匈人语和哥特语"的话。阿提拉衣着朴素,鄙弃华美的服饰和金银珠宝,而这恰恰是他的副手最为艳羡的。一件干净衣服,一把普通的剑和一个木杯子就可以满足阿提拉的需要了。虽然阿提拉不喜奢华，这一点和未来的成吉思汗相似，但这位伟大的匈人王散发着慑人的光芒："他走路时十分傲慢，眼珠四处乱转，他那引以为豪的精神力量通过自己身体的摆动而表露出来。"

公元5世纪40年代，阿提拉在挥兵西进之前，在整个东欧出尽了风头。阿提拉最喜欢刺刑，也就是将木桩插入受刑者的肛门，这既是处决犯人的刑法，也是他取乐的手段。基督教学者圣杰罗姆（Saint Jerome）描写了罗马世界如何被这些"林中野兽"吓得"惊恐万分"："无人能预料他们的行踪，他们的行动比传言更快，而匈人所过之处，人们不分宗教、阶层和年龄统统惨遭屠杀，甚至连啼哭的婴儿也不放过。未能开口说话的孩子也被杀戮……有多少贤妻良母、清白女子被这些禽兽糟蹋！"

如果放在以前，训练有素的罗马军队肯定能很快消灭只知掠夺而毫无纪律的匈人。但是到了5世纪，罗马已经被无休止的内乱和各种争权夺利的斗争大大削弱了，而且罗马军队的各组成单位也常常在部落同盟的协助下相互打斗。正如一位当代历史学家所写的："在公元217年以后，在罗马帝国的历史上，只有几十年的时间是没有大规模战争的相对和平的岁月。"曾经强悍的罗马军团现在已经不复当年之勇，公元451年，一支由罗马人、法兰克人、撒克逊人和西哥特人组成的大军在现今法国小镇特鲁瓦（Troyes）附近勉强击退了匈人铁骑，但匈人的铁蹄并未就此止步。在特鲁瓦之败两年后，阿提拉因在自己的新婚之夜（一位日耳曼少女，但肯定不是他的第一位新娘）饮酒过度而暴毙。在他死后，匈人帝国短短数年之后即分崩离析。[54]

但是，阿提拉之死也无法挽救病入膏肓的罗马帝国。到公元452年，不列颠大部分、西班牙、北非和高卢部分地区均已落入各个蛮族之手。失去了这些富饶省份的税收，帝国政府的运转难以为继，从而陷入了死亡旋涡。[55]罗马于公元410年和公元455年先后遭到西哥特人和汪达尔人（Vandals）的洗劫。西罗马最后一位皇帝于公元476年被废黜。

最近的一份历史研究文献指出，导致罗马帝国最终灭亡的入侵者数量也就11万~12万。这个数字对于公元375年后的罗马军队可能微不足道，当时罗马军队至少有30万人，而且可能还更多。但是，大多数罗马军队不是在对付波斯帝国或投入内战，就是在守卫上千英里的边防线，防备马贼或流寇。在帝国西部仅剩下9万人的机动野战部队去对付蛮族的入侵。[56]虽然我们不应该忽视游击队在造成内部混乱与纷争时所起到的重要作用——这也是推翻中国的蒋介石政权和古巴的巴蒂斯塔政权的许多现代起义者取得成功的主要因素——但是游击队还远未达到造成罗马崩溃的地步。正如阿德里安·戈兹沃西所指出的，罗马帝国"可以说是被蛮族入侵者'谋杀'的，但是一种慢慢腐蚀其肌体的方式"。[57]

随着罗马帝国的消失，欧洲的统一和安定也就不复存在了。在此后数个世纪中，欧洲大陆陷入了被以游击战为主要作战方式的游牧民族支配的境地。北有维京人，南有阿拉伯人，东边有阿瓦尔人、保加尔人、马扎尔人、蒙古人和突厥人。这些民族往往重复着匈人的故事。一千多年来，语言各异的欧洲国家根本无法凝聚在一起以保卫自身的安全。而东罗马帝国的国祚则长得多：它们将会在此后的一千年里继续统治君士坦丁堡（Constantinople，现代的伊斯坦布尔），但是在此后的数个世纪里其文化与罗马帝国渐行渐远。

8
东方式战术?

孙子之后的古代中国战争

罗马军队经常和游击队交手,但其本身并没有采用过游击战术,那亚洲国家的军队又如何呢?有一种流传很广的说法,它强调存在"东方式"或"东方式战术"。按约翰·基根的说法,这是一种"回避、拖延和间接"的战术[58]——游击队式的技巧。"东方式战术"和那种自古希腊时代就延续下来的,面对面血战至死的"西方式战术"形成了鲜明的对比。[59]进入20世纪以后,中国和越南的共产主义者在游击战争中取得的成功使得这样的说法更为流行。许多人认为毛泽东和胡志明都是直接继承了孙子和中国其他传统战术理念,而不是西方式的强调包围并歼灭敌人的观念。基根因此指出,"'中国式战术'在20世纪的战争中,让那些深受(克劳塞维茨)教条影响的西方军队及将领吃尽了苦头,也蒙受了奇耻大辱"。[60]

但如果就这么理解中国最伟大的军事哲学家孙子,那实在是太肤浅了。孙子有一句名言:"百战百胜,非善之善者也;不战而屈人之兵,善之善者也。"而《孙子兵法》里另外一句广为流传的名言是:"兵者,诡道也。故能而示之不能,用而示之不用,近而示之远,远而示之近。"[61]后世的毛泽东几乎完美地诠释了孙子的理论。

然而,《孙子兵法》只是中国古代军事著作《武经七书》中的一部。其他几卷今人引述不多,不过其中的内容能够更直接地指导军队作战,比如说和《孙子兵法》同时出现于战国时期、由尉缭所著的《尉缭子》。尉缭与罗马军官类似,主要研究训练、纪律和编制。他精心构思了一套由"金、鼓、铃、旗"组成的指挥手段和最小以五人为伍的作战编制:"鼓之则进,重鼓则击。金之则止,重金则退。铃,传令也。旗麾之左则左,麾之右则右。"

那些未能严格遵守如此复杂的军令的军人,等待他们的将是残酷的惩罚,相比之下罗马军团的十一抽杀律似乎还相对仁慈些。如果行伍中的士兵"亡伍不得伍",将身死家残,另外还规定"亡章者有诛"。甚至连鼓手也有严厉的军法约束,"鼓失次者有诛"。

制定这些军法的目的,就像克劳塞维茨所推崇的那种方式一样,是为了打造一支能够击败强敌的军队。《尉缭子》不像《孙子兵法》那样侧重于间接战略,而是直接指出:"敌在山缘而从之,敌在渊没而从之,求敌如求亡子,从之无疑,故能败敌而制其命。"[62]

尽管还没有更直接的证据,但可以推断古代中国和古代印度的作战方式更接近尉缭所推崇的严刑峻法的正规作战,而非孙子的间接方式。当然,各个文明世界所组建的军队很可能都不经常使用间接行动的战术。在公元前3世纪,当时的中国与古希腊一样,各国纷争不息,弱国自称拥兵十万,最大的几个强国则据称能动员近百万大军。就算考虑到当时史学家在记载数字时会不可避免地夸张,各国军队的数量仍旧相当可观。各国军队的主力是被征召的农民,他们徒步行军,穿着盔甲,配备着剑、长矛、戈和弩等武器。和古罗马军队一样，古代中国军队除了步兵之外，还有类似弩炮和攻城器械等方面的兵种配合作战。值得一提的是，1974年在中国秦始皇陵墓中发现了超过6000具兵马俑，这些兵马俑按照精心编制的队形排列，而且分兵种编组。在古代中国，如此编制的军队之间很有可能发生过规模较大的战斗。[63]

总而言之，那种认为欧洲人偏好在平原旷野上以堂堂之阵作战，而亚洲人则更喜欢用游击战式的战术的观点根本经不起推敲。正如两名中国军事历史学者所写："和中国古代军事经典给人们留下的传统印象不同的是，在现代以前，中国和西方的战争方式并没有那么大的区别。尽管兵法总是强调兵危战凶，但中国古代所发生的战争一点儿不比古地中海世界或中世纪的欧洲少。"[64]

游击战也绝非"东方文化"的产物——所谓"东方文化"本身就是个错误概念，因为亚洲地区存在许多种文化。不管是在哪种文化背景下，游击战都是面对强敌时被迫选择的一种手段。总的来看，无论何时，一个政治团体如果有一支足够强大的正规军，它都会选择正面迎击敌人。然而，建立并维持一支强大的正规军需要以一个强大的中央集权国家为基础，这正是许多部落形态的民族无力达到的高度。

9
牧人与汉人

匈奴 vs. 汉，公元前 200～公元 48 年

如果说有什么族群特别偏好游击战术的话，那肯定不是中国这样的亚洲大国，而是那些不断掳掠中国中原地区的游牧民族，就好像在此前后入寇罗马帝国以及其他西方国家的蛮族一样。在公元前135～前134年，汉朝朝廷内部曾就如何处理匈奴这个极其危险的游牧民族而爆发过激烈的争论。[65]

汉帝国的皇帝被称为"天子"，在12万接受过精英教育且能力超群的汉人的辅佐下，统治着约5000万臣民。帝国的首都长安位于今天中国的陕西省。长安人口超过50万，是当时世界上最大的城市之一，唯有同时代的罗马可与之比肩。长安拥有蔚为壮观的建筑物，从天子居住的皇宫，到毫不逊色于今日美国任何商场的繁华市场。巨商富贾身披华服美裳，乘坐骏马香车招摇过市。供达官显贵玩乐的除了各种乐队、杂耍和杂技表演之外，还有盛放在精美漆器中的精心烹制的珍馐美味。[66]

被汉人称为"山戎"的匈奴，作为一个游牧狩猎民族，和汉族的差别相当大。匈奴人来自亚洲内陆，这一地区一般被称为"蒙古"，实际上是现代中国的新疆维吾尔自治区和中亚地区。[67]和经常被扯上关系的匈人类似，匈奴人的历史也有许

多谜点。有一种理论认为,匈奴人有蒙古人种的血统,但没人知道其具体来源。儒家学者声称匈奴"譬诸虫豸狐蜴"。[68]汉朝宫廷历史学家司马迁记载匈奴"逐水草迁徙,毋城郭常处耕田之业",[69]他对于匈奴人"无冠带之饰,阙庭之礼"的习俗感到极为震惊。[70]

匈奴人在战争方面相比农耕的汉人有着无可置疑的优势。匈奴人以弓马技艺著称,相比之下汉军则主要以步兵和战车为主。虽然匈奴总人口为100万~350万,尚不及天朝大国的一州之地,然而匈奴军队却屡屡大败汉军。[71]汉庭大臣晁错写道:"险道倾仄,且驰且射,中国之骑弗与也;风雨罢劳,饥渴不困,中国之人弗与也。"[72]

在汉军逼近之时,匈奴军只要避其锋芒即可,有时甚至会横跨戈壁滩远遁,而汉军由于辎重笨拙,无法追击匈奴军队。司马迁像西方历史学家一样,用抱怨的笔触描述匈奴:"利则进,不利则退,不羞遁走。苟利所在,不知礼义。"[73](这正好进一步证明了当时的中国军队像希腊和罗马人一样,将堂堂之阵的战斗提升到了一个相当的高度,而反对战术撤退。)

汉朝的第一个皇帝汉高祖刘邦曾亲身体会过匈奴人的可怕。公元前200年,高祖亲率大军远征匈奴,招致惨败。高祖率领号称30万的大军深入苦寒之地,1/3的士兵被冻掉手指或冻伤。然后,汉军遭到了此前被其蔑视的匈奴军队的攻击。汉军先锋一路追击,却落入了匈奴军队的伏击圈;汉军当时并不了解匈奴军队经常使用的"诈败"战术。汉军被迫向匈奴部落的雄主冒顿单于进献奇珍异宝,才最终得以脱身。[74]

权衡利弊之下,汉高祖不得不与冒顿单于和谈,双方表面约为"兄弟",但实际上汉匈双方并不平等。为了乞和,公元前198年，汉朝同意远嫁一名公主到匈奴，同时以粮食、丝绸和美酒陪嫁，这些物品都是匈奴梦寐以求而又无法生产的东西。另外，汉朝赠送给匈奴的岁币也逐年增加，包括每年20万升美酒和9.24万米的丝绸。[75]汉朝著名的政论家贾谊曾经提出著名的"五饵"论，即用向匈奴赠送奢侈品的方式软化这些野蛮的敌人，用今天的话说就是国际援助："赐之盛服车乘以坏其目；赐之盛食珍味以坏其口；赐之音乐妇人以坏其耳；赐之高堂邃宇府库奴婢以坏其腹；于来降者，上以召幸之，相娱乐，亲酌而手食之，以坏其心。"[76]

匈奴就像今天的朝鲜一样，很难从外部加以腐化。汉朝的馈赠只是刺激了匈奴的胃口，而且匈奴人也发现，入寇劫掠不但能抢劫到他们需要的财物，还能迫使汉朝方面增加岁币。况且，即使匈奴单于想要遵守与汉帝国的和平条约，他也没法绝对控制住麾下的各个部落。（后世的美国早期政治领袖在和印第安部落头人的接触中也遇到过类似的问题。）结果，汉匈边境的局势持续混乱不堪。在汉人眼中，匈奴人"贪而无厌，入寇频仍"。[77]

公元前135~前134年，年轻的汉武帝刘彻统治下的汉朝廷就对匈奴政策发生了争论。应当如何处理和匈奴的关系？是否应该继续和亲政策？还是在维持了半个世纪的和平之后首次动用武力？

鸽派官员认为和匈奴开战毫无胜算。其中一人以汉武帝的曾祖父汉高祖曾经遭到的惨败为例，劝谏汉武帝不可轻易开战：

> 匈奴轻疾之兵也，至如飚风，云如流电，居处无常， 37
> 难得而制……得其地不可以耕而食也，得其人不可役而畜

也。……疲弊中国，甘心匈奴，非完计也。"[78]

但更加强硬的鹰派官员则认为与匈奴议和是没用的，因为匈奴无信。其中一人指出对匈奴开战"若以强弩溃痈疽"。[79]其他人也认为汉朝应该"一统宇内"，使"夷狄殊俗之国，辽绝异党之域，舟车不通，人迹罕至……垂仁义之统"。[80]

汉武帝当时只有21岁，成为皇帝也只有五年。他是汉景帝的第十子，武帝出生时他的母亲只不过是个地位中等的嫔妃。但是其母通过宫廷斗争成功地取代了前任皇后，并为自己的儿子赢得了皇位。汉武帝在即位之初由皇太后垂帘听政。汉武帝同时还是双性恋，他的一个男宠被皇太后处决，另有一个男宠因为嫉妒而自杀。由于成长在充斥着宫廷阴谋的环境里，汉武帝养成了残忍霸道的性格。他曾处决七个宰相中的五个，数名子女和嫔妃都因为被其怀疑谋反而被杀。汉武帝渴望为自己的臣民构建一个安全的乐土，同时也为了洗雪曾祖父汉高祖当年战败的耻辱，他迫不及待地想要远征匈奴。[81]

汉武帝知道，想要发动进攻的先决条件是集结足够的马匹，这样才能捕捉到飘忽不定的匈奴人。为此，汉朝在边境附近设立了马监，后来又劳师远征，深入今日的乌兹别克斯坦境内以夺取良马。[82]汉朝一边搜罗马匹，一边扩充骑兵，为此一些士兵甚至身着"胡服"，穿着与传统中华服饰截然不同的裤子和短上衣。汉武帝还广泛结交与匈奴相邻的民族，把吸纳这些民族的骑士补充汉朝骑兵作为一项长期政策，采取和罗马类似的"以夷制夷"政策。[83]

这只是汉军所经历的大变革中的一部分，此时的汉军人数已经达到了70万。[84]由于大批军队需要深入敌境长时间作战，因此征募农民服役一到两年的制度根本无法发挥作用——连训练他们掌握骑术或操弩的时间都不够。从此，按照历史学家鲁威仪（Mark Edward Lewis）的说法，军队中开始充斥着"职业军人、游侠和罪犯"。[85]同时代的罗马军队由于同样的原因也在发生着同样的变革——为了帝国整体的稳定，不可能再依靠临时征召的务农平民来讨伐劲敌。[86]为了应对游击式武装的威胁，职业军队在同时代的欧洲和亚洲应运而生。

公元前129年，汉武帝派军队深入匈奴腹地，汉军取得了一些小胜，斩杀了不少人口。但是和那个时代的大多数军队一样，以大规模机动的战术对付游牧武装，很难消灭行动无常、飘忽不定的匈奴人。汉武帝为了消灭匈奴，倾尽国力，以致"天下疲敝"。发动一次远征就可能消耗大半年的岁入。司马迁写道，几年之内"赋税既竭，犹不足以奉战士"，导致"中外骚扰而相奉，百姓抏弊以巧法"。由于货币贬值，汉武帝不得不斩杀鹿苑中的白鹿，以其皮为"币"。[87]

在讨伐匈奴的战争中遭到了两次挫折之后，汉武帝渐渐失去了往日的锐气（三年之后汉武帝驾崩），公元前90年汉朝最终放弃了对匈奴的远征，转入收缩防御，用修筑长城等手段阻止外族的入侵。在此前的四十年时间里，汉朝总共动员了超过200万大军和1000万后勤人员，对匈奴及其仆从国发动了21次单独的进攻作战。[88]汉军的进攻大大拓展了汉朝的疆域，但并没有带来真正的和平。战争的结果更多地局限于表面意义。匈奴被迫同意作为天朝的"属国"，但是汉朝向匈奴回馈的"赐予"要比匈奴的贡品丰厚得多。汉朝继续对匈奴执行绥靖政策，只不过名义上要比以前好听得多。[89]

匈奴最后也彻底瓦解了，但主要原因是公元前57年和公元48年的两场内战而非外部压力。许多匈奴人南下逃入汉朝境内，其他人则一路向西迁徙，根据某种说法，这些匈奴人后来逐渐演变成导致罗马帝国崩溃的匈人。[90]

匈奴人并未攻灭汉朝，但这也并不是他们的目的，他们只是对掠夺感兴趣，而不是多占土地或推翻某个王朝。可能是因为匈奴人的野心不是那么膨胀，所以他们比西方所熟知的蒙古帝国和匈人帝国等其他游牧民族建立的帝国存活得更久。匈奴人统治草原达250年之久，而他们给南边邻居造成威胁的时间则长达500年。中原王朝对匈奴战争的挫败再次证明了，无论是东方军队还是西方军队，他们面对游击式战术都遇到了困难。

* * *

游牧民族对中原王朝的威胁并未因匈奴的消失而解除。新的草原民族仍然在中国北部边疆肆虐。直到1750年，清帝国平定最后一个大型游牧民族联盟准噶尔之后，中原王朝才彻底摆脱了游牧民族的威胁，而这得益于火器技术和后勤体系的进步。[91]对很多皇帝来讲，除了应付外部威胁之外，还得应付内部接连不断的起义，这些起义往往是由赤眉军、黄巾军以及后来的太平天国和义和团等秘密社团组织的。这些起义者也会使用游击战术，而且就算起义最终失败，也会大大消耗朝廷的国力。

中原王朝在建国初期、国力丰裕的情况下，往往会对侵扰频繁的游牧民族实施惩罚性的远征。而如果国力衰微的话，这些王朝则会用财物贿赂和构筑要塞的方法去阻止游牧民族的进攻。这一战略的最大成果就是中国的长城，明朝在15世纪和

16世纪修筑的长城,是世界历史上规模最大的工程奇迹之一。[92]

但是,从来就没有万无一失的防范措施。中国曾经出现过北方的"异族"政权和偏安南方的汉族政权长时间对峙的情况。13世纪的蒙古人和17世纪的满族人更是彻底征服了整个中国。也许有人会怀疑,蒙古族和满族是否真的属于游击式武装。蒙古军队和那种纪律松散的游牧部落差别很大,它是一支编制严密、训练有素,以十人、百人、千人和万人为编制作战的军队。在最高峰时,蒙古帝国总计拥有100万名武装军人。[93]蒙古军队的规模和纪律使其战术和其他游牧民族迥然不同,因而也就脱离了纯粹的游击战范畴。

不管对这些入侵者如何定义,他们带来的影响是相当明显的:在中国处于帝国时代——终结于1911年——的最后1003年时间里,草原的游牧或半游牧民族所建立的异族政权统治中国全境或部分地区的时间达730年。[94]在漫长的历史长河里,中国人以强大的同化能力同化了他们的征服者,而不是反过来被其同化,从而保留了自己的传统文化。在欧洲也有类似的事情,当地民族逐渐同化了来自东方、北方和南方的入侵者的文化。比如说诺曼人,公元8世纪首次出现在法国时是令人恐惧的维京海盗,而他们最终融入了法语社会和基督教世界。但就算最终保留了自己的传统文化,这也不足以弥补草原民族给中国农民或斯堪的纳维亚海盗给中世纪的法国农民带来的恐怖。

10
游击战悖论

为什么能以弱击强？

41　　不同游牧民族对古罗马和中世纪中国等国家进行成功袭扰的史实，使一名历史学家提出了"游牧悖论"（nomad paradox）的观点。休·肯尼迪（Hugh Kennedy）指出，"历史的一般规律是军事优势往往在比较富有的国家，从而也是最发达国家的一边"。然而回顾历史，从阿卡德时代开始，游牧民族就一直在设法摧毁远比他们富有且文明的帝国，尽管"他们没有任何国家或政体组织，往往一贫如洗，而且对文明世界的生活艺术一窍不通"。

　　肯尼迪用游牧民族所享有的军事优势来解释这一悖论，而且其中一些优势我们已经注意到了。首先，游牧民族往往比敌方具备机动力优势，不需要后勤供应就可以在恶劣地形之上行动。其次，游牧民族社会每个成年男子都是战士，因此游牧民族能够动员的人口比例要超过农耕民族。再次，许多游牧民族，如匈人、匈奴人和蒙古人，在某一特定作战技术方面——如骑射——能远胜其敌手。最后，游牧社会中"首领的地位来自在战争和围猎中表现出的能力和智慧"。相比之下，许多农耕政权在任命军队将领时首先考虑的往往是政治因素，其次才是军事素质。此外，可能还要加上第五条，也是最后一个优势：游牧民族没有城市、耕田或其他需要保护的固定目标，不必担忧敌人的进攻可能会牵制其行动。具备这些优势，游牧民族能经常击败农耕民族就是理所当然的事了。[95]

虽然游牧民族在军事上取得的成功令人印象深刻，但它并不是独一无二的。如果把游牧民族所发动的战争看成游击战历史的一部分，那么他们的胜利就不再神秘，也不难解释了。毕竟在最近的两个世纪里，虽然现代国家的力量远超过古代和中世纪，但游击战仍然能迫使超级大国低头。看看越南挫败法国、美国和阿富汗分别挫败英国和苏联的例子，现代游击队具备如此可怕战斗力的原因未必和古代游牧民族完全一样，但在很大程度上有相似之处。这两种武装集团都依靠的是，占优势的机动能力，灵活的指挥，最大限度动员社会力量的能力，以及掌握与敌人不同的作战方式。因此，"游牧悖论"实际上是游击战悖论：弱者如何击败强者。答案就是采取强调机动性和突然性的"打了就跑"战术，让强国难以发挥其全部的优势。

但接下来就又出现了另外一个悖论：即使是最成功的游牧民族，一旦条件允许，他们就会转而采用正规战法。我们此前就提到蒙古人，他们在成吉思汗的指挥下变成了一支半正规军。阿拉伯人也有类似的转变过程。在公元632年穆罕默德去世之后，阿拉伯人纵横中东地区传播伊斯兰教，采用的就是传统的贝都因式战术。阿拉伯人凭借此战术击败了中世纪世界两个最大的国家——倭马亚（Umayyad）王朝和阿巴斯（Abbasid）王朝，其中阿巴斯王朝拥有由能征惯战的外族军人组成的正规军，包括奴隶或前奴隶占很大比例的埃及马穆鲁克（Mamluks）军队。土耳其人也是起源自草原的擅于剽掠的游牧民族，但土耳其后来组建了一支强大的正规军，包括纪律严明的土耳其新军（janissary），代替了从部落中征募的民兵（ghazis）。全新的土耳其军队在1453年的围攻中攻陷了君士坦丁堡，并且用了不到1个世纪的时间兵临维也纳城下。[96]

为什么这些运用游击战法相当纯熟的民族要转而投入正规战呢？首先，职业军队包括步兵、炮兵、军械兵、工兵和其他兵种，使他们能够在不适合使用骑兵的地形上作战，更重要的是，有了这些兵种，游牧军队就可以攻破城墙。土耳其人不是靠弓箭，而是靠69门大炮攻破了君士坦丁堡，其中包括两门27英尺长、可发射重达半吨的石球的巨炮。守备、行政、维持治安之类的任务，也由职业军队完成，不需要临时征兵。

游牧武装转变为正规军的另一个主要因素是，维持弓马娴熟的作战状态太过困难，这需要从儿童时期起就不断进行大量训练。可以想象一下在全速狂奔的马上转身射箭——也就是著名的"帕提亚回马箭"。一位历史学家指出，一旦游牧民族和农耕民族混居，"游牧民族很快就会丧失他们的个人天赋和集体凝聚力"。[97]大多数原来的牧人，或者至少他们的子辈和孙辈都会欣然选择比祖先的生活更为舒适安逸的定居生活。结果就是没有人会继续采用游击式的战术，这是非常艰难而且通常由别无选择的生活方式所催生出的战术。

11
叛乱的格子裙

苏格兰 vs. 英格兰，公元 1296~1746 年

在西方世界，罗马帝国垮台之后事实上并没有继承者。此后过了 1000 多年欧洲才再次出现强国。在这个时期，欧洲分裂成许多小国和封地，这些政体无力组建像罗马那样的正规军，而罗马时代那些用以支持正规军、需要精心维护的公共设施也不复存在了。封建领主的军队由贵族、仆从以及雇佣兵组成，那些雇佣兵往往被召集来服役几个月，参加一场战斗或战役，然后就被遣散。国王想要征兵，必须依赖领地内贵族的忠诚，如果贵族不再忠于国王，那么其麾下的士兵也不会为国王卖命。如果说游击战是弱者的作战方式，那么在中世纪的欧洲，每个小国或封地都弱小到只能采用游击战的方式。

人们往往会忽略上述事实，因为关于中世纪流传甚广的一个神话是，当时的战争是骑士之间的交手。这种作战方式似乎和鬼鬼祟祟的低烈度战争形成了鲜明对比。但在现实中，那种经常在史诗里出现的决斗场面很少出现。[98] 要塞攻防战才是更重要的方式。"骑兵抄掠"也是如此，或者用当时流行的法语词"chevauchée"。这个中性词在当时是灾难的象征：骑士游荡在敌方境内，四处放火、劫掠、强奸、绑架和杀戮。伍德斯塔克的爱德华（Edward of Woodstock）——也就是 1355 年在

45　法国境内剽掠八周的黑太子（Black Prince）——的侍从约翰·温菲尔德（John Wingfield）爵士在寄回英格兰的一封信中描述了这类行动中的一例。温菲尔德在1355年12月23日给温切斯特主教的信中写道："阁下，想必您会对我主在阿马尼亚克（Armagnac）地区抄掠并攻克数个城镇的事迹非常欣慰，除了他驻扎的核心城镇之外，数个城镇都被焚毁或夷平。此后他又闯入里维耶尔（Rivière）子爵领地，攻克了当地重镇普莱桑斯（Plaisance），将其焚毁之后又在周边留下了一片废墟。然后他又进入阿斯塔克（Astarac）地区……"字里行间不难看出黑太子及其麾下5000多名英格兰士兵在所过之处的所作所为，从波尔多到图卢兹之间150英里的地方，这些人身后留下的是百里赤地。温菲尔德吹嘘道："在这次抄掠中被摧毁的乡村和城镇为法国国王发动战争所提供的赋税，比其王国的一半土地所提供的还要多。"[99]

有时候，骑兵抄掠战术是为了牵制敌军部队。而更常见的情况是，比如说黑太子的行动，为了避免和优势之敌决战。骑兵抄掠并不能算作欧洲的发明，其在阿拉伯、北非、中亚和许多其他地区都有广泛的应用。阿拉伯半岛的贝都因人特别精于这种后来逐渐被称为"劫掠"（razzia）的战术——正如数个世纪之后T. E. 劳伦斯发现的那样，贝都因人因此被认为是特别出色的游击战士。

和贝都因人或匈奴人不一样，中世纪的欧洲人并不具备特别浓厚的运用骑兵抄掠战术的文化背景，他们更尊崇正面对决。他们使用骑兵抄掠战术纯粹是出于现实考虑。城堡密布使得精心策划的会战很少发生；即使偶尔发生，会战也不具备什么决定性意义，因为战败的一方可以迅速撤退到安全的城堡里。在15世纪加农炮被广泛应用之前，城堡很难被攻破，但寻求城堡庇护的同时就把周边防御能力薄弱的广大乡村向劫掠者敞开了。抄掠战术的优点在于既容易实施又有利可图。对那些不指望军需官发薪水或供应军粮的士兵来说，抄掠所得的战利品可以维持他们的日常生计。同样，土匪和溃兵也有借口来洗劫那些可怜的农民：他们可以宣称是为了一个宏伟的目标而战斗，但实际上这些人感兴趣的只是中饱私囊而已。

实施骑兵抄掠战术的部队通常人数相对较少，从几十人到千余人，这种行动近似于我们所说的游击战争。如果作战部队的规模达到数万人，那就近似于正规作战行动，特别是当进攻者以占领某一地区为目的，而非仅仅洗劫。

骑兵抄掠战术的主要目的是逐步给敌方平民造成恐慌心理并削弱其抵抗意志。和其他低烈度战争一样，骑兵抄掠战术在实践中并不能迅速奏效，必须要经过数年时间才能显示出其效果。因此，中世纪、文艺复兴和大革命时期欧洲的战争持续时间特别长，这在现代人看来简直有些反常。典型的战争包括百年战争（交战双方为英国和法国），八十年战争（交战双方为荷兰和西班牙）以及三十年战争（交战双方为德国的新教徒和天主教徒）。

英格兰－苏格兰战争持续的时间要更长：从1296年英王爱德华一世第一次入侵苏格兰开始，到1746年苏格兰最后一次起义失败为止，持续450年。人们将这场战争称为"格子裙叛乱"，它显示了中世纪欧洲游击战术普遍存在而且战争久拖不决的原因。

* * *

苏格兰伟大诗人约翰·巴伯（John Barbour）曾经写道，

800名"骁勇善战的"士兵紧追不舍,而且还有一种秘密武器——"一只嗅觉灵敏的猎犬"。这里说的是罗伯特·布鲁斯(Robert the Bruce)自己抚养的猎犬,因而熟悉布鲁斯的气味,总是能够找到他的气味。追杀者由苏格兰贵族、效忠于英王爱德华一世的约翰·罗恩(John of Lorne)带领,不过罗恩之所以追杀布鲁斯及其"从犯"更多是出于个人原因。他是约翰·科明爵士的亲戚,而33岁的卡利克伯爵(Earl of Carrick)布鲁斯为了争夺苏格兰王位,在前一年杀掉了科明。

在科明死后六周,也就是1306年3月25日,布鲁斯确实加冕成为苏格兰国王,但此后布鲁斯不得不在英格兰军队及其苏格兰仆从的追杀下逃亡。布鲁斯曾经试图和占据数量优势的英军进行正面决战,结果先后遭到了达尔林(Dalry)之败和梅斯文(Methven)之败。[100]布鲁斯的部属几乎损失殆尽,他被迫藏身于乡野之间,一名现代历史学家描述这些地方是"广袤的荒原沼泽",四处游荡着野狼和野猪,只有"稀稀落落"的道路和桥梁。[101]

这片土地上的居民相当贫穷,但又特别吃苦耐劳。他们操起长矛、长柄斧和五英尺长的双手阔剑进行抵抗。[102]苏格兰高地的男人们穿着苏格兰短裙,今天短裙已经成了装饰性服饰,但在当时却具备实用性。一名历史学家写道,因为"男人们要频繁地涉水渡河,或在雨天长途步行",所以"宽松的格子裙"能够"迅速干燥,并且能很容易脱下来拧干",而裤子"则会黏住和摩擦皮肤,或者由于使两腿持续湿冷而诱发风湿病和其他疾病"。[103]布鲁斯的少数随从穿裙持刀,只靠一点水和一包燕麦跋涉长途。

就算是布鲁斯自己，一般也没有什么特殊待遇。同时代的苏格兰编年史作家约翰·福尔顿（John of Fordun）描述布鲁斯时称，"整整两周没吃什么正经的粮食，仅靠草和水维持生命"。有时候布鲁斯甚至只能赤脚行军，因为他的靴子"实在太破旧，根本就不能穿了"，而且为了躲避追杀，布鲁斯只能睡在山洞里。布鲁斯是"苏格兰贵族中的流浪汉"，而大多数苏格兰贵族都臣服于英格兰统治之下，正如布鲁斯在夺取王位前的四年时间里臣服于英格兰一样。约翰继续写道："正因如此，布鲁斯成了为远近众人所不齿的谈资和笑料。"

布鲁斯在绝望之中不得不采取对于一个天潢贵胄来说很难接受的作战方式。他曾经把骑兵进攻看成正规战的缩影——梦想着带领旌旗鲜明的大军征战。布鲁斯很同意他的侄子的观点："你应该努力在正面战斗决一胜负，而不是靠阴谋诡计取胜。"但布鲁斯很有自知之明，他认识到自己"在兵力上根本不足以与敌人抗衡"，因此他不得不转而使用计谋。"速度、突然性、机动性、小规模战斗、焦土政策和拔除据点——这就是其作战方式的特点。"对布鲁斯研究最深入的现代传记作家杰弗里·巴罗（Geoffrey Barrow）如是写道。巴罗指出，这位未来王者的作战方式"源于他对游击战争优势无可替代的信任……这不仅仅是个革命性的决定，而且也凸显了他的雄才大略和超凡想象力"。但是，这种战术真能奏效吗？

苏格兰早期起义——布鲁斯此时微不足道，立场也模糊不清——的领导者威廉·华莱士（William Wallace）就曾采用类似的战术，尽管最初取得了一些胜利，但他最终仍未能摆脱失败的命运。1305年华莱士被俘并被押送到伦敦，他遭受的是对叛国罪犯人的标准酷刑：先施以绞刑，然后在"半死不活"的状态下被切下生殖器、挖出五脏六腑，最后被斩首和碎尸万段。他的首级被挂在伦敦桥上，肢体被送到四个不同的城市。[104]布鲁斯知道他也有可能遭到这样的命运。布鲁斯家族已经为了他的反抗而付出了高昂的代价：他的妹妹和女儿被囚禁，三个兄弟被杀。英国人要想吊死这个"苏格兰反贼"，首先要抓住布鲁斯。但抓住他却并不容易。

1307年，在猎犬正在四处寻觅其踪迹的时候，这位游击战之王正在格拉斯哥以南的卡姆诺克（Cumnock）附近东躲西藏。他手下只有300人，所以不能冒险和罗恩所率部队决战。布鲁斯决定把部下化整为零，分成三个部分以便分散追兵。但是猎犬并未被另外两支突围队伍所迷惑，死死追踪布鲁斯的行迹。布鲁斯再次把手下的人分成了三队，然而那只猎狗仍然穷追不舍它的老主人。布鲁斯因而决定除了自己的结义兄弟之外，把剩下的人统统遣散。但即使如此，那只猎犬仍然"毫不犹豫"地紧追。罗恩命令手下5个跑得最快的士兵紧随猎狗跑在最前边，准备截杀布鲁斯。布鲁斯知道自己已经无路可逃了，他停下来，手持宝剑严阵以待。约翰·巴伯在1376年完成的史诗《布鲁斯》中写下了后来发生的事：

五个士兵很快追了上来，他们一边恐吓一边叫骂。五个人各持刀剑，三个人直逼布鲁斯，另外两个人去对付他的随从（布鲁斯的结义兄弟）。布鲁斯以一对三……布鲁斯猛击冲在最前边的那个人，一剑砍穿了那人的耳朵、脸颊、脖子和肩膀。此人仆然倒地，另两个人看到同伴被杀，十分惊恐，因而稍稍后退。布鲁斯余光一扫发现另两人和自己的兄弟厮杀在一起，他丢下当面这两人，向另外两人扑去，砍翻了其中一人。然后他又回身来和剩下的那两个人交手，这两人鲁莽地朝布鲁斯冲来。布鲁斯一剑砍掉了冲在前边那个家伙的胳膊。

……这下双方人数对等了，布鲁斯接下来颇费了一番力气砍死了第四个敌兵。然后，他的兄弟很快砍死了第五个人。[105]

经过一场厮杀，布鲁斯"汗透衣衫"，但他没时间庆祝这场小胜，罗恩的手下带着猎犬已经出现在他的视野里。布鲁斯和结义兄弟跑进了森林。从1306年到1314年，布鲁斯的日常生活就是四处逃亡。在这段亡命天涯的岁月里，福尔顿总结布鲁斯所经历的是"灾祸、惊悸和危险，艰苦与疲倦，饥饿与干渴，警戒和断粮，衣不遮体与寒冷，圈套和流亡，身边心腹的被俘、监禁和死亡"[106]——然而布鲁斯仍然逐渐占据了上风，他不仅把英格兰人赶出了他所控制的苏格兰领土，甚至时而骚扰英格兰北部地区。

起义者遇到的主要麻烦是分布在苏格兰各处的英军堡垒。由于苏格兰起义者缺乏合适的攻城武器，他们不得不主要依靠突击队进行英勇的突袭。有一次，布鲁斯所部甚至披上黑色的披风，在暗夜中假扮成牛，手脚并用地爬行，只为了接近一座多面堡，以便爬上绳梯后发起突袭。[107]

* * *

1314年，苏格兰人感到自己羽翼已丰，足以挑战英格兰人，而此时的英国国王是爱德华一世不成器的儿子爱德华二世，双方在班诺克本一决雌雄。苏格兰人在班诺克本之战中取得了辉煌的胜利，用一句中世纪编年史中的话形容："对英格兰人来说，这是不幸、痛苦而悲惨的一天。"[108]班诺克本之战比此前的斯特灵桥和福尔柯克之役更具决定性。此后苏格兰和英格兰之间的战争延绵不断，打打停停，尽管有时双方会暂时"讲和"或者"休战"，但最终战火仍会重燃。

布鲁斯及其继任者将继续对英格兰北部不断进行骚扰式作战，按照中世纪编年史的记载，他们"四处烧杀"。[109]苏格兰士兵不但到处劫掠，而且向平民勒索保护费。英格兰军队行动太慢，根本无法阻止苏格兰军入寇，但苏格兰军队对边境地区的骚扰也无法重创英格兰人。布鲁斯不得不绞尽脑汁策划其他战术，比如入侵爱尔兰骚扰当地的英国占领军，甚至曾经试图在英国女王的老家约克郡绑架她。[110]尽管这些战术既大胆又富有想象力，但最终还是失败了。

苏格兰国王罗伯特一世死于1329年，他身后的王国仍然面临着英格兰入侵的威胁。苏格兰既小且贫，难以和南边的邻居抗衡。14世纪初苏格兰人口还不到100万，而同时期的英格兰人口为550万。[111]但苏格兰人仍然不屈不挠地反抗，绝不屈服。

对英格兰国王来说，他们缺乏足够的资源或耐心以抚定躁动的苏格兰乡村。英军的入侵大都面临这样一种局面：最初能取得一两次胜利，但是面对苏格兰人的坚壁清野，英军在乡间毫无立锥之地，唯有撤退。在1322年的一次入侵行动中，如狼似虎的英军士兵称，在整个洛锡安（Lothian）地区只找到了一只瘸腿奶牛。[112]如果今天有人想象那些长时间的冲突，比如克什米尔或巴勒斯坦地区的冲突，能够通过谈判而迅速巧妙地得到解决，那就是忽视了英格兰与苏格兰战争的教训：为了鲜血与土地而战，游击队和正规军之间会发生绵延不绝的小规模冲突，这样的冲突甚至能够持续数个世纪之久，且冲突双方（指苏格兰人和英格兰人）在宗教和意识形态方面的差别远比印度人和巴基斯坦人或以色列人和巴勒斯坦人更小。

苏格兰和英格兰之间有组织的战争在16世纪渐渐减少，而直到1745～1746年雅各比派旨在复辟天主教斯图亚特王朝的起义中，苏格兰起义者和英格兰军队发生了最后一次冲突。在此之前的数个世纪里，双方边境由于"响马"（在古英语中是土匪的意思）的出现而动荡不安，他们打着民族主义的旗号干着打家劫舍的勾当。

*　*　*

历史学家艾瑞克·霍布斯鲍姆（Eric Hobsbawm）发明了"社会性土匪"（social bandits）的概念，以形容这些"被乡邻追捧为英雄、盟主、复仇者、正义战士，甚至可能还是解放运动领导人，归根结底被认为值得钦佩、乐于助人且可以依赖"的"乡野歹徒"。传说中的罗宾汉就是这种草莽英雄，而现实中有苏格兰的罗伯·罗伊·麦格雷戈（Rob Roy MacGregor，1671～1734年）、美国的杰西·詹姆斯（Jesse James，1847～1882年）、澳大利亚的内德·凯利（Ned Kelly，1855～1880年）以及墨西哥的潘乔·比利亚（Pancho Villa，1878～1923年）。希腊游击队（klepht）和海杜克（haiduk）分子虽然名声不那么响亮，但更具代表性，基督教游击队在巴尔干半岛反抗土耳其统治前后达500余年。霍布斯鲍姆指出绿林好汉的普遍存在是"历史上最为人所知的普遍社会现象之一"；在社会秩序崩坏的地方总会出现这种群体，比如今天南美洲各国边境的那种三不管地界。那些穷山恶水的地区，比如苏格兰、科西嘉岛、西西里岛、西班牙和巴尔干在历史上都是社会性土匪滋生的沃土，直到国家力量足够强大以后这种现象才销声匿迹。[113]

从罗马帝国崩溃到17世纪民族国家崛起之间的这段时间里，欧洲的大多数战争都不能简单地分辨"社会性土匪"和溃兵、正规军和游击队之间的区别。这些武装团体都会为了自己的利益残害那些倒霉的农民。18世纪的诗人、剧作家和历史学家弗里德里希·席勒（Friedrich Schiller）曾经深有感触地描述他的祖国德国在17世纪的三十年战争中被各种各样的武装团伙蹂躏而"沦为一片丘墟"的荒凉景象，只留下"一片枯竭、血腥、荒芜的景象，让人发出长长的叹息"。[114]这就是游击战式的总体战，一场波及一切的战争，而这也是罗马帝国崩溃之后千年，民族国家与正规军衰落之后的必然结果。

不过这一切正在发生改变，至少在西方是如此。1648年《威斯特伐利亚和约》终结了三十年战争之后，欧洲开始逐渐出现力量强大且组织严密的国家，同时也出现了力量强大且组织严密的游击武装团体挑战这些政权。对立双方此消彼长的过程是战争史上最持久的现象之一：随着国家政权的防御能力不断增强，游击队在进攻能力上也会取得进步。

12
纸上谈兵
反游击战的优点

回顾上古时代和中世纪的战争会发现另外一个悖论：越原始的游击队取得的成功越大。少数起义者成功的例子，比如犹大·马加比和罗伯特·布鲁斯，他们都深谋远虑，因此也取得了相当程度的胜利。他们都敏感地意识到需要获得政治支持，并且构建了一套用以取代敌国政权的政治体系。但这样成功的范例其实是比较少见的，大多数古代的起义者都没有动员民众反抗统治者的能力——而在那个年代，政府的统治形式大都是专制独裁，很少有人可以影响皇帝、国王或执政官的决策。大多数起义者，诸如维里亚图斯、昆图斯·塞多留、斯巴达克斯、韦辛格托里克斯（Vercingetorix，又译维钦托利）、布迪卡（Boudicca）和其他死于罗马军队手下的起义者最终都难免落败。古代起义者缺乏争取外部援助或通过大众传媒（当时也不存在）披露自己状况的能力，因此，他们不得不形单影只地和冷酷无情的国家机器对抗。

古代世界最成功的游击武装是游牧民族，他们摧毁了罗马帝国，占领了中华帝国和其他欧洲国家的大片领土。他们并不试图在某个国家组织革命，众所周知这是一项极其困难的事业。他们只是不断地侵蚀一个国家的外围防线，直到某个时候

53　整座大厦轰然倒塌。游牧民族的成就虽然宏伟，但几乎只有消极影响。除了阿拉伯人、土耳其人、蒙古人和满族人逐渐和定居民族融合，大多数游牧民族都无力构建一套持续的统治体系。游牧帝国往往经过一两代的统治就会土崩瓦解。但是，游牧民族自出现之日起，就基本没有能力仅仅依靠"打了就跑"的战术给一个稳定的国家造成毁灭性打击。所有的古代名将——亚历山大、恺撒、汉尼拔、西庇阿——都尽力克服了这一难题。就像亚历山大大帝于公元前329～前327年转战中亚得到的经验一样，他们中的很多人都发现，击败游牧民族武装比击败一支庞大的正规军还难。

尽管游牧民族曾对世界上一些最强大国家产生重要的，甚至是攸关存亡的影响，但是到17世纪时，游牧民族已经开始逐渐退出历史舞台。随着火药帝国（英国、法国、俄国、普鲁士、土耳其、印度、中国）的崛起，其强大的官僚机构能够动用大量资源，建立全新的世界秩序。停留在弓箭时代的游牧民族根本无力与装备着火枪并且有强有力后勤保障的军队对抗。而在其他方面，游牧社会由于受到粮食资源的限制，其社会规模也很有限。（草原资源只能供养一定数量的牲畜。）游牧民族终究会被拥有巨量财富和资源的工业社会所吞没。

类似巴尔干抵抗组织、普什图人和苏族人的部落式原始游击战争在西方世界的边缘地带一直活跃到20世纪。直到今天，在一些三不管地带，如索马里和巴基斯坦边境还存在类似的武装团体，不过其行动方式已经明显有了现代化特征。在本书第三章我们将会详述从美国中西部平原到高加索群山之中，这些原始的游击队是如何被现代化的西方军队所击败的。但是在18和19世纪，西方世界也兴起了许多拥有政治理念、高水平战术、组织更加严密的游击队。这些游击队很难被镇压下去，因为其拥有的武器和技术足以和现代化军队相抗衡。

与古代或中世纪的情况截然不同的是，现代社会的游击队所具备的优势之一就是他们能够汲取前人的经验教训。在20世纪以前，人们的读写水平普遍不高，缺乏书籍，远距离交通也很困难。许多人的生活圈子都很狭窄，各种起义者很难互相取经，更不用说像21世纪的伊斯兰圣战者那样，利用互联网等手段来协调行动了。反抗罗马的犹太起义领导人西蒙·焦拉（Simon bar Gioras）无疑对于此前曾经领导犹太人起义的马加比和大卫王的历史很熟悉。不过焦拉可能对在西班牙反抗罗马统治的维里亚图斯了解不多，而目不识丁的维里亚图斯肯定不会对在中亚反抗亚历山大大帝的希皮塔米尼斯（Spitamenes）或者与汉帝国交战的匈奴首领冒顿单于的故事了解多少。随着印刷书刊的传播以及教育的普及，起义者们往往能够了解前人的经验，找到扼住强大帝国咽喉的有力武器。

镇压起义的一方也能够从很久以前的历史中找到前辈的足迹。至少在大约公元600年拜占庭帝国皇帝莫里斯编写的《战略》（*Strategikon*）一书中，就出现了反叛乱作战规则的雏形。这本书中阐述了如何战胜斯拉夫人、阿尔瓦人和其他"喜欢用诡计、偷袭和切断辎重的方式来战胜敌人"的"乌合之众"。莫里斯在书中提前十几个世纪就预言"搜索并歼灭"战术在对付游击队时将是失败的，而德军在南斯拉夫、美军在越南和苏军在阿富汗的经历也证明了这一点。他写道："特别需要提醒的是，一定要避免进行正面交战，特别是在战争初期，而应以精心策划的伏击、袭击和巧妙的战术应对。"[115]甚至古希腊和古罗马早期的军事科学著作，比如战术家埃涅阿斯

（Aeneas）在公元前 4 世纪编著的《围城余生记》 (*How to Survive under Siege*) 一书里，就提出了如何与叛乱者及颠覆者（潜入城内的敌人）作战的问题。而在希罗希德的《历史》、恺撒的《高卢战记》以及许多古代的军事著作中，和"野蛮人"部落交战的内容都占了很大篇幅。

  但是直到现代，以起义者视角编写的相关史料才开始出现，因为古代和中世纪大多数的起义者都是文盲。在 19 世纪以前，并不存在成形的有关叛乱斗争的指南。自 19 世纪以后，游击队用书面宣传材料更容易争取到平民的支持，因此宣传战和心理战逐渐占据重要的地位，成为那个时代游击战争最鲜明的特点。对现代起义者的武器库来说，印刷机和步枪、炸弹处在同等重要的地位。随着交通技术的进步，起义者的活动范围也随之扩大。在中古时代，使用游击战术作战的武装团体大都是以部落或宗教信仰为纽带，而随着世俗的意识形态，比如民族主义、自由主义和社会主义等思潮的出现，越来越多的抱持各种思想的人加入了游击队行列。启蒙运动不仅开创了西方历史的新纪元，也开创了游击战争的新时代，这将是第二章的主题。

注　释

1. 将犹太战争中的事件转换为用现代日期表示的尝试可参见 Levick, *Vespasian*, 40–42.
2. Roman army: Goldsworthy, *Roman Warfare*; Hackett, *Warfare*; Heather, *Fall*; Campbell, *Roman Army*.
3. Ambush: Josephus, *War*, in *Complete Works* ("continued": 2.19.6; "unexpected": 2.19.7; "covered," "fell," "contrivance": 2.19.8; "calamity": 2.20.1); Suetonius, *Twelve Caesars*, 284 (eagle); Gichon, "Campaign"; Goodman, *Rome*, 9–10.
4. End of revolt: Josephus, *War*, 2.19.8 ("flight"), 6.5.1 ("ground"), 6.8.5 ("blood"); Suetonius, *Twelve Caesars*; Tacitus, *Histories*; Cassius Dio, *Roman History*; Goodman, *Rome*; Price, *Under Siege*; Levick, *Vespasian*.
5. Hanson, *No Other*, 94.
6. Thucydides, *Peloponnesian*, 3.82–83.
7. Aetolions: Ibid., 3:94–98, 250–53.
8. Alexander in Central Asia: The best account is Holt, *Land of Bones* ("thick": 76). See also Arrian, *Campaigns*; Curtius, *History*; Diodorus, *Historical Library*; Plutarch, *Lives*; Green, *Alexander*; Fuller, *Generalship*; Stein, *Alexander's Track*; Worthington, *Alexander*.
9. Maccabees: Josephus, *Jewish Antiquities*, in *Complete Works*; 1 and 2 Maccabees; Hayes, *Jewish People*; Bright, *Israel*; Shanks, *Ancient Israel*; Hearn, *Maccabees*; Scolnic, *Brother's Blood*.
10. Diaspora revolt: Cassius Dio, *Roman History*, 68.32; Eusebius, *Ecclesiastical History*, 4.2; Bloom, *Revolts*. Bar Kokhba revolt: Cassius Dio, *Roman History*, 69.12–13; Yadin, *Bar-Kokhba*; Hayes, *Jewish People*, 211–15; Goodman, *Rome*, 464–69; Isaac, *Limits*, 84; Bloom, *Revolts*.
11. David: I Samuel 16–31; Josephus, *Jewish Antiquities*, 6.12–13; Bright, *History of Israel*, 193–95; Shanks, *Ancient Israel*, 85–98; McKenzie, *King David*, 70–110; Gabriel, *Military History*, 234–35.
12. LeBlanc, *Constant Battles*, 128–56; Gat, *War*, 157; O'Connell, *Of Arms*, 26–33.
13. Spalinger, *Ancient Egypt*, 36 (force size), 83–100; Hackett, *Warfare*, 29–32; Ferrill, *Origins*, 54–57.
14. Tatersall, *Beginnings*, 91.
15. Diamond, "Vengeance."
16. Edwards, *West Indies*, 1.527 ("dastardly").
17. Malone, *Skulking*, 24.
18. Keegan, *Warfare*, 9.
19. Underhill, *Newes*, 36.
20. Keeley, *War before*, 65.
21. Ibid., 195, 93.
22. Ferrill, *Origins*, 23–24; Keeley, *War before*, 37; Guilaine, *Origins*, 67–72.
23. Mann, *1491*, 43.
24. Sargon: Hamblin, *Warfare* (cup bearer: 73–74; "king of the world": 76; weapons: 98;

"bread and beer": 96; "mass slaughter": 79; "show mercy": 76, 99; "annihilated": 78; "all the lands": 80; "lawless": 103; "serpent": 103); Yadin, *Art*, 1.48 ("revolutionary"); Liverani, *Akkad*; Sasson, *Civilizations*, vol. 2; Frayne, *Royal Inscriptions*; Westenholz, *Legends* (wicker basket: 41; "ruin": 71; "lion": 99); Lewis, *Legend*; Meador, *Inanna*; Hallo, *Exaltation*; Snell, *Near East*; Bradford, *Arrow*.

25 Invasion of Mesopotamia: Hamblin, *Warfare* (wall: 110–11; "no cities": 155; "enemy": 120; "ruined": 121; "corpses," "goats": 122).

26 Xenophon, *Cyropaedia*, 1.1.5.2.

27 Herodotus, *Histories*, 1.201–16; Farrokh, *Shadows*, 48–49.

28 Scythians: Herodotus, *Histories*, 4.64–65 ("drinks," "arms"); Hildinger, *Warriors*, 5–14; Barfield, *Frontier*, 20–28; Grousset, *Empires*, 6–15; Sinor, *Cambridge History*, 97–110.

29 Herodotus, *Histories*, 4.120.

30 Ibid., 4.126–27.

31 Ferrill, *Origins*, 69; Saggs, *Assyria*, 262.

32 Herodotus, *Histories*, 1.95. See also Hackett, *Warfare*, 36–53; Saggs, *Assyria*; Holland, *Persian Fire*, 1–7; Bradford, *With Arrow*, 41–49.

33 Strauss, *Spartacus*; Shaw, *Spartacus*.

34 "Bleaching": Tacitus, *Histories*, 1.62. "Hiss": Florus, *Epitome*, 2.30.

35 Polybius, *Histories*, 10.15.4.

36 Price, *Under Siege*, 175.

37 Tacitus, *Agricola*, 81.

38 Death of Vetilius: Appian, *Wars*, 63.266. Platius's losses: 64.270. "Agile": 62.263. Death of Viriathus: 74.311–14; Richardson, *Romans in Spain*, 65.

39 "Marched": Josephus, *War*, 5.9.1. "Begged": 5.9.3.

40 Herod: Richardson, *Herod*; Perowne, *Herod*; Hanson, *Ancient Strategy*, 175–76.

41 Scheidel, *Economic History*, 45–49.

42 Goodman, *Rome*, 397.

43 Josephus, *War*, 2.12.1; Goodman, *Rome*, 386.

44 Josephus, *War*, 6.6.2.

45 Madden, *Empires*.

46 Tabachnick, *Enduring Empire*, 129.

47 Madden, *Empires*, 178.

48 Gibbon, *Decline*, 1.1.

49 Goldsworthy, *Rome Fell*, 16.

50 Gibbon, *Decline*, 1.170.

51 Mitchell, *Later Roman Empire*, xiv, 该书指出，自20世纪60年代起，学术界的相关研究"已经改变了我们对罗马帝国末期历史根深蒂固的传统观念，并且在很大程度上取代了爱德华·吉本提出的有关罗马帝国兴亡的范式"。另见Heather, *Fall*, 141; Jones, *Later Roman Empire*, 1027. Goldsworthy, *Rome Fell*, 11–25, 该书指出历史的钟摆就是不断在兴衰之间往复。

52 Goldsworthy, *Rome Fell*, 258.

53 "Guerrilla mode": Ellis, *Barrel*, 39.

54 Huns: Ammianus, *History*, 31.2.1–12 ("beasts," "very quick," "indomitable"); Jordanes, *Origins*, 36.188 ("treachery"); Priscus, "Court" ("haughty"); Schaff, *Select Library*, 6.130, 161 ("these brutes"); Thompson, *Huns*; Man, *Attila* (impalement: 128–29); Howarth, *Attila*; Matyszak, *Enemies*, 270–81; Hildinger, *Warriors*, 57–74; Kennedy, *Mongols* (stirrups: 28–30); Mitchell, *Later Roman Empire*, 197–202; Goldworthy, *Rome Fell*, 22 ("After 217"), 314–35.
55 Heather, *Fall*, 346.
56 Ibid., 446–47.
57 Goldsworthy, *Rome Fell*, 415.
58 Keegan, *Warfare*, 387.
59 Hanson, *Carnage*.
60 Keegan, *Warfare*, 221.
61 "Without fighting": Sawyer, *Seven Classics*, 161. "Deception": 158.
62 "Gongs": Ibid., 266. "Capturing": 265. Drummer, "climb": 267.
63 Chinese armies: Ibid., 10–11; Peers, *Soldiers*, 36; Graff, *Military History*, 29–31.
64 Graff, *Military History*, 13–14.
65 Debate: Cosmo, *Ancient China*, 210–15; Barfield, *Perilous Frontier*, 54.
66 Han: Lewis, *Chinese Empires* (market: 83); Loewe, *Everyday Life*; Chang, *Rise* (50 million: 1.177; 500,000: 1.85); Hardy, *Establishment* (120,000 mandarins: 101).
67 Sinor, *Cambridge History*, 1–18; Soucek, *Inner Asia*, xi–xii.
68 Graff, *Military History*, 57.
69 Sima, *Records*, 2.196.
70 Ibid., 129–30. "Girdles": 145.
71 Barfield, *Perilous Frontier*, 49; Kierman, *Chinese Ways*, 81; Chang, *Rise*, 1.158.
72 Cosmo, *Ancient China*, 203.
73 Sima, *Records*, 2.129.
74 Ambush: Sima, *Records*, 1.78–79, 2.138–39 ("gifts": 138); Barfield, *Frontier*, 35–36; Cosmo, *Ancient China*, 191–92; Sinor, *Cambridge History*, 121–22.
75 Sima, *Records*, 2.139; Barfield, *Frontier*, 45–48; Cosmo, *Ancient China*, 192–94; Lewis, *Chinese Empires*, 132–33; Graff, *Military History*, 64; Chang, *Rise*, 1.145; Sinor, *Cambridge History*, 122–25; Yu, *Trade*, 40–51.
76 Barfield, *Frontier*, 51; Yu, *Trade*, 36–37.
77 Sima, *Records*, 2.149.
78 Ibid., 194.
79 Cosmo, *Ancient China*, 213.
80 Chang, *Rise*, 1.129.
81 Wu: Chang, *Rise*, 1.89–96, 1.145 ("avenge"); Pan Ku, *History*, 2.27.
82 Sima, *Records*, 2.67, 247–51; Perdue, *Marches West*, 35; Cosmo, *Ancient China*, 232.
83 Cosmo, *Ancient China*, 203–4; Lewis, *Chinese Empires*, 139.
84 Chang, *Rise*, 1.86.
85 Lewis, *Chinese Empires*, 138.

86 Goldsworthy, *Roman Warfare*, 105-9; Hackett, *Warfare*, 165-67, 170-73; Holland, *Rubicon*, 161-62; Mackay, *Ancient Rome*, 98, 125-26.
87 "Hardship," "exhausted": Sima, *Records*, 2.64-65. "Hide currency": 2.69. Revenues: Barfield, *Frontier*, 57.
88 Chang, *Rise*, 1.2, 155, 224.
89 Barfield, *Frontier*, 58-63; Graff, *Military History*, 65.
90 Wright, "Equation Revisited,"总结认为,"有有利的证据证明这两个族群之间有着相当紧密的关系"。
91 Perdue, *China Marches West*, 282-87; Lorge, *War*, 164-66; Barfield, *Frontier*, 293-94; Graff, *Military History*, 127-29.
92 Waldron, *Great Wall*.
93 May, *Mongol*, 21.
94 Graff, *Military History*, 67.
95 Kennedy, *Mongols*, 16-21.
96 Uyar, *Ottomans*; Crowley, *1453*.
97 Uyar, *Ottomans*, 5.
98 Parker, *Illustrated History*, 84-87; Prestwich, *Edward I*, 44.
99 "Burning": Barber, *Black Prince*, 50. "Revenue": 52.
100 John, *Chronicles*, 334.
101 Scott, *Robert*, 4.
102 Barrow, *Robert*, 88.
103 Murray, *Rob Roy*, 39.
104 Wallace: *Chronicle of Lanercost*, 175-76; John, *Chronicle*, 2.332; Bower, *History*, 194-95; Fisher, *Wallace*, 226-53; Mackay, *Wallace*, 245-68 ("half living": 265).
105 Bruce: Barbour, *The Bruce* ("valiant," "so good": 103; "endeavour": 160; "harry": 81; "such a blow": 107; "sweat": 109); John, *Chronicles* ("raw herbs," "hiss": 335); Bain, *Calendar*, 2.474 ("accomplices"), 2.483 ("traitor"), 2.495 (cages); Bower, *History* ("art": 199); Scott, *Robert* ("moor": 4); Barrow, *Robert* ("speed, surprise": 221); Barron, *Scottish War*, 260-94; McNamee, *Robert*, 112-36.
106 "Mishaps": John, *Chronicle*, 333.
107 Barbour, *The Bruce*, 171; Scott, *Robert*, 139; Sadler, *Border Fury*, 117-18.
108 *Chronicle of Lanercost*, 207.
109 Froissart, *Chronicles*, 47. See also *Chronicle of Lanercost*, 194-95; John, *Chronicles*, 341-42; Barrow, *Robert*, 305-19.
110 Scott, *Robert*, 193; McNamee, *Robert*, 217.
111 Campbell, *Black Death*, 49; Campbell, "Benchmarking."
112 Barbour, *The Bruce*, 318.
113 "Heroes": Hobsbawm, *Bandits*, 20. "Universal": 21.
114 Schiller, *Thirty Years' War*, 109.
115 "Undisciplined": Maurice, *Strategikon*, 96. "Deceit": 116. "Strategems," "greedy": 119.

北 美 洲

新泽西
1776~1777年
北美独立战争

列克星敦和康科德
1775年
北美独立战争

1776年北美
殖民地疆域

南卡罗来纳 1780~1781年
北美独立战争

海地 1791~1804年
独立战争

大 西 洋

南 美 洲

第二章
自由或死亡
自由主义革命者起义

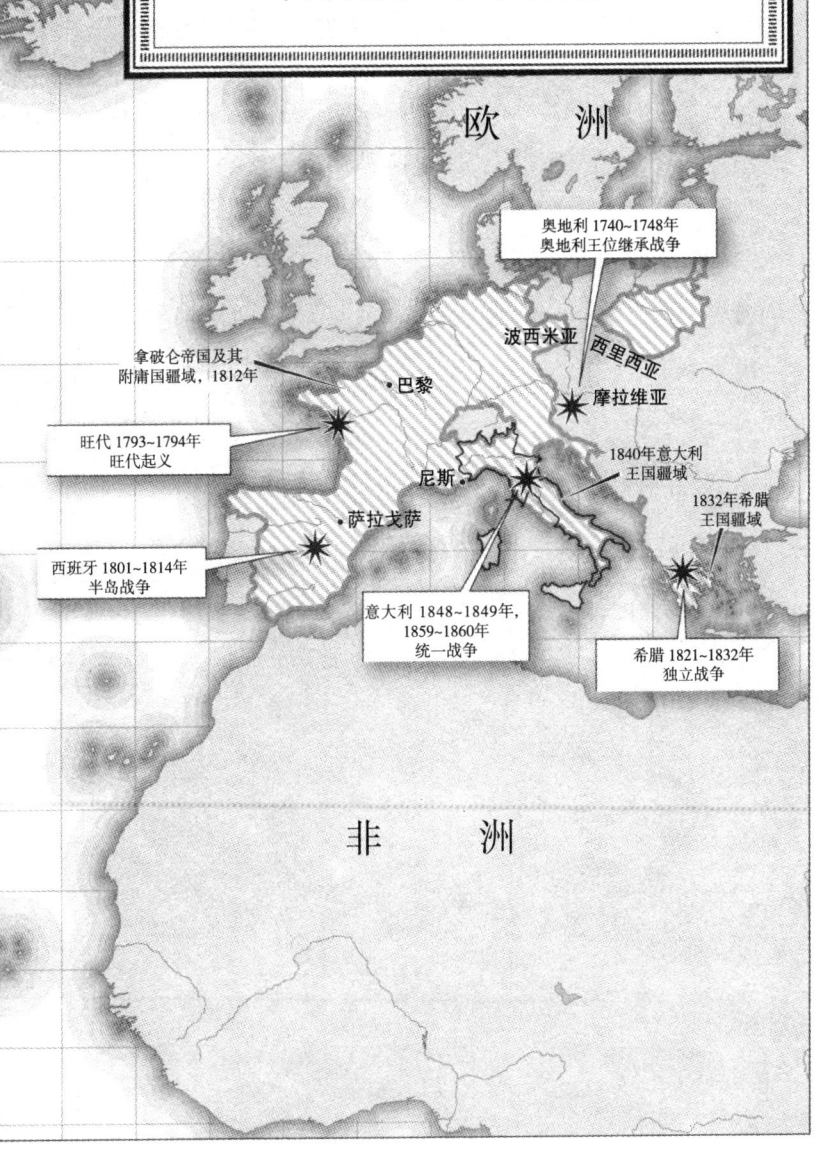

欧洲

奥地利 1740~1748年
奥地利王位继承战争

波西米亚
西里西亚
摩拉维亚

拿破仑帝国及其
附庸国疆域，1812年

·巴黎

旺代 1793~1794年
旺代起义

尼斯·

1840年意大利
王国疆域

·萨拉戈萨

1832年希腊
王国疆域

西班牙 1801~1814年
半岛战争

意大利 1848~1849年，
1859~1860年
统一战争

希腊 1821~1832年
独立战争

非洲

13
启蒙时代的起义者

轻骑兵、潘都尔兵和游骑兵，公元 1648～1775 年

如果想要证明意识形态、宣传手段和其他新元素在游击战争中的重要性，那么 1775 年英属北美殖民地爆发的革命就是绝佳范例。这是此后一系列革命运动的开端，而其中许多革命运动中都有游击战的成分，这场革命的烈焰席卷了欧洲及其殖民地达一个世纪——从 18 世纪末延续到 19 世纪末。本章内容不止于美国反抗者的小规模战争，其中包括了美国历史上的诸多事件，还有许多知名度不太高的战争——西班牙人和海地人反抗法军的战争、希腊人反抗奥斯曼帝国的战争以及意大利人反抗哈布斯堡王朝与波旁王朝的战争。但是，在讲述这些战争之前，有必要先了解一下 1648 年的《威斯特伐利亚和约》对欧洲战争作战方式的改变。

正规战和非正规战的分界线一直都很模糊，两者在中世纪几乎没有什么区别，而在三十年战争结束以后，随着民族国家常备军的逐渐增多，两者的界线又逐渐清晰起来。这一过程伴随着民族国家的崛起，在 17 世纪后半叶达到了临界点。那个年代的正规军由居住在营房里的士兵组成，由教官培训、职业军官指挥、后勤机构供应补给、工厂生产被服和装备、医院和荣军院为他们提供医疗保障。到 1700 年，仅法国就拥有人数

达40万的常备军。

西方的战争在18世纪达到了一个程式化的巅峰,这种情况是前无古人后无来者的,各个君主制国家的军队用基本相似的模式和类似的规则来作战。(这些出现在战争中的限制条件都会在未来思想解放的年代销声匿迹,因为那时候正规军往往要和具备鲜明战术特点的起义者作战。)就像古希腊时代的做法,西方国家精心编制了一套从围攻堡垒到越野行军的无所不包的作战指导原则,从而把军事学纳入了科学领域,或更准确地说是伪科学领域,当时这一领域备受启蒙思想家推崇。结果就是当时的军队都是穿着鲜艳的制服且排着严整的方队,缓慢而固执地推进,毫无隐蔽的意图。士兵们被教育要对纷飞的子弹视若无睹,躲避被认为是懦夫行为。[1]

没有什么变化比采用标准化制服具有更重要的象征意义——英军穿着猩红色军服,法军为白色军服,普鲁士军队的军服是深蓝色,奥地利军队的军服则是灰色。军服的出现意味着一眼就能区分军人和平民,因此不穿着制服参战的武装人员就显得更加与众不同,这也就是后世所谓的游击队。但这个定义其实并不准确,因为有些游击武装也有军服,而有些正规军则可能用游击战术作战或者没有足够的军服。但总的来说,"以衣取人"的原则还是适用的。反过来,没有军服的武装人员会被视为土匪、间谍或游击队员,而无权享有战争法所给予正规军军人的一切权利,当时的战争法律编纂于17世纪,其在欧洲战争中的某些时刻能够得到交战双方的遵守。

在源于西班牙语的"游击战"(guerrilla war)出现之前,法语和德语中均有表述类似行为的词组:"petite guerre"与"kleine Krieg"(意为小规模战争)。使用这种战术的武装团体被称为"游击队"(partizans)。游击队在经过了一个世纪的低潮之后,在奥地利王位继承战争(1740~1748年)中重新抬头,这场战争是奥地利、英国、汉诺威、黑森及荷兰,与巴伐利亚、法国、普鲁士、萨克森及西班牙之间爆发的战争。奥地利在战争初期节节败退,部分领土被外国军队占领。在后来收复国土的战斗中,奥地利以那些来自帝国边缘地带的"化外之民"组成的军队为先锋——匈牙利和克罗地亚的轻骑兵、潘都尔兵(pandour),以及其他在巴尔干半岛曾和土耳其人缠斗了几个世纪的基督教民族。这些非正规军活跃在奥地利的西里西亚、波西米亚和摩拉维亚等省份,对小股法军或普军发动残忍的袭击,他们很少优待俘虏,有时候甚至会砍掉敌人的首级。随着奥军转入反攻,这些游击武装纷纷冲在第一线,四处杀人放火。有一个奥地利贵族说这些武装的所作所为就是"焚烧房屋、抢掠教堂、挖人眼耳、屠戮平民、奸淫妇女"。19世纪的一名作家也曾哀叹道:"这些恐怖野蛮的潘都尔兵和来自土耳其边境的暴民几乎毁掉了整个巴伐利亚。"[2]

腓特烈大帝和他的将军们谴责这些散兵游勇是"禽兽"。[3]但是,随着他们认识到非正规军的效力,包括腓特烈大帝在内的许多欧洲国家统治者也纷纷开始效仿奥地利的做法。有些被征召入伍的非正规军士兵,比如普鲁士轻骑兵或俄罗斯哥萨克骑兵,往往来自欧洲那些无视法律的穷乡僻壤。其他国家的类似武装,比如黑森的猎兵或法国轻骑兵则往往是能娴熟使用来复枪的猎人或护林人,尽管来复枪的装填速度比当时军队普遍使用的滑膛枪要慢,但是精度更好。正规军部队也逐渐开始细分轻步兵的任务,比如掩护主力行军、侦察和袭扰敌人后勤补给线。到18世纪70年代,在大多数欧洲军队中有约20%是这种轻装部队。[4]

在北美地区的英军部队渐渐倚重被称为"游骑兵"（ranger）的新型轻步兵。游骑兵是今天"特种部队"的前身——他们接受游击战术训练，比正规军更灵活，但比散兵游勇更有纪律性——游骑兵接受的是林地作战训练，以对付法国殖民地部队海军陆战队（Troupes de la Marine）及其印第安武装盟友。由罗伯特·罗杰斯（Robert Rogers）少校指挥的罗杰斯游骑兵最为著名。罗杰斯是一名来自新罕布什尔的苏格兰-爱尔兰后裔，罗杰斯"意志坚定、少言寡语"，脸上有一道战斗留下的伤疤。罗杰斯在这块英国殖民地的一个偏远小镇生活，从14岁开始就跟当地印第安人打打和和。1775年，24岁的罗杰斯加入了殖民地步兵团，他的任务是侦察和执行其他类似的任务。罗杰斯的战绩相当出色，不到一年的时间，他就被一名军官评价为"熟悉当地林区情况，且穿着及生活习惯类似印第安人"，并奉命组建"一个独立游骑兵连"。

罗杰斯所部的行动特点听起来像是继承了中世纪的骑兵抄掠。罗杰斯后来写道，有一次他发现了一个防御空虚的法国村庄，"我们大干了一场……一把火烧掉了村里的房子和谷仓，焚毁了大批小麦和其他谷物；我们还宰了50头牛，走的时候整个村庄变成了一片火海"。罗杰斯不止剥掉法国人的头皮，还会处决伤重不能行动的战俘，或者在印第安人的村庄里大肆屠杀。1759年，罗杰斯率领游骑兵在圣弗朗西斯村杀掉了至少30名阿布纳基印第安人，包括女人和儿童，该族的战士因袭扰新英格兰而声名狼藉。如此残忍的行为使得罗杰斯在印第安人中间得到了"白魔鬼"的称号。他后来因为在独立战争中站在英国一边而饱受同胞唾骂。直到许多年以后，人们才将他视为美国的英雄来纪念。

罗杰斯留下最丰厚的遗产是用来训练士兵的二十八条"行伍之中必须严守"的条令。其包括：

> 如果遭敌突袭而陷入险境，应该化整为零，从不同方向突围，并约定当晚重新集结的地点……
>
> 应该在夜色中突袭敌人，这样敌人就无法摸清我方的数量，如果攻击不得手，也可以利用夜幕掩护撤退……
>
> 如果敌人紧追不舍，那就带着他们兜圈子，找机会伏击敌人，狠狠敲一下对方。

这些原则足以经得起时间的考验，时至今日美国陆军游骑兵部队仍然遵守着这些规则。但就像一个罗杰斯的传记作者所写的，它们的"简明"是种"欺骗"："实际上只有林中老手才能加以熟练利用。"[5]

除了罗杰斯的条令，探讨轻步兵战术的一般军事手册有很多，比如萨克斯元帅的《沉思》（Reveries，又译《梦想》）及其他大量军事专著。一个典型的例子是一位法国军官撰写的《游击战》（La petite guerre，1756年），书中写道："因此，有必要很好地了解并利用轻装部队袭击敌人的概念……拥有一批轻装部队的军队很显然比缺乏此类部队的军队具备显著优势。"关于这个主题的著作如此之多，以至于1785年黑森军官约翰·冯·埃瓦尔德（Johann von Ewald）在其著作《论游击战争》（Treatise on Partisan Warfare）中写道："我知道自己所写的内容并非全新的理论。"[6]

美国历史上最为人津津乐道的流言之一，就是把独立战争描述成装备着来复枪的扬基佬击败了那些墨守欧洲战争陈规、因循守旧、不知变通的英国军队。这种说法夸大了事实。真相是当北美革命爆发时，英军有着丰富的反游击战经验，这种经验不仅来自在欧洲与奥地利的潘都尔兵和苏格兰高地人的战斗，还来自在加勒比地区同牙买加黑奴以及在北美同印第安人和游骑兵的战斗。红衣军（Redcoats）① 自然懂得以松散队形投入战斗并且尽量寻找掩护，而不是像某些历史学家所说的那样，"行动呆板，容易遭到袭击"。[7]

但是在美国革命爆发时，许多其他在偏远地区作战的经验却被英军忽视了。就好像美军未能汲取越战中的反游击战经验而导致伊拉克治安战初期的灾难性后果一样，英军也因为忽视了曾经的非正规战经验而付出了高昂的代价。红衣军所面临的难题多种多样，因为他们面对的不只是打了就跑的传统游击战术，还有当时刚刚出现的全新的游击战因素——强有力的舆论宣传。这一全新武器甚至比从背后飞来的战斧更致命，也更难对付。

---

① 因其时英军士兵身着红色军服而得名，区别于加里波第的红衫军（Redshirts）。——译者注

14
美国大黄蜂

反英革命，公元 1775～1783 年

自古以来，无数的安全机构都试图通过逮捕首要嫌疑分子和查抄武器的方式来避免或破坏叛乱的发生。在 18 世纪和 19 世纪的意大利、爱尔兰以及波兰，各国安全机构展开的类似行动有不少都取得了成功，在这些国家往往存在密谋推翻外国占领军的地下活动。在 1967 年至 1987 年的约旦河西岸及加沙地带也有类似的情况，当时以色列安全部队通过对巴勒斯坦民族主义者采取先发制人的打击，取得了相当大的成功。在这种情况下，当局必须采取先发制人的措施，因为"把叛乱扼杀在萌芽状态要比叛乱蔓延之后再镇压容易得多"。

上面这句话是 1775 年 3 月 28 日，时任驻北美英军总司令的托马斯·盖奇（Thomas Gage）将军在殖民地叛乱爆发之初写下的。1773 年，一群激进分子为了抗议征收茶叶税，在波士顿港将一批英国茶叶倾入海中，即为"波士顿倾茶事件"，自此之后北美殖民地将爆发骚乱的迹象已经再明显不过了。为维护秩序，盖奇将军采取了一系列先发制人的措施，比如说 1774 年 9 月 1 日，一支由 260 名士兵组成的部队突袭了波士顿城外 6 英里的一个地方，一枪不发就收缴了 250 半桶装火药。但这样的行动，无论取得了什么样的成绩，总是要冒相当大的

65　风险。袭击行动有可能以惨败收场，比如 1993 年在摩加迪沙的"黑鹰坠落"一战中美军特种部队的下场。1775 年 4 月 19 日，英军在波士顿外围也有类似的遭遇，付出了相当高昂的代价。英国人自此陷入了困局，而这恰恰是他们一直以来所极力避免的：北美爆发了全面革命。

盖奇当天根据线报得知，在波士顿以北 20 英里处的康科德镇有一座储备大量武器的军火库，遂命令所部前往查抄。他同时还想逮捕躲在附近列克星敦小村里的约翰·汉考克（John Hancock）和塞缪尔·亚当斯（Samuel Adams），他们都是当时声名狼藉的煽动者。为了执行这一任务，英军特意挑选了 800 名轻步兵和掷弹兵——全都是精锐。然而，在英军出动以前，他们的行动计划就已经泄露，被美国激进分子侦知，泄密者很可能包括盖奇那位出生在美国的妻子。4 月 18 日是星期二，两名传令兵，威廉·道斯（William Dawes）和保罗·里维尔（Paul Revere），在春寒料峭的月朗之夜向密谋者传递情报。有种说法是他们当时大喊"英国人就要来了"，但这不太可能——根据历史学家大卫·哈克特·费舍尔（David Hackett Fischer）的说法，其实连这两人都自认为是英国人。他们的原话应是"正规军就要来了！"

在黎明前黑暗的乡间行军的英军士兵，听到了不详的杂音，有教堂的钟声，有鼓声，还有信号枪的响声。4 月 19 日星期三清晨 4 点 30 分，英军发现早已有一个连的民兵在列克星敦严阵以待。两批人马——240 名红衣白裤的英军正规军和六七十名穿着便服的当地农民——在东方刚刚露出曙光的时候对峙，双方距离不过 70 码，枪上膛，刀出鞘。

一名英国军官大喝："滚蛋，你们这些天杀的反贼！还不速速缴械滚蛋！"

民兵指挥官约翰·帕克（John Parker）深知占据道义制高点的必要性——必须让英国人开第一枪。他告诫手下："在敌人没有开枪射击之前，不要先开枪；但是如果敌人硬要把战争强加给我们，那就让战争从这儿开始吧！"然后，就在民兵开始退散的时候，突然有一个人开了一枪，有可能是走火了。结果，吃惊而沮丧的英军士兵还以步枪齐射。17名列克星敦民兵当即倒地，其中8人当场死亡或几近死亡。

英军抵达康科德的时候大约是早上8点，数百名民兵已经严阵以待。很快该地域就聚集起千余名民兵，包括著名的"义勇军"（minutemen），这是一种被认为可以在"一分钟以内"就聚集起来的民兵武装。英军根本没想到这些"乡野村夫"能有什么战斗力——国王私人第4团的一名上尉嘲笑这些家伙是"地球上最懦弱的一群匹夫"——但是这些民兵的表现为自己赢得了对手的尊重。虽然没有职业军人，但是许多马萨诸塞民兵都是和印第安人交过手的老兵，在这一天里他们展示出了丰富的战斗经验。[8]这些民兵的表现足以警醒后世那些傲慢轻敌的军人，也包括当年那些北美民兵的子孙，现代美军就像18世纪的英国人一样在全球各地充当世界警察。

战斗开始后不久，民兵方面的火力越发猛烈起来，结果有一百多名英军士兵"溃不成军、乱七八糟"地被从康科德的北桥击退。在经过了一个早晨长久而激烈的战斗之后，英军掷弹兵和轻步兵在下午开始沿着一条孤僻狭窄的小路向波士顿撤退。民兵紧追不舍，由于他们很难接近到有效射程以齐射消灭英军，因此这些武装起来的农夫和小商人们转而从侧翼迂回，"用分散而不规则的方式"，利用丘陵、房屋、石墙和果园作为射击阵地。一名英军士兵后来回忆道："敌人压根没有10人以上的队伍。"这些"扬基恶棍"就像致命的毒蛇一样慢慢滑入英国人的下腹部，而且专挑英军军官来打，因为这些军官穿着引人注目的红色军服，脖子上戴着闪闪发亮的颈甲。一个在这场战斗中受伤的士兵后来写道："他们的战术根本不是正规军战术，像蛮族一样躲在大树和石墙后边，或者藏在树林和田野里偷袭。"另一个士兵则抱怨道："他们根本不和我们正面交手。"

英军士兵"遭到一名隐藏起来的民兵的射击"，他们冲进敌兵藏身的屋子并"杀掉了里边的所有人"。但是，英军的灾难并未结束。下午两点，休·珀西勋爵（Lord Hugh Percy）带领不到一个旅的援兵赶到列克星敦，他看到的是先行的英军部队"被彻底打垮"。然而，即使是拥有2门野战炮，加上被打垮的残兵差不多有2000人的英军，冒着许多军官所形容的"从四面八方不断射来的火力"，历经苦战才退回波士顿。这一天英军有65人阵亡，207人负伤或失踪，而美国民兵则有49人阵亡，44人受伤或失踪。

这种在实践中被证明为相当合理的战术，是自称为"谢顶胖子"的指挥官威廉·希斯（William Heath）准将最为推崇的，他在当天午后接管了民兵的指挥权。希斯是一个和蔼可亲的人，一个亲切的农夫兼业余军事家，此人纵览欧洲和美洲历史中关于游击战的典故——可以说是"英语世界所有相关的军事著作"。希斯认为新英格兰地区是最适合展开游击战的地方，在这种思想的指导下，其麾下的民兵后来被称为"殖民地轻骑兵"（Colonist Hussars）。

1775年4月19日标志着北美革命全面爆发而大英帝国开

始瓦解，北美民兵表现出了高超的游击战术。列克星敦和康科德之战可说是教科书式的典范，表明实施游击战术的武装平民即使对付精锐正规军也能有所作为。就算是珀西勋爵也不得不承认："他们中有许多人精通曾经对付印第安人和加拿大人的游骑兵战术，而这片土地遍布森林和山丘，是开展游击战的理想场所。"[9]

* * *

美国著名作家拉尔夫·瓦尔多·爱默生（Ralph Waldo Emerson）将康科德之战描述为"一群严阵以待的农夫发出了震惊世界的枪声"，不过乔治·华盛顿并不特别看重这场战斗。[10]华盛顿曾经作为英国正规军军官参加过对法国人和印第安人的战争，他也有意效仿英国人的战术。1775年7月2日，华盛顿抵达波士顿，接受大陆会议的授权执掌大陆军帅印——经过列克星敦和康科德之战，以及马萨诸塞民兵毙伤半数来犯英军的邦克山之战——之后，华盛顿吃惊地发现他麾下多为"缺乏指挥、纪律和命令约束的山野村夫"。这位弗吉尼亚绅士讥讽这些民兵"有过半是卑鄙下流之徒"。华盛顿说他的首要任务是"让手下养成纪律和服从的习惯"，并且总结说"依靠民兵等于依靠一根破拐棍"。[11]

大陆军第三号人物，查尔斯·李（Charles Lee）少将向华盛顿提出建议，组织小规模武装力量采用游击战术，避免正面交战，袭扰英军以疲敝敌人，但华盛顿拒绝了这一建议。自称"性格古怪"的查尔斯·李和后来的两位游击战大师奥德·温盖特（Orde Wingate）和T. E. 劳伦斯（T. E. Lawrence）有一些相似之处。像后两者一样，查尔斯·李既能和自己的部下说笑，又能让他们对自己保持一定程度的敬畏。[12]李将军声称美国人组建一支"欧洲式"正规军是错误的，"以防御、袭扰和迟滞的方式就能够取得胜利"。而在另一方面，华盛顿更青睐组建一支足以和英军匹敌的正规军，并以堂堂之阵的战术正面交战。历史学家约翰·夏伊（John Shy）认为华盛顿及其他大陆军将领"之所以强调组建正规军……是因为他们觉得指挥正规军有前途又光荣，而且受人尊敬，不想像山大王一样指挥一群山野村夫钻山沟"。[13]

但即使后来大陆军成了独立战争的中坚力量，各州民兵还是能够起到相当重要的作用，比如镇压亲英派起义、搜集情报和阻滞敌军的行动，有时还能担当主力。[14]虽然不喜欢民兵，但作为一个实用主义者，华盛顿会在民兵证明其价值的时候充分利用他们的优势。

民兵在1776年11~12月从英军手中收复新泽西失地期间发挥了特别重要的作用。大陆军的报纸和宣传册把英军描绘成无恶不作的禽兽，他们连穿衣镜和平底锅都要抢走，砍倒果树，焚烧房屋，四处奸淫妇女，甚至上至七十的老妪和下到十岁的幼女也不放过，如此的歪曲宣传彻底点燃了数个州12万居民的怒火。[15]各地民兵开始自发地组织抵抗。他们袭击筹集粮食或执行侦察任务的小股英军。英军指挥官威廉·豪爵士（Sir William Howe）在一次出行时，虽然有20名骑兵警卫，但仍遭到民兵伏击并险些丧命。[16]

豪在遭到伏击之后的应对措施是，命令英军出动时只能以大部队行动，并且发出威胁称，一旦抓住任何穿着平民服装实施敌对行为的人就将其当场绞死。这些措施是否真的奏效，可以从一名黑森军官弗里德里希·冯·明希豪森（Friedrich von

Muenchhausen）上尉在 1776 年 12 月 14 日的一封信中略知一二："我们现在在新泽西的行动毫无安全感可言。当地刁民会寻机对落单或少数徒手的军人下手。他们把来复枪藏在灌木丛或壕沟之类的地方。然后他们会在确信能得手的情况下，寻找单个或少数我军士兵，专门瞄准头部射击，之后马上把步枪藏起来，假装什么都不知道。"[17]

明希豪森慨叹道："我军中每个人都希望叛匪用我们所希望的正规战方式交战，如果用这种战术我们肯定能将其击败。"自古以来，许多参加过反游击战的军人都曾发出类似的哀叹，但是英国人在经历了他们所渴望的"正规战"之后仍然会失望。1776 年，在被赶出长岛和曼哈顿之后，华盛顿不再冒险让大陆军以大兵团和英军正面交战，以避免遭到歼灭。英军大多数时候都陷入无用武之地的尴尬境地，英国政府的一名内阁大臣因此哀叹，无法"让华盛顿先生投入一场大规模的决定性会战"。[18]华盛顿采用费边式战略，以其主力部队的存续作为抵抗运动的象征，除非处于有利条件否则避免交战，依靠民兵并辅以小规模正规军，逐步拖垮他的对手。比如说，华盛顿在新泽西投入了 2500 名大陆军士兵配合民兵"骚扰袭击"敌军。[19]

大陆军不断的袭击和伏击使英国占领军难以维系军需供应。到 1777 年 6 月底，英军在付出了差不多 3000 人的伤亡之后被迫撤出新泽西。这些伤亡有些是华盛顿所部在特伦顿之战（1776 年 12 月 25 日）和横渡特拉华河奇袭普林斯顿之战（1777 年 1 月 3 日）中所取得的战果，但大多数是由大批被大陆军军官誉为"美国大黄蜂"的民兵们造成的，因为这些武装人员不停地在英军周围出没。[20]英军指挥官亨利·克林顿爵士（Sir Henry Clinton）抱怨说，所部在短暂重返新泽西期间，"整个地区一时四处刀光剑影"。正如克林顿所说，这"最不幸的意外"[21]使英国的政令权威仅局限在纽波特和纽约周边步枪射程范围之内，这两个地方是英军被迫从波士顿撤退之后在北部的两个主要避难所。

* * *

非正规军在南方战场所起的作用甚至更大，1777年英军在北方战场遭受萨拉托加惨败之后，决定在南方集中所有兵力孤注一掷。1778年年底英军夺取萨凡纳之后，这一策略逐渐明朗。战局焦点就此转向了南北卡罗来纳。1780年5月12日，美国南方最大且最富庶的城市查尔斯顿陷落。这是英军在整个独立战争中取得的最大胜利。在此之前，北美的一些主要城市，诸如费城和纽约都落入英军之手，但后来其守备部队不得不纷纷撤离。而这一次，查尔斯顿的5500名守军放下了武器。[22]英军指挥官康沃利斯勋爵（Lord Cornwallis）指挥英军，于8月16日在南卡罗来纳的卡姆登之战中将大陆军残部彻底击溃。

殖民主义者及其追随者对康沃利斯诟病颇多。但是与亨利·克林顿、托马斯·盖奇、威廉·豪爵士及其兄长海军上将豪勋爵一样，康沃利斯是个倾向于采取和解政策的自由主义辉格党贵族。他同情那些起义者的诉求，相信大多数北美居民仍然忠于英王，且更希望对反抗者采取招抚措施，而不是以武力迫使他们屈服。此后在20世纪末21世纪初的马来亚、也门、塞浦路斯、伊拉克、阿富汗和其他国家，那些英国将领也继承了这样的策略，康沃利斯想要使用"尽可能优雅的方式处理这一事务"。[23]康沃利斯的上级克林顿将军与前者持同样的观点。他谴责顽固的英国官方和"激进亲英派"散布"不和谐音符",借以压制殖民地居民的正当诉求。1776年年初克林顿在写作时创造了一个著名的概念,即需要"赢得美利坚的人心,征服其思想"。[24]这是镇暴行动历史上首次提及"人心与思想"这一概念的文献。这个概念后来成为"人口中心"反叛乱作战理论学派的象征,像英国和美国这样的自由主义国家特别青睐这一理论。后世的法国元帅赫伯特·利奥泰(Hubert Lyautey)、英国元帅杰拉尔德·坦普勒(Gerald Templer)和美国人爱德华·兰斯代尔(Edward Lansdale)都是这一理论的拥护者。克林顿认为,"未来各国之间的和平、尊严与幸福"并不取决于铁腕镇压,而是要找到一条"和解之路"。克林顿及其麾下将领都希望英军不要以征服者的姿态,而是以解放者的姿态"传播英国解放带来的福音"。[25]

不幸的是,克林顿和康沃利斯对"不法行为"发出的警告,被他们手下那些精力充沛且有进取心的下属完全忽视了。年轻的花花公子伯纳斯特·塔尔顿(Banastre Tarleton)出身于利物浦的一个富裕商人家庭,曾经在牛津大学上学,在灯红酒绿的伦敦挥霍光了自己所继承的家产,1775年被迫参军。1776年,他因为参加了在新泽西俘虏查尔斯·李少将的战斗而声名鹊起。查尔斯顿陷落时,塔尔顿才26岁,但已经拥有中校军衔,指挥身着绿军装的英国军团(British Legion),下辖500多名步兵和骑兵,所部士兵多为在北美殖民地北方征召的苏格兰和爱尔兰移民后裔。有人曾这样描述这位衣甲鲜明的英国骑兵:"中等身材……一副好似女人般的精致脸庞……(和)精致的身材比例。"但是,塔尔顿本人可没有如此柔情,上级给他的评语是"在战斗中冷酷无情"。

在梅尔·吉布森（Mel Gibson）2000年的电影《爱国者》中，塔尔顿几乎被描述成了怪物，电影中的"威廉·塔韦顿上校"（Colonel William Tavington）烧毁了一座塞满了男人、妇女和儿童的教堂。这个情节是虚构的。但历史上的塔尔顿在英国军官中也被称为"烧杀抢掠的恶徒"，他认为有必要"用恐怖手段打击叛匪"。毫无疑问，塔尔顿肯定会同意一名英军上尉的观点："殖民地土著就是一群狡诈的无赖……我总是想把勺子塞进他们的喉咙里。"尽管塔尔顿并没有屠杀过妇女和儿童，但他所指挥的部队及其他英军部队的确干过焚烧农庄、洗劫民宅、抢劫教堂、滥杀牲畜、屠戮投降的起义者等勾当，而且在南北卡罗来纳，他借助解放黑奴来煽动奴隶反抗奴隶主，这造成了极大的破坏。一名偏远地区的居民抱怨说他已经"一无所有"了，因为英军洗劫了他的"马、牛、羊、各种衣服、钱、白镴制品、铁制品、刀子"。[26]

这些手段甚至和当年的美索不达米亚或后世的纳粹相比都不遑多让，自然也激起了热爱自由的南卡罗来纳居民的反抗，他们已经习惯了自由自在的生活状态。由于这个州没有大陆军，所以抵抗是由自发组织的游击队展开的，而游击运动最著名的领导人有托马斯·萨姆特（Thomas Sumter，绰号"斗鸡"）[27]、弗朗西斯·马里恩（Francis Marion，绰号"沼泽狐狸"）和安德鲁·皮肯斯[28]（可悲的是由于其人历史名望不高，所以没留下一个能让人记得住的绰号）。这些人都是40岁上下，在所在的社区中有一定威望。萨姆特是个富裕的农场主，当地的太平绅士；马里恩是一个农场主，而且是地方议会议员；皮肯斯是当地颇具人望的长老。这些人都曾经参加过彻罗基战争（Cherokee War，1759～1761年），当时南卡罗来纳民兵在该州西部同印第安部落展开血腥的战斗。这些人不仅因此学到了正规军的战术，也吸纳了印第安人那种随心所欲的作战方式。现在这些战术被他们在南卡罗来纳乡间令人望而生畏的沼泽和密林之间施展开来。

马里恩是三人中最有声望的一个。一名大陆军军官形容他"大约48岁，身材精悍，容貌硬朗，身体健康，感情节制而沉默寡言"。他穿着由"土布"织成的衣服，戴着一顶皮帽子，帽子上别着一枚银色新月形徽章，徽章上写着"自由或死亡"。他的一名手下说："他的体格足以经受疲劳和游击战生活中的各种磨难。"

马里恩1732年出生于南卡罗来纳谷底的一个法国胡格诺教派移民家庭，从小并未接受良好的教育，终其一生只具备简单的读写能力。他在25岁时成为民兵，开始了自己的从军生涯。在对印第安彻罗基部落的战斗中，马里恩崭露头角，他的指挥官给他的评价是"一名主动、勇敢并顽强的士兵，同时也是个出色的游击队指挥官"。1775年，在经历了数年农场主生涯之后，马里恩投身在南卡罗来纳组建的大陆军步兵团。马里恩凭借过往的资历担任上校团长。他麾下的团队在英军攻陷查尔斯顿的战斗中被消灭，但马里恩因当时脚踝受伤在家休养而幸免于难。此后他隐藏在乡下，在藏身的地方马里恩又组织起了一支反英游击队，袭扰从查尔斯顿到卡姆登之间的英军交通线。[29]

马里恩的游击队一度发展到数百人，但此后由于许多游击队员要回家务农，游击队的规模大为缩减。但即便如此，他手下仍然有"25人"，每人有"三四发子弹",[30]马里恩仍然继续袭击亲英派和英军小分队，袭击通常在夜间展开，而且行动谨慎以避免遭遇优势之敌。"我当时身心俱疲，但仍然克服了所有困难，"马里恩在1780年10月给其上级大陆军将军霍雷肖·盖茨（Horatio Gates）的信中用自豪的口吻写道，"托里的敌人为我的小规模远征所惊骇，纷纷携带细软逃亡佐治亚，其他人则跑进了沼泽地带。"[31]

英国人发现根本无法侦知马里恩的准确行踪，正如康沃利斯的哀叹："在桑蒂河（Sentee）与皮迪河（Pedee）之间广大区域的居民，几乎全都拿起武器与我们为敌。"[32]马里恩也在小心翼翼地和英国人周旋；他建议手下"不要在任何房屋里睡觉，在任何一个农场里待的时间也不要超过一个小时"。[33]伯纳斯特·塔尔顿在一次功败垂成的追捕之后，曾经大声疾呼："来吧，小伙子们！打道回府吧，咱们去找那只斗鸡。而这只该死的老狐狸，连魔鬼也抓不住他。"后来，马里恩的绰号被作家帕森·威姆斯（Parson Weems）据此改为了"沼泽狐狸"，此人曾杜撰了华盛顿砍樱桃树的故事，同时也是马里恩的传记作者。[34]

马里恩的藏身地点位于皮迪河与林奇溪（Lynch's Creek）汇合处的雪岛。马里恩及其追随者在橡树、松树林和藤萝之间建起了既能遮风挡雨，又能储备稀缺生活必需品的简陋木屋。"他们往往要露宿，按照他们的话说，有没有床和毯子都不好说，"其中一名游击队员写道，"除了水管够之外大家几乎一穷二白。日常的粮食是白薯，偶尔会有新鲜牛肉。没人为此抱怨过一句话，但是大家都很缺盐！相当缺盐！这是维持人类生存的必需品。"马里恩在手头宽裕的时候会尽可能为大家搞到盐，这让手下十分感激。1781年3月，一支英军试图夺取雪岛，但这只给马里恩造成了些小麻烦。他和大多数手下都成功逃脱，他们和正规军不同，可以在任何地方安营扎寨，他们没有必须加以守备的营地或后勤仓库。[35]

华盛顿认为这些游击队虽然能疲敝英军，但终究没法靠他们解放北美殖民地。因此，华盛顿撤掉了战绩不佳的大陆军南方部领导人（同时也传说是华盛顿所任职务的竞争者）霍雷肖·盖茨将军的职务，继任者是纳撒尼尔·格林（Nathanael Greene），此人曾经是罗得岛的贵格会教徒，战争爆发时自发加入民兵，但很快就成为华盛顿最信任的将军之一。格林少将的工作是在北卡罗来纳整编被打垮的大陆军，然后反攻南卡罗来纳。格林写道，他发现"这支军队始终笼罩在缺乏被服、帐篷和粮食的阴影之中"。认识到"我们凭借现有的力量几乎不可能有所作为……只能以小股游击队出击"，他把正规部队化整为零，命令他们配合民兵部队"展开游击战争"且扩大其规模。[36]马里恩在那时被晋升为准将，与来自弗吉尼亚有"快马"之称的哈里·李（Harry Lee）中校指挥的大陆军骑兵团相配合，而这位李中校正是后来内战中南军名将罗伯特·李（Robert E. Lee）的父亲。

大陆军继续用并不擅长的正规战方式和英军交战，他们赢得了国王山战役（1780年10月7日）和考彭斯战役（1781年1月17日），但输掉了吉尔福特郡之战（1781年3月15日）、霍布柯克山之战（1781年4月25日）和尤托斯普陵之战（1781年9月8日）。不论战役胜负如何，英军都遭受了惨重的伤亡，美军则顽强地继续战斗。精明的战略家格林这样总结他的作战哲学："我们是屡战屡败，但屡败屡战。"[37]因为大陆军比英军更容易补充战斗损失（大多数卡罗来纳人都倾向于大陆军而非亲英派），他们利用了消耗战带来的优势。

到1781年春天，康沃利斯已经对赢得南卡罗来纳丧失了信心，他悲叹道："这个地方的反抗现在可以说是此起彼伏……整片地域狼烟四起。"[38]他将所部主力调往北卡罗来纳，然后又调到了弗吉尼亚，以确保位于弗吉尼亚切萨皮克海岸的约克镇。在法国海军切断了当地英军的海上补给通道之后，1781年10月19日，困守的英军向法美联军投降，这标志着独立战争正式结束。虽然最后的决战是由正规军打赢的，但如果没有那些衣衫褴褛的南卡罗来纳游击队员的奋战，没有他们在英军看上去行将取胜的情况下拖住了康沃利斯所部，那么大陆军很难赢得这样一场大胜。一部近年来出版的独立战争的著作给这场游击战下的结论是：它是"战争胜利之源"。[39]

* * *

被大多数有关独立战争的文献所忽视的史实是，即使在约克镇围城战之后，英军也仍然在继续战斗。虽然他们损失了8000人，但是在北美大陆上的英军还有超过3.4万人，远超法美联军人数，而且他们仍然可以从1200万英国人中动员兵力，或者是从德意志诸邦征募雇佣军，此前就已经征募了不少德意志人为英国而战。[40]如果大陆军对抗的是罗马帝国，那毫无疑问对手会迅速调集生力军，华盛顿及其战友们恐怕最后也会被钉在十字架上。但对于英国来说这种措施根本是不可想象的，因为要考虑到"公众舆论"——这个词首次正式出现是在吉本的《罗马帝国衰亡史》第一卷里，巧合的是这本书的出版时间正是1776年。[41]这一概念的出现在游击战争历史上可谓是全新而重大的进展：一个议会政体的国家无法进行一场不被公众支持的战争。起义者可以通过操纵公众情感——瓦解敌人的抵抗意志——来消解一个政权的某些优势，这样就有更大的机会取得成功。在此后英国和美国的战争中，公众舆论扮演着更重要的角色，即使是在公民权仍然受到一定限制的18世纪也是如此，更不用说在民主化程度更深且民主政体分布更广泛的当今世界了。后世的起义者，从19世纪的希腊人到21世纪的黎巴嫩人，都将充分利用"公众舆论"这一曾被北美起义者巧妙使用的武器。

最初英国人民是支持镇压北美革命的。同时代的一本回忆录形容"在英国历史上可能再也找不到一个事件，其受到的关注程度能够与北美革命爆发相提并论"。[42]但其实从一开始，英国国内就存在着反对镇压北美革命的暗流。辉格党人，包括像埃德蒙·伯克（Edmund Burke）和查尔斯·詹姆士·福克斯（Charles James Fox）那样的雄辩演说家，一直支持以招安为主而非以围剿为主的政策。许多辉格党人把北美殖民地的斗争目标描绘成为维护自身权利而限制过于膨胀的王权。1775年，一名议员在议会发表演讲时声称这场战争"是迫使其同胞屈服的屠杀，他的良心不允许自己赞成这场战争"。[43]反战派人士还包括一些地位显赫的将领，如海军中将奥古斯塔斯·凯佩尔（Augustus Keppel）和陆军中将杰弗里·阿默斯特（Jeffrey Amherst）爵士，他们明确表态不应该与"北美同胞"为敌。[44]他们的观点得到了许多大报的支持，比如《晚间邮报》（Evening Post）就刊文称这场战争是"反常、违宪、多余、非正义、危险、有害且得不偿失"的。[45]

北美起义者巧妙而又厚颜无耻地利用了英国国内的这种舆论。早在1772年波士顿激进派塞缪尔·亚当斯和约瑟·瓦伦（Joseph Warren）就成立了一个通讯委员会，以便让外界了解他们的情况，后来各种类似的组织遍布于整个北美殖民地。[46]每当有重大事件发生，北美革命者就会迅速向外发布事情过程。列克星敦和康科德战斗之后，在官方发布消息前两周，就有起义者把战报寄到了伦敦，收件人为"大不列颠居民"。[47]《独立宣言》中所写的"出于对人类舆论的尊重"就是这场宣传战中最强有力的武器。这份宣言被英国各大报纸争相转载。[48]和《独立宣言》一样颇具宣传威力的是托马斯·潘恩（Thomas Paine）的畅销书《常识》（*Common Sense*，1776年），这本书不但在北美畅销，而且在英国和法国也广为流传。本杰明·富兰克林是另外一个出色的鼓动者。1776年12月富兰克林远赴巴黎展开工作，包括为法国政府秘密资助的报纸《英美事务报》（*Affaires de l'Angleterre et de l'Amérique*）撰写大量文稿和随笔，帮助北美起义者拉到了最关键的外国盟友。[49]

保守党首相诺斯勋爵（Lord North）试图通过官方喉舌《伦敦公报》（*London Gazette*）来宣传己方立场。他甚至给《晨邮报》（*Morning Post*）这样的流行黄色报纸提供秘密津贴，以收买一些评论家来发表支持战争的观点。[50]最初英国政府的论调——革命者是"受到了别有用心的鼓动才拿起武器对抗君主和祖国"[51]，并且很快就会失败——得到了大多数，可能是绝大多数英国和北美居民的赞同。但随着战争陷入泥潭，捷报渐少且伤亡日增，支持者也渐渐减少。1777年英军在萨拉托加的失败激起了更高的反战情绪，用《伦敦公报》的话说，北美大陆已经成为"英国人的坟墓"，继续战争将是等同于"民族自杀"的行为。约克镇惨败之后，"受够了战争""受够了屠杀"的呼声遍布英国朝野。1781年年底，一名议员写道:"所有人似乎都已经厌倦了继续在北美进行的战争。"[52]

1782年2月28日,英国议会以234比215的微弱优势通过决议,停止继续展开进攻性行动。首相诺斯勋爵在强烈谴责这一决议之后被迫辞职。他的继任者是罗金厄姆勋爵(Lord Rockingham)领衔的辉格党政府,罗金厄姆勋爵的目标是即使以北美独立为代价也要结束战争。最终,独立战争以1783年《巴黎条约》的签署而结束。

* * *

在独立战争中,除了"人心与思想"这一全新概念特别引人注目之外,美国之所以能从世界最强大的帝国的统治下挣脱出来赢得独立,还有许多其他重要因素,而这也是游击战争的最基本要素。

独立战争给世人带来的第一个重要启示是成为超级大国需要付出的沉重代价。大陆军的损失约为25674人阵亡,其中病亡者占了大多数(英军损失更多——共43000人,包括海军同法军交战的损失,但阵亡者中有许多是德意志雇佣兵)。考虑到1776年北美十三块殖民地仅有250万人口,也就是说大陆军的损失占到总人口的1%,使得独立战争在美国战争历史的人口损失率排行榜中,仅次于损失率达总人口1.6%的内战而位列第二。[53]如同大多数其他的起义胜利者一样,美国的爱国者们需以极大的毅力来承受如此惨重的伤亡。

但即使有如此顽强的毅力,也看不到胜利的曙光,至少在18世纪80年代初法国介入以前是如此。这场战争给人们的第二个重要启示就是外界援助的重要性。北美独立战争的转折点是萨拉托加之战,因为这场战役促使法王路易十六决定介入独立战争。他的支持可谓至关重要：首先，法国的援助极大地帮助了大陆军（大陆军90%的火药都是法国提供的）；[54]其次，英国要防备法国攻击不列颠本土和遍布世界的殖民地，因而无法抽调部队增援北美；最后，法国海军舰队在弗吉尼亚海岸击败了英国皇家海军，从而孤立了困守约克镇的英国陆军。

第三个重要启示是，独立战争的结果证明了游击战争与正规军紧密配合的重要性。如果美国人没有一支正规军，那么他们的命运不会比1798年被康沃利斯镇压下去的爱尔兰反英起义更好。正如纳撒尼尔·格林所指出的，"即使发动一百次（游击队）袭击，如果没有一支优秀的正规军利用这一优势的话，那也不会取得什么战果"。[55]如果不是被游击队纠缠，英军可能早就集中全力打垮大陆军了，就像1745年失败的苏格兰起义那样。但事实上，美国人可以连续出击，先让游击队不断削弱占领军，然后由大陆军正规部队实施致命一击。这种战术——被21世纪的战略家称为"混合战争"（hybrid warfare）——通常是起义者走向胜利的必由之路。[56]

第四个重要启示是，反游击的一方需要有一个合适的战略以及能够贯彻这一战略的统一指挥机关。英国方面存在种种混乱，从目的和手段不明，到伦敦的内阁大臣与北美的一线将领之间的矛盾，经常互相掣肘，造成对局势的误判。英国的目标是震慑北美居民以恢复殖民统治？还是满足反叛者的诉求，在本土和殖民地之间仅维持一种最低限度的联系？主和派军官，比如康沃利斯在发布行动命令时是基于后一种目标，而像塔尔顿这样的军官在实际行动时则是追寻前一种目标，结果就是适得其反的混乱。英军的残忍足以使美国人离心离德，却并不能震慑他们,让其放弃抵抗、缴械投降。[57]

此外,英军的失败也和另一个因素密切相关:无力或不愿调遣足够的兵力来镇压分布在北美东海岸超过1200英里范围内的250万北美居民。所以,独立战争的第五个重要启示是反游击战一方需要有足够的资源。战争爆发时驻北美英军只有8500人,在1778年战争失败前英军兵力曾短暂地增加至50000人,此后又下降到30000~35000人。[58]英军将领手头的兵力仅够据守几块沿海的飞地(萨凡纳、查尔斯顿、纽约、纽波特),皇家海军也可以为这些据点提供后勤保障。而对于广阔的内地,英军就力不从心了。英军寄希望于当地的亲英派盟友来限制叛军,但印第安人在残酷的战斗中把事态弄得越来越糟。英军在兵力分配上的失误更加剧了自己的不利态势,比如说南方作战期间,纽约驻军为15000人。一个美国海军陆战队军官在研究了战争史之后,认为英军完全可以用5000人驻防纽约,其余兵力则派往南方以支援那里的8500名英军。[59]

但如果英国政府决定不惜代价把战争继续下去的话,那么,以上这些因素其实都不会导致最后的失败。如果说到因为后方舆论而导致反游击战失败这个话题,今日的美国人首先想到的肯定是越南战争,而法国人可能想到的是阿尔及利亚战争。但是美国独立战争比这两场战争早得多,和大多数历史学家已经得出的结论不同,决定战争结果的地方不是约克镇,而是威斯敏斯特。华盛顿麾下将士在战场上取得的胜利并非毫无作用,但也不是决定性的,起决定性作用的是英国的公众舆论。"公众舆论"这一宝贵经验是后世的那些游击组织应该学习和利用的。

15
殊死血战

半岛战争，公元 1808～1814 年

美国独立战争把意识形态领域的斗争引入了一个崭新的时代，完全打破了 1648 年《威斯特伐利亚和约》给战争设定的范围。很少有哪个反叛乱一方能够保持如驻北美英军那样的克制，甚至连英国人在镇压 1798 年爱尔兰起义和 1857 年印度起义时也几乎毫无顾忌。但是，对英国人来说，爱尔兰人和印度人本就不是"英格兰人"。

法国革命政权在镇压暴乱时的手段更加血腥，这个政权以当时流行的革命方式夺取政权，在 1793～1794 年被激进的雅各宾派公共安全委员会所控制，其领导人是冷酷无情的罗伯斯庇尔（Maximilien de Robespierre）。公共安全委员会的专制在波尔多、布列塔尼、里昂、马赛、土伦和其他地区激起了一系列起义。共和国政权的镇压措施类似于古代阿卡德和亚述，以及现代纳粹德国、伊拉克以及苏联的焦土政策。这种政策成功的先决条件是起义者缺乏外部援助，而且镇压一方必须有一定程度的合法性，只有这样才能动用具备压倒性优势的军队，以及实施自由政权所无法忍受的那种大规模屠杀。雅各宾派之所以能把起义成功地镇压下去，是因为处在革命状态之中的法国符合上述全部条件。

在1793～1794年的恐怖时代，有超过16000名"反革命分子"被正式处决，还有更多的人未经任何审判程序就被处决。法国西部的旺代地区爆发了天主教徒和保皇党军队联合发动的反革命暴动，而公共安全委员会对当地的镇压特别残酷。1793年共和国的一份报告里这样写道："我的铁蹄踩碎了儿童，屠戮了妇女……不会再爆发叛乱了。我没有留下一个犯人，而是把他们全部消灭掉了。"在1794年5月革命政府的"魔鬼纵队"解散之前，约25万人，也就是旺代地区超过1/3的人口被杀。天主教徒和保皇党军队如果能得到英国或其他国家的武器及其他物资援助的话，也许他们的表现能更好，但他们没有得到任何外国援助。[60]

在其他被法国占领的欧洲地区也发生了起义，包括意大利最南部的卡拉布里亚，[61]以及曾经属于奥地利的阿尔卑斯山区的提洛尔。[62]这些地方的起义者并不是北美或法国革命派那样的激进分子。和旺代地区的居民一样，他们是保守的农民，不想为拿破仑的社会工程提供任何东西。在镇压这些起义的过程中，法军的优势在于这些地区地理位置和人口分布更加密集，而且离法国本土更近，而这些都是北美的英军所无法获得的有利条件。另外，和旺代起义类似，但与北美革命不同的是，这些地区的起义者也未得到任何外国援助。

法军尽管对西班牙起义者的镇压也相当血腥，但他们在面对规模更大且获得更多外部援助的起义者时，很显然缺乏足够的资源去争取与之前一样的胜利。游击战争中存在一个规模问题：在一个相对孤立的地区收到的效果，未必能在一个完整的国家里取得。

＊　＊　＊

能够最好地说明法军对起义者传统且血腥的镇压行动的例子就是进攻萨拉戈萨，这座城市位于西班牙北部。在1808年7月31日到8月1日夜间，法军对该城进行了炮击，天亮之后炮击更加猛烈。法军动用了60门大炮昼夜不停地攻击。一名早年的西班牙历史学家写道："其火力如地狱般猛烈，已找不到合适的语言形容。"有一所同时收治精神病人和其他病人的医院被严重损毁。在城里瓦砾横飞的时候，还有许多病人待在病房里。他们"疯疯癫癫地突然怒吼或唱歌，或者徒然地哭泣希望能被放走，在一片可怕的噪音中更加剧了混乱"。有些疯子跑了出来，越过燃烧的房屋，一边唱一边笑，甚至在尸体上跳舞。其他一些试图跑出去的病人被炸得支离破碎。他们的残肢和被血染红的绷带与拐杖散落在街道上。用一名亲历者的话说，"地狱之门在这天被打开了"。

到8月4日下午，法军的大炮已经在萨拉戈萨城墙上轰开了一道约300码的口子，数千名身着蓝衣白裤、头戴黑色筒形军帽的法国步兵已经整装待发，准备经此冲入城中。此时，法军指挥官肯定觉得胜券在握，他们最终将铲除这个顽固的据点及其狂热的保卫者。

事实上，萨拉戈萨本有可能陷落得更快。这座有6万人口的城市只有1500名西班牙士兵，其土砖城墙既古老又破旧。根据"文明战争"的规则，这座城市应该在经过象征性抵抗之后就缴械投降。但是，1808年6月15日法军在最初进攻时立即遭到了顽强抵抗——参战的不只有西班牙军队，还有平民。当地"怒不可遏"的居民手持匕首、木棍、短斧、剪刀、老式火枪以及手头随便什么东西，纷纷冲向路障。一个擎着三角旗的波兰枪骑兵中队率先冲入城中,遭到隐蔽的狙击手和从屋顶、阳台上投下的瓦块的痛击。普通市民们最后冲上来把骑兵拽下马,用大木棒猛击,这个骑兵中队最后被彻底消灭。

萨拉戈萨守军名义上的指挥官是贵族军官何塞·帕拉福斯(José de Palafox),他是位"有着良好教养的绅士",但令人遗憾的是在战斗最激烈的时刻,帕拉福斯却找了个借口溜之大吉。然而不管怎样,城中的工人、农民、手工业者和神父们还是自己推举出了领导者并继续战斗。

甚至连妇女都被动员起来,为战士们运送物资,救治伤者。7月2日,一名"面容典雅姣好"的少女目睹了在一座城门处,操纵老式火炮的炮手们在法军火力下全部阵亡。已经上好刺刀的法军马上就要冲进城中。千钧一发之际,阿古斯蒂纳·萨拉戈萨(Agustina Zaragoza)冲过浓烟烈火,从一名阵亡炮手(据说是她的爱人)的尸体上抄起一根还在燃烧的火绳杆,近距离向法军开炮。以密集队形突击的法军被她的炮击彻底打散了队形。这位"萨拉戈萨少女"后来成为中尉军官,并且作为一个传奇人物接受拜伦勋爵和其他人的祝贺。她作为一个英雄人物激励着萨拉戈萨人民殊死抵抗,用一名法国军官的话说,这种抵抗是"惊人的疯狂"。进攻的法军难以相信地发现,纵然是经受了三天之久的连续炮击,城中的抵抗却没有崩溃的迹象。

8月4日,法军发动了全力猛攻,当时因为被步枪子弹击中而负伤的法军指挥官让-安托万·韦迪耶(Jean-Antoine Verdier)将军派出一名打着白旗的联络官,要求对方"停战并投降"。他得到的是斩钉截铁的回答:"血战到底"(War even to the knife)。

拿破仑军队中一名参加了对萨拉戈萨总攻的波兰军官,用生动的笔触描绘了这场发生在狭窄而弯曲的城市街道中的

"殊死血战"。公元1世纪耶路撒冷的罗马军队、20世纪华沙的德国军队或21世纪费卢杰的美国军队的经历,也可以用他写下的语句来形容。

> 我们的攻势越猛,对方的抵抗越顽强。我们知道,如果想活命的话……就得把每一所房屋变成多面堡,躲开埋伏在地下室、门窗背后——事实上无处不在的死神……经常遇到的情况是,我们占据了一层楼,楼上敌人会在地板上掏洞居高临下向我们射击。这些老式房屋的所有角落和缝隙都是实施伏击的绝佳地点。我们还得时时对屋顶保持警惕。这些阿拉贡人平常喜欢穿拖鞋,所以他们可以脱了鞋,像猫一样悄无声息地行动,偷偷绕到背后发动突然袭击。这里甚至存在空战。我们有时相安无事地坐在已经清净了几天的屋子里,围坐在火堆中间,突然会有人从某个窗户外边向我们开枪,子弹好像从天而降一般……
>
> 有时候我们闯入一所房子……然后会发现这里有一个爆炸物,而且整座房子已经像纸牌搭的一样快塌了……甚至他们在被迫从一栋建筑物撤退之前,也会到处点燃浸满了松脂的柴火,这样烧起来的大火不会把石质建筑物烧坏,但是能够为他们赢得转移到临近房屋并组织防御的喘息时间。

1808年8月14日一早,萨拉戈萨全城突然沉寂了下来——就像墓地一样平静。进攻的15000名法军在付出了3500人伤亡的代价之后撤退了。法军的一个军团在安达卢西亚省遭到了毁灭性打击:7月19日在拜伦(Bailén)和西班牙正规军的战斗中，法军被俘 17000 人，伤亡 2000 人。此后几乎所有在西班牙的法军，包括围攻萨拉戈萨的部队，都转移到了该国最北部的防御阵地。[63]

*　　*　　*

在那个时候，很难相信法军最初入侵西班牙时是多么顺利——就好像德军入侵南斯拉夫、苏军入侵阿富汗和美军入侵伊拉克一样顺利，而此后这几个国家都以爆发了游击战争而为人熟知。法军是在上一个秋天，即 1807 年 10 月 18 日进入西班牙的，起因是拿破仑和西班牙首相签订了一个条约，允许法军经过西班牙进攻葡萄牙。拿破仑的大臣称之为"一次武装散步而非一场战争"。[64] 然而在拿破仑废黜了西班牙波旁王朝皇室，立其兄约瑟夫为西班牙国王之后，事态开始发生变化。1808 年 5 月 2 日，马德里民众爆发叛乱。起义者高呼"杀光法国人"的口号，以木棍和剪刀为武器袭击了当地占领军。30000 名法军把大炮拖到了大街上，在经过数个小时的战斗并击毙 400 多名西班牙人之后，起义被镇压。这场"五月二日起义"（Dos de Mayo）被西班牙宫廷画家弗朗西斯科·德·戈雅（Francisco de Goya）以画作的形式记录下来，同时在整个西班牙都引起了巨大的反响，从而点燃了范围更广的反抗烈火，其中就包括最终获胜的萨拉戈萨保卫战。[65]

在几乎被赶出西班牙之后，拿破仑决心夺回这片土地，他从中欧地区征调了 25 万名老兵，发动了一系列快速打击。皇帝陛下领兵亲征，仅用了四周时间就瓦解了所有抵抗，于 1808 年 12 月 4 日进入马德里。而英雄的萨拉戈萨也在遭到 4.5 万名法军士兵的再次围攻后，于 1809 年 2 月 20 日陷落。葡萄牙仍然得到了英国的援助，但是伊比利亚半岛大部分地区显然已经落入皇帝陛下的掌控之中。拿破仑的成功似乎印证了他对约瑟夫夸下的海口:"我将重新夺回西班牙的海格力斯之柱,但这绝不是我成功的顶点。"[66](海格力斯之柱是直布罗陀海峡两岸海角的古称。)

由于西班牙并未屈服,这个"顶点"似乎很快就出现了。西班牙的正规军虽然失败了,但是西班牙人很快转入全民抵抗,由此催生出了"游击战"(guerrilla)这个词。这个概念(也可以写成"guerilla")第一次见诸文献是在1611年,当时的定义是"平民之间的争斗……导致他们分裂成两个对立的团体"。它作为一种战争形式术语被提出来是在18世纪。最初,"游击战"这个词指的是战争本身,其参与者则被称为游击队员(guerrilleros)或游击队(partidas de guerrilla),他们将在1809年的西班牙大放异彩。[67]

尽管有少数西班牙人,主要是上流阶层,选择与约瑟夫政权合作(这种人被蔑称为"亲法分子"),但大多数西班牙人并未通敌。西班牙人组建了一个革命政府,被称为中央委员会(Central Junta),这个在西南部城市塞维利亚避难的政权是由当地团体组建的。1810年,法军占领塞维利亚之后,中央委员会被一个国民议会取代,这个议会在西班牙人抵抗运动的大本营加的斯(Cadiz)落脚。该政权打着国王费迪南德七世的旗号(国王本人被囚禁在法国),号召民众起来反抗"这些野蛮的禽兽……这个该死的魔鬼民族"。[68]西班牙的神职人员竭尽全力把这场游击战包装成反抗法国的圣战,法国人被他们说成是"犹太人、异教徒和巫师"。在他们眼中,拿破仑就是敌基督(Antichrist),而他手下的将军们则是"撒旦的使者",杀掉这些魔鬼的奴仆就能升入天堂。[69]对于任何革命斗争来说,起义方赢得公众的拥护是相当重要的。

英国人给西班牙起义者提供了从资金、衬衫、鞋子到行军锅的一切。仅在起义最初的六个月,英国人就为西班牙人提供了16万支步枪,并且后来仍在不断提供援助。[70]英军把葡萄牙和直布罗陀当作桥头堡,在这里补给西班牙军队,并且发动针对法国的登陆作战。

正如两千多年前的维里亚图斯和塞多留一样,地形恶劣、遍布山脉与沟壑的伊比利亚半岛给起义者以莫大的帮助。一名法国军官写道:"世界上再也找不到一个比西班牙更适合进行游击战的国家了。"[71]

* * *

游击组织如果没有具备超高个人魅力的领导人,就很难有所作为,而这些游击队队长往往会因为别具特色的绰号而为人所知,比如说"乡巴佬""小伙子""慢性子"之类的绰号。最成功的游击队领导人是弗朗西斯科·埃斯波斯·米纳(Francisco Espoz y Mina),他领导的游击队后来控制了毗邻法国的纳瓦拉省(province of Navarre),这是一个讲巴斯克语的省份。

此人于1809年加入了由他的侄子——一名18岁的神学院学生——马丁·哈维尔·米纳·拉雷亚(Martin Javier Mina y Larrea)组织的一支小规模游击队。这支游击队被打散了,但是29岁的富农之子弗朗西斯科·埃斯波斯·伊隆达因(Francisco Espoz Illundain)却扛起了游击队的大旗,他通过将自己的名字改为弗朗西斯科·埃斯波斯·米纳来确立合法性,以继承被俘的侄子未竟的事业。由于米纳最初只有六个手下,所以他把短期目标定为将逃跑的游击队员都找回来。几个月之后,米纳的游击队发展得比他侄子领导时更壮大。

对这个乡巴佬来说，组织游击队大大展现了他超凡的领袖气质——人们说他"其貌不扬，头发微微发黄，身材匀称，身高5英尺1英寸，少言寡语却又直截了当"——米纳既不会读也不会写西班牙语，只会拼自己的名字，但他的机智、勇敢与坦率却掩盖了这些缺点。在法国人闯进他的住所时，米纳大胆地虚张声势："枪骑兵，向后撤！骑兵军士长，把一连带到左翼！"法军误认为米纳手下有一支部队，因此稍稍退却，使他有足够的时间逃跑。

到1812年时，米纳历尽艰辛，在纳瓦拉师里指挥了13000人。他接管了纳瓦拉税务所，为他的部队自筹经费；建立了地下工厂，生产被服和武器；同时还建立了独立的医院和法院系统。米纳成为统治纳瓦拉及邻省阿拉贡部分地区的"土皇帝"。

法军被逐出了纳瓦拉的乡村，被封锁在省府所在地潘普洛纳（Pamplona）达二十二个月之久，他们在这里被包围，慢慢陷入了饥饿。为了加强封锁，游击队曾经绞死过一个试图跟占领军做生意的柠檬商贩。法军曾经试图下乡筹措粮草，但遭到了惨重损失。仅在1812年，纳瓦拉师就打死了5500名法国士兵。而1813年米纳越战越勇，用英国运来的大炮拔除了残存的法军据点。[72]

* * *

为了肃清这些"隐形军队"，1811年法国从全国抽调约5万名士兵，而他们本可以用来对付人数约为8万的英国和葡萄牙正规军。1810～1812年，法军在整个伊比利亚半岛维持着35万人的军队。其中大多数都在执行反游击战任务，仅保卫从马德里到法国边境的交通线就有7万人。因此，法军能够为一次战役集结的人数不超过6万,这使同盟军指挥官威灵顿公爵(即阿瑟·韦尔斯利)能以大致相当的兵力与法军抗衡。[73]

占领军不可能处处分兵,只能把部队部署在一些大型据点中,而这些部队无法压制出没无常的游击队。路易斯·加布里埃尔·絮歇(Louis-Gabriel Suchet)元帅抱怨道:"我军一出动,这些武装分子就不战而逃,他们会出现在我军鞭长莫及的所有地方,而不会固守某一阵地,给我军任何机会与其交战。"[74]其结果就像一个法军低级军官所说的那样,"我们一直在设法袭击敌人,但就是无法将其彻底歼灭"。[75]

在一个人口为1100万的国家进行反游击战的内在困难,加上法军的指挥无能和战略混乱,这些都让人回想起了英军在北美革命中的遭遇。尽管约瑟夫·波拿巴是名义上的西班牙国王,但真正的权力却掌握在分管各省军政府并直接向拿破仑负责的诸位元帅手中。西班牙北部省份甚至附属于法国并直接向拿破仑汇报,约瑟夫国王的权威因而被局限于马德里及其郊区。其弟拿破仑从未任命一个协调整个西班牙事务的官员,结果就是法军各军团之间毫无协同可言。被追剿的起义者往往只要逃进邻近省份就可以摆脱追击,西班牙局势因而越发糟糕。[76]

拿破仑从未试图赢得西班牙的人心,这加速了他在该国的失败。他从未努力争取让西班牙人站到法国人一边,而且不断破坏约瑟夫安抚西班牙人的努力,后者曾为此颁布了一部自由主义宪法,并且大力兴修学校和医院。法国占领军任意屠杀平民和战俘,而且四处奸淫掳掠,把许多潜在的支持者都推到了对立面。一名法国骑兵慨叹道:"暴力手段远不能压服平民,只会增加他们对法国的仇恨,而在一个充斥着爱国主义情绪的国家,暴力手段只会引发更猛烈的报复。在这一过程中,一个骑兵连甚至整个营,都可能在一夜之间被愤怒的农民消灭。"[77]在漫长的历史中,远自亚述近到纳粹德国时代的军人都曾经发出类似的慨叹。

1812年,驻西班牙法军总兵力下降到25万人,控制力进一步下降,原因是部分兵力被拿破仑抽调去参加结局悲惨的入侵俄国之役。拿破仑在俄国也碰到了配合正规军的游击运动,但是俄国游击队的规模或作用都不如西班牙那么明显。[78]

由于法军数量的减少,威灵顿趁机从在葡萄牙的大本营大举出击,赢得一系列战斗,取得了1812年8月12日夺取马德里的标志性胜利。1812年秋天,英军的进攻由于一度失利而被迫停顿,但是威灵顿在1813年再次深入西班牙,而这次他站稳了脚跟。威灵顿的胜利部分归功于西班牙游击队,这些游击队"愈发大胆而积极,其针对敌人的行动也日益变得重要"。[79]1813年6月21日,威灵顿指挥英军在维多利亚大败法军。仅米纳的部队就声称牵制住了2.8万人的法军,使其无法投入与威灵顿的交战。[80]接下来英军兵锋直抵法国南部边境,同时奥地利、普鲁士和俄国军队自东方压过来。拿破仑于1814年4月12日被迫退位,这场当时已知历史上发生过的规模最大的战争宣告结束。

* * *

半岛战争的规模远比北美独立战争大得多,这场战争向人们展示了正规军如何与游击队配合作战,从而使兵力强大的占领军顾此失彼。在北美,进行大规模行动的是正规军,而在西班牙,发动大规模行动的则是游击队。法国占领军在六年的战争中遭受的伤亡主要是游击队造成的(总计有18万名法军士兵阵亡)。[81]拿破仑麾下最优秀的陆军元帅絮歇指出,游击战"在保家卫国的战斗中比训练有素的军队所实施的正规战要有效得多"。[82]这一观点可谓不容置疑。

西班牙人有理由为他们在推翻拿破仑帝国中所做的贡献而自豪，但同时他们付出的代价也相当高昂。正如威灵顿在1813年年底所写的，"在西班牙，秩序已经荡然无存"。[83]许多与法国人苦战经年的人们已经无法回到战前那种贫穷软弱的底层生活。有些武装分子继续过着打家劫舍的生活。其他一些人，包括埃斯波斯·米纳在内，转而开始为推翻复辟的波旁王朝而战。著名的游击战领导人"不屈之人"胡安·马丁·迪亚斯（Juan Martin Díaz）后来被费迪南德七世绞死，而米纳则不得不四处流亡，其逃亡的地方甚至包括法国。

由于中央集权彻底瓦解，西班牙在此后陷入了数十年的盗匪横行和政治动乱时期。从19世纪20年代到70年代，整个国家陷入了城市自由主义者与乡村保守主义者之间的内战。由于自由派在马德里建立了统治，保守派或保皇党转而展开了游击战。这场内战的规模大大超过了约一个世纪之后1936~1939年的西班牙内战。由此导致的社会阶层分裂比内战延续的时间长久得多，这也是为什么像乔治·华盛顿这样的地主阶层在使用游击战抵抗英军的问题上畏缩不前。1865年，邦联军队在阿波马托克斯（Appomattox）投降之后，出身南方上流社会的罗伯特·E. 李将军也以类似的理由拒绝进行游击战。

*　　*　　*

瑞士军人安托万-亨利·约米尼（Antoine-Henri de Jomini）在他的经典著作《战争艺术概论》（*Summary of the Art of War*，1838年）中写道："应该认真研究半岛战争，从中可以学习到指挥善战军队的将军在占领或征服一个全民皆兵的国家时，可能遇到的各种阻碍。"约米尼对文中所写的"各种阻码"了如指掌。他曾经在法军中服役，先后转战西班牙和俄国，约米尼对一支占领军可能遇到的各种困难进行了详细的描写："除了所处的营区之外，控制不了任何地方；军营之外危机四伏，每前进一步都会遇到成百上千的困难。"约米尼在肯定人民战争威力的同时，也对其"恐怖性"的结果瞠目结舌。他"作为一个军人"更倾向于"忠诚并具有骑士风范的正规战，而不喜欢有组织的暗杀"。[84]

唯一一个名望超过约米尼的军事理论家、普鲁士将军卡尔·冯·克劳塞维茨在其讲述正规战的鸿篇巨制《战争论》（*On War*，1832年）中，也曾用一小章节来阐述"全民皆兵"的问题。克劳塞维茨在书中写道，全民抵抗"好似小火慢炖，将会摧毁敌军赖以生存的基础"。克劳塞维茨和约米尼一样，认为"人民战争"实在是大大超出了18世纪"有规则限制的"战争的框架。但和约米尼不同的是，克劳塞维茨并不排斥这种战争形式，尽管他给游击战打上了一个"19世纪现象"的错误标签。他在书中写道："一个国家即使比敌人弱小得多，也不应该不做这种最后的努力，否则，人们就会说这个国家已经失去了灵魂。"[85]

在法国革命和拿破仑战争期间，旺代、卡拉布里亚、提洛尔和西班牙，以及其他国家和地区的表现都不缺乏"灵魂"。但在反抗法国统治时所做的"最后的努力"，没有一个民族比海外殖民地更激烈。海地起义恰好是约米尼所谴责的那种冲突方式——"灭绝战争"。[86]令人很难相信的是，在这个位于加勒比海的岛国，法军的行径几乎和在旺代的暴行同样残忍，甚至可能更甚，但镇压的效果却更差。

16
黑色斯巴达克斯

海地独立战争，公元 1791~1804 年

海地独立战争的导火索是 1791 年 8 月 22 日的奥热种植园（Noé plantation）。十几个黑奴闯入制糖厂，抓住了一个年轻的白人学徒，愤怒地把他撕成了碎片。种植园主布莱恩·爱德华（Bryan Edwards）回忆道："他的尖叫引来了监工，他们立即开枪射击。此后叛乱者找到了通往精炼厂车间的通道，把监工杀死在床上。"

与此同时，在法属圣多明各（Saint-Domingue）——也就是后来的海地——北部平原上，大多数种植园都爆发了类似事件。在这场大规模暴乱中，许多血淋淋的细节给殖民者留下了深刻印象，然后经过夸张与传播，对从法国本土赶赴海地进行援救的同胞造成了极大刺激。据称，一个被黑奴抓住的木匠被绑在两块木板上，然后被锯成了两半；一名警察被活活钉在了一座种植园的大门上，然后四肢被用斧子依次砍了下来；妇女和少女们在自己的丈夫、兄弟、父亲尸骨未寒之际遭到残忍的轮奸。还有人说，有些起义者甚至把白人小孩钉在柱子上，作为自己的象征物。一群恳求救援的殖民者回忆道："刀剑后来被换成了火把，把藤条点燃，建筑物纷纷起火。这是事先约定的信号，意思是开始叛乱，附近的种植园也闪电般爆发了暴乱。"

不管上述那些说法是否真实，联想一下20世纪50年代人为包装过的英国镇压肯尼亚茅茅起义（Mau Mau Uprising）的故事，毫无疑问的是黑奴的叛乱给白人造成了巨大恐慌，这次叛乱也绝非偶发事件。密谋始于八天前，在一个阴雨连绵的日子里，在鳄鱼木树林中的伏都教仪式上。参与者大都是北部各种植园的奴隶长，这些人可以管理下层奴隶，同时享有殖民者给予的部分自主权。密谋的领导人是一位名叫布克曼（Boukman）的马车夫，他同时还是伏都教的祭司。密谋者杀了一头黑猪，喝下了猪血，这表示他们签署了向白人"复仇"的神圣契约。

他们有太多复仇的理由。圣多明各是法国最富裕的殖民地。该岛的糖、咖啡、棉花、靛蓝染料和可可种植园的产量占到了法国对外贸易收入的1/3，占全欧洲糖消费量的40%，咖啡消费量的60%。白人精英阶层只占当地4万名欧洲人中的极小部分，一名访问者曾经形容他们过着"骄奢淫逸"的生活。白人精英成为"所有艺术门类"的爱好者，有大批奴隶仆人供其驱使。白人种植园主的嗜好之一是把女奴隶作为性奴。结果就是造成了约3万名混血儿，他们并不是奴隶，但也无法享受和白人一样完整的自由权利。这些人心怀怨恨，并且预谋暴乱——他们对殖民者的仇恨堪比那些一辈子在农场操劳至死的黑奴。许多黑奴都是被人从非洲抓来的，而且以前不曾是奴隶。为了让这些黑奴屈服，白人频繁对他们施以鞭刑，然后用辣椒、柠檬或盐擦拭伤口。白人殖民者还有许多其他特殊而可怕的刑罚：有些黑奴的肛门里被塞上火药然后引爆，有些人则被扔进滚烫的甘蔗汁中。

1791年8月23日早上，北部重镇弗朗西斯角的白人们惊慌失措，这些罪有应得家伙看到"一堵火墙"从地平线下升了起来。用布莱恩·爱德华的话说就是："这片世界上最富饶美丽的平原……变成了一个大屠场，成为一片不毛之地。"1000多个种植园被化为灰烬，2000多名白人被杀。

在一片"恐惧惊骇"之中，弗朗西斯角的居民派出了一批士兵去镇压起义者。一个殖民者写道，"这些出柙之虎"有些赤身裸体，"有些人衣衫褴褛，还有些人则身着奇装异服，大都是从白人的衣柜中抢出来的衣服"。他们用"尖叫"和"敲锅"的手段制造了"可怕的噪音"，他们用"枪支、匕首、木杆和各种锐利的餐具和农具"武装起来，几乎没有什么值得一提的武器。但是，许多黑人有在非洲参加部落战争的经验，而其战术与欧洲人截然不同。正如一名殖民者经典但可能鲜为人知的论述，游击战争是："我们昼夜追捕踪迹难觅的敌人……每一棵树、每一个山洞、每一块岩石附近都可能隐藏着怯懦的偷袭者，他会在我们猝不及防之际扑出来，猛刺我们的胸膛；但如果和我们正面较量的话，这些人不是逃之夭夭就是跪地求饶。"

白人在抓住了一些起义者后，也毫不留情。爱德华在1791年9月28日就曾目睹"两个暴徒"被处死在他家窗户下。第一个人很幸运，很快就死了。而刽子手打折了第二个人的四肢并准备连续重击其胸部以置他于死地时，这个暴徒大喊"住手"，于是他被绑在一辆马车上，折磨了四十分钟，直到"一群围观的英国海员过来掐死了他，仁慈地结束了他的痛苦"。另一个白人目击者则记录了一名"完全无辜的黑人妇女"被杀的场面以及"被关在医院里的黑人"。[87]

在最初的战斗中，估计有1万名黑奴被杀，在此过程中白人逐渐用一系列军事哨所封锁了暴乱区域，通往暴乱区域的入口四处是吊着黑人尸体的树。如果不是起义者中出现了一位卓越的领导者，那么奴隶主们本可以在如此血腥的镇压后重新控制局面。这位领导人在1793年一次激动人心的演讲中宣布了自己的存在："我是杜桑·卢维杜尔（Toussaint Louverture）……我希望自由与平等降临在圣多明各。"[88]

*　　*　　*

他的原名叫杜桑·布雷达（Toussaint Bréda）。杜桑用"卢维杜尔"（Louverture，在法语中为"打开"之意）宣示自己开启一个自由战士的全新角色。杜桑在起义之初表现并不突出，但很快就进入了领导阶层，这可能是由于他的家庭出身相对较好，某种程度和加勒比海地区未来的两位革命者——菲德尔·卡斯特罗（Fidel Castro）及切·格瓦拉（Che Guevara）有些相似。杜桑出身于西非的达荷美皇室，因此他身上有一种特殊的气质，用一名殖民者的话说就是他身上有一种贵族般的"高傲矜持"。杜桑于18世纪40年代出生在属于布雷达家族种植园的一个奴隶家庭，这个庄园的工头相对仁慈。和大多数黑人不同的是，杜桑并不用做苦工。他一开始是当马夫，后来成为马车夫，这是一个稍微有些自由的工作，用历史学家大卫·帕特里克·盖格斯（David Patrick Geggus）的话说就是"可以与奴隶主及白人社会频繁接触"。

杜桑接受过一定程度的教育，为他提供教育的可能是海地18世纪60年代中期被取缔之前的耶稣教会。杜桑具备一定的法语会话和阅读水平，虽然水平不高，但相比之下大多数奴隶都是文盲，而且只懂克里奥尔语或原始的非洲部落语言。像杜桑这种具备一定文化水平的黑人是很少见的，而直到20世纪

70年代才发现的一个事实更让他显得不寻常。在海地爆发革命的时候，他是名奴隶主而非奴隶。杜桑在25岁获得自由之后，拥有一座有少数奴隶的种植园。但由于杜桑仍然依靠布雷达家族生活，而且他的妻子和孩子仍然是奴隶身份，所以他的这一身份被人们忽视了。[89]

杜桑曾经和其他黑人士兵一起，在海地的邻国圣多明各（Santo Domingo），也就是今日的多米尼加共和国，为西班牙军队效力，与法军为敌。随着1794年春天法国废除了奴隶制，杜桑又和4000多名追随者一起叛逃到法国阵营。在白人和混血军官的帮助下，杜桑成功地把这些以前是奴隶的士兵编入海地岛上最强大的军队。法国将军庞菲勒·拉克鲁瓦（Pamphile Lacroix）写道："这些非裔军人很引人瞩目，他们赤身裸体，身上只有一条子弹带、佩刀和步枪，而这支军队又有着模范式的严酷纪律，能让这些野蛮人遵守这么严格的纪律，无疑是表现卓越的杜桑·卢维杜尔的一大贡献。"[90]

西班牙人无法和这么强大的军队对抗，于1795年7月求和，把整个海地让给了法国人。两年后杜桑指挥全部法军，此时他的头号敌人是英军。作为英法两国在全球范围内展开的战争的一部分，英军已经占领了海地沿海北起莫勒圣尼古拉南到热雷米的狭长地域。英军不得不面对杜桑手下那些"匪贼"的反复袭扰——按照约克郡轻骑兵团托马斯·菲利普·霍华德（Thomas Phipps Howard）中尉的话说，"这是英军遇到过的最强悍敌人"。霍华德这么描述敌人的作战方式："战斗全部是各种伏击战，整个国家似乎都在为这些伏击战做准备……在平原上，500名欧洲骑兵就能够歼灭5000人的黑人军队，但现在黑人军队是在自己熟悉的山川中活动，所以战斗的变数大了很多。"高温是英军面临的另外一个难题,"士兵们躺在地上,伸出舌头,疼得死去活来,满心只想讨口水喝"。而瘟疫则更是可怕的灾难,英军士兵"几乎溺死在自己的鲜血中,瘟疫四处爆发,有些人在疯狂中死去"。[91]

英王乔治三世最终在1798年命令英军退出海地。作为交换条件,海地黑人承诺不会煽动英国在加勒比海地区殖民地的黑奴起义(为了达成协议,杜桑泄露了牙买加黑人的起义计划),英军从而全部撤离海地。在击败了各国的敌人之后,1801年7月,杜桑成为宪法通过之后海地的最高领导人。[92]

对杜桑而言,这个成就来之不易,因为仅仅他本人身上就留下了17处伤疤。杜桑自称有一次"一枚(英军)炮弹在我头顶爆炸,几乎把我满口的牙都炸掉了,剩下的牙也松动了"。[93]这样的缺陷使得杜桑的面貌更加丑陋,正如小说家和传记作家麦迪逊·斯马特·贝尔(Madison Smart Bell)所说的,"其容貌引人发笑"——"又矮又瘦",配上不成比例的大脑袋以及"骑师的身材"。[94]

人们对杜桑个性的评价有着天壤之别。一名英国军官曾经和杜桑有过频繁接触,他在1805年出版的个人传记中说杜桑"对敌人冷酷无情,但对宾客和家人则温情脉脉。他的谈吐举止偶尔会显得非常高雅,但更多的时候会给人一种和蔼可亲的感觉"。[95]而在由法国人撰写的一本流传范围不大、出版时间较早的杜桑传记里则是这么写的:"他的个性中有奇怪而可怕的狂热以及暴躁的感情。无论是曾经的屠杀,还是最无耻的背信弃义,他都毫无悔恨。"[96]

杜桑之所以获得了毁誉参半的评价,和他的所作所为是密切相关的。他拒绝打破现有的种植园体制或驱逐以前的奴隶主。

相反，杜桑强制要求奴隶们回到原来的种植园，作为雇工进行工作。不从者要么受到鞭刑，要么被处死。杜桑慢慢变成了一个黑色奴隶主，同时他也保护那些富有的白人地主，这些人要么和杜桑交往甚密，要么是一些和杜桑有着风流韵事的贵妇。杜桑建立了"光辉"法庭，来传播自己的"光芒"，一位殖民者记录道，与此同时"那些对杜桑表现出不恭的人都会遭到鞭刑的惩罚"。[97] 很快有些黑人就不再对他们的"解放者"抱有幻想，尽管并不是像对他们的法国领土那样感到希望幻灭。

尽管杜桑谨小慎微，并未宣布完全独立，但拿破仑仍然对法属圣多明各日益增长的离心倾向忧心忡忡。拿破仑需要殖民地缴纳的税收来维持其战争机器的运转，因此他派出一支军队准备重新接管海地。远征军的指挥官维克托·埃马纽埃尔·勒克莱尔（Victor Emmanuel Leclerc）是一位时年 29 岁的将军。勒克莱尔娶了拿破仑的妹妹，由于他极力效仿其大舅子的做派，因而获得了一个"金发波拿巴"的称号。勒克莱尔在远征中带上了自己四岁的儿子和"名声远扬且貌美如花"的妻子波利娜，[98] 波利娜因为自己的风流韵事而成为许多坊间传闻的主角（他的情人甚至可能包括其兄拿破仑）。而就在远征中，一边是波利娜进行着"在白皮肤和黑皮肤情人之间取舍"的游戏，[99] 另一边则是勒克莱尔用残酷的手段执行着使命，将所有不屈服的黑人统统流放或杀死。拿破仑给勒克莱尔的命令是："赶走这些沐猴而冠的黑鬼，这就是我们的最终目标。"[100]

勒克莱尔麾下远征军（其总人数最终将超过 6 万）的先头部队于 1802 年 2 月 2 日在海地角登陆。[101] 杜桑知道想要正面击败法军基本不可能。他寄希望于利用热带疾病击退入侵者，为了拖延时间，他决定采用"焦土政策"。杜桑命令手下"用炸弹破坏道路；用人畜尸体污染水源；烧毁、破坏所有财物，让这些想重新奴役我们的家伙能见到的只有地狱般的景象，这才是他们应得的"。[102]

杜桑的手下纵火焚毁了法兰西角（Cap-Français）、戈纳伊夫（Gonaïves）、圣马克（Saint Marc）等诸多城镇，然后退入山区。然而，在经过三个月的消耗战之后，杜桑手下的许多将领丧失了信心，纷纷向法军投降，而法国人则赦免这些人，并且允许这些人保留与原来同等的军衔待遇。杜桑同样于1802年5月6日步其手下的后尘，接受勒克莱尔的招安，并且宣誓效忠法国。有人猜测杜桑可能是诈降，以便寻机东山再起。如果他真是这么想的话，那杜桑此后再也没有机会了，用杜桑自己的话说，他在经历了"投降……被捕……软禁……然后被押送……到'克里奥尔'号护卫舰上"之后，被押到了法国。第二年，这位当时世界上名声最响亮的黑人死于法国一处"可怕的地牢"之中。[103]

* * *

法军虽然成功俘获了海地起义者的首脑，但他们发现战局依然胶着，这意味着"斩首"战略在应对一场群众基础很深的起义时作用相当有限——几个世纪以后，以色列对哈马斯及真主党的治安战再次证明了这点。由于法国远征军饱受热带疾病困扰，其兵力以每天病亡130人的速度急剧下降，勒克莱尔不得不逐渐倚重黑人士兵。[104]但不幸的是，黑人士兵一旦发现法国人不可信任，并且企图恢复奴隶制时，他们往往会重新加入起义者的行列。最危险的叛变者是让-雅克·德萨林（Jean-Jacques Dessalines），这位"性格勇敢、狂暴而残忍"的军人被推举为起义军指挥官。[105]他出生在非洲,因为对白人以及混血族群进行屠杀而被称为"没人性的德萨林"(the inhuman Dessalines);有人说德萨林是"用饿虎般的眼睛审视白人"。白人中流传德萨林有一副十分"恐怖"的样貌。[106]

拿破仑手下的大臣嘲笑勒克莱尔是"所有将军中最年轻又最平庸"的一个,[107]而正是勒克莱尔企图将剩下的黑人士兵全部缴械并关押起来,导致局势进一步恶化。在海地角,1000名黑人士兵被押到一艘船上,然后脖子被套上装着面粉的麻袋,扔到海里活活淹死。[108]勒克莱尔鼓吹并老练地实施种族屠杀政策,在1802年10月7日给拿破仑的信里他是这样写的:"我们必须彻底消灭山区的所有黑人,不论男女,只留下12岁以下的儿童,毁灭一半的平原地带,在殖民地绝不留一个曾经在军队服役的有色人种。"[109]

在写下这封措辞令人心悸的胡言乱语之后不到一个月,勒克莱尔自己也毙命了——夺去其性命的是令诸多法国军人丧命的热带疾病。勒克莱尔的继任者是"身材矮胖"的多纳西安·罗尚博(Donatien Rochambeau)将军,他是那位曾经在美国独立战争中指挥法军的罗尚博将军之子,事实证明这位小罗尚博将军也是残暴无能之辈。他从古巴引进了攻击性很强的猎犬,以鲜血喂养,用来撕咬那些黑人战俘。纵火焚烧种植园的黑人被俘后会被活活烧死,而没有劳动能力的黑人则被用硫黄气体熏死在建造于船上的临时毒气室里。一名英国军官回忆道,当时海地角"附近的空气都充斥着一股腐尸的臭味"。但正如法军在西班牙的遭遇一样,如此"令人发指的暴行"只能激起更多的人选择与法军为敌,并且刺激他们用同样残暴的手段报复法军战俘。[110]

尽管起义军拥有不少步枪，不过他们也经常使用一些结构简单的机关，比如说把钉有钉子的木板隐藏在植被下边，放置在法军有可能经过的路段。[111]一个曾经跟随法军一起行军的少年回忆道："如果有哪些不走运的士兵因为体力耗尽而掉队，那他们很快就会发现，身后的丛林中到处都有可能冒出杀红了眼的黑人，然后这些魔鬼很快就会手持利刃，神不知鬼不觉地干掉掉队的士兵。"[112]

饱受"可怕的热带病"[113]折磨而兵力大减的法军很难对付日益严重的威胁。一名陷入游击战泥潭的法军军官就抱怨道："敌人几乎无处不在，而且他们本来就是这块土地的主人。"[114]

法军在海地最后的据点是海地角。但很快就由于英法战争全面展开，英国皇家海军切断了海地法军获得增援和补给的海上通道，法军连这个据点都守不住了。1803年11月30日，罗尚博率领残余法军乘船离开海地，用拿破仑手下一位大臣的评语说，罗尚博"因自己的残暴而在这个岛上一败涂地"。[115]

* * *

1804年1月1日，独立的国家被正式命名为"海地"（Haiti），这个名字来源于阿拉瓦克印第安人对该岛的古称。海地既是世界上第一个由黑人建立的共和国，也是当时整个西半球的第二个共和国。同时，海地独立也是古代或现代历史上唯一一次获得胜利的奴隶起义。[116]在其他美洲国家的黑奴，被称为"逃奴"（maroon）的黑人们设法逃离了种植园，然后成功地保卫由逃亡黑奴组成的社区。一名历史学家写道，牙买加逃亡黑奴"在游击战中逐渐掌握了高超的战斗技巧"并且在与英军数十年的战斗中取得了相当可观的胜利。[117]但是，牙买加黑人最终还是被镇压了下去，只有海地的黑奴彻底推翻了殖民者的统治。

海地独立能够取得成功的诸多原因之一是海地本身的气候,而当时的人们并不知道,此地蚊蝇泛滥导致黄热病和疟疾流行。一本现代杂志曾经将这些昆虫战士描述为"最可怕的敌人",[118]而蚊蝇传播的传染病正是造成欧洲军队减员的主要原因。起义者能够利用的另一个优势就是海地的地理位置(和法国本土分处地球的两边),起义的时间(当时正处在拿破仑战争期间)以及奴隶和奴隶主之间悬殊的人口差距(50万名奴隶对4万名白人)。[119]但海地起义能够胜利,最重要的原因是那些曾经的奴隶在绝境中表现出不顾一切的勇气,以及他们卓越的领导人,那位黑色斯巴达克斯。[120]

然而,赢得独立的代价既沉痛又令人震惊。根据某些材料的估计,十三年的战争造成海地20万名黑人和混血人,2.5万名白人殖民者,5万名法军士兵和1.5万名英军士兵丧生。正如一位学者所指出的,"海地人民为独立承受的伤亡是北美独立战争的6倍",而海地人口只有当时北美殖民地人口的1/4。很少有哪个国家的人民为了赢得独立而付出更为惨重的代价。法军虽然毫不留情地以残忍手段镇压起义,但最终仍失去了海地,这证明即使是最残酷无情的反游击战策略也有可能难以维护治安。[121]而在两个多世纪以后,法国人将在阿尔及利亚和印度支那再次品尝这枚苦果的滋味。

17
希腊人及其同情者

希腊独立战争，公元 1821～1832 年

由北美独立和法国革命所引发的大革命浪潮，并未因 1815 年拿破仑的失败而销声匿迹。自由主义和民族革命的浪潮依旧风起云涌，但仍不免最终归于失败。

最典型的例子是 1798 年发生的爱尔兰反英起义。这次起义是由沃尔夫·托恩（Wolfe Tone）、纳珀·坦迪（Napper Tandy）、爱德华·菲茨杰拉德爵士（Lord Edward Fitzgerald）以及其他一些富裕的新教徒所创建的地下组织"爱尔兰人联合会"（Society of United Irishmen）发动的。不幸的是，爱尔兰人联合会早已被密探渗透，英国政府得以在起义发动前逮捕了该组织的大多数领导人。在严刑拷打之下，许多密谋者被迫招供，很多嫌疑犯被捆在木质三角形刑具上拷打，"被打得遍体鳞伤"。为了增加痛苦，刑讯者还会不时把盐抹在犯人的伤口上。发动武装起义的爱尔兰人——一般来说他们的武器无非长矛而已——则被装备更精良、组织更严密的民兵和正规军镇压。许多俘虏被枪毙或绞死，其他人则被流放到当时刚刚建立的殖民地澳大利亚去。（托恩自己切开了喉咙，逃避了死刑。）整个起义持续六周时间，付出了约 5 万人丧生的代价。法国革命政府曾经许诺会支援爱尔兰人联合会的起义，但是法军还来

不及在爱尔兰登陆,这场起义就失败了。大多数当地民众仍然忠于英王,参加镇压的英军几乎完全由爱尔兰天主教徒组成。[122]爱尔兰人此后在1803年、1848年、1867年和1916年发动的起义都未能取得成功。

在欧洲的另一端,波兰人遭受着和爱尔兰人革命同样的失败命运。他们先后在1794年、1830年、1863年和1905年发动起义,每次都被奥地利、普鲁士,更多的是被俄国的暴力机器所镇压——正是这三个国家瓜分了波兰。这里无须赘述镇压过程中那些血淋淋的细节,那些组织松散、必败无疑的起义几乎都有着类似的过程。

更令人关注的是少数几场取得胜利的起义,而且还要探究为什么这些起义逃脱了必然失败的铁律。比如说,拉丁美洲的那几个共和国是怎么在1810～1825年纷纷脱离西班牙的统治而获得独立的呢?其中部分原因必然与南美革命的天才领导人、"解放者"何塞·圣马丁以及西蒙·玻利瓦尔有关,他们都是革命者,而并非游击战领导人。尽管他们都曾偶尔使用打了就跑的战术,但其获得胜利的原因,主要还应归结于他们将小规模正规军捏合在一起,以快速机动的方式打击行动笨拙的西班牙殖民军。南美独立的胜利有三个最有说服力的原因:拉丁美洲殖民地的人口比西班牙本土多50%;两者相距3500英里;当时西班牙正在和拿破仑的法国交战,并且还要收拾战争留下的烂摊子。[123]

* * *

所以,如果只有肤浅的了解,那么就更难理解,作为奥斯曼帝国境内的少数民族而且在漫长的历史中从未形成统一的民族国家的希腊人,为何能够挣脱近在咫尺的帝国统治而赢得独立。当时的奥斯曼帝国确实国势日衰，但它毕竟已经存续了五百多年，并且控制着地中海沿岸和巴尔干半岛的大部分地区。奥斯曼帝国在历史上征服过远比希腊人更强大的敌人——其中包括罗马帝国的继承者拜占庭帝国。希腊人在游击战领域的水平确实给人留下了深刻的印象，但这并不足以赢得战争胜利。1812年的希腊起义，是由希腊流亡者组织中一个名为"友谊社"（Philiki Etairia）的秘密团体策划的。而这次起义的结果显示，在游击战争中，"人道主义干涉"首次起到了决定性作用。

希腊有着悠久的低烈度冲突历史，这里既有一直横行的希腊基督教山贼，也有奥斯曼帝国从罪犯中征召的被称为"armatoli"的剿匪民兵武装。无论是山贼还是民团，这些强悍战士的队伍从十几人到百十来人不等。这种武装组织的很多成员都是亲戚，领导者则往往是一个无情而有魄力的人。接受过现代军校教育的军人——包括那些来自美国和欧洲的"希腊之友"（philhellene）——汇聚到这块西方文明的发祥地为希腊的独立而战，在他们看来，这些民兵武装的非常规作战方式有许多尚需改进之处。来自美国波士顿的年轻医生塞缪尔·葛瑞德利·豪（Samuel Gridley Howe）曾在希腊军队中服役，他对希腊军队的优点和缺点有着生动的描述：

> 希腊军人一般是聪明、主动、坚强并俭朴的战士；能够在岩石之间行军——其实更准确地说是跳跃——一整天，只需要吃一点小点心和橄榄或生洋葱就能果腹；晚上，希腊士兵就露宿在原野上，找一块平整的石头当枕头，无冬历夏都随身携带的斗篷当被子；他们根本不知辎

重马车和帐篷为何物。但是，希腊士兵不会劳作，他们认为这是羞辱；他们也不会遵守纪律，他们认为这是束缚；他们也不喜欢遵守命令，希腊士兵往往认为命令只是个笑话，而他们在这个问题上有提出自己建议的权利。

豪在后文继续写道，在欧洲军队中希腊人"将会被称为懦夫"，因为"他们从来不敢进入突破口，向藏在工事后边的敌人冲锋，或者站起来暴露在敌人的火力下"。相反，和大多数游击队一样，他们"经常藏身在一堵墙或一块岩石后边，在隐蔽处开火"。但豪最后仍然指出，希腊人确实是"勇敢的战士，如果让他们按照自己熟悉的战术战斗，他们简直就像是我们这边的印第安人"。[124]

让希腊游击队遵从传统军队组织形式的努力基本没有效果。根本不可能让那些山贼头目，比如索佐罗斯·科洛科得尼斯（Theódoros Kolokotrónis）和奥德修斯·安德鲁瑟斯（Odysseus Androutses）等人把兵权交给正规军军官，因为他们知道，这将会削弱自己的实力而增加中央政府的权威。这些山贼宁愿让那些来支援他们的欧洲志愿兵们饿死，也不会为他们提供粮食。

西方化的希腊领导人组建了一支小规模正规军作为起义军的核心，但是这支军队是由外国人和希腊流亡者组成的，这支兵力为500人的正规军，在1822年7月16日投入了其首次同时也是最后一次大规模战斗，当时该部在有数千人的土耳其军队的攻击下试图坚守山区小村佩塔（Péta）。按照希腊之友们的观点，这场战斗的开端令人满意，他们"沉着地……实施了一轮正面射击"并且打死了数百名土耳其士兵。在战斗持续了几个小时以后,那些欧洲志愿兵几乎认为胜利在望了。其中一名参战者写道:"简直是出人意料,我们突然听到阵地后方传来的鼓噪声。"他们的后方由一个叫果戈理(Gogol)的头目率领1000人的希腊游击队掩护,而此时果戈理却率领部下脱离了阵地。希腊之友们后来指责果戈理被土耳其人收买了,但他可能只是出自保存实力的本能。但不管动机如何,果戈理擅离阵地使得希腊正规军陷入了遭到敌军侧击的可怕境地。"土耳其人立即如潮水般包围了我们……所以我们不得不放弃阵地。"一名希腊之友后来写道。这支部队只有1/3的人突破了包围,此战过后这支部队就被解散了。[125]

对希腊人来说,幸运的是山贼们比较擅长的战术取得的战绩更佳。一支数量庞大、装备简陋的军队在山区作战,其战果肯定要比那些死守堂堂之阵的陈规、虽然热心但傲慢的欧洲志愿兵们更好。在1821~1822年,土耳其军队的据点被起义军接连拔除,而从北方赶来救火的土耳其援兵则在打了就跑的战术袭击下,损兵折将而不得不撤退。马其顿和希腊北部仍然在土耳其人手中,但是希腊中南部大部分地区都被解放了,而且由欧洲化的希腊人组织的国民大会更是颁布了宪法并成立了政府,这一切都造成了巨大的影响。

希腊人的战场并不局限在陆地上。在海上,他们的主要武器是纵火船——一种海上"汽车炸弹"。希腊人会操纵一艘塞满火药和易燃物的小船冲向目标舰艇,点火后乘划艇撤离。如果一切顺利的话,这种纵火船能带来毁灭性的效果。1822年6月18日,停泊在爱琴海希俄斯岛附近的土耳其舰队正在庆祝斋月结束。午夜刚过,一艘希腊纵火船就点着了土耳其舰队的旗舰,大火迅速蔓延到火药库,引发了大爆炸。船上2300人中只有不到200人幸存，死者中包括土耳其海军司令，他当时正准备逃到救生艇上，但被倒塌的桅杆砸中头部而身亡。[126]

土耳其军队在镇压希腊起义的战争中，毫无英国对待北美独立分子的那种宽容。为了报复旗舰被希腊人烧毁，土耳其人屠杀了希俄斯岛的2.5万名希腊人，还掠夺了4.1万人作为奴隶。许多受害者的首级、鼻子和耳朵被砍了下来，然后被装进麻袋作为战利品送往伊斯坦布尔。[127]这只是土耳其人对希腊平民施加暴行的一个范例，而年迈的希腊东正教长老虽不赞成起义，但也被绞死在伊斯坦布尔。在土耳其舰队返回伊斯坦布尔之时，围观民众都目睹了军舰的桅杆和横桁杆上挂着"奄奄一息"的希腊俘虏。[128]

很难说希腊人是无辜的，因为他们报复伯罗奔尼撒半岛伊斯兰教教徒的手段也同样血腥——其手段对20世纪的人类来说几乎是不可想象的。这不仅仅是民族仇杀，同时在某种程度上也是基督徒和穆斯林之间的圣战，是穷尽各种残忍手段的宗教战争。1821年，一座富庶的土耳其城镇特里波利斯（Tripolitza）陷落，一名意大利志愿兵描述道："我们所到之处除了死尸一无所有，到处都是野狗在撕咬尸体。尤其令我们吃惊的是，大多数赤身裸体的死者都是妇女和儿童。"[129]

在欧洲，人们虽然多少了解希腊人的暴行，但土耳其人的暴行无论真假，都被欧洲人夸大了：西方舆论已经习惯了几个世纪以来"东方"那些耸人听闻且往往与事实不符的传说，它们将"土耳其人"和"伊斯兰教"等同于野蛮人，同时认为希腊人仍具备伯里克利和亚里士多德时代的各种美德。土耳其人并不了解西方公众舆论的重要性，也没有引导舆论的观念，这也是造成西方公众对其抱有偏见的原因之一。希腊流亡者则对现代所谓的"信息战"概念认识更深刻。他们充分利用了西方知识分子与生俱来的对希腊人的同情,以及对"土耳其"和其他中东民族的厌恶,这种厌恶感可以追溯到古典时代希腊和波斯的战争。而中古时代的一些历史事件,比如土耳其军队在 1453 年征服拜占庭和此后在 1529 年及 1683 年两次围攻维也纳,还有 17~19 世纪,曾经在地中海和亚得里亚海劫持过数万名西方国家水手,盘踞在北非且名义上臣服于奥斯曼帝国的"巴巴里海盗"(Barbary pirates),这些历史都进一步加深了西方人对土耳其的嫌恶。

希腊之友里有不少名人,包括英国哲学家杰里米·边沁(Jeremy Bentham)、美国教授、后来的国务卿爱德华·埃弗里特(Edward Everett)以及法国画家欧仁·德拉克罗瓦(Eugène Delacroix),其中最著名的是英国风流才子、家境富裕而绯闻缠身的拜伦勋爵。他在 1823 年夏天乘坐私人游艇"赫拉克勒斯"号航海抵达希腊,随行人员中有志愿人员和仆人,甚至包括船工和贴身男仆,船上还有马匹、药品、两门加农炮和大量现金。据一位随行人员记载,拜伦在路上把"活禽装进篮子里"然后"吊在桅杆上",当作练习手枪射击的靶子。[130]拜伦一登上希腊就立刻组建了一个旅,但 1824 年 4 月 19 日他在迈索隆吉港(Missolonghi)死于瘟疫,此后这个旅就解散了。拜伦在几个月前三十六岁生日时写下的一首诗里似乎预见到了自己的命运。这首诗的最后是这么写的:"寻求一个战士的归宿吧,/这样的归宿对你最适宜;/看一看四周,选择一块地方,/然后静静地安息。"[131]拜伦以这样一种求仁得仁的浪漫方式结束了自己的生命,逝世消息传回国内后,其在英国引发的反响不亚于后世的戴安娜王妃之死,进一步激发了英国民众对拜伦献身的希腊解放事业的狂热支持。

除了拜伦，还有1200名希腊之友也先后抵达希腊。[132]他们的军事意义几乎可以忽略不计。但更重要的是，在1824年土耳其军队发动了卓有成效的大反攻以后，这些希腊之友在争取西方国家援助方面起到了不可忽视的政治作用。土耳其军队在生于阿尔巴尼亚的埃及统治者穆罕默德·阿里（Mehmet Ali）及其子易卜拉欣帕夏（Ibrahim Pasha）的指挥下卷土重来。他们在欧洲顾问的协助下组建了一支欧洲式正规军，战斗力远胜落后的土耳其新军（janissary）。埃及军队能够维持严整的队列，承受相当的伤亡并且具备实施白刃突击的能力，因而他们能不顾游击队的袭扰，逐渐收复了1821~1822年被希腊起义军夺取的地盘。一名英国外交官在1825年做出了这样的评论："希腊人的战况可谓急转直下。"[133]

能够拯救希腊人命运的只有英国、法国和俄国的干涉。不顾威灵顿公爵这样视土耳其为维稳力量的保守派的反对，[134]英法俄三国达成一致，共同要求土耳其承认希腊的自治权。土耳其苏丹对三国的要求视若无睹，而他也为此付出了代价。1827年10月20日，24艘来自英国、法国和俄国的军舰在伯罗奔尼撒半岛东南的纳瓦里诺湾重创了数量占优的土耳其舰队。在四个小时的近距离交战中，土耳其舰队损失了89艘战舰中的60艘，而英法俄三国的海军则没有一艘战舰被击沉。[135]由于土耳其军队丧失了补充兵员和物资的海路通道，纳瓦里诺海战奠定了希腊独立的基础。四年以后，希腊有史以来第一次正式成为一个统一的独立国家。

外部势力援助起义者在历史上并不鲜见。法国就曾援助北美独立战争,接受法国援助反抗英国的还有苏格兰和爱尔兰,尽管后两者的起义并未成功。反过来,英国也曾帮助反抗法国统治的西班牙游击队,在此之前还援助过反抗西班牙哈布斯堡王朝(1568~1648年)的荷兰起义者。但是英法对这些势力的援助都是出于国家战略的考虑,而英国和法国,甚至在某种程度上的俄国,能够援助希腊都是出自纯粹的人道主义本能。英法俄三国削弱了其盟友奥斯曼帝国的国力,但除了道德上的满足感之外一无所获。在纳瓦里诺海战中指挥三国舰队的英国海军中将爱德华·科德林顿(Edward Codrington)爵士,他说过的一句话后来被现代人权活动家广为引用,科德林顿说他的目标就是迫使易卜拉欣帕夏"停止这场他一直在进行的灭绝人性的野蛮战争"。[136]

尽管英法俄三国在援助希腊方面并非完全没有商业利益和国家战略的考虑,而且法国也曾经两边下注,私下给予穆罕默德·阿里一些军事援助,[137]但正如研究20世纪90年代干涉波斯尼亚和科索沃的战争(包括2011年干涉利比亚)的先驱、历史学家加里·巴斯(Gary Bass)所指出的,拜伦和德拉克罗瓦的行为对三国干涉希腊独立战争的推动作用,类似现代电视网络和人权团体在战争中所起的作用。[138]通过宣传自身的遭遇,希腊人设法说服其他国家来解放自己。他们的战略是"死里求生"(winning by losing),此后许多其他国家的起义者也效仿这一战略,最明显的就是1898年古巴人成功说服了美国人对其宗主国西班牙宣战。

1897年,西奥多·罗斯福的宣言让他听起来就像当年那些狂热的希腊之友,"我是个彻头彻尾的'自由古巴'主义者",而且他还建议"对西班牙开战"无论从"人道主义还是国家利益"来说都是明智的选择。[139]然而，绰号"狂野骑士"（Rough Rider）的美国干涉军在古巴取得的军事胜利要远胜希腊之友在希腊的表现，不过和希腊独立战争相同的是，美西战争的结局也是由海军力量决定的，特别是美国海军成功地在马尼拉湾和古巴圣地亚哥之战中击沉西班牙舰队之后。

18
两个世界的英雄

加里波第和意大利统一战争,公元 1833~1872 年

同时代正在奋力争取自由和统一的国家还有意大利,在 19 世纪 60 年代以前,意大利分裂成八个被奥地利控制的小国。意大利统一过程中游击战争只起到了一部分作用,但缔造了 19 世纪声名最盛大的游击队领导人。时至今日,那些自称自由战士的游击组织仍以其为范本。

纵观历史,有一个事实非常奇妙,那就是许多激进的民族主义者往往并不出生在他们所捍卫的国家领土上。拿破仑生于科西嘉,而非法国;赫尔穆特·冯·毛奇(Helmuth von Moltke the Elder,老毛奇)生于什未林的梅克伦堡,而非普鲁士;斯大林生于格鲁吉亚而非俄罗斯;希特勒生于奥地利而非德国。加里波第的出身也类似,这位后来领导意大利民族主义运动的人生于尼斯——在加里波第出生时(1807 年)该城正在法国的占领下。在拿破仑被击败后,加里波第 8 岁时,尼斯被划归皮埃蒙特-撒丁王国,但是在 1860 年再次成为法国的一部分,且从那时起一直延续至今。朱塞佩·加里波第(Giuseppe Garibaldi)出生在一个贫穷的以水手和打鱼为生的家庭,能够说流利的法语和意大利语,不过他一直自认为是一个意大利人。[140]

加里波第在16岁的时候谋得了一个客轮侍应生的差事，从此在地中海海域混迹十年。1833年，26岁的加里波第油然生出"对祖国狂热的爱……（如他后来所写）并对祖国的压迫者生出刻骨仇恨"，[141]这位自学成才的水手加入了青年意大利党，这是一个地下社团，其创建者也叫"朱塞佩"，不过比加里波第要年长两岁——朱塞佩·马志尼（Giuseppe Mazzini）是一位律师和宣传家，这位年轻的热那亚人决心开历史之先河，把意大利半岛统一成一个独立的民族国家。

马志尼被奥地利首相梅特涅（Metternich）称为"欧洲最危险的男人"，他后来所引发的席卷欧洲的自由主义革命浪潮堪与马克思及恩格斯引领的共产主义革命相提并论。青年意大利党后来联合了青年法国党、青年奥地利党和其他共和派组织，组成青年欧洲组织。马志尼坚信，"以游击队为手段的暴动，将是所有渴望挣脱外来势力的国家应该采用的唯一正确的战争手段……这种方法无坚不摧、不可战胜"。马志尼甚至在1832年出版了一部早期的游击战理论著作——《游击队管理规章》（*Rules for the Conduct of Guerrilla Bands*），其中的许多方法和后来毛泽东的理论不谋而合。"游击战争是一种需要准确判断和勇气，行动灵活并且依赖情报的战争……"他在书中写道，"正规军指挥官最优秀的品质是了解何时投入战斗并取胜；游击队领导者最优秀的品质是不断袭扰敌军，给其造成损失并全身而退。"[142]

尽管马志尼在书中写得头头是道，但他更多地还是纸上谈兵，更喜欢在书斋中研究理论而不是在战场上刺刀见红。马志尼亲自指挥的行动无一不以悲剧或闹剧收尾。加里波第在1834年被上级分配了一个任务，即渗透到撒丁王国海军里策动兵变。马志尼和其他流亡者为了配合水兵起义,届时会从瑞士境内出发侵入皮埃蒙特,但由于此后马志尼带领的人马迷路,结果全盘计划落空。加里波第被判死刑,不得不流亡南美。

加里波第此后试图干点诸如卖通心粉之类的买卖,但均不成功,他认为自己"命中注定要献身于伟大的事业"。[143] 1837年,加里波第应征进入南里奥格兰德(Rio Grande do Sul)省的军队,当时该省正在试图脱离巴西而独立。1842年,加里波第参加了巴西邻国乌拉圭的另外一场战争。此后加里波第还参与了保卫阿根廷自由主义政权,反抗该国独裁者及其帮凶的战争,他参与其中达六年之久。

由于当过水手,加里波第自然首先参与了私掠船拿捕敌方船舶的行动——这是一种海上游击战,不过他也曾指挥地面部队作战。由于军队数量很少,而拉丁美洲的面积又是如此广袤,因此加里波第经常指挥小部队在广大地区作战。虽然经常被优势之敌追击,但加里波第即使在兵力悬殊的情况下也会毫不犹豫地突击敌人,而其大胆的行动往往也能取得成功。不论是患病负伤还是物资短缺,加里波第都在长途步行或乘骑行军时表现出了超强的适应能力。甚至面对曾经将他俘虏并拷打的敌人,加里波第也经常表现出一种"骑士"风范。[144] 如果没有足够的地方关押战俘,而且他也知道这些俘虏会暴露他的位置,加里波第还是会释放俘虏而非将其杀害,而且他也会约束部下不得虐待平民。[145]

加里波第最出色的业绩是指挥800人的意大利军团用打了就跑的战术作战,这支军团是他征召在乌拉圭的意大利移民组成的——加里波第以一贯的夸张口气称之为"哥伦布的勇敢子弟"(brave sons of Columbus)。[146]在乌拉圭政府大楼里发现了一个储藏衣物的库房之后,这支军队的制服就统一成了红色,本来红色衣服是给屠夫穿的,因为即使溅上了血迹也看不出来。[147]加里波第其人健壮结实,长着络腮胡子及一头长发,神色坚毅,而且"眼神坚定且敏锐",穿一件红色上衣,戴一顶黑色毡帽,脖颈上围着一条"华而不实的围巾",腰间挎一把马刀,马鞍的枪套上挂着两把手枪——用一名英国海军军官的话说,加里波第"是一个典型的游击武装头领"。[148]

在南美转战期间,加里波第的一大喜事是遇到了安娜·玛丽亚·里贝罗·达·希尔瓦(Anna Maria Ribeiro da Silva),这位年轻的巴西女子曾是一个鞋匠的妻子,她抛弃了家庭加入加里波第的军队。她当时在拉古纳镇生活,恰逢加里波第的船在此下锚,当时是1839年,加里波第32岁,阿尼塔(为希尔瓦的昵称)18岁。加里波第说,事后回想,这次邂逅有些浪漫色彩。当时他在后甲板上用望远镜看到了阿尼塔正在山头上的家门口。加里波第立即弃舟登岸,他遇到阿尼塔的第一句话就是"你应该是我的人"。阿尼塔并未给加里波第一个耳光,她发现此人"无礼的样子……很有吸引力"。但是,我们并不能说加里波第仅仅是被美色所迷惑。阿尼塔此人样貌平平,并非绝色佳丽;加里波第的一个传记作者形容她为"一个身材丰满的村姑"。但是,无论阿尼塔是否有姿色,加里波第确实被她迷倒了,反之亦然。两人堂而皇之地走到了一起,不过一直到1842年才结婚,按照另一个传记作家的描述,此时"他们的第一个孩子已经两岁多了"。

阿尼塔追随加里波第一路转战,与他同甘共苦,共同经历军人生活的腥风血雨,并在此后的十年间为加里波第总共生下了四个孩子。他们打破世俗偏见的浪漫故事，进一步渲染了加里波第作为一个起义领袖的传奇色彩。[149]

* * *

由于马志尼不遗余力的宣传，欧洲许多报纸都连篇累牍地报道了加里波第的事迹，在民间流传甚广。[150]因而当加里波第在 1848 年带着 36 个老部下返回意大利时，受到的是民族英雄般的待遇。自由主义、民族主义革命迅速在意大利和欧洲其他国家蔓延开来。奥地利军队被迫从米兰和威尼斯撤退。皮埃蒙特－撒丁王国则不失时机地向奥地利宣战，以求将整个亚平宁半岛统一于撒丁王室统治之下。复兴意大利的运动风起云涌。加里波第写道："为了推翻外国压迫，我们必须奋起战斗，为了挚爱的祖国我们现在要赶快拿起武器来。"[151]

加里波第一开始希望为撒丁王国效力，但王室军队并不信任这个曾经被他们宣判为叛国者的冒险家。此后加里波第为米兰的革命委员会效力，指挥 1500 名志愿兵在奥地利占领的伦巴第附近的马焦雷湖行动。加里波第后来写道，他希望"在缺少正规军的情况下，带领追随的同胞展开游击战争，借此推动整个意大利的解放"。但是加里波第却发现，不但很少有民众志愿追随他，而且"当地平民中也有不少卖国贼和密探"。奥地利军队成功地利用恐怖手段威胁当地民众。加里波第回忆，一旦奥军被从某个村庄赶出来，"他们会无情地放火烧毁周边的房屋，并且不断随意炮击村庄"。所以，加里波第指挥的这支小队伍不得不四处转战。"我们几乎每天晚上都得改变宿营地以避开和迷惑敌军"。最后，经过三周的战斗，加里波第不得不撤入瑞士境内以避锋芒，这种被敌人紧追不舍的游击队撤入邻国以求庇护的事情既不是第一次发生，也绝非最后一次。奥地利军队暂时取得了胜利，不只是加里波第所部，撒丁王国的正规军也被击溃。[152]

1849年4月27日，加里波第得以重返沙场，他这次并非单枪匹马，而是带着意大利军团中1300人的队伍，他们的目标是保卫新生的罗马共和国，抵抗奥地利、西班牙、那不勒斯和法国——这几个天主教国家妄图复辟教皇的统治。加里波第希望依托亚平宁山脉展开一场游击战争。但在罗马的实际执政者马志尼的压力下，加里波第不得不在几乎毫无胜算的前提下进行比较传统的防御战。平民们被动员起来设置路障。罗马人"像雄狮一般"奋勇参战，成功挡住了首先赶到的法军和那不勒斯军队。但不久之后，如同欧洲许多国家的情况一样，罗马革命也被扼杀了。

加里波第在战斗中腹部及身体其他地方多处负伤，不过伤愈之后，他拒绝了一位美国外交官让他乘坐美国军舰撤离的建议。加里波第决定离开罗马继续战斗。在二战最黑暗的日子里，温斯顿·丘吉尔曾经引用此时加里波第激励部下的豪言壮语："我想告诉诸位，跟着我的前途是什么：饥寒交迫、灼人烈日；身无分文、居无定所、弹尽援绝；有的只是无休止的苦战、强行军和白刃肉搏。那些热爱自己祖国和荣耀的人，跟我来吧！"

有4000多人响应了他的号召。加里波第的妻子此时已经怀上了他们的第五个孩子，也不顾加里波第"让她留在后方的请求"而追随着她的丈夫。1849年7月2日，加里波第挥军离开罗马，身后是数以万计的四国联军士兵的追赶。经过一个月的艰苦跋涉，加里波第的很多部下纷纷葬身荒野，同时加里波第根本得不到意大利农民的帮助，以至于他咒骂道："我这些胆小娇气的意大利同胞……要是不能保证一日三餐,他们连一个月的仗都打不了。"然而,那些保守的天主教农民不支持这些激进的共和派分子一点也不让人惊讶,因为后者把罗马教皇称为"敌基督",痛斥神父是"反社会的人类渣滓",是"世间一切淫乱、暴政和腐败现象的总后台"。

虽然大多数人并不支持加里波第,不过他还是能找到少数同情者,这些人曾经帮助他在危急时刻逃脱追击。加里波第曾经回忆道,有一次他躺在"一片灌木丛的一边",而"奥地利军队从另一边经过"却没有发现他。

尽管加里波第侥幸逃脱,但他的挚爱阿尼塔却没这么幸运。阿尼塔在转战中发起了高烧,可能是罹患疟疾,尽管"饱受疾病的折磨",她却拒绝离开队伍。1849 年 8 月 4 日,阿尼塔病逝在离拉文那不远的地方。这对加里波第是个重大的打击,但是就像毛泽东后来的长征一样,加里波第一路转战,成功地逃脱追击更增加了他的威望。[153]

* * *

1848~1849 年革命结束以后,加里波第再次投身于漫长而艰苦的远征,这次他辗转纽约、利马、广州和伦敦。加里波第一路先后当过制蜡工和运输鸟粪船的船长。1856 年,他来到撒丁岛附近的一个叫卡普雷拉的小岛,他用自己哥哥留下的微薄遗产买下了这座"到处是花岗岩,土地贫瘠"的小岛的一半所有权。[154]加里波第亲手修建了一座四居室石屋,足以在这里度过自己的余生。尽管加里波第枕边放着一个乌木匣子,里边是自己亡妻的秀发,[155]但是他不允许自己一味沉湎于丧妻之痛而妨碍自己实现"日益强烈"的远大抱负。正如一位被他征服的女性所说,这种抱负是他"对女性的渴望"。[156]

1860年加里波第再次结婚,当时已52岁的他迎娶了一位远比前妻标致的18岁意大利贵族女子。在加里波第的婚礼上出现了戏剧性的一幕,也许只有在加里波第的追随者——既是民族主义者同时也是剧作家的朱塞佩·威尔第(Giuseppe Verdi)——的笔下才会出现这一幕,当时一位男子走到加里波第身边递给他一张便条,上边写道:此人曾经和加里波第的新婚妻子共度良宵,且后者已经怀有身孕,并不爱她的新婚丈夫。加里波第立即质问妻子是否确有此事,她给出了肯定的答案,加里波第立即痛骂她是个婊子,宣布她不再是自己的妻子并不再和她讲话。加里波第直到临终前不久才正式离婚并再婚。[157]1880年,他和自己孩子的保姆结婚,这位保姆是个平凡的农妇,既不漂亮也不聪慧,但两人自1866年确立关系以来她已经为加里波第育有三子。而在此前的1859年,这位游击战领袖已经和他"矮小而丑陋"的女管家——或者说她是加里波第又一个女朋友——生了另一个孩子。[158]

加里波第缔造了一个范例,即如何利用方兴未艾的大众传媒,如廉价书籍、报纸和杂志,在快速发展的城市中把游击队员打造成一个公众偶像,甚至是性感人物。后来的一些造反者,比如铁托、阿拉法特、纳斯鲁拉和本·拉登,都得益于这一现象:媒体打造的个人崇拜。

* * *

加里波第在卡普雷拉岛的那段日子,犹如被关在笼子里的狮子,每天都在烦躁不安地等待着"那一天"的到来,他的一个女友写道,"当时他渴望"意大利复兴运动东山再起。[159]1858年这个时刻终于到来了,"卡普雷拉雄狮"接到了撒丁王国首相、深谋远虑的卡米洛·加富尔（Camillo di Cavour）伯爵的邀请担任非正规军指挥官。加富尔如同普鲁士的俾斯麦一样，富有民族主义情感，希望利用自由主义革命的力量，建立一个统一于撒丁国王维克托·艾曼努尔二世（Victor Emmanuel II）之下的民族国家。作为其战略的一部分，加富尔和法国皇帝路易-拿破仑（即拿破仑三世）结盟，对奥地利发动了一场旨在争夺意大利控制权的战争。加富尔希望借助加里波第的威望获取支持，否则法国皇帝和撒丁国王很可能被视为两个野心勃勃的马基雅维利派君主。加里波第不顾马志尼的反对，欣然接受了加富尔的邀请。但加里波第并不知道，作为法国和撒丁王国交易的一部分，他的故乡尼斯将重归法国所有。

战争在1859年如期爆发，加里波第被任命为撒丁王国军队的少将，但他仍然穿着自己的破斗篷和戴着宽边软帽，再次带领3000名"武器低劣却士气旺盛的青年"组成的"阿尔卑斯猎手"在马焦雷湖附近展开游击战。加里波第指挥部队在法军和撒丁王国正规军左翼行动，就好像六十多年以后劳伦斯指挥着阿拉伯游骑在英国军队右翼地区的圣地活动一样。加里波第的目标是"袭扰奥地利军队，通过炸毁桥梁、切断电报线路和焚烧仓库来破坏其交通和通信"。加里波第率部充分利用山地地形，神出鬼没，利用夜幕掩护和坚决的白刃突击，多次让兵力和装备均占优势的奥军吃到了败仗。加里波第的行动集中在主战场的外围地域，然而这里才是决定奥军和法撒联军胜负的地方。法国和撒丁王国最终击败了奥地利，根据条约，奥地利将伦巴第割让给撒丁王国，而法国则获得了尼斯以及邻近的萨伏伊地区。[160]

* * *

加里波第在意大利统一运动之后的进程中起到了更重要的

作用。1860年4月4日，西西里爆发了反抗那不勒斯波旁王室的革命。加富尔对此持观望态度——加富尔对加里波第持胜则支持、败则抛弃的态度[161]——加里波第这位著名的游击战领袖来到西西里，带着手下1089名士兵。他们大都是来自北方城市的年轻的职业军人、工人、学生和知识分子，这些人被称为"千人军"或"红衫军"。一名观察家评价道，"他们追随着加里波第"，其狂热程度几乎"相当于信仰"。[162]

1860年5月5日，这支小部队分乘两艘轮船从热那亚附近的一个小港口出发，6天后抵达西西里岛港口马萨拉（Marsala）。这支队伍运气很好，当时两艘那不勒斯军队的巡洋舰刚刚离开。而当这两艘战舰赶回来炮击那两艘轮船的时候，红衫军早已登岸了。4天以后，一名红衫军士兵形容那天"天气晴朗，阳光明媚，山谷间一片清香，使人迷醉"，他们在卡拉塔菲米（Calatafimi）镇外的山头上遭遇了一支3000人的波旁王朝军队。由于红衫军只有"老旧步枪"，加里波第命令他们尽可能少开火。红衫军"冒着密集的弹雨"向高地冲锋，用刺刀打乱了敌军队形。加里波第写道，这次小规模战斗"大大激励了当地民众的士气，同时也挫败了敌军的锐气"。[163]

在当地游击队的协助下，红衫军向人口16万、守军2万的巴勒莫进军。数千敌军出动寻找红衫军交战，但是加里波第的小部队避而不战，退进山区。他指挥部队"日夜发动袭扰"，但是从不和敌人正面交锋，甚至是加里波第的部下也认为应该与敌人决战。"我们在等待什么？"5月23日一名红衫军士兵写道，"在巴勒莫周围兜圈子有什么意义？我们好像一群围着灯火的飞蛾？"加里波第的意图是在最终发动进攻的时候达到突袭的效果。

红衫军于1860年5月27日凌晨2点悄然进入巴勒莫,神不知鬼不觉地解决了部分守军。随后城中爆发了持续三天的激烈巷战,同时那不勒斯炮兵轰击了巴勒莫,按照一名目击者的形容是造成了"骇人听闻的大屠杀"——"10英寸的炮弹炸平了一片片房屋,把不幸的平民埋葬在废墟里"。平民并未被官军的暴行所吓倒,反而更加愤怒,他们纷纷设立路障以阻碍官军的行动。加里波第写道:"许多平民加入了我们的队伍,他们带着匕首、小刀、烤肉架和各种铁制餐具,因为他们没有步枪……每个阳台和门廊旁都用床垫遮蔽起来,里边堆积着石块和各种能扔出去砸人的东西。"波旁王朝军队指挥官看到民众已经被大规模动员起来,再加上自己缺乏补给,于是决定停战以便撤出部队。一名英国海军军官形容这次胜利"赢在完全颠覆了……战争的规律"——这是加里波第这位自学成才的军人所未能察觉到的。[164]

红衫军在接下来的一系列战斗中继续取得了不可思议的胜利,将西西里岛的残余波旁王朝军队全部击溃,到8月19日时他们渡过墨西拿海峡,在意大利足跟部的卡拉布里亚登陆。他们击败了首先遇到的那不勒斯军队,敌军余部纷纷投降或溃逃。在加里波第进入意大利最大的城市那不勒斯时,民众发出"接连不断的欢呼声"。[165]波旁王朝军队纠集总共5万人的部队,在那不勒斯以北的沃尔图诺河(Volturno River)发动反击。10月1~2日,加里波第率领3000人,在他参加过的唯一一次大规模会战中击败了敌人。一名记者描述道,加里波第自然是在战斗最激烈的时刻"手持左轮手枪"同时"冒着枪林弹雨"指挥战斗。[166]

此后加里波第一度担任统治意大利南部的"独裁者",不过这里"独裁者"并非贬义。此后经过公民投票,在西西里和那不勒斯民众同意接受撒丁王国的统治后,加里波第于1860年11月8日将权力移交给维克托·艾曼努尔二世。加里波第当时统治的区域是艾曼努尔二世的两倍,[167]但他拒绝了高官厚禄,宁愿回到卡普雷拉岛上的陋室居住。如此不计个人得失正是加里波第受人们敬仰的原因之一。一名英国海军军官对此评价道:"他能有如此大的魅力,受到如此多的爱戴,其根源其实很简单,那就是他是……'一个正直的人'。"[168]

统一的意大利王国——加里波第终其一生的奋斗目标——于1861年正式成立。1866年,奥地利在经过同普鲁士和意大利的战争后,威尼斯并入意大利。在这场战争中,加里波第再次在北意大利地区展开游击战,尽管受了伤,但他仍取得了比正规军更大的胜绩。至此,新生的意大利王国只剩下罗马没有收复,加里波第在留下了"无罗马,毋宁死!"(Roma o Morte!)的誓言后,于1862年和1867年两度进攻教皇领地。[169]但这两次冒险都失败了,加里波第在1862年还受了重伤。罗马最终还是在1870年被意大利军队而非加里波第的非正规军收复。

* * *

加里波第在全世界都享有美名(1864年有超过50万民众涌上伦敦街头欢迎他的到来),[170]他在其他国家的战争中也很受欢迎。1861年,他拒绝接受亚伯拉罕·林肯的邀请参加美国内战,因为当时联邦政府还没有废除奴隶制——另一个原因是加里波第认为自己不能指挥全部的联邦军队。加里波第也许是一个理想主义者,但他同时也具备自知之明。[171]

1870年11月,当时的加里波第由于风湿病和积年旧伤,变得"衰老而跛足",[172]他仍然热心于参加保卫以前的敌国法国反对普鲁士的战争。路易-拿破仑指挥的法国正规军很快就被普军包围并被迫投降。法国很快成立了共和国政府并继续抵抗普军。当时"可憎的暴君"拿破仑已经倒台,加里波第志愿"收拾他留下的烂摊子",并解释说:"被压迫的民众无论在哪里奋起反抗压迫者,被奴役的人民无论在哪里为了自由而战,我都会在他们中间。"

尽管保守的天主教徒对加里波第这位声名远播的自由主义者怀有敌意,法国临时政府还是接受了加里波第的请求,任命他为法国东部孚日省(Vosges)地区的非正规军指挥官。此时,在法国沦陷区(面积约占其总面积的1/3)到处都有许多自发的"自由射手"(free shooters)组织,响应共和国领导人莱昂·甘贝塔(Léon Gambetta)的号召,"不断袭击小股敌军,使其不得停顿或喘息"。他们四处狙杀"德国佬"(the Boche)并且破坏桥梁、铁路和电报线。

加里波第所部的兵力激增到16000人,队伍里不只有法国人,还有意大利人,其中包括他的两个儿子,另外还有波兰人、匈牙利人和其他献身于捍卫自由的外国人。一名"自由射手"运动的专家写道:"他(加里波第)再次登场,用他最熟悉的方式投入战斗,出击、佯动、后退,然后再次出击——这就是游击战术的精髓。"1870年11月18日,加里波第之子里乔蒂(Ricciotti)在袭击塞纳河畔沙蒂隆(Châtillon-sur-Seine)的战斗中,成功地运用了其父的战术,击败一支800人的普鲁士要塞守军,毙俘敌军300余人。加里波第后来还占领了第戎(Dijon),并在普军的猛烈反扑之下据守了一段时间。

普军指挥官对遭受如此挫败而恼怒不已。他们命令部下就地处决被俘的游击队员，并且要"严厉报复"那些被怀疑通匪的城镇。"他们不是军人，我们将以杀人犯的罪名审判他们。"普鲁士首相俾斯麦如此宣称。而这正是有名的《利伯法典》（Lieber Code）中所收录的对付游击队的办法，《利伯法典》是德裔美籍法律学家弗朗西斯·利伯（Francis Lieber）编著的，并且在1863年发布的联邦军第100号命令中公布了这一处理南方"游击队员"（bushwhacker）的办法。利伯最重要的贡献是区分了正规游击队（partisan）和非正规游击武装（guerrilla）的概念。前者是"穿着本方制服"并且"隶属于脱离某一主力部队行动的一支军团"。他们如果被俘，"享有战俘的一切权利"。但是，"几个人或一群人，实施敌对行为……却并不隶属于一支成建制的地方军队……将会被作为劫匪或海盗而立即处决"。[173]

这种规则听起来似乎是可以大规模处决被俘的游击队员，但在实际执行的过程中尺度千差万别，林肯的北方军队在南方相对人道，而在法国的德皇军队则以暴虐无情著称。不过普遍认为北方军队和普鲁士军队都比在旺代、西班牙或海地的法军要克制一些。被俘的加里波第的部下会受到特殊的优待，因为他们都穿着制服，且一般都遵守战争法则，德国人对他们都比较仁慈。"自由射手"的出现并未给战局带来太大改观，普法战争以1871年1月巴黎的陷落而结束。

加里波第是在法国保守派的嘲笑声中离开的。他们如此尖刻似乎也有道理，因为人们希望这位老革命家能够创造奇迹。"自由射手"组织总共也就打死了不到1000名普军士兵，牵制了大概10万名敌人，这不过是把战争延长了几个月的时间。

他们在这场使法国蒙羞、被迫割让两个省的战争中未能力挽狂澜。但是由于全面战争的时间十分短暂——只有六个月,所以游击队没有足够的时间,像70年前的西班牙游击队那样大大消耗侵略军的兵力。[174]

*　*　*

尽管加里波第的个人历史未免有些虎头蛇尾,但当1882年他以74岁高龄逝世时,加里波第还是获得了来自祖国之外的赞誉,被称为"两个世界的英雄"。[175]英国历史学家 A. J. P. 泰勒(A. J. P. Taylor)称其为"现代历史上仅有的令人彻底肃然起敬的人物"。[176]加里波第是20世纪游击战的先驱,他将成为国际名人。但相比于游击战方面的造诣,加里波第更令人钦佩的是在战争中一贯的人道主义和克制作风,以及绝不为一己之私攫取权力或财富。无论是行为方式还是成就,加里波第都堪称前无古人后无来者。

19
革命浪潮的后果

自由主义运动的成就

加里波第的去世比马志尼晚了十年,以此为标志,正好可以回顾一下自一百多年前马萨诸塞民兵开启的自由主义革命的时代。从此之后的大多数革命运动,无论是右翼运动还是左翼运动,其手段和信仰都更加极端。但不论其立场如何,各个时代的革命者都将会仿效自由主义运动将宣传作为战争中一种强有力的武器的做法。从那时起直到现在,宣传的重要性在不断增强,如果奥萨马·本·拉登宣称,"媒体战"占到了其整个作战手段的90%,那也并不令人惊讶。[177] 这一比例在19世纪的革命运动中要低一些,但相较于此前数千年许多无关政治的游击战争却高了许多。

自由主义者的起义在新大陆取得了令人惊叹的胜利,至1825年止,除了少数几处例外,这片大陆上大多数地区的欧洲殖民者都被推翻了。路易-拿破仑在19世纪60年代试图在墨西哥扶植傀儡政权,但他挑选的傀儡奥地利大公马克西米连(Maximilian)被杀,其政权被包括由贝尼托·华雷斯(Benito Juárez)领导的游击队在内的自由派武装推翻。在欧洲大陆,取得成功的起义大都是在希腊和意大利发生的。1830年,比利时和法国也确立了君主立宪制,但是其间经历的政治巨变,比如1789年开始的法国大革命，是由街头的"民众力量"而非游击战引发的。更多的革命运动则遭到了失败，从英国的"宪章派"到俄国的十二月党人。但即使是失败的革命运动也对统治者造成了很大的影响，迫使他们对革命者的一些要求做出让步，以安抚革命的支持者。因此，大多数欧洲国家在19世纪都在自由主义的道路上更进了一步，甚至像俄国、德国和奥地利这样仍保持专制君主制的国家也同样如此。

但颇具讽刺意味的是，在那些自由主义革命取得成功的地方，其后果却最不尽如人意。法国大革命始于《人权宣言》，却止于战乱和恐怖。希腊革命并未像诸如诗人雪莱这样的希腊之友所想象的，引领一个"伟大时代"和"雅典再造"，而是带来了一个外来的巴伐利亚国王，他在1862年的一次政变中被推翻。[178]海地独立后随之而来的是一场对残余白人的"大屠杀"，[179]且海地时至今日都动荡不安。西班牙在赶走法国侵略者之后，一直在平定内乱和内战之间徘徊，直到20世纪70年代才看到民主的曙光。意大利比较平静，但是加里波第随着年纪增长，越发倾向于社会主义与和平主义，更加对"祖国悲惨的命运"感到不满，他将其归咎于"政府与教会的卑鄙与虚伪"。[180]即使是在美国，一个相较希腊、海地、意大利或西班牙来说更加成功的典型，大多数为了自由而与英国殖民者奋战的革命者却拒绝解放非裔美国人，甚至将他们排除在人类范畴之外。

对于拉丁美洲的解放者何塞·圣马丁和西蒙·玻利瓦尔而言，他们为之奋斗的理想破灭更甚于加里波第。他们曾经希望开创一个在自由主义宪法框架下，由强有力的中央政府管理的"和平、科学、艺术、商贸和农业"的时代。[181]然而，他们看到的却是独裁、腐败和内争——玻利瓦尔在晚年斥之为"混乱的无政府状态"。[182]通常推翻一个政权很难,而想要建立一个持久且成功的制度则更难。许多革命者,包括圣马丁和玻利瓦尔都发现,为理想而战很容易,但将它付诸实践却很难。

注　释

1. Enlightenment warfare: Boot, *War Made New*, ch. 3; Childs, *Warfare* (400,000 soldiers: 89); Weigley, *Battles*, 46–58; Duffy, *Military*.
2. "Fire": Ewald, *Treatise*, 13. "Overrun": Zimmerman, *Popular History*, 1567.
3. Russell, "Redcoats," 631.
4. Duffy, *Military Experience*, 268.
5. Rogers: Rogers, *Journals*, 80 ("wood service"), 44 ("flames"), 9 (scalping), 139–44 (St. Francis raid), 82–86 (rules); Brumwell, *Devil* ("resolute," "dress": 101); Ross, *Run* ("few words": 2); Cuneo, *Rogers* ("deceiving": 60).
6. "Necessary": Grandmaison, *Petite guerre*, 6, 8. "New": Ewald, *Treatise*, 64.
7. Adams, "Too Dumb"; Spring, *With Zeal* ("inert": 254).
8. Anderson, *Crucible*, 288,书中估计在英国人与法国人和印第安人的战争中，新英格兰有40%～60%的适龄青年入伍服役。
9. Lexington and Concord: Peckham, *Sources* ("crush evils": 1.129); Percy, *Letters* ("scattered": 52; "incessant": 50; "inevitable": 54; "men who know": 53); "Intercepted Letters" ("above ten": 225; "savages": 225; "peasants": 224; "country people": 225; "properly": 226); Mackenzie, *Diary* ("enraged," "put to death": 1.20–21); Evelyn, *Memoir* ("scoundrels": 53; "cowards": 53; "incessant": 54); Gage, *Correspondence*, 1.396–99; Balderston, *Lost War*, 29–30; Hudson, *Lexington*, Appendix ("disperse": 528; "regulars are coming": 541); Stiles, *Literary Diary*, 1.551–52 ("colonist hussars"); Barker, *British in Boston*, 31–38; Revere, *Accounts* ("roar of musketry"); Heath, *Memoirs* ("corpulent": 1; "obtainable": 1); Emerson, *Diaries* ("disorder": 72); Lister, *Concord Fight*; Sutherland, *Late News*; Willard, *Letters*, 76–95. For secondary accounts see Fischer, *Revere's Ride*, 184–266 (1774 raid: 44–45; Gage's wife: 386–87; "Regulars are coming": 109; "Indian manner": 247); Smith, *West Cambridge*; Birnbaum, *Red Dawn*, 142–94; Galvin, *Minute Men*; Tourtellot, *Lexington*; Ferling, *Miracle*, 29–33; Middlekauff, *Glorious*, 270–81.
10. Emerson, "Concord Hymn": http://www.bartleby.com/102/43.html.
11. "Dirty": *WP/RW*: 1.336. "Stupidity": 1.372. "Proper": 1.90. "Broken": 6.396. Also see Ferling, *Miracle*, 75–78, 208; Kwasny, *Partisan War*, xi.
12. *AP*, 3.185.
13. Lee: *Lee Papers*, 2.383–89 ("European plan": 384; "impeding": 388). "Cultivated": Shy, *Numerous*, 127.
14. Kwasny, *Partisan War*, 330–31.
15. 120,000 inhabitants: Mitnick, *New Jersey*, 15. British abuses: Mellick, *Old Farm*, 322–28; Stryker, *Documents*, 1.245–47; Fischer, *Crossing*, 172–81.
16. Muenchhausen, *Howe's Side*, 8.
17. "Rascal": Ibid., 7. "Chances": 16.
18. Spring, *With Zeal*, 14.
19. 2,500 troops: *WP/PR*, 8.576. "Annoy": Fischer, *Crossing*, 349.
20. "Hornets": Stryker, *Documents*, 1.314. Casualties: Fischer, *Crossing*, 415–19, 536.

21 Clinton, *Rebellion*, 192.
22 Tarleton, *Campaigns*, 38–44; Wilson, *Southern Strategy*, 234; Gordon, *South Carolina*.
23 "Gentlest": Wickwire, *Cornwallis*, 175.
24 "Reconciliation": Clinton, *Rebellion*, 8. "Hearts": "Conversation with Lord Drumond," Feb. 7, 1776, HCP.
25 Mackenzie, *Diary*, 1.56.
26 Tarleton: Tarleton, *Campaigns*, 40 ("irregularities"), 101 ("campaigns"); Scotti, *Brutal Virtue*, 19 ("cool"), 39 (over 500); Atlay, "Tarleton" ("middle height"): 234–35); Bass, *Green Dragoon*, 11–22; Buchanan, *Courthouse*, 58–64; Conway, "To Subdue," 392 ("fire and sword"); Balderston, *Lost War*, 122 ("soup ladle"); Hoffman, *Uncivil*, 62 ("stripped").
27 Bass, *Gamecock*; Gregorie, *Sumter*.
28 Waring, *Fighting Elder*.
29 Marion: Lee, *Memoirs*, 174 ("small"), 584–85; James, *Sketch*, 21 ("his frame"); Moultrie, *Memoirs*, 223 ("active"); McCrady, *South Carolina*, 1.568–72; CSR; FMP; Rankin, *Marion*; Bass, *Swamp Fox*; Horry, *Life*; James, *Sketch*; Sims, *Life*.
30 Moultrie, *Memoirs*, 223.
31 Marion to Horatio Gates, Oct. 4, 1780, CSR.
32 "Scarcely": Tarleton, *Campaigns*, 205; Cornwallis, *Correspondence*, 1.71; Clinton. *Rebellion*, 476.
33 Marion to William Moultrie, July 28, 1781, in *Year Book 1898*, 380.
34 "Swamp Fox": James, *Sketch*, 32. 关于帕森·威姆斯的版本，其于1824年在马里恩手下一名军官（他抱怨威姆斯"篡改了自己的手稿"，造成了"颇多谬误"）的协助下出版，可参见Horry, *Life*, 123。1844年威廉·吉尔摩·西姆斯（William Gilmore Simms）在他的著作中使用"沼泽狐狸"这个称号可能就是受此启发：*life*, 99。
35 Snow's Island: James, *Sketch* ("slept": 38); Bass, *Fox*, 104–5, 156–57.
36 "Shadow": *Greene Papers*, 7.17. "Strokes": 7.18. "Keep up": 6.520.
37 Ibid., 8.168.
38 Cornwallis, *Correspondence*, 1.80.
39 Ferling, *Miracle*, 574.
40 8,000 men lost: Ketchum, *Yorktown*, 246; Ferling, *Miracle*, 538. 34,000 troops left: Mackesy, *War*, 525. British population: Conway, *British Isles*, 28.
41 Fischer, *Revere's Ride*, 415.
42 Somerville, *Own Life*, 187. See also Conway, *British Isles*, 130–33; Bradley, *Popular Politics*, 59–89.
43 Great Britain, *Parliamentary Register*, 2.218.
44 Trevelyan, *Revolution*, 3.208; Billias, *Opponents*, 45.
45 Lutnick, *Revolution*, 59.
46 Davidson, *Propaganda*, 56–58; Stoll, *Samuel Adams*, 115–16; Puls, *Samuel Adams*, 127–29.
47 Fischer, *Revere's Ride*, 275.

48 Lutnick, *Revolution*, 75.
49 Berger, *Broadsides*, 165–67; Isaacson, *Benjamin Franklin*, 339–40.
50 Lutnick, *Revolution*, 25.
51 Balderston, *Lost War*, 33.
52 "Suicide": Lutnick, *Revolution*, 108. "Grave": 168. "Enough": 121. "Sick": Conway, *British Isles*, 129.
53 Casualties: Peckham, *Toll*, 132–33; Clodfelter, *Warfare*, 142. Population: http://www.census.gov/newsroom/releases/pdf/cb10-ff12.pdf.
54 Addington, *Patterns*, 15.
55 *Greene Papers*, 7.75.
56 Mansoor, *Hybrid*.
57 Confusion: Mackesy, *War*, 20–24, 33, 514; Fischer, *Washington's Crossing*, 66–78; Gordon, *South Carolina*, 58–59; Conway, "Subdue America," 406.
58 Addington, *Patterns*, 12–14; Mackesy, *War*, 29, 524–25.另外，当时中有至少11000名保皇派站在英军一边，而起义军方面的武装人员则从来没有超过35000人。
59 Montanus, "Failed."
60 Vendée: Bell, *Total War* (250,000: 156); Secher, *Genocide* ("crushed": 110); Ross, *Banners*; Paret, *Internal War*.
61 Calabria: Finley, *Monstrous*; Davis, *Napoleon*; Colletta, *Naples*.
62 Eyck, *Loyal Rebels*; Broers, *Under Napoleon*.
63 Zaragoza: Rudorff, *Death* ("infernal": 141; "foaming": 170; "fury": 127; "madmen": 158); Brandt, *Legions* ("death lurked": 58); Jacob, *Travels*, 123 ("feminine"); Vaughan, *Narrative* ("well bred": 4; "to the knife": 23; "enraged populace": 26); Fraser, *Cursed War* ("hell opened": 167); Southey, *Peninsular War* ("raving," "knife": 2.25); Oman, *Peninsular War*, 1.140–62; Esdaile, *Peninsular War*; Bell, *Total War*; Gates, *Spanish Ulcer*.
64 Bourrienne, *Memoirs*, 3.123.
65 Esdaile, *Peninsular War*, 38–40; Tone, *Fatal Knot*, 49–50; Fraser, *Cursed War*, 56–71.
66 Napoleon, *Correspondence*, 1.341.
67 "Guerrilla": Esdaile, *Resistance*, 137–60.
68 Tone, *Fatal Knot*, 53.
69 "Heretics": Esdaile, *Fighting Napoleon*, 63. Antichrist: Rudorff, *Death*, 43.
70 Fraser, *Cursed War*, 132.
71 Blaze, *Captain Blaze*, 100.
72 Espoz y Mina: Espoz y Mina, *Breve extracto* (13,000 men: 35; customs, courts: 39-43); Tone, *Fatal Knot* ("Lancers": 208; "little king": 132; lemon seller: 134; killed 5,500: 140); Fraser, *Cursed War* ("slightly blond": 391); Southey, *Peninsular War*, vol. 5; Esdaile, *Fighting Napoleon*.
73 Troop levels: Sherer, *Military Memoirs*, 274; Tone, *Fatal Knot*, 3–4; Gates, *Spanish Ulcer*, appendix 2.
74 Suchet, *Memoirs*, 1.57.

75　Brandt, *Legions*, 165.
76　Disorganization: Fraser, *Cursed War*, 422–23; Connelly, *Gentle*, 148, 168–72, 188.
77　Rocca, *Memoirs*, 147–48.
78　Lieven, *Russia*, 218–19; Zamoyski, *Moscow*, 327–30. 虽然有不少著名的游击队领导人，比如说丹尼斯·达维多夫（Denis Davidov）的诸多活动，扎莫伊斯基写道（第329页）："现代俄罗斯历史学家一般都承认俄罗斯游击队无法与西班牙的相提并论，而且那些农夫们的所作所为大多数仅限于趁机抢劫和谋杀。"
79　Wellington to Earl of Liverpool, May 28, 1812, *Dispatches*, 9.191.
80　Espoz y Mina, *Breve extracto*, 23.
81　Gates, *Total War*, 280. 并没有准确的伤亡数字。如果算上受伤和被俘人数，总计是24万~60万。See Fraser, *Cursed War*, 417.
82　Suchet, *Memoirs*, 1.44.
83　Wellington, *Dispatches*, 11.349.
84　"Studied": Jomini, *Art of War*, 29. "Terrible": 26. "Scarcely": 27. "Chivalrous": 31.
85　"Fire": Clausewitz, *On War*, 777. "Artificial": 776. "Soul": 781. 除了《战争论》第25章 "Arming the Nation"，克劳塞维茨也对游击战争进行过专门研究，但是并没有出版，而且手稿也没有留下来。See Paret, *Internal War*, 34–35; Sumida, *Decoding*.
86　Jomini, *Art of War*, 31.
87　Start of revolt: Edwards, *Survey* ("screams": 68; nailed alive: 74; "field of carnage": 63; "terror": 70); Edwards, *History Civil*, 3.351 (*arretez*); Hopkirk, *Account* (infant emblem: 17; sawed in half: 18; "the torch": 18); Popkin, *Revolution* ("blameless": 56; "tatters," "utensils," "assassin": 77); Heinl, *Written* ("vengeance": 40; slave punishments: 23–24); Rainsford, *Account* ("indulgence": 88); Parham, *My Odyssey*, 27–45 ("unchained": 40); Geggus, *Studies*, 5 (sugar, coffee), ch. 6 (Bois Caiman ceremony); Stoddard, *French Revolution* ("wall of fire": 131); Dubois, *Avengers* (veterans: 109).
88　Louverture, *Revolution*, 1.
89　Louverture: Geggus, "Toussaint" ("contacts": 116); Rainsford, *Account*, 240–45; Bell, *Toussaint Louverture*, 57–83; Dubois, *Avengers*, 171–76 ("Black Spartacus": 172); Geggus, *Studies*, 16; Popkin, *Revolution*, 277 ("haughty").
90　Lacroix, *La révolution*, 214.
91　"Brigands": Howard, *Haitian Journal*, 79. "Ambuscades": 80. "Lolling": 43. Drowned: 49.
92　For the constitution's text see Louverture, *Revolution*, 45–61.
93　Louverture, *Memoir*, 324–25.
94　Bell, *Toussaint*, 293.
95　Rainsford, *Account*, 252–53.
96　Dubroca, *Life*, 62–63.
97　"Lash": Popkin, *Racial Revolution*, 277. "Splendor": 279.
98　Chazotte, *Black Rebellion*, 34.

99 "White and black": Fraser, *Pauline*, 67. Affair with Napoleon: 142–44.
100 Napoleon, *Correspondance*, 7.504.
101 Pachonski, *Caribbean Tragedy*, 137; Heinl, *Written*, 111.
102 Lacroix, *La révolution*, 320.
103 "Word of honor": Louverture, *Memoir*, 316. "Surrounded": 318. "Frightful": 326.
104 Leclerc, *Lettres*, 254.
105 Beard, *Toussaint*, 168.
106 "Inhuman": Popkin, *Revolution*, 297. "Tiger": 345. "Panic": Chazotte, *Black Rebellion*, 61.
107 Bourrienne, *Memoirs*, 2.91.
108 Pachonski, *Caribbean Tragedy*, 99; Dubois, *Avengers*, 289.
109 Leclerc, *Lettres*, 256.
110 Atrocities: Fick, *Making*, 220–22; Hassal, *Secret History*, 99 (burned alive); Pachonski, *Caribbean Tragedy*, 113–14 (dogs); Rainsford, *Account*, 327 ("putrefaction"); Léger, *Haiti*, 135–36; Ott, *Revolution*; Popkin, *Revolution*, 332 ("fat"); *Annual Register* (1803), 329 ("atrocious").
111 Dubois, *Avengers*, 277, 295; Auguste, *L'expedition*, 163–65.
112 Popkin, *Revolution*, 331.
113 *Annual Register* (1803), 333.
114 Bell, *Toussaint*, 252; Dubois, *Avengers*, 269.
115 Méneval, *Memoirs*, 1.194.
116 Slave revolts: Geggus, *Studies*, 55; Davis, *Inhuman Bondage*, ch. 11; Shaw, *Spartacus*, 12–13.
117 Price, *Maroon Societies*, 7. See also Zips, *Black Rebels*, ch. 4; Campbell, *Maroons*.
118 *Annual Register* (1803), 334.
119 Fick, *Haiti*, 15–19; Geggus, *Studies*, 5.
120 Dubois, *Avengers*, 172.
121 Casualties: Scheina, *Latin America's Wars*, 1.xiii–xiv ("six times"); Auguste, *L'expedition Leclerc*, 316; Girard, *Paradise Lost*, 49; Geggus, *Studies*, 20; Duffy, *Soldiers*, 328–29.
122 1798 revolt: Kee, *Green Flag* ("without mercy": 99; six weeks: 122; 50,000 killed: 123; military was Irish Catholic: 99); Gordon, *Rebellion* (salt in wounds: 253); Elliott, *Wolfe Tone*.
123 Slatta, *Bolivar's Quest*, 41.
124 "Intelligent, "cowards": *Letters*, 34. "Own way": 28.
125 Péta: "Adventures of a Foreigner—IV" (November 1826) ("regular fire," "dreadful cries," "torrent"); Brewer, *Greek War*, 148–53; St. Clair, *Greece*, 97–102; Gordon, *History*, 1.387–94; Finlay, *History*, 1.326–31; Howarth, *Adventure*, 93–96.
126 Fireship: Brewer, *Greek War*, 163–64; Gordon, *Greek Revolution*, 1.367–69; Finlay, *History*, 1.316–18; Howarth, *Adventure*, 44–45.
127 Chios: Argenti, *Massacres*; Brewer, *Greek War*, 164–66; Gordon, *Greek Revolution*, 1.367–69; Finlay, *History*, 1.311–14, 319–20.
128 Walsh, *Residence*, 1.385.
129 "Adventures of a Foreigner—I" (August 1826).

130 Trelawny, *Recollections*, 192.
131 Byron, "On This Day I Complete My Thirty-Sixth Year."
132 St. Clair, *Greece*, 66.
133 Green, *Sketches*, 207.
134 See, e.g., Wellington, *Despatches*, 3.113–16.
135 NA/ADM; Woodhouse, *Battle*; Codrington, *Memoirs*, vol. 2.
136 Letter from Codrington, Oct. 21, 1827, NA/ADM.
137 St. Clair, *Greece*, 274–75.
138 Bass, *Freedom's Battle*, 151.
139 "Rampant": Roosevelt, *Letters*, 93. "Humanity": 122–23.
140 Melena, *Recollections*, 230; Parris, *Lion*, 15.
141 Garibaldi, *Autobiography*, 1.19.
142 Mazzini, *Writings* ("method": 1.109; "merit": 1.374); Hibbert, *Garibaldi*, 15 ("dangerous"); Mack Smith, *Mazzini*; Bayly, *Mazzini*.
143 Macaroni: Ridley, *Garibaldi*, 46. "Destined": Hibbert, *Garibaldi*, 17.
144 Tortured: Garibaldi, *Autobiography*, 1.45–47; Ridley, *Garibaldi*, 67–69; Trevelyan, *Garibaldi's Defence*, 26. "Chivalrous": Riall, *Garibaldi*, 45.
145 Ridley, *Garibaldi*, 43, 118, 139, 187, 318.
146 Garibaldi, *Autobiography*, 2.23.
147 Ridley, *Garibaldi*, 178; Mack Smith, *Garibaldi*, 24.
148 Winnington-Ingram, *Hearts of Oak*, 93.
149 Anita: Garibaldi, *Autobiography*, 1.78–79 ("mine"); Ridley, *Garibaldi*, 85–94; Riall, *Garibaldi*, 43 ("two years"); Valerio, *Anita*; Hibbert, *Garibaldi*, 19–21; Parris, *Lion* ("wench": 55).
150 Riall, *Garibaldi*, 47–58; Scirocco, *Garibaldi*, 125–30; Parris, *Lion*, 64.
151 Garibaldi, *My Life*, 3.
152 Ibid., 9–14; Garibaldi, *Autobiography*, 1.258–88 ("holy": 261).
153 Rome and retreat: Garibaldi, *Autobiography*, 2.19–20 (wanted guerrilla war), 1.2–3 ("scum," "vice"), 2.22 ("entreaties"), 2.23 ("timidity"), 2.40 (bushes), 2.32 ("suffering"); Forbes, *Campaigns*, 334 ("Antichrist"); Ossoli, *Memoirs*, 2.64 (lions); Dandolo, *Volunteers*, 189–290; Mazzini, *Life*, 5.192–64; Trevelyan, *Garibaldi's Defence*; Ridley, *Garibaldi*, 308 ("hunger"); Riall, *Garibaldi*; Mack Smith, *Garibaldi*; Hibbert, *Garibaldi*, 45–121.
154 Melena, *General Garibaldi*, 229.
155 Vecchj, *Caprera*, 5.
156 Melena, *Public*, vii.
157 Hibbert, *Garibaldi*, 171–72; Ridley, *Garibaldi*, 426–28; Riall, *Garibaldi*, 180–82.
158 Melena, *Public*, 26.
159 Ibid., 14.
160 1859 campaign: Trevelyan, "War-Journals"; Parris, *Lion*, 152 ("disorganizing"); *Times* (London), July 26, 1859; Hibbert, *Garibaldi*, 146–62; Ridley, *Garibaldi*, 397–415.
161 Trevelyan, *Thousand*, 226–27; Ridley, *Garibaldi*, 436–41.
162 Thousand: Riall, *Garibaldi*, 183–84; Ridley, *Garibaldi*, 443–44; Mack Smith, *Garibaldi*, 91–92; Forbes, *Campaign*, 143 ("religion").

163 Calatafimi: Garibaldi, *Autobiography*, 2.165 ("hail"), 2.167 ("immeasurable"); Garibaldi, *My Life*, 95 ("decrepit"); Abba, *Diary* ("intoxicated": 33; "covered": 37; "miracle: 39; "traces": 41); Forbes, *Campaign*, 30–33; Mundy, *H.M.S. Hannibal*, 86–88; Hibbert, *Garibaldi*, 211–14.

164 Palermo: Garibaldi, *My Life*, 101 ("joined us"), 104 ("balcony"); Trevelyan, *Thousand*, 303 (population, troops); Abba, *Diary*; Trevelyan, "War-Journal" ("fallen"); Forbes, *Campaign* ("feints": 42; "carnage": 57; "rules": 93); Mario, *Red Shirt*; Mundy, *H.M.S. Hannibal*, 110–85; *Times* (London), June 18, 1860; Hibbert, *Garibaldi*, 219–37.

165 Forbes, *Campaign*, 233.

166 *New York Times*, Oct. 29, 1860.

167 Ridley, *Garibaldi*, 515, 书中提到，"1859年4月时艾曼努尔二世治下有400万臣民；1860年11月时有2200万，其中900万位于加里波第移交给他的原那不勒斯王国境内"。

168 Forbes, *Campaigns*, 2.

169 Parris, *Garibaldi*, 277.

170 *Times* (London), April 12, 1864; *New York Times*, April 28, 1864; Parris, *Garibaldi*, 287; Hibbert, *Garibaldi*, 341.

171 Ridley, *Garibaldi*, 521–23; Parris, *Lion*, 269–70.

172 Trevelyan, *Thousand*, 6.

173 Lieber, *Instructions*, 26, 29; Hartigan, *Lieber's Code*; Grimsley, *Hard Hand*, 144–51; Fellman, *Inside War*, 82–84.

174 Franco-Prussian War: Hatley, "Inevitable" (16,000 men: 279; "element": 247; Châtillon-sur-Seine: 250–51); Howard, *Franco-Prussian War*, 249 ("pause"), 251 ("not soldiers"); Wawro, *Franco-Prussian*, 288–89, 309; Showalter, *German Unification*, 319; Ridley, *Garibaldi*; Garibaldi, *Autobiography* ("oppressed": 3.403); Horne, *Atrocities* ("harsh": 140–41); Hibbert, *Garibaldi*, 360 ("execrable"); Melena, *Public*, 285 ("left").

175 Mack Smith, *Garibaldi*, 179.

176 Hibbert, *Garibaldi*, xiii.

177 Bin Laden to Zawahiri, 2002. Harmony Database, CTC, AFGP-2002-600321.

178 Shelley, *Hellas*, 51.

179 Hassal, *Secret History*, 152.

180 "Misery": Riall, *Garibaldi*, 369. "Base": 371.

181 Bolívar, *Selected Writings*, 1.117.

182 Ibid., 2.761. San Martín also warned of "anarchy": Harrison, *Captain*, 175.

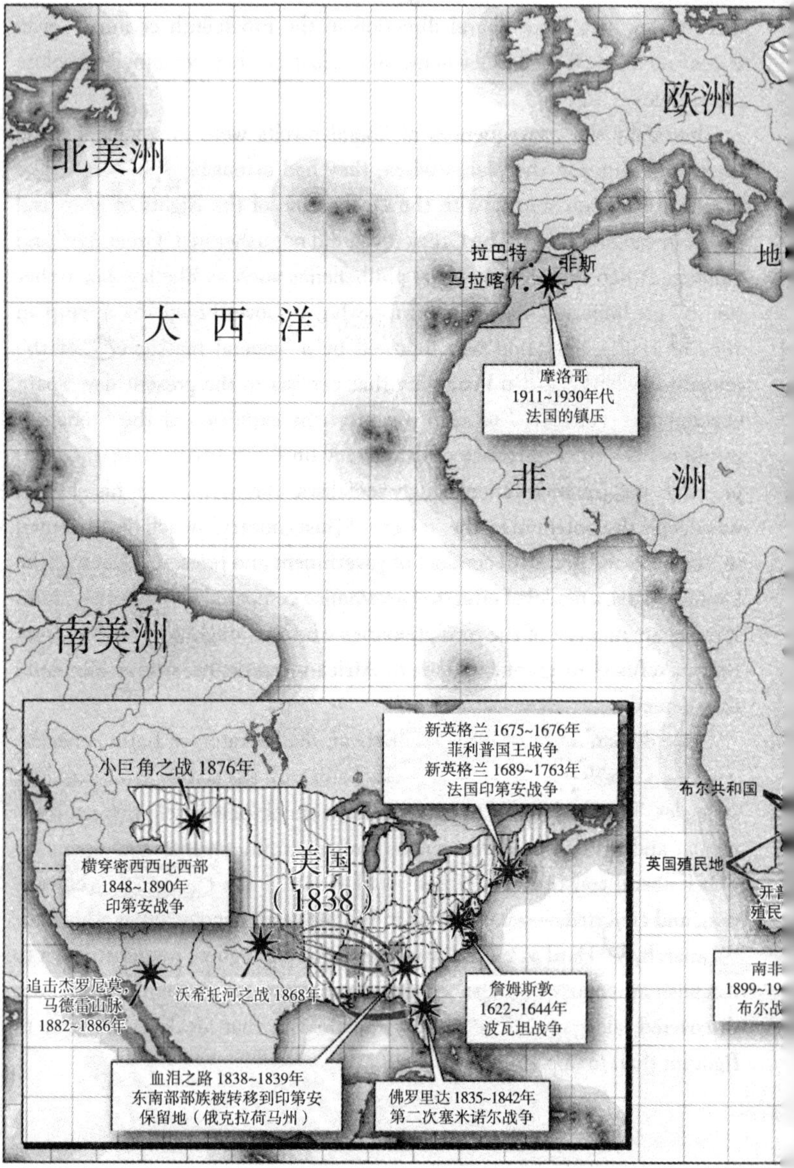
欧洲
北美洲
拉巴特
非斯
马拉喀什
地
大西洋
摩洛哥
1911~1930年代
法国的镇压
非洲
南美洲
新英格兰 1675~1676年
菲利普国王战争
新英格兰 1689~1763年
法国印第安战争
小巨角之战 1876年
布尔共和国
美国
(1838)
横穿密西西比西部
1848~1890年
印第安战争
英国殖民地
追击杰罗尼莫，
马德雷山脉
1882~1886年
沃希托河之战 1868年
詹姆斯敦
1622~1644年
波瓦坦战争
血泪之路 1838~1839年
东南部部族被转移到印第安
保留地（俄克拉荷马州）
佛罗里达 1835~1842年
第二次塞米诺尔战争

第三章
蚕食
帝国的战争

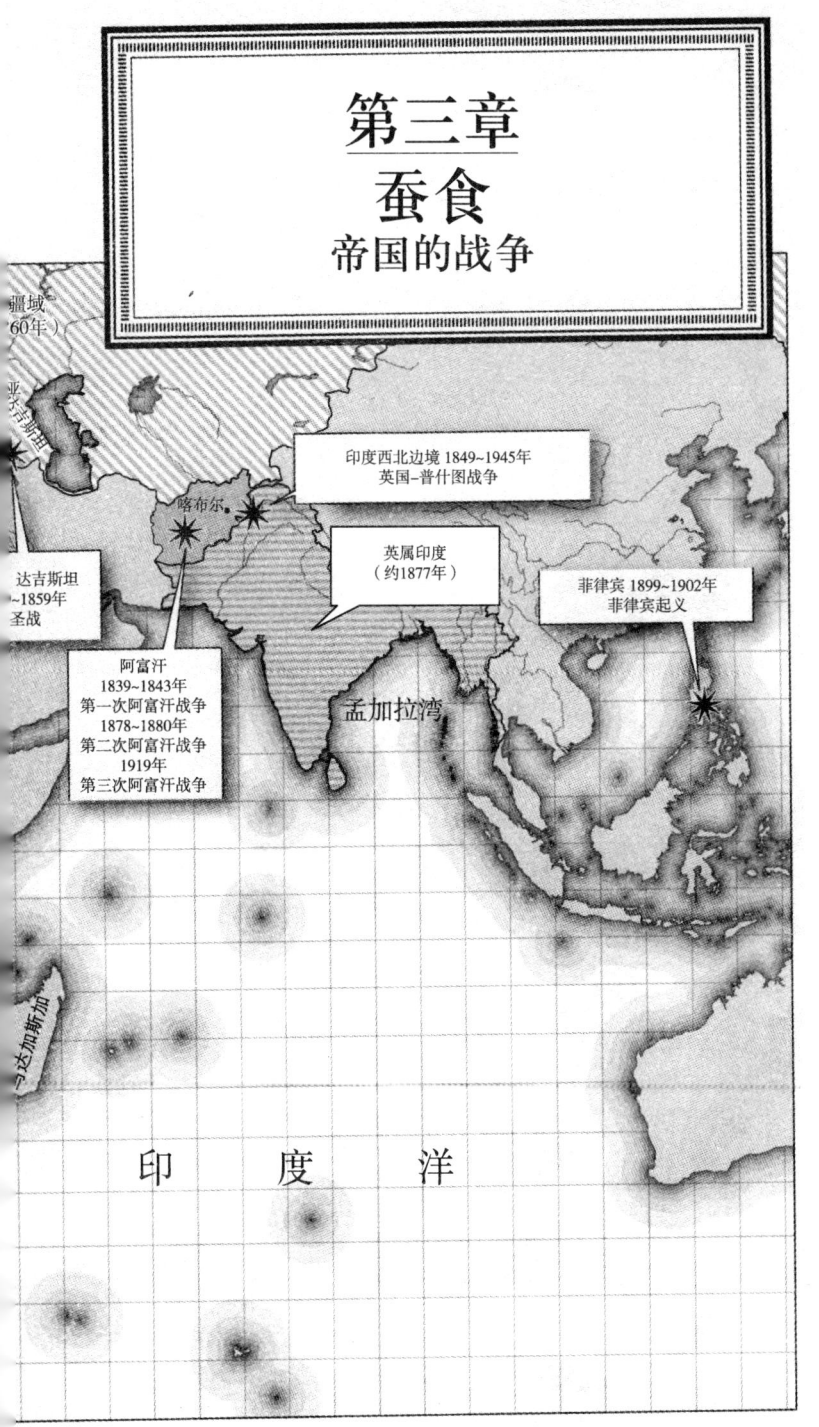

疆域
60年）

印度西北边境 1849~1945年
英国-普什图战争

喀布尔

英属印度
（约1877年）

菲律宾 1899~1902年
菲律宾起义

达吉斯坦
~1859年
圣战

阿富汗
1839~1843年
第一次阿富汗战争
1878~1880年
第二次阿富汗战争
1919年
第三次阿富汗战争

孟加拉湾

印 度 洋

20
非战之战

为何大多数游击队很难抵挡欧洲人?

西方国家逐步在国内推行自由主义的同时,却以十分残酷的方式在非欧洲世界扩张殖民统治范围,简而言之就是使用武力。殖民地化及其反抗运动的进程,对我们所熟知的21世纪现代社会的形成有着很大的促进作用,同时也催生了有史以来最具影响力的反游击战学说。"蚕食"(the spreading oil spot)理论是21世纪时美军在伊拉克和阿富汗实践过的"人口中心"(population-centric)论的前身。这种理论意味着缓慢地扩张军队据点和殖民定居点,直到粉碎当地居民的抵抗为止。从法军将领赫伯特·利奥泰创造这个概念很久以前一直到19世纪末,根据史料记载,欧洲人早已实践了这一理论并取得了巨大的成功。

亚洲、非洲和美洲的土著居民竭尽全力抵抗白人的扩张。他们间或能够使后者遭受重挫,有两个著名的战例,本节下文将会做详细讨论,即1842年英军从喀布尔撤退以及1876年的小巨角之战,但这仅能暂时延缓势不可当的全球欧美化进程。在历史上,大多数战争的获胜者都是欧洲人——不管对手是美洲印第安人、普什图人、车臣人、摩洛哥人或是布尔人(他们本身也是欧洲移民)。到1914年时,欧洲人及其后裔控制了世界版图84%的地方——而在工业革命开始时的1800年，这一数字是35%，在地理大发现时代（Age of Exploration）开始的1450年，则仅是15%。[1]

非欧洲民族之所以很难保卫民族独立，很大程度上是因为欧洲人在军事技术和技巧方面的优势越来越大，但在某种程度上也要归咎于大多数非欧洲民族不能巧妙利用他们有限的资源。很少有谁能像海地人那样战斗。大多数非欧洲民族都不会选择游击战争——游击战即使最后仍不免归于失败，就算不能持续数十年，但仍能大大延缓战败的时间，同时令侵略者付出可观的代价——这正中欧洲人的下怀。换言之，他们在用一种传统的但绝非有效的方式进行战斗。

西方国家认为他们所征服的大多数地区都是"原始"而"落后"的，但从某种意义上说，欧洲人只是做到了扬长避短而已。在19世纪初，非洲和亚洲的大部分地区都已经出现了由常备军保卫的土著政权，其统治者自然也依靠自身的军队自保。撒哈拉以南非洲地区是在欧洲观念中最为落后的地区，但根据近年的研究，即使是在那里"也存在国家结构，而且军事体制结构通常很严密"。[2]因此，在和欧洲人的战斗中，非洲军队通常不会选择他们祖先得心应手的部落式战术——游击战的一种原始形态。

在此试举一例，祖鲁人主要装备的武器是长矛（assegais）而不是马蒂尼-亨利步枪，但是和英国人类似，祖鲁军队编成被称作"纵队"（impis）的规范编制，不过该编制与其说是战斗队形还不如说是行军队形。祖鲁人的作战目标往往是歼灭敌人，而非打了就跑。他们常用的战术队形是"牛角阵"。队列中央，或者说是牛角的"内凹"部分负责牵制敌军，而队列两侧的两个"角"则包抄敌之侧翼。1879年1月22日,一个2万祖鲁人的纵队在伊山得瓦讷(Isandlwana)消灭了英军一部,打死英国和非洲士兵共1329人。但是,祖鲁人对罗克渡口(Rorke's Drift)附近要塞的正面进攻却被区区120名英军挫败;在3月29日,祖鲁全军在坎布拉(Kambula)被彻底击败。在这次鲜为人知的决定性战役中,英军仅损失18人,而祖鲁军损失2000人。几个月后,英军攻入祖鲁王国首都,生擒祖鲁国王塞奇瓦约(Cetshwayo)。[3]

英军很少会像伊山得瓦讷战役中那样损失那么多人,但是像这种在取得大胜之前遭受小挫折的事情,却屡屡在大英帝国统治区的各个角落发生。美国、法国、德国、俄国和其他帝国主义国家也有类似的经历。最让西方扩张势力忌惮的其实并非土著人的军队,而是复杂的地形和致命的瘟疫。这些困难最终都将被医学和运输技术的进步(奎宁、铁路和轮船是其中的关键技术)所克服,因此19世纪末才会出现"争夺非洲"(Scramble for Africa)的情况。

为什么基本没有土著政权采用游击战术?部分原因是大多数非西方国家对西方军队的战斗力缺乏概念,等到真正了解之后却已为时太晚。在不发达国家,仍有很多没落帝国的统治者以为可以用对付当地原始部落的战术对付白人。他们实在是犯了致命的错误,不过在没有电报、海底电缆、轮船和铁路——更不用说无线电、电视、飞机和互联网——的时代,信息闭塞也是可以理解的。在古代世界,罗马的诸多敌人很难汲取其他国家对抗罗马的经验。而即使到了后世的维多利亚时代,祖鲁人也不太可能从印第安人苏族部落的命运中获得教训。相比之下,发达国家的军人们却能够研究他国的战例。在19世纪和

20世纪初，西方国家出版的关于如何打赢"小规模战争"的军事书籍可谓浩如烟海。

民族国家统治者在试图汲取过往教训的时候，他们的意图往往是通过聘用欧洲顾问和购买欧洲武器来保持军队的传统而非采取革新措施。比较引人注目的特例是日本，一个后发国家能达到欧洲国家的同等水平实属罕见，而日本人的自卑感在战斗中的表现就是残忍。大多数发展中国家的民族其实更适合传统形式的非正规战争。比如说，印度的马拉地人，他们在历史上曾依靠骑兵优势而长时间称霸。在18世纪末，他们选择用欧式编制组建军队，但事实证明他们无法和诸如阿瑟·韦尔斯利（Arthur Wellesley）、杰拉德·莱克（Gerald Lake）这样的杰出将领指挥的纪律严明的英国正规军相匹敌。[4] 实际上，他们正是因为听信了欧洲军事界流传的所谓"正规战优越论"和"游击战无用论"的神话，为其所蒙蔽才最终招致失败。

传统的统治者绝不能接受不经一战就放弃自己的宫殿和财富，或者躲进深山老林里当土皇帝，只有认识到这点才能更好地解释前文所说的那种往往适得其反的行为。许多土著国家的军人和西方同行一样，都比较反感用那种偷鸡摸狗的作战手段，认为这是懦夫所为，英勇奋战并光荣战死更好也更体面。另外，接受欧洲人占支配地位的现实通常并不会让人难堪，因为新的统治者往往会用"间接统治"的手段来保证当地精英阶层的地位。

就算是当地统治者更倾向于发动起义，一般也很难找到意识形态领域的助燃剂。大多数民众往往热爱自己的家乡，但在现代以前，他们的首要效忠对象是自己的家族、宗族或部落，而非国家。当地民众对本国统治者的怨恨不亚于甚至更甚于对欧洲人的仇恨，特别是属于不同部族或宗派的那些人。民族主义是18世纪时才在欧洲出现的思潮，到19世纪时也仅仅扩展到了美洲的欧洲殖民地。这也是这些殖民地选择独立的原因。而世界其他地区的民族之所以丧失独立地位，不仅是因为缺乏现代化武器，也是由于缺乏民族情感。那些分布在所谓第三世界地区的脆弱王国，往往在其军队被击败之后即走向崩溃。很少有像法国占领后的西班牙那样，在拿破仑的军队已经取得初步胜利的情况下仍然爆发了旷日持久的抵抗。

不过有一些伊斯兰国家的情况略有不同，这些国家的人民通过宗教和部族关系凝聚起来。有些伊斯兰国家的军队也会错误地和欧洲军队硬碰硬。最骇人听闻的战例是1898年的乌姆杜尔曼之战（Battle of Omdurman），数千名苏丹"托钵僧"（dervish）在大白天从正面直接冲击英军阵地，被机枪、火炮和步枪火力无情屠杀。但其他的伊斯兰圣战者却不那么愚蠢，而是懂得如何避开西方军队的强大火力。车臣人、普什图人和摩洛哥人，以及其他民族将在19世纪针对欧洲占领军发动旷日持久的起义。

有些非穆斯林民族，特别是菲律宾人和布尔人，也给殖民势力造成了惨重的损失。虽然给美国人和英国人带来了麻烦，但是19世纪末20世纪初的菲律宾和南非起义的进程也比较短暂。北美印第安人的那些战争并不是这样，它们将充分展示在前后绵延近三个世纪的反抗白人统治的历史进程中，游击战术的潜力和局限性。

21
隐匿的战争

北美东部的"丛林战争",公元 1622~1842 年

游击战术的顶峰就是在敌人完全没有防备的情况下伏击敌人——北美大陆上的某些印第安部落就多次达到过这种突然性效果。最著名的一次伏击战发生在 1755 年 7 月 9 日,当时法军和印第安战士组成的联军在距离今日匹兹堡不远的迪凯纳堡(Fort Duquesne)附近伏击了一支由英军和殖民地士兵组成的队伍。在总计 1469 人的英军中有 600 人阵亡,包括英军指挥官爱德华·布雷多克(Edward Braddock)将军。他的副官,一个名叫乔治·华盛顿的年轻军官在混战中仅以身免。这场发生在莫农加希拉(Monongahela)的屠杀特别引人注意,因为与印第安人对抗的武装军人本应该做好战斗准备,而实际上他们几乎猝不及防。[5] 如果连一支人数不少的军队都会遭到袭击,那么处于双方控制区交界处的农场频繁遭到袭击也就不那么令人吃惊了。此类袭击发生时间最早且最具毁灭性的一次发生在詹姆斯敦(Jamestown)附近,那里是英国在北美建立的第一个永久定居点,位于现在的威廉斯堡附近。

1622 年 3 月 22 日是星期五,这天早上英国殖民地居民毫无防备。大批波瓦坦(Powhatan)印第安人突然出现在距离詹姆斯敦约 80 英里的周边的种植园附近。这些种植园在最近几年

刚刚开始种植一种新的经济作物——烟草。印第安人也经常在当地活动，他们会用鹿、火鸡、鱼类、水果和皮毛交换玻璃球以及其他小饰品。双方的文明差异相当大，英国人穿着笨重的皮衣和皮靴，而印第安人只穿着腰布和鹿皮鞋，脸上涂抹着明亮的油彩，头发剃掉半边，耳朵上挂着精心打造的耳环。不过，两边都对对方的情况相当熟悉。印第安人一般都手无寸铁，所以殖民者对他们毫无戒心。

当15年前弗吉尼亚公司的第一批船只抵达这里，带来了100多位殖民者，并建立了英国在北美的第一个殖民定居点之后，殖民者与印第安人的关系就开始紧张起来。双方冲突频繁，英国人最初根本不允许印第安人像1622年时那样在定居点周围出没。但是，从1614年开始双方关系逐渐缓和。此前一年，殖民者拐跑了波瓦坦的女儿波卡洪塔斯（Pocahontas），波瓦坦的领地分布在詹姆斯敦附近，其形状如同一挂项链，他的臣民约有万人。波卡洪塔斯皈依了基督教并且和一个殖民者结了婚，而她的父亲也造访了自己女婿的住处。

1618年，波瓦坦去世，他的继任者是其同父异母的兄弟欧佩坎诺（Opechancanough），此人承诺与殖民者继续维持友好关系，他宣称"就算天塌下来，他也会和殖民者保持和平关系"。许多英国人都相信了欧佩坎诺的话，认为他们同土著处于"一种友好的和平同盟与亲善"关系，并且"相信互相残杀的危险已经消失了"。但欧佩坎诺实际是一个"阴险虚伪"且狡诈的酋长，而且他对欧洲殖民者怀有刻骨仇恨，因为殖民者侵入他的领地并且试图让他的子民皈依外来宗教，而等到殖民者发现时已为时太晚。欧佩坎诺精心策划了一个阴谋，企图在更多的殖民者乘船抵达之前就彻底消灭当地的定居点。

1622年3月22日早上,所有的印第安人似乎都表现得很友好,有些人甚至和殖民者坐在一起吃早餐。殖民者们如同往常一样继续劳作——种植玉米和烟草、园艺、建筑和木工。定居点的创建人之一约翰·史密斯写道,在毫无征兆的情况下,"这些野蛮的禽兽……突然兽性大发,不分年龄或性别,突然开始屠杀男人、女人或儿童,很少或根本没有遇害者看到杀死他们的武器或打死他们的人是什么模样"。这些印第安人的武器有剑、斧头、匕首、锤子和锯片,他们拿着这些简陋原始的武器,开始疯狂抢劫,屠杀遇到的每个欧洲人,包括妇女和儿童。一份官方报告写道:"印第安人不只是剥夺受害者的生命,他们在受害者死后继续施暴、丑化、拖曳并碾压死者的尸体。"

由于得到信奉基督教的印第安人的预警,詹姆斯敦的殖民者提前做好了防备,但是袭击者对各个农场的突袭实在太快,没时间针对这些印第安人——按照一名英国殖民者的话说是"一窝毒蛇",而另一个人则称之为"地狱恶犬"——组织起整体防御。袭击者消灭了约1/4的殖民者——1240人中的347人——并且几乎摧毁了整个殖民定居点。

然而,一直以来就主张对土著人持强硬立场的史密斯上尉则认为,在这场大灾难中仍有些许利好消息:"有些人说(这场灾难)对种植园是有利的,因为我们终于有了使用各种必要手段肃清那些印第安人的正当理由了。"詹姆斯敦地方长官弗朗西斯·怀亚特(Francis Wyatt)爵士同意进行"斩草除根"的行动,但是他认为正面突击很难取得成功。他写道:"这是显而易见的,这股敌人很难很快就被肃清,因为他们行动敏捷,而且利用丛林作为掩护,一旦遭到我们的攻击就会立即撤退。"

殖民者并未采取怀亚特彻底消灭印第安人的方法，而是"用饥饿和其他一些手段"来惩罚对方。他们对印第安人展开惩罚性远征，烧毁了波瓦坦的城镇，并且偷走或毁掉所有的玉米，让他们在接下来的冬天里处于饥饿的边缘。在发动最初的袭击两个月之后，1622①年5月22日，一群英国人诱使一群已经厌战的印第安人和谈，并且骗他们喝下了有毒的葡萄酒。然后，殖民者向已经毫无战斗力的波瓦坦人"齐射"，打死了200多人。在返回殖民地定居点的路上，英国人又打死了50多名印第安人"并且砍下了其中一些人的首级"。

这种模式的战争几乎持续了三个世纪，正如弗吉尼亚公司的董事所说，自詹姆斯敦暴乱之后，"双方陷入了没有和平或休战的无休止征战"。虽然征战不休，但其形式并非人们所理解的欧洲战场的战争形式。这是一种边境冲突的形式，特征是交战双方纷纷采用招降纳叛、突然袭击和屠杀的手段。换句话说，就是游击战争，一个经常和17世纪乃至18世纪殖民地历史发生联系的名词。[6]

*　　*　　*

詹姆斯敦定居点的居民最早发现了此后许多欧洲殖民者都会意识到的问题：印第安人擅长"偷鸡摸狗式的战争"。北美东部的印第安人部落并不是类似亚洲内陆的游牧民部落或定居在美洲大平原的部落。他们长年定居在村落中，住在桦树皮小屋里，有些小屋外有木栅栏，外边种着玉米、南瓜和其他农作物。[7]耕作被认为是妇女的工作，男人们则负责外出打猎、捕鱼以及打仗。和许多其他处于前国家时代的民族一样，印第安

---

① 原文误为1623年。——译者注

人的捕猎技巧在围捕四足或两足动物时变成了出色的杀手技能。"尽管这看起来很荒谬",时为一名年轻军官并在弗吉尼亚边境和印第安人交手的乔治·华盛顿写道,"然而这却是真的",一支"500多名印第安人"的队伍可以"比数量10倍于他们的正规军"战斗力更强。[8]

华盛顿所说的情况仅在印第安人以偷袭的方式战斗时才会出现。1492年,当第一批欧洲人在新大陆登陆时,土著居民还没有任何马匹、车轮、钢铁或火器。他们手持木制的刀剑、长矛、投石器、棍棒、斧子和以黑曜石、火石或骨头作箭头的弓箭徒步战斗。用这种装备,印第安人是不可能在正面战斗中和欧洲人及其手中的"雷杖"(thunder stick,即步枪)硬拼的。

探险家萨缪尔·德·尚普兰(Samuel de Champlain)和另外两个法国士兵曾经用猛烈的射击击溃了200名莫霍克印第安人。就在1609年7月30日破晓之后,在今天纽约州的尚普兰湖畔,尚普兰平静地带领着由一群阿尔冈琴人(Algonquin)和休伦人(Huron)组成的联军面对莫霍克人。他们排列成紧密队形,穿着木制铠甲,手持盾牌。尚普兰举起了火绳枪——一种原始的步枪——然后填进了4颗子弹,一次性全部打了出去,三个莫霍克人应声倒地,通过头上的羽毛装饰物一眼就能看出其中两个人是队伍中的头领。尚普兰回忆道:"在我重新装填的时候,我的一个同伴藏身在树林里开枪,这再次震撼了敌人以至于……他们丧失了作战的勇气,逃之夭夭……消失在树林中,而我依然穷追不舍,打死了不少敌人。"[9]

并不是所有的印第安人部落在和殖民者的初次接触中都败

得这么惨。[10]比如说在西印度群岛的加勒比人（Caribs）和阿拉瓦克人（Arawaks），他们是被欧洲武器和欧洲病毒所打垮的，历史学家埃德蒙德·摩根（Edmund S. Morgan）对此有个贴切的评语："恐怖传说。"（摩根解释"西班牙人甚至在阿拉瓦克人臣服之后仍然袭击他们"，原因是印第安人的天真与朴素——他们的需求很少，对个人财产的要求也不高——对"欧洲人"所珍视的文明是一种亵渎，这些基督徒对那些野蛮的异教徒有一种优越感。）[11]颇具讽刺意味的是，社会发展水平越高的文明——阿兹特克人和印加人——却与祖鲁人或南亚人类似，反而遭到了最具毁灭性的打击，原因是他们的社会结构太紧密，等级层次鲜明，因此在和欧洲人占优势的正面战斗中往往会损失数千名战士。而且这些国家人口稠密，使得天花和其他疾病"像滴在薄纸上的墨汁"一样迅速蔓延。[12]此外，这些国家权力太过集中，少数一些领导人折损之后社会的其他部分往往就会停滞不动。权力相对分散、人口相对稀疏、社会发展相对落后的文明反而能更好地存活下来，因为他们别无选择，只能高度依赖各种阴谋诡计来对抗装备精良的外来殖民者——他们使用的游击战术类似欧佩坎诺对詹姆斯敦的突袭。

从欧佩坎诺与欧洲人反目开始，随着印第安人掌握了欧洲人带来的火枪、马匹和铁器，他们对殖民者的伏击就更凶猛了。尽管殖民地当权者试图禁止印第安人保有火器，但他们还是通过贸易或偷盗的方式得到了许多热兵器。印第安人从未放弃过弓箭，不过他们的枪法很快就超过了大多数殖民者，后者大多数是农民和工匠，而非猎人或军人。[13]北美东部的茂密树林大大鼓舞了印第安人，因为他们认为欧洲人的严密队形和齐射方式在这种地形中很难施展。相比之下，新来的殖民者、流放的囚犯大都比较守旧,而且战术思想也很落后。同时,土著民族的适应性也催生了适合当地大环境的作战理念。印第安人在丛林间神出鬼没,利用当地殖民者完全陌生的地形,展开偷袭和伏击。印第安人没有笨拙的辎重队伍,他们可以完全依靠橡树子、坚果、磨碎的动物骨粉甚至是树皮充饥,因此其机动速度要比殖民者的民兵快得多。[14]

新英格兰的农夫如同古代的美索不达米亚定居民族一样,苦于防备这种高超的部落游击战术。19世纪的历史学家弗朗西斯·帕克曼(Francis Parkman)在论述1689~1759年法国人和印第安人之间的战争时曾经写道:"马萨诸塞和新罕布什尔的边境几乎没有这些行动敏捷的敌人未曾光顾的地方。(到处)都或多或少有印第安人出没,他们通常以小股力量行动,藏在偏远地带,伏击独行者或向正在耕作的人射击,并且在偷袭之后立即隐匿无踪。"[15]

* * *

尽管具备高超的伏击战术,但印第安人在17世纪和18世纪北美东海岸的"丛林战争"中却渐渐落于下风。虽然在今天看来印第安人的失败是必然的,但在当时局势却并非这么明朗。在1622年的詹姆斯敦,是殖民者而非印第安人处于生死存亡的边缘。为什么印第安人最终输掉了战争呢?因为他们存在两个重大缺陷——缺乏人口而且没有统一的组织。

印第安人的人口远超过北美的殖民者(关于印第安人被征服前的准确数量,学界一直争论不休)。[16]但是,截至18世纪,人口优势的天平却不可避免地倒向了欧洲人,当他们一直在大量输入人口时,印第安人的人口却在不断下跌。1616年(可能是黑死病)和1633年(天花)的两次瘟疫造成了新英格兰95%的印第安人丧生。[17]普利茅斯殖民地的执政官威廉·布拉德福德（William Bradford）曾经记录了印第安人部落遭受瘟疫之苦的过程，他写道："他们像羔羊一样死去。"[18]经过如此惨重损失——死亡比例远超过广岛原子弹或一战的堑壕战——后的幸存者，按照一位历史学家的记载，"只剩下震惊、悲痛和困惑"。[19]实力被大大削弱的印第安人因而很容易在和贪婪的欧洲人进行残忍无情的战争中被击败。

比较悲惨的例子有梅塔科米特（Metacom）麾下的万帕诺亚格人（Wampanoag）和其他共同战斗的部落，梅塔科米特酋长被英国人称为"菲利普国王"。菲利普国王战争（1675~1676年）是17世纪最惨烈的边境战争。它摧毁了新英格兰半数的城镇，殖民者损失600~800人，但另一边的损失更惨重。据估计，参与叛乱的大约11600名印第安人有5000人因为战斗、瘟疫和饥饿而死，包括梅塔科米特9岁大的儿子在内的1000人被卖为奴隶，还有2000人成为难民流离失所。幸存的万帕诺亚格人数量相当少，以至于直到1929年——梅塔科米特死后253年——他们才能够再次举行自己民族的祈祷仪式。[20]

到18世纪结束时，大多数东北部的印第安部落都遭受了类似的命运。游击战术弥补了他们在人口数量和火力上的劣势，但在持续多年的战争中，即使是战术最巧妙的游击武装，也会被冷酷、无情而无休止的物质力量优势所碾压。

印第安人的内讧进一步恶化了他们的人口劣势。当欧洲人到来时，北美的印第安部落是四分五裂的。根据近年的历史研究，印第安人有600多个"自治群落"，分别隶属"12个完全隔绝而且语言不通的族群，有些语言之间的差异甚至比英语和中文的差异还大"。[21]每个群落还会分成不同的部落、氏族、群体和村庄，而他们之间纷争频繁，有些部落对白人比较友好，而有些则与之对抗。印第安文化崇尚平等，因此在个体和族群之间经常因为无法达成共识而无法贯彻政策。如果北美印第安人部落能够团结起来，那就能大大改写美国的历史，但这终究只是假设。

有些个人魅力出众的酋长，比如波坦瓦就试图打造一个大的"国家"或"部落联盟"，但他缺乏令人臣服的权威。他们的境况有些类似中世纪的欧洲君主，他们缺乏一套官僚体系去执行自己的政令，想要做一些大事，比如进行战争，就只能依靠拉拢手下的贵族。中世纪欧洲的农民一般都自认为是"诺曼人"或"勃艮第人"而非法国人，和欧洲人很类似，太过独立的印第安人更倾向于认同自己的部落或氏族，而不是更大的政治实体。印第安人很少或根本没有一种泛印第安民族的认同感，以便把不同部落的战士团结起来。才华出众的肖尼族（Shawnee）印第安人酋长特库姆塞（Tecumseh）是北美有史以来最伟大的演说家之一，而且是一个自称"先知兄弟"的神秘祭司，他将所有厌恶欧洲人的部落团结起来组成了一个联盟。但是他于1813年在配合英国盟友与美国军队作战时被击毙，其对手的指挥官正是后来的美国总统威廉·亨利·哈里森（William Henry Harrison）。印第安人联盟的梦想随特库姆塞之死也烟消云散了。

在每场印第安战争中，白人都能找到不少合作者——既有为了钱财而当密探和士兵的个人，也有为了从世仇那里攫取利益的某个部落或派系。菲利普国王战争的结局很大程度上就是由佩科特人（Pequot）、莫霍克人和莫西干人（Mohegan），以及那些皈依了基督教并被称为"祷告的印第安人"的部落决定的，他们和新英格兰殖民者一起与万帕诺亚格人及其同盟者交战。梅塔科米特最后就是被普利茅斯殖民地的本杰明·丘奇（Benjamin Church）上尉率领的一支由50名白人和150名印第安人组成的混编部队追上并打死的。半个世纪以后，法国人将联合阿尔冈琴人袭击英格兰殖民者，英国人同时也将会与阿尔冈琴人的死敌易洛魁人（Iroquois）联手反击对方。欧洲军队后来也将在非洲和亚洲使用类似的伎俩。仅靠少部分欧洲人显然是无法完成殖民主义扩张的。

就像不能团结一致、同仇敌忾一样，印第安人同样无法在和平方面达成一致。所以白人总是能够以对方不守信用为由索赔，当酋长和白人签署协议时，他们无法约束桀骜不驯的年轻勇士们挑起边衅。美国也有类似的问题：州和联邦的首府经常不愿或无力控制为牟取私利而抢占印第安人土地的偏远定居者。在加拿大，当地殖民者同印第安人的冲突要少一些，部分原因是英国政府在政治上对殖民者的依赖较少，所以更容易遵守条约的约束。美国虽然权力比较分散，但仍然能够比印第安人执行更连贯的政策。

19世纪初北美对印第安人政策的一个重大转变是恢复"亚述策略"（Assyrian strategy）。在三个世纪的历史中，亚述人驱逐了400万~500万人口，最出名的就是公元前721年以色列的10个部族被驱逐到美索不达米亚，后者因而丧失了他们的民族特征。[22]美国总统安德鲁·杰克逊（Andrew Jackson）是一个在田纳西就曾和印第安人交手的老兵，当他计划在令殖民者垂涎的东部土地上驱逐全部残存的印第安人时，与亚述人颇为相似。他决定将印第安人驱逐到今日俄克拉荷马州密西西比河对岸的荒原上去，杰克逊认为这是一片白人在未来也不会触及的不毛之地。

根据1830年美国国会通过的《印第安人迁移法案》(Indian Removal Act)，7万名印第安人被迫沿着彻罗基人所称的"血泪之路"(Trail of Tears, 1838~1839年) 背井离乡向西迁移。许多人在流亡刚开始时就死于条件恶劣的集中营，只有60年后布尔战争中臭名昭著的英国集中营能与之相提并论。由于严寒且缺乏食品、衣物、运输工具、医药和宿营地，印第安人在路上死亡得更多，特别是小孩和老人。一名传教士抱怨印第安人受到的对待"就像是给牲畜的待遇"——"晚上躺在毫无遮掩的荒野露营，直接面对风吹雨淋。"有约1.5万名印第安人死于这段悲惨的旅程。[23]

彻罗基人作为一个农耕、和平、有自己的书面语言，而且非常美国化的部落，决心拿起法律的武器对抗强制迁移，但结果是徒劳无功。更多好战的部落，从索克人(Sauk)到伊利诺伊的福克斯人(Fox)，再到佛罗里达的塞米诺尔人(Seminole)则选择拿起武器对抗。虽然他们让美国政府付出了相当高昂的代价，但他们的反抗无一例外都失败了。第二次塞米诺尔战争的代价就特别高，在持续七年(1835~1842年)的战争中，1500名军人死亡，或者说伤亡军人数是整个佛罗里达军队的15%，同时军费支出达3000万美元——超过了当时的联邦年度预算。直到原本约4000人的整个塞米诺尔族人都被俘虏或杀死，战争才宣告结束。[24]

与塞米诺尔人一样，其他的东部印第安人部落最终都被迫屈服于武力并被驱逐到了西部。这是欧洲与美国欺侮弱小民族的漫长而可耻的历史中最黑暗的章节。但是，印第安战争并未就此结束。沿密西西比河向西的广大土地将续写美国人与印第安人纷争达到高潮的篇章。

22
西方的胜利

印第安勇士 vs. 美国蓝衫军，公元 1848～1890 年

正是穿过山间的"野牛小径"（buffalo trail）泄露了夏延人的行踪。1868 年 11 月 26 日早晨，奥塞奇（Osage）印第安人的侦察兵在接近得克萨斯边界的雪地上发现了一条与溪流平行的小径。野牛一般会直接在河流中饮水并在附近觅食，所以这些规则的小径应该是人走出来的。

在过去三天里，美军第 7 骑兵团冒着大雪和浓雾追踪一股印第安人，后者袭击了堪萨斯的居民点，所过之处烧杀奸淫。现在，骑兵们深入今日俄克拉荷马州境内的"印第安领地"，终于第一次搜寻到了敌人的踪迹。根据一名上尉的记录，骑兵们在行军中发现了"一条平坦的新路，显然是昨天下午一两百名印第安人刚刚开辟的"。

骑兵们开始给春田卡宾枪装弹，并且检查枪支以免被冻住。当天晚上，他们休息了一个小时，喂饱了战马同时吃了晚饭，煮了咖啡，然后上马继续追击。在 11 月 27 日星期五凌晨 1 点 30 分，奥塞奇侦察兵报告在附近闻到了烟味，并听到了微弱的叮叮当当的响声。奥塞奇侦察兵指挥官小比弗（Little Beaver）报告"前方有一大批印第安人"。骑兵团团长乔治·阿姆斯特朗·卡斯特（George Armstrong Custer）中校和几个

142　军官策马登上一处高地，商议作战方案。他不知道在下方毗邻沃希托河（Washita River）的村庄里有多少印第安人，不过卡斯特也并不在乎敌人的数量。对一个像卡斯特这样大胆的骑兵来说——他的脾气很像罗伯特·罗杰斯和伯纳斯特·塔尔顿——只有一种作战方案。他计划在凌晨发起突袭。

尽管时年29岁，卡斯特早已是个声名卓著的战争英雄，并以他的虚荣心（他爱炫耀自己设计的军服，那头金色长发以及那威风凛凛的八字胡）、行事大胆和胸怀壮志而著称，所有这些既吸引了热情的赞美，也招来了强烈的厌恶。卡斯特在西点军校不止一次差点被除名，而且在1861级军校毕业生中名列末尾。然而由于作为一名联邦骑兵的勇敢个性，两年后年仅23岁的卡斯特被从中尉军衔破格提拔为名誉准将。内战结束时卡斯特成为一位名誉少将，并且作为一位师长载誉凯旋，但同时也被指责要为部下的大量伤亡负责。

内战结束以后，这位被媒体称为"少年将军"的卡斯特被降职并被派到西部边疆。但是，卡斯特并未丢失风流倜傥的本性。1867年他因无视长官命令，与挚爱的妻子利比（Libbie）在偏远的堡垒幽会而被军事法庭审判。当次年和夏延人、阿拉巴霍人（Arapaho）及其他部落的战火重燃之时，密苏里州军区指挥官菲尔·谢里登（Phil Sheridan）少将缩短了卡斯特的刑期——停职一年——将其重新召回军队，谢里登希望卡斯特这种强势的军官能够在面对印第安人时重演对南方邦联军队的辉煌战绩。谢里登对卡斯特的信任并未落空，如果没有发生后来的惨败的话。

卡斯特将700名官兵分成四个支队，命令他们"尽可能隐蔽地接近村落"。要悄无声息，不能有任何烟火，也不得埋锅造饭。他甚至命令把随军携带的军犬用绳子勒死或"用刀捅死",以免破坏偷袭计划。一名上尉写道:"沉默的气氛压得人喘不过气来,甚至连战马都受到莫名兴奋的情绪影响,步伐不由自主地快了起来。"另一名中尉回忆道,骑兵部队"整晚都处在沉默的状态中,偶尔有人会因为寒冷打战或无意识地发抖"。

随着温暖的阳光出现在地平线,士兵们可以看到"广袤的杨树林里到处都是印第安人的圆帐篷"。一名侦察兵回忆道:"四周是如此寂静,甚至都能听到秒针走动时的嘀嗒声。"突然一声枪响划破了寂静。军乐队开始演奏《加里·欧文》(Garry Owen)这首被卡斯特认为可以给自己带来幸运的曲调,不过乐手们还来不及吹奏几遍,他们的乐器就被冻住了。骑兵们以迅雷不及掩耳之势冲向前方聚集在一起的500多名印第安人。在骑兵们踏雪而来的同时,"印第安村落里发出了各种奇怪的动静,有匆忙拿起枪支时的响声、震耳的狗叫声、婴儿和妇女的啼哭声"。

这些帐篷属于由黑凯特(Black Kettle)酋长带领的夏延印第安人的一支,这位悲剧人物曾经答应签署和约,但管不住手下血气方刚的年轻勇士。这些夏延人以前就遭过白人的暴虐对待。四年前,黑凯特的部族在科罗拉多的桑德克里克(Sand Creek,又译作沙溪)宿营时,尽管营地上空飘扬着一面白旗,但他们仍无缘无故地遭到了残暴的约翰·M. 奇温顿(John M. Chivington)上校指挥的700名士兵的突袭。一名当时在场的白人后来回忆道,印第安人"遭到了各种各样的非人虐待,被剥掉头皮,脑袋被敲开;男人被用匕首杀死,妇女被强奸,小孩被用棍棒殴打,他们用枪敲印第安人的脑袋,打得脑浆进出,用各种语言难以形容的手段残害这些人的肉体"。在这场屠杀中有200多人遇难,其中2/3是妇女和儿童。[25]

黑凯特在桑德克里克大屠杀中幸存了下来,但在沃希托河之战中他就没有那么幸运了。黑凯特在试图逃跑的时候被从马上一枪打了下来,他的两个妻子和一个女儿也在战斗中被杀。许多印第安人被打死时"几乎还在睡梦中而没来得及睁眼"。但是其他印第安人却渐渐从最初的慌乱中回过神来,如卡斯特所写,"抓起了他们的步枪、弓箭,跳到最近的树后边躲起来,或者跳到附近齐腰深的溪流里,依托河岸作为射击阵地,开始进行顽强坚决的抵抗"。他手下的一名军官也写道:"那些印第安男孩女孩战斗起来和成年人一样拼命。"考虑到他们此前经历过的白人残忍的战争方式,这并不让人惊讶。

经过数个小时的战斗,美军最终击败了印第安人最后的抵抗,但此时山脊附近出现了令人惊惶的景象:上百名印第安人骑着马,"戴着华丽的羽毛战帽并涂抹着油彩",有些人"手持枪支、弓箭和华丽的盾牌"。一名骑兵军官回忆道,自己当时看到"所有山头上……突然满是策马而来的武士"时是"多么惊慌"。卡斯特逐渐冷静下来,这位首次跟印第安人交手的指挥官此时发现,就在他开始突袭的时候,数千名在周边地区宿营的阿帕奇人(Apache)、阿拉巴霍人(Arapaho)、夏延人、科曼奇人(Comanche)和基奥瓦人(Kiowa)已经赶了过来。印第安人此时已经把乔尔·埃利奥特(Joel Elliott)少校以及17名同主力队伍分离的骑兵消灭了,他们当时正在追击逃跑的夏延人。一名战地记者在战斗发生后的第二个月来到战场,发现了这些已经被冻住的阵亡者尸体,赤身裸体,有许多子弹或弓箭留下的伤痕。有些人的头颅已经被砍掉,其他人的喉咙被割断了。这名记者写道:"没有一具遗体是完整的,没有证据证明这些可怕的伤痕是在他们死后留下的。"而卡斯特带领的骑兵团差点也遭到相似的命运。

卡斯特并不想冒和"数量占绝对优势"之敌交战的风险,他非常精明,当然仅此一次。卡斯特决定在毁掉夏延人的营地和马匹之后撤退。美军放了一把大火,把全部 75 顶帐篷连同里边的各种财物付之一炬,而 650 匹马很难全部杀死。最初美军士兵打算把它们拴在一起割喉,但这些可怜的马儿四处乱跑,美军不得不就此作罢。他们花了两个小时,一遍遍向这些一边嘶鸣一边打响鼻的牲畜开枪,直到它们血流不止地倒下。随着太阳从积雪的山峰落下,骑兵们开始向附近的印第安村落发动佯攻。他们的行动分散了印第安武士的注意力,然后大部队悄然全身而退。在返回营地的时候,军乐队奏响了《离开旷野我并不欣喜》(*Ain't I Glad to Get out of the Wilderness*)。

这样一场被某个军官称为"巧妙的小规模战斗"却引发了一场争论,它掩盖了卡斯特生活中其他的一切。一些军官指责卡斯特放弃了埃利奥特少校及其部下,根本没有试图营救他们。而印第安人则谴责卡斯特夸大了自己的战绩,他宣称打死了 103 名印第安战士,但夏延人声称他们只损失了不到 20 名男人,以及差不多数量的妇女和儿童。毫无疑问,一些印第安人妇女和她们的孩子在混战中被打死。卡斯特曾经制止部下,以防妇女儿童继续受到伤害,但他仍然被指控造成了一场屠杀。甚至有言论称,卡斯特在 53 名女性俘虏中选了一人当作情妇。卡斯特做的所有事都遭到了指责和非议,但从军事角度来说,这次突袭无疑是成功的。卡斯特率部摧毁了印第安人的村庄、粮食储备和马匹，给对手以重创。战争并未就此结束，但利用这种战术，足以让夏延人和其他好战的部族屈服。[26]

*　　*　　*

此前章节中所讲述的几场战争——主要发生在东海岸的丛林中，并且是针对定居的农耕印第安部落的步兵交战——并不是印第安战争的一般形态。1848～1890年，在广大的密西西比河以西地区，美国蓝衫军和印第安勇士之间最常见的交战形态是骑兵之间的对决，就好像沃希托河之战那样。据保守估计，这几场战争造成的死亡人数为1109名美军军人、461名美国平民和超过5500名印第安人。[27]

双方规模最大的战斗发生在北美大平原，对手是阿帕奇人、夏延人、科曼奇人、基奥瓦人和苏族人。这些骁勇的马背民族就像中亚的游牧民族一样，在内战结束后的时代仍然纵横草原，追逐野牛群，还会和邻近的部族争斗。他们居住在野牛皮制成的轻便帐篷中，并且蔑视农耕。这些尚武的部落以捕猎野牛、鹿和其他动物以及劫掠敌对部落的财产——特别是马匹——来维持生计。这些部落从孩提时起就教育孩子成为勇士，男孩最小从11岁开始就要参加第一场战争了。"死于战场比终老于世更优秀"，这就是苏族人和其他平原部族的世界观。从他们的观点来看，苏族最早的学生，罗亚尔·哈斯里克（Royal Hassrick）写道："在战争中求死，几乎和胜利一样重要。"对印第安武士来说，他们能获得的至高荣誉由战帽上的羽毛来表示，这种荣誉要留给那些被认为给敌人"突然一击"——换言之，要在战斗中突袭敌人，而不管突袭是否给敌人造成了伤害——的勇士，因为这种行动本身就是相当危险的。吃苦耐劳是这些印第安部族的另一个美德。哈斯里克写道:"外出打猎或打仗的男人以忍耐伤痛和长时间风餐露宿而闻名。"草原印第安人在战斗中既没有也不指望宿营:对男人来说,战败意味着死亡,并且往往连尸体都会遭到毁弃。女人和孩子则会被战胜的部落带走,分给那些打败了他们的男人。[28]

从单打独斗的角度来说,一个印第安人毫无疑问要比美军士兵更善战,他们更吃苦耐劳、更强壮也更勇敢。但是在19世纪中叶,美国西部只有27万印第安人,而且其中许多部落已经和白人签署了和约。"敌对"部落只有不到10万人,而且他们居住的地区在1848年加利福尼亚出现淘金潮之后的40年里将涌入800万美国人。即使是其中最强大的部族苏族,在1866年也只有不到3万人,也就是说他们能动员的武士不超过7000人。[29]因此,正如在东部一样,这些部落无法补充自己的损失,而白人则拥有几乎源源不断的增援。

殖民地的民兵有时候会对印第安人进行大屠杀,就像发生在桑德克里克的惨案。但美国陆军不会这么干,尽管蓝衫军也相当残暴,但他们的目标并不是清除印第安人,而是把他们赶进保留地——这是一种被称为"集中"(concentration)的策略,在其他许多反游击战中也出现过,如我们将在后文看到的英国人和布尔人的战争。西方两位权威历史学家曾写道:"对白人来说,把印第安人集中到保留地同时体现了利己主义和高尚的博爱。"[30]利己的一面是把印第安人从白人垂涎的土地上赶走,从而避免了1873年美国内政部长所说的"频繁发生暴行和冲突,对公众安全造成扰乱"的情况出现。而这一事业的博爱一面("人道主义和仁慈精神的伟大事业")是白人教授印第安人"农耕的技巧,以使其融入文明世界"。但实际上,印第安人经常得不到他们的应许之地,那些寡廉鲜耻的印第安事务官员也经常欺侮他们。这些天性躁动的猎人们很难安于农桑,定居下来。而要让印第安人待在保留地,需要持续不断地施加压力,正如内政部长所言,"各处都需保持严苛"。[31]

执行这一任务的恰恰是当时犹如乌合之众的美国陆军,在1874年这支军队只有2.7万名官兵,比今天纽约市警察局的人数还要少些。[32]这是一群酗酒成性但又坚韧不拔的人,这么说如果不够准确,那么用当时一份报纸的报道就是"一群闲散懒汉加上外国乞丐"。[33]他们的任务就是守住印第安人西进路线上的堡垒。和19世纪的"地摊文学"以及20世纪的电影给公众留下的一般印象相反,这些驻军的堡垒很少遭到印第安人的围攻,大多数甚至连栅栏或其他防御设施都没有。这些堡垒的作用是给追击敌对部落武士的驻军提供基地,比较类似的还有在北非的法军和在西北边境省的英军。和英军以及法军一样,美军最有效的战术,如1868年卡斯特所做的那样,是攻击印第安人的粮仓、马匹以及帐篷,特别是在冬天印第安部落迁移较少的时候。考虑到印第安人自给自足的经济状态,如果不让他们处于濒临饥荒的边缘而别无选择,他们是不会进入保留地的。事实上,从17世纪詹姆斯敦殖民者和波瓦坦人开战时起,这种战术就没有发生过变化。

* * *

后内战时代在围剿印第安人方面最具创新性及革命性的军人是乔治·克鲁克(George Crook)少将,一位"身姿如长矛般挺拔"、肩膀宽阔的西点军校毕业生,曾经在安蒂特姆河

（Antietam）和奇克莫加河（Chickamauga）转战。克鲁克将军是一位野心勃勃的猎人和神枪手，在战后堕落的陆军中，他因为不酗酒、不吸烟、不说脏话也不赌博而鹤立鸡群。克鲁克在他的日记中经常针砭时弊，小巧清丽的笔迹中充满着对这些"恶习"（vices）的抨击。他日常的饮料是牛奶，喜欢克里比奇牌（cribbage）和其他纸牌游戏，当然玩这个只是为了消遣，绝非为了敛财。[34]

"一位出色的战略家"，[35]他深入研究了印第安人的战术并且认识到，如一位副官记下的，"面对野蛮人时除非使用野蛮的方法，否则白人就会被对方欺瞒、消耗、包围，还可能被伏击和歼灭"。[36]因此，他广泛利用印第安人作为侦察兵和辅助人员（"我指挥过的最狂热的人"），并由"体格最强健"且"最具耐心"的军官来领导。

克鲁克还意识到，带着笨重辎重车队的陆军部队很难抓住那些飘忽不定的印第安战士。所以，他给部下配上更利于机动的骡子，从而成为将骡子这种低廉的驮兽应用于军事领域的先驱。然而驾驭骡马的专业技能只有"花大价钱"请来的平民驭手才具备，这也算是早期军事承包商的一种形式。克鲁克的座右铭是："一旦发现敌踪，就紧追不舍、绝不放手。"[37]

克鲁克虽然对印第安人紧追不舍，但也努力尽可能公平地处置他们。他指示下属"公平对待每一个人——印第安人和白人平等"，"我们无权随意处置他们"而且不能"成为镇压的工具"。[38]在日记里，克鲁克曾经写下自己的信条："世界上最幸福的人，是那些能够善待他人的人。"[39]克鲁克比大多数同时代的人都更理解，成功的印第安事务政策必须要恩威并施。不幸的是，他不能说服自己的上级，后者倾向于使用更严酷的手段。

克鲁克在1876年大草原北部和苏族人交手时并未获得很大的成功。指挥大部队作战并非其所长，他更倾向于使用人数更少、机动性更强的部队，比如1866~1868年在西北部太平洋沿岸地区对付派尤特人（Paiute），以及1872~1873年、1882~1884年和1885~1886年在西南地区对付阿帕奇人。克鲁克最大的功绩是1883年在墨西哥北部令人望而生畏的马德雷山脉中（Sierra Madre）击败了著名的阿帕奇酋长杰罗尼莫（Geronimo），当时他指挥着一支由266匹骡马和327人组成的队伍，其中大多数是协同美军作战的友好的阿帕奇人。杰罗尼莫是印第安部落中有史以来最为老练、顽强且无情的骑士，他曾经在墨西哥北部和美国南部让殖民者胆寒了十余年。但是他的很多同胞却投到了敌人的阵营，他们不仅令杰罗尼莫心灰意冷而且还反过来劝他投降，至少是劝他暂时投降。杰罗尼莫在1885年再次离开保留地，而仅仅过了一年就在克鲁克的穷追不舍下选择投降。然而，在痛饮了一顿龙舌兰酒之后，杰罗尼莫和少数随从（20个男人和13个女人）就违背了准备投降的承诺。这次令人难堪的挫败极大地玷污了克鲁克的声誉，直接导致他递交辞呈。

捉获杰罗尼莫的荣誉最终落到了克鲁克的死敌纳尔逊·A.迈尔斯（Nelson A. Miles）准将的头上。他精心挑选了一支由55名士兵、30头骡子及其驭手，外加29名阿帕奇侦察兵组成的队伍。他们经历了美军历史上最为艰险的旅程之一，最终追上了杰罗尼莫及其小股部队——追击部队在墨西哥北部的群山中行军2500英里，当地政府允许美军部队越境并展开行动，就好像如今巴基斯坦和也门允许美军在本国领土上展开一些反恐行动一样。

为了防止他们再次出逃,杰罗尼莫以及沃姆斯普林斯(Warm Springs)印第安保留地的其他部落,甚至包括曾经为克鲁克效力的奇里卡(Chiricahua)阿帕奇人都被迁移到佛罗里达囚禁起来。克鲁克死于1890年,余生中他一直在为阿帕奇人争取公正的待遇而奔走,克鲁克曾经向阿帕奇人许诺,在佛罗里达短暂的拘禁之后他们就能够返回亚利桑那。杰罗尼莫到死也未能再看故乡一眼。1894年他甚至被转移到距离故乡非常近的俄克拉荷马锡尔堡(Fort Sill),杰罗尼莫于1909年死于该地。令人难以置信的是,杰罗尼莫在晚年成了个名人,他出现在1904年圣路易斯世界博览会和由他的旧敌举办的其他活动上。在这些活动中,杰罗尼莫以(2美元一张)出售自己的亲笔签名照而大赚了一笔。[40]

* * *

时至今日,克鲁克和迈尔斯——19世纪末美军中两位最出名的将军——都已经被人遗忘了。而那位印第安斗士至今仍然被广泛铭记,他与克鲁克一样厌恶酒精、烟草和脏话,但在其他方面与克鲁克截然不同。[41]"亲切、谦逊而儒雅"的克鲁克眼中容不下"半点的奢华或浮夸"。[42]一名曾经为克鲁克效力的驭手写道:"在战场上,除非是认识他的人,否则一般都将他看成从蒙大拿来的矿工。他唯一的制服是一件旧军大衣。"[43]相比之下,乔治·阿姆斯特朗·卡斯特把出尽风头的风格和方式"嵌入"了新闻媒体中,能让所有人一眼认出他是谁。他将成为一个在自己的指挥下走向毁灭的传奇。

任何一个历史系的学生,都知道在1876年6月25日蒙大拿东南部那个炎热的下午,卡斯特率领第7骑兵团的597名官兵沿着小巨角河（Little Bighorn River）河岸冲向一大片印第安人营地。印第安人的数量大大超过了他们的预估，总共有6000~7000人，其中有1000~2000人是战士，并且他们是在一群杰出的指挥官——其中就有最伟大的"疯马"（Crazy Horse）——麾下。一名军官描述了"疯马"给人留下的印象，指出甚至连敌人都对他心怀敬畏："在平静时，他的脸庞和身姿棱角分明，就像一尊古希腊时代的青铜雕像。而当他动起来的时候，体态轻盈优雅如猎豹；在战场上则像一头雄狮，一只残忍嗜血的孟加拉虎。"

印第安战士不仅在作战技巧上有优势，在武器方面也有优势。他们有不少温彻斯特连发枪（同时也有弓箭），而第7骑兵团装备的是性能较差的单发点45口径柯尔特左轮手枪和春田卡宾枪。自负的卡斯特拒绝带着一个加特林机枪（一种早期机枪）连一起行动，担心他们会拖慢自己的行军速度。在进攻前卡斯特重演了沃希托河之战的战术，再次把部队分成了几个部分，他自信这次也能取得成功。很显然，卡斯特忘记了不久前沃希托河之战中发生过的事情。他公然宣布："没有印第安人能挡住第7骑兵团的猛击。"卡斯特将在这天的战斗中意识到自己的错误。绰号"长发"的卡斯特和262人——包括士兵、侦察兵、平民——在激战之后身亡。[44]

这次惊人的惨败相比于此前和此后与印第安人的战争中伤亡更大的失败，其实算不上什么。比如1755年在莫农加希拉，英军将领爱德华·布拉多克（Edward Braddock）所率领的部队被击败，约600名士兵阵亡；或者1791年美军阿瑟·圣克莱尔（Arthur St. Clair）将军在俄亥俄的一次败仗，也导致 600 多名士兵阵亡。[45]在大多数败仗中，指挥官都不得不面对一个难题，这个难题不仅在印第安战争中出现，在大多数其他的游击战争中也会出现，即速度和规模之间的取舍。规模大一些的部队自然更安全，但也更难捕捉飘忽不定的敌人。卡斯特做出了错误的选择，为了速度而舍弃了部队的规模，并且付出了最惨重的代价。但卡斯特的这个决定并非像事后总结的那么不合理，卡斯特和无数其他的军官们都曾经在和数量更多的印第安武士的战斗中取得胜利，比如说八年前的沃希托河之战。[46]

另外，不管其显赫的名声，卡斯特的最后一战从军事角度来讲意义不大：不过是历史长河中一朵小小的浪花。所有的一切不过是促使"国父"乔治·华盛顿派出更多的军队，加速苏族人和夏延人丧失独立地位的进程。将视野仅仅局限于小巨角之战，正如很多关于印第安战争的书籍所做的那样，人们往往形成一种歪曲的印象。这样的战斗其实很少。印第安人似乎全民都是出色的游击队员，他们一直都在避免进行大规模的战斗。而美国陆军面对的难题，和当年波斯大帝大流士对付斯基泰人时遇到的麻烦很相似：不是打败游牧骑兵，而是抓住他们。

小巨角之战后，在追剿印第安人的战斗中炙手可热的新星是绰号"熊皮外套"的纳尔逊·A. 迈尔斯上校，第5步兵团团长，他是后内战时代美军中乔治·克鲁克的最大竞争对手。1861年时迈尔斯还不过是波士顿的一个杂货铺职员，他在内战结束时一度被晋升为少将，负伤四次并且获得了荣誉勋章（数十年后才有人获此殊荣）。迈尔斯在弗雷德里克斯堡（Fredericksburg）和钱斯勒斯维尔（Chancellorsville）的表现，使他的指挥官评价他为"军中最骁勇的军人之一、一个天生的战士"。战争结束后,这位野心勃勃而又非常自负的军官——像克鲁克一样富有才干,但比后者更会自我推销——留在了军队里,并和威廉·特库姆塞·谢尔曼(William Tecumseh Sherman)将军的外甥女结婚。被一名海军上将称为"不知疲倦、精力充沛"的迈尔斯率领 500 名步兵(印第安人称之为"移动方阵")从 1876 年 10 月到 1877 年 1 月对打死卡斯特的元凶展开了无情的追剿。

当时的温度一度下降到零下六十华氏度——如此低温导致"士兵们在战斗中不得不停下来烤烤火,暖和一下手指,否则连枪栓都拉不开"。迈尔斯和他的部下对严寒的准备工作比对手更充分。他们穿着毛皮大衣、鹿皮鞋,戴着厚手套和羊毛面罩,这身打扮按照迈尔斯的话说"活像一大群爱斯基摩人"。迈尔斯"对战斗有着超常的天赋",具备"过人的冷静和泰然自若"(迈尔斯一位上级的评语),他擅长利用炮兵来阻击敌军的大规模进攻,即使是在指挥部陷入重围时也毫无惧色。当时的一名报社记者用充斥着种族主义优越感的笔触写道:"他让印第安蛮子毫无喘息之机。"曾经重创了第 7 骑兵团的苏族人和夏延人在如此"无休止的打击"面前不免士气崩溃,不得不投降或逃往加拿大。[47]

迈尔斯此后将在 1895 年荣升为美国陆军司令。他的敌人,"疯马"和"坐牛"(Sitting Bull)——印第安历史上最伟大的两位领袖——的结局就比较悲惨了,两人都因为在保留地拒捕而被杀。"坐牛"死于 1890 年,就在这一年印第安战争正式结束于南达科他州伤膝河(Wounded Knee Creek)的一场单方面屠杀,在这场战斗中美军死亡 25 人,苏族有 153 名男人、妇女和儿童死亡。这是绵延了几乎三个世纪的屠杀与罪恶的大结局,交战双方在这场战争中都表现出了英雄主义气概和自我牺牲精神。

* * *

今日人们对印第安战争的记忆,大都是电影中印第安人嗷嗷怪叫和骑兵冲锋的镜头。这些情节不能说是错误的,但起码是片面的。真正对最终结局起重要作用的,是猎人打死水牛的枪声,是电报召唤援兵的嗡嗡声,是横穿草原的拓荒者乘坐的马车发出的吱呀声,是1869年完工的太平洋铁路上火车的隆隆巨响。白人殖民者占据了印第安人赖以生存的猎场,这才注定了他们的命运以及任何一场战争的最后结局。频繁地使用武力往往会适得其反,刺激印第安人顽强抵抗,而如果能够善待他们,冲突就不会持续那么久了。

不过纵使如此,也丝毫不能贬低乔治·阿姆斯特朗·卡斯特、乔治·克鲁克、纳尔逊·迈尔斯和其他著名的印第安斗士的技巧或坚毅。尽管美军总是认为围剿印第安人是次要的行动,从来没有为这些行动专门设计条令,但参战军人依然摸索着找到了有效击败敌人的技巧,击败了被他们评价为"有史以来最出色的战士"。[48]他们使用的战术——特别是利用部落侦察兵、攻击敌人的粮食储备以及集中控制反叛部落——在20世纪最成功的反游击战过程中将起到至关重要的作用。从另一角度来说,他们的对手印第安人则证明了如何有效利用运动来避开并袭扰数量占优势的追兵,以及如何在结局注定的战争中,抱着最坚定的决心去战斗。

然而,在比美国大西部更为蛮荒的世界东方,一些不同于印第安人的部族在面对不同于美国的帝国时,却表现出同样的坚定和果决。

23
东方的胜利

车臣与达吉斯坦反俄圣战，公元 1829~1859 年

起义者通常不会搞深沟高垒这一套，他们主要依靠机动性和隐蔽性，而不是军用工事。但即使很罕见，也会有那种起义者固守坚城的案例，如果其地理位置很好的话，是很难攻破的。有史以来最早且最著名的战例发生在马萨达（Masada），大希律王（Herod the Great）在比死海高 1400 英尺的朱迪亚沙漠里一条陡峭的山脉上修建了宫殿。公元 73 年，不到 1000 名狂热的犹太教信徒，在耶路撒冷陷落之后，在此据守了三年，最终为了避免被 15000 人的罗马军团活捉而全体自杀。一千多年以后，一支被称为阿萨辛派（Assassins）的中世纪穆斯林队伍在波斯北部厄尔布尔士山脉（Elburz Mountains）的阿拉穆特（Alamut）打造了一座几乎攻不破的堡垒。而 19 世纪的吉姆雷（Gimri）堡，虽然今日并非特别出名，但也是一座几乎坚不可摧的要塞，它是一个用石块和晒干的泥浆垒起来的碉堡村，耸立在达吉斯坦的群山之间。

一名旅行者是这么写的："在由大块完整石灰岩构成的群山间耸立着裸露的石墙，山上没有一棵树，也没有任何能落脚的地方。"只有两条小路能通向入口，每条路都只能容一人通过。"几个神枪手就能在这里挡住一个团。"如果地面有积雪，

抵达吉姆雷就更难了，1832年秋天俄军接近该地的时候正好天降大雪，不过俄军并未望而却步。指挥官亚历山大·韦利亚米诺夫（Alexander Veliaminov）将军宣称："狗能走这条路吗？能走就足够了。狗能走的路，俄国士兵也能走。"他命令部下在浓雾中继续前进。

1832年10月17日，约1万名俄军士兵包围了吉姆雷并做好了进攻准备。他们知道，在吉姆雷据守的加兹·穆罕默德（Ghazi Muhammad）早在三年前就宣布对俄国发动圣战。加兹·穆罕默德是达吉斯坦的第一位伊玛目（imam），其追随者被称为"穆里德"（murid，阿拉伯语意为"弟子"）。尽管他们主要是受苏菲派传统的影响，两名历史学家曾经写道，他们"狂热的清教徒式运动在很多方面和今天阿拉伯的瓦哈比派运动很类似"。加兹·穆罕默德不断袭扰邻近的车臣地区，让俄国人感到很不舒服。1832年8月，他在一片森林中伏击了一支约500人的哥萨克部队，打死了100多人。

被派去围剿这些穆里德的俄军却经历了一场失败，恰恰类似于追剿印第安人的美军或镇压海地或西班牙革命的法军。费奥多尔·费奥多罗维奇·托尔瑙（Fedor Fedorovich Tornau）将军对和这些"残忍而不知疲倦的敌人"苦战的过程有着准确的描述。他写道，每一天的经历都惊人的相似，"只有很少的机会"能够和游击分子进行正面对决，从而有别于此前那种单调而致命的战斗方式。俄军经常要从一个宿营地出发赶到另一个宿营地去追击这些神出鬼没的对手。"战斗自始至终都不会停歇：不断有人开枪，子弹飞来飞去，不断有人被打倒，但敌人却踪迹难寻。"那些脱离主力行动的士兵，比如两人一组行动的狙击手，下场往往会像海地的法军士兵一样可怕：

"车臣人会像从地底下冒出来一样,赶在主力来援之前,把这些孤立的士兵撕成碎片。"甚至就算在有工事的营地宿营时也不太安全,因为"车臣人能突破各种警戒措施渗透到跟前,整夜在我们周围放冷枪"。

俄军采取的应对措施很像美军对付印第安人的办法:"派出小部队四处毁坏敌人的牧场和房屋。堡垒村火光冲天,部队四处扫荡,枪声不息,炮声似雷,死伤不断。"

当穆里德们陷入无路可逃的境地时,他们往往会英勇地战斗至死。1832年,俄军突袭了车臣地区最大而且最富庶的市镇格尔缅丘克(Germentchug),那地方有600多栋房屋。一番战斗后,穆里德们手里只剩下了3栋房屋。在一通猛轰之后,俄军把房子点着同时往烟囱里丢手榴弹。托尔瑙将军后来写道:"敌人没有任何选择,不投降就会被烧死。"但是当俄军派出使者要求对方投降时,"一个衣衫褴褛、身上冒着黑烟的车臣人"跳出来宣布:"我们不会屈服,我们对俄国人唯一的要求就是请让我们的家人知道,无论生死,我们都不会屈服于外国压迫。"突然,一栋起火房屋的大门被打开,一个车臣人手持长剑冲了出来。他立即被打倒在地。五分钟之后又有一个人冲了出来。到最后大火熄灭时,总共有72个穆里德身亡,无一人被活捉。

如此惨烈的抵抗在19世纪的帝国扩张战争中并不常见,当1832年俄国人将加兹·穆罕默德围困住的时候,他们的欣喜之情是可以理解的。他们盘算着一旦除掉了这个人,他的事业自然也就土崩瓦解了。和往常一样,穆里德们战斗到死,而俄军则冲破了他们据守的工事。正当俄国人准备彻底征服吉姆雷的时候,一群士兵在要塞外一间房子的门口发现了一个男

人。他"身材高挑而强壮",站在一处加高的门廊上。他拔出宝剑,拉起身上的长袍冲了出来。一名军官描述了接下来发生的事情:

> 突然,他像一头发情的野兽,干净利落地跃过一群正准备开枪的士兵的头顶,在他们身后落地,随即左手持剑转身一挥砍倒了三个人,但是被第四个士兵用刺刀刺中,钢刀深深地插入他的胸膛。这个人毫无惧色,抓住刺刀拔了出来,砍倒了那个士兵,然后再次惊人地纵身一跃,翻过高墙消失在黑暗中。

在场的俄军士兵被这个景象"完全吓呆了",但是他们也没有想得更多。毕竟除了一人逃脱之外,剩下的穆里德们全都被打死了,加兹·穆罕默德是否也在其中呢?不过现在,这些俄军士兵一定认为,那些愚昧的山民将会臣服于沙皇的统治之下。没几个俄国人想得到,那个死里逃生的人——他名叫沙米尔(Shamil)——会在接下来的 25 年里展开不懈的斗争,并且成为 19 世纪一名传奇性的游击队领袖人物。[49]

* * *

正如北美的英国殖民者一样,俄国人从一片大陆——在他们看来这是亚洲大陆——的边缘出发,经过几个世纪,从南北两个方向以及向太平洋方向扩张。美俄两个国家扩张的步伐最终在阿拉斯加相撞,各自都有扩张的正当理论:美国人自称奉"天命"而来,俄国人则自称是东正教的捍卫者。

从今人的观点来看,两方的论调大同小异。两国的崛起都和历史相对悠久的国家爆发了冲突:美国将和英国、墨西哥和西班牙展开竞争；俄国则和波兰、瑞典、普鲁士、土耳其和中国爆发冲突。但是，两国在美洲和亚洲的主要敌人都是非国家实体的族群。俄国人将他们蛮荒的边疆称为"荒野"，比美国西部更不开化也更危险，因为亚洲的游牧民族在数量上比美国的印第安人更多。俄国人试图调整和蒙古及突厥诸部族的关系，但结果却和美国处理塞米诺尔人和苏族人的事务一样，不能令人满意。两国遇到的问题也类似，这些部族太过分散，没有一个酋长能够统管麾下所有的战士或遵守重新划定的边界。这导致华盛顿和圣彼得堡都和老练但又很原始的游击武装爆发了无数的小规模冲突。

俄国人在 16 世纪 50 年代到 17 世纪初征服西伯利亚（Siberia）以及 19 世纪 60～80 年代征服中亚的过程中没有遇到太多的麻烦，因为这些地区的地形相对平坦而且容易进入。这两个地区之间横亘着高加索地峡（Caucasian isthmus），其位于黑海和里海之间。这片地区更难以通行。高加索山脉是欧洲最高的山脉之一，居住着很多难以驯服的民族，大多数是穆斯林，几个世纪以来他们都在不断袭扰定居性更强的邻居。19 世纪末曾经游历高加索地区的英国作家约翰·F. 巴德利（John F. Baddeley）写道："他们每个人都是天生的骑手、敏锐的战士和神枪手。"[50]另一位曾于 20 世纪到达此地的英国旅行家莱斯利·布兰奇（Lesley Blanch）是这么描述他们的行为准则的："报复、仇杀或决斗，经常持续三四代人，殃及全族，直到一家老少一个不剩。"[51]虽然内部纷争不断，但面对外敌时这些山地民族仍然会团结一致。

拿破仑战争时期的英雄阿列克谢·伊尔莫罗夫（Alexei Yermolov）将军于 1816 年被任命为高加索地区的行政长官，

他试图在这样一块天高皇帝远的地方建立秩序,就像美国人在密西西比河西部所做的努力一样。伊尔莫罗夫开始着手在格罗兹尼(Grozny)构筑一座要塞("可怕的要塞")。为了对付狙杀施工人员的车臣人,伊尔莫罗夫在距离城墙不远的地方部署了一门加农炮。当车臣人从藏身地点露头的时候,这门看似被废弃的大炮就会开火,用葡萄弹和榴霰弹把车臣人打得尸横遍野。伊尔莫罗夫使用如此残忍的手段,显然并非"人口中心"反游击战理论的信徒。"我渴望用我令人胆寒的威名抚定边陲,而不是用锁链或要塞……"他公开宣称使用传统的"焦土"政策,这是上下数千年的历史中亚述帝国、纳粹德国和许多其他独裁国家都先后使用过的手段。"在亚洲人眼中,谦逊是软弱的代名词,而我从来不会温情脉脉,而是以严厉的态度示人。这样的手段可以避免成千上万的俄国人丧命,也可以避免数以千计的伊斯兰教徒作乱。"[52]

伊尔莫罗夫曾一度给人一种愿意采用绥靖政策的假象,但最终安抚手段却导致了更严重的动荡。列夫·托尔斯泰(Leo Tolstoy)曾作为一名低级军官在高加索地区服役,在他笔下当地居民对俄国人的感情"比痛恨更强烈":"对这些人(俄国人)的愚昧残忍的排斥、厌恶和困惑,滋长了一种要消灭他们的欲望,就如同要消灭老鼠、毒蜘蛛或狼的欲望一样,它像出于自保的本能一样自然。"[53]在总共有20万人口的车臣和达吉斯坦地区,当地人的这种排斥情绪引爆了1829年的"圣战"(gazavat)。[54]

无论是首任伊玛目加兹·穆罕默德还是他的继任者哈姆扎特·贝克(Hamzat Bek),他们都擅长将这些高原部族凝聚在一起。部落里的长老并不接受他们的权威被一部禁止跳舞、音乐和烟草的原教旨律法剥夺。1834年,哈姆扎特·贝克被部落中的竞争对手暗杀。[55]两年前在吉姆雷之战中从俄军枪口下死里逃生的沙米尔成为第三任也是最后一任伊玛目。他更成功地挑起了针对"异教徒"的叛乱,这场叛乱因为群众基础深厚而持续了相当长的时间——直到21世纪它仍在鼓舞着车臣叛乱分子反抗俄罗斯的统治。

* * *

沙米尔非常类似于另外一位出身于贵族阶层的自由战士杜桑·卢维杜尔,他在1796年生于吉姆雷附近的一个贵族家庭。沙米尔很小的时候就和年纪稍长的加兹·穆罕默德成了朋友,后者帮助他学习阿拉伯语,并且向他传授伊斯兰教教义。沙米尔精通骑术、剑术和体操,身材出众,高6英尺3英寸,而且经常戴着一顶厚羊皮帽子(这种帽子叫"papakh"),所以给人的感觉还要高一些。他把胡子用指甲花染成了橘黄色,而沙米尔的面孔,根据托尔斯泰的描述,"仿佛是石头雕刻出来的"。沙米尔极具性格魅力,按照他的一位追随者的话说,"目光中射出火焰,唇齿间生出鲜花"。[56]从吉姆雷逃脱的经历给他戴上了超人的光环——而1839年,沙米尔再次从俄军的包围中脱身的经历更增加了他的传奇色彩,这次沙米尔用一条装满稻草人的小船顺流而下引开追兵,而他和少数追随者则从反方向逃走。[57]

煽动民众在面对绝对优势的敌人时进行不惜代价的抵抗,不仅需要激发希望,还要灌输恐惧。沙米尔在这两方面都是大师。他无论到哪里都带着刽子手,以便随时砍下那些违背了真主清规戒律及其谦恭奴仆——高加索地区忠实领袖——的人的头和手。[58]当某个堡垒村不听从他的命令时，沙米尔会毫不犹豫地下令血洗整个村子。

有一次一群车臣人被俄国人压迫得走投无路打算投降，他们因畏惧沙米尔的权威而通过他的母亲传达这一请求，认为这样沙米尔更有可能应允。在听完母亲传达的意思之后，沙米尔说他要听从真主的神圣指引。他在一座清真寺里待了三天三夜，不吃不喝地祷告。等再次出现的时候，沙米尔睁着血红的眼睛说："真主给我传来了旨意，那个向我传达车臣人这个无耻要求的人应该被重责100下，而她就是我的母亲！"人群中发出惊讶的呼声，他的弟子们抓住这个老妇并开始用一条皮带抽她。刚抽了5下，沙米尔的母亲就不省人事了，沙米尔宣布他自己将承担余下的惩罚，命令手下用更沉的鞭子抽自己，并声称如有犹豫者则立斩不息。沙米尔挨了95鞭"没有一点痛苦的表情"。民间是这样流传的。[59]

这个故事——或更准确地说，这个传说肯定在流传过程中被添油加醋地修改过——鼓舞了沙米尔的追随者更坚定地组织抵抗。事实上，现代车臣的许多叛乱者——比如后世的沙米尔·巴萨耶夫（Shamil Basayev），他声称自己一手策划了2005年造成超过350人丧生的别斯兰人质事件——追随沙米尔的理念，追求夸张的暴力行为，即使所取得的成果微乎其微。他动员起数以万计的信徒征服了车臣和达吉斯坦，并且让俄军遭受了数千人的伤亡。反游击战一方如果滥用暴力，会产生适得其反的效果，对反叛者来说此理亦同。随着时间的推移，沙米尔的残暴让他渐渐失去了人心——正如当代的车臣叛乱者一样。不希望将权力拱手让出的部落长老转而支持俄国人。许多普通的村庄不再愿意承担沙米尔征收的沉重税赋，他要求征收全年收成的12%。[60]甚至沙米尔的一些高层助手也叛变了，比较著名的是哈吉穆拉特（Hadji Murad），他是在1851年叛逃的。1852年，穆拉特试图再次回到伊斯兰反叛者这边，却被俄军打死了——这个悲剧故事成为托尔斯泰创作中篇小说《哈吉穆拉特》（*Hadji Murad*）的源泉。

克里米亚战争进一步阻碍了沙米尔的事业。为了应对奥斯曼帝国入侵的威胁，高加索地区的俄军兵力从3万人激增到20万人。[61]英军、法军、土耳其军——俄国的敌人——声称会援助伊斯兰教徒，但没有什么实际行动。1855年曾有一名英国外交官抵达高加索，他被沙米尔及其追随者建立一个"位于高加索，以信奉伊斯兰教教义和统治为基础的全新帝国"的狂想惊呆了。[62]

从2007年到2008年，美军在伊拉克取得的胜利"激增"，这可能跟"基地"组织伊拉克分支影响力的削弱以及美军兵力的集中有关，但戴维·彼得雷乌斯（David Petraeus）引入的全新反游击战理论，才真正为伊拉克的叛乱分子宣布了死刑。在19世纪50年代的车臣和达吉斯坦也发生了同样的事情，俄国的"戴维·彼得雷乌斯"则是亚历山大·巴里亚京斯基亲王（Prince Alexander Bariatinsky），1856年他奉儿时好友沙皇亚历山大二世的旨意就任高加索地区总督。和相对保守的尼古拉一世相比，亚历山大二世更具现代化意识且是一个自由主义者，他授意巴里亚京斯基更多地采用安抚政策。沙米尔带着刽子手四处行动，而巴里亚京斯基则带着财务主管，向那些部落酋长施以小恩小惠。这些长老也在帝国的框架内得到了更多的自治权，以及免受狂热伊斯兰教徒伤害的保护。"我恢复了这些长老的权威，使其转变为与伊斯兰狂热分子为敌的力量。"

巴里亚京斯基如此解释道。[63]另外，巴里亚京斯基还鼓动一些伊斯兰教神职人员谴责沙米尔叛教，并且鼓吹非暴力信条。为了平息当地民众的怨恨，巴里亚京斯基命令允许妇女和儿童从被围攻的堡垒村中逃亡，而不是像以前那样全部杀害。他甚至给妇女更多的受教育权利。巴里亚京斯基写道："我认为这也是至关重要的，尽最大的可能为政府赢得忠于自己的领地，用善意管理每一个民族，并且完全尊重他们所珍视的习俗和传统。"[64]

像所有出色的反游击战大师一样，巴里亚京斯基虽然更倾向于自由主义，但并未被诸如"人心与思想"这样的理论束缚手脚。他继承了米哈伊尔·沃龙佐夫（Mikhail Vorontsov）的做法，下令对森林地区进行大规模的清剿，把伊斯兰反叛分子统统赶出来，并且修建了通往山间匪巢的桥梁。巴里亚京斯基还给士兵们配备了新式的来复枪，这种武器被认为比老式的燧发枪性能更好。巴里亚京斯基并不采用效果不佳的下乡扫荡战术，而是着手系统地肃清起义者在达吉斯坦的所有据点。

最后的决战发生在1858年，三支部队接连攻破伊斯兰起义者盘踞的堡垒。沙米尔的老巢一个个陷落，最后他不得不带着仅剩的400名追随者在古尼布（Gunib）堡面对约4万人的俄军。眼见大势已去，沙米尔于1859年8月25日投降。沙米尔保证效忠沙皇并劝说其追随者放下武器，持续30年的"穆里德战争"（murid wars）就此结束。[65]

* * *

散居各国的伊斯兰教徒和异教徒之间的文明冲突也许并不鲜见，但随着时间流逝，其冲突形式却发生着强烈的变化。沙米尔就像19世纪其他国家的穆斯林抵抗运动领导人，如西非的萨摩里·杜尔（Samory Touré）和阿尔及利亚的阿卜杜·卡迪尔（Abd el-Kader）一样，最终放弃了抵抗——和21世纪大多数的后来者大相径庭。19世纪的起义者很少像今天的圣战者那么狂热。他们大都比较珍爱生命，甚至是基督徒和犹太人的生命，而不像真主党或"基地"组织那么残忍。阿卜杜·卡迪尔在流放期间还曾经出面调停1860年的大马士革暴乱，保护了当地的基督教徒，因而得到了广泛的赞誉，连沙米尔都给他写信表示敬意。很难想象"基地"组织的一个头目会对"十字军"方面表达类似的尊重。反过来说，也很难想象被俘的"基地"组织成员能得到像沙米尔或阿卜杜·卡迪尔那样的待遇。沙米尔被拘押的地方比关塔那摩的条件好得多，他居住在俄国的一座乡间别墅里，并且能得到沙皇拨付的经费；而卡迪尔在阿尔及利亚领导了长达15年（1832～1847年）的反法斗争之后，仍然从法国那里得到了一笔不菲的养老金和条件舒适的流放地。[66]

许多年来唯一没有改变的就是，这种战争的代价仍然无比高昂。英国旅行家兼历史学家约翰·巴德利在"和解"之后如此评价高加索地区："许多家庭被杀绝，整个村庄被摧毁，整个族群被屠灭。"[67]甚至对胜利者来说代价也很高昂。根据一项现代历史研究，"从1801年吞并东格鲁吉亚到1864年切尔克斯抵抗运动结束，约有2.4万名俄军士兵和800名军官在高加索丧命，而负伤和被俘者可能是死亡者的3倍多"。[68]

换句话说，俄国平定高加索地区所付出的代价是美国平定密西西比河流域以西地区代价的21倍。难怪像托尔斯泰和莱蒙托夫（Lermontov）这样曾经在高加索地区服役的俄国文学家，能够在俄国文学史上留下大量的著作，他们的艺术成就足以让美国汗牛充栋的西部题材小说和电影自叹弗如。[69]

除了作家吉卜林（Rudyard Kipling）之外，英国在文学方面并未取得俄国那么高的成就，但是其原始素材倒是同样丰富。比如说，很难想象能有比1842年逃离喀布尔更令人伤感或更悲剧性的事件，而这一事件和高加索战争处在同一个时代，当时是19世纪的最后25年，欧洲人还不能对亚洲民族形成技术上的压倒性优势。西方人在战舰和大炮方面远远领先，但当时他们还没有机枪和连发步枪，更不用说无线电、装甲车和飞机了。他们的敌人经常也装备着性能相当甚至更好的来复枪和滑膛枪，而且他们是在为自己的故乡而战，这些地方往往是荒凉的不毛之地，欧洲人携带不了太多的重型武器。第一次阿富汗战争甚至比卡斯特最后战死的场面更惨烈，它证明了在这种情况下，西方人的傲慢和粗心会给自己带来灭顶之灾。

24
黑暗的山道

第一次英阿战争，公元1838~1842年

1842年1月6日上午9点，他们开始动身。阿富汗喀布尔城外的雪已经"齐脚踝深"了。失败的氛围从一开始就在这支队伍上空挥之不去，队伍里有超过4500名英印军士兵和12000名随营平民，包括许多妇女和儿童。整个行军队列毫无秩序可言，随营的平民、驮兽（包括许多骆驼）和辎重车队绝望地搅在一起。"整个场面极其沉闷，笼罩着令人沮丧的情绪，同时给人一种凄凉的预兆，我们不得不迈着沉重的步伐前进。"文森特·艾尔（Vincent Eyre）中尉写道。

此时尚有部分英军在喀布尔驻守，他们的补给正在慢慢耗尽，因为周边不断有愤怒的阿富汗人对他们发动袭击。英国人认为除了退回印度之外别无他途。阿富汗人的首领允许他们离开，但英国人很快就发现对方并无履行诺言的诚意。1月6日黄昏时分喀布尔的英军后卫部队撤离的时候，阿富汗人开始在兵营里纵火。"大火照亮了周围数英里的地方，更增加了恐怖的气氛。"艾尔写道。与此同时，其他阿富汗人用射程很远的吉赛尔（jezail）步枪向行军纵队放冷枪，"不断有人中弹倒地"。因为遭到冷枪袭击加之组织混乱，撤退的队伍前进速度缓慢而且丢失了大批辎重。仅仅前进了6英里之后，难民们在

下午4点钟停下来扎营。他们几乎没有任何帐篷或食品。疲惫的军民好像被埋在了雪堆里,许多人当场毙命。其他人则在寒夜里挨过了一晚,许多人的腿被冻得"像烧黑的木炭"。

第二天情况并未好转,一名旅长的妻子弗洛朗蒂亚·塞尔（Florentia Sale）夫人在日记中写道："部队彻底陷入了混乱,几乎每个人都被寒冷所折磨,也几乎扛不动步枪或挪不开步子。许多被冻僵的尸体就倒在路边……地上到处是散乱的弹药箱、盘子和各种各样的物品……敌人很快集结成一大群。他们如果猛冲过来的话,我们恐怕只能束手待毙,而且伤员肯定会全部丧命。"

猛冲？这并不是游牧部落的行事方式。在可以以小部队发动袭击并且对敌人零敲碎打的时候,为什么要冒险和一支仍具备战斗力的部队正面交战呢？阿富汗人像其他地方的马背民族一样,远隔数里之外就能够洞察对手的弱点所在。他们知道自己有足够的时间撕碎这些外国佬。在他们看来,这些外国佬肯定曾经反思,他们最初是怎么陷入这样的混乱局面,以至于现在要为了求生而苦苦挣扎。[70]

* * *

俄国在高加索和中亚的扩张引发了对此不安的英国人对阿富汗的兴趣。1838年,印度总督奥克兰勋爵（Lord Auckland）就担心阿富汗王多斯特·穆罕默德（Dost Muhammad Khan）和俄国人走得太近。于是他派出了一支远征军废黜了多斯特,然后以30年前丧失阿富汗王位、流亡印度的英国傀儡舒贾·乌尔-穆尔赫王（Shah Shuja ul-Mulkh）取而代之。

尽管在出版的各种小说中,比如《雾都孤儿》（1838年）,英国人很清楚他们的社会所存在的缺陷,但是英国官员仍然认为他们在政府事务方面有着独有的优越天赋，而且他们有权力惩罚甚至是废黜身处偏远地区的统治者，如吉卜林所写的"那些没有像我们一样拥有指引之光的人"。[71]几乎在入侵阿富汗的同一时间，英军在亚洲的另一端陷入了另外一场战争——第一次鸦片战争，英国人为了包括鸦片在内的英国商品打开中国市场而开战。在英国人看来，这场战争的结局要比阿富汗战争好得多。但一开始局势并不是这样的，英军入侵阿富汗最初比较顺利，就好像一个半世纪以后苏联入侵阿富汗以及此后20年美军入侵阿富汗时那样。

英国人派出一支阵容强大的军队，包括15100名英印军人（印度军人被称为"sepoy"）和约6000名舒贾王的雇佣军。跟随他们的还有38000名随营平民（仆人、杂货店主、妓女和诸如此类的闲杂人等）和30000峰骆驼，携带着大批辎重，包括亚麻、葡萄酒、雪茄以及其他"偏远国家和未开化民众所无法供应的奢侈品"。1838年年底他们开始动身，这支笨拙的远征军抵达坎大哈以及从坎大哈到喀布尔的一路上没遇到什么麻烦，他们更加自信其强大的兵力根本不用惧怕那些来自"东方"、战斗力贫弱的敌人。多斯特·穆罕默德于1839年8月2日撤出喀布尔，英军立即进入了阿富汗首都。多斯特在投降并被流放到印度以前，持续袭扰英军长达一年时间。当时唯一的不和谐音符是当地民众对英国人扶植的新君缺乏热忱，一名英国军官形容当时阿富汗人对舒贾王的到来"抱以最深刻的冷漠"。

大多数英军部队很快撤回了印度，留下的英军则"用英国刺刀作篱笆屏障新君"。阿富汗的局势似乎没有什么危险，所以已婚的军官接来了自己的家眷，开始安心地在这里享受生活——打板球、钓鱼、打猎、滑冰。但与此同时，那些愤恨外国佬的阿富汗人心中却在慢慢滋生不满,这些外国佬勾引他们的女子,中伤他们的习俗,并且还给他们强加了一个不得人心的汗王。[72]

英国人由于无知,无意间擦出了火花从而引爆了不满的火药桶。喀布尔的统治者在历史上一直要给普什图部落大量的"赏赐",以保证来往于兴都库什山脉的道路畅通。1841年10月,英国首席外交官威廉·麦克诺滕(William Macnaghten)为了节省开支,决定每年从这份丰厚的赏赐中取出一半,转而赐予吉尔扎伊人(Ghilzai)部落。与此同时,由于吝啬的本性,麦克诺滕决定把英军一个旅撤回印度。吉尔扎伊人立即反叛并封锁了开伯尔山口(Khyber Pass),从而切断了阿富汗和印度之间的交通。

少将罗伯特·塞尔(Robert Sale)爵士率领2000多人的旅正在返回印度的路上,他突然发现自己必须在和"伏击者与盗匪"的战斗中缓步前进,这倒是不负他"好战鲍勃"(Fighting Bob)的绰号。[73]塞尔的旅直到1841年11月15日才抵达了阿富汗东部相对安全的贾拉拉巴德(Jalalabad),但也付出了超过300人伤亡的代价。[74]连塞尔本人都在战斗中负了伤,他的脚踝被一发吉赛尔步枪子弹击中。而该旅刚刚进入贾拉拉巴德就立即被"一群狂热和愤怒的民众"(这是塞尔的原话)给包围了。塞尔既不能离开也无法为仍留在阿富汗的其他英军施以援手,甚至在他收到了"令人悲愤的情报",即阿富汗首都爆发了"可耻的背叛"之后都无能为力。[75]

再说喀布尔的情况,1841年11月2日,一群暴民聚集在英国次席外交官,同时也是著名的探险家亚历山大·伯恩斯(Alexander Burnes)爵士住处的门前。伯恩斯试图规劝这些愤怒的阿富汗人,然后再收买他们,但均未成功。他和他的弟弟以及全部随员都被碎尸万段。[76]此时,在喀布尔郊区仍然有4500名英印军,如果行动迅速的话能够很快平息这次暴乱,但是他们的指挥官却毫无作为。威廉·埃尔芬斯通(William Elphinstone)爵士自滑铁卢之后再也没有参加过实战。这次他也是袖手旁观。59岁的埃尔芬斯通由于痛风而成了个瘸子,而且他的性格很软弱。塞尔夫人抱怨说:"埃尔芬斯通对每件事都优柔寡断。"[77]由于埃尔芬斯通对"突发事件束手无策",[78]暴乱迅速地扩散开来。

伯恩斯被杀的第二天,英军军需仓库被包围,赶来解围的军队被"隐蔽的枪手"击退。[79]接下来的几天,这支军队因为"其指挥官的愚蠢而悲愤不已",[80]英军兵营遭到的围攻越发紧迫。到11月底时,随着伤病员的急剧增加和补给品的耗尽,英国人宣称愿意支付丰厚的酬金以换取"安全地从该国撤离"。[81]在12月23日一次赌博式的尝试中,多斯特的儿子,穆罕默德·阿克巴汗(Muhammad Akbar Khan)企图拘留英国的首席外交官威廉·麦克诺滕。麦克诺滕试图反抗,但被阿克巴汗用此前麦克诺滕赠送给他的一支礼品手枪打倒。英军残部很快也会遭到相同的命运。

喀布尔驻军在撤军伊始就遇到了一系列问题——严寒、缺乏补给、遭到袭击、陷入混乱——然而,几天以后局势更加恶劣。1842年1月9日,部队中有一半人都"冻伤或受伤"。当天,阿克巴汗提出可以为已婚军官及其妻子提供保护性拘留——这一建议很快就被英国人接受了。埃尔芬斯通将军和许多军官也在冒险和阿卡巴汗谈判之后被扣留。100多名英国人,包括塞尔夫人和她已婚的女儿在内都被扣为人质。这些人的被俘在英军中引发了愤怒的情绪,因为这激发了对"文明"

的妇女落入"野蛮人"的手中可能遭受的命运的恐惧。正如历史学家琳达·柯莉（Linda Colley）指出，"逼良为娼"的传说，以及在当时从未离开过欧洲妇女心目中的欧洲人被非欧洲人（特别是在北非、印度和北美）"囚禁"的故事是当时文学作品中很流行的段子。[82]事实上，这些俘虏还是很幸运的，大多数人都得以幸存。但艾尔中尉口中"大量、棘手而一团乱麻"的情况却并未得到缓解，他们被落在了后边。

英军最后进入了兴都库什山脉中"黑暗的狭窄山道"。阿富汗步兵早就沿路边的高地严阵以待。根据一名英军军官的记录，在这条路上，阿富汗人"向我行军纵队猛烈射击"。仅在小喀布尔山口（Khurd-Kabul Pass）一处就有约3000人死亡。另外一场"可怕的……屠杀"发生在尤杜鲁克山口（Jugdulluk Pass）。部落武装在山道的必经之路上设置了障碍，然后"用锋利的匕首和弹无虚发的步枪"大开杀戒。

整个远征部队中唯一的幸存者是一名见习外科医生。1842年1月13日，威廉·布赖登（William Brydon）医生骑着一匹负伤濒死的小马抵达贾拉拉巴德——这个场景后来成了维多利亚时代的一幅名画：《一支军队的残兵败将》（*The Remnants of an Army*）。少数印军士兵和随营平民将稍后突围而出，后来还有105名英国俘虏被放回。但大多数在7天以前离开喀布尔的人——16000人（包括700多名欧洲人）——已经被彻底消灭了。一名19世纪的作家将这次失败称为"令人震惊的蠢行"，这是整个19世纪中一支军队在和游击队的单次战斗中遭受的最惨重失败。[83]

* * *

这次惨败很大程度上造就了阿富汗"帝国坟场"的名声，

尽管阿富汗并非不可征服。从公元前 4 世纪的亚历山大大帝，到 13 世纪的成吉思汗和 16 世纪的巴布尔（莫卧儿帝国的创建者），这里不断遭到外国人入侵。

1842 年英军仍然控制着坎大哈和贾拉拉巴德，着手派出一支所谓的惩戒部队来恢复在阿富汗的统治，最终一支 1.4 万人的军队穿越开伯尔山口，准备洗刷"让英国在整个亚洲范围内丢尽颜面"的耻辱。[84]这支军队的指挥官是少将乔治·波洛克（George Pollock）爵士，他指出要事先控制行军路线沿途两侧的高地，以免被敌军狙击手所利用。[85]1842 年 9 月 13 日，英军一举击败了阿克巴汗的军队。两天以后英军重占喀布尔。阿富汗人释放了塞尔夫人和其他一些毫发无伤的英国俘虏。而这些俘虏中起码有十多人——按照其中某人的说法是"从此热衷于舞文弄墨"——随后出版了有关被俘生涯的回忆录，其中当属塞尔夫人的《阿富汗蒙难记》（*A Journal of the Disasters in Afghanistan*）销量最好。[86]这场"人质危机"就这么结束了，琳达·柯莉提出一个观点，英国战俘事件和 1979～1980 年美国陷入伊朗人质危机的过程几乎相同——原因也大抵相似：这两次危机都意外地暴露了一个强权的弱点并且引发了恐慌，这两件事也都早早地预示着这两个强权的衰落。[87]不过，这两件事情的重大区别在于，美国公众拒绝像英国报复阿富汗那样对伊朗进行报复。

为了让阿富汗人知道"他们的残暴行为……不会被轻易放过或不遭到惩罚"，[88]波洛克命令炸毁喀布尔的大集市。同时，"狂怒"的英军及随营人员"愤怒得近乎疯狂"，[89]在喀布尔的街道四处放火，焚烧房屋、洗劫商店、随意杀人。不到一个月后，波洛克终于为证明了"英国武装力量的战无不胜"而满意,[90]他于是返回了印度。为了掩盖英国无力统治阿富汗的事实,印度总督宣布他将"在无政府状态下让阿富汗人组建一个政府,而这种无政府状态正是他们的罪孽造成的"。[91]

此时舒贾王已经被暗杀了,这样多斯特·穆罕默德终于可以重登王位。1863年他死后,其子谢尔·阿里(Sher Ali)接纳了一名俄国特使,但拒绝接纳英国的代表,几乎重演了1838年的暴乱。1878年,英军再次进入阿富汗,但这次英军不仅装备着马提尼-亨利后装步枪,而且携带着两挺加特林机枪,因此其火力远强于1838年。谢尔·阿里被迫退位,他的继承者被迫与英国签订条约,允许英国控制阿富汗的外交政策。1879年,英国向阿富汗派出了"顾问"以监督条约的履行,但是和1841年一样,这个顾问被阿富汗暴徒谋杀。英军又派出了一支军队,其指挥官是矮小、红脸庞的弗雷德里克·罗伯茨(Frederick Roberts,一般被称为"鲍勃斯")中将。英军占领了喀布尔并推翻了阿富汗君主,为了避免付出高昂的代价,英军在1880年再次撤出阿富汗。即使是这两次成功的战役,英军仍然付出了约1万人伤亡的代价,其中大部分减员是因为染病。其间他们也经历了另一次惨败,是在坎大哈外围的迈万德(Maiwand)之战。在那里,一支2500人部队中的约1000人,被人数更多而且装备了现代火炮的阿富汗军队所歼灭。[92]

阿富汗虽然保持着名义上的独立,但事实上成为由英国控制外交政策的保护国,一直到1919年。1919年阿富汗再次爆发起义,这场持续了一个月的起义被称为第三次阿富汗战争。[93]这次起义很快就被镇压了下去,但这个事件提醒了英国人,应该让阿富汗人完全独立自主。在此前的半个世纪里,英国已经成功达成了自己的初衷,也就是将俄国的影响力排除在阿富汗之外。就像伯和仑之后的罗马人一样,英国人在灾难过后显示了自己超强的造血能力。对于任何一个投入反游击战的国家来说,在漫长的消耗战中,这种补充能力是必不可少的。

在这样的战争中,英国还显示出另外一种特质,即更倾向于实现最低目标而非强求最高目标。许多国家在面对风起云涌的民族主义革命时——无论是土耳其人在希腊还是英国人在北美——宁可鸡飞蛋打也不愿意稍做妥协。奥斯曼土耳其本来可以在希腊维持一定程度的宗主权,英国本也可以维持在北美殖民地的统治,只需要给予当地更大的自治权就行了。但是,随着损失的增大,交战双方逐渐情绪化,已经越来越难达成妥协了。相比之下,英国人在阿富汗满足于最低限度的控制权,只需要制止俄国人插手就行了,而不必把权力都抓在手里,以免再次引发起义。这其实有点类似于同时代英国在一些殖民地,比如新西兰和加拿大,通常使用的法律架构,让它们变成了留在大英帝国内部的自治政府。很少有其他帝国主义国家——某些时候还包括英国本身——能够在面对民族主义诉求时显示出如此的审慎与务实。而且,1842年喀布尔撤退的惨败已经证明,帝国会为自己的傲慢付出惨重的代价。

25
西北边境省

英国人与普什图人，公元 1897~1947 年

对英国人来说，比阿富汗人更麻烦的是在杜兰德线（Durand Line）印度一边居住的普什图部落，杜兰德线是 1896 年划定的阿富汗和英属印度的边界。英国在 1849 年吞并旁遮普之后获得了这一地区，但直到 20 世纪，英国人都未能彻底征服居住在这里的痴心于独立又好战的部落民众。在 1815 年出版的著作中，英国殖民地官员，同时也是埃尔芬斯通将军的堂兄，莫斯塔特·埃尔芬斯通（Monstuart Elphinstone）这么描述普什图人："这些人身上有睚眦必报、忌妒、贪财、抢掠和顽固不化等恶习；然而，他们热爱自由，对朋友忠实，对家人友善，热情、勇敢、顽强、朴素、勤劳而且节俭。"[94] 他们和高加索地区的部落如此相似并非巧合：居住在山地的穆斯林族群总是比较相似的。

英国人将山地民族与低地民族区别开，前者难以制服，而后者比较驯顺。低地民族的聚居区被并入西北边境省（Northwest Frontier Province），山地民族则居住在"部落地区"，这块土地至今仍属于巴基斯坦。部落的"行政机构"有点类似于北美印第安人保留地，由长老会议遵从传统的荣誉准则《普什图瓦里》（Pashtunwali）进行管理。执法机关——某

种程度上存在这种机构——的职责由部落武装（Khassadars）来承担。如果有部落袭击了殖民者定居的区域，当地民兵，比如吉德拉尔（Chitral）侦察兵和开伯尔（Khyber）步枪手就会被动员起来对其进行惩罚性的扫荡，民兵指挥官是从印度陆军抽调的英国军官，这种武装力量的作用和拱卫罗马帝国边疆的蛮族辅助部队（auxilia）类似。如果侦察兵遇到麻烦，他们会放出信鸽，召唤印度陆军支援，后来逐渐发展到能召唤皇家空军的支援。[95]只有在最紧急的情况下英国正规军才会出动。民政官员像罗马时代的官员一样，极力避免极端情况的出现，他们会用劝说和施以恩惠的手段来控制事态——这让双方蠢蠢欲动的士兵们格外不知所措。

英国最出色的政务官之一是上校罗伯特·沃伯顿爵士（Sir Robert Warburton），他后来成了举世闻名的"开伯尔之王"。像乔治·克鲁克一样，沃伯顿对其治下那些偶尔需要镇压的子民表现出了相当程度的同情。而且对沃伯顿来说，他还和当地人有直接的亲缘关系，而这种情况在整个美国陆军中都是没有的：尽管经历了几个世纪的战争和交流，但19世纪时没有一个美国军官会声称自己是其敌人的后裔（威廉·特库姆塞·谢尔曼将军的父亲非常崇拜一位著名的印第安酋长，因此谢尔曼中间的名字就是为了纪念这个酋长，但是这并非亲缘关系）。沃伯顿是一位英国军官和一名阿富汗妇女的孩子，他的母亲据说是第一次阿富汗战争期间多斯特·穆罕默德的外甥女。沃伯顿出生在阿富汗的一座碉堡里，当时他的父亲正好是阿克巴汗手中的俘虏。尽管在英国上学，但沃伯顿在1870年首次抵达白沙瓦（Peshawar）担任殖民地官员之后，很快就可以流利使用所有的当地语言。

沃伯顿将会在这里度过差不过30年的时间，最后18年里他在开伯尔担任政务官，和那些对外国人或多或少抱有怀疑的部落分子谈判。"我花了很多年时间才解除他们的疑虑，而最后的结果是什么呢？"他在回忆录中写道，"在15年的时间里我可以手无寸铁地同当地人交往。我的行营无论在哪里，都是由当地人保卫的。开伯尔周围不共戴天的死敌，那些世代仇杀的敌人都能够在我的营帐里放下仇恨讲和。"[96]

沃伯顿于1897年5月退休。他退休后几个月，边疆地区就爆发了大规模起义，沃伯顿和许多其他人都认为，如果他还在职，这种情况完全可以避免。挑动这场圣战的是斯瓦特的萨杜拉（Sadhullah of Swat）这样的宗教领袖，英国人称之为"疯狂的毛拉"（对英国人而言，任何反对他们的人肯定就是疯子）。英军驻扎的许多据点都遭到了袭击，开伯尔山口也被封锁了。但对英国人来说，幸运的是普什图部落像美国印第安人一样一盘散沙，并没有统一展开攻击，因此他们的反抗很容易被镇压下去。

英军派出去"彻底惩罚部落暴民"的部队中，有一支以马拉坎德山口（Malakand Pass）命名的马拉坎德部队进入了斯瓦特山谷。这支部队的指挥官是大名鼎鼎的少将宾登·布拉德爵士（Sir Bindon Blood），随军行动的人中有温斯顿·丘吉尔，当时他是一个年轻的骑兵军官，晚上还兼职当起了战地记者。在丘吉尔出版的第一本书里，他详细描述了部队在"无路可走、残破、荒蛮、没有任何战略价值的乡间，（同）机动性强、配备了现代化步枪、全副武装并精通游击战术的敌人交战"所经历的困难。他发现"部队可以四处行动，为所欲为，但就是抓不住敌人，而且部队的任何行动都会导致减员"。

英国人遇到的情况跟美军围剿印第安人和俄军围剿车臣人时的困境一样。丘吉尔还叙述了英军是怎么在蒂拉赫山谷（Tirah Valley）中"夷平了山谷中所有的村庄，大约是 12～14 个村庄，炸毁了 30 座高塔和碉堡。整个山谷浓烟滚滚，呈密集、数不清的柱状螺旋式上升，静止后就像笼罩在这幅毁灭景象上空的一块乌云"。

英军一旦抓获部族成员，立刻就会用李－梅特福德步枪（Lee-Metford rifle）和达姆弹来发泄自己的怒火。"没人宽宏大量，也没有人屈膝乞求，"丘吉尔写道，"所有被抓的部族成员会被立即刺死或砍死。他们的尸体堆满了荒野……这是一个恐怖教训，那些斯瓦特和巴焦尔（Bajaur）居民永远都不会忘记。"[97]

对丘吉尔来说，这也是一个难忘的教训。他在二战期间热衷于发动总体战，包括轰炸德国和日本城市，直接导致成千上万的平民死亡，这种理念至少可以部分追溯到他在帝国扩张战争中所接触到的残酷现实，它远远背离了在欧洲人的交战中本应遵循的骑士精神。他对斯瓦特山谷的烈焰与毁灭的描写甚至可以看作轰炸汉堡或东京的预演。但是，后来的英美轰炸并未打垮德国人或日本人的士气，同样英军在西北边境地区的报复也未收到预期的效果。包括元帅罗伯茨勋爵在内的许多名人都曾经指出，英军强加给当地人民"残忍的苦难"，最后只能收获"满腔的怒火与仇恨"以及随之引发的起义。[98]

迟至 20 世纪 30 年代，印度陆军军官、后来的小说家约翰·马斯特斯（John Masters）将普什图人那种难缠的战术形容为"如蜂蜇般打了就跑的战术"，虽然此时英军的武器装备较马拉坎德部队的时代已经有了很大的进步。"我们拥有轻型自动枪支、榴弹炮、装甲车、坦克和飞机。这些东西普什图人一样都没有……"马斯特斯在其精心撰写的回忆录《军号和老虎》(*Bugles and a Tiger*) 中写道,"如果他们为了保卫什么东西,比如一门大炮或一个村子,停下来固守的话,我们可以将其包围并彻底歼灭。但当敌人不断突袭伏击、四处流窜时,我们的感觉就像是举着铁棍打马蜂。"

即使是多年以后,冲突双方也不改最初的残忍无情。马斯特斯写道,俘虏通常会被普什图人"阉割和斩首",而英国人"一般不会留俘虏,如果没有政治代理人的话,俘虏确实很少活下来"。[99]吉卜林对这些战争的描写是这样的:"当你受伤并在阿富汗的平原上掉队时,/女人们会冲上来收拾那些掉队者,/抢走你的步枪和敲碎你的脑袋,/像个军人一样去见上帝吧。"[100]就像其他帝国主义扩张战争的战场一样,西北边境地区的武装人员很少知道什么西方人发明的"战争法则",而西方人也不会跟这些"野蛮人"讲什么规矩。

英国镇压普什图人的战争持续了一个世纪,直到1947年印度独立为止,此后由巴基斯坦政府接过了这个烫手的山芋,负责对付这些马斯特斯口中"凶暴的民族"(fierce men)。[101]人们时常会说起义者,只要不输就是赢,但这种僵局对政府来说才是有利的。英国继续控制着印度,逐步将普什图人的危害缩减到最小,一支由一批英国志愿者监管、主力为印度人的武装部队就足以应付普什图人了。那些知识渊博的官员,比如像沃伯顿那样的人,他们能够赢得部族民众的信任,有助于让这局面变得易于控制。

只是近年来,随着科技的进步,偏远的边疆地区逐渐成为世界性恐怖组织网络的中心,这使普什图人的威胁大大增强。

大部分的西方决策者都认为围堵战略很难再应对此类威胁了。这也使得美国及包括英国在内的盟友，在2001年9月11日的恐怖袭击之后，采用在巴基斯坦进行无人机打击和特种作战行动以及在阿富汗展开常规军事行动的组合战略，以打击诸如"基地"组织和塔利班这样的敌人。今天从阿富汗南部的迈万德区到东部兴都库什山脉的诸多山口都部署着巡逻的北约军队，这些地方都是当年英军战斗过的地方，历史的回音如路边炸弹的爆炸声一般清晰而响亮。

26
文明的使命

利奥泰在摩洛哥，公元 1912~1925 年

西方帝国主义的扩张，无疑是由西方武器大大推动和加速的，人数较少的欧洲军队要想控制数量众多的非洲人和亚洲人，除了赤裸裸的武力别无他法。印度有 2.5 亿人口，而 1899 年驻扎在印度的英军只有 6.8 万人。另外 5.1 万人的军队分布于大英帝国的其他地方，其中包括拥有 4100 万人口的非洲。[102]像古罗马一样，19 世纪的欧洲人宽严相济，对民族革命者严厉镇压，而对服从其统治的人相当宽仁。这些政策最终形成了"人心与思想"或"人口中心"这一反游击理论派别，这个理论正是法国元帅路易·赫伯特·贡萨伏·利奥泰（Louis Hubert Gonzalve Lyautey）总结提炼的。

利奥泰 1854 年出生于一个贵族家庭，他刚刚 18 个月大时就发生了一个事故，这大大改变了他的命运：利奥泰从南锡家中二楼的窗台上掉了下去。侥幸逃过一死的利奥泰此后两年都是在床上度过的，直到 12 岁时才能正常走路，而这让利奥泰有大量的时间去阅读和梦想。这个体弱多病的男孩和同时代的西奥多·罗斯福一样，既有聪明才智又有雄心壮志，希望证明自己的男子汉气概。利奥泰身上具备了绚丽的、创造性的、戏剧性的、任性的、容易兴奋的、缺乏耐心的、坚定而理想主义

的气质，这使得他在19世纪末纪律森严的法国陆军之中显得格格不入，而德雷福斯事件（Dreyfus Affair）更证明了法军中根深蒂固的保守思想。利奥泰痛恨在圣西尔军校中的时光，他更喜欢和作家，比如马塞尔·普鲁斯特（Marcel Proust）这样的人交往，而不喜欢和同僚交流。1894年，利奥泰终于为此吃到了苦头——就在同一年，法军中另外一个特立独行的犹太人上尉阿尔弗雷德·德雷福斯（Alfred Dreyfus）被诬陷向德国出售军事机密而蒙冤——他被派到了军中视为苦地的法属印度支那服役。

法国当时正在和其他欧洲强权，特别是英国和德国进行竞争，大家都贪婪地盯着非洲、大洋洲和亚洲那些还没有被西方国家染指的少数几块地方。所有这些国家都被贪欲迷住了心窍，紧张形势不断升级，最后将导致1914年8月悲剧的发生。在大陆国家的军队中，去殖民地服役仍然是件遭人白眼的事，因为在这些地方通常都要进行反游击战，相比和欧洲那些"真正"的军人作战，反游击战被认为是小打小闹。和德军一样（在英国这种情况比较少，因为印度陆军自成体系），法军的本土军队和殖民地驻军之间的差别相当大。前者主要由征召士兵组成，军官通常出身于贵族，往往是虔诚的天主教徒，缺乏想象力而且行事刻板。相比之下，后者则充斥着各种从本土以及从其他国家（最著名的就是外籍军团）参军的志愿兵，其军官的家庭背景通常是中产阶级。正如一名法国记者后来所写的："殖民地军官是一个喜好嗜酒狂欢的群体：他们和本土的贵族军官团几乎毫无共同点。"[103]这些殖民地军人往往被国内同行当成乡巴佬和傻瓜，但事实上他们的表现更具灵活性、主动性和创造性，而不是仅仅具备在阅兵场上的那些素质，人们认为在那里一个军人只能无条件地服从命令。可以说很少有哪个军官,在从一支部队调到另外一支部队以后,能像利奥泰那样完成飞跃。

历史学家道格拉斯·波尔切(Douglas Porch)声称利奥泰之所以被发配到印度支那去,部分原因在于他是同性恋,但并没有证据证明这一点,而在同时代的许多名人身上也有这种不足置信的传闻,如陆军元帅基奇纳勋爵(Sir Kitchener)和小说家亨利·詹姆斯(Henry James)。利奥泰确实直到55岁才结婚(妻子是一个岁数比他小一些的寡妇),而且他可能确实有同性恋倾向,但与基奇纳和詹姆斯一样,这方面并没有任何证据。[104]不管怎么说,单凭性取向很难解释他是怎么被长官嫌弃的。利奥泰是个喜欢提不同意见而且喜欢惹麻烦的家伙,他敢于在畅销杂志上直接指出,陆军在教育和提高征召士兵的战斗力方面不合格。[105]他甚至被人们称为"社会主义上尉"。[106]

以一个中年少校的身份被调去印度支那,对利奥泰的一生来说是个重大转折。在那里他认识了约瑟夫·加列尼(Joseph Gallieni)上校,一个经验更加丰富的殖民地军官(利奥泰敬重地称其为"一个纯粹的高尚者的范本"),[107]加列尼和利奥泰共同分享对文学的热爱,以及对本土军队中"充斥着僵化教条"的"腐朽状态"的厌恶。[108]加列尼初见利奥泰时,就告诉他要摒弃身上的所有陈规戒律,代之以"脚踏实地"的工作态度。[109]利奥泰将成为加列尼"和平渗透"(peaceful penetration)与"间接统治"(indirect rule)理论最有影响力的"布道者"。[110]这两种理论都和1914~1918年堑壕战期间葬送了大批法军士兵的正面进攻战法相去甚远。

加列尼的战术与乔治·克鲁克在美国西南部的做法非常类

似，组织轻便且机动性强的部队来伏击被法军视为土匪的中国武装"黑旗军"，这支部队在印度支那北部令人闻风丧胆。在展开进攻行动的同时，他还设置了一系列军事据点，其指挥官同时具备处理民政和军事事务的权力，以赢得当地民众的支持。他甚至给这些村民分发了1万多支步枪令其自保。[111]加列尼把经济发展摆在和军事行动同等重要的地位。正如利奥泰在一封家书中写的，他的这位良师益友致力于修建"道路、电话线、市场……从而以和平的手段大大推进了当地的文明进程，就像油渍扩散（tâche d'huile）一样逐步蚕食"。从此诞生了一个直至今日仍在军事界广泛使用的术语。

1900年当利奥泰和加列尼一起去马达加斯加平叛的时候，他在一篇较有影响力的文章中为广大读者描绘了加列尼的"手段"。他写道："在军事占领中，军事行动的比重要小于在这一过程中的组织。"在这种组织中，军官应该恪守"摧毁是最后的手段"的信条，将精力集中在修建市场、学校和其他有助于赢得"当地民众归顺"的项目上。利奥泰强调，这个任务比本土军队熟门熟路的常规作战要更难完成。他在文中发问："不发一枪，不必激怒当地民众就能维持稳定，难道不比反复动用武力更具权威、沉着、判断力和坚定的品格吗？"关于"和平占领"并没有成文的守则。只能通过"把正确的人派到正确的地方"才能实现，在这个用英语写下的词组中，他的意思是这个人需要在军事行动和民政管理方面都具备相当的能力，要了解当地的情况，熟悉当地语言，而且能够引发当地民众的共鸣。而加列尼或他本人就是这种人。[112]

这种理论本质上就是21世纪美国及其盟友试图在伊拉克

和阿富汗推行的"人口中心"反游击战学说——与这种学说相对立的是以歼灭游击队为核心的"敌人中心论"。直属利奥泰的下乡工作队都是从军事机构和民政机构中抽调的人。[113]而且有理由相信这种模式能够持续下去：相比早期法军将领在海地或旺代地区的作为，利奥泰的安抚方式更能为自由民主派政府所接受。事实上，道格拉斯·波尔切指出利奥泰的理念仅仅是一种"公关手段"，目的是让麻木不仁的法国选民明白，法国的这种"文明的使命"可以用代价比较小的方式推进。[114]这种说法不公平。没有证据表明利奥泰因为自己坚持的理念而遭到了冷嘲热讽。不过，实际情况的确比利奥泰的纸上文字更混乱一些。利奥泰的方法在当地精英阶层愿意合作的情况下才能取得最佳效果。印度支那的情况确实如此，法国的主要挑战来自中国黑旗军，而越南人对黑旗军的敌意比法国人更甚。然而，"间接统治"在摩洛哥就推行不下去，因为那是一个有540万阿拉伯人和柏柏尔人的国家。[115]

* * *

在离开印度支那后，利奥泰和加列尼一起来到另一个法国殖民地马达加斯加。1903年，被晋升为准将的利奥泰被派到了与后来独立的摩洛哥接壤的阿尔及利亚，那是一个麻烦不断的地区。他在那里慢慢实践自己的"蚕食"理论，法国的控制区慢慢向南深入撒哈拉沙漠，并向西进入摩洛哥。摩洛哥苏丹不断妥协退让，直到1912年在巴黎签署公告，摩洛哥成为法国的保护国。利奥泰当选为摩洛哥第一任总督，并在这个职位上干了13年，其中仅仅在1917年短暂担任过法国战争部长，但这段经历并不愉快。（利奥泰作为一位出类拔萃的殖民地军人，完全不适应那场发生在欧洲的大规模工业化战争。）

一位历史学家如此描述利奥泰:"身材比一般人修长,前额很精致,黑眉毛下边是一双大大的蓝眼睛,一张引人注目的性感的嘴隐藏在当时流行的大胡子下边。"[116]利奥泰对在中东当土皇帝感到很惬意。他在下乡和"当地名流"会谈的时候,喜欢穿一身紫色的斗篷,坐骑披着虎皮鞍,住在丝绸缝制的帐篷里。他从不掩饰自己"对权力的欲望"。[117]

他发现不论如何,"保护国"在当地都是不得人心的,而且苏丹也不配合他。利奥泰迫使阿巴德·艾尔-哈菲兹(Abd el-Hafid)苏丹于1912年退位,把王位让给其更听话的兄弟穆莱·优素福(Moulay Youssef)。新苏丹不过个傀儡而已,所有的要害部门都掌握在法国人手里,利奥泰本人实际上掌握着类似首相的权力。法国人在摩洛哥的统治仅仅与相邻的阿尔及利亚相比才称得上"间接",后者已经彻底被法国吞并了。

正如他以前所写的,利奥泰对基础设施的建设相当重视,比如港口、法院、医院、自来水厂、学校、铁路、公路、输电线和其他摩洛哥所缺乏的设施。按照一份英国报纸的通讯员的判断,这些项目不仅"很大程度上……改善了当地民众的福利",[118]而且把那些本可能狙杀法国人的青年人吸引过来参加建设。利奥泰说:"一个工厂车间相当于一个营。"[119]然而即便如此,利奥泰也要花费相当的精力来镇压当地部落的反抗,而镇压的手段也绝非温情脉脉。

夏尔·芒然(Charles Mangin)上校,这位趾高气扬的军人很容易让人联想起卡斯特(但运气比卡斯特要好些),芒然的手段相当残忍,不过在镇压自立为苏丹的艾哈迈德·艾尔-希巴(Ahmed el-Hiba)所领导的圣战时这种手段比较有效。1912年9月6日,芒然率领5000名士兵、1500头骡子和2000

峰骆驼组成的队伍在马拉喀什外的西迪布奥斯曼（Sidi Bou Othman）平原包围了艾尔-希巴。艾尔-希巴手下至少有1万人，但就像14年前在苏丹反抗英军的马赫迪教徒（Mahdists，一群自称追随穆斯林救世主的信徒）一样，他们错误地选择在开阔地带和欧洲军队进行正面交战。装备着75毫米加农炮、机关枪和弹仓式步枪的法军在芒然的指挥下对摩洛哥人展开了屠杀。艾尔-希巴的手下至少有2000人阵亡，而芒然只损失了2人。这场战斗的结局让人联想起记者笔下基奇纳在1898年乌姆杜尔曼之战中取得的胜利，这场战斗终结了苏丹的马赫迪教徒起义："这不是一场战斗，而是一场屠杀。"[120]

芒然认为，无论多么优美的外交辞令都不会说服艾尔-希巴及其追随者服从法国的统治，这一观点恐怕是正确的。为了维持保护国的稳定，必须用武力镇压反抗。但是，利奥泰的发展计划，他对当地人的反应的关注［一名传记作家曾经写道，利奥泰曾经徜徉在非斯（Fez）和拉巴特（Rabat）的大街上"询问商人和过路客的需求与渴望"］，[121]他对失败的起义者的仁慈，以及与宗教领袖和部落长老的交往——这一切都不仅仅是装饰。利奥泰的这些手段很大程度上能促使大多数摩洛哥人停止抵抗。

推行这种政策的结果就是在1914年第一次世界大战爆发的时候，利奥泰可以将手下几乎6万人的部队全部派出去，最终取代了更早动员但不适合西线战场的预备役部队。[122]虽然德国一直在煽风点火，但摩洛哥总的来说还是保持了平静，并且在两次世界大战中摩洛哥军队都为法国英勇奋战。

由于1921年阿巴德·艾尔-克里姆（Abd el-Krim）在摩洛哥北部里夫山区发动了伊斯兰教徒起义，利奥泰在任职末期蒙上了污点。尽管里夫是西班牙殖民地，但起义蔓延到了法国统治区，给当时年老多病的利奥泰出了个难题。巴黎的左派政府对利奥泰失去了信心，派一战英雄菲利浦·贝当（Philippe Pétain）元帅来处理里夫事务。阿巴德·艾尔－克里姆于1926年被一支兵力有50多万人的法西联军镇压。[123] 在20世纪30年代初，该国最后一片未被征服的土地——阿特拉斯山区——也被殖民军控制住了。摩洛哥的相对和平一直维持到1956年，此后法国面对越来越高涨的反对意见，最后终结了摩洛哥的保护国地位，将全部精力集中到阿尔及利亚。

许多地方都出现了类似的模式，如埃及、尼日利亚以及其他欧洲人尝试"间接统治"的国家。"间接统治"概念是英国殖民地总督弗雷德里克·卢格德（Frederick Lugard）提出来的：这种方式并不总是间接的，但总的来说是有效的。当然，这更多地证明了当地人反抗程度太弱，而非欧洲人的管理有多么出色。毫无疑问的是，利奥泰和加列尼提出了得到时间检验的宝贵法则，这一法则延续了比他们的生命更久的时间。

"民政事务"是任何成功的反游击行动的必然组成部分，但这并不意味着民政事务可以取代军事行动。赫伯特·利奥泰和许多其他将领都发现，反游击战争需要将错综复杂的政治和军事手段相结合，而且必须由"正确的人"来准确把握其中的分寸。利奥泰最大的贡献可能就是强调"对时间、地点和情况具备灵活性、弹性与适应性"的需要，而不是给纷繁复杂的环境强加一个僵化的条框。为了获得自己想要的军官，利奥泰总是激励下属谋求更高的学历——在军队中这种标准有些奇异，就像大多数现代军队一样，军中总是会轻视知识分子。但如利奥泰所说的，"纯粹的军人不是好军人"。一个优秀的军人必须是"对任何事物都有开放性思维"的"完整的人"。[124]

利奥泰是管理型军人（soldier-administrator）的范例，但是他所成功实施的殖民主义策略是无法长久的，即依靠小批欧洲军人和使节就能震慑住大批的"土著人"。利奥泰的英国同行在非洲的另一端遇到的麻烦就很明显，一场殖民地暴乱使大英帝国面临着自北美独立战争以来最严峻的挑战。和北美的革命者一样，布尔人也是欧洲人的后裔，但是他们使用的方法和取得的成功将激励着世界各地的非欧洲裔起义者，更不用说地理位置离大英帝国心脏更近的爱尔兰革命者。

27
突击队

英国在南非险遭失败，公元 1899～1902 年

"英国得到第一波不利消息时的反应是冷静……这是英国式处事方式。"写下这段话的人是利奥·埃默里（Leo Amery），后来的英国内阁大臣，时任《泰晤士报》（Times，毫无疑问就是那份在英国乃至全世界位居领先地位的报纸）记者。"但随着战况消息渐渐增多……开始传回国内……一种不安的气氛随即蔓延开来。"

这其实是一种典型的英国式轻描淡写。事实上，在 1899 年年底那个寒冷多雾的"黑暗周"里，公众在得知来自南非的"重大新闻"以后，英国举国上下都陷入恐惧之中。头条新闻都是"局势急转直下"和"我们损失惨重"。那周英国军队连续三次进攻布尔人，但都被对方击退，分别是 12 月 10 日星期日在斯托姆贝赫（Stormberg），12 月 11 日星期一在马赫斯方丹（Magersfontein），最糟糕的一次是 12 月 15 日星期五在科伦索（Colenso）。在这"三次猛攻"中，英军付出了 3000 多人伤亡的代价，并丢失了 12 门野战炮，同时为金伯利（Kimberley）、莱迪史密斯（Ladysmith）、马弗京（Mafeking）等市镇解围的计划也被迫放弃。

英军的伤亡总数要大大低于 1842 年在阿富汗的伤亡，但

不同的是，南非伤亡者大都是真正的英国士兵。这一周的三次惨败被公众视为"英军在19世纪遭到的最大灾难"。按埃默里的话说，"自特拉法尔加之战前夕以来，再没有什么事能让朝野如此震动，这般恐慌了"。

"当时的英国人很少有谁能忘却12月那黑暗的一周带来的沮丧感。"一名律师这么说。一名高校学生的话几乎相同："伦敦被一种沉重的沮丧情绪所压抑，那些平日里人来人往的剧院、音乐厅、餐厅和其他娱乐场所全都空荡荡的。"而对于情绪时常外露的维多利亚女王来说，她亲笔写下自己对"女王亲爱的英勇士兵"所遭到的"悲惨遭遇"，感到"万分忧虑"以及"深深的悲伤与不安"。

让自负又自以为是的英国人更加难堪的是许多其他国家公开表露出的幸灾乐祸，作家阿瑟·柯南·道尔（Arthur Conan Doyle）称之为"毫不掩饰又愚蠢的狂喜"。夏洛克·福尔摩斯的创造者可能理解法国人为什么会高兴，"在历史上两国持续争霸了很长时间"。但是，为什么"德国这么一个几个世纪以来和我们结盟的国家也会发出愚蠢的抱怨呢"？奥地利也是一样，如果没有英国的帮助，这个国家本该"被拿破仑从地图上抹掉"。柯南·道尔不屑地写道："我坚信，对这些盟友，英国不会再为他们花上一个几尼（guinea，英国旧时的一种金币）或让一个士兵或水兵为它们流一滴血。"

柯南·道尔肯定会为"甚至连美国亲戚"都站在母国的对立面而感到震惊，但这就是事实。相当多的美国人都和移居国外的艺术家詹姆斯·麦克尼尔·惠斯勒（James McNeill Whistler）有着同样的立场，惠斯勒对布尔人的"勇气"以及他们"美妙的战争"表示"无限的崇敬"。惠斯勒总会谈论一些有关那些"岛民"(Islanders)的"幽默诙谐"的段子,有个段子是这么说的:一个演讲者正在高谈"英国军队的精华已经去了南非",而台下某个无知的听众则大喊"是吃了败仗的精华"。[125]

* * *

这个段子其实并非完全是杜撰。英国确实派出了像苏格兰高地警卫团(Black Watch)这样的精英部队。现在他们被打得晕头转向——确实是大败——而他们指挥官的表现则只能用渎职来形容。维多利亚时代英国军队的建军思路是投入"小规模战争",但他们在镇压一群南非农夫的起义时却遭到了彻底的失败,反而陷入一场大规模战争,显然英军此前并未为此做好准备。不过平心而论,当时世界上大多数军队都未做好投入大规模战争的准备,可能那些一心遵从上帝意志的布尔人除外,当1899年10月11日战争爆发时他们全部义无反顾地投入了战斗。

从纸面上看,交战双方的实力差距大得荒唐。两个操阿非利堪斯语(Afrikaans)的弹丸小国——奥兰治自由邦和德兰士瓦——对抗涉足全球并且控制着邻近的开普殖民地和纳塔尔等地(这些都是今天南非的一部分)的大英帝国。英国当时有3800万人口,而且是世界最大的工业化国家,[126]布尔人("农夫")则只有区区21.9万人,以农业经济为主。英国希望能迅速取胜,不想陷入旷日持久的冲突。但是布尔人则掌握着不为人知的力量,足以让那些他们称为"卡其佬"(the khakis)的英国人吃败仗。

随着在德兰士瓦发现黄金和钻石,英国人对这块地方的兴趣逐渐浓厚起来,而财富也让布尔人可以用19世纪末最先进的武器武装自己。他们的毛瑟弹仓式步枪及克房伯和克勒索大炮的性能都比英军的同类型武器先进。而使用这些武器的布尔人大都是坚忍强壮的拓荒者,从儿时就开始练习骑马和射击。尽管他们是欧洲人后裔,主要是荷兰人的后裔,但布尔人的平均主义和军民合一的军事体系在某种程度上和苏族人、车臣人、普什图人以及其他19世纪与西方军队对抗的起义民族更类似。正如一名布尔公民所记载的,"我们的作战体系……类似于红皮肤的印第安人"。[127]除了一支小规模的炮兵部队之外,布尔人没有职业武装力量。他们没有制服,没有专司训练的军士,也没有总参谋部。他们的自卫武装就是把几乎所有成年男子编入编制松散的名为"突击队"(commando)的民兵武装,"突击队"的规模从百十来人到千余人不等。一旦需要作战,布尔人就会穿上自己最好的衣服,骑上自家的马匹,在自己选择的军官麾下参战。布尔人打仗的时候不管时间地点,他们会无视任何自己不喜欢的命令。一个年轻的公民写道:"对布尔人来说,每个人都是他自己的指挥官。"[128]

布尔人的这些特点使得指挥他们进行正规化的军事行动是相当困难的。布尔人的领导阶层在战争爆发的最初几个月里试图将武装力量组织起来,并且成功地组建了一支约5000人的野战军,如前文所述,让英军吃到了一系列败仗。[129]但是,他们的好运气不可能一直持续下去。在黑暗周刚刚过去之后,英军向南非派遣了更多的部队,且派来了新的指挥官替换名声扫地的雷德弗斯·布勒爵士(Sir Redvers Buller)。新任指挥官是资深陆军元帅罗伯茨勋爵,根据历史学家托马斯·帕克南(Thomas Pakenham)的记述,此公"体态轻盈如一头小猎犬"[130]。《泰晤士报》报道称:"自一战成名后,他的名字就和阿富汗的群山与雪原联系在了一起，并提醒全世界，英国军人如果有正确的领导将成就什么。"[131]当然，布尔战争爆发时距离第二次阿富汗战争已经过去了 20 年，而距离罗伯茨镇压印度叛乱有功而获得维多利亚十字勋章就更遥远了——那时他才 35 岁。自从 1893 年 51 岁的罗伯茨从印度回国之后，就开始担任英军驻爱尔兰指挥官这一闲差。尽管年事已高且久疏战阵，绰号"鲍伯斯"（或者按照吉卜林的说法是"我们的鲍伯斯"）[132]的罗伯茨依然很快就获得了公众的信任。

到 1900 年春天时，南非的英军从 2 万人激增到 25 万人，布尔人节节败退。奥兰治自由邦的首都布隆方丹（Bloemfontein）于 3 月 13 日陷落，此后约翰内斯堡（Johannesburg）于 5 月 31 日陷落，而德兰士瓦首都比勒陀利亚（Pretoria）则于 6 月 5 日陷落。如果英军面对的是意志不太坚定的对手，那么此时战争应该已经结束了。但布尔人其实才刚刚开始战斗，在之后持续两年的游击战中，此前的正规战阶段将成为布尔人最大的亮点，而这也证明了布尔人桀骜不驯的个性给他们造成了何等的损失。

* * *

到 1900 年夏天时，最强壮、狡猾和灵活的一批布尔人已经阵亡、被俘或逃亡了。但仅剩的 30000 人是异常骁勇的战士，领导他们的都是第一流的领袖，诸如路易斯·博塔（Louis Botha）、外号"Koos"的雅各布斯·赫拉克利斯·德拉瑞（Jacobus Hercules de la Rey）和贾奇·詹姆斯·巴里·赫尔佐格（Judge James Barry Hertzog）。[133]其中最令人胆寒的是克里斯蒂安·鲁道夫·德·韦特（Christiaan Rudolf de Wet），用一名传记作家的话来说，他的名字"成为高超机动技巧和游击战术的代名词"。这个 45 岁的农夫此前从未接受过正规的军事教育，但他年轻的时候曾经跟巴苏陀人（Basuto）交过手，在 1880~1881 年一场布尔人取胜的短暂冲突中和英国人打过交道，同弗朗西斯·马里恩、托马斯·萨姆特以及其他一些既和印第安人也跟英国人打过仗的美国起义者的经历类似。1899 年，德·韦特带着他的 3 个 16 岁的孩子加入了民兵，第二年年初他被任命为奥兰治自由邦军队的司令官。

德·韦特的外表和举止与西方传统观念中的高级将领截然不同。一个英国战俘形容他"是一个留着一脸黑色胡子、其貌不扬的男人"。他的一个手下说他"很不修边幅"："他从不讲什么规矩，穿着也很随便"。然后说他"言辞不会拐弯抹角，直截了当，每说一个音节都会习惯性地用舌头顶着上颚"。德·韦特同时也是个脾气火爆的人，他总是随身带着一根皮鞭，那些让他不愉快的人总免不了要挨上几鞭子，不管是对卡菲尔人（Kaffirs，对黑人的蔑称——德·韦特是个根深蒂固的种族主义者）还是对他的手下。有一次，一队布尔人未能及时出现在指定位置，德·韦特大发雷霆："我真希望他们全被英国人抓走阉掉，这样他们就成了名副其实的老女人了。"

尽管（可能也是由于）脾气火爆，德·韦特对游击战有着极高的天赋。他坚持让手下放弃那些笨拙的辎重——布尔人对大篷车的依赖就像美国西部的拓荒者，所以做出这个决定是很难的。但是，德·韦特让别人相信，这场战争中"快速行动是压倒一切的宗旨。我们必须迅速投入战斗，迅速侦察，迅速得（如果有必要的话）像飞一样！"他"瞄准"并且完成了所有这些目标。[134]

1900年3月31日破晓，德·韦特取得了首次大捷，这一次他突袭了位于布隆方丹自来水厂附近桑纳（Sanna）据点的英军哨所。德·韦特设法暗中集结了2000人的兵力，突袭兵力基本相当的英军。根据他发出的信号，部分布尔人开始炮击哨所外围。英军指挥官决定撤到布隆方丹，而这正落入了德·韦特的圈套。德·韦特的部下高喊着"举起手来!"，结果英军"高举的双手好似一片树林"。德·韦特总共毙伤英军350人，俘虏480人，同时缴获了7门野战炮和17辆马车。最重要的是，尽管有3万人的英军一度距离他只有20英里，德·韦特最终还是率部全身而退。[135]

德·韦特继续用各种方式袭扰英军，包括切断交通线（铁路是频繁遭到袭击的目标）和袭击防备不周的英军车队。而德·韦特唯一一次败绩是他试图闯入开普殖民地，希望能发动当地25万阿菲利堪人（南非白人）起义。另外一支突击队在扬·克里斯蒂安·史末资（Jan Christiaan Smuts）的指挥下战绩更佳，这支部队一度渗入了开普殖民地。但无论是史末资还是其他什么人都未能唤起大批开普的南非白人起事，而这是唯一能够动摇英国在当地统治的办法。

* * *

如果说有谁能成功完成这一事业，那本该是彬彬有礼、一口英语的史末资，他是生于开普的大英帝国子民，在剑桥大学获得过人的履历之后当过律师。史末资最开始是扩张主义者塞西尔·罗德斯（Cecil Rhodes）的追随者，但后来他不再认同罗德斯破坏布尔人独立的阴谋，遂于1898年来到德兰士瓦，以28岁的年龄作为国家律师加入内阁。在比勒陀利亚陷落之后，德兰士瓦不再需要律师了，所以史末资成为一支突击队的指挥官，他用乔治·华盛顿在福吉谷（Valley Forge）的故事激励大家，他自己则从随身携带的色诺芬的希腊语版著作《长征记》（*Anabasis*）——这是一部有关希腊重装步兵的叙事史诗——寻找灵感。

1901年9月3日晚，史末资率部渡过了奥兰治河，这条河流以荷兰王室命名，向西穿过南非大草原，是奥兰治自由邦和英属开普殖民地的分界线。史末资手下有250名精心挑选的战士，其中包括奥兰治前总统的18岁儿子德尼斯·赖茨（Deneys Reitz）。这支突击队被困在开普东部斯托姆贝赫山区好几天，在这片海拔5000~8000英尺的群山之中，不到两年前英军曾经在这里吃过败仗。而当时周围的英军士兵清晰可见，赖茨回忆说"每条山谷和每条路……都被封锁住了"，他们连续行军40个小时"几乎不眠不休"，试图突破英军的封锁线。突击队一直未能突围，直到一天晚上一个驼背的同情者给他们指了一条生路，他们才翻过一道陡峭的悬崖逃生。整个突击队在暗夜中翻下悬崖。赖茨回忆道："偶尔会有几个人和几匹马滑落下去，撞成一团，但幸运的是下边没有岩石，一层厚厚的野草大大减弱了冲击力，经过一段可怕的攀爬之后，我们终于脱离了困境，而且并未遭受严重损失。"

比英国人更大的麻烦是恶劣的气候和补给的缺乏。"白天我们又潮又冷，晚上更是噩梦一般。"赖茨写道。他的一身衣物也是相当糟糕："一件破衣服和一条满是窟窿的破裤子，没有衬衫也没有任何内衣。我赤着脚穿着一双破凉鞋，这双破凉鞋在八个月时间里一直修修补补，而我晚上只有一床破毛毯可盖。"他用一个装粮食的麻袋，钻出头和胳膊的窟窿当衣服穿，但是在特别冷的晚上麻袋衣服会被"彻底冻住"。食物和衣服一样很难弄到，突击队一般用玉米面和肉干充饥。在开普殖民地艰苦行军的时候，赖茨特别感谢一个农妇给他们提供了"一年来吃到的第一片黄油面包，喝到的第一杯咖啡"。不过他们能找到的吃食不总是这么有滋味。史末资写道，10月1日，他和几个手下"穿过一片散发着香气的树林，吃到了一些美味的水果，但实际上这种果子有剧毒"。史末资继续写道，"直到第二天一早才从鬼门关爬出来"。

为了解决缺吃少穿的问题，史末资曾袭击一个孤立的英军仓库。"那天早上我们强打起最后一丝力气投入战斗，打完以后从头到脚都焕然一新，"赖茨回忆道，"我们都换了新马、新步枪，装上马鞍，穿上靴子，带了一大堆我们能够带得动的弹药。"这只是史末资多次突袭英军孤立小分队的战例之一，正如史末资10月3日记录的斯托姆贝赫附近祖尔堡山区（Zuurberg Mountain）之战，英军"损失惨重"而且被迫"狼狈撤退"。但由于一大股英军正在接近，史末资不得不撤退。

在经过了2000英里的跋涉之后，这群流寇在1902年年初进入非洲大陆一角的开普西北部与世隔绝的农村，他们在那里构筑了一个英军无法攻破的据点。从这里出发屡屡袭击英国控制下的城镇，他们坚持了很长的时间，就是抱着一线微弱的希望，等着如史末资所说"正义战胜强权"那一天的到来。[136]

抛开布尔人是不是正义的——他们对黑非洲人的残暴臭名昭著，而后者其实才是"正义"的一方——他们取胜的希望实在是很渺茫。史末资和其他突击队指挥官也许能够激励布尔人的斗志，并且让英国人惶恐不安，但几乎无法改变战争的大局。作为报复，英军指挥官采取了越来越多的严酷但有效的措施,这些措施主要针对平民。布尔人本身具有欧洲人的血统,这意味着英军不能用对待"有色人种"的非人道标准对待他们;但他们并不是"英国后裔",因此布尔人也得不到一个多世纪以前美国独立战争中英军对待当地起义者的同等仁慈的待遇。

* * *

从1900年年初开始,罗伯茨勋爵就借鉴在西北边境地区的战术,如果英军在某地遭到袭击或该地发生了任何破坏行为,他们就要烧掉附近的布尔人农场、杀光家畜。他的继任者是冷酷而急躁的基奇纳勋爵,其在1900年11月更是变本加厉。这位曾经学过工程、绰号"K of K"——喀土穆的基奇纳——的将领在1896~1898年征服苏丹期间赢得了如机器般高效的名声。基奇纳有着"冰冷的蓝眼睛""结实的下巴""无情的嘴巴"和"浓密的胡子",这都将成为传奇。[137] 一个同行者形容他"有着超乎常人的能量和正在燃烧的雄心",[138] 基奇纳最出名的特点就是为了达到目的可以不惜代价。基奇纳在南非准许系统地摧毁布尔人赖以抵抗的经济基础,这更使他的名声远扬,这种手段类似于美军镇压印第安人和英军镇压普什图人的手段。在战争结束以前,当地有3万个农场被付之一炬,360万头羊被屠宰。[139] 一名英国军官写道:"农场燃起了大火,我们所经之处一片荒芜,白天浓烟蔽日,夜晚火光冲天。我们经常一天烧毁6~12个农场……我不会特别去找这些农场被烧毁的原因……我们只管放火不管调查。"[140]

布尔人的突击队也忙于焚烧对方的农场,虽然规模要小得多。他们会焚烧属于那些"投降派",也就是站在英国人一边的布尔人的农场——类似美国独立战争期间亲英派也会被那些所谓的"爱国者"迫害一样。为了给流离失所的"投降派"家庭找到安身之所，英国人设置了难民营，或称之为"政府临时营地"。很快这种难民营不仅容纳自愿前来的平民，也开始拘禁那些不愿意来这的人。那些和突击队队员有亲戚关系的妇女儿童则被囚禁在"集中营"（concentration camps）里。

尽管"集中营"这个词在当时是比较新的——"集中营"首次出现在1901年，提出者是约翰·埃利斯，国会中的自由派成员[141]——但这个概念以前就有。北美大陆上的印第安人保留地本质上就是集中营。西班牙将军瓦莱里亚诺·韦勒（Valeriano Weyler）在1896~1897年的古巴也设置了集中营。约50万古巴人被囚禁，10万人死于饥饿或疾病。韦勒对此只是轻描淡写地解释为"总不能带着糖果去打仗"，因而被人称为"屠夫"。[142]

就算基奇纳知道有过如此悲惨的先例，他也不会有丝毫的同情心。他的手下囚禁了大约15万名布尔人妇女和儿童，包括他们的黑人仆人和农场雇工。许多人根本没有房子可住。食物、牛奶、清水、床、药品、洗浴设施、肥皂，这些无一不缺。到处是苍蝇和垃圾。"当8个、10个乃至12个人被塞进一顶帐篷的时候……里边根本没有活动空间，而就算是拼命地扇风，帐篷里还是有一股难以名状的怪味。"写下这段文字的是英国人埃米莉·霍布豪斯（Emily Hobhouse），她是个固执的和平主义者，1901年年初她曾作为南非妇女儿童救济基金会的代表访问了这些集中营。当她向集中营官员抱怨的时候，对方回答她"肥皂是奢侈品"。不久以后集中营暴发了麻疹、痢疾、白喉、伤寒等传染病，至少有2.5万人染病身亡。

英国人并非刻意为之，他们更多是放任不管。德国人在非洲镇压赫雷罗人（Herero）和马及马及人（Maji-Maji）的起义时，实施过种族屠杀，[143]而英国人没有干过这种事。基奇纳——一个被下属形容为不会"对军队中的任何人有同情心"，[144]更不会对敌人的妇女和儿童有同情心的人——是不会去任何一个集中营视察的。

基奇纳眼中"该死的女人"霍布豪斯在1901年6月出版了一本记述集中营的书，这使基奇纳开始纠正此前犯下的错误。自由党领袖，诸如戴维·劳合·乔治（David Lloyd George）和亨利·坎贝尔－班纳曼（Henry Campbell-Bannerman）纷纷冲锋在前，谴责这种"野蛮的行为"。到1902年年初，集中营的条件已经有所改善，被关押布尔人的死亡率已经下降到许多英国城市的平均死亡率之下，但在当时的世界舆论中这是英国抹不掉的污点。[145]

让人难堪的是，负面舆论并不足以影响战争的进程。在野的自由党坦率地谴责集中营，但是在战争的根本问题上他们内部也存在分歧，而执政的保守党则明确推行强硬政策。1900年，索尔兹伯里勋爵（Lord Salisbury）的保守党政府组织了一场"卡其大选"（khaki election），成功利用了英国的胜利，通过给反对派贴上"亲布尔派"的标签赢得了绝大多数选票（一张竞选海报上写着"支持自由党就是支持布尔人"）。[146]布尔人希望大多数英国公众能够转变立场反对战争，但这种情况并未发生。外部干涉也帮不了布尔人。许多国家，特别是德国和荷兰都同情布尔人的遭遇，但它们都不会为了布尔人的利益和英国开战。只有2000名外国志愿者加入布尔人一方。[147]这样，英国方面就可以腾出手来集中压倒性的资源迫使那些顽固分子投降。

*　　*　　*

布尔人像许多其他老练的游击队一样，精通机动作战。布尔人身后的追兵往往会扑空。解决办法很明显，那就是限制布尔人的行动自由。这也是所有展开反游击战的治安部队必须达成的目标。达到这个目的的方法其实有很多，从发行国内通用的证件（这个方式很受俄国沙皇和苏联官员的青睐）到大批屠戮牲畜（比如美军在印第安战争期间所为），而近年来在伊拉克和阿富汗的美军则主要依靠生物特征识别技术。

英军在南非的战术有以下几个特点。首先是修筑大量碉堡，在草原上四处分布。英军总共修筑了8000座碉堡，最开始是用石料和混凝土修筑，后来为了加快速度使用了波纹钢板。每座碉堡由10名或更少的士兵驻守（按照一个中尉的描述，在其中驻守"无聊得要死"），各碉堡之间相距不到1英里。有些堡垒甚至是用牛车搭建的可移动式工事。各个碉堡之间用当时刚刚出现不久的障碍物——带刺铁丝网——填补。[148]同时英军还有可怕的装甲列车，上面马克沁机枪、大炮和探照灯密布，在大草原上纵横驰骋犹如大洋上的战列舰。[149]数千支部队被派出去，编织成一张巨大的网，就像是猎捕松鸡一样，在碉堡和铁道线之间"捕捉"被限制住的布尔人。

布尔人最出色的游击战领袖德·韦特面对这种情况并未屈服，他将修筑碉堡的办法斥为"白痴政策"。他写道，无论在哪，"如果必须要打开一条通道的话，我们一般都能得偿所愿"。布尔人用铁丝网剪破坏铁丝网，然后借助夜幕的掩护和哨兵的懈怠偷偷钻过去。德·韦特也没有被焦土政策和集中营所吓倒，他声称这只能鼓舞布尔人顽强抵抗的决心。

但德·韦特面对英军其他更高明的计谋时也会一筹莫展：

"敌军的夜袭是我们面对的最棘手的战术。"他对英军征召黑人和"投降派"布尔人的策略也不得不表示称赞,而后者就包括德·韦特自己的兄弟皮特(Piet),他应募成为英国人的侦察兵。德·韦特写道:"这些叛徒是我们失败的原因……如果没有这些布尔侦察兵和卡菲尔人的话,无论如何,战况也会有转机。"[150]

叛变的黑人和布尔人非常重要,因为他们给英国人提供了反游击战中至关重要的要素:关于敌军位置的及时情报。战争爆发时,英国的军事情报机关几乎是瞎子。在战争中,英国情报局的规模从280人增加到2400多人,[151]其中就包括像奥布里·伍尔斯-桑普森(Aubrey Woolls-Sampson)上校这样具备杰出能力的军官。

伍尔斯-桑普森是出生于开普殖民地的英国后裔,他性格急躁,此前当过金矿矿工,用他哥哥的话说,伍尔斯-桑普森逐渐开始"痛恨"布尔人。这并不让人惊讶,因为在布尔人取胜的第一次布尔战争期间(1880~1881年),伍尔斯-桑普森在一次战斗三次负枪伤——其中一次一发子弹打在颈动脉上,差点要了他的命。此后在1896年,他由于为塞西尔·罗德斯吞并德兰士瓦的阴谋出谋划策而被布尔人投入监狱。第二年,伍尔斯-桑普森成功越狱。而早在第二次布尔战争爆发前,他就着手组建了一个新的团——帝国轻骑兵团(Imperial Light Horse)——和布尔人交战,而布尔人恰恰自认为是轻骑兵战术的大师。在指挥轻骑兵团作战期间他再次负伤,这次差点丢掉了腿,此后由于身体原因在莱迪史密斯被围攻期间他不得不忍耐了四个月。而伍尔斯-桑普森的身体刚复原,按一位老长官的回忆,"他立即发疯般地寻找敌人作战"。

但伍尔斯-桑普森发现自己并不适合当团长（他"总是过分热衷于爱国主义"却忽视了许多现实问题，比如后勤或宿营），而适合当一名情报官。就像其晚辈但名声更大的T. E. 劳伦斯一样，伍尔斯-桑普森在很多方面都和他相似，都被认为个性有些古怪。他拒绝和同僚交流的社交活动，把时间都花在了和自己的"小子们"聊天上——这是一群他招来的非洲人，他自掏腰包雇这些人在晚上追踪布尔人突击队的活动迹象。这些黑人跟他一样痛恨布尔人（不像英国人那样，他们冒着一旦被布尔人抓住就会被处死的危险），他们不断提供非常有价值的情报，让英军部队在拂晓时分就能追踪到布尔人的宿营地。[152]

20年前在马德雷山脉中追击杰罗尼莫的战例证明，没有辎重负担的小规模部队在机动性上足以比肩行动迅速的游击队。几十年后在南越活动的远程侦察巡逻队再次证明了这个经验。同样，在布尔战争中英国最出色的指挥官——不光是伍尔斯-桑普森，还有上校罗林逊勋爵（Lord Rawlinson）、上校亨利·斯科贝尔（Harry Scobell）和中校乔治·埃利奥特·班森（George Elliot Benson）——的战术更是如同"布尔人兄弟"一般，他们指挥着小规模的山地部队在大草原艰苦跋涉，而不必受辎重之累。他们"打包"的俘虏远远多于那些辎重庞大的部队。

* * *

到1902年5月，布尔人已经受够了。虽然他们反感基奇纳的那种"残酷的消耗政策"，他们还是不得不承认这个政策的有效性。德尼斯·赖茨记述道："这个国家……到处是一片废墟。每个庄园都被烧掉，所有农作物和牲畜都被摧毁，如果一无所有的话,那我们恐怕不得不屈服。"战场上还有2万多布尔人在继续奋战,但他们都在讲"饥饿、缺乏弹药、马匹和衣服,以及巨大的堡垒体系是如何摧毁他们继续进行战争的努力的……悲惨故事"。[153]

但即使如此,布尔人也不接受无条件投降。作为放弃独立的回报,布尔人得到了英国人的许诺——不会对除了开普和纳塔尔地区以外的抵抗进行报复,而开普和纳塔尔地区的阿非利堪人被英国人视为卖国贼。除了许诺不会报复之外,英国人还承诺帮助布尔人重建家园并且"一旦情况许可,就帮助他们建立代议制自治政府"。[154]此后英国在马来亚、北爱尔兰和其他一些地区的冲突中都采用了相同的措施,就像古罗马人那样,首先提供政治和社会权益,以巩固战场上取得的胜利成果,并防止继续爆发革命。

在南非的战事平定之后,英国高级专员阿尔弗雷德·米尔纳爵士(Sir Alfred Milner)立即提出了一个雄心勃勃的重建计划,这位以前的战争贩子摇身变成了一个和平主义者,他主持建立学校、修建铁路和电话线并输入种子和牲畜,希望布尔人能在不知不觉中接受作为大英帝国子民的事实。[155]1906年,自由派在国会大选中获胜,立即开始向南非当地的白人移交权力。由于英国移民并未大量涌入,布尔人仍然占大多数。不久以后,布尔人不仅控制了原来的奥兰治自由邦和德兰士瓦,也掌握了开普殖民地和纳塔尔,并在1910年合并成立了南非联邦。英国此前曾抱怨布尔人虐待黑人和有色人种,现在发现可以把这些非白人族群划分为第二等级。这段和解过程总的来说相当成功,尽管1914年德·韦特和少数强硬派再次发动了起义,但南非在两场世界大战的时候都追随英国参战。扬·史末资后来更是成为指挥英军的元帅和战时内阁成员。

虽然交战双方都有虐俘行为，但许多参战者后来回忆时都称布尔战争是"最后一场绅士间的战争"[156]——这种说法不无道理，特别是和动用了机枪和毒气弹的第一次世界大战相比。在南非，交战双方都会为对方的伤者进行医治，都不会为了获得情报而严刑拷打，被俘军人一般来说待遇都还不错。3万名被扣押的布尔人被送往条件比较好的地方关押，比如百慕大、锡兰和印度；而布尔人，至少是在游击战阶段，也会释放英国战俘。基奇纳手下甚至有两个澳大利亚军官，绰号"碎石机"的哈里·莫兰特（Harry Morant）和彼得·汉考克（Peter Handcock）因为射杀战俘而被判有罪并枪毙。尽管战争中有7000名布尔士兵和22000名英军士兵死亡——另外还有2.5万名非战斗人员死于集中营——阵亡者名单还是大大短于军事战略家J. F. C. 富勒（J. F. C. Fuller）笔下的"大规模的无产阶级冲突"（massed proletarian conflicts），富勒本人曾以低级军官的身份参加在南非的战争。[157]人们肯定很难想象在以后的战争中双方还会这么客气，甚至是偶尔"友好地交谈"，就如同英国人和布尔人的指挥官在无数次的会面乃至定期通信中讨论如何对待非战斗人员、提供医疗服务和其他有关"战争规则与习俗"的事务那样。[158]

28
帝国全盛时期

为什么帝国主义埋下了自我毁灭的种子？

布尔战争证明，在游击战争中，欧洲帝国主义国家仍然占据优势——但他们的敌人很快就会弥补这个差距。美国在几乎同一时间投入的一场颇为相似的奇怪战争也向人们展示了相同的变化。

随着1898年美西战争的结束，美国吞并了菲律宾。许多菲律宾人拒绝接受华盛顿的统治。1899年，他们开始掀起暴力反抗，很快就变成了菲律宾独立战争。就像布尔人一样，菲律宾人最初用正规编制的军队与美军对抗，在遭受惨重损失后不得不转入游击战。美军和英军一样，采用了许多侵犯人权的手段，不只划定了名为"保护区"的集中营，还在拷问犯人时使用"水疗法"（后来称为水刑），一种从西班牙人那里学来的酷刑。这些虐待手段在美国本土引发了包括马克·吐温和安德鲁·卡内基这样的名人在内的抗议，同一时间的布尔战争也在英国国内引发了强烈抗议。但和英国类似，1900年美国总统大选中"主战派"候选人西奥多·罗斯福为总统拉到了足以制胜的选票。[①] 他在1902年推动美国取得了这场战争的

[①] 他本人成为副总统，1901年9月总统威廉·麦金莱被刺杀后补位继任总统。——译者注

胜利，当时弗雷德里克·方斯顿（Frederick Funston）准将在由其领导的一次突袭中抓获了菲律宾抵抗运动的领导人艾米利奥·阿奎纳多（Emilio Aguinaldo）。这种打击游击队及其领导阶层的成功行动——由亚瑟·麦克阿瑟将军（也就是道格拉斯·麦克阿瑟的父亲）指导——伴随着一次像在摩洛哥一样的仁慈的重建行动，包括开办学校、医院、市场和其他基础设施。后者由民政事务官，也就是未来的总统威廉·霍华德·塔夫脱（William Howard Taft）具体实施。随后像南非一样，菲律宾也宣告重归和平，美国很快就把权力移交给自治政府，以使菲律宾人接受美国的主权。

菲律宾人本有可能取得比布尔人更大的成功——他们的人口更多（有700万），而且生活在山区和丛林中，武装部队在这种地形上行动比在南非的大草原更难。但是，他们给美军造成的伤亡更小：总计4234名美军士兵死亡，大多数是因为疾病。反过来，菲律宾人的伤亡却高得多：1.6万人阵亡，另外有20万平民死亡，大都是因为传染病。布尔人更成功的地方在于他们有比较先进的武器和熟练的作战技能：每个布尔人都有步枪，而菲律宾起义者大多数只有一把刀。但是，布尔人的主要优点是他们高涨的民族主义情绪。阿非利堪人自认为是一个民族共同体，而且非常珍视自己的独立，而菲律宾人像美洲土著一样，四分五裂成许多族群。另外，和布尔人以及美国印第安人不同的是，菲律宾人并没有自由独立的经历。最终结果就是，他们很难统一起来反抗美军的占领。[159]

尽管在布尔战争和菲律宾独立战争中起义者都遭到了失败，但这两场战争还是标志着帝国主义的衰败。这两场战争造成的伤亡比以往的"小规模战争"更高，伤亡者不仅有少量职业军人，还有战时征召的志愿兵，而后者的伤亡令中产阶级和更高的阶层更敏感。正如利奥·埃默里在《南非战争史》（*The Times History of the War in South Africa*）中所写的，布尔人造成的伤亡"使已经习惯了在和野蛮人的战争中轻松获得大把荣誉的一代人受到了极大的震动"。[160]

许多以前对"土著人"的抵抗抱有轻蔑态度的军人，在认识到游击战的威力之后开始对其心怀敬意。在英国出版的畅销书《小规模战争：原则与实践》（*Small Wars: Their Principles & Practice*）在1896～1906年再版三次就证明了这一点，并且它也催生了美国海军陆战队在1940年出版的《小规模战争手册》（*Small Wars Manual*）。《小规模战争：原则与实践》的作者——被认为是T. E. 劳伦斯之前最权威的游击战领域专家——是查尔斯·爱德华·卡尔韦尔（Charles Edward Callwell）上校（后来晋升为准将），他曾经作为情报官指挥机动部队和布尔人作战。他在书中写道："游击战是应该竭力避免的一种作战方式。展开小规模战争的灵魂要素就是要争取和敌人进行决定性战斗，而从敌人的角度来说，游击战争的最根本要素就是避免进行决定性的战斗。"

卡尔韦尔提出的主要是战术原则，强调"持续对敌施压并且……让敌方武装没有喘息之机"的重要性，细分"整个作战区域……为许多小分区，每个小分区都有负责的部队"，"清除乡间可能被敌人利用的补给品"，"尽可能多地使用机动部队"并且"其规模在保证安全的前提下应该尽可能的小"。他还指出，游击战争比其他战争更强调"指挥官的独立自主性"或"一个组织良好且能力很强的情报机构"。同时卡尔韦尔还写道，正规部队"应该直接对反抗者的个人财产采取报复措施",他还警告"必须对敌人采取某种程度的惩罚措施,但又不能将其逼上绝路",而且"大规模的毁坏敌产很多时候弊大于利"。[161]

卡尔韦尔没有认识到政治因素在反游击战中的重要性,而其英国后辈则将政治因素提到了一个至关重要的高度。同样的,卡尔韦尔也没有提到新闻媒体因素,而媒体将在后来的游击战进程中起到很大的作用。政治因素以及后来将被称为信息战的事物即使在19世纪也不是完全不存在的,巴里亚京斯基在高加索和利奥泰在摩洛哥就曾经对当地名流做过相关方面的努力,但当时这种因素的重要性还没有达到后世的高度。在欧洲帝国主义国家的全盛时期,少数装备马克沁机枪和速射步枪的西方士兵基本上都能依靠"勇敢的主动精神"和"果断的行动"[162]来粉碎从普什图人到北美印第安人等一系列敌人的抵抗,而不必考虑安抚当地人的反抗情绪,或者应对疑神疑鬼的新闻媒体。

另外,这些战争大多数发生在帝国的偏远地区,那些敌人往往被认为是"不开化"的野蛮人,因此,以欧洲人的行为准则可以使用毫无底线的残暴手段。然而,帝国主义国家军队的胜利,意味着此后的战斗将会发生在帝国的边境内,正如一位历史学家所说的,它们"会被当作内乱而不是战争"。[163]因此,此后各国的军队将会发现,他们的行为将受到国内法律和公众舆论的限制,而这些都是19世纪时不曾存在的。

帝国主义也用其他方式为自己播下了毁灭的种子。西方人建立的学校和报纸带来了许多西方思潮,比如民族主义和马克思主义,西方的行政官员不经意间引发了自20世纪20年代起风起云涌的反抗浪潮。西方人传播的不仅仅是思想理念,还有大量武器。从 TNT 到 AK-47 的众多先进武器被西方人生产出来并且流向全世界，这使 20 世纪殖民统治的反抗者所装备的武器要远胜于他们的祖先。

甚至在 20 世纪初帝国主义的全盛时期，就有一些敏锐的观察家认识到欧洲的殖民统治不可能无限期地维持下去。当然，具体的事件发展脉络不可能提前半个世纪就预知出来，但早在 1897 年，吉卜林就给志得意满的英国公众发出了警告（当时英国夺取了"生长着棕榈树和松树之地的统治权"，英国公众"醉心于……权力"），他指出不久以后"我们往日的强盛"很可能会"重蹈尼尼微（Nineveh）和提尔（Tyre）古城的覆辙"——"切记！切记！"[164]尼尼微和提尔都是被游牧民族铁骑摧毁的苏美尔古城。吉卜林这么说当然不是指游击队的威胁；他只是提醒，所有伟大的文明最终都难逃衰落和毁灭的命运。但从后殖民时代的现实来看，吉卜林的这种情感准确地击中了祖国英国的要害，而这是他自己都没有意识到的。

注 释

1 In 1450, 1800: Lynn, *Acta*. In 1914: Headrick, *Tools*, 3.
2 Thornton, *Warfare*, 150.
3 Morris, *Washing*.
4 Boot, *War Made New*, 77–103.
5 Kopperman, *Braddock*; WP/CS, 1.336; Anderson, *Crucible* (casualty figures: 760, n. 17); Russell, "Redcoats"; Grenier, *Way*.
6 Jamestown: Smith, *Historie* ("beasts": 1.281; "barbarously": 1.280; "destroy them": 1.286); Kingsbury, *Records* ("skies fall": 3.550; "defacing": 3.551; "viperous": 3.553; wine: 4.98–99, 102, 220–22; "perpetual": 3.672); Price, *Love*, 200–21; Kupperman, *Jamestown*, 304–16; Rountree, *Powhatan*, 69–78 (Indian dress); Rountree, *Pocahontas's People*, 73–77; Neill, *Memoir*, 57 ("happy league"); Vaughan, "Expulsion"; Shea, *Virginia Militia*, 25–38; Horne, *Land*, 255–62; Steele, *Warpaths*, 46; Utley, *Indian Wars*, 8; Grenier, *First Way*, 23–24; Taylor, *American Colonies*, 129–37; Fausz, "Barbarous Massacre."
7 A paraphrase of Wilson, *Weep*, 47.
8 WP/CS, 2.233.
9 Champlain, *Works* ("frightened," "lost courage": 2.100); Fischer, *Champlain's Dream*, 265–70; Trigger, *Aataentsic*, 249–54; Steele, *Warpaths*, 64–65.
10 For the use of "Indians," rather than "Native Americans," see Mann, *1491*, appendix A.
11 Morgan, *Heroes*, 16 ("horror"), 17 ("cherished").
12 Mann, *1491*, 87.
13 Malone, *Skulking Way* (firearms: 42–45; Indian marksmanship: 52); Starkey, *Native American Warfare*, 20–25; Trigger, *Cambridge History*, vol. 1, pt. 2, pp. 5–21.
14 Rowlandson, *Narrative*, 68.
15 Parkman, *France*, 402.
16 Mann, *1491*, 94, 其中提到，1492年以前新大陆的印第安人口估计总共在800万至1.12亿之间。他指出（第132页），"就目前看来，比较高的数字得到了大多数人的认同"。而不认同较高数字的观点可以参见 Henige, *Numbers*。
17 Snow, "European Contact."
18 Bradford, *Plymouth*, 327.
19 Wilson, *Weep*, 75.
20 King Philip's War: Cook, "Interracial Warfare" (casualty figures); Drake, *King Philip's War*; Lepore, *Name of War*; Schultz, *King Philip's War* (253 years: 2); Leach, *Flintlocks*.
21 Wilson, *Weep*, 21.
22 Saggs, *Assyria*, 263–68.
23 70,000 removed: Vandervort, *Indian Wars*, 122. "Brute": Rozema, *Voices*, Kindle location 2363.
24 Missall, *Seminole Wars*; Mahon, *Second Seminole War*; Sprague, *Florida War*.
25 Sand Creek: U.S. Congress, *Report* ("brains": 42); Greene, *Sand Creek*; Hoig, *Sand Creek*; Hatch, *Black Kettle*, 146–67.
26 Washita: Hardorff, *Washita* (buffalo trail: 107–8; "heap Injuns": 137; "close": 111; "moody": 153; "watch tick": 207; "village rang": 114; "eyelids": 208; "determined defense": 82; "gorgeous": 210; "superior": 88; ponies killed: 26–27, 144; mistress: 231; "nice": 171; casualties: 78–79); Custer, *Wild Life*, 206–33; Godfrey, "Reminiscences"

("Wilderness"); Brewster, "Battle" ("oppressive," "boys"); Barnitz, *Life* ("dispatch[ed]": 220; "surprising": 227); Spotts, *Campaigning*; Keim, *Troopers*, 145 ("mutilation"). For secondary sources, see Greene, *Washita*; Hoig, *Washita*; Epple, *Custer's Battle*; Hatch, *Black Kettle*; Utley, *Regulars* ("total war": 144); Brill, *Custer, Black Kettle*; Wert, *Custer* (mistress: 287–88); Utley, *Cavalier*, 64–78; Barnard, *Hoosier*.
27 The U.S. army and civilian figures are for 1848–90; the figure for Indians is for 1865–90. Vandervort, *Indian Wars*, xiv.
28 "Better": Hassrick, *Sioux*, 32. "Courting": 33. "Suffer": 34. Coup: 90–91.
29 270,000 Indians: Commissioner of Indian Affairs, *Report 1866*, 372. 100,000 hostiles: Utley, *Frontier Regulars*. 5.8 million Americans: Utley, *Indian Wars*, 161. 30,000 Sioux: U.S. Commissioner of Indian Affairs, *Report 1866*, 371.
30 Utley, *Indian Wars*, 193.
31 U.S. Secretary of the Interior, *Annual Report 1873*, 3–4.
32 Utley, *Regulars*, 15.
33 Ibid., 22.
34 Crook: Cozzens, *Eyewitnesses*, 5.213, 246; Bourke, *Border*, 110 ("lance"); AHEC/CKP, box 1 ("vices": Diary, Jan. 31, 1873–Feb. 15, 1873; cribbage: Diary, Aug. 13, 1885–Dec. 11, 1887; "pastime": A. H. Nickerson, "Major General George Crook and the Indians: A Sketch").
35 Aleshire, *Fox*, ix.
36 Cozzens, *Eyewitnesses*, 5.217.
37 Crook, "Apache Problem," 263–65 ("wildest," "physique," "pard," "trail").
38 Bourke, *Border*, 443.
39 Diary, Jan. 31, 1873–Feb. 15, 1873, AHEC/CKP, box 1.
40 Geronimo: AHEC/CKP; Aleshire, *Fox*; Crook, *Autobiography*; Miles, *Recollections*, 445–532, and *Serving*, 219–32; Bourke, *Border*; Bourke, *Apache Campaign*; Roberts, *They Moved* (266 mules, 327 men: 228; $2: 309); Aleshire, *Fox*; Utley, *Frontier Regulars*, 344–96; Vandervort, *Indian Wars*, 192–10; Geronimo, *Story*; Gatewood, *Memoir*; Thrapp, *Apacheria*; Cozzens, *Eyewitnesses*, vol. 1.
41 Alcohol, swearing: Utley, *Cavalier*, 108–9; Wert, *Custer*, 46; Barnett, *Touched*, 80.
42 "Genial": A. H. Nickerson, "Major General George Crook and the Indians: A Sketch," AHEC/CKP, box 1. "Pomp": Bourke, *Border*, 108.
43 Cozzens, *Eyewitness*, 4.251.
44 Little Bighorn: Utley, *Frontier Regulars*; Yenne, *Sitting Bull and Indian Wars*; Cozzens, *Eyewitnesses*, vol. 4; Michino, *Lakota Noon* (estimates of Indian strength: 3–12); Gray, *Custer's Last Campaign* and *Centennial Campaign*; Wert, *Custer*; Utley, *Cavalier*; Vandervort, *Indian Wars*; Hutton, *Custer Reader* and *Soldiers West*; Scott, *Perspectives*; Godfrey, *Account*; AHEC/CKP, box 1 ("lithe": A. H. Nickerson, "Major General George Crook and the Indians: A Sketch"); Utley, *Cavalier*, 65 ("Indians enough").
45 Utley, *Indian Wars*; St. Clair, *Narrative*; Trigger, *Cambridge History*, vol. 1, pt. 1.
46 Reasonable choice: Friedman, "Strategy Trap."

47 Miles: AHEC/NAM ("nature": Winfield S. Hancock to 2nd Corps Headquarters, June 24, 1863, box 1; "sleepless," "uncommon": Francis C. Barlow to Sen. Henry Wilson, Nov. 28, 1863, box 1; "pounding": Phil Sheridan to Adjutant General, Oct. 25, 1877, box 2); Finerty, *War-Path* ("no rest": 298); Remington, *John Ermine* ("light fires": 136); Miles, *Recollections* ("Esquimaux": 219; 60 below: 218); Cozzens, *Eyewitnesses*, vol. 4; Utley, *Frontier Regulars*; Greene: *Lakota, Yellowstone, Battles, Morning*; Robinson, *Good Year*; Andrist, *Long Death*; DeMontravel, *A Hero*; Wooster, *Nelson A. Miles*.

48 Vandervort, *Indian Wars*, 46.

49 Gimri: Baddeley, *Conquest* (snow: 276; "ferocious": 266–69; Germentchug: 27–274); Blanch, *Sabres* ("bare": 70; "wild beast": 73–74); al-Qarakhi, *Shining* (pulled out sword: 22); Gammer, *Resistance*, 58–59; Allen, *Caucasian Battlefields*, 47–48 ("Wahabi").

50 Baddeley, *Conquest*, xxxvi.

51 Blanch, *Sabres*, 1.

52 Yermolou: Baddeley, *Conquest* (abandoned gun: 107; "terror": 97); King, *Ghost of Freedom*, 45–50; Gammer, *Resistance*, 29–38, and *Lone Wolf*, 31–44; Blanch, *Sabres*, 22–26; Longworth, *Russia*, 199–200; Dunlop, *Chechnya*, 13–18.

53 Tolstoy, *Hadji Murat*, 63.

54 Gammer, *Resistance*, 22.

55 Origins of gazavat: Gammer, *Resistance*, 39–65; Gammer, *Lone Wolf*, 45–50; King, *Ghost*, 64–73; Zelkina, *Quest*, 121–68; Blanch, *Sabres*, 54–124; Baddeley, *Conquest*, 230–88; Dunlop, *Chechnya*, 23–24; Seton-Watson, *Russian Empire*, 291–92.

56 Shamil's appearance: Blanch, *Sabres*, 48 (height), 52 (henna), 129 ("flames darted"); Tolstoy, *Hadji Murad*, 67 ("hewn").

57 Second escape: Blanch, *Sabres*, 162–74; Baddeley, *Conquest*, 328–43; King, *Ghost*, 79–80; Gammer, *Resistance*, 96–109.

58 Baddeley, *Conquest*, 438.

59 Blanch, *Sabres*, 129–33; Baddeley, *Conquest* ("betraying": 378); Gammer, *Resistance*, 239–40.

60 Zelkina, *Quest*, 223.

61 Gammer, *Muslim Resistance*, 24; King, *Ghost*, 90.

62 J. A. Longworth to the Earl of Clarendon, July 20, 1855, NA/CIR.

63 Vernadsky, *Source Book*, 3.609.

64 Ibid.

65 War's end: Blanch, *Sabres*, 293–301, 390–410; Baddeley, *Russian Conquest*, 437–82; al-Qarakhi, *Shining*, 61–65; King, *Ghost*, 84–92; Gammer, *Resistance*, 277–79, and *Lone Wolf*, 63–64; Zelkina, *Quest*, 226–34; Barrett, "Remaking."

66 Abd el-Kader: Kiser, *Commander* (Shamil's thanks: 303); Churchill, *Abdel Kader*; Danziger, *Abd al-Qadir*.

67 Baddeley, *Conquest*, 480.

68 King, *Ghost*, 76.

69 See Lermontov's *A Hero of Our Time* and Tolstoy's *Hadji Murad, The Cossacks*, and "The Wood-Felling: A Junker's Tale," in *Sevastopol and Other Military Tales*, 154–205.
70 Start of march: Kaye, *History* ("ankle-deep": 2.329); "Brydon's Ride," in Sale, *Journal* ("charred": 161); Sale, *Journal* (frosty: 95; "disorganized": 102); Eyre, *Military Operations* (size of force: 196; "dreary": 195; "conflagration": 199; "fell": 199).
71 Kipling, "Hymn before Action" (1896).
72 Army of the Indus: Kaye, *History*, 1.379,388, 389 ("comforts"), 1.464 ("bayonets"); Waller, *Beyond*, 137–38; Havelock, *Narrative*, 1.23 ("mortifying"); Gleig, *Sale's Brigade*, 69–73 (cricket).
73 Gleig, *Sale's Brigade*, 100.
74 Kaye, *History*, 2.336–37.
75 Sale to T. H. Maddock, April 16, 1842, NA/RBJ ("fanatical," "melancholy").
76 Lunt, *Bokhara Burnes*; Burnes, *Cabool*.
77 Sale, *Journal*, 37.
78 Ibid., 20.
79 Kaye, *History*, 2.191.
80 Ibid., 196.
81 Ibid., 273.
82 Colley, *Captives*.
83 End of march: NA/AC; Kaye, *History* ("ankle-deep": 2.329; "incessant": 2.162; "dark": 2.384: "cruel": 2.385); "Brydon's Ride," in Sale, *Journal* ("charred": 161); Sale, *Journal* ("frost-bitten": 108); Eyre, *Military Operations*, 195–235 (size of force: 196; "faintest semblance": 201; "monstrous": 205; 3,000 died: 209; "slaughter": 208; 700 Europeans: 196); Marshman, *Memoirs*, 50 ("stupendous"); Gleig, *Sale's Brigade*; Stewart, *Crimson Snow*, 145–75; Macrory, *Retreat*, 197–238; Waller, *Beyond*, 236–55; Tanner, *Afghanistan*, 193 (hostages); Norris, *First Afghan War*, 378–81; Dupree, *Afghanistan*, 388–93.
84 Maj. Rawlinson to Maj.-Gen. Nott, Feb. 1, 1842, NA/AC, 75.
85 Low, *Pollock*, 255–58.
86 Colley, *Captives*, 354 ("scribbling").
87 Ibid., 363.
88 Pollock to Maj. Gen. Lumley, Oct. 13, 1842, NA/AC, 217.
89 Low, *Pollock*, 416.
90 Kaye, *History*, 3.376.
91 Proclamation by governor general, Oct. 1, 1842, NA/AC, 214.
92 Second Afghan War: Robson, *Road* (casualties: 299); Intelligence Branch, *Official Account*; Hanna, *Second Afghan War*; Roberts, *Forty-One Years*, vol. 2; Hensman, *Afghan War*.
93 Third Afghan War: Robson, *Crisis*.
94 Elphinstone, *Caubul*, 253.
95 Schofield, *Afghan Frontier*, 163.
96 Warburton, *Eighteen Years*, 343.
97 Malakand Field Force: Churchill, *Malakand Field Force*, 127 ("chastise"), 204 ("roadless," "march anywhere"), 168 ("destroyed"), 66 ("no quarter"); Churchill,

Young Winston's Wars; CAM/CHUR, 28/23; Blood, *Four Score*; Pioneer, *Risings*; Schofield, *Afghan Frontier*, 107–11; Swinson, *North-West Frontier*, 232–55.
98. Great Britain, *Hansard's*, 54.749, March 7, 1898.
99. "Pinpricking," "we had": Masters, *Bugles*, 194–95. "Castrate": 199. "Few": 197.
100. Kipling, *Complete Verse*, 414–16.
101. Masters, *Bugles*, 201.
102. Maurice, *History*, 1.91–92.
103. Henissart, *Wolves*, 29.
104. Porch, *Morocco*, 85–86. For a response, see Singer, *Force*, 200–201.
105. Lyautey, "Du rôle social."
106. Windrow, *Our Friends*, 170.
107. Lyautey, *Lettres*, 1.122.
108. Maurois, *Lyautey*, 47.
109. Ibid., 54.
110. Gann, *Proconsuls*, 90.
111. Indochina: Ibid., 80–108; Hoisington, *Lyautey*, 7; Gershovich, *Military Rule*, 30; Thompson, *Indo-China*, 74; Earle, *Makers*, 238–40; Windrow, *Our Friends*, 191–209.
112. Lyautey, "Du rôle colonial."
113. Porch, *Morocco*, xxii; Bidwell, *Morocco*, xi.
114. Porch, *Morocco*, 187. For a contrary view see Hoisington, *Lyautey*, 53, 206.
115. Morocco population: Park, *Historical Dictionary*, 98.
116. Windrow, *Our Friends*, 167.
117. Burnoose: Maurois, *Lyautey*, 115–17. "Notables": 158. "Passion": 50.
118. Harris, *Morocco*, 295.
119. Maurois, *Lyautey*, 196.
120. El-Hiba: Porch, *Morocco*, 266–67; Hoisington, *Lyautey*, 46; Gershovich, *Military Rule*, 96; Maxwell, *Lords*, 129–30; Bidwell, *Morocco*, 104; Windrow, *Our Friends*, 403. "Execution": Boot, *War Made New*, 148.
121. Maurois, *Lyautey*, 168–69.
122. Gershovich, *Military Rule*, 80.
123. Rif: Woolman, *Rebels* (half million: 196); Gershovich, *Military Rule*, 122–66; Pennell, *Country*.
124. Lyautey, *Lettres*, 2.129. Degrees, "bad": Earle, *Makers*, 258.
125. Black Week: Amery, *Times History*, 3.2 ("unsuccess," "stinging"), 3.3 ("stirred") ; Fitzgibbon, *Arts*, 2 ("deep gloom"); NA/SAD, vol. 1; Doyle, *Great Boer War*, 108–9 ("disastrous"); Pennell, *Whistler*, 253–54 ("whipped"); *Times*, *Guardian*, *Observer*; Victoria, *Letters*, 3.434 ("grieved"); *Daily Telegraph*, Dec. 11, 1899 ("grave news"), Dec. 16 ("reverse"); *Daily Mail*, Dec. 15 ("heavy losses"); Farwell, *Anglo-Boer War*, 139–47; Pakenham, *Boer*, 252–64.
126. Population: http://www.parliament.uk/commons/lib/research/rp99/rp99-111.pdf. Industrialized: Kennedy, *Rise and Fall*, 200.
127. Schikkerling, *Commando*, 207–8.
128. Reitz, *Commando*, 142.

129 Maurice, *History*, 1.1; Amery, *Times History*, 2.88.
130 Pakenham, *Boer*, 253.
131 *Times* (London), Dec. 18, 1899.
132 Kipling, "Bobs" (1892).
133 Maurice, *History*, 4.5; Pakenham, *Boer War*, 486.
134 De Wet: Pienaar, *With Steyn*, 97 ("sorry sight"), 103 ("castrate"); Wilson, *After Pretoria*, 1.49; De Wet, *Three Years*, 75 ("rapidity"); Rosenthal, *De Wet*, foreword ("byword"); Rosslyn, *Captured*, 256 ("undistinguished").
135 Sanna's Post: De Wet, *Three Years* ("hands up": 66); Rosenthal, *De Wet*, 74–78; Amery, *Times History*, 4.29–50; Pakenham, *Boer War* (30,000 men: 414); Farwell, *Anglo-Boer War*, 257–63.
136 Smuts raid: Reitz, *Commando*, 112 (George Washington), 215 ("every valley"), 218 ("finished"), 219 ("glissading"), 212 ("evil dreams"), 209 ("ragged"), 223 ("froze"), 210 ("first slice"), 230 ("refitted"); Smuts, *Smuts*, 63 (*Anabasis*), 61 (250 men); Smuts, *Papers*, 1.433 ("poison"), 1.434 ("terrible"), 1.437 ("right").
137 James, *Heels*, 12.
138 Mosley, *Glorious Fault*, 119.
139 Farwell, *Anglo-Boer War*, 353.
140 Phillipps, *With Rimington*, 201.
141 Great Britain, *Hansard's*, 90.180, March 1, 1901.
142 Reconcentrado: Tone, *War*, 193 (deaths), 164 ("bonbons"); Thomas, *Cuba*, 329–31.
143 Pakenham, *Scramble*; Hull, *Destruction*.
144 Hamilton, *Commander*, 67.
145 Concentration camps: Hobhouse, *Brunt*, 116 ("indescribable"), 118 ("luxury"), 153 ("barbarism"); Hall, *Bloody Woman*, 3 ("bloody"); Hamilton, *Commander*, 67 ("feel"); Martin, *Concentration Camps*, 31 (death figures); Judd, *Boer War*; Pakenham, *Boer War*, 549 (150,000).
146 Pakenham, *Boer War*, 492.
147 2,000 volunteers: Judd, *Boer War*, 247.
148 Blockhouses: NA/BLOCK; Fuller, *Last*, 107–48 ("nothing to do": 111); Wilson, *After Pretoria*, 2.546–50; Maurice, *History*, 4.568–76.
149 NA/AT.
150 "Blockhead": De Wet, *Three Years*, 260. "Succeeded": 261. "Night": 263. "Undoing": 18. "Probability": 224.
151 Andrew, *Secret Service*, 29; Pakenham, *Boer War*, 573.
152 Woolls-Sampson: Sampson, *Anti-Commando* ("fanatical": 99; "mad": 150; "enflamed": 134); Farwell, *Anglo-Boer War*, 356–57; Pakenham, *Boer War*, 573.
153 "Attrition": Reitz, *Commando*, 314. "Ruin," "disastrous": 322.
154 Maurice, *History*, 4.562.
155 Reconstruction: Amery, *Times History*, vol. 6; *Milner Papers*, 2.367–403; Thompson, *Forgotten Patriot*, 219–38.
156 Fuller, *Last*.

157 "Massed": Fuller, *Last*, 7. Fatalities: Amery, *Times History*, 7.25.
158 "Friendly": Lt. Gen. Bindon Blood, Aug. 27, 1901, NA/SAD, 1.159. "Rules": 1.160.
159 Philippines: Boot, *Savage Wars*, ch. 5.
160 Amery, *Times History*, 3.3.
161 Callwell, *Small Wars*, ch. 11.
162 Ibid., 24.
163 Mockaitis, *Counterinsurgency*, 18.
164 Kipling, *Complete Verses*, 327. See also Gilmour, *Recessional*, 119–24.

北 美 洲

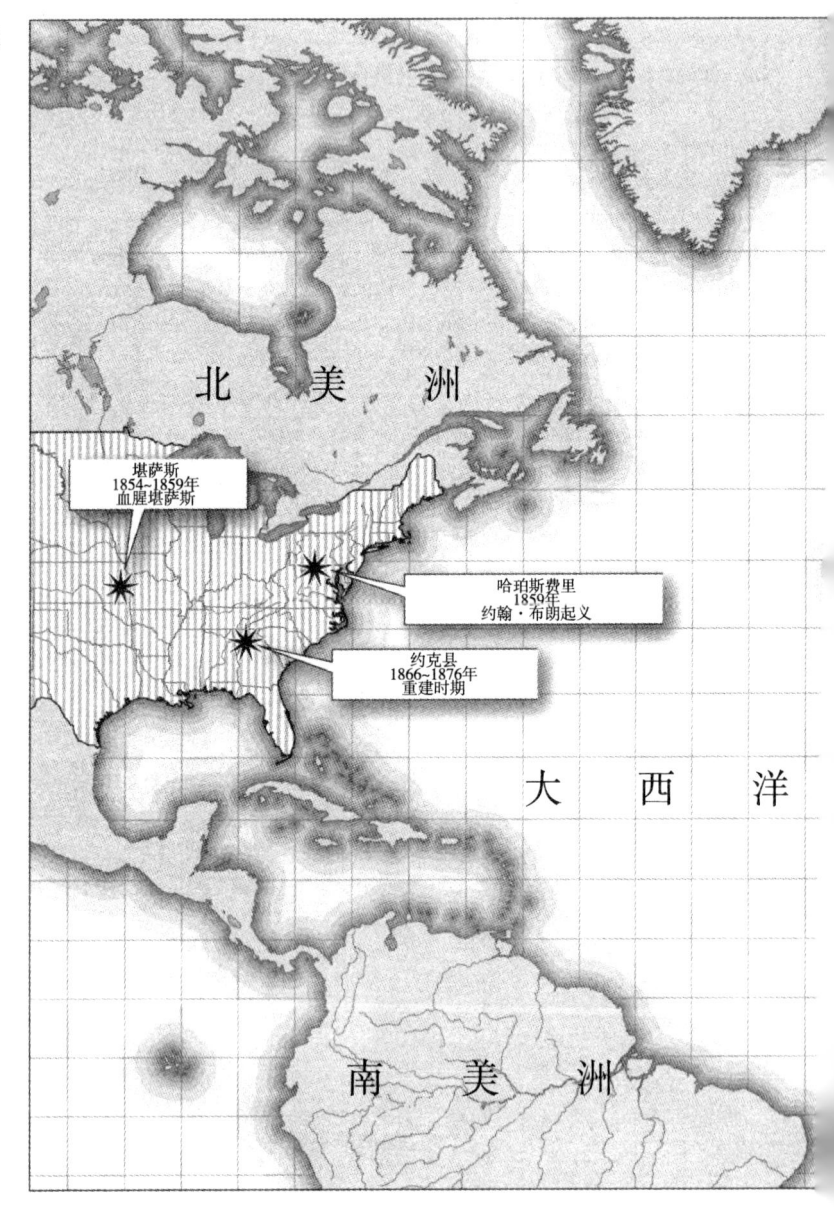

堪萨斯
1854~1859年
血腥堪萨斯

哈珀斯费里
1859年
约翰·布朗起义

约克县
1866~1876年
重建时期

大 西 洋

南 美 洲

第四章
投弹凶徒
国际恐怖主义的第一个大时代

都柏林 1916年
复活节起义
爱尔兰 1919~1921年
爱尔兰独立战争

欧洲

莫斯科/圣彼得堡
1879~1881年
民意党
俄国 1902~1917年
社会主义者

西班牙/法国/意大利
约1880~约1939年
无政府主义者

地中海

伊朗,叙利亚
公元1090~1256年
阿萨辛派

非洲

29
绝命刀客

阿萨辛派，公元1090～1256年

本书到目前为止基本没有提及恐怖主义，部分原因是术语的问题。北美的欧洲殖民者和印第安人都攻击对方的平民企图造成恐慌，但是双方都不算非国家实体（欧洲人对殖民地政府负责，而印第安人则是对自己的部落和部落联盟负责）。相比残酷镇压海地、西班牙和旺代地区起义的法国领导人，北美殖民者和印第安人都算不上"恐怖分子"。从定义上讲，恐怖主义必须是由亚国家团体（substate group）实施的。此外，所有的游击武装都会被指责打死过一些平民——许多情况下被杀的平民确实很多，但这并不是游击武装的主要目标。他们主要还是攻击武装部队，而且游击队的主要目的是从肉体上消灭敌人，并不仅仅着重宣传攻势。因此，这些武装组织都超出了"恐怖主义"（见本书引子）的范畴，这是限制很明确的定义。但可以理解的是，现在这个术语被用得太频繁，成了随便贴的标签，丧失了本来的意义。

本书至此未涉及多少有关恐怖主义的内容，并不仅仅是语义学上的原因，事实上，在19世纪以前很少存在恐怖主义团体。当然，历史上并不乏各种暗杀者，但很少有为了某一政治或宗教目标而实施恐怖行动的有组织团体。尤利乌斯·

恺撒（Julius Caesar）可以说是恐怖主义刺杀行为的受害者，但很难把这些刺客定义为职业恐怖分子，而且他们的目标也不是为了散布恐怖，他们只是想除掉这个他们不喜欢的罗马统治者。其他君王遇刺的案例（英国查理一世、法国路易十六、俄国沙皇尼古拉二世）都是大规模革命的后果，而非单纯的恐怖主义行动。还有一些刺杀行动——李·哈维·奥斯瓦尔德（Lee Harvey Oswald）刺杀约翰·F. 肯尼迪或瑟罕·瑟罕（Sirhan Sirhan）刺杀罗伯特·F. 肯尼迪——都是某些狂热分子的个人行为，他们的目的可能是为了传达某种政治信息，但是据我们所知，这种行为并不代表任何规模更大的群体性运动。

迄今所知，在现代化之前系统展开恐怖行动并取得最大成功的团体，出现在现代恐怖主义的中心区域，也就是中东，而这也比较合理。他们一般被称为阿萨辛派（Assassins），更准确地说应该是尼扎里派伊斯玛仪派（Nizari Ismailis），它是公元11世纪被伊斯兰世界迫害的一个什叶派支派。为了开辟空间来实践并让人信奉自己的教义，这个派别的首位伟大领袖哈桑·萨巴赫（Hasan-i Sabbah）刺杀了他的敌人。

萨巴赫作为一个"天生的革命者"，于公元1090年在波斯北部厄尔布尔士山区建造了一座碉堡作为自己的大本营，也就是阿剌模忒堡（Alamut fortress，又译阿拉穆特堡）。这里地处偏远，只有一条通道可以出入，萨巴赫从这里派人出去争取伊斯玛仪事业的追随者。但是，他并不满足于用这种非暴力手段传教。萨巴赫同时还派出身怀利刃的自杀式刺客去刺杀那些敌视其教派的伊斯兰世界名流，包括宗教教士、法官、教师、官员、军人。这些刺客渴盼能够进入天堂，所以他们一般都不会逃跑，实际上成了自杀式刺杀者。"阿萨辛"这个词是"吸食大麻的人"的变体——这是那些刺客的敌人给他们贴的标签，因为他们认为（当然事实并非如此）只有药物的力量才能让一个人不惜牺牲生命地除掉敌人。事实上，这些刺客不过是出于宗教狂热而已；使用迷幻药物会让他们的计划落空，因为刺客经常需要伪装和演戏，而这都需要保持耐心和机敏。

在哈桑·萨巴赫掌权的30年时间里，他的刺客宣称仅刺杀了50人，所有人都有一定的社会地位。虽然其"恐怖统治"（reigns of terror）的规模相比蒙古人或法国大革命时期要小得多，但对他的敌人来说已经足够了。从那以后，根据一位阿拉伯编年史家的记载，"没有哪个高官或大将敢于在没有保护的情况下外出，他们的衣服下边都穿着护身甲"。

在哈桑·萨巴赫组织实施恐怖行动的几十年里，他从来没有迈出过阿剌模忒堡一步，事实上甚至连自己的屋子都不出。他和许多后来的恐怖组织领导人一样，智商颇高而且长时间在自己藏书颇丰的图书馆里埋首苦读。萨巴赫在几何学、天文学和算术方面都有很深的造诣。一个曾经和他见过面的拜占庭使者对此有深刻的印象："他有着天生的高贵气质，彬彬有礼，面带微笑，总是谦恭且和蔼可亲，但绝不是那种随便的或漫不经心的气质，他的态度很优雅，而且行动很坚定，这些气质结合在一起就产生了一种无可置疑的权威感。"

但文明有礼的外表下深深隐藏的是宗教狂热。他很早就把妻子和女儿们送走以免让自己分心，终其一生再也没有和她们见面。萨巴赫抓到自己的一个儿子饮酒，下令把他处死。另外一个儿子则因为未经许可杀人而被处死，但后来发现这其实是个误会。萨巴赫如此牺牲自己的亲生子女，很可能让人怀疑他的人性，但这激励了他的追随者。利用这样的献身精神，他缔造了一个国中之国，即在塞尔柱帝国鞭长莫及的波斯边疆地区分散着的伊斯玛仪棱堡。

哈桑·萨巴赫1124年去世，表面上看是自然死亡。他的继承者远不如他。由于伊斯玛仪派在波斯的行动失去了推动力以及陷入内讧，刺客们的行动步伐大大减缓。后来伊斯玛仪派在西部叙利亚地区的行动将比较活跃。伊斯玛仪派也在这里成功构建一个由自杀式刺客保卫的堡垒网。叙利亚阿萨辛派最初由拉希德·阿尔-丁·锡南（Rashid al-Din Sinan）领导，他出生在今天的伊拉克地区，后来成了十字军口中的"山中老人"（the Old Man of the Mountain）。锡南未能刺杀穆斯林伟大的英雄萨拉丁（Saladin），萨拉丁于1187年率领大军从十字军手中夺回了耶路撒冷。不过，锡南的手下还是成功刺杀了耶路撒冷的十字军王国国王蒙特费拉的康拉德（Conrad of Montferrat）。

1192年，康拉德在提尔遇到了两个他曾于六个月前接待过的年轻基督教僧侣。这两个人用法兰克语和他交谈甚欢，而且学识渊博。在彬彬有礼地交谈了一会儿之后，这两个人突然从袍子里抽出匕首，一本阿拉伯编年史记载，他们"像两头恶狼一样扑上来"。受伤的国王跑进一座教堂，在那里被其中一个刺客杀死。刺客在死前供认自己是锡南派来的。这次刺杀行动的原因一直无人知晓，但它对欧洲人的冲击很大。一个德国神父给法国国王写信，鼓动再次发动十字军东征，因为阿萨辛派"是被诅咒的亡命之徒。他们出卖自己，渴望人的鲜血，杀戮无辜者，并且对生命和救赎都漠不关心"。

到 13 世纪时，阿萨辛派终于要面对不会被暗杀震慑的敌人了。他们在波斯境内的据点被蒙古人摧毁，蒙古人屠杀了包括大批伊斯玛仪派信徒在内的各色人等。叙利亚在同一时期被奴隶骑兵马穆鲁克所摧毁，后者打造了一个统治埃及和叙利亚的王朝。时至今日，仍有数百万伊斯玛仪派归于阿迦汗（Aga Khan，伊斯玛仪派领袖的世袭封号）的领导之下，但自13世纪遭逢大灾之后他们再也没有成为一支不容小觑的政治力量，也不再实施任何恐怖行动。

他们的恐怖统治维持了两个世纪，使其无愧于世界上最成功的恐怖组织团体之一的名声。归功于哈桑·萨巴赫的黑暗天赋，他们发展出一个高效的组织体系，一套隐蔽的等级制度，以及诸多让追随者献身于伟大事业的意识形态和教化手段。这些都是那些成功延续至今的恐怖主义组织的最基本要素。但是，阿萨辛派和后世的大多数恐怖组织也有很大的不同。正如伯纳德·刘易斯（Bernard Lewis）所指出的，"和现代恐怖组织不同，（阿萨辛派）只袭击有权有势的人，从不会袭击那些普通人"。[1]

* * *

谈到古代的恐怖主义组织还要提到匕首党（Sicarii），这些"身藏利刃之人"在公元1世纪时游荡在朱迪亚以刺杀私通罗马的叛徒，此外还有1605年盖伊·福克斯（Guy Fawkes）以及另外12个天主教徒功败垂成的火药阴谋，当时他们试图炸毁英国议会大楼。[2] "匕首党"引发了犹太人反抗罗马的大起义，而火药阴谋如果成功的话，就能够将英国的统治阶层一股脑炸上天。这些行动证明穆斯林并非拥有恐怖行动的专利权，但此后的情况就大不相同了。大多数其他惯于使用暴力手段的非国家团体，比如在印度袭击过路客的暗杀团（Thuggee cult），他们的首要目的并不是达成什么政治或宗教企图，只是图财害命而已。[3]

* * *

和游击战这种很古老的战争形式相比，恐怖主义更现代。恐怖主义的传播得益于四个要素：破坏性十足且轻便的武器、大众传媒、文化普及以及世俗的意识形态。

炸药（Dynamite）这种可供恐怖分子选择的武器直到1866年才问世。另外一种恐怖分子常用的武器——后膛手枪——也在几乎同一时间广泛流传。当然还有其他的一些武器，从过去一直到现在仍被恐怖分子所使用，但是桶装黑火药的爆炸威力远比不上一管炸药，后者的威力是前者的20倍。[4] 而匕首也不如手枪更致命。

在19世纪下半叶大众传媒的广泛兴起和发展使恐怖分子只需要实施少量暴力行动，就能够造成巨大的政治影响力，而这在新闻依靠口口相传的年代是很难达到的。依靠排字机生产出来的报纸、杂志大量发行，它们通过电报获取新闻内容，还配上了颇具特色的照片，低廉的价格让工人阶层也能承受，这些都是那个时代首次出现的。现代恐怖主义在那时应运而生也绝非巧合。

相应的社会进步——学校和大学的广泛建立——促使一批受过教育的人出现，恐怖分子可以从他们之中招募人员，并且可以通过他们来影响像俄国这种仍处于独裁统治之中的国家。大学在全世界都是极端主义意识形态的培养皿，无论是保守派还是激进派。这些意识形态包括无政府主义、民族主义、法西斯主义、社会主义和共产主义。这些意识形态吸引了大批追随者，他们愿意用暴力手段来实现自己的信仰，包括那些从来没上过大学，或者没看过书，但仍可被各种演讲、讨论、文章或有关激进思想的小册子所影响的人。

一般认为恐怖主义行动很少"有结果"，意思是它们很少能实现自己的目标。随便挑选一个现代恐怖组织，有各种失败案例可供参考，从巴斯克的埃塔组织（ETA）到德国的红军派（Baader-Meinhof Gang）。19世纪无政府主义者的行动进一步证明了恐怖行动的无用，他们根本无法摧毁一个现有的国家，代之以无政府主义理想化的公社体系。但同时也有很多案例证明恐怖分子显著地影响了历史进程，有时候甚至是按照他们所设想的方向。19世纪和20世纪初的一些相对成功的恐怖主义组织有三K党、爱尔兰共和军，以及两次世界大战之间德国和日本的军国主义分子。甚至俄国的革命者，虽然未能用暗杀和"没收"的方法推翻罗曼诺夫王朝，但仍然动摇了沙俄的根基并加速了它的灭亡。

但是，为什么一些恐怖分子成功了，而其他的都失败了呢？想要找到这个问题的答案，需要详细解读从美国内战到一战爆发前的关键的恐怖主义行动，也就是国际恐怖主义的第一个高潮期。[5]这个时期活动最频繁、影响力最大的恐怖组织是美国的废奴主义者和种族隔离主义者，俄国的民粹主义者和社会主义者，欧洲和北美的无政府主义者以及爱尔兰的民族主义者。他们并非全部达成了自己的目标，但不论结果好坏，都改变了历史。甚至是无政府主义者，虽然他们一无所获，却无意中促成了各国警察的协作，标志性事件就是国际刑警组织（Interpol）的成立。虽然无政府主义者臭名昭著，但他们的影响还是不如狂热分子——或者根据各人不同的理解，也可称之为理想主义者——他们为开启美国历史上最血腥的暴力冲突贡献了力量。这种暴力行为在政治舞台上的亮相,让南北战争之前的美国大为震动,而这种震动是 21 世纪已经习惯了更为恶劣的暴力行为的我们所无法体会的。

30
约翰·布朗之躯

引爆美国内战的恐怖分子，公元 1856~1859 年

1856 年 5 月 24 日星期六，晚上 11 点。大草原笼罩在夜幕中，一阵阵湿润的风吹过堪萨斯的波特瓦特米溪（Pottawatomie Creek）的一片小农场。寂静突然被一阵敲门声打破。屋子里住着詹姆斯和玛哈拉·道尔夫妇以及他们的五个孩子，这对贫穷的文盲夫妇刚从田纳西迁居至此。他们和大多数南方白人一样，支持蓄奴制度，尽管他们自己并没有蓄养任何奴隶。外边有人在打听一个邻居的家在什么地方。詹姆斯从床上爬起来开了门，一群拿着左轮手枪和刀的武装分子闯了进来，他们自称是一支军队的成员但又没有穿任何制服。根据道尔最小的儿子回忆，领头的人是一个肤色黝黑且"脸型瘦削"的"老男人"。他告诉詹姆斯·道尔，他和他的儿子们——他们都是支持奴隶制的法律与秩序党（Law and Order Party）党员——必须投降。他们现在已经是他的俘虏了。

玛哈拉·道尔泪眼汪汪地替自己 16 岁的儿子约翰辩护，他从没参加过任何政治活动。那个老头的态度稍有缓和。他押着詹姆斯以及 22 岁的德鲁里和 20 岁的威廉走出了屋子。玛哈拉很快听到枪声，以及"似乎是一个人垂死时"的呻吟声和一阵"疯狂的呐喊"。她后来说："我的丈夫和两个小伙子，

我的儿子们，再也没有回来。"

212 第二天一早，约翰出去寻找他的父亲和哥哥们，发现他们躺在离家几百码远的地方。德鲁里的"手指被砍掉"，约翰回忆说，"他的胳膊也被砍断，头被砍开，胸口有一个洞。威廉的头被砍开，下巴上有一个洞，好像是被刀捅的，另外他的身体侧面也有一个洞。我爸爸的前额有枪伤，胸口有刀伤"。

这天晚上的晚些时候，又有两个支持奴隶制的人被从家里拉出来遭到了相似的命运——被双刃剑砍死后再补枪。这种谋杀行为很快在堪萨斯的蓄奴派势力中引起了恐慌。"战争！战争！"蓄奴派报纸《边境时报》（*Border Times*）以醒目的标题进行了报道，并且夸大了受害者的数量："8名支持奴隶制的男子在堪萨斯的富兰克林郡被废奴派杀害，这是在开启战端！"

当约翰·布朗——那位脸型瘦削的老男人——策马回到营地时，他肯定有一种正义得以伸张的快慰。他处决了5个蓄奴派分子，并且让其他人感受到复仇之神带来的恐惧。布朗是在为"自由事业"而奋斗。几周之后，布朗写道："自由州人民之间的信任似乎由此得到了恢复。"如果布朗得知，他的这种恐怖行为将会引发最终摧毁了他所憎恨的奴隶制度的内战，恐怕他会更加欣慰。[6]

*　　*　　*

提到美国内战期间的非正规战，人们首先想到的名字往往是约翰·辛格尔顿·莫斯比（John Singleton Mosby）和威廉·克拉克·昆特里尔（William Clarke Quantrill），这两位邦联游击队领导人的风格可谓截然不同。莫斯比是一位典型的南方骑兵军人，他作为一名军官，指挥的是一支相对正规的游击部队；他的游骑兵在弗吉尼亚境内反复袭扰联邦军。至于臭名昭著的昆特里尔，藐视权威的他带领着一群精神变态的"游击队员"（bushwhackers）在密苏里及其周边地区活动。他们不仅袭击联邦军军人，也打击支持联邦的平民，最著名的一次行动是1863年袭击堪萨斯的劳伦斯，摧毁了这个废奴派占据的据点，打死了至少150人。时至今日，昆特里尔仍然有较高的知名度，或许仅仅是因为他的手下有各种亡命徒，比如杰西·詹姆斯（Jesse James），他在内战结束以后成了个臭名昭著的歹徒。虽然这些游击队员的名声相当糟糕，但他们带来的战略影响却几乎可以忽略不计。他们最多也就是牵制了部分联邦军队，稍稍延缓了南方投降的时间。南方邦联如果更重视游击战的话，也许最终的命运能有所改观，但他们并未如此，因为这种战争与种植园主阶层所推崇的骑士风范的战争背道而驰，而且他们也不希望破坏社会秩序。从游击战争的角度来说，更重要的是内战的前奏和余波，这两个年代被废奴主义者（战前）和蓄奴主义者（战后）的恐怖主义行为烙上了鲜明的印记。

堪萨斯的暴力行动预示着未来的战争，在19世纪50年代，这里成了杰霍克游击队（Jayhawker，废奴派游击队）和边境匪徒（Border Ruffian，蓄奴派游击队）厮杀的战场。前者决心让堪萨斯作为自由州并入联邦，后者则希望堪萨斯是蓄奴州。双方都知道国会的力量对比存在微妙的均势，而堪萨斯的结果能够影响这种均衡。这造就了"血腥堪萨斯"（Bloody Kansas）——这个词如今在历史典籍中频繁出现，但其实是有些夸大了。一个学者估计，1854~1861年堪萨斯的暴力行为只造成157人死亡，而其中只有56人被确认是因为政治原因而死亡。[7] 这样的数据很难和其他造成巨大伤亡的非正规冲突相提并论（2003年以后，在伊拉克的一次袭击所造成的人员伤亡就超过了这个数字），但这一系列暴力行为在当时却显得很敏感，因为它点燃了"梅森－迪克逊线"（Mason-Dixon Line，美国内战期间的南北分界线）两边各州的战争怒火，让南北双方的人们都确信，双方的分歧如今只能靠枪杆子解决了。当1861年1月底堪萨斯最终作为自由州加入联邦时，距离全面战争的爆发不过还有几个月时间。即使没有约翰·布朗，也会有其他人点燃战火。

布朗在1855年和自己的一个儿子还有一个女婿抵达堪萨斯，马车里装满了食物和隐藏的武器。他的另外三个儿子已经先期抵达——这只是他子嗣中的少数几个，布朗和两任妻子总共生了20个孩子。布朗身形枯瘦，头发斑白而驼背，但仍然精力充沛，布朗的一生中充满了各种失败。他曾经干过土地测量、种地、制革、养马、贩牛、贩卖木材和羊毛，但最终都失败了，他也破产了。布朗没有经济头脑，他是公理会的虔诚信徒，而且是个狂热的非裔美国人维权人士。布朗12岁的时候随父亲去一户人家做客时，发现有一个跟他同岁的年轻奴隶，那是他首次发现奴隶的悲惨境遇。布朗回忆那家的主人对他"宠爱有加"，"而那个黑人少年（岁数完全不超过布朗）衣衫褴褛，食不果腹，大冷天寄居在小屋里，当着他的面被用铲子或其他随手可及的东西殴打"。[8] 布朗后来称奴隶制度是"世界罪恶之集大成者"，[9] 终其一生都致力于摧毁奴隶制度。

最初布朗还是使用和平的方式。他帮助奴隶通过秘密路线逃亡，并且在纽约州北部建立了一个实验性质的社区，在这里白人和黑人生活得"亲如手足，互相平等"。[10] 但是，布朗逐渐认识到应该用暴力带领黑人挣脱枷锁。1856年5月21日，蓄奴派民兵闯进废奴派居住的劳伦斯镇，使布朗彻底变得"野蛮而狂热"。第二天，南卡罗来纳州的一个蓄奴派议员普雷斯顿·S. 布鲁克斯（Preston S. Brooks）在参议院大厅恶毒地殴打了马萨诸塞州的废奴派议员查尔斯·桑诺（Charles Sumner），凶器是一根金属头手杖。布朗发现"现在有必要做出个榜样，以此来打击恐怖行径，并且迅速了结这件事情"——"让这些野蛮人知道，我们也有权利。"[11]5月24日，他带领7名追随者，包括4个儿子和1个女婿，直奔蓄奴派的据点波特瓦特米溪，他们在这里制造五桩谋杀案，并很快在全国引起了轰动。

一周以后，布朗带领26个穷困潦倒、浑身泥水的志愿者（其中一个人后来回忆说"我们当时都在苦思冥想、疑心重重，回忆自己何时有过一件上衣、一条裤子和一顶帽子"）去袭击一个蓄奴派民兵的营地。4个民兵被杀，其他24人投降，这场战斗被称为"黑杰克之战"（Battle of Black Jack）。[12]蓄奴派游击队边境匪徒在1856年8月进行报复，夷平了奥萨沃托米（Osawatomie）的名为"自由国家"的定居点，打死约翰·布朗的1个儿子和另外4个抵抗者。布朗的小分队因为寡不敌众而被迫撤退。尽管如此，"奥萨沃托米的老布朗"却更加受人欢迎，因为他严格遵守自己跟手下说的"与其虚度光阴而苟延残喘，不如为了惠及更多的人而结束生命"这一信条去战斗。[13]

大多数废奴派人士都是和平主义者。他们并不鼓励谋杀者，并且认为在波特瓦特米溪的杀戮是对废奴事业的"巨大损害"。甚至约翰·布朗的一个手下也觉得"这种行为是恐怖主义"。但当他看到这些谋杀行动的巨大影响力之后，还是改变了自己的看法："蓄奴派极其恐惧，而且大批人很快就逃离了家乡。"[14]这些杀戮行为并未决定堪萨斯的未来，但它们确实建立起了一种恐怖平衡，而不是以前单方面的恐怖。约翰·布朗的所作所为很快就超出堪萨斯边界而四处传播，并且在南方给人们留下一个错误的印象，即约翰·布朗是一个"声名狼藉的暗杀者"，[15]是北方民众情绪的代表，因此南方人需要用极端形式来保卫他们的"蓄奴制度"。布朗其实是个非典型性人物，但他很快便成功地在北方获得了越来越多的支持者，他们被布朗的行动以及雄辩的语言所感染。（正如布朗自己所说的，他有一种"非比寻常的'表达天赋'"。）[16]

布朗背后有一群卓越的支持者，一个富裕并颇具影响力的团体，人称"神秘六人团"（Secret Six），其中包括塞缪尔·格里德利·豪（Samuel Gridley Howe），一位颇具理想主义的波士顿医生，他曾在希腊参加过独立战争。[17]他们向布朗提供资金支持，让他能够实现自己在过去20年里一直谋划的事情。布朗曾经遍览"他手头能够找到的所有有关游击战的书"。他对反抗罗马统治的"西班牙酋长"以及"切尔克斯人头领沙梅尔（Schamyl）"和海地的杜桑·卢维杜尔印象深刻。受这些历史的启发，布朗认为他只要带上25～50个人潜入南方，就能够策动一场奴隶起义。起义者可以在弗吉尼亚的蓝岭山脉中建立一个根据地（"这里天然就是开展游击战争的场所"）并且从这里出发可以去袭击平原地带的种植园。一名曾经在加里波第麾下战斗的英国雇佣兵试图劝阻布朗，不要在没有"事先公告"的情况下就去策动奴隶起义。但是，布朗以其"钢铁般的意志和坚定的决心"，过于相信非裔美国人——他自认为是他们的摩西——会揭竿而起。[18]

布朗决定袭击位于今日西弗吉尼亚哈珀斯费里（Harpers Ferry）的联邦军械库，以便给那些即将获得自由的奴隶提供武器。布朗假装成淘金者在那附近租了间房子，他的部下带着武器和补给在那里集合。1859年10月16日星期日的晚上，布朗率领22个手下，包括5个黑人，夺取了军械库。布朗和他的手下将35个军械库工人和附近的农民当作人质扣押了起来，其中有一个是乔治·华盛顿的旁支后裔。但事实验证了那个英国雇佣兵的预见，并没有奴隶前来支持他们的事业。军械库很快就被包围了，用当时一个新闻记者的报道来说，"一群武器、衣着、配备以及年龄和背景各异的人们构筑了一条警戒线"。在"细雨蒙蒙"的星期一晚上，这群民兵被从华盛顿赶来的90名海军陆战队士兵替代，指挥这群身着鲜艳蓝色军服的士兵的是一个叫罗伯特·E.李的陆军上校。

布朗并没有试图突围，他渴望像个英雄一样战斗到最后一刻。他和手下以及人质据守在一间石头垒起来的消防工具间里，准备迎接必然到来的结局。10月18日星期二一早，李将军的副官，J. E. B. 斯图尔特（J. E. B. Stuart）少尉前来劝降，但被布朗拒绝了。十几名海军陆战队员用一架梯子作撞门锤撞开了大门，像"一群老虎"一样冲了进去。指挥这次战斗的海军陆战队中尉伊斯雷尔·格林（Israel Green）写道："这次突击并不轻松，他们用刺刀捅死了一个藏在灭火工具下的人，然后在后墙那里刺死了另一个，这两人全部当场毙命。"格林本人手持佩剑"拼尽全力"砍了布朗两次。仅仅三分钟之后，这场人质危机就结束了。

劫掠者中有10人被杀，包括约翰·布朗的两个儿子。布朗本人则受了重伤，他没有当场毙命是因为格林用的是杀伤力不大的礼宾剑,而不是平常用的那种重剑。他"浑身是血","侧面被刀严重刺伤,脸上和头发上都是凝固的血迹"。但就算伤成这样,布朗还是平静而流利地回答了一群记者和政客长达三个小时的提问。

布朗一直活到1859年12月2日,这一天他从容地走上了绞刑架(他自称对这一结局"相当高兴"),但在此前他把审判自己的"拙劣的法庭"变成了展示自己观点的国家级平台——自此以后许多政治犯都采用这一策略,利用大众媒体的优势将自己的政治观点传播到远远超出法庭范围的地方。他在法庭上做了激动人心的演说,此时留着长胡子的布朗给人们一种《圣经》里先知的印象,让他在美国北方赢得了无数的崇拜者。布朗在演说最后讲道:"现在,在这个奴隶制的国度里,千百万人的权利被邪恶、残暴和不义的法律所剥夺,现在,如果认为必要,我应当为了正义的目的而付出我的生命,让我的鲜血、我子女的鲜血和千百万人的鲜血流在一起,我说,那就请便吧!"[19] "那就请便吧!"这句话让那些甚至本不是废奴主义者的人深深思考,只有一个正当的理由才能激发如此伟大的自我牺牲精神。

约翰·布朗并不精通游击战,他根本没有组织起足够的人来给南方造成些许军事威胁。但作为一个恐怖分子,他利用传媒的手段却是第一流的,而且这是布朗事先谋划好的。布朗的传奇在他死后才刚刚开始。哲学家亨利·大卫·梭罗(Henry David Thoreau)把他和耶稣相提并论,[20] 而美军士兵则唱着《约翰·布朗之躯》(*John Brown's Body*)行军,这首歌是塞缪尔·格里德利·豪的妻子朱莉亚·沃德·豪(Julia Ward Howe)创作的,她的作品还包括《共和国战歌》(*The Battle*

Hymn of the Republic)。非裔美国人领袖弗雷德里克·道格拉斯（Frederick Douglass）如此评价他的影响："虽然约翰·布朗未能结束废止奴隶制的战争，但他至少开启了这场废止奴隶制的战争。"[21]如果是这样的话，那么这位狂热的清教徒可以算是历史上举足轻重的恐怖分子之一，几乎能和那些引发了一战的波斯尼亚学生相提并论。

对非裔美国人来说不幸的是，种族隔离分子很快就表现出他们比自己的对手更精通恐怖行动。

31
破坏重建

三K党与反民权战争，公元 1866~1876 年

1871年5月5日晚上，埃利亚斯·希尔（Ellas Hill）被吵醒了。躺在南卡罗来纳约克县的小屋里，希尔听到狗叫声和黑夜中人们急促的脚步声。这些人首先闯进了旁边他哥哥的房间，他们进去以后就开始殴打他的嫂子，不断地逼问"埃利亚斯在哪？"她被迫说了实话，这些人直接闯进了希尔的房间。"他在这！在这了！"一个人得意地大喊。他们掀掉希尔的被子，把他从床上直接拖到了院子里。

埃利亚斯·希尔毫无反抗能力，现年50岁的希尔在7岁的时候就变成了瘸子。当时希尔罹患一种可怕的疾病，可能是肌肉萎缩症（muscular dystrophy），导致大腿肌肉萎缩。希尔的大腿都不如一个成年男子的手腕粗，他的胳膊也很瘦小，下巴也是奇异丑陋。但希尔克服了自己的生理缺陷，成为一名"有色人种社团"领导人。他的爸爸早在30年前就为自己、妻子和儿子赎了身，而埃利亚斯也从一群白人小孩那学会了读写。希尔成年以后成为一名教师，同时还是一位备受尊敬的浸信会（Baptist）传教士，他依靠帮那些目不识丁的被解放黑奴写信挣一点外快。另外，他还是当地工会联盟（Union League）的主席，这是一个与共和党结成紧密联盟的互助组织。

共和党主张推动新颁布的宪法第十三、第十四和第十五修正案,授予原黑奴以公民权利,而这是那些原奴隶主所不能忍受的,他们无法想象一个"上等种族"(也就是他们自己)给"劣等种族"任何的机遇。[22]南方确实在内战中战败,但并不意味着白人已经准备好将权力让与黑人或他们的盟友,后者如果来自北方会被称为"投机客"(carpetbagger),而如果出身南方则被称为"无赖"(scalawag)。

大多数白人都非常惊恐,认为那些曾经被他们长久压迫的人一旦掌权可能会找上门来(海地革命中出现的残忍暴力行为就是当时经常引用的案例)。[23]一份南卡罗来纳报纸用一种典型的歇斯底里的言论来怂恿读者奋起反抗

> 这种该死的政策,因为它将使我们南方各州出身高贵的名媛被那些非洲奴隶以及带肩章的土匪(指美国陆军军官)踩蹋——这一政策将抛弃我们这几百万出身自由、品质高尚的兄弟姐妹,让我们接受来自达荷美(西非)丛林口齿不清、满身虱子、信奉魔鬼的野蛮人,以及在科德角、门弗雷梅戈格(位于佛蒙特)、海尔(Hell)和波士顿四处流窜的海盗。[24]

三K党(Ku Klux Klan)已经准备对抗这项致力于种族平等的"该死的政策"。这个团体于1866年在田纳西州的普拉斯基(Pulaski)成立,创建者是6个以"消遣和娱乐"为目的的南部邦联退伍老兵,其最初有点类似大学里的联谊会,有这一套"毫无意义且神秘非凡"的入会仪式和神秘符号(三K党的名字来源于希腊语中的"kuklos",意为圆环或者

环形带)。但不久以后,三K党就发展成一个恐怖组织,如葛藤一般在冥顽不化的美国南方地区迅速蔓延开来。三K党名义上的领袖大巫师是前南军将军内森·贝德福德·福雷斯特(Nathan Bedford Forrest)。但是,这个"隐形帝国"其实几乎没有统一的指挥。正如历史学家史蒂文·哈恩(Steven Hahn)写的那样:"三K党并不是一个正式组织,更多的是一大群各式各样的秘密治安维持会成员和准军事部队在本地行动时打出来的一个招牌。"三K党的"派生组织"(也就是恐怖组织分支)也如雨后春笋般冒出,就和白山茶花骑士团(Knights of the White Camellia)、白面会(Pale Faces)和白人兄弟会(White Brotherhood)等组织一样。三K党逐渐成为一些准军事组织的标签,他们的目的是将当地政府中的共和党人赶走,换上奉行白人至上主义的民主党人。三K党实际上是民主党的军事机构,就如同爱尔兰共和军是新芬党的武装组织一样。在许多社区,事实上所有白人都加入了三K党,就像内战以前,他们组织起民兵连和巡逻队以镇压黑人暴动。据说原南部邦联全部11个州的三K党及类似的团体成员有50万人。由于成员多为原南军老兵,哈恩认为,三K党"本身应被看成邦联正式投降以后,决心继续战斗或实施报复行为的游击运动"。[25]但和真正的游击组织不同的是,三K党的目标并不是军人,而只是像埃利亚斯·希尔这样的平民。

在审讯希尔的时候,这些人暴露了自己的行事宗旨和神经质特征,6个戴着"食尸鬼"(ghoul)面具的人审讯他,这种面具是三K党普通成员的特定面具。尽管人们对三K党的一般印象都是穿着白袍,但他们的装束其实有很多种。希尔回忆道:"有些人头上戴着伪装面具,一个人脑袋上罩着黑色油布,手和手腕上则是类似手套的东西。"他们用一种"怪异而反常"的语调说话,以掩盖他们的真实身份并且希望给对方造成一种"害怕而恐惧"的情绪,因为他们认为"愚昧而迷信的……黑人"有可能被这种假扮的鬼怪唬住——这种装扮甚至都不能愚弄一个小孩,更不用说像埃利亚斯·希尔这样的受过教育的传教士了。

他们问希尔的第一个问题是"谁烧掉了我们的房子?"很多人都怀疑黑人用纵火的方式进行抗议,因为他们不敢和白人至上主义者发生正面冲突。

"我告诉他们我没有干,"希尔回忆道,"我不可能烧房子,问我这个问题根本没道理。"

戴着面具的人不喜欢这个答案,他们用拳头让希尔招供。然后,他们逼问希尔是否说过"黑人应该去强奸所有的白人妇女"。

他说没说过,然后又开始挨揍。他们问他是不是工会联盟的主席——这个组织致力于将解放的黑奴组织起来,所以是三K党的大麻烦。他说是,于是又挨了一顿老拳。

"你曾经做过反三K党的宣传吗?"他们问。希尔否认了,结果被一根皮带勒住脖子在院子里拖了好远。接着对方拿出一根鞭子,在他的髋骨上狠狠地抽了八下——"这几乎是他们在我身上唯一能下手的地方,"他后来回忆道,"我的腿实在太短了。"

最后,在寒夜中进行了一个多小时的拷打后,他们离开了。但在离开之前他们提了很多要求,比如要希尔停止宣传,不要继续订阅来自查尔斯顿的共和党报纸,并且在当地报纸上发表声明放弃"共和主义"并且许诺绝不参加投票。如果他照做了，就能保住性命，否则下周他就会被杀掉。

就在同一天晚上，同一个南卡罗来纳社区，三K党党徒闯进了许多黑人的家里。正如希尔后来在国会所说："在闯进我家的那天晚上，他们鞭打了 J. P. 希尔的妻子……朱莉娅，米尔斯·巴伦的妻子：传闻他们还强奸了她……塞缪尔·西姆拉尔的房子也在那天晚上被烧毁了。"[26]

但至少他们活了下来，而其他人就没这么幸运了。吉姆·威廉姆斯（Jim Williams）从出生起就是约克县的一名奴隶，后来他跑出来参加了联邦军队。战争结束后他回到家乡成为黑人民兵连的一个连长。1871年3月7日——在埃利亚斯·希尔遭到袭击两个月之前——大约四五十个戴着面具的暴徒在半夜2点钟闯进了他家，他藏在了地板下。但是，这伙以当地医生 J. 鲁弗斯·布拉顿（J. Rufus Bratton）为首的暴徒发现了威廉姆斯的藏身地点。他们把他拖了出来，在树枝上拴了一根绳子把他给吊死了。甚至连民选官员都不能保证自身安全，白人共和党成员、州参议员所罗门·华盛顿·迪尔（Solomon Washington Dill）和黑人共和党成员、州参议员本杰明·富兰克林·伦道夫（Benjamin Franklin Randolph）都被人开枪打死了。还有一个敢让白人和黑人一起排队等候投票的投票站管理员也遭到了相同的下场。[27]

* * *

南方各地政府，即使是在共和党控制的地区，对于这种"隐形帝国"的活动也束手无策。白人执法者不会跟三K党起正面冲突，而白人陪审团更不会宣判他们有罪。黑人民兵在某些地方，比如阿肯色和得克萨斯能起到些作用，但总的来说他们缺乏训练也没什么好的武器;正如历史学家埃里克·方纳(Eric Foner)所指出的:"在这一地区黑人的军事经验要远远落后于白人,几乎所有白人男子都接受过使用武器的训练。"[28] 另外,大多数地区的白人共和党官员也不敢使用黑人民兵,因为他们担心这会刺激那些温和派的白人,从而影响自己在大选中再次获胜的概率。方纳写道:"甚至在共和派掌权的地区……法律也是一纸空文。"[29]

将实施战后重建的任务交给占领地军队也是一个几乎无法完成的任务。驻扎在南方的联邦军队数量从1866年的8.7万人下降到1867年的2万人再到1876年的6000人。本来应为解放后的黑奴提供帮助的机构是战争部自由民事务管理局(Freedmen's Bureau),但是这个局只有少得可怜的900人而且分散在南方各地。[30] 总而言之,在南方的联邦代表实在太少,根本不可能在至少940万南方民众(其中550万白人)中实施一场被称为"激进重建"(Radical Reconstruction)的社会革命。这场运动是1867年发起的,当时南方白人明确表示不会同意给予以前的奴隶以任何社会或政治权利。[31]

* * *

在实践南方重建理念和揭发三K党的"累累恶行"方面,没有哪个军官比刘易斯·M. 梅里尔(Lewis M. Merrill)少校做出的努力更大,但他的遭遇仅仅证明这种努力是徒劳的。梅里尔于1871年3月率领第7骑兵团的3个连来到南卡罗来纳,这支部队是专门从围剿印第安人的战场上抽调出来镇压三K党的。但即使加上这支小部队,在人口数为705606(其中白人有289667人)的南卡罗来纳州也只有不到1000名军人。

毕业于西点军校的梅里尔有着"德国教授般的头脑、面庞和看法,同时有着运动员的身体"。他是一名有着"非比寻常天赋"的军官,在19世纪50年代"血腥堪萨斯"冲突期间和边境匪徒武装交过手,在19世纪60年代的密苏里和南方游击队打过仗,所以他知道应该如何进行一场反游击战。梅里尔本人虽然不是律师,但他出生在一个律师家庭,曾担任军法处处长,所以他也知道如何利用法律这一工具来完成自己的目标。用美国司法部部长阿莫斯·T. 阿克曼(Amos T. Akerman)的话来说,他"果断、镇定、勇敢而精明,有优秀的法律头脑,能洞察真假;疾恶如仇,但又能控制自己的情绪"。总的来说,"恰好是完成这一任务的不二人选"。

他在约克县县城约克维尔(人口为1500)的玫瑰酒店设立了自己的指挥部,派人出去搜集情报。按照一位来自纽约的访客的描述,当地弥漫着一种"肮脏的凄凉氛围"。梅里尔刚到这里时,"得到了小镇主要民众……友好而礼貌的接待",这是南方普遍的良好风俗。梅里尔本来以为在这里要处理的不过是"零星的暴力行为"而已,但他很快就"开始确信,三K党不仅是一个规模很大且组织极其严密的团体,而且是一个非常危险的组织"。他后来在国会时说:"我从来不敢相信这个国家的任何文明社区会出现现在这种社会解体的情况……公众对于司法抱着一种病态态度。"

梅里尔最终利用线人(他们被当地人说成"令人作呕的人")搜集了有关11宗谋杀和600多件"鞭笞、殴打和侵犯人身自由的暴力行为,这还不包括大量危害较小的威胁、恐吓、辱骂以及程度较轻的用手枪或枪支殴打的个人暴力行为"案件的证据。尽管梅里尔可以调查,但他无法起诉他们。由于"陪审团要么不诚实,要么受到威胁,并且会做伪证",他知道"依靠当地政府的权威已经无法对付三K党阴谋集团的势力,纵使我很乐于推进这一事业,但我也不得不相信这其实只是空想而已"。当地人对于惩办三K党如此消极并不奇怪,因为"阴谋很可能是由包括白人在内的整个社区集体策划的"。

通过梅里尔少校和其他调查者搜集的证据,国会于1871年4月通过了《惩治三K党人法案》。它定义了一个新的联邦罪行——"剥夺宪法赋予的一切权利、特权和豁免权"——并且授权总统为了实施这一法案可以暂停实施人身保护令。六个月后,尤利西斯·S. 格兰特(Ulysses S. Grant)总统宣布暂停南卡罗来纳的九个县,包括约克县的人身保护令,这是美国总统第一次也是最后一次动用这项权力。两天之内梅里尔的骑兵就拘捕了82名可能犯下"令人作呕的恶行"的嫌疑人,另外还有数百人前来自首,约克维尔的监狱一时人满为患。梅里尔说这些三K党党徒"既困惑又沮丧",并且"明白……游戏已经结束了"。

事实上,游戏才刚刚开始。《惩治三K党人法案》并没有规定要用军事法庭审判,所以这些嫌疑犯在南卡罗来纳的哥伦比亚的联邦法庭候审。三K党头目出资1万美元,请来了两个当时最大牌的律师为党徒辩护,这两个律师以前都当过美国总检察长。在1355件控告中只有102件被判定有罪,而且时间最长的刑期也只有五年。被当庭释放的人包括一手策划杀害吉姆·威廉姆斯的首恶布拉顿医生,他曾逃脱梅里尔的逮捕。布拉顿后来是被加拿大情报机关抓获的,用氯仿麻醉后被偷偷押回了美国,这可能就是现代所谓的引渡。

1873年春天，美国总检察长终止了所有未决案件的公诉。"全体公众已经对一年一度在南方爆发的事件厌倦了，"格兰特总统承认道，"而且大多数都准备开始谴责政府方面施加的任何干涉。"无论联邦政府对重建行动投入了多大精力，都随着1874年国会大选而烟消云散，这一次大选是民主党自内战之后首次获得绝大多数席位。而军方按照自己的立场，希望迅速结束这种令人厌烦的任务，回去和印第安人进行"真正"的战斗；许多军官都被一些报告敲响了警钟，比如1872年9月23日梅里尔少校就上交了一份报告，用以说明由于受"现在执行的任务"影响，他手下的骑兵战术水平"远低于可接受的标准"。1873年3月，第7骑兵团的最后一支部队撤出了南卡罗来纳。

* * *

梅里尔相信当时"约克县三K党之类的组织已经基本被击溃了"。[32]这个判断是准确的，到1873年为止三K党已经基本停止了行动，此后半个世纪再也没有复活。但是三K党还是用自己的方法达成了目标：剥夺获得解放的黑奴的选举权。意在保证权利平等的宪法修正案已经名存实亡，甚至三K党的创始人都认为它"恶贯满盈"，[33]让它继续存在很可能要冒联邦政府采取果断措施的危险。但是，这并不意味着三K党党徒已经准备好对黑人的权利做出哪怕最微小的让步。许多前三K党成员加入了南方涌现出来的各种准军事组织，如各种步枪和军刀俱乐部，其中就包括以"红衫军"命名、向加里波第致敬的组织。当时美国的民族统一主义势力十分强大，他们感到不再需要任何伪装，可以在公开场合为所欲为，自信没人能够阻止他们。

到1877年时,南方已经没有联邦军队,而且几乎没有共和党官员。1876年共和党人拉瑟福德·B. 海斯(Rutherford B. Hayes)在和民主党人塞缪尔·J. 蒂尔登(Samuel J. Tilden)的总统竞选中以微弱优势获胜,作为肮脏的幕后交易的一部分,联邦军队撤出了南方。南方各州新上台的民主党政府开始推行种族歧视法案,也就是《黑人隔离法》(Jim Crow)。[34]

在11年的恐怖主义行为中总共有约3000名被解放的黑奴遇害,南方白人获得了让65万~85万人死亡的4年战争都未能获得的成果。[35]恐怖主义一般被认为更多地发生在城市里,但三K党是一个乡村组织,而且是历史上最大也最成功的恐怖组织。因为其残忍无情的谋杀和威胁,南方的社会重建一直推迟到20世纪才得以实现。

种族主义者能够打断社会重建的进程,很大程度上是因为他们赢得了后世所谓的"宣传战"。他们通过传播谣言使阴谋得逞,这个谣言就是,在内战结束以后,前奴隶主而非奴隶才是战争真正的受害者。种族主义对南方重建的各种造谣中伤的具体表现就是许多广为流传的小说和电影,比如电影《一个国家的诞生》[The Birth of a Nation,改编自小托马斯·迪克逊(Thomas Dixon Jr.)1905年出版的小说《同族人:三K党历史演义》(The Clansman: An Historical Romance of the Ku Klux Klan)]以及小说《飘》(Gone With the Wind),但早在19世纪70年代,这些叙述不仅在南方占据主流,在北方也是如此。

如果三K党或其后继者决心推翻联邦政府或脱离美国,他们肯定不会得逞。但他们致力于争取相对较小的目标,而且避免和联邦军队发生冲突，这样就容易多了，白人掌权的联邦政府最后还是向他们妥协。北方人会为了反对分裂而战斗，但不会为了反对种族隔离而开战。

很少有恐怖组织能够赢得像三K党这样的成功，而更典型的暴力行为失败案例是无政府主义者。

32
以行动做宣传

无政府主义者，约公元 1880～约 1939 年

一个苍白瘦弱的年轻人，穿着"破旧的黑裤子、马甲、靴子以及一件白衬衫，系着一个黑领结"——一副典型的不修边幅的知识分子形象——在寒冷的午夜徘徊于巴黎街头，不会引来多少人的注意。除非有人凑过去看看他的大衣，想知道他那鼓鼓囊囊的口袋里装着什么。

此人住在工人阶级聚居地贝尔维尔（Belleville）的一间廉价出租房里，从那里能够看到新建的埃菲尔铁塔，他沿着优雅的广场大街一直走。他在几个时髦的地方——比尼翁酒店和和平咖啡馆——停下来看了看，但这几个地方都太空，不适合当他的目标。晚上 8 点，他来到紧邻人来人往的火车站的"终点站"酒店（Hotel Terminus）。这里有不少顾客在咖啡馆里喝咖啡，还不断有顾客进来，所以他找了一张桌子，要了一杯啤酒，然后点燃了雪茄。晚上 9 点，酒店里有超过 350 人在喝酒、抽烟和高谈阔论，一支"无人关心的乐队"在演奏着背景音乐《波希米亚人》（*La Bohème*，普契尼歌剧中的乐曲）。

但接下来发生的事情和普契尼的歌剧毫无相似之处。这个黑衣人打开了门，从口袋里掏出了一个包裹，用雪茄点燃以后

一把扔进了咖啡馆,自己转身走到了大道上。这是一枚四磅重的自制炸弹,结构无非一个金属餐盒,里面填上炸药和铅弹,加上一枚雷汞雷管。结构很简单,但杀伤力巨大。1894年2月12日发生的爆炸,炸碎了大理石桌子和金属材质的椅子,"把窗户和镜子炸得粉碎",把地板和天花板上都炸出了洞。爆炸中有20人受伤,5人伤势严重,其中一人后来不治身亡。人们很难把这么可怕的画面和美好年代(Belle Époque,指第一次世界大战以前的时代)联系起来。

在咖啡馆鬼哭狼嚎、浓烟滚滚的时候,行凶者打算趁乱脱身,但他被一名在场的服务生发现了。"拦住他!"几个过路人加入了这场午夜追凶。这家伙一边跑一边掏出手枪,向追击者开了几枪,最后被一个警察按住了。行凶者打算朝自己开枪,但经过一场短促的搏斗之后还是被捕了。他甚至在拘留所里也试图反抗,大喊着"蠢猪!我要把你们统统杀光!"

一开始他说自己叫莱昂·布雷顿(Leon Breton),后来又说叫莱昂·马丁(Leon Martin)。几天以后才知道他的真名叫埃米尔·亨利(Émile Henry),这不是他第一次进行恐怖活动。两年多前的1892年11月8日,他在一家矿业公司的巴黎办公楼门口放了一颗炸弹,那个公司破坏了员工组织的一次罢工。警察发现这个装置并将它带回了警察局,炸弹在警察局被引爆,导致5名警官被炸死。审讯期间亨利表示他只对一件事比较遗憾——没有炸死更多的人。他本来希望在咖啡馆里炸死至少15人。

他的厚颜无耻并未让大众感到惊讶,因为21岁的亨利已经是一个虔诚的无政府主义者——他们认为应该摧毁国家,缔造一个不存在私有财产的天堂,在那里人们可以更加自由、和谐地生活。唯一令人惊讶的是,他并非一个穷困潦倒的工人,或者按照一本伦敦杂志的描述"一个游手好闲的犯罪分子"——这是上流社会对无政府主义者的一贯印象。但按照检察官的描述,亨利其实是"一个典型的小资产阶级",他父亲是作家,一个叔叔是侯爵。亨利上学时成绩优异,毕业后在另一个当土木工程师的叔叔手下工作。但他为了自己的无政府主义理想而放弃了职业生涯——这无疑是受到他父亲的影响,亨利的父亲是1871年只存在72天的巴黎公社的一名领导人。在1871年5月的血腥一周里,巴黎公社的失败导致2万人被杀,4万人被捕。[36]亨利的父亲被迫流亡西班牙。这让包括亨利和他哥哥福蒂内(Fortuné)在内的无政府主义者们愤愤不平,从此他们开始与法国巴黎的无政府主义团体建立了联系。

他们同时也对社会不公极端不满,一边是工人阶级在贫困线上挣扎,另一边是富人们在酒店和音乐厅花天酒地。正如埃米尔·亨利在受审时所说:"工厂主通过工人的劳动积累了大量财富……而买办、官员则永远中饱私囊……目睹这些事情都令我作呕,我一直在抨击这个社会体制……我成了这个视我为罪犯的社会的敌人。"

亨利因此成为城市恐怖主义的始作俑者,城市恐怖主义虽然和乡村恐怖主义有些内容重叠,但与三K党或约翰·布朗实施的乡村恐怖主义还是相去甚远。在诸如巴黎这样人口密集的区域动手,借助于大量新闻报刊的报道,他们的行动会立即产生轰动性效果,亨利和其他无政府主义者的行动证明,即使是规模很小的恐怖组织(在亨利的案子里,只有他一个人行动)也能够在公众舆论中造成巨大的影响。[37]

* * *

亨利发表了一通对社会现象的抨击，但大都是老生常谈，他也承认"自己听得太多以至于不用排练了"，亨利特别受到三个哲学家的影响——无政府主义三大家。

第一个是法国人皮埃尔·约瑟夫·蒲鲁东（Pierre-Joseph Proudhon，1809~1865年），他的名言是"所有权就是盗窃"和"上帝是邪恶的"。第二个是米哈伊尔·巴枯宁（Mikhail Bakunin，1814~1876年），一个留着乱蓬蓬胡子的笨拙的俄国贵族，他曾经在沙皇的监狱里被关押了十年，然后流亡瑞士，最终客死异乡。他是卡尔·马克思在国际工人联合会（The International Working Men's Association，即第一国际）最强劲的对手，当时共产主义者和无政府主义者正在争夺革命阵营中的影响力。巴枯宁和俄国虚无主义者谢尔盖·涅恰耶夫（Sergei Nechaev）合作编写了一本小册子《革命原则》（Principles of Revolution），其中写道："我们认为除了消灭的手段之外别无他途，但是我们认为这种行动本身可以是千差万别的——毒药、匕首、绳索，等等。在这场斗争中，革命让所有手段都变得神圣。"两人还合作撰写了《革命者教义问答》（Catechism of a Revolutionary），宣称："凡是能促使革命胜利的，就都是道德的；凡是妨碍胜利的，就都是不道德的和有罪的。"巴枯宁后来和涅恰耶夫决裂了，原因是涅恰耶夫由于在俄国谋杀了一名参加革命的年轻人而声名狼藉［这一事件激发了陀思妥耶夫斯基（Dostoevsky）创作小说《群魔》（Demons）的灵感］，巴枯宁从此不再认可涅恰耶夫的暴力革命手段。

第三个著名的无政府主义者是彼得·克鲁泡特金（Peter

Kropotkin，1842~1921年），他不像前两人那么具有煽动性且很少抛出残忍的声明。这位俄国贵族背叛了旧政权，他坐了一段时间牢，成功越狱后像马克思一样在英国定居。最终他试图和"以行动做宣传"的教条决裂——这是法国人保罗·布鲁斯（Paul Brousse）在1877年创造的恐怖主义的委婉说法[38]——但是他也拒绝像后来的圣雄甘地或马丁·路德·金那样进行非暴力运动。"从个人角度讲，我痛恨这些爆炸行为，但是我无法像法官一样谴责那些被绝望所驱使的人。"后世无数为恐怖分子辩护的人都曾引用克鲁泡特金的这句话。[39]

蒲鲁东、巴枯宁和克鲁泡特金的大多数信徒并非暴力分子，但仍有些人崇尚暴力。根据法国警方的甄别，在法国境内有超过5000名无政府主义者，其中1000人被认为是危险分子。[40]无政府主义者也集中在意大利、俄国和西班牙。而从这些国家流出的移民则把他们的理念传播到世界各地，比如南北美洲。在19世纪末，随着铁路、轮船和电报的发展，世界正在向"全球化"转型，正如一个世纪以后互联网、航空公司、卫星电视和移动电话起到的作用一样，恐怖分子充分利用了这一现象。

此后，伦敦成为各国激进分子的避风港，这和现代的情况类似，连埃米尔·亨利也曾一度流亡伦敦。流亡者们在这里可以印刷自己的书籍和小册子，然后运回国内，他们甚至可以在托特纳姆考特路（Tottenham Court Road）上属于他们自己的自治俱乐部（Autonomie Club）聚会。苏格兰场（伦敦警察厅），特别是其下属的政治保安处——该部门成立于1883年，负责对付爱尔兰芬尼亚会（Irish Fenian）的炸弹袭击分子——一直谨慎地监视着这些外国激进分子，但一般不会干涉他们的行为，除非他们的密谋目标针对英国。这些激进分子很少策划针对英国的行动，但也不是没有过。1894年，就在亨利在巴黎发动袭击事件的前3天，一个叫马夏尔·布尔丹（Martial Bourdin）的法国裁缝试图袭击位于格林尼治的皇家天文台，但这个"粗手笨脚"的家伙最后却弄巧成拙地炸到了自己。这一事件成为约瑟夫·康拉德（Joseph Conrad）创作小说《间谍》(*The Secret Agent*)的灵感来源。[41]

无政府主义者在除英国以外的许多国家都取得了更大的成功。从1894年到1901年，法国总统萨迪·卡诺（Sadi Carnot）、西班牙首相安东尼奥·卡诺瓦斯·德尔·卡斯蒂洛（Antonio Cánovas del Castillo）、奥匈帝国皇后伊丽莎白（Empress Elizabeth of Austria-Hungary，也就是茜茜公主）、美国总统威廉·麦金莱（William Mckinley）以及意大利国王翁贝托一世（Umberto I）都被自称为无政府主义者的刺客刺杀身亡。其他一些君主，包括德皇威廉一世（Wilhelm I）以及波斯国王都险些命丧于无政府主义者之手。无论是此前还是从那以后，再没有哪个恐怖主义团体能刺杀这么多国家政要。[42]

正如翁贝托一世所说，经历这种刺杀其实是统治者需要冒的"职业风险"。[43] 而像埃米尔·亨利这样把恐怖袭击的矛头指向普通民众——他们的罪名仅仅是"小资产阶级"——的行为更令人震惊。就在亨利制造终点站咖啡馆爆炸案的前3个月，一名西班牙无政府主义者圣地亚哥·萨尔瓦多（Santiago Salvador）从巴塞罗那剧院包厢的阳台上向拥挤的大厅扔了两颗炸弹，当时剧院里正在上演罗西尼的歌剧《威廉·泰尔》(*William Tell*)，颇具讽刺意味的是这部歌剧讲述的恰好是古代起义者反抗统治的故事。剧院中有22人被炸死,另有5人受伤。[44]多年以后的1920年,一辆装满炸药的马车在纽约华尔街爆炸,38人被炸死,数百人受伤,成为在1995年俄克拉荷马市爆炸案以前美国本土伤亡人数最多的一次恐怖袭击。制造这起袭击的恐怖分子未被缉拿归案,但最有嫌疑的人是意大利无政府主义者马里奥·布达(Mario Buda),此后十年对意大利裔美国移民以及其他移民抱有恐惧心理的社会风气正是由此而来。[45]

这些流血事件的起因很多都是为了报复此前一些恐怖分子受到的审判和惩处;复仇往往是催生恐怖主义行动最有力的动机。20世纪许多激进分子声称他们进行恐怖袭击是因为尼古拉·萨科(Nicola Sacco)和巴尔托洛梅奥·万泽蒂(Bartolomeo Vanzetti)的案件,这两名意大利裔美国无政府主义者被控在持械抢劫时杀死两人,他们在一场饱受非议的审判后于1927年被处决。而埃米尔·亨利也声称他之所以进行恐怖袭击,是为了报复奥古斯特·瓦扬(August Vaillant)被处决,瓦扬因为往法国众议院投掷炸弹而被捕,此次爆炸案造成许多人受伤但无人丧生(案发后法国众议院议长说的一句话让人最难忘——"会议继续")。[46]反过来,亨利被捕后,他的朋友比利时无政府主义者菲利贝尔·保韦尔斯(Philibert Pauwels)在巴黎的两个破旅馆里放置了两枚炸弹,其中一枚炸死了一个上了年纪的女房东。接着,保韦尔斯策划要炸掉马德莱娜教堂,但由于炸弹过早爆炸反而把他自己给炸死了。[47]

* * *

无政府主义者的暴行经过当时黄色报刊的渲染,在有产阶级中引发了恐慌情绪。1892~1894年,巴黎发生了11起炸弹爆炸，9 人被杀。最终，如一名新闻记者所写："1894年的巴黎人……每天都生活在惶恐不安之中……如果有轨电车出了问题，比如说电线出了故障，人们马上就会联想到电线上被安置了炸弹。"[48]（"9·11"事件之后的纽约恐怕也笼罩在类似的气氛下。）无政府主义的信念吸引了许多普通的罪犯，他们最喜欢用政治动机来解释自己的行为。1887 年，一名法国窃贼刺死了试图拘捕他的警察，他这么为自己辩护："警察以法律的名义逮捕我；我以自由的名义刺杀了他。"[49]

当时关于存在一个密谋要摧毁西方文明的黑色国际组织（黑色是无政府主义的代表颜色）的言论甚嚣尘上。巴枯宁凭空捏造了一个名为"世界革命联盟"（World Revolutionary Alliance）的组织，进一步强化了这种错觉。他的密友谢尔盖·涅恰耶夫被任命为第 2771 号"特派代表"，错误地暗示还有 2770 名成员。[50]

事实上无政府主义者有时确实会实施跨国行动——这些事并不难，因为根据一名无政府主义者的描述，"当时的欧洲根本没有护照的概念，边境线也几乎不存在"。[51]比如说奥匈帝国皇后伊丽莎白就是在瑞士被意大利的无政府主义者刺杀的，意大利国王翁贝托一世是在新泽西被意大利裔美国无政府主义者刺杀的。但是，无政府主义者在任何国家都没有统一组织，更不用说跨国组织了。他们甚至没有联合训练营，要等到 20 世纪 70 年代第一波国际恐怖主义浪潮涌现的时候才会出现这种事物。

所谓"无政府主义组织"的概念其实是个矛盾的说法。无政府主义者本身就推崇极端的个人主义，所以很反感马克思主义领导人的那一套严格纪律,而这也更好地解释了为什么无政府主义者往往无法获得成功。正如埃米尔·亨利所说的,无政府主义并没有一个"教条式、不可辩驳又不容置疑的学说,并不像穆斯林尊崇《古兰经》那样"。[52]尽管无政府主义者偶尔也会召开会议(比如说1881年在伦敦召开的一次批准"以行动做宣传"的大会),但这些无政府主义者之间的凝聚力——虽然他们的凝聚力并不大——来自非正式会议和一些新闻报刊,比如亨利主办并短暂在巴黎发行的《外围》(*L'Endehors*)周刊。大多数无政府主义者都认同德国流亡者约翰·莫斯特(Johann Most)在一本教人如何做的小册子《革命战争科学》(*The Science of Revolutionary Warfare*,1885年,也是曾出版的第一批恐怖分子手册之一)里写的一句话:"如果你想要实施一场革命行动,首先不要和别人说——而是着手去做!"[53]

由于本身一盘散沙,四面楚歌的无政府主义者在面对多国政府的镇压手段——按照1881年《纽约时报》的说法就是"反恐战争"——时更加举步维艰,当年美国总统詹姆斯·加菲尔德(James Garfield)和沙皇亚历山大二世都遭到了刺杀。[54]在一些比较集权的国家,如沙俄和奥地利,政府采用比较残酷的手段是可以预料的。但即使是民主的法国也通过了严厉的法律,制裁那些所谓的"助纣为虐"者,也就是为无政府主义进行宣传或辩护的人。在美国,国会通过一项法律,禁止任何"怀疑或反对任何有组织的政府机构"的外国人入境。而更严厉的手段是"帕尔默大搜捕"(Palmer Raid),它出自伍德罗·威尔逊总统的总检察长 A. 米切尔·帕尔默(A. Mitchell Palmer),这件事发生在1919~1920年那个对红色思潮深深恐惧的年代,当时有大批激进主义者,包括爱玛·戈尔德曼(Emma Goldman)和亚历山大·贝克曼(Alexander Berkman)在内,被驱逐出境或遭到逮捕。西奥多·罗斯福在1908年说过的一句话最能代表当时的社会氛围:"和镇压无政府主义相比,其他任何事务都不那么重要了。"[55]

如果今天有谁觉得"9·11"事件以后全球的反响实在太异常的话,可以回顾一下一个世纪前的往事,无政府主义的威胁促使各国警察开展国际性合作,比如先后在罗马(1898年)和圣彼得堡(1904年)召开的反无政府主义者会议。俄国秘密警察得到法国政府的批准后,在巴黎展开了一场规模相当大的行动,而意大利密探也遍布世界各地追踪意大利无政府主义者。凡此种种导致了1923年国际刑警组织的诞生。无政府主义团体被密探和内奸渗透得千疮百孔,各国警察对他们的行动可谓了如指掌,当然这些线人有时候会制造一些子虚乌有的情报以求报酬。[56]

如以往一样,技术进步是一把双刃剑。同样是照相机,大众传媒在出版物上印上恐怖袭击的照片,助长了恐怖分子袭击的气焰,而警察也可以通过照相技术来拍摄和甄别嫌疑人。当时刚刚开始出现"面部照片"(mug shots)、指纹和法医实验室技术,这都加大了恐怖分子实施破坏的难度。[57]

* * *

无政府主义者认为对他们的镇压将激起公众的不满。埃米尔·亨利在被送上断头台前的最后一次审判中说:"在芝加哥是绞刑,在德国是斩首,在赫雷斯(Xerez,西班牙城市)是绞刑,在巴塞罗那是枪毙,在蒙布里松(Montbrison)和巴黎是断头台,我们已经牺牲了很多人。

但是，你们永远无法摧毁无政府主义。它已经扎了根，将在这个正在崩塌的病态社会里发芽……它无处不在……最终将打垮并置你们于死地。"[58]

亨利的观点错了，无政府主义并没有打垮任何人。到20世纪30年代末，无政府主义运动彻底销声匿迹了。民主化程度越高的国家，对恐怖分子的监控就越严密，同时更加宽松的劳工法律使工人能够通过工会利用和平手段来满足自己的诉求。在苏联、法西斯意大利和纳粹德国，无政府主义者遭到了残酷镇压。其中最大的势力是苏俄内战时期活动于乌克兰境内的内斯托尔·马赫诺（Nestor Makhno）麾下人数达1.5万的无政府主义游击队，但他们最终于1921年被红军"肃清"。[59] 西班牙的无政府主义者在1936～1939年的内战期间成为佛朗哥的法西斯主义者以及马克思主义"战友们"打击的共同目标——正如乔治·奥威尔（George Orwell）在《向加泰罗尼亚致敬》（Homage to Catalonia）中所写的那样，辉煌而又苦涩。在莫斯科成功地将共产主义理论推为左翼的主流学说之后，世界各地的无政府主义者就纷纷被边缘化了。

无政府主义者一事无成不足为奇，因为按照近年来出版的一本书所说，他们的理念"几乎是不可能完成的"。从某种程度上讲，他们和三K党恰好是两个极端，后者是通过广泛的恐怖主义行为达成一个有限的目标。而无政府主义者正好相反，企图以持续多年并分布在许多不同国家的孤立暴力行动达成一个乌托邦式的目标。根据一项估计，1880～1914年，"这些无国家的禽兽"——这是奥匈帝国给无政府主义者的官方称呼——在16个国家展开袭击，导致160人死亡，至少500人受伤。一战以后还将有93人在无政府主义者的袭击中死亡,这还不包括苏俄内战和西班牙内战中的伤亡人数。[60]无政府主义者从未在任何地方获得过大多数人的支持。

社会主义者本身或许存在许多不足,但是在沙皇统治的帝国里,他们至少造成了相当程度的恐惧,从而推动了一个腐朽政权的彻底崩溃。

33
刺杀沙皇

追杀亚历山大二世的民粹主义者，
公元 1879～1881 年

　　1879 年 8 月 26 日，沙皇被人判了死刑。做出这一判决的地点有点不合时宜，是坐落于圣彼得堡郊区树林中的一栋乡间别墅，那周围有许多富人的避暑别墅。在这片松树林中，聚集着民意党（Narodnaya Volya）的执委会成员——25 名决心为了俄国革命奉献生命的男女。

　　这些人都是不到 30 岁的知识分子，大都是中产阶级或下层贵族。其中大多数人都上过大学——在一个文盲占大多数的时代，这种现象是很少见的。这些人所占有的财富和教育水平有点类似美国革命和三 K 党的领导层，但和同时代其他革命者差别很大，和 20 世纪的一些起义领导人，如菲德尔·卡斯特罗、切·格瓦拉和亚西尔·阿拉法特等颇为类似。他们被称为民粹主义者，这是伊万·屠格涅夫（Ivan Turgenev）在 1862 年出版的小说《父与子》（*Fathers and Sons*）中提出的概念，但更准确地说这群人其实是"民粹社会主义者"（populist-socialist）。与企图消灭国家的无政府主义者不同，这些人想夺取国家政权。他们以前属于一个叫"土地与自由"的组织，但由于该组织中的一些成员反对使用暴力，这些人从中分离了出来，执委会成员可并不为使用暴力而感到良心不安。

薇拉·菲格涅尔（Vera Figner）是这个组织里的一员，这位27岁的姑娘出身于一个"繁荣的贵族家庭"，是个"活泼开朗、甜美而喜欢玩闹的女孩"，这位名媛抛弃了成为医生的机会以及她的丈夫而致力于农民事业，不过她对农民知之甚少。（一名历史学家曾经不无尖酸地写道："对某些人来说，热爱农民就好像喜爱动物一样。"）菲格涅尔和所有人都认为，"人民中间已经积累了太多可以被煽动的情绪，只要有一点火花就能点燃火焰，然后引发一场熊熊烈火"。

而想要制造火花，又有什么比刺杀俄国沙皇更合适的呢？亚历山大二世以改革家的身份开始了自己的统治，他在1861年解放了农奴（serf）。但是接下来的几年里，亚历山大二世越发保守，拒绝践行宪法或举行国会选举。这让曾对亚历山大二世继位期望颇高的人们非常失望，引发了强烈不满。1878年，民粹主义者刺杀了沙俄秘密警察头子、第三厅厅长尼古拉·梅津采夫（Nikolai Mezentsov）将军。第二年又轮到了德米特里·克鲁泡特金（Dimitry Kropotkin）亲王，此公是一名省长，同时还是那个著名的无政府主义者的表兄弟。另外一个恐怖分子开枪打伤了圣彼得堡市长，但由于获得了陪审团的同情而被释放。就像刺杀尤利乌斯·恺撒或亚伯拉罕·林肯一样，这些对政治人物的谋杀都不是孤立事件，而是为了颠覆整个沙俄政权的有组织恐怖行动。这一连串行动的顶峰就是刺杀沙皇本人。

民意党希望在1879年11月沙皇从克里米亚度假归来的路上炸毁他的专列。薇拉·菲格涅尔带了许多炸药前往敖德萨。菲格涅尔乔装改扮成一个"上流名媛"（用她自己的话说），她替一个假扮她的保镖但实际是同谋者的男人在铁路部门申请了一份工作。那个人成功得到工作，但沙皇却决定搭乘另外一条线路的火车返回，刺杀计划流产了。另外一个恐怖分子化妆成皮革商人，在铁轨上埋设了一批炸药。沙皇于11月18日经过这条铁路，但炸弹却未能引爆，原因是引线接错了。

第三次刺杀发生在莫斯科郊区，两名民粹主义者假扮夫妇租了一间距离铁路500英尺远的房子，他们可以穿过一条"寒冷泥泞"的隧道直通铁路。11月19日，当沙皇的专列经过时，他们已经做好了动手准备。当时他们得到的情报是沙皇一行乘坐三列列车，亚历山大本人则乘坐第二列列车的第四节车厢。他们成功地把这节车厢炸成了碎片，但结果发现亚历山大在最后时刻临时决定乘坐第一列列车。沙皇甚至不知道有这么回事，直到朝臣告诉他说："随从人员乘坐的那趟列车的第四节车厢被炸成了果酱。里边除了从克里米亚运回来的水果什么都没有。"

沙皇最后连待在家里都不安全了。斯捷潘·哈尔图林（Stepan Khalturin）是在沙皇的冬宫里工作的激进派木匠，冬宫有1050间房间、1886扇门、1945个窗户，需要不断地进行维护。哈尔图林给人的感觉是老实、可靠且不辞辛劳的能工巧匠，一个警察小头目还打算把他招为自己的女婿。一直以来哈尔图林都在慢慢地往冬宫里偷带小块炸药，炸药是民意党提供的，就藏在冬宫餐厅下方两层地窖的他的房间里。1880年2月5日下午，哈尔图林给炸药接上了引线后离开了建筑物。15分钟后，传来了一声雷鸣般的巨响。11人被炸死，56人受伤，但是沙皇毫发未伤。餐厅仅轻微受损，而且沙皇也不在里边。伤亡者大多是沙皇的卫士，他们当时正好在地窖和餐厅中间的那层。

另外一次失败的暗杀发生在1880年8月，一名民意党成员睡过了头，结果在沙皇经过一座桥的时候未能及时赶到引爆炸弹。但是，恐怖分子并未放弃。

1880年12月，两名暗杀者化名为"科博泽夫夫妇"在圣彼得堡开了一间"奶酪店"，实际上他们计划在这里开挖地道，在大街下边埋地雷，因为大家都知道沙皇每周日都会在这里检阅部队。作为备用计划，四名暗杀者将手持炸弹埋伏在街道边。隧道于1881年1月开挖，2月底完工。

但甚至在他们的阴谋还没有展开的时候，秘密警察就已经在逼近他们了。一个隐藏在秘密警察第三厅内部的职员一直在帮助民意党组织行动。随着1880年秘密警察成立了新的机构，公共安全与秩序保卫部（Okhrana，也叫作奥克拉那），这些恐怖分子的好运气就到头了。到1881年2月底时，执委会的许多成员纷纷被捕，包括他们的实际领导人亚历山大·米哈伊洛夫（Alexander Mikhailov）及其继任者安德烈·热利亚博夫（Andrei Zhelyabov）。两人都参与了刺杀沙皇的行动，被捕后都被关押在令人生畏的彼得保罗要塞（Peter and Paul Fortress）。

1881年2月28日星期六，在热利亚博夫被捕后，一名"卫生检查员"——实际上是一名警监——出现在奶酪店。他想弄清楚店里的一个桶中装的是什么。"科博泽夫先生"说里边装的是奶酪。如果这个警监打开这个桶，他会发现里边装的是挖掘地道时挖出来的泥土，但是他却懒得动手。后来，不止一个历史学家想知道为什么警察在检查弑君者之时会如此粗心大意。

当天晚上，执委会剩下的成员在薇拉·菲格涅尔的公寓里开会，决定是否要取消行动。他们决定在索菲亚·佩罗夫斯卡娅（Sophia Perovskaya）的领导下继续行动，她是热利亚博夫的贵族女友，一位金发碧眼的美丽女孩，有着"精致小巧的鼻子"和"一张迷人的嘴,在微笑的时候会露出两排白白的牙齿"。尽管她的气质"甜美可人",但用一位民粹分子的话说,佩罗夫斯卡娅"是这些人中最可怕的恐怖分子"。民意党组织遵照佩罗夫斯卡娅的指挥,决定在第二天,也就是3月1日星期天时进行袭击。

在"昏暗阴郁"的星期天下午1点,63岁的老沙皇前去检阅军队,他"戴着一顶红帽子,穿一件海狸皮毛镶红线的大衣,衣服上别着金色肩章"。六名骑马的哥萨克兵在沙皇乘坐的马车周围,后边是两辆满载警察的雪橇,滑行在积雪覆盖的鹅卵石大街上。下午2点15分,拜访过堂兄的沙皇准备返回冬宫。但沙皇返回的时候没有按照以往的路线经过奶酪店,因此现在只能指望投弹手了。当佩罗夫斯卡娅发出行动信号时——用一条丝帕擤鼻涕——三名刺客来到了凯瑟琳运河的河堤上(另外一人在最后一刻丧失了行刺勇气)。

就在沙皇的马车沿着街道缓缓驶来之时,一个提着小包裹的金发青年凑了上去。他摆了摆自己的胳膊,接着就发出一声"震耳欲聋"的爆炸,周围数人被炸死炸伤,但沙皇却毫发无损。他无视车夫迅速离开的建议,走出马车检查伤亡情况。沙皇走下马车的时候,他周围簇拥着哥萨克,另一个年轻人走过来往沙皇脚边扔了某个东西。随后亚历山大和周围的人像保龄球球瓶一样被炸倒。共20人被波及,包括刺客伊格纳特·赫雷涅维茨基(Ignat Hryniewicki),他在数个小时后毙命。一名军官回忆道:"到处是积雪、碎片和血迹,能看到衣服、肩章、军刀的碎片以及大块残肢断臂。"

被炸伤大腿的沙皇不久之后在冬宫死去,而这第七次刺杀也是所有刺杀行动的最后一次。[61]

34
"无法控制的爆发"

俄国的社会主义革命，公元 1902~1917 年

听到沙皇被刺身亡的消息，薇拉·菲格涅尔禁不住喜极而泣，为暴君的身亡而深感欣慰。不过，她很快将为另外一件事哭泣。沙皇的死亡并不意味着专制制度的结束，老沙皇的儿子很快继位，成为亚历山大三世。1881 年 4 月 3 日，5 名恐怖分子，包括索菲亚·佩罗夫斯卡娅被绞死。其余三人将在监狱中度过余生。菲格涅尔在受伤后被单独关押了 20 年。民意党被彻底摧毁。到 1883 年时，残存者由为秘密警察工作的双面间谍谢尔盖·杰格耶夫（Sergei Degaev）领导，此人最终打死了其警察局上线，然后逃亡美国。[62]

民意党虽然被摧毁，但仍然激励着后来的革命者。比如说列宁就要求党员效仿该组织的"纪律和地下工作实践"，而列宁的哥哥亚历山大·乌里扬诺夫（Alexander Ulyanov）后来参加了民意党的衍生组织——恐怖行动派。乌里扬诺夫因为谋刺亚历山大三世于 1887 年被处决，这件事对年轻的列宁触动很大。[63] 此后恐怖主义从俄国的政治舞台上短暂消失，直到 20 世纪初再次以更大的规模出现。

恐怖主义的去而复返其实并不稀奇，因为促使人们反对沙皇政权的基本条件并未变化。工业化带来的经济阵痛催生了生

活条件恶劣的城市无产阶级,以及初出茅庐但政治权利与日益增长的财富不相称的中产阶级。俄国的教育水平大大提高:大学生的数量从1860年到1914年增长了13倍,期刊的数量从1860年到1900年增加了3倍,具备读写能力的人口比例从1897年的21%上升到1914年的40%。[64]但是,随着社会的现代化以及政治意识的觉醒,沙俄政权仍然在专制的状态下故步自封,也没有寻求推进改革的和平手段。这是相当棘手的问题。正如曾担任首相的自由主义者谢尔盖·维特(Sergei Witte)伯爵1911年所写的:"在20世纪初还想不受阻碍地维持那套中世纪的政治体制几乎是不可能的……首先政府权力和威望日益衰落,革命会以无法控制的暴力形式爆发。"[65]

率先掀起暴力风潮的是社会革命党(Socialist Revolutionary Party, SRP)及其战斗组织,它们致力于实施恐怖行动。该组织的一名成员于1902年闯进内务部部长办公室,在近距离连开两枪打死了内务部部长,以此宣告了这个组织的登场。继任的内务部部长在1904年再次被社会革命党成员投出的炸弹炸死在马车上。接下来的1905年,遇难者轮到了谢尔盖·亚历山德罗维奇(Sergei Aleksandrovich)大公,他是沙皇的叔叔,同时担任莫斯科总督。亚历山德罗维奇被刺客投出的炸弹炸死,而他的继任者后来在一次类似的刺杀中侥幸逃脱,只受了轻伤,但一名随从被炸死。

和21世纪的许多恐怖组织一样,社会革命党把炸弹袭击称为"圣战"(holy act)。他们曾经以极大的想象力谈论使用新近出现的飞机轰炸冬宫,也曾经无情地实施自杀式炸弹袭击。1906年,社会革命党下属的极端派别多数派(Maximalist)的3名成员策划刺杀新任总理彼得·斯托雷平(Pyotr Stolypin)。

这位保守派改革家因为绞死了大批革命者而臭名昭著，甚至连绞索也被称为"斯托雷平的领带"。当恐怖分子未能进入斯托雷平的避暑别墅时，他们高呼口号"自由万岁"，在接待室引爆了随身携带的手提箱炸弹。斯托雷平死里逃生，但是爆炸造成 27 人死亡、70 人受伤，伤者包括他的两个孩子。

斯托雷平后来在 1911 年社会革命党组织的又一次刺杀中身亡（这是他一生中遭遇的第 18 次刺杀），当时斯托雷平正和沙皇尼古拉二世在基辅的歌剧院看戏。刺客德米特里·博格罗夫（Dmitri Bogrov）是打入社会革命党内部的警方卧底，他由于暴露了身份而被迫去刺杀总理以将功折罪。博格罗夫答应以出卖另外两个参与刺杀斯托雷平的社会革命党同伙为交换条件，从秘密警察那里骗取了一张进入剧场的门票〔当天上演的剧目是里姆斯基－科萨科夫（Rimsky-Korsakov）的歌剧《萨尔丹沙皇的故事》（*Tale of Tsar Saltan*）〕。[66]

社会革命党人在左翼政党中的主要竞争对手是社会民主党人（Social Democrats），该党表面上拒绝实施恐怖行动，更倾向于策动工人阶级革命。列夫·托洛茨基（Leon Trotsky）这么评价社会民主党的纲领："孤胆英雄取代不了大众。"[67]但实际上社会民主党的各个派系，包括布尔什维克（Bolshevik）和孟什维克（Menshevik），有时候也会实施恐怖行动，尽管不如社会革命党那么有破坏性。1905 年，当沙皇政权风雨飘摇之际，布尔什维克领袖列宁在流放中批准实施旨在造成骚乱的恐怖行动。随着工人罢工运动的风起云涌和工人委员会（或称苏维埃）的遍地开花，列宁指示追随者"要不失时机地主动展开工作，一旦总起义的时机成熟就要毫不迟疑地展开行动"。[68]

列宁的这一指示得到了其最忠实追随者之一约瑟夫·朱佳什维利（Josef Djugashvili）的大力拥护，此君就是后来众所周知的斯大林，这个前神学院的麻子脸学生来自格鲁吉亚，指挥布尔什维克战斗分队在高加索地区展开了一系列暴力行动。1905年，他手下的"刺客"一整年都在和哥萨克以及黑色百人团（Black Hundreds）的成员展开激战。到1906年沙皇通过一系列镇压手段重新夺回了控制权之后，斯大林不得不再次转入地下活动。在此期间，他和孟什维克联手刺杀了沙俄在高加索地区镇压革命活动的头子费奥多尔·格雷亚兹诺夫（Fyodor Griyazanov）将军。

此后斯大林把注意力转移到"没收"方面，也就是所谓的"政治银行抢劫"。当时在俄国境内掀起了一股抢银行的浪潮，1905~1906年记录在案的银行抢劫案就有差不多2000起——直接导致人们对银行系统信心的动摇。斯大林成为杰西·詹姆斯式的人物，带领着他的技术小组，或称"单位"（Outfit），拦截马车、火车甚至是渡轮。他们规模最大的抢劫发生在1907年6月12日，那是在格鲁吉亚首都第比利斯的一个大广场上。60名劫匪洗劫了一个重兵把守的金库。他们依靠炸弹和手枪把哥萨克、警察和许多无辜路人一起撂倒，抢走了至少25万卢布（价值340万美元），而这笔钱将成为列宁的活动经费。斯大林同时还参加过勒索行动，以伤害性命或炸毁工厂为条件敲诈企业家。正如其他"社会性土匪"行为一样，政治动机和纯粹图财之间并没有清晰的分界线。尽管斯大林显然并没有中饱私囊，但其他革命者肯定这么做过。[69]

除了社会主义者，俄国的无政府主义者，诸如黑旗团（Black Banner group）也会积极实施暗杀和抢劫行动。他们和埃米尔·亨利一样，作为"无动机恐怖行为"的一部分，偶尔也会把炸弹扔进咖啡馆，仅仅是为了炸死几个"资本家"顾客。[70]其他一些参与这种活动的革命政党则宣称他们代表俄罗斯帝国境内被压迫的少数民族，比如特别活跃的亚美尼亚达什纳克会（Armenian Dashnak）和波兰社会党（Polish Socialist Party）。

当时俄国发生的各种袭击事件数量之多令人惊讶。据估计，在沙俄政权存在的最后二十年（1897~1917年）间，沙俄帝国境内的各种恐怖主义行动造成了约1.7万人伤亡，而大多数袭击行动发生在1905~1910年。[71]沙皇的妹夫写道："被革命分子刺杀的政府官员实在太多了，以至于被任命为官员几乎意味着被判了死刑。"[72]

* * *

那么，在一个可能是全欧洲控制最严密的警察国家，为什么会发生如此多的暴力事件呢？沙皇手下不仅有公共安全与秩序保卫部这样的秘密警察机构，也有穿着制服进行政治镇压的宪兵部队，他们几乎拥有不受限制的权力，可以检查出版物、私拆信件和拘留个人。一部包罗万象的法律将对那些创作"包含对政府法令和行为未经许可的评论内容的书面文件"的人定罪，并最低处以16个月的徒刑。

虽然这些法律听上去十分严苛，不过根据维特伯爵的描述，这项法令未必真那么严格地执行过，因为"在执法和行政官僚中充斥着死气沉沉、玩忽职守和怯弱胆小的风气"。1895年，公共安全与秩序保卫部只有161名全职雇员，宪兵部队的人数也少于1万，而他们中的绝大部分人承担治安工作，负责看管横跨十一个时区的1.36亿民众。法国的人均警察数量是俄国的"一百多倍",根据一名历史学家的推断,罗曼诺夫王朝"严重缺乏警力"。从 1867 年到 1894 年,只有 158 本书籍被禁,马克思的《资本论》(Das Kapital)并不在禁书之列。大约在同一时间段内,只有 44 人因为政治罪行被处决,他们全部是刺客或谋刺未遂者。在 1905 年革命期间,俄国有一个执行死刑的高峰:1905~1906 年总共有 3000~5000 人被处决。但是,这个人数还不及巴黎公社被处决社员数量的 1/4。大多数革命者都被羁押在监狱里,而且其中许多人得到的待遇比普通刑事犯还好,因为他们毕竟是"绅士"。对大多数激进分子来说,监狱成为学习社会主义理论的学校,他们在那里可以获得"坚定的革命教育"。

另外一种比较严厉的刑罚是流放西伯利亚,但是在 19 世纪 80 年代只有 1200 名政治犯被流放,这一数字到 1901 年增加到 4113 名。1905 年革命之后有更多的人被流放(1906 年大约有 8000 人),但是沙皇专制时代被流放到西伯利亚和后来布尔什维克治下地狱般的古拉格不可同日而语。流放者居住在比较舒适的西伯利亚村庄,他们甚至能够获得政府发放的补贴,而且家里也可以给犯人寄钱。列宁在西伯利亚流放期间带上了他的母亲和岳母来照顾自己的生活,并且完成了一部重要的经济学著作。流放者想逃亡也很容易,因为警察的监管相当松散。美国旅行者乔治·凯南(George Kennan,请勿把他和他的远亲,那位同名的未来"遏制战略"的缔造者相混淆)报道,1891 年西伯利亚"到处都是……逃跑的流放者"并且"数千人在刚刚被流放到这里的第二天就逃跑了"。这些逃亡者中就包括斯大林,他于 1903 年 11 月底抵达西伯利亚的新乌达(Novaya Uda)村,但 1904 年 1 月初他就逃跑了,被判流放三年的斯大林实际上只在这里服刑短短一个月而已。[73]

公共安全与秩序保卫部最行之有效,但同时在道德上也备受争议的策略,就是向恐怖组织内部派遣卧底。在杰格耶夫和博格罗夫的案例中,被策反的卧底反而参与了刺杀,这种策略的结果适得其反。但在1907年破获社会革命党战斗组织的案例中,叶夫诺·阿泽夫(Evno Azef)起了很大作用,他此前15年一直是公共安全与秩序保卫部重金收买的卧底。1908年阿泽夫的卧底身份被揭穿,这在社会革命党内部引发了很大的怀疑和混乱,他们用了很长时间才逐步恢复组织。[74]

总的来说,警察采取的手段足以让一部分平民屈服,但不足以镇压革命者。和镇压手段同等重要的是安抚措施,沙皇尼古拉二世通过1905年10月颁布宪法并成立议会组织杜马,向自由主义者做出了一定程度的让步。一名布尔什维克的组织者叹息道:"我们在1905年革命后呼吸到了几口看似自由的空气,它们腐蚀了人心。"[75]这样有限的自由,加之大规模的逮捕和处决,终于在一战前夕将恐怖主义行动这一主要威胁平息了下去。但是,伤害已经造成了。

俄国恐怖主义历史的主要研究者安娜·盖夫曼(Anna Geifman)总结说,他们之所以"迅速地推翻了沙皇政权","很大程度上是因为革命者打垮了沙俄官僚机构的脊梁,伤到了它的肉体和精神,从而导致帝国政权在1917年3月最后的危机时,官僚机构处于一种瘫痪的状态"。[76]但如果没有一战的失败,恐怖主义造成的危害是否能起到决定性作用恐怕还要打个问号。恐怖主义只是造成沙俄政权倒台的诸多原因之一。

沙皇政权倒台之后,自由主义政权短暂统治了一段时期,取而代之的是布尔什维克专政政权,其领导人深谙地下革命工作的文化和策略。斯大林把他当高加索劫匪时熟悉的那套手段扩展到全苏联境内,造成规模大得多的恐怖气氛。斯大林还汲取了"没有牙齿的沙皇政权与其'掘墓人'的斗争"[77]这一经验,建立了一个无孔不入的警察国家,少数几个炸弹袭击者根本无法对他的统治产生影响。尽管没有实现迅速推翻旧政权的目标,但是反沙皇专制主义的恐怖分子还是在俄国乃至世界历史上留下了浓墨重彩的一笔。

恐怖主义行动仅仅在少数国家取得了成效,其中的一个例子就是爱尔兰。

35
新芬党分子和警察

爱尔兰独立战争，公元 1919~1921 年

这群人花了五天时间，整整五天五夜，在伏击地点瞄准一片长满三叶草的原野。一个告密者告诉他们，1919 年 1 月 16 日将有一批胶棉炸药（gelignite，也叫葛里炸药，一种比普通炸药威力更大的炸药）被偷运到爱尔兰南部的索洛海德贝格（Soloheadbeg）采石场。这群人想要夺取胶棉炸药，但根据后来的供述——"不只是要夺取炸药，还想打死护送人员。"这是当时躲在蒂珀雷里（Tipperary）乡间的 9 个头戴面罩的劫匪中的一个，丹·布林（Dan Breen）所写的。丹·布林是一个 24 岁的铁路护路工，按照通缉令上的画像，此人有一副"斗牛犬般阴沉的脸孔"。布林在"挨着采石场的地方长大"，并且"熟悉这里的每一寸土地"。

布林和大多数同胞一样，出身于一个贫寒的农民家庭，"挣扎在贫困线上"。布林回忆说："马铃薯和牛奶是我们的主食，在某些特别的时候我们能吃到咸肉，而新鲜的肉类我们根本吃不起。"布林在 14 岁时就被迫辍学，在铁路上谋生。他同时还是爱尔兰共和兄弟会（Irish Republican Brotherhood）的秘密成员，这个组织有大约 2000 人。这个秘密社团更为人所知的名字是芬尼亚人（Fenians），它成立于 1858 年，宗旨是

反抗英国统治。在美籍爱尔兰人的资助下,芬尼亚人组织在都柏林的凤凰公园(1882年)刺杀了爱尔兰首席大臣和常务次官,另外该组织在试图营救一名成员时炸死了12个无辜的伦敦市民(1867年)。这些零散的恐怖主义行动和同时期无政府主义者的恐怖袭击一样,没取得多大效果。英国对爱尔兰七百多年的统治仍然坚如磐石。[78]

在20世纪初,共和派又涌现出了新的组织:1902年,一个新的政治派别新芬党(Sinn Féin,意为"我们自己")成立;接着在1913年,武装组织爱尔兰志愿军成立,也就是后来的爱尔兰共和军(Irish Republican Army)。对英国来说,所有的共和派组织都被称为"新芬党分子"(Shinners,从新芬党的发音"shin fane"引申而来)。

1916年4月24日星期一,这周是复活节周,1500名新芬党分子企图用武力控制都柏林。1917年11月布尔什维克在俄国也有类似的行动,他们并未遭到太强烈的抵抗,在"震惊世界的十天"里就推翻了临时政府。但英国的统治却没有这么不稳,5天之后这些新芬党人就被英军(其中许多是爱尔兰人)用大炮逐出了他们当作大本营的富丽堂皇的邮政大楼,导致超过400人死亡。然后又有16名复活节起义的领导人被处决,为爱尔兰独立运动增加了新的烈士。从中世纪开始,爱尔兰人就不乏为独立运动捐躯的英魂。

"由于对英国的反复无常、伪善和欺骗行径反感到极点……我决定加入爱尔兰共和兄弟会。"丹·布林后来写道。接下来他还参加了爱尔兰志愿军,并且成为该组织的南蒂珀雷里旅的军需官。布林的儿时好友西恩·特雷西(Sean Treacy)担任他的副手,此人曾在1918年两次被英国政府逮捕入狱。

1913~1919年，他们一直在努力训练，研究英军条令来学习如何成为一名军人，同时他们还研究了 C. E. 卡尔韦尔的《小规模战争》。他们的武器少得可怜——"1支点45口径左轮手枪，1支老旧步枪，"一名共和派分子回忆道，"根本不值一提。"他们自始至终"都遭到了当地新芬党分子的反对，他们认为任何武器都不如决心来的重要"。因此在1919年1月，布林、特雷西和少数志愿军成员决定自行采取行动。在没有获得任何上级批准的前提下，他们打算打响"开启长期解放战斗的新阶段"的第一枪。

1月21日，在等待了五天以后，侦察员跑到隐蔽地点向他们大喊："他们来啦，他们来啦！"两个工人正驾驶着一辆载着100磅炸药的马车。旁边有两个穿着深绿色制服的皇家爱尔兰警队队员，肩膀上背着步枪。这两个爱尔兰警员和布林以及特雷西一样都是当地人，其中一个还是有四个孩子的鳏夫。共和党分子把这些"条子"（Peeler，俚语中是警察的意思）看作政治镇压的工具——布林用嘲讽的语气称之为"叛徒、密探和走狗"——但其实他们的工作主要是无关政治的打击犯罪行为。这两个警察，詹姆斯·麦克唐纳（James McDonnell）和帕特里克·奥康奈尔（Patrick O'Connell）在当地人缘很好，而且袭击者也认识他们。

"他们越来越近，"布林写道，"我们能清楚地听到马蹄声和车轮发出的声音。大家都绷紧了神经。"接下来伏兵大喊"举起手来"，但那两个警员"举起了步枪"，这表明他们"宁肯被打死也不投降"。然而，这两个警员的亲属后来说他们当时根本没有机会投降——布林多年以后才对这件事给了说法："你已经开了杀戒，那就没法再留活口了。"两个警员被一阵弹雨打倒，伏击者抢走了炸药。布林唯一的遗憾是警察不够多："如果必须要把警察都打死的话，那打死六个警察造成的影响肯定比打死两个大得多。"[79]

就在同一天，在距离索洛海德贝格以北100英里，第一届爱尔兰议会，也就是众议院（Dáil Eireann）在一个环境迥然不同的地方召开会议。会场设在都柏林富丽堂皇的市长官邸（Mansion House），在环形会议室里"壁龛里立着雕像；在铺着厚垫子的椅子和沙发上，聚集着一群轻松的与会者，他们深陷在沙发里以至于想要站起来发言都很困难"。所有与会者都是上年12月当选为英国国会议员但拒绝去威斯敏斯特履职的新芬党成员。尽管76名议员中只有26人出席，但这仍然是一个重要场合。共和运动领导人埃蒙·德·瓦莱拉（Eamon de Valera）当时在英格兰坐牢。另外一位领导人迈克尔·科林斯（Michael Collins）则正在准备营救瓦莱拉出狱（说起来让人难以置信，他们的越狱计划就是将一把复制的监狱钥匙藏在蛋糕里）。会议进行得断断续续，而原因却很滑稽，这些操着一口英语的议员们坚持要在会议期间使用一种他们中某些人几乎不会说的语言，盖尔语（Gaelic）。

尽管如此，爱尔兰众议院仍然于1919年1月21日召开会议，通过了一些重大决议。议院成员发表了独立宣言，并且呼吁参加巴黎和会的"全世界自由民族"承认"爱尔兰的国家地位"并彻底终结"七个世纪以来的异国占领"。他们还成立了以德·瓦莱拉为总统、科林斯为内务大臣（后来很快改任财务大臣）的政府。该政府用了19个月时间才获得国际承认，而爱尔兰众议院发出的独立宣言虽然仅仅是象征性的，但仍然是爱尔兰独立战争具备政治合法性的重要依据。

巧合的是，这场战争的第一枪就是同一天在蒂珀雷里打响的。[80]

* * *

美联社报道称，索洛海德贝格的枪声宣告了"恐怖主义新时代的降临！"[81]但是，爱尔兰的恐怖主义并不是新事物。英国政府之所以无法像历史上那样轻易地镇压爱尔兰人的反抗，很大程度上是因为一位天才人物：迈克尔·科林斯。他的头衔——财务大臣——无法体现出其真正的价值。尽管科林斯通过勤勉成功的工作，以发行债券的手段为革命筹措了数十万英镑的经费，但科林斯更重要的职务是负责领导爱尔兰共和军情报机构以及爱尔兰共和兄弟会。但是，这也无法体现科林斯的全部价值。按照一位爱尔兰共和军军官的话说，科林斯"是虽无其名，却有其实的总司令官"。

1919年，时年29岁的科林斯已经是个久经考验的革命者，他曾经因为参加复活节大起义被关进了威尔士的监狱。科林斯生于爱尔兰科克郡的一个大家庭，他是家里八个孩子中最小的一个，其年迈的农民父亲在科林斯幼年时就已去世。影响科林斯的不仅有爱尔兰独立斗争中流传下来的英雄人物，比如"勇敢的芬尼亚人"，同时还有让英国人吃了很多败仗的德·韦特和其他一些布尔人（多年以后科林斯给德·韦特写信，感谢他给了自己"最初的鼓舞"）。科林斯后来回忆说，他确信"爱尔兰独立将永远无法通过法律手段获得"，而"如果想要反抗恶霸，那就得对他予以沉重打击"。正因如此，他在1909年宣誓加入爱尔兰共和兄弟会，1914年在伦敦居住时加入爱尔兰志愿军，在这之前科林斯先是在行政机关工作，然后又去了两家金融机构。

这位"爱尔兰佬"个头很高、肩膀宽阔、体格健壮、方下巴,"思维敏捷"、精力充沛而且魅力非凡——用一名爱尔兰共和军军官的话说是"热情、好动有时又很安静"。科林斯喜欢威士忌、香烟、骂人和女色。一个认识科林斯的女子说科林斯是一个"名副其实的花花公子"——如果打比方的话,他可说是爱尔兰的加里波第,但他没有意大利人的那种圣人气质。科林斯的朋友说他"幽默风趣"并且是个聪明的捣蛋鬼,但同时科林斯脾气火爆且专横跋扈。对那些达不到自己高要求的人,科林斯会毫不留情地"冷嘲热讽"。科林斯被关押在英国拘留营——这个拘留营后来被一名英国情报官称为"爱尔兰共和军的温床"——期间首次显示出自己的领导天赋,那些羁押在一起的犯人纷纷称他为"大佬"。1916年12月,他在被释放六个月之后担任了三个主要民族主义组织的领导职务——爱尔兰共和兄弟会、爱尔兰志愿军和新芬党——科林斯不可思议地身兼三职,从而被推上了权力的中心。

科林斯身兼会计和游侠的身份,在冒着巨大的个人风险的同时,仍然一丝不苟地做好文案工作。即使英国政府给他的脑袋开了很高的赏格,科林斯在战争期间仍然几乎没有离开过都柏林(人口23万)。科林斯在许多民宅和店铺中开展工作,并且睡觉的地方都要频繁转移。他每天一般工作十七八个小时,然后会去酒吧或酒店放松一下。有时候科林斯会事先不打招呼地突然出现在爱尔兰共和军的某个安全据点里,和自己的同志开开玩笑,然后问:"那么,小伙子们,你们干得怎么样?"科林斯四处走访给自己的部下打气,其中一个人回忆说他们"对他充满了热爱和尊敬"。

科林斯四处走访时从不带保镖或进行伪装,一个手下回忆说科林斯骑着自行车在街道之间穿梭，这辆自行车"已经上了年纪，链条像中世纪的幽灵一样会发出咯吱咯吱的声音"。科林斯经常会被拦下来检查，但他身着一身整洁的灰色西装，看上去就像个股票经纪人而不是革命者，他经常愚弄或者吓唬那些警察，让他们相信拘捕他要冒生命危险。科林斯不止一次在英军从前门闯进来的时候，从房子的天窗或后门逃脱。科林斯的一位主要追捕者曾如此写道："他身上结合了罗宾汉（Robin Hood）和红花侠（Pimpernel）的特点。"

科林斯能够取得成功的部分秘诀是他对保密的偏好。科林斯曾说："绝不要让你的一半大脑知道另一半在做什么。"他严守在英国政府机关内部发展的所有特工的秘密。都柏林大都会警察侦探局G处里有至少四个人向"大佬"提供情报。此外，至少还有十多位穿制服的治安警察也是科林斯发展的内线。其他间谍，包括都柏林城堡的秘书或邮局里的文员，为科林斯提供了英国政府通信和密码方面的重要情报。1919年4月，一个内线甚至在午夜时分带科林斯造访G处总部，他在里面待了五个小时，阅览英国警方的绝密文件。此后，科林斯派手下去警告那些"G处人"不要给爱尔兰共和军找麻烦，否则就让他们好看。

至于那些无视警告的人，科林斯手下有个暗杀队来负责"清除"这种目标。最开始这个组织叫"十二使徒"（Twelve Apostles，最初有十二名成员），后来随着人数的增多被称为"小队"。虽然大多数爱尔兰共和军成员都是临时志愿者，但小队里全是受雇的全职枪手。他们配备大威力韦伯利点455口径左轮手枪，至少有6名小队成员在总部里随时待命，他们的总部最初是民居，后来改到了家具店。这些人平常靠打牌或摆弄木器消磨时间,随时等待上级下达"清除行动"的命令。

到1920年春天时,12名被共和军暗杀队成员称为"令人生厌"的都柏林警察遭到暗杀,其中8人被打死。死者包括大都会警察侦探局G处处长。而少数英国政府打入爱尔兰共和军内部的无能密探最终也遭到了同样命运。科林斯为这种暗杀行动辩解称"我们没有监狱,所以只能处决所有间谍、密探和叛徒"。[82]

英国政府在判断"G处"已经被彻底"摧毁"之后,[83]派来了自己的特工,他们被称为"神秘人物",是一群经常执行绝密任务的前陆军军官。科林斯决定一劳永逸地解决掉这批人。"我发现这批人……正在让我们陷入危险之中,"他后来解释道,"所以我决定先下手为强。"这次行动发生在1920年11月21日星期日早上,由爱尔兰共和军都柏林旅配合暗杀队行动。头一天晚上,都柏林旅旅长迪克·麦基(Dick McKee)及其副手在一次英国警方的突袭行动中被捕。但科林斯表现出了钢铁般的意志,决定无论如何都要继续行动——就好像俄国的民粹主义者在其组织领导人被捕以后仍坚持刺杀亚历山大二世一样。

11月21日上午9点之前,包括后来的爱尔兰总理肖恩·勒马斯(Sean Lémass)在内的数十名枪手已经分别抵达了都柏林的各个指定地点,这是一个"平静、美丽、灰暗的冬日"。他们要在8处酒店和出租房中刺杀20个目标,另外还有些人作为掩护力量,以防出现突发状况。

9点的时候,暗杀队成员文森特·伯恩(Vincent Byrne)带领一支十人小队赶到上蒙特街28号,那里有两名英国军官——班尼特（Bennett）中尉和艾姆斯（Ames）中尉。一名"女仆"给他们开了门，她告诉他们两个军官的卧室的位置以及从后门进去的路线。伯恩和另一个人冲进了一间卧室，命令里面的军官举起双手。这位军官问出了什么事，伯恩说"没事"，然后命令他走到另外一个军官居住的卧室，那个军官也已经被扣押了。伯恩后来回忆说："他站在床上，面冲墙。我命令我抓住的那个人也照做。然后我对自己说：'愿上帝宽恕你们的灵魂！'接着就用'彼得'（毛瑟C96手枪的昵称）开枪了。他们都被当场打死。"伯恩离开房间的时候又看见了那个女仆，她正在哭泣。

当天上午总共有14人被打死，5人受伤。大多数人都像上蒙特街的那两个军官一样，是在投降后被打死的，其中一些人的"惊慌失措又歇斯底里"的妻子或女友也目睹了这一切。死伤者并不全是情报人员，有些人是正规军军官。遇难者中还有两个警官，他们只是碰巧撞上了暗杀队。一名英国官员当晚在日记中写道："这是一个行凶作恶的黑色日子。"

英国政府的反应既迅速又猛烈。当天下午在都柏林克罗克公园本来有一场爱尔兰式足球赛。一批"预备队警察"和绰号为"黑棕部队"的成员包围了该地并进行搜查。皇家爱尔兰警队预备队（Auxiliary Division）由1500名前英国陆军军官组成，他们是作为皇家爱尔兰警队的补充力量的反恐部队。"黑棕部队"包括7000名从英国各地征召来的士兵，以补充人数逐渐减少的警队，而且爱尔兰人中新兵供应也已经不足了。由于缺少制服，许多人都穿着深绿色近似黑色的衣服，还有一批陆军的卡其色制服——这也是他们绰号的来源，该绰号也与一种猎犬的名字一样。爱尔兰警队预备队和黑棕部队都以其残忍无情而声名狼藉,而在这个周日的下午,他们在克罗克公园向平民开枪,打死12人,打伤60人。警方宣称他们是先遭到对方枪击后才反击的,尽管连警队预备队的一名警官都承认"我根本看不到有任何开枪的必要"。爱尔兰共和军认为这次行动就是对当天上午的刺杀行动的报复。

另外一次报复行动可能被克罗克公园事件掩盖了,都柏林旅旅长迪克·麦基、副旅长佩达尔·克兰西(Peadar Clancy)还有另外一个被俘的人,在周日未经审判就在都柏林堡被警队预备队处决了。英国官方宣称他们因试图越狱而被击毙;而爱尔兰共和军方面,如一位暗杀队成员所说的,他们被"无情地枪杀……可谓人神共愤"。[84]

* * *

这个"血色星期天"的全部真相可能永远也不会为人所知,但是其影响却是很明显的。就像1968年越南发动的"春节"(Tet Offensive)攻势一样,"血色星期天"彻底戳破了英国官方关于取得了进展的空洞宣传(戴维·劳合·乔治首相曾在血色星期天12天之前宣称他们已经扼住了"杀人犯的喉咙"),[85]并且迫使英国政府寻求谈判来解决。接下来战争持续了八个多月,直到1921年7月双方宣布休战。但是,越来越多的英国军队就像盲人一样,只能胡乱出击,很难给越来越灵活且神出鬼没的敌人造成真正打击。

为了安全起见,越来越多的政府官员和军官迁居到都柏林城堡里,正如陆军司令官内维尔·麦克雷迪(Nevil Macready)所写的,他们在都柏林城堡"终日惶恐不安,看着颇让人觉得可怜"。乡村的情况基本也如此,较小的派出所纷纷关闭,警察们在较大的要塞化兵营里"集中驻扎且无法自由活动"。

一名驻扎在都柏林的士兵回忆说,"在血色星期天以前,我们还能偶尔到镇上吃顿晚餐",但是现在"我们没法这么干了"。一名警队预备队成员说他在每一次离开都柏林城堡的时候,总有一种"被追杀"("这种感觉糟透了")的感觉。甚至麦克雷迪将军在出行的时候也要随身携带一支已经打开保险的自动手枪,要么放在口袋里,要么开车的时候放在大腿上。给当局逐渐灌输恐惧——这意味着当局和民众的联系已经被切断,而且容易用适得其反的处理方式进一步丧失民众的支持——无疑是任何叛乱组织都必须达成的关键目标,而爱尔兰共和军在1920年确实达到了这个目标。[86]

比尔·芒罗(Bill Munro)是"叛乱温床"[87]科克郡警队预备队的成员,他后来回忆说,由于针对爱尔兰共和军飞行纵队(Flying Column)——这是一个由35人组成的全职游击单位——的情报工作不到位,实际行动中遇到很大困难。警队风闻"在某某地有武装分子埋伏"的传言之后,会乘坐克罗斯利卡车或劳斯莱斯装甲汽车出动,等到了地方才发现要么传言是假的,要么爱尔兰共和军分子"在我们出动的时候就已经得到了消息,早已逃之夭夭了"。某些时候,他们偶尔也会发现爱尔兰共和军分子刚刚参加完秘密集会,但是"我们不像对手那么熟悉乡间道路,自然不可能追得上这些家伙"。[88]

甚至连道路上都潜藏着危险:爱尔兰共和军四处埋设地雷、摧毁桥梁并且在英军可能经过的地方挖掘壕沟。伏击更是常有的事,爱尔兰共和军精于此道。比如说1921年6月17日,在科克郡班蒂尔(Banteer)镇附近,一支爱尔兰共和军武装袭击了由四辆汽车组成的巡逻队,用地雷炸毁了三辆汽车，并且"依托一处地形良好的阵地"向警队倾泻"猛烈而密集的火力"。差点被炸死在车上的英军巡逻队队长回忆说："这些地雷起爆的时间特别准确。"[89]

在遭到爱尔兰共和军的"欺侮"之后，受挫的英军往往会在市镇中发泄怒火，焚烧民居和商铺，砸烂商店的窗户，四处打杀。一名爱尔兰共和军军官写道："大火过后城镇满目疮痍，英国人四处打砸洗劫。"[90]这种用"恐怖统治镇压恐怖主义"[91]的拙劣手段，只能激起民众更加支持爱尔兰共和军，而大多数平民在战争开始时其实是抱着事不关己的态度的。据一个英国情报机构的估计，"从1921年年初开始……大批民众都开始公开参加叛乱或至少是同情叛乱"。[92]新芬党甚至在很多地方成立了秘密政府，拥有自己的警察部队和法庭，能够比英国政府更有效地进行管理。事实上，早在正式终结英国的统治之前，爱尔兰共和军就已经设法扭转了七个世纪以来英国在爱尔兰的"支配地位"。[93]

*　　*　　*

为了对抗5000多人的爱尔兰共和军，英国部署了5万名士兵和1.4万名警察。但这还不够，英国方面估计，要在这个人口不到300万的地区维持稳定，需要再投入十多万甚至是几十万人力，如果持续相当长一段时间的话。[94]这是一个当时已经"厌倦了战争"的国家所无法承受的。[95]

自由党首相戴维·劳合·乔治下令让数个郡进入戒严状态，允许军事法庭审判嫌疑犯。[96]他甚至还纵容黑棕部队滥施暴行和严刑拷打，以及偶尔以嫌犯"试图越狱"为名将其击毙。劳合·乔治说，考虑到爱尔兰共和军对警务人员的袭击，

"这仅是报复而已"。[97]但劳合·乔治的所作所为还是受到了很大的限制,他此前曾批评基奇纳在布尔战争时期的政策,所以他不愿意炸毁爱尔兰村庄,大规模处决被俘的恐怖分子或者把数以万计的平民投入集中营。总而言之,他不愿意把1920年英国在伊拉克的手段照搬到爱尔兰去,当时伊拉克爆发了规模比爱尔兰更大的革命,但遭到英国的无情镇压,最终有将近9000人丧生。[98]或者是像1919年在印度那样,当时英国在阿姆利则(Amritsar)打死了370多名手无寸铁的示威者。

伦敦方面政治上的束缚让很多怨声载道的军人感到气馁,用帝国总参谋长、狂热的统一派分子陆军元帅亨利·威尔逊爵士(Sir Henry Wilson)的话说:"新芬党与我们为敌,而我们却要和新芬党和平共处。"[99]驻爱尔兰英军司令官麦克雷迪将军用充满怀念的口吻写道:"如果这个国家是美索不达米亚或者埃及,我肯定会兴高采烈地宣布最严厉的戒严法令,并且一劳永逸地平息事态。"[100]

但是劳合·乔治和其他内阁成员知道,陆军大臣温斯顿·丘吉尔提出的那种"铁腕政策"——也就是"用杀戮来应对杀戮,用恐怖来反对恐怖"的政策[101]——肯定无法被英国公众接受。英国刚刚发动一场解放比利时的战争,无法为了吞并一个近在眼前的小国而进行另一场旷日持久的战争,况且该国民众已经表达了独立的迫切愿望。甚至为"大英帝国的完整性"辩护的丘吉尔,尽管谴责爱尔兰共和军的"凶杀密谋"并且拒绝抨击黑棕部队的暴行,但他也不同意效仿"普鲁士人在比利时的手段"——或者,可能也有人会说,像英国本身有时在亚洲和非洲殖民地做的那样。[102]

英国政府决心保卫的是爱尔兰岛北部诸郡,这里有大量的新教徒居民。因此，在1921年7月11日双方开始正式休战之后，北爱尔兰问题一直是谈判的症结所在。最后，包括迈克尔·科林斯在内的爱尔兰谈判代表团终于争取到了最佳条件。根据1921年12月6日签署的条约，爱尔兰南部26个郡组成爱尔兰自由邦（Irish Free State），成为类似加拿大的大英帝国自治领，而北爱尔兰的6个郡仍属于联合王国。对爱尔兰人来说，除了不能把北爱尔兰纳入自由邦之外，更令人难堪的是众议院议员们要宣誓"忠于国王乔治五世陛下"。爱尔兰众议院以微弱多数通过了这一协议，但爱尔兰共和军的半数成员拒不承认这一结果，并且拿起了武器。

作为爱尔兰自由邦军队的司令，尽管科林斯承受着巨大的"痛苦"，但仍不得不和昔日战友同室操戈。[103] 1922年8月22日科林斯在爱尔兰共和军反条约派策划的袭击中身亡，当时他随身带着几个保镖，正驾车行驶在科克郡。这位"大佬"曾经躲过英国人的多次追捕，如今却在不到32岁的年纪里死在了昔日部下和同僚手中。就在仅仅几周之前，科林斯拒绝了未婚妻让他更谨慎一些的请求，科林斯给她写信说："我对此无能为力，要是这么做了那就不是我了，我真的无法做到。"[104] 当科林斯的死讯传来，爱尔兰自由邦监狱里羁押的1000多共和军反条约派囚犯自发地跪地背诵玫瑰经，祭奠这位已经反目成仇的昔日领袖。[105]

虽然科林斯身死，但内战直到1923年5月才以支持条约的爱尔兰势力大获全胜而告终。他们之所以赢得胜利是因为掌握的资源更多，包括英国方面提供的武器，以及获得公众舆论的支持（在1923年的大选中只有27.4%的选民支持反条约派的候选人）[106]——而且他们也不忌惮采取比英国人更残酷的手段。正如一名历史学家所说的："总而言之，仅在六个多月的时间里，新自由邦政府就处决了77名共和军分子，这是英国政府在两年半的'英爱战争'中处决人数的三倍多。"[107]这再次印证了法国在旺代地区平叛的经验。换句话说，一个获得民众支持的本土政权在平定叛乱时，能够采用比较残酷的手段；而不受当地民众欢迎的外来军队就不行了，如果指挥这支军队的是一个对全球和当地舆论都相当敏感的民选政府时，就更是如此了。

尽管爱尔兰共和军的顽固派进行了数十年恐怖行动，但直至今日，北爱尔兰仍然是英国的一部分。爱尔兰共和军后来的行动大部分都失败了，这在很大程度上是因为英国人重新夺回了1919～1921年丧失的情报优势，当时一位绝望的英国高级情报官员曾经哀叹："没有一个英国人能完全掌握这些爱尔兰叛乱分子的心理特点。"[108]而到了20世纪80年代情况就完全不同了。当时爱尔兰共和军临时派（Provisional IRA）武装分子试图利用利比亚领导人卡扎菲提供的武器，发起类似春节攻势的行动，但高层卧底把这个情报透露给了北爱尔兰皇家警察部队政治保安处（Royal Ulster Constabulary's Special Branch）。照爱尔兰记者埃德·莫罗尼（Ed Moloney）的话说："这些英国人知道爱尔兰共和军将要展开行动，他们早就严阵以待了。"[109]

20世纪20年代的英爱战争与70～90年代英国与爱尔兰共和军之间的战争的不同后果，更加强调了一点，即在任何反叛乱战争中，无论是反叛一方还是平叛一方，获得优质的情报都是压倒一切的重中之重。这个重要性甚至要高于其在传统正规战中的重要性，在正规战中即使不清楚敌军的行动以及战斗力等细节，也能够用压倒性火力摧毁敌军大部队。相比之下，在和"隐形军队"的战争中，准确的情报才能让敌人现出原形——这也是英国人在爱尔兰独立战争中失败的原因,而内战后美国联邦军队在对付三 K 党的斗争中,其在情报方面的表现也只能说刚刚及格。此后,许多国家的警察力量在和无政府主义者的对抗中逐渐提高了情报工作的水准。

*　　*　　*

虽然爱尔兰独立战争最终未能使整个爱尔兰都获得独立,但其成绩仍然是可喜的——这是自北美独立战争以来第一个革命获得成功的英国殖民地。这场战争付出了 4000 人伤亡的代价,其中 950 人是英国士兵和警察。[110] 如同以往一样,一位黑棕部队成员说,"在这场同室操戈的战争中,真正的受害者都是那些非战斗人员",平民成为交战双方袭击的目标。[111]

这场战争中几乎没有一场正规战斗。一般来说,爱尔兰共和军在乡村采取的是游击战模式,主要针对警察局和巡警队,而在城市里他们的行动更像是恐怖行动,刺杀执勤的警察或公务员。恐怖分子行动的重点在英国本土,爱尔兰共和军在那里展开了一系列袭击。规模最大的几次行动分别是 1920 年 11 月烧毁了利物浦的 17 座仓库,以及在签署和约之后很久的 1922 年 6 月展开的刺杀行动,遇刺者恰恰是刚刚离任的帝国总参谋长亨利·威尔逊。其他恐怖活动——比如说 1919 年 12 月试图刺杀总督弗伦奇勋爵——则大都失败了。迈克尔·科林斯曾经谋划了更多的行动,包括用卡车炸弹袭击英国下议院、绑架议员、刺杀内阁成员等,但均未实施。[112] 考虑到后世的爱尔兰共和军在英国本土进行恐怖活动往往得到的是适得其反的效果,那么科林斯的决定其实还算明智。1979 年,爱尔兰共和军临时派刺杀了最后一任印度总督蒙巴顿勋爵,五年后他们又试图把玛格丽特·撒切尔首相及其内阁成员全部炸死在他们下榻的布赖顿(Brighton)的酒店里。这些行动仅仅是促使撒切尔坚定了肃清爱尔兰共和军的决心。迈克尔·科林斯非常明智地避免了这种过火行为。他用合理而克制的方式控制着自己的手下。和大多数其他恐怖组织或游击队领导人不同,他知道何时应该终止战斗,即使有些目标尚未达到。

科林斯的经历表明促使恐怖主义行动取得最大成功的原因——一般是民族主义的——主要在于得到民众的广泛认可、政党的支持以及正规军或准军事部队的支持,正如得到正规武装部队支援的游击队往往是最成功的一样。相比之下,由少数恐怖分子单独发动的旨在实践某个激进议程的行动很难有机会取得成功。失败的不光是无政府主义者,也有很多后来的恐怖组织,比如说红军派和气象员派。

此外,恐怖组织如果对抗的是一个拥有新闻出版自由的民主国家,那么取得成功的可能性会更大,因为媒体会放大他们袭击的影响力,同时束缚官方的行动。在极权国家很少发生这么多恐怖主义行为,因为秘密警察会用残酷无情的镇压手段。另外,英国政府在没有宣战的情况下不能审查媒体,而在爱尔兰甚至都没有宣战。"我们的新闻媒体相当糟糕。"一名警队警员抱怨说——他抱怨的问题显然不是自己的同僚处事不当,而是"温情泛滥的自由派媒体"。但即使是一般的民族主义媒体如伦敦《泰晤士报》也猛烈抨击"私刑"(lynch law),1920年该报报道称:"军队已经陷入目无法纪的深渊,而警察部队则因无法控制穷凶极恶的暴行而蒙羞,这都玷污了英格兰的声誉。"

和后来许多的反游击战情况类似,在爱尔兰的英国士兵"极其怨恨"英国政府的"冷漠或无能",因为官方对媒体的扭曲报道无动于衷，这种报道大大夸大了英军的暴行而掩盖了敌人的罪行。麦克雷迪将军曾经因为那些"无赖媒体"而大发雷霆，并且大骂都柏林城堡的英国行政机构都是些"娘炮"，他们控制的"媒体宣传"根本"不起任何作用"，但他的抗议毫无反响。输掉了"宣传战"，英国军队不可能打败数量上微不足道的敌人。[113]

36
恐怖主义思潮

罪人还是圣徒?

前文我们已经历数了各种不同的恐怖组织,按年代划分有从中世纪的阿萨辛派到20世纪初的爱尔兰共和军,按照规模划分从有十几万成员的三K党到只有21个手下的约翰·布朗——巧合的是,民意党执委会的成员也是21个人。有些恐怖组织是成功的(比如阿萨辛派、三K党和爱尔兰共和军),其他的类似组织,尤其是无政府主义者就没这么成功了。俄国革命最后虽然成功了,但仅靠恐怖主义是没法推翻沙皇的,恐怖行动最多是协助破坏了沙皇统治的根基,它的最终崩溃是由于1917年的军事失利。

然而俄国的恐怖主义活动却给远在万里之外的孟加拉树立了榜样,这里在1906~1917年和1930~1934年爆发了两次反英恐怖行动的浪潮。[114]在巴尔干也有不少俄国激进分子的效仿者,成为继俄国之后的另一个恐怖行动大舞台。

巴尔干国家中存在时间最长的恐怖组织是马其顿内部革命组织(IMRO)。该组织成立于1893年,目的是争取马其顿独立或自治。该组织一直战斗了将近半个世纪,最初对抗奥斯曼帝国,然后是南斯拉夫和希腊。死在该组织刺客手下的有南斯拉夫国王、保加利亚总理以及法国外交部部长——然而,它却一直没能实现自己的目标。[115]同样遭受挫折的还有亚美尼亚革命联合会（达什纳克党，Dashnak Party），该组织的目标是建立独立的亚美尼亚国家，所以它同时对抗俄国和奥斯曼帝国。该组织成员于1896年在伊斯坦布尔实施了令人震惊的奥斯曼中央银行占领事件，但结果仅仅是引发了在首都的大屠杀，导致数千亚美尼亚人死亡，这是1915～1923年对亚美尼亚人进行大屠杀的前奏。[116]直到1991年，亚美尼亚才获得独立，但诱因并非恐怖行动，而是苏联的解体。

下文我们将会看到，塞尔维亚黑手党组织较为成功地实现了把南部斯拉夫人整合在南斯拉夫国家里的目标，但其实这个结果和该组织的行动并无直接关系，它和1914年刺杀弗朗茨·斐迪南大公的波斯尼亚青年党有比较微弱的联系，那次刺杀行动所导致的世界大战最终摧毁了奥匈帝国。与此同时，意大利人资助的恐怖组织乌斯塔沙也在争取实现它的目标——建立独立的克罗地亚国——但这个目的直到1941年德国入侵南斯拉夫才最终成真。而随着德军的败退，克罗地亚重新并入南斯拉夫，直到40年后才再次独立。

当年的那些恐怖手段为今天的一些恐怖组织开创了先例，比如说汽车炸弹和自杀式爆炸袭击。甚至还有少数劫持人质的案例，尤其是约翰·布朗夺取哈珀斯费里的行动，这是20世纪70年代的劫机和劫持大使馆人员行动的预演。

* * *

大多数学术文献都强调并不存在"恐怖分子心态"或"典型恐怖分子"这样的概念。沃尔特·拉克尔（Walter Laqueur）写道："所有这些恐怖主义行动唯一的共同点就是恐怖分子都比较年轻。"[117]但这也阻止不了分析家、相关参与人员以及艺术家试图描绘恐怖分子的精神状态。恐怖主义的"黄金年代"为亲历者留下了一个强烈的印象,这个印象正反两面都有。

如痴如醉地支持恐怖主义的例子当属俄国无政府主义者谢尔盖·克拉夫钦斯基 [Sergei Kravchinski, 化名为斯捷普尼亚克(Stepniak)],此君在1878年刺杀了沙皇的秘密警察头子后流亡瑞士和英国。克拉夫钦斯基出版了一本回忆录,名为《地下俄国》(*Underground Russia*),和后人不同,他在书中对"恐怖主义"这个标签大加赞美。他写道:"恐怖主义有着高贵、可怕而令人无法抵抗的吸引力,它和人类两个最高贵的品质紧紧联系在一起:殉道和英雄情结……它的唯一目标就是推翻令人憎恶的专制政权,让我的国家能和所有文明国家一样,享有政治自由。"[118]

与克拉夫钦斯基理想化的描写不同的是,两位保守派小说家——费奥多·陀思妥耶夫斯基和约瑟夫·康拉德——的描写就比较负面了。陀思妥耶夫斯基在小说《群魔》中创造了一个以谢尔盖·克拉夫钦斯基为原型的人物,彼得·斯捷潘诺维奇·弗克赫文斯基(Pyotr Stepanovich Verkhovensky)。这个人是"魔头""恶棍""人渣",他为了逼迫下属进行自杀袭击,不惜杀掉了其中一人。他曾经对一名同道者说,他的目标是"毁灭一切,包括国家和道德。我们将是仅有的幸存者,我们注定要承担使命,我们要汇聚精英人物,骑在那些愚民的头上"。[119]

在小说《间谍》中,康拉德同样描绘了一位"教授"的形象,这位无政府主义者在伦敦的大街上昂首阔步,口袋里装着炸弹，准备在有警察来逮捕他的时候，把周边60码内的一切炸成"碎片"。这个教授的梦想是世界上"所有的弱者都应该被消灭……消灭，彻底消灭！除此之外别无他途……首先要消灭的是盲人，然后是聋子和哑巴，然后是肢残者——以此类推"。[120]

到底哪一种说法更准确呢？恐怖分子到底是圣徒还是罪人？讽刺的是，其实两种说法都对；一个人并无绝对善恶可言。但是，康拉德和陀思妥耶夫斯基的描写却比斯捷普尼亚克的说法更接近真相。

被当局追捕的恐怖主义者只能到处流亡。他们很难实现自己的目标，更有可能被打死或者在监狱里度过余生。他们之所以能够坚持下去，可能是因为他们被这样一种充满狂热理想主义的人生所吸引。而规模较大的民族主义团体，比如三K党或爱尔兰共和军就不是这样了，他们的成员成分更庞杂，不管怎样，这样其实能获得更广泛的社会认同。这些组织的成员通常有一种类似军人的精神特质——三K党本来就是由军人组成的，而新芬党人将会成为军人。那些真正边缘化的组织，比如无政府主义组织，或更宽泛地称为俄国的地下革命运动组织，其成员更少，且大多数成员是刑事犯或精神失常者。

比如说谢苗·捷尔-彼得罗相〔Simon Ter-Petrossian，化名卡莫（Kamo）〕就是这么一类人，他是斯大林在高加索地区维持高压统治的得力干将。彼得罗相后来在德国被捕，为了避免被引渡回俄国，根据斯大林的传记作者西蒙·塞巴格·蒙蒂菲奥里（Simon Sebag Montefiore）的描述，

卡莫开始装疯，只有真正精神崩溃的人才会像他一

样……他把自己的头发拽下来；试图上吊自杀但绳子断了；割腕自杀但没有成功……医生仍然怀疑卡莫是不是真疯了，决定用一系列足以令人崩溃的测试来试探他。卡莫被用烧红的烙铁烫，指甲缝被用针扎，但最后他还是扛了下来。[121]

还有另外一个名叫弗朗索瓦－克洛迪于斯·柯尼希施泰因（François-Claudius Koenigstein）的人，他化名拉瓦绍尔（Ravachol），于1892年在巴黎制造了多起炸弹爆炸事件。而在此之前，他就曾因为图财而谋杀了一名年长的修士，然后又掘开了一位刚刚去世的女伯爵的墓穴，目的也是图财。此人的名字后来成为愚蠢的政治暴力的代名词。[122]

毫无疑问，在人类所有的组织中总能找到一些声名狼藉的人。而负责反恐的安全部队中也有一些虐待狂，他们喜欢拷打和处决犯人。在爱尔兰独立战争中，乔斯林·哈迪（Jocelyn Hardy）上尉就因此而令人胆寒。他是警队预备队成员，绰号"霍皮"。哈迪在西线的战斗中丢了一条腿，要靠拐杖走路。一名爱尔兰共和军军官回忆说，哈迪曾经在审问中把他打得血肉模糊，差点把他掐死，还拿着又红又烫的铁棍在他们眼前晃来晃去，然后用手枪顶着他的头威胁要打死他。

但与此同时，相对倾向于自由主义思想的武装部队，比如说英国陆军也会在一定程度上默许这样的暴行，他们只会把施暴过甚的人送交军事法庭或开除，在爱尔兰有数百名警队预备队成员和黑棕部队成员遭到这样的惩罚。（一名历史学家曾写道，"霍皮"哈迪曾经多次要处决犯人，但碍于"最后的判决与事实出入实在太大"而作罢。他也差点死在科林斯的暗杀队手里，后者曾经"处心积虑地想要除掉他"。)[123] 相比之下，大多数恐怖组织会找像拉瓦绍尔和卡莫之流那样的借口，以证明打着大规模战争旗号的犯罪行为是合理的。

要概括诸多恐怖分子或其他类似团体的共性几乎不可能，但令人吃惊的是，一个多世纪以前极端分子的特点，完全符合观察家对现代恐怖主义的观察。比如说经济学家阿兰·克鲁格（Alan Krueger）指出，"恐怖分子中开始出现越来越多的受过良好教育、出身于中产阶级或高收入家庭的人"。所以，如果贫穷不是滋生恐怖主义的土壤，那么什么才是呢？对于"非暴力抗议逐渐减少，而不满现状的人更多地开始采取恐怖行动"的问题，克鲁格指出这正是"公民自由和政治权利被压制"的后果。[124] 这就是恐怖行动在沙皇统治的俄国乃至英国殖民地爱尔兰比较流行的原因。尽管英国是个民主国家，但爱尔兰人作为历史上被"新教徒"征服的民族，其选举权还是在很大程度上被剥夺了——他们无权选择独立。克鲁格的建议是，对任何反恐战争来说——连反游击战也包括在内——政治改革才是最重要的武器。通过福利改革和劳动立法，诸如法国和美国这样的国家可以用民主的方法消弭恐怖主义，同时会消灭像俄国这样的国家里的革命土壤。

精神病理专家杰罗尔德·波斯特（Jerrold Post）的结论听上去似乎比较可靠。尽管他写道"并没有迹象表明恐怖分子受到过精神上的打击"，但他假定许多"被恐怖主义所吸引的个体往往是为了实施暴力犯罪"。他相信许多人所谓的"原因"其实只是个借口，让那些失意、不成功的年轻人追寻扬名立万的生活方式——一个恐怖分子"投入到和当局你死我活的斗争中，他的照片被印刷在通缉令上，在某个圈子里他会被'当成是一个英雄',然后获得'让人难以放弃的名誉和地位'"。[125]这样的结论是从20世纪末期的恐怖分子身上得出的,但它同样适用于19世纪的恐怖分子,甚至还适用于中世纪的阿萨辛派。

但必须要指出的是,凡事总有例外,而且例外总是引人注目。迈克尔·科林斯并非极端分子也不是流亡者。他是个聪明、受欢迎、相当理智的领导人,甚至连他的敌人也承认这一点,尽管科林斯的手段相当强硬。(劳合·乔治说他"是个充满魅力的人,但同时也是个危险的人"。)[126]科林斯在很大程度上和历史上那些久经沙场且令人肃然起敬的将军们更像,而不是那些被人视为"禽兽"的臭名昭著的无政府主义恐怖分子,这些同时代的恐怖分子更像是心理有问题,而不是遵循良好的战略谋定而后动。如果说曾经有一个英雄般且令人喜爱的恐怖分子,那么非科林斯莫属。

注 释

1 Assassins: Lewis, *Assassins* ("genius": 37; "dared to leave": 51; "cursed and fled": 1; "unlike": xi); Daftary, *Assassin Legends*; Bartlett, *Assassins* (50 victims: 68; "dignity": 97); Juvaini, *History*; Hodgson, *Secret Order*.
2 Fraser, *Faith*; Williamson, *Gunpowder Plot*.
3 Dash, Thug.关于暗杀团、匕首党和阿萨辛派的对比，可参见Rapoport, "Fear"。
4 Jensen, "Anarchist Terrorism."
5 Rapoport, "Fourth Wave."
6 Pottawatomie: BSC ("Freedom," "confidence": Brown to John Brown Jr., July 9,1858); U.S. House, *Special Committee*, 1193–206 ("come back": 1193; "old man": 1195; "cut off": 1195); Brown, *Truth*, 20–41; Oates, *To Purge*, 126–38 (damp wind: 134); Carton, *Patriotic Treason*, 187–93; Reynolds, *John Brown*, 138–78; Villard, *John Brown*, 148–88 ("WAR": 189).
7 Watts, "How Bloody," 123.
8 Ruchames, *Brown Reader*, 38.
9 Hinton, *John Brown*, 679.
10 Reynolds, *John Brown*, 152.
11 "Wild": Brown, *Truth*, 70. "Strike," "example": 68. "Barbarians": KSH/WJB, 281.
12 Black Jack: BSC; KSH/JBP; KSH/BBJ; KSH/WJB ("memories"); Oates, *To Purge*, 152–54; Carton, *Patriotic Treason*, 207–12; Reynolds, *John Brown*, 185–88.
13 Osawatomie: BSC; Brown to family, Sept. 7, 1856, KSH/JBP; Bridgman, *With Brown*; Reynolds, *John Brown*, 199–201 ("end": 200); Carton, *Patriotic Treason*, 216–20; Oates, *To Purge*, 169–71.
14 "Damaging": Brown, *Truth*, 70. "Terrified": 74.
15 Reynolds, *John Brown*, 175.
16 Brown to John Brown Jr., July 9, 1858, BSC.
17 Renehan, *Secret Six*, ch. 3.
18 "All the books": Hinton, *John Brown*, 182–83. "Admirably": 673. "Iron": *Life, Trial*, 14. "Preparatory": Reynolds, *John Brown*, 241.
19 Harpers Ferry: *Life, Trial* ("gory": 85; "mockery": 55; "forfeit": 95); BSC ("cheerful": Brown to Mary Ann Brown, Oct. 31, 1859); Boteler, "Recollections" ("drizzly"); Green, "Capture" (blue; "tigers"); Daingerfield, "John Brown"; Rosengarten, "Brown's Raid"; Chambers, "School-Girl"; Moore, "Eyewitness": Strother, "Invasion" ("variety"); Carton, *Patriotic Treason*; Reynolds, *John Brown*; Oates, *To Purge*.

20 Thoreau, *Writings*, 10.234.
21 Ruchames, *Brown Reader*, 331.
22 Fleming, *Documentary*, 1.455–56.
23 Rable, *No Peace*, 26; Zuczek, *Rebellion*, 160.
24 Zuczek, *Rebellion*, 127.
25 KKK origin: Lester, *Ku Klux Klan* ("diversion": 53; "mysterious": 56; 500,000 members: 30; "kulos": 55); Fleming, *Documentary*, vol. 2; Trelease, *White Terror*, xv–64; Hahn, *Nation*, 257 ("rubric"), 269 ("guerrilla"); Foner, *Reconstruction*, 342, 425; Franklin, *Slavery*, 248–51.
26 Elias Hill: Unless otherwise specified, all quotations are from U.S. Congress, *KKK Report*, 5.1406–15, 1477. See also Martinez, *Carpetbaggers*, 77–78; Lester, *Ku Klux Klan* ("terror": 73; "ignorant": 74; "darkies": 22) Budiansky, *Bloody Shirt*, 131–33; West, *York County*, 83–84; Trelease, *White Terror*, 371–72.
27 KKK murders: U.S. Congress, *KKK Report*, 5.1472, 5.1678–79, 5.1712–41 (Williams); Rubin, *Scalawags*, 46–47; Zuczek, *Rebellion*, 54; Martinez, *Carpetbaggers*, 1–6, 25; Trelease, *White Terror*, 116, 367; West, *York County*, 123–25 (Williams); Budiansky, *Bloody Shirt*, 122–23; Williamson, *After Slavery*, 260; Lamson, *Glorious Failure*, 83–84.
28 Foner, *Reconstruction*, 437.
29 Ibid., 434.
30 Sefton, *Army*, 261–62; Trelease, *White Terror*, xxxiv; Gillette, *Retreat*, 35. 900 agents: Foner, *Reconstruction*, 143.
31 *1870 Census* (online).
32 York: U.S. Congress, *KKK Report*, 5.1482 ("sporadic"), 5.1600 ("powerless"), 5.1602 (600 cases), 5.1465 ("beating, whipping"), 5.1603 ("white community," "wickedness"), 5.1602 ("game"), 5.1605 ("crushed"); *New York Tribune*, Nov. 13, 1871 ("German professor"; "dreariness"); Akerman to Merrill, Nov. 9, 1871, ATA ("villainies"); Letters Sent, vol. 1.10, NARA/RPY ("kindly"); "respectable": vol. 2.64, NARA/RPY; NARA/DOJ-SC, box 1, folder 5; NARA/DOJ-LS, reels 13–14; Casey to President, Aug. 7, 1862, NARA/LM, roll 38 ("talent"); Martinez, *Carpetbaggers*, 76–106, 133–233; Zuczek, *Rebellion*, 93–122 (sentences, convictions: 101, 122; Bratton: 120); Budiansky, *Bloody Shirt* ("just the man": 136); West, *York County*, 80–108, 126–30 (Bratton); Fleming, *Documentary History*, 2. 123–30 (KKK Act); Rable, *No Peace*, 156 ("no peace"); Trelease, *White Terror*, 362–80, 401–8.
33 Lester, *Ku Klux Klan*, 90.
34 关于撤出联邦军队的"交易"的历史证据的综述，可以参见Kousser, *Region*, 417–51。
35 3,000 killed: Budiansky, *Bloody Shirt*, 7. 650,000 to 850,000 killed: *New York Times*, April 2, 2012.

36 Horne, *Fall*.
37 Émile Henry: Merriman, *Club* ("black pants": 149; Eiffel Tower: 147; Café: 1–3, 149–55; "perfect little": 185; "kind of society": 16); *New York Times*, Feb. 13, 1894; Vizetelly, *Anarchists*, 157–62; Malato, "Anarchist Portraits"; *Review of Reviews* (Jan.–June 1894), 9.269 ("loafer"); Guerin, *No Gods* ("turned my stomach": 3.41); Lonergan, *Forty Years*, 172 ("indifferent"); Carr, *Anarchism*, 65–66; *Cyclopedic Review of Current History* (1894), 201 ("atoms"); Joll, *Anarchists*, 136–38; Rudorff, *Belle Epoque*, 165–67; Butterworth, *World*, 326–28.
38 Brousse, "La propagande." 巴枯宁1870年受到了这个信条的鼓舞，他说道："我们必须传播我们的理念，不是通过语言文字，而是通过行动，因为它是最能让人接受、最有成效且最难以抗拒的一种宣传形式。" Bakunin, *On Anarchism*, 195–96.
39 Anarchist philosophers: Marshall, *Demanding*; Butterworth, *World*; Joll, *Anarchists* ("despair": 153); Guerin, *No Gods*; Kropotkin, *Memoirs*; Bakunin, *On Anarchism*; Avrich, *Portraits*; Kedward, *Anarchists*.
40 Jensen, "Anarchist Terrorism," 120.
41 Vizetelly, *Anarchists*, 159–60; *Cyclopedic Review of Current History* (1894), 208–9; Oliver, *Movement* ("clumsy": 104); *New York Times*, Feb. 16, 1894.
42 Bowden, *Terror*, 134–61.
43 Joll, *Anarchists*, 130.
44 Bookchin, *Spanish Anarchists*, 102; Kedward, *Anarchists*, 41; *New York World*, Nov. 9, 1893.
45 Gage, *Day*; Davis, *Wagon*; Avrich, *Sacco*, 204–7.
46 Malato, "Anarchist Portraits"; Carr, *Anarchism*, 63–65; Merriman, *Club*, 137–46; Vizetelly, *Anarchists*, 145–54.
47 Vizetelly, *Anarchists*, 169; *Cyclopedic Review of Current History* (1894), 201; Merriman, *Club*, 174–78.
48 Vizetelly, *Anarchists*, 163–64.
49 Joll, *Anarchists*, 133; Weber, *France*, 117.
50 Avrich, *Portraits*, 41.
51 Serge, *Memoirs*, 17.
52 Guerin, *No Gods*, 3.43.
53 Most, *Revolutionary Warfare*, 60.
54 *New York Times*, April 2, 1881.
55 Butterworth, *World*, 373.
56 Police cooperation: Jensen, "Campaign"; Zuckerman, *Secret Police*; Deflem, "Wild Beasts"; Ruud, *Fontanka*, 79–100; Liang, *Police*, 151–82.
57 Carr, *Infernal*, 32.
58 Guerin, *No Gods*, 3.42; Butterworth, *World*, 327–28.
59 Avrich, *Portraits*, 111–24; Palij, *Makhno*; Joll, *Anarchists* (15,000: 187).
60 Jensen, "Campaign"; Deflem, "Wild Beasts."
61 Tsar hunt: Radzinsky, *Alexander II* (sentenced to death: 315; "cold wet mud": 318;

"marmalade": 322; blind eye: 400; "red cap": xv; "deafening": 413; "bloody chunks": 415); Figner, *Memoirs* (pine grove: 68; "populist socialist": 74; "prosperous": 12; "vivacious": 28; "spark": 47; "doll" 79; "struck dumb": 94); Stepniak, *Underground* ("charming": 126; "sweet," "dreaded": 127); Marshall, *Demanding*, 284 ("doomed man"); Hingley, *Nihilists* ("peasant-lovers": 74); Figes, *Natasha's Dance*, 9 (Winter Palace); Ulam, *Name* (Winter Palace casualties: 340–41; "uncompromising": 353); Lincoln, *Romanovs*, 442–47 ("dreary": 446); Seth, *Russian Terrorists*; Ruud, *Fontanka*, 46–51; Daly, *Under Siege*, 31–33; Footman, *Conspiracy*; Venturi, *Roots*, 633–720; Kennan, *Siberia*, 2.433–36 ("Nihilists"); Bergman, *Vera Zasulich*; Siljak, *Angel*.

62 Pipes, *Degaev*; Ulam, *Name*, 380–89; Land, *Enemies*, 207–10; Seth, *Russian Terrorists*, 158–63.
63 Pomper, *Brother*; Naimark, *Terrorists*, 130–53; Ulam, *Name*, 328 (emulate), 392–93.
64 Education: Figes, *Tragedy*, 93 (literacy), 108 (urban), 163 (university students); Brooks, *To Read*, 4 (literacy), 112 (periodicals).
65 Witte, *Memoirs*, 210.
66 SRs: Geifman, *Thou* (airplane: 17; suicide: 74); Geifman, *Death*, 101 (opera); Savinkov, *Memoirs*; Hildermeier, *Revolutionary* ("holy act": 54); Ascher, *Stolypin* (18th attempt: 2; suicide bombers: 138–39; assassination: 371–89); Lincoln, *Romanovs*, 650–68; Ruud, *Fontanka*, 173–200; Daly, *Watchful State*.
67 Trotsky, *Individual Terrorism*, 22.
68 Geifman, *Thou*, 91.
69 Stalin: Montefiore, *Young Stalin* (street battles: 128–50; Tiflis holdup: 3–16, 178–81); Deutscher, *Stalin*, 70–72, 84–90; Geifman, *Thou*, 21 (2,000 robberies); De Lon, "Stalin," 182 ("cut throats"), 183–86 (Tiflis robbery).
70 Avrich, *Russian Anarchists*; Geifman, *Thou*, 127–38.
71 Geifman, *Thou*, 21; Ruud, *Fontanka 16*, 278.
72 Alexander, *Once*, 224.
73 Russian repression: Pipes, *Old Regime*, 281-318 (44 executed: 315; exiles: 311); Deutscher, *Stalin*, 49 ("education"); Ruud, *Fontanka*; Daly, *Under Siege* (8,000 exiled: 181; 3,000–5,000 killed: 182), and *Watchful State* (100 times fewer, "underpoliced": 5; 200–300: 7); Lauchlan, *Hide-and-Seek* (161 employees: 85); Zuckerman, *Secret Police in Russian Society*; Figes, *Tragedy*, 139 (*Das Kapital*); Kennan, "Penal Code" ("unpermitted"); Kennan, *Siberia*, 2.461 ("swarms"); Witte, *Memoirs*, 257 ("lethargy"); Geifman, *Thou*; Montefiore, *Young Stalin*, 107–15; Deutscher, *Stalin*, 57–58.
74 Azef: Geifman, *Entangled*; Nikolaejewsky, *Aseff*; Geifman, *Thou*, 232–37; Savinkov, *Memoirs*, 312–51; Ascher, *Stolypin*, 270–71; Seth, *Russian Terrorists*, 177–292; Ruud, *Fontanka*, 125–51; Daly, *Watchful State*, 84–97.
75 Day, *Watchful State*, 72.
76 Geifman, *Thou*, 249.
77 Daly, *Watchful State*, xi.
78 Fenians: Short, *Dynamite War*; Golway, *Irish Rebel*; Kee, *Green Flag*, 299–351 (2,000 members: 504).

79 Ambush: Breen, *My Fight*, 7–35; Dan Breen interview: http://www.youtube.com/watch?v=SYiOUyhSvd0 ("got to kill"); NAI/DB; Hopkinson, *Irish War*, 115–16; Griffith, *Curious Journey*, 134 ("farthing"); O'Malley, *Wounds*, 97 (*Small Wars*).
80 Dáil: *Freeman*, Oct. 12, 1921 ("chairs"); NLI/PBP, 912/14 ("national status"); Kee, *Green Flag*, 630–31; Hopkinson, *Irish War*, 38–39, 207–9.
81 *New York World*, Jan. 22–23, 1919.
82 Collins: Hart, *Mick* (whiskey, cigarettes, swearing: 35; nickname: 105; "fun": 136; "lightning": 207; workdays: 244; 12 shot: 212–14; "playboy": 341); Coogan, *Michael Collins* (admired De Wet: 13; description: 20; Foy, *Intelligence War* ("never let": 40; moles: 44–51); NAI/MCC ("constitutional," "no jails": Interview with Gen. Crozier, 422/13); NLI/PBP, 916/4 (Collins to De Wet, Sept. 21, 1921: "inspiration"); Winter, *Tale* ("Robin Hood": 345); O'Malley, *Wounds*, 123 ("hearty"); Barry, *Guerilla Days*, 241 ("harsh," "virtually"); Neligan, *Spy*, 74 (appearance), 88 ("rattled"); Stapleton, "Michael Collins's Squad" ("extermination"); Kavanagh, "Intelligence Organisation"; NA/IBR, 88 ("nursery"); NAI/JB; NAI/VB ("getting on," "loved": 36; "extreme action": 32); NAI/BCB; NAI/PM ("obnoxious": 16); NAI/JL; NAI/PL; NAI/CD; NAI/WJS.
83 Neligan, *Spy*, 84.
84 Bloody Sunday: Maj. E. L. Mills, report, Nov. 22, 1920, NA/IRE ("any need"); Proceedings of Courts of Inquest, Nov. 23, 1920, Dec. 8, 1920, NA/IRE ("surround"); Andrews, *Dublin* ("winter's day": 162); IWM/RDJ; NAI/VB, 53–57 ("both fell dead"); NAI/PM; NAI/JL; NAI/WJS ("hysterical": 29); NAI/JJS; NAI/CD ("spot": Interview with Gen. Crozier, 422/13); Dalton, *Dublin Brigade*, 101–9; Woodcock, *Officer's Wife*, 20 ("hush-hush"), 61–69 ; Foy, *Intelligence War*, 140–77 (casualties: 173–74); Sturgis, *Last Days*, 76 ("black day"); Kee, *Green Flag*, 693–95 (size of Auxies and Tans: 671); Horgan, *Lemass*, 17–18; Macready, *Annals*, 2.507–10; Hart, *Mick*, 240–42; Neligan, *Spy*, 122–25; Sheehan, *British Voices*, 88–90; Hopkinson, *Irish War*, 46–47 (barracks), 89–91; Winter, *Tale*, 321–24; Stapleton, "Collins's Squad" ("laws of God"); Crozier, *Ireland*, 99–105, 116–17.
85 *New York Times*, Nov. 10, 1920.
86 "Pitiable": Macready, *Annals*, 2.470. Pistol in lap: 2.469. "Immobilized": Winter, *Tale*, 291. "Evening meal": Barton, *Spurs*, 206. "Hunted": Montmorency, *Sword*, 357.
87 Macready, *Annals*, 2.499.
88 Gleeson, *Bloody Sunday*, 55–78.
89 Lt. W. E. Crossley, "Report on ambush of 'L' Coy," June 17, 1921, NA/IRE.
90 O'Malley, *Wounds*, 240.
91 Callwell, *Wilson*, 2.264.
92 Hart, *British Intelligence*, 29.
93 Shadow government: Macready, *Annals*, 2.477–78; NLI/PBP, 913/3; Barry, *Guerilla Days*, 84; Duff, *Sword*, 70; Hopkinson, *Irish War*, 44.
94 Troop strength: Hart, *I.R.A.*, 113; Kee, *Green Flag*, 682, 719; Hopkinson, *Irish War*, 49; Collins, *Nationalism*, 176. Population: 1926 Census, www.cso.ie/census/census_1926_results/Volume1/C%201%201926%20V1.pdf.

95　Macready, *Annals*, 2.435.
96　NA/DRA.
97　Gilbert, *Churchill*, 4.461.
98　Corum, *Airpower*, 54–57; Omissi, *Air Power*, 18–38; Jacobsen, "By the Sword."
99　Wilson to Macready, June 7, 1920, IWM/NMC, vol. A.
100　Macready to Wilson, July 13, 1920, IWM/NMC, vol. A.
101　Churchill, *World Crisis*, 297.
102　"Integrity": Gilbert, *Churchill*, 4.470. "Conspiracy": 4.461. "Prussians": 4.455.
103　Collins to Kitty Kiernan, Aug. 4, 1922, NLI/KK.
104　Collins to Kitty Kiernan, Aug. 8, 1922, NLI/KK.
105　Barry, *Guerilla Days*, 243.
106　English, *Irish Freedom*, 328.
107　Kee, *Green Flag*, 744.
108　NA/IBR, 6.
109　Maloney, *Secret*, 23.
110　Hart, *Mick*, 199 (4,000); Hart, *I.R.A.*, 30, 66–67; Kee, *Green Flag*, 671, 699; Hopkinson, *Irish War*, 201. Collins, *Nationalism*, 170, gives a lower overall figure (751 killed, 1,200 wounded) but a higher figure for crown forces: 550 dead, 1,027 wounded.
111　Duff, *Sword*, 64.
112　NAI/CD, 13–14; O'Malley, *Wounds*, 319; Hart, *Mick*, 220–23; Dalton, *Dublin Brigade*, 67; Hopkinson, *Irish War*, 70.
113　Propaganda war: Macready, *Annals*, 2.471 ("rankled"), 2.553 ("inability"); IWM/NMC, vol. C ("futile": Macready to Wilson, March 10, 1921; "blackguard": Macready to Wilson, March 18, 1921); Kenneally, *Paper Wall*, 159 ("defiled"), 160 ("lynch"); Montmorency, *Sword* ("bad Press": 353; "flabby": 355).
114　Marks, *Shaped*, 17–37; Carr, *Infernal*, 35; Heehs, "Terrorism."
115　IMRO: Djordjevic, *Balkan*, 178–80, 220–21; Pettifer, *Macedonian*, 9–13; Gross, *Violence*, 54–57.
116　Balakian, *Burning Tigris*, 45, 103–10.
117　Laqueur, *Terrorism*, 120.
118　Stepniak, *Underground Russia*, 42–45.
119　"Monster": Dostoevsky, *Demons*, 306. "Crook": 420. "Louse": 560. "Destroyed": 607.
120　"Pieces": Conrad, *Secret Agent*, 56. "Exterminate": 249.
121　Montefiore, *Young Stalin*, 182–83.
122　Vizetelly, *Anarchists*, 111–27; Merriman, *Club*, 70–87; Butterworth, *World*, 300–302.
123　Hardy: O'Malley, *Wound*, 271–77; NAI/WJS, 49 ("special"); Kee, *Green Flag*, 691 ("variance").
124　"Drawn": Krueger, *What Makes*, 3. "Curtailed": 7.
125　Reich, *Origins*, 25–40.
126　Hart, *Mick*, 307; Dalton, *Brigade*, 11–12.

德国 1919~1923年
右翼恐怖主义

1942年纳粹占领区

俄罗斯（苏联）

欧洲

波兰
华沙

萨拉热窝 1914年
弗朗茨·斐迪南大公遇刺

法国

南斯拉夫 1941~1945年
南斯拉夫游击队和切特尼克
对抗轴心国占领军

1942年纳粹占领区

黑海

意大利

希腊
雅典

安纳托利亚

突尼斯

地中海

1942年纳粹占领区

大马士革

巴勒斯坦 1936~1939年
阿拉伯起义

利比亚

班加西

伊拉克 · 巴格达

1914年奥斯曼帝国疆域

开罗

亚喀巴

阿拉伯半岛 1916~1918年
阿拉伯起义

埃及 红

麦地那

北非 1940~1943年
特种空勤团/波普斯基
秘密部队/远程沙漠行动大队

麦加

海

喀土穆

阿拉伯

苏丹

非

亚的斯亚贝巴

阿比西尼亚（埃塞俄比亚）1941年
驱逐意大利占领军

洲

266

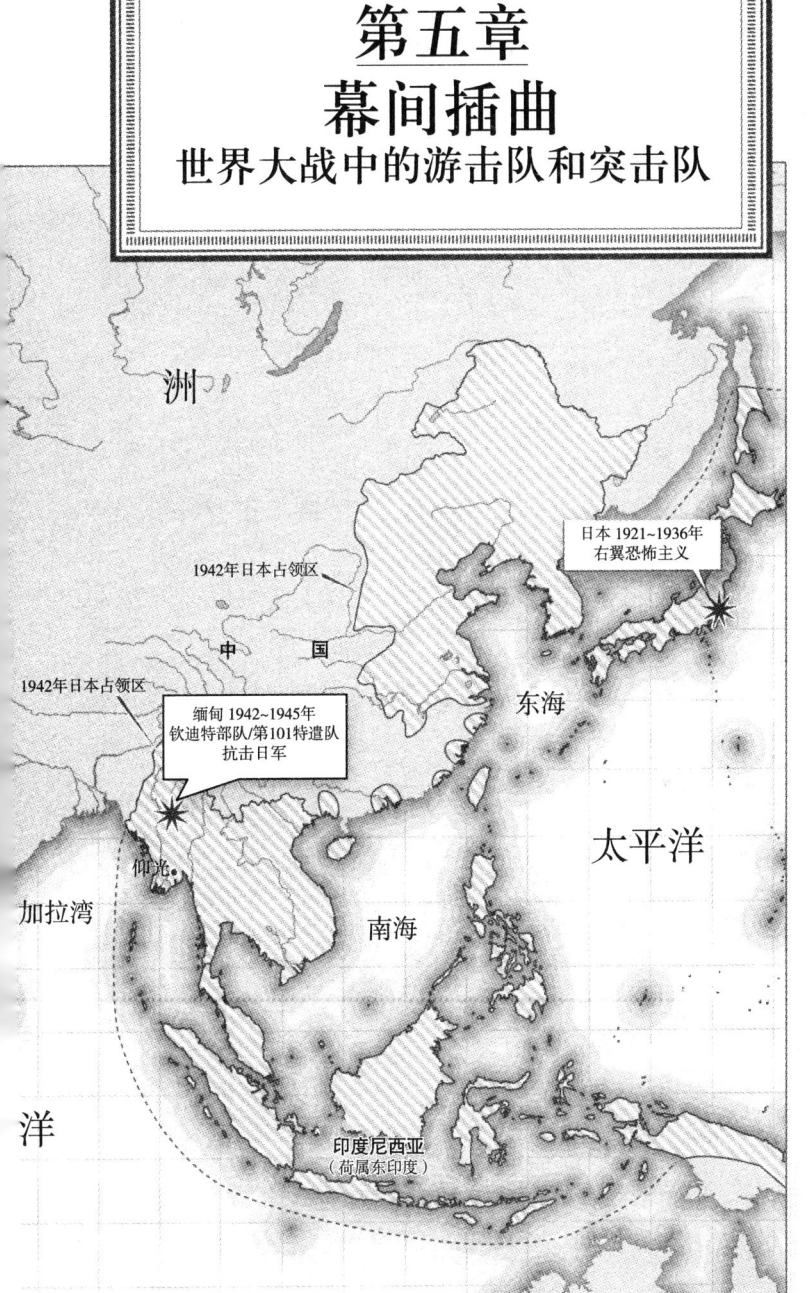

第五章
幕间插曲
世界大战中的游击队和突击队

洲

日本 1921~1936年
右翼恐怖主义

1942年日本占领区

中国

东海

1942年日本占领区

缅甸 1942~1945年
钦迪特部队/第101特遣队
抗击日军

仰光

太平洋

加拉湾

南海

洋

印度尼西亚
（荷属东印度）

37
三十年战争

血盟团与褐衫党，公元 1914～1945 年

这是世界历史上最重要的一个错误转弯。弗朗茨·斐迪南大公正在奥匈帝国的波斯尼亚 - 黑塞哥维亚短暂视察军事演习。1914 年 6 月 28 日星期日，这位奥匈帝国的皇储本应该只在萨拉热窝逗留几个小时——足以让他完成视察军队、会见几位贵族、参观一座博物馆以及视察一家地毯厂的工作。但是，这一天从一开始就出乎人们意料。大约上午 10 点左右，大公和他的妻子苏菲（Sophie）坐在一辆敞篷汽车里，从火车站开往一个小镇，一个叫内德利克·查布里诺维奇（Nedeljko Cabrinovic）的印刷工向他们投了一枚炸弹。这位 19 岁的"内乔"（Nedjo）太过激动，以至于他忘了自制手榴弹的引信拉开之后应该数到十再投出去。炸弹被皇室汽车的车身弹开，炸伤了后一辆车上的两名警官以及几名围观的群众。

内乔试图吞下氰化物胶囊自杀但没有成功。他被带到了附近的一个警察局，在讯问中他拒绝交代另外五个仍在准备伏击斐迪南大公的刺客。不知道大公是勇气可嘉还是缺乏常识，他仍然按照原计划前往市政厅，他在那里受到了当地民众的欢迎并发表了简短演讲。然后，斐迪南大公决定去医院探望一下在之前爆炸中受伤的一名警官。大公的随员认为与其按照原先公

开的路线穿过狭窄弯曲的街道前往市中心，不如前往阿佩尔码头（Appel Quay）更安全。但是由于沟通不及时，六辆车中的先导车还是按原计划前往弗朗茨·约瑟夫大街，后边跟着飘扬着皇室标志的敞篷格拉夫·施蒂夫特（Graef und Stift）豪华轿车，坐在里边的恰是斐迪南大公和苏菲。当大公的司机发现走错了路时，他立即准备掉头返回。

可能真的是厄运当头，大公的汽车在明媚的阳光下，恰好停在莫里茨·席勒（Moritz Schiller）的犹太熟食杂货店门口。而守候在这里的不是别人，恰恰是内乔的好朋友加夫里洛·普林齐普（Gavrilo Princip），另一个怀揣炸弹和勃朗宁手枪的波斯尼亚激进分子。这位刚刚年满20岁的年轻恐怖分子，此时此刻肯定会因为刺杀目标居然离自己这么近而目瞪口呆。大公身着一身蓝色将军制服，头戴绿色孔雀翎装饰的帽子，他的妻子则身着白色连衣裙，头戴点缀鸵鸟毛的宽边帽，谁都不会视而不见。"加夫罗"（Gavro）掏出左轮手枪连开两枪。斐迪南大公和他的妻子中枪后在午餐时分双双毙命。

弗朗茨·斐迪南大公遇刺的过程和沙皇亚历山大二世遇刺的过程颇为相似，也是死于一群斯拉夫激进分子之手。但是，这次刺杀事件引起的后果却远比亚历山大二世遇刺更严重并且影响更深远。因为奥匈帝国政府选择将此次刺杀事件归咎于塞尔维亚政府。

事实上，这次刺杀事件和贝尔格莱德方面关系不大。内乔和加夫罗都是青年波斯尼亚（Young Bosnia）的成员，这是一个企图建立南斯拉夫国家的小团体，这个国家将囊括所有南部斯拉夫人：波斯尼亚人、克罗地亚人、塞尔维亚人和其他民族。一群与德拉古廷·迪米特里耶维奇（Dragutin Dimitrijevic

上校——绰号"蜜蜂"(Apis)——交往甚密的塞尔维亚军官为这些激进分子提供了武器(6支左轮手枪和6枚炸弹)并走私进入波斯尼亚。迪米特里耶维奇不仅是塞尔维亚总参谋部情报部门的负责人,同时也是秘密组织"统一或死亡"(Union or Death)的头子。这个组织一般被称为"黑手会"(Black Hand),其宗旨是将波斯尼亚-黑塞哥维纳从奥匈帝国中分离出来,建立大塞尔维亚国(Greater Serbia)。迪米特里耶维奇后来声称他根本没想到这些刺客能得手,甚至还在最后一刻试图把他们召回。没有任何证据表明塞尔维亚政府高层批准过这次行动。但是,这并不能阻止维也纳方面向贝尔格莱德提出苛刻得难以接受的条件。德国在背后给奥匈帝国撑腰,而塞尔维亚则有俄国作为援手。

这次鲁莽的恐怖行动点燃了前所未有的血腥战争的导火索。如果这场战争是由其他事件引发的,那么其过程可能不会这么残暴或者后果也不会这么严重。[1]

* * *

第一次世界大战从1914年持续到1918年。此后交战各方签订了一份不太牢靠的停战协定,接下来战火分别于1931年在中国以及1939年在波兰再次燃起。这两次冲突合在一起导致了第二次世界大战的出现。这场战争的根源同样也在于恐怖主义:德国和日本的军国主义分子分别在20世纪20年代和30年代使用恐怖主义手段从相对温和的政府手中夺取了政权。

由德国战败催生的脆弱的魏玛共和国于1919年成立,此后在左翼和右翼暴力活动的夹缝中挣扎生存,这些暴力活动的受害者就包括1922年被极右翼分子刺杀的外交部部长沃尔特·拉特瑙(Walter Rathenau)。但是,这些暴力行为和1923

年阿道夫·希特勒失败的啤酒馆暴动相比都黯然失色了。从那以后，纳粹党徒一直寻求通过冲锋队（Sturmabteilung）这样的暗杀组织支持的政治组织来攫取权力。冲锋队很快就被称为褐衫党（Brownshirts）——这个名字类似黑衫党（Blackshirts，墨索里尼手下的准军事部队），很快就让自由主义的朱塞佩·加里波第和他的红衫军气得在坟墓里团团转——它用各种手段恐吓、殴打和谋杀政治竞争对手以及犹太人。共产党组织也实施街头武力行动，他们的武装组织被称为"红色前线战士同盟"（Red Front Fighters' League），但他们不是褐衫党的对手。到1933年1月30日希特勒当选德国总理时，褐衫党的人数已经接近50万。

希特勒的绝大部分吸引力来自他是能够恢复"秩序"的那个人，但严重破坏了德国社会秩序的恰恰是希特勒的党派。纵火犯摇身一变成了消防员。说他是纵火犯其实是个很恰当的比喻，因为希特勒利用1933年2月27日的国会纵火案巩固了自己的统治，案犯马里努斯·凡·德尔·卢贝（Marinus van der Lubbe）是一个曾当过共产党员的荷兰无政府主义者。希特勒抓住这个孤立的恐怖行动，以此为借口彻底消灭反对派，并抹去了德国最后一丝立宪主义的痕迹。从那以后，恐怖主义为纳粹德国国家机构所垄断。[2]

日本则在20世纪20年代十分认真地进行议会民主制的试验，但在30年代这个试验宣告结束了。日本民主制度终结的直接原因就是恐怖主义，而日本恐怖行动的发轫就来自狂热军官和极端民族主义煽动者组织的团体，比如说血盟团（Blood Brotherhood），其信条是"一人杀一人"。被血盟团杀害的人包括首相原敬（Kei Hara，1921年遇刺）、首相滨口雄幸（Hamagushi Osachi，1930 年遇刺），而 1932 年遇刺的高官特别多，包括首相犬养毅（Tsuyoshi Inukai）、前藏相井上准之助（Junnosuke Inoue）和三井集团理事长团琢磨男爵（Baron Dan Takuma）。另外这群密谋者还曾经计划趁查理·卓别林 1932 年访日时刺杀他，因为他们认为这将"引发同美国的战争"。

从 1924 年开始，日本政府由在议会中获得多数票的党派来掌管。但从 1932 年的"事变"之后，军方对政治的影响逐渐占据主导地位。但激进分子仍不满意，他们威胁并刺杀那些被认为过于温和保守的官员，如退役海军大将斋藤实（Makoto Saito），他曾经担任首相和掌玺大臣。在 1936 年由一批陆军少壮派军官策动的流产政变中，同斋藤实一道遇刺的还有藏相和陆军教育总监。时任首相的冈田启介（Keisuke Okada）海军大将在这次政变中险些身亡，政变军队闯入他的家中，当时冈田启介藏在密室里，叛军误将其妹夫当成首相本人并杀死。冈田启介此后立即辞职，而他的继任者中再也没人能够制衡军国主义者的野心。

恐怖行动之所以能在日本横行，是因为恐怖分子代表着相当一批有影响力的阶层，包括日本军队中的主流势力。但即便如此，恐怖行动仅仅是军国主义者能够攫取权力的部分原因。相比那些失败的恐怖主义团体，比如说无政府主义者，他们得到的支持很少，而且往往来自社会边缘。[3]

* * *

德国和日本的政治动乱只是 20 世纪上半叶全球大动荡的一部分。而本质上这是极权主义和自由主义之间的斗争，尽管左右翼极权主义政权也会发生冲突。意识形态的冲突不仅引发了两次世界大战，同时也引发了一些规模较小的冲突，诸如中国、墨西哥、俄国和西班牙的内战。整个 1914～1945 年这段时间也被称为"第二次三十年战争"——这是德国流亡学者西格蒙德·诺伊曼（Sigmund Neumann）在 1946 年提出的概念。[4]（而从现代史的角度看，这场结束于 1989 年柏林墙倒塌的战争，其实应该被称为"七十五年战争"。）

在这段时间内发生的大多数战争，包括内战，交战双方大都是正规军，所以很少有本书涉及的内容。但在波澜壮阔的陆海空大战的同时，小规模游击战争和恐怖主义行动并未绝迹。这一时期出现过一些 20 世纪最引人关注的低烈度战争的实践者，在一些战争中还诞生了影响广泛的游击战理论。后文将重点介绍 T.E. 劳伦斯、奥德·温盖特和约瑟普·布罗兹·铁托。在一场世界大战中，他们的奋战终究只是处于世界边缘的"插曲"罢了。但是这些插曲却留下了一份恒久的遗产，直接催生了"特种作战部队"（也就是由国家组建的游击队）这一在现代军队中地位显著的部分。他们三人的经历证明，最严酷的镇压政策在应对得到外部援助的游击队时也很难奏效。同时更重要的是，这些严酷的手段使非洲和亚洲的许多欧洲殖民地中的大量"土著"被动员和武装起来，引发了不可避免的独立浪潮。第二次三十年战争的后果就是欧洲强权的崩溃和瓦解，拉开了持续数十年的殖民地解放运动的序幕，使游击战争的知名度上升到前所未有的高度。

本书接下来首先要回顾的，是一个毕业于牛津大学的考古学家，这个脆弱、敏感的男人似乎本不太可能成为历史上最具传奇色彩的游击战领袖之一。

38
考古学家的蜕变

"阿拉伯的劳伦斯",公元 1916~1935 年

这次从巴勒斯坦出发的骑行花了八天时间,"经过艰难跋涉……穿过荒无人烟的不毛之地,所过之处要么没有水源,要么只有苦涩的咸水,并且除了多刺的灌木之外,这片沙漠里什么植物都生长不了"。最终这支由 100 多人组成的骆驼军团于 1918 年 4 月 9 日抵达红海岸边的小镇亚喀巴(Aqaba),这里最近才被阿拉伯人从土耳其的统治下解放出来。

这个小军团的指挥官弗雷德里克·W. 皮克(Frederick W. Peake)发现了一个"萧条的小港口",用另外一名军团士兵的话说这里"只有几座破房子和一座坍塌的城堡",这里的常住居民只有 400 多人,涌入的 100 多名军人立即使这里变得拥挤起来。有船只正在这个小港口卸货。在小镇以西有一个刚刚开辟的机场,里面停放着几架飞机。沿着海岸线支起了不少帐篷,其中有一些是英国陆军偏爱的白色帐篷,而"华丽的东方式帐篷"则属于费萨尔一世(Emir Feisal)手下的阿拉伯军官,此外还有"贝都因人支起的黑羊毛帐篷"。

这些不太可能并肩作战的军人——来自欧洲北部的基督教徒和来自阿拉伯沙漠地区的穆斯林——现在携起手来共同对抗德国的盟友奥斯曼帝国,这个帝国当时是占据中东的霸主。而

阿拉伯革命要成功，除了要战胜土耳其人之外，还要克服队伍内部的互相猜疑。"我们痛恨阿拉伯人"，一个英国士兵承认道，而且这种类似的感觉是相互的。

当一名士官报告说有一群阿拉伯人求见时，皮克得到了关于这场"有史以来最疯狂的战役"的第一印象。领头的人有着一双蓝眼睛，身高仅5英尺5英寸（约1.65米），但身体强壮而精干，"身穿考究而昂贵的贝都因服饰"。这个人打着赤脚，因为按照阿拉伯风俗在进入敌篷时要把凉鞋脱下来。他腰间斜挎一柄精致的金色匕首，手持一根"贝都因人骑骆驼时常用的扁桃仁木手杖"，大半张脸被头巾遮住。皮克当时想"如此气度不凡之人……恐怕是费萨尔一世本人"。他急忙上前"用阿拉伯习俗中常见的赞美之词和礼节相迎"。然而，当这位"阿拉伯人"用"流利"的英语说话时，皮克显然又被惊呆了，以至于他竟微微有点愣神："嘿，皮克，你到底还是来了。我们已经在此恭候你和你的手下多时了，你在这里可以大显身手。"

此时皮克才意识到跟他交谈的人是T. E. 劳伦斯中校，费萨尔的联络官兼顾问。但这种意识对他来说并没有别的什么意义，因为那时的劳伦斯尚未成名。传奇人物"阿拉伯的劳伦斯"——这是一份芝加哥报纸给他起的绰号——在一战结束以后才声名鹊起。1918年时，劳伦斯不过是一位在敌后实施秘密活动、在中东圣地骚扰土耳其人的普通军官罢了，但此时的劳伦斯已经在书写自己的传奇了。[5]

* * *

劳伦斯最初并不适应自己的生活环境，因为那些处于维多利亚时代和爱德华时代的同龄人都叫他"私生子"。他的父亲托马斯·查普曼（Thomas Chapman）是一位富裕的英裔爱尔兰贵族，他抛弃了自己的妻子和四个女儿，与年轻的家庭教师萨拉·劳伦斯（Sarah Lawrence）私奔，而这位女教师本人也是未婚妈妈的女儿。"劳伦斯夫妇"从此隐居，他们共育有四个儿子，其中就包括出生于1888年的托马斯·爱德华·劳伦斯。劳伦斯从小就知道自己家庭的秘密，一直害怕秘密一旦被泄露出去自己会被孤立和排斥，他将自己称为"内德"，后来在他朋友面前干脆简称为T. E.。因此，即使是在牛津大学取得历史学系第一名以后，劳伦斯仍然渴望到英语世界之外的地方去闯荡。

劳伦斯对板球或足球之类的体育运动完全缺乏兴趣，这使得他更加孤僻。他从来不会参加英国大学里的社交活动，而根据伊夫林·沃（Evelyn Waugh）的小说《旧地重游》（*Brideshead Revisited*）中的描写，在20世纪70年代这种活动的场面十分讲究与奢华。相比之下，劳伦斯更喜欢摄影、骑自行车和搜集古玩。他经常彻夜不眠苦读那些晦涩难懂的拉丁语、希腊语或法语书籍。劳伦斯也有意识地锻炼自己忍耐贫苦的生活，曾经连续45个小时不吃东西或不睡觉，"以锻炼自己的忍耐力"。他通过这样的锻炼不但磨炼了自己的意志力，同时也让身体更加健康。他在青年时期游历法国时，曾经一天骑行达100英里。

1909年，在即将进入大四学年的那个夏天，劳伦斯来到中东旅游，这是他首次来到中东，目的是完成有关十字军城堡的论文。劳伦斯1910年毕业后重返中东，并待到1914年，其间他一直在叙利亚研究考古遗迹。这几年间，劳伦斯的阿拉伯语越来越流利，也学会了怎么和阿拉伯工人打交道。[6]

1914年8月一战爆发时，劳伦斯最初以平民身份进入伦敦的总参谋部地理局，之后很快被授予少尉军衔。1914年年底，劳伦斯前往开罗从事军事情报工作。他在开罗作为一名参谋军官——他不无自嘲地说自己只是个"洗碗工外加负责削铅笔和擦钢笔的杂役"[7]——直到1916年，这一年爆发了阿拉伯起义（Arab Revolt）。劳伦斯支持阿拉伯民族主义者建立从波斯湾到地中海广大地区的民族国家的意愿，同时他对办公室工作也感到无聊乏味。另外，劳伦斯的两个兄弟于1915年阵亡在西线，而他为自己待在安全的开罗而感到羞愧。因此，1916年10月他申请跟随一名英国外交官赶赴汉志（Hejaz）进行为期十天的态势评估，汉志地区正位于西部海岸爆发革命的阿拉伯人聚居区。

这一行人发现阿拉伯人在皇家海军的帮助下把土耳其人赶出了圣城麦加，并且夺取了包括吉达（Jeddah）在内的几个红海沿岸港口，现在他们正好抵达吉达。但麦地那附近仍然有1.5万多人的土耳其军队。[8]劳伦斯写道，这些起义者"仍然固守一城一地，对游击战来说这种策略只能带来灾难"。他认为问题的关键是阿拉伯人缺乏正确的领导者——那种"能在沙漠里放一把火"的领导。[9]这次起义名义上的领导人是麦加的埃米尔谢里夫·侯赛因（Sharif Hussein），此君特别热衷于成为"阿拉伯之王"，但是他年事已高，无法具体指挥军事行动。劳伦斯对侯赛因的几个儿子阿卜杜拉（Abdullah）、阿里（Ali）和扎伊德（Zeid）都没什么特别的印象。他将希望寄托在另一个儿子费萨尔身上，费萨尔的军队在一片远离海岸、欧洲人很少涉足的地方行动。

为了和费萨尔会面，劳伦斯在几个向导的带领下骑上骆驼在沙漠中首次旅行,而在此后的两年中他将多次在这片沙漠中穿行。这也是战争期间劳伦斯首次身着阿拉伯服饰,以便"晚上骑在骆驼上的时候能有一个贴合当地环境的剪影"。[10]劳伦斯发现"骆驼一成不变的单调步伐"让他那"不适应的肌肉"很疲劳,而且"阿拉伯地区的毒辣太阳"也晒得他皮肤起泡,眼睛生疼。[11](当时太阳镜还未普及。)[12]劳伦斯在路上唯一可以果腹的——而这也是后来他领导游击战期间经常吃的食物——是在火上烤的死面面包团,先用液体黄油泡湿,再"用铲子铲出来,并用手指把好似湿木屑的面团捏成小球"。[13]

1916年10月23日,劳伦斯终于见到费萨尔时已经精疲力竭,但是非常高兴,因为他认为自己找到了那个"我到阿拉伯来寻找的人,那个能把阿拉伯革命引向全面胜利的人"。[14]从此这位羞涩、"睿智"[15]的28岁英国考古系毕业生和"暴躁、自负而心急"的31岁王子建立了长久的友谊,劳伦斯认为"他远比其他几个兄弟优秀":"是众人膜拜的偶像,并且雄心勃勃;充满梦想而且有能力去实现它们"。[16]他们的关系是如此牢固,以至于费萨尔说服英国当局在劳伦斯短暂返回开罗后,又把他派回去担当自己的顾问。劳伦斯将在这里一直待到战争结束。

* * *

劳伦斯面临的挑战是如何有效指挥5万贝都因人。[17]他们"吃苦耐劳","身背子弹带,随时都能操枪射击",劳伦斯写道,"从他们的身体条件来说,我怀疑还有没有其他民族比他们更强壮"。[18]但是从阿卡德时代起,所有游牧民族都有一个缺点，贝都因人也不例外，那就是缺乏纪律或凝聚力。劳伦斯记述道："一个连的土耳其士兵能够在开阔地轻松地挡住贝都因大部队的进攻；而经过一场激战，贝都因人的伤亡将达到令人吃惊的程度。"[19]

其他英国军官也大抵持相同的看法，并且得出结论，阿拉伯人将是一支无用之师。许多人希望派遣英国正规军把土耳其人赶出阿拉伯地区。劳伦斯强烈反对这一建议，因为他认为阿拉伯人会因为大批基督教军队的出现而士气低落。和许多同僚不同，劳伦斯认为阿拉伯人和英国人其实没有区别。他支持英国提供武器和派遣顾问，但他认为应该将大多数战斗留给利用自己传统战术的贝都因人。他写道："阿拉伯人是狙击大师，他们是游击战争的天才。"[20]劳伦斯解释说："如果他们数量众多的话那并不可怕，因为他们没有协同精神，没有纪律也没有相互信任。规模越小的部队表现越好。1000个贝都因人只是乌合之众，奈何不了一个连的训练有素的土耳其人，但三四个阿拉伯人依靠地形能挡住十几个土耳其人。"[21]

他决心抛弃那种"正面交锋"的战法，而以"小规模作战"的战术集中打击土耳其人的弱点——连接安纳托利亚和阿拉伯半岛的汉志铁路，它是保障土耳其驻军后勤补给的线路。按照劳伦斯的设想，这些阿拉伯人将"出没无常，无懈可击，不分前方还是后方，像空气一样四处渗透"，想打败他们就像是"用刀子喝汤"一样难。[22]

劳伦斯指挥阿拉伯人对铁路线展开了积极的破袭，尽管他本人并未接受过多少正规的军事训练。他记录称自己"在军事理论方面涉猎颇多"。在牛津上学期间，劳伦斯也曾拜读克劳塞维茨和约米尼等人的著作，但是他的"兴趣很快被转移到了战争理论和哲学方面上"。[23]而在阿拉伯地区,劳伦斯要在戎马生涯中——准确地说是在骆驼背上——学习小规模部队作战战术。

* * *

劳伦斯的作战经验之一开始于1917年3月26日星期一上午7点50分,当时他正带领30人从沙漠中的营地出发去袭击麦地那郊外的一座火车站。上午10点左右他们在半路上一个"林木茂密"的绿洲里小憩了一番,然后启程继续行军几个小时直到晚上安营扎寨。第二天清晨5点35分他们再次上路。3月28日星期三下午,他们最终抵达了目的地,阿布纳姆(Abu el Naam)火车站。

为了侦察敌情,他们"像趴在长草丛中的蜥蜴一样",趴在火车站四周"白色、黄色、黑色"的山头上。他们看到的土耳其守军包括"390名步兵和25只山羊"。3月29日星期四,劳伦斯得到了援兵——"300名士兵,2挺机关枪,1门山炮,1门榴弹炮"。劳伦斯判断现在手下的阿拉伯士兵虽然在数量上和土耳其人相当,但仍然无力夺取这座要塞。所以,他决定只破坏铁路和电话线。

劳伦斯和一小队人马于午夜之前出发,在铁轨上埋设了一枚地雷。然后由于贝都因人"不善攀爬",劳伦斯不得不自己爬上了一根电话线杆。不久前身染痢疾和疟疾的劳伦斯刚刚痊愈,身体十分虚弱,结果一下没抓住从16英尺高的杆子上摔了下来,身上有"多处割伤和擦伤"。劳伦斯睡了一个小时,然后在破晓时回到营地,正当他在揉"被沙子磨得红肿的眼睛"时,恰好看到阿拉伯炮兵向火车站开炮。他回忆道:"一发炮弹正好击中了一列火车的前车厢的侧面,引发了猛烈的大火。炮声惊醒了火车头里的人,他们立即卸开车头向南撤退。大家都死盯着车头,期望它压到地雷,但车头压上地雷后只是掀起了一片烟尘,后来有人报告说车头没有任何损坏。"

遇袭列车虽出轨但仍然勉强前行,"蹒跚着行驶,发出可怕的响声"。劳伦斯本打算命令机枪向火车头开火,靠不住的阿拉伯机枪手居然离开了指定的伏击位置,准备加入对火车站的攻击,但这个行动很快就被取消了。劳伦斯这样总结战果:"我们俘虏了30名士兵,缴获1头母驴、2峰骆驼和几只羊,打死打伤70多名守军,而我们付出的代价只是一人轻伤。"

根据传统观点来看,这其实不太像一场战斗。劳伦斯经常说的就是"我们至少能保持不败",[24]但是这样的行动可以起到积小胜为大胜的效果。每次袭击后土耳其人都会被迫将部队集中在少数几个据点里,而把广大乡村拱手让给阿拉伯人。早在宣布"我们已经赢得汉志战争"之前,劳伦斯就说:"现在汉志地区每1000平方英里土地就有999平方英里已经获得了解放。"[25]事实上,土耳其人仍然占据着麦地那,但这又如何呢?土耳其驻军已经深陷重围,而且围困住这支部队比把他们都送进在埃及的战俘营更划算。劳伦斯说服费萨尔不必去夺取麦地那,而是应该把注意力转向黎凡特(Levant),这样就能够打通英军从埃及突入巴勒斯坦的通道。

* * *

向北进军的关键在于夺取亚喀巴,这是土耳其人掌握的最后一个红海岸边的港口,而且离苏伊士运河最近。费萨尔的军队如果夺取这座港口,就可以依托该港获得补给以进军叙利亚。如果是正规军军官制定作战计划,可能会提出两栖作战的方案,但是劳伦斯驳回了这样的计划,因为英军"一旦上岸",他们就可能"像在加利波利海滩一样遭遇挫败",英军有可能"处于海岸高地的敌军的监视和炮火覆盖之下;而这些花岗岩高地高数千英尺,大军根本无法通行"。[26]劳伦斯认为亚喀巴"最好由阿拉伯游击队在没有海上援助的情况下由内陆地区发动进攻夺取"。进攻部队需要经过"长期而艰苦"的跋涉,从土耳其守军后方发起突袭。"这是迂回行动的一个极端案例,因为它涉及调动武装部队穿越沙漠跋涉600英里去夺取一道近在我方海军舰炮火力射程内的战壕。"[27]

劳伦斯并没有劳烦自己的上级,1917年5月9日他从沃季(Wejh)港出发,按照一名军官的说法,劳伦斯从来都是这样"我行我素"。[28]他随身只有不到50名阿拉伯人。他们携带着此行需要的一些基本物资:400磅黄金,用来收买那些游牧部落的效忠;6峰骆驼驮着炸药,用于炸毁铁路和桥梁。两个月以后的7月6日,劳伦斯带领2000多名阿拉伯人"冒着猛烈的沙尘暴"进入亚喀巴。[29]另外一名英国顾问后来评论道:"要是没有那些黄金,劳伦斯肯定无法取得如此成绩,但要是换个人,没有十倍以上的黄金绝无法获得如此成绩。"劳伦斯能取得如此的成功,原因是"他展现出了一位天生领袖的超凡个人魅力,而且表现得比其他任何部下都更加大胆和勇敢",他"能骑善射,饮食朴素"。[30]

在四处转战的过程中,劳伦斯频繁患病或受伤。在远征亚喀巴临近结束的时候,劳伦斯"高烧而且非常憔悴",体重下降到不足100磅。[31]但就算是土耳其人给他的脑袋开出了20000英镑的赏格,他也"毫无畏惧"。[32]有时候劳伦斯甚至会自己寻死,1917年6月他写道:"我已经决定独自前往大马士革,希望能在路上被杀死。"在后来较早出版的劳伦斯回忆录中,他写道:"身体受伤可能是我发泄自己内心困惑的一个出口。"[33]

劳伦斯承受着巨大的压力("神经持续紧张,脾气也越来越大"),[34]这不只是因为激烈的战斗,一仆二主的情况也让他左右为难。阿拉伯人追求的是独立,但劳伦斯知道英国和法国曾经签订密约,在1916年的《赛克斯-皮科协定》(Sykes-Picot Agreement)中两国瓜分了中东地区的势力范围。劳伦斯抱怨道:"我们用谎言来欺骗阿拉伯人为我们战斗,而我无法忍受这种情况。"[35]

1917年11月20~21日晚的一个意外进一步加重了劳伦斯的痛苦。当时劳伦斯身着一身白色阿拉伯长袍在叙利亚的德拉(Daraa)独自侦察,其间不幸被土耳其军队俘虏,然后被带到土军指挥官哈吉姆·贝(Hajim Bey)的面前。贝是个"好色的同性恋",他"幻想"这个俘虏是皮肤白皙的切尔克斯人——这个高加索民族迫于沙俄军队的镇压被迫迁居中东。劳伦斯后来回忆说,他反抗贝的强暴,结果贝让其他人残酷地殴打他并"无情地蹂躏"他,这有可能就是强奸。此后"血肉模糊"的劳伦斯被拖下了贝的床(取代他的是一名"垂头丧气"的下士),然后他被关进了一座临时监狱。劳伦斯伤得没有看起来那么严重,等体力稍微恢复之后就设法逃了出来,但他永远也无法摆脱心灵上的创伤,特别是后来他承认在遭到侵犯的过程中曾经有令人战栗的兴奋——"一种美妙的、温暖的感觉,可能是性爱的感觉,传遍全身。"在余生中劳伦斯一直羞愧于"无法挽回自己身体上的缺陷"。他后来发现自己抗拒和别人的身体接触,跟谁都无法发展亲密的关系。[36]

而当时劳伦斯对于自己遭受的蹂躏闭口不言,回去继续指挥部队和土耳其人战斗。不过他还是开始小心起来,随身总要带着二十几个贴身警卫——一名英国军官写道,"这是一支坚不可摧的队伍",其中每个人"都能够为劳伦斯赴汤蹈火"。[37]

到1917年年底时,英埃联军在埃德蒙德·艾伦比(Edmund Allenby)将军的指挥下突破了土耳其军队的防线。耶路撒冷于12月9日易手。接下来11个月的主要任务是把土耳其人赶出黎凡特,阿拉伯人则在协约国军队右翼担任游击队的角色。这场战役在1918年10月1日达到高潮,协约国军队在"一片欢欣鼓舞的气氛下"进入大马士革。[38]

劳伦斯麾下的阿拉伯人在这场战役中的主要贡献是袭扰土耳其人的通信和牵制土耳其军队,使得土耳其指挥官无法把在巴勒斯坦和叙利亚的10万人全部集中起来对付艾伦比的6.9万人。贝都因游击队在得到英国的装甲车以及飞机支持之后,又得到了有8000人的阿拉伯正规军的补充,其中大多数人曾在土耳其军队服役,但其主要战术仍然是非正规战术以及累累的暴行。[39]由于土耳其人的暴行,阿拉伯人在多个场合下屠杀了土耳其战俘,而劳伦斯则往往不愿或无法阻止他们。[40]

* * *

一战结束以后,劳伦斯作为阿拉伯代表团和英国代表团的顾问参加了巴黎和会。劳伦斯穿上校制服戴阿拉伯头巾的打扮引起了轰动。一个在场的美国人称他是"最引人注目的英国人……颇有雪莱的气质,但身体又十分健壮"。[41]

在法国占领叙利亚与黎巴嫩,英国攫取了巴勒斯坦、伊拉克和外约旦之后,劳伦斯的梦想破灭了。然而,1921年在殖

283 民事务办公室作为温斯顿·丘吉尔顾问的劳伦斯,继续在重新绘制中东地区地图的过程中发挥了重要作用。在和丘吉尔的接触中,以及后来创作回忆录《智慧七柱》(Seven Pillars of Wisdom)的时候,劳伦斯有意夸大了他的朋友费萨尔在战争中的作用,同时掩盖了阿拉伯人的弱点以及英国援助的作用。他想要给别人造成一种印象,即英国有负于阿拉伯人,特别是欠哈桑王族一个必须偿还的人情。[42]部分由于劳伦斯的煞费苦心,费萨尔终于成为第一位伊拉克国王,这是一个由原奥斯曼帝国的三个省份拼凑出来的国家。他的哥哥阿卜杜拉成为另一个新国家外约旦的国王。他们的父亲哈桑继续统治汉志地区直到1924年被沙特阿拉伯的缔造者伊本·沙特(Ibn Saud)击败。劳伦斯不相信阿拉伯民族主义者和犹太复国主义者水火不容,他甚至利用个人影响力去说服费萨尔家族放弃对巴勒斯坦的主张,根据国联1922年的决议,巴勒斯坦将由英国"托管"直至成为一处"犹太民族家园"。[43]

费萨尔的孙子将在1958年被推翻并被处死,但是伊拉克这个国家将存在下去,哈桑王族则仍然统治着约旦。巴勒斯坦被分割成了以色列、约旦河西岸和加沙地带三部分。因此,可以说劳伦斯在现代中东地区形成的过程中扮演了一个比较重要的角色。事实上,劳伦斯直到临终前都在引证他在精心打造战后和解方案中所发挥的重要作用,"这种和解从任一方面来说都是独有的——没有其他和平条约能够做到这个!"而且,它比"他在战争中为阿拉伯地区所做的一切"还重要。[44]然而,这种解决方案演变后的结果,比劳伦斯所预见的情况更有问题。正如历史学家戴维·弗罗姆金(David Fromkin)在其权威历史著作《终结一切和平的和平》(*A Peace to End All*

Peace)中指出的,在劳伦斯离开殖民事务办公室后不久的1922年,"中东地区就走上了一条战火连绵不绝的道路(以色列同其邻邦之间,其他国家之间,以及黎巴嫩不同派别的民兵武装之间频繁爆发冲突),并且不断升级的恐怖主义活动(如劫持人质、暗杀以及随机屠杀)成为20世纪七八十年代国际事务中的一个显著特征"。[45]20世纪90年代以及21世纪的前十几年也同样如此。

* * *

劳伦斯在殖民事务办公室的工作结束之后,一直尽力让自己"隐藏在角落"里[46],但他发现野心勃勃的洛厄尔·托马斯(Lowell Thomas)的出现,让他的这个想法越来越难以实现了。托马斯曾是芝加哥的一名记者,1918年随劳伦斯在亚喀巴待过几天。托马斯靠那短短几天的经历就拼凑出了一本畅销书,并且四处演讲,还带着一套名为"阿拉伯的劳伦斯"的幻灯片。劳伦斯的部下发现托马斯的巡回演讲"既愚蠢又谬误颇多",但仍然在从纽约到伦敦的数个地方风靡数月之久,场场爆满。据说全世界有400万人先后观看过托马斯的演讲,[47]这样一个充满浪漫主义色彩的个人英雄主义传奇,吸引着那些已经受够了残酷堑壕战的大众的追捧。为了躲避媒体,被托马斯冠以"阿拉伯无冕之王"(the Uncrowned King of Arabia)[48]的劳伦斯化名加入了英国皇家空军,成为一名空军底层士兵,用他自己的话说就是化身成"一台机器的齿轮"。[49]后来,劳伦斯把自己的名字改成T. E. 肖(T. E. Shaw)。劳伦斯曾经咒骂那些窥探自己隐私的家伙是"该死的媒体"。[50]

不过,劳伦斯对于名誉的态度也是十分矛盾的。他一面自称喜欢隐姓埋名,另一面又高调地和包括诸如萧伯纳(George

Bernard Shaw)、托马斯·哈代（Thomas Hardy）等人在内的文学巨匠结交,并且让许多著名艺术家为自己绘制肖像。而当1925年媒体发现劳伦斯隐姓埋名参军之后,他不得不暂时离开了皇家空军,加入皇家坦克兵部队,不过幸好他和皇家空军参谋长私交不错,劳伦斯后来又返回了空军——对此,他是这么跟自己的朋友、诗人罗伯特·格雷夫斯（Robert Graves）解释的:"这正是大隐隐于市,相当于中世纪去修道院隐居。"在这里,他感受到了与其手下的机械师－"和尚"的伙伴友谊。[51]此后劳伦斯离开了皇家空军,在多赛特（Dorset）的一个小村隐居,直到1935年因为摩托车事故去世,当时劳伦斯正和往常一样在乡间小路上驾驶摩托车飙车。温斯顿·丘吉尔声称47岁的劳伦斯离世是当时大英帝国遭受到的最沉重的打击。丘吉尔向记者们说:"我们这个时代最伟大的生命之一就此消逝。"[52]

很久以后劳伦斯临终前的一点丑闻才被曝光。1923～1935年,他为了满足自己某种反常的私欲,偶尔会雇佣年轻士兵用鞭子抽自己——很显然是重演他在德拉被俘时遭到的折磨。精神病专家称之为"自虐症"（flagellation disorder）。劳伦斯的朋友和家人对他的这种行为一无所知;直到1968年,当年曾受雇于劳伦斯的一个士兵将这一秘闻卖给某新闻媒体之后,才为公众所知。和一般人所想象的相反,并没有证据证实劳伦斯是同性恋;他一直声称自己是"无性欲"者,并且从未和任何人发生过性关系,无论男女。[53]

* * *

有关劳伦斯"怪异的性格",那些认为他"几近疯狂"的人多年以来有着截然对立的观点。[54] 有些人嘲笑他,说他是"有撒谎强迫症的倒霉江湖骗子",这种指责当然站不住脚;[55] 而另外一批支持者则更夸张,把他和拿破仑、马尔博罗(Marlborough)公爵以及其他历史上的"名将"相提并论。[56] 劳伦斯从不觉得自己的地位有多么重要,他总是说自己的工作只能算是"插曲的插曲"。劳伦斯曾经特别谦逊地写道:"我的作用其实微不足道。"[57]

弗朗茨·冯·巴本(Franz von Papen)对劳伦斯的评价还是比较中肯的,此人后来担任过德国总理以及驻伊斯坦布尔大使,一战期间作为下级军官曾经在土耳其军队中担任顾问。"英国人确实应该为他们有这么一个人而感到幸运,他能够获得伊斯兰世界如此程度的理解与喜爱,"巴本写道,"从军事角度来看,他的活动其实并不太重要,但是从政治和经济角度考虑,它们是无价之宝。"[58] (巴本所说的"经济"因素可能是指英国由此而获得的石油。)

劳伦斯留下的最长远的影响,就是作为一位魅力十足的游击战开山鼻祖,激励了无数后来的效仿者。他是一流的写手,同时也是一位"机智而予人启迪"并且"幽默诙谐"的健谈者,[59] 他为后世众多的"劳伦斯们"提供了丰富的遗产。被劳伦斯称为"我的得意之作"[60] 的回忆录《智慧七柱》,直到他去世后才开始广泛传播,这本书作为一本伟大的文学著作可说名副其实。它的缩略版本《沙漠中的革命》(*Revolt in the Desert*)则在他还健在的时候就成为畅销书。另外,劳伦斯的两篇文章在军人——如果不是普罗大众的话——中间也产生了同样重要的影响。

1920年的《陆军季刊》(*Army Quarterly*)中刊登了劳伦

斯撰写的文章《革命的演变》(The Evolution of a Revolt),他在文中试图用自己的经历来阐述与非正规战相关的问题。而劳伦斯的朋友,军事战略学家巴兹尔·利德尔-哈特(Basil Liddell-Hart)以他的文章为基础,编纂了"游击战争科学"这一条目,并收录进 1929 年出版的《大不列颠百科全书》。在这篇文章中,劳伦斯提出了许多至今仍被人们广泛引用的名言:"印刷机是现代军事指挥官手中最强有力的武器。""非正规战争远不是简单的白刃拼杀。""起义者可以 2% 的积极分子作为骨干力量,其他 98% 则是被动的同情者。"他的结论也对传统军事观念发出了直接挑战:"归根结底是自由机动,安全(也就是避免成为敌人的目标),时机,主义(将每个被压迫者转化为同情者的理念),战争胜负取决于起义者,数学因素才是最终的决定性因素,在这些面前完美的谋略和高昂的斗志都徒劳无功。"[61]

自此以后,劳伦斯的这些话演变成了游击队及其支持者的战斗口号,但劳伦斯这篇文章的影响并非仅仅是成为宣传口号那么简单。注意这段话中的所有要点:只要游击队拥有"自由机动""安全""时机""主义"这几个因素,就必然能取得成功。很少有某个游击队能同时拥有这几个优势。毕竟能有几个游击队可以得到英国皇家空军、陆军和皇家海军的支援呢?正如与劳伦斯同为阿拉伯人顾问的一个军官指出的,"很少有一支军队能够获得这么大的行动自由或安全保障"。[62]没有这些优势,大多数游击队都无法完成目标。甚至是阿拉伯革命也未能取得彻底成功,因为起义者还没有强大到能阻止欧洲人瓜分奥斯曼帝国遗产的程度。

当阅读劳伦斯另一篇历久弥新的文章《二十七条准则》

(Twenty-Seven Articles)时,脑海中依然要有所保留,该文写于占领亚喀巴一个月后的1917年8月20日。劳伦斯在文中透露了如何做好顾问的秘诀,他给出的一些建议如下:

> 绝不要给任何人下命令,对指挥官要保留自己的意见或建议,无论越过他直接处理事务的利益(提高效率)有多大……在非正式场合提出自己的观点要比正式造访给出建议的效果更好……表面上插手得越少,那么实际影响力就越大……不要试图插手过多。放手让阿拉伯人做到差不多也比自己亲手做到完美更好。这是他们的战争,我的职责是帮助他们,而不是替他们赢得战争。[63]

这些警句时至今日仍然被许多承担顾问工作的西方军人所引用。2003～2007年,"不要……插手过多"的忠告在驻伊拉克的美英军人中广为流传,这鼓励他们采用消极的不干预策略,使得伊拉克的混战逐渐失去了控制。直到彼得雷乌斯将军决定采取更多措施来保证平民安全后,局势才得以扭转。那些武断地曲解劳伦斯原意的人——如果劳伦斯了解伊拉克局势的话,恐怕也会非常震惊——他们都应该记住劳伦斯在《二十七条准则》里的警告:"仅适用于贝都因人:对待城里人或叙利亚人的方法截然不同。"他本应该加上这条,但他没有,因为这其实是不言自明的,他的建议本身就是针对游击战,而不是(像伊拉克这样的)治安战。

劳伦斯最重要的成就并非缔造了一个游击战争的范例或提出了放之四海而皆准的军事理论。他最大的成就其实是以自身为样本,显示了一个军人要想在游击战争中战斗下去,那就必须了解和适应自己所处的环境。他将共鸣（empathy）制成一件威力巨大的战争武器，尽一切可能去了解敌人和盟友的行动。"我曾经不下百次冒险深入敌后去了解对方。"他这里指的是土耳其人。劳伦斯后来总结自己的成功经验为"努力学习，用脑工作，集中精力"。劳伦斯宣称自己和那些"古板、沉重、冷漠"的人们格格不入，他认为许多同僚"四肢发达，头脑简单"。[64]

劳伦斯是少见的智勇双全之人，"积极主动又善于思考"。在某些方面他和利奥泰元帅有些相似，利奥泰元帅和劳伦斯一样不合当时的主流，同样作为实施反游击战的军人，正如我们所看到的，两人殊途同归，都提出了对"适应性"和"灵活性"的要求。

39
正规游击队

二战中英国特种部队的诞生

劳伦斯在第一次世界大战期间颇负盛名,而保罗·冯·莱托-福尔贝克(Paul von Lettow-Vorbeck)的事迹就没有太多人了解了,这名德国军官于一战期间在东非利用打了就跑的战术和英军周旋,所以非正规作战在第二次世界大战中如雨后春笋般涌现也就不足为奇了。横扫欧洲的德国军队由勃兰登堡突击队(Brandenburg Commandos)担当先锋,这支部队的士兵会多国语言而且经常穿着敌军的制服。倡导组建这支部队的西奥多·冯·希佩尔(Theodore von Hippel)上尉曾在福尔贝克手下服役,也曾研究过劳伦斯的作战经历。[65] 1940年5月,勃兰登堡部队乔装成荷兰军队,夺取了横跨默兹河的一座重要桥梁,并且乘坐滑翔机突袭了比利时的埃本·埃玛尔要塞(Eben Emael fortress)。后来在1943年,党卫军少校奥托·斯科尔兹内(Otto Skorzeny)乘坐滑翔机实施了一次著名的突袭,将墨索里尼从意大利的一个山顶监狱中解救出来(20世纪40年代滑翔机扮演着今天直升机的角色)。意大利人也组建了一支战斗力极强的海上突击队,第10快艇支队(Decima MAS),它是今天海豹突击队的先驱。

但是在二战中,使用非正规部队更频繁的其实是盟军方面。盟军判断要花数年时间才能集结起击败轴心国的大军。与此同时,实施小规模突袭行动起码比无所作为要好。或者温斯顿·丘吉尔就是这么打算的,他当年在南非当下级军官的时候受到了布尔突击队的影响。1940年5月他就任首相之时恰逢法国投降,丘吉尔立即组织了陆军突击队用于"在敌占海岸制造恐怖地带",同时还建立了一个非军方机构,即特别行动处(SOE),用于在德占区实施"颠覆和破坏"行动——或者用丘吉尔的话说,"在欧洲点燃星星之火"。在丘吉尔提出计划后三天英军就立即组建了突击队——这也证明当时的局势有多么危急——而组建十五天后他们就首先突击了法国海岸。[66] 不久以后,大量英军小股部队被派到敌后展开作战行动。在北非有远程沙漠行动大队(Long-Range Desert Group)、特种空勤团(SAS)、波普斯基秘密部队(Popski's Private Army),这几支部队都利用卡车和吉普纵横大漠,出其不意地袭击德军和意大利军队。除此之外,英国皇家海军陆战队、皇家空军和皇家海军也组织了突击队式的特遣部队。

这些特种部队都充分利用了各种现代化装备,比如飞机和无线电,但他们的行动也借鉴以往取得的作战经验。特别行动处的第一批领导人,陆军军官J. C. F. 霍兰(J. C. F. Holland)和科林·格宾斯(Colin Gubbins)曾镇压爱尔兰共和军。另外,霍兰一战期间也曾在阿拉伯游击队中作战,且研究过布尔人的战术。现在他们也决定使用那些劳伦斯、科林斯和德·韦特曾经使用的"流氓"战术了。[67]

"突击队"一词来源于布尔人,后来就成为所有特种部队的通用称号。但并不是所有的突击队都使用游击战术,或按照今天的概念称为"非正规作战"。当时的突击队行动按照现代的军事术语其实叫作"直接行动"(direct action)——从本方控制区对敌军实施短促突击。而相比之下,在游击战中,战斗人员要么没有固定的基地,要么基地在敌占区。不论何种情况,游击队在战区活动的时间要比突击队或勃兰登堡部队更长。特别行动处更类似游击队,他们会渗透进入轴心国占领区,和当地抵抗运动取得联系。特别行动处和特种空勤团在1944年都将人员空投进入法国以破袭德军的交通线之后,它们的区别就不那么明显了。

* * *

当1941年12月美国最终参战之后,它也步英国后尘成立了战略情报局(OSS),这个部门的领导人是绰号"狂野比尔"(Wild Bill)的多诺万将军,其职权从搜集情报到进行公共宣传都有涉及。战略情报局的主要任务还包括实施破坏行动和进行培训,下发一些训练材料,比如《纵火指导手册》。战略情报局研发了一系列秘密武器,其中一种叫"海蒂"(Hedy),它"模仿炸弹下落和爆炸的声音以制造恐慌";还有一种叫"杰迈玛大婶"(Aunt Jemima)的东西,它是一种"爆炸威力比TNT更强"的粉状物质。[68]

美国陆军在1942年也组建了类似的突击队——游骑兵(Rangers)。这支部队的名称是在向罗伯特·罗杰斯致敬,1940年也上映了以他的故事为主线的电影《神枪游侠》(*Northwest Passage*)。和突击队类似,游骑兵经常作为大规模进攻作战的先头部队,游骑兵最著名的战例是D日攻击100英尺高的奥克角(Pointe du Hoc)峭壁。美军海军陆战队也组建了类似的突击营。同盟国的各个国家,包括澳大利亚、比利时、加拿大和法国也都组建了特种作战部队,和美英军队并肩作战。苏联也广泛展开非正规作战，组织了大量游击队和特战部队（Spetsnaz），以深入德军后方作战。

* * *

此前的"特种作战"——这个概念可以应用到任何由小部队实施的特别危险的非正规战中——行动可以追溯到特洛伊木马的古老时代。[69]而把这个概念制度化，专门对士兵进行打了就跑的战术训练和提供相应装备，是在18世纪出现的轻步兵和游骑兵。但在20世纪40年代以前，大多数实施非正规作战行动的军队都是在大败之后才采用这种战术的，比如美国独立战争时的弗朗西斯·马里恩和半岛战争期间的西班牙军人。在二战中也有许多士兵效仿前人，无论是在祖国战斗的俄国士兵还是在菲律宾战斗的美军士兵，他们不接受失败的命运，选择作为游击战士继续战斗。但战争中还是出现了为执行此类任务而接受专门训练和装备的特种部队。

这样的创新对于正规军的大多数普通士兵来说并不合适，因为他们并不认为这样的"精锐"部队是必不可少的。志愿接受此类任务的士兵——它们一般只接受志愿加入的人——按照英国陆军上尉 W. E. D. 艾伦（W. E. D. Allen）的话说，这些人不是"年轻而有活力"就是"不安于现状的老兵油子"："能力出众的士兵，精于本职，通常都会忽略招募通知。"[70]在志愿加入特种部队的军人中，有相当多是上流社会的冒险家。艾伦本人毕业于伊顿公学，曾经是国会议员。英国特种部队中的名人还包括演员大卫·尼文（David Niven）；苏格兰贵族，未来的首相洛瓦特勋爵（Lord Lovat）；小说家伊夫林·沃；还有首相的儿子，伦道夫·丘吉尔（Randolph Churchill）。罗斯福总统之子詹姆斯·罗斯福（James Roosevelt）也在美海军陆战队卡尔森突击队中服役。战略情报局征召了不少原华尔街职员和常春藤大学毕业生,所以被戏称为"关系户之家"(Oh So Social),而英国特种空勤团也有不少牛津和剑桥的毕业生。

不可否认,这些单位里确实有一些人是通过种种关系进去的,但一个事实是就算是真正的军人,不管他多么优秀,都未必是个好的游击战专家。无所顾忌的上流社会人物可能更加胜任。而在社会阶层的另一端,招募一些社会底层的鸡鸣狗盗之徒,比如擅长伪造证件或撬保险柜的人也能有用武之地。[71]达德利·克拉克(Dudley Clarke)准将在1940年英国突击队成立的时候还是中校,他写道:"我们需要有点伊丽莎白时代私掠船员、芝加哥黑社会成员以及边疆部落分子的气质,再加上点专业素养以及最出色的职业军人的纪律性。突击队需要的不只是那种习惯集体主义的严格遵守纪律的军人,还需要有点个性和独立精神,不管身边发生什么都能坚定不移完成任务的人。"他最后下了结论,也就是说"这种人要学会摒弃正规军中根深蒂固的'团队精神'"。[72]

40
温盖特的战争

游荡在巴勒斯坦、阿比西尼亚和缅甸的
"不羁天才",公元1936～1944年

很少有英国军官像奥德·查尔斯·温盖特(Orde Charles Wingate)一样,对前文中达德利·克拉克所提出的告诫那么热心或那么重视。温盖特因为在巴勒斯坦、阿比西尼亚和缅甸等地展开非正规作战而名声大噪,他在二战中的角色和其远亲劳伦斯在一战时相当接近。当时很多思想保守的军官对游击战术抱有蔑视和怀疑的态度,而温盖特成功地开风气之先,把这种战术引入正规军。温盖特并不在乎别人的态度,他认为"流行就是虚弱的标志"。同僚对温盖特的评价为他"不是军事天才就是江湖骗子"(具体看法见仁见智),[73]从军之初温盖特就经常和上司闹得很僵。

甚至温盖特还在伍尔维奇(Woolwich)的英国皇家军事学院上学时,他最好的朋友就说温盖特"对权威的态度,很容易制造一种对他自己很不利的对立情绪"。[74]后来,还是下层军官的温盖特因为在一次高级将领开会时把自己的闹钟放在桌子上而为人所知。等到闹钟响时,温盖特站起来宣布:"先生们,你们已经在这高谈阔论了一个小时,可全是空谈。我实在是待不下去了!"[75]

温盖特最初反抗的就是家中令人压抑的宗教气氛。他父亲是名退役印度陆军军官,虔诚的基要派基督教徒,加入了一个名叫普利茅斯教友会(Plymouth Brethren)的宗教团体。温盖特的父母总共有7个孩子,其中就包括小名叫"Ordey"的温盖特。在温盖特的一个兄弟称为"压抑的寺院"的气氛中,父母强制孩子们进行祈祷,而且严禁任何轻浮的举止,孩子们始终被笼罩在"惧怕堕入地狱"的恐惧中。[76]温盖特到伍尔维奇上学的时候,虽然学习炮兵专业,而且已经退出了普利茅斯教友会,但并未丢掉自己的宗教信念。温盖特终其一生都受到《圣经》的深刻影响,他从中"汲取"养分,正如一个朋友所说的,"依靠圣经指引自己的人生方向"。[77]童年生活留给温盖特的另外一个遗产就是他十分厌恶被管束。温盖特在伍尔维奇上学时经常惹麻烦,并且对那些试图用纪律约束他的"穿军服的猩猩"的印象相当差。[78]

温盖特毕业之后学会了阿拉伯语,并于1928年加入英国控制的苏丹国防军,成为指挥土著士兵的军官。温盖特在这里和苏丹奴隶贩子帮派以及盗猎者交手,因而学到了后来贯穿他整个军人生涯的游击战术。[79]温盖特在此期间也养成了一些奇特的习惯,比如穿旧衣服(他的一个下属后来回忆说"他的袜子很臭而且都是洞")[80],让自己置身于危险而艰苦的环境中,赤身裸体接待来宾。(温盖特有个很臭名昭著的习惯,就是在房间里一边听任务简报一边"用刷子刷下半身"。)[81]温盖特的其他标志还有:一项19世纪冒险家式的遮阳帽;随身携带闹钟(他说"腕表根本不准")[82];像吃苹果一样直接吃生洋葱,他认为这有益健康;还有就是留着一脸胡子,温盖特一直违反军队的条令而蓄须,当时规定军人只能留一撇小胡子。

温盖特于1933年乘船从苏丹回国,在路上认识了英国的艾薇·佩特森（Ivy Paterson）夫人及其16岁的女儿洛娜（Lorna）。艾薇注意到温盖特"中等身材"（他有5英尺6英寸高），"额头突出"且有一双"漂亮的大手"。但温盖特给人印象最深的地方是眼睛："一双深邃而湛蓝的眼睛，眼神中透出先知与幻想的光芒……从他眼睛喷射的火焰与光芒中，人们往往能够看出他不同寻常的个人魅力。"当艾薇夫人听到温盖特滔滔不绝地说话——但一个听过他说话的人形容他说话就像是"砂纸摩擦的声音"（"就像是用石头磨石头一样"）——主题囊括"阳光下的所有事物"，如他喜爱贝多芬，讨厌"无线电"，也就是后来的收音机，她对他的好感进一步加深了。"他说起话来才华横溢。但他也可以很安静，长时间保持沉默。"[83]

艾薇的女儿洛娜立即就被迷住了，虽然温盖特当时已经31岁而且订了婚，但是他仍然和这个迷人的学生坠入了爱河。两年之后洛娜高中一毕业，他们很快就结婚了。他的前未婚妻虽然对此相当震惊，但仍然忠于温盖特且终身未婚，因为她觉得没有任何男人能比得上温盖特。这证明温盖特拥有强大的个人魅力，足以用来解决他所遇到的重重反感。[84]

* * *

1936年温盖特被派往英国统治下的巴勒斯坦，他在当时镇压阿拉伯起义的英军中担任情报官。由于他有学习阿拉伯语的背景，温盖特逐渐成了犹太复国主义的迷恋者——甚至连最狂热的犹太复国主义者也认为温盖特是个"狂热分子"。温盖特盛赞犹太人让沙漠"像玫瑰花一样绽放"，而且他认为对英国人来说，以色列人将是比阿拉伯人更有价值的盟友。当时在殖民地管理机构中没任何人赞同温盖特的观点，而且温盖特发现那里"大都存在反犹亲阿的倾向"。"每个人都反对犹太人",他说,"我支持他们",显得如此特立独行。

当时犹太人正面对20世纪80年代第一次巴勒斯坦大起义(First Intifada)之前的规模最大的一次起义。像后来的第二次大起义一样,这次冲突以城市恐怖主义为主要标志,英国当局和犹太平民成为炸弹袭击和枪击的目标。英国当局调动了2万人的军队,采取了包括烧毁嫌犯房屋在内的严厉措施,最终设法夺回了对城市地区的控制权。因此,反叛分子不得不转移攻击目标,袭击乡下孤立的犹太人定居点、警务站,甚至是温和派阿拉伯人。

犹太人最开始的反应比较克制,但随着暴力活动的持续,他们也开始进行还击。温盖特活跃在犹太人反击的前线。他发现,"夜幕降临以后,乡村就会被那些暴徒所控制"。1938年,温盖特说服英国当局和犹太复国主义领导人让他牵头组织一支夜间别动队(Special Night Squads),以便夺回夜间的控制权。别动队成员包括英国军人和犹太人中的"临时工"(supernumerary),这些人将勇敢地走出设防坚固的定居点去"亲身犯险",和那些"手持刺刀与炸弹"的巴勒斯坦暴徒较量,从而"彻底终结恐怖主义"。

最终夜间别动队由40名英国士兵和100名犹太人组成,而犹太人经常以10人为小组展开行动。他们的行动往往是在夜间行军并在拂晓发动攻击。穿着卡其布短裤和胶底靴,老兵们回忆说他们经常要在"干燥、多石且陡峭的丘陵地带"以单列纵队长时间行军,要有意避开"常走的道路"而选择"蜿蜒曲折或如同蛇形般扭曲的道路"。温盖特指示说:"在行军中要保持绝对静默,别动队成员应该彻底戒烟以防止咳嗾。"他们的目标是要获得"绝对的突然性",而且他们也经常能成功地展开突袭。夜间别动队出人意料的袭击,在巴勒斯坦暴徒中开始形成一种"恐慌"气氛,而温盖特认为这些暴徒往往是"无能、愚昧且落后"的人。

在一系列突袭行动中,温盖特显示出夜间辨别方向的天赋,以及"健壮的体格"和无视危险的勇气。在一次战斗中,温盖特先后遭到"友军火力"的五次误击,然而尽管温盖特"脸色苍白如纸"且"浑身是血",但他仍然继续"冷静地用英语和希伯来语下达命令"。

温盖特要求别动队在处理阿拉伯平民时"要和恐怖分子区别对待,待之以礼貌和尊重",但有一次温盖特为了给一个被杀的犹太朋友报仇,亲自带人洗劫了一个阿拉伯村庄。温盖特后来声称别动队打死了140名暴徒,打伤了300多人,创造了任何一支英军小规模部队都无法超越的战绩纪录。

到1939年温盖特离开巴勒斯坦时,他荣获了他一生中三枚战时优异服务勋章(Distinguished Service Order)中的第一枚,这是英国级别第二高的荣誉勋章。同时,温盖特也获得了巴勒斯坦犹太人永久的衷心感谢,他们把温盖特称为"老朋友"。别动队的老兵包括后来以色列军队的将领摩西·达扬(Moshe Dayan)和伊格尔·亚丁(Yigael Yadin),他们都接受了温盖特的观念:绝不墨守成规,强调迅速进攻且身先士卒,以及对恐怖袭击采取先发制人的打击。达扬后来回忆道:"他具备夺目的个人魅力,他用自己的狂热和信念感染了我们每一个人。"

在英军中温盖特被认为是一个脾气暴躁的野人。他被人诟病为"放弃了我们一直坚持的正面战斗原则",并且被视为有

"将犹太人的利益置于我国利益之上"的"潜在危险"。(温盖特曾经向犹太复国主义领导人泄露过英国的机密文件。)巴勒斯坦地区的英军司令官罗伯特·海宁(Robert Haining)认为他"以自己的喜好与追求为行事准则,而不是以自己所处的立场为准则",并且认为他的职责是"没有价值且令人为难的"。

但即使是批评者也不得不承认温盖特在非正规战方面具备超常的天赋,这令人不得不联想起他那同样身材不高的远亲T. E. 劳伦斯。犹太复国主义领导人哈伊姆·魏茨曼(Chaim Weizmann)既认识劳伦斯也认识温盖特,他评价说温盖特的"热情、异想天开和创造力"都让他想起了劳伦斯:"温盖特不止一次和我观点相左,大吵大闹,他的眼神也令我生厌,而每当这时我都以为是劳伦斯再生。"不过偏向犹太人的温盖特比较蔑视那位亲阿拉伯人的亲戚,因为他觉得劳伦斯的那些事迹都是"被各种浪漫色彩的杜撰"吹嘘出来的。不过,在温盖特参加反攻阿比西尼亚——埃塞俄比亚的旧称——战役之后,他和劳伦斯的反差确实越来越大。[85]

* * *

本尼托·墨索里尼于1935年在毫无预兆的情况下突然入侵阿比西尼亚,令西方世界大为震惊。英国收留了流亡的阿比西尼亚皇帝海尔·塞拉西(Haile Selassie),但直到1940年6月意大利对英国宣战以后,英国才对阿比西尼亚提供了实质性援助。此后皇帝陛下迅速移驾苏丹首都喀土穆,将复国的希望寄托在特别行动处身上。具体负责人就是温盖特,他其实更愿意去北非领导犹太士兵支援盟军作战。不过,能够把自己"无穷的精力"奉献给海尔·塞拉西的解放事业对他来说多少也算是慰藉，塞拉西作为一个科普特基督教徒自称为"犹太雄狮"（Lion of Judah），并且有所罗门王和示巴女王的血统。作为借调给特别行动处的一名代理陆军中校，温盖特率领一支被他称为"基甸部队"（Gideon Force）的小分队展开游击战，这支部队的名称来源于古代的以色列战士。

1941年1月20日，温盖特从西部的苏丹进入阿比西尼亚境内，随行的除了塞拉西皇帝之外，还有1600名苏丹和阿比西尼亚士兵，70名英国军人和2万峰骆驼。另外两支总数约6万人的正规军部队，主要由印度人和非洲人组成，几乎也同时展开行动，一支从北部的苏丹境内出发，另一支则从南部的肯尼亚发起进攻。基甸部队在自己的行军路线后方留下了一路死骆驼，来自热带地区的单峰骆驼在寒冷的阿比西尼亚高原纷纷染病死亡。虽然骆驼的数量锐减，但大批"爱国"部落土著的纷纷加入还是壮大了温盖特的队伍。这些游击队分别由特别行动处的诸多"作战中心"指挥，每个中心由1名英国军官和4名士官组成。温盖特后来回忆说，这场战役"如果没有爱国群众的支持很难取得成功"。

意大利占领军拥有30万人，其中3.5万人专门用来对付基甸部队，他们拥有装甲车、火炮和空中支援，而这些都是温盖特缺乏的，他甚至连基本的后勤体系都没有，只能依靠"缴获意军物资或当地物产"来维持。温盖特充分利用手头有限的兵力，不断对意军据点发动突袭，选择的时间往往是在晚上，他要求部下迅速行动并且"激发每个人的最大潜能"。而等到意军集结起来进行反击的时候，温盖特的部队早就扬长而去了。

温盖特可谓足智多谋，能够熟练地运用虚张声势的手段。

有一次，他在一座刚刚攻克的意军据点里听到电话在响，那头是另一个据点的军官询问英军的位置。温盖特让一个会意大利语的美国战地记者"告诉他们英军一个1万多人的师正在路上"而且"建议他们迅速撤退"。惊慌失措的意军果然逃之夭夭了。

南非军队在穿过"阴雨连绵且满是红色泥泞的沼泽"（当时一本杂志的描述）之后，于1941年4月5日占领了已经被意大利军队放弃的亚的斯亚贝巴（Addis Ababa）。一个月以后，温盖特得到了引领海尔·塞拉西重回首都的荣幸。塞拉西皇帝在入城仪式之前决定不骑专门为此购买的白马而改乘较为舒适的汽车，所以温盖特独自在得胜之师的最前列按辔徐行。"我希望当我们与我的臣民们会面的时候，他们还能认出我俩谁才是皇帝。"海尔·塞拉西不无讽刺地说道。这位无冕"皇帝"并没有以一己之力赢得战役的胜利，但是他确实起到了重要的作用；他的小部队总共俘虏了超过15000名敌军，击毙了1500多人。

温盖特认为他在阿比西尼亚的成功能成为其他沦陷地区的标杆，"只要那里的众多爱国者"能够被"具备正直和良好品行的人"唤醒。他相信运用自己的战术，利用一支"精兵"实施远程"渗透"任务就能够刺激当地力量，这比劳伦斯"浪费资源、劳而无功"地把"战争资源及经费"提供给当地领导人有效得多，当然这其实是温盖特对劳伦斯的误解。温盖特声称："假如有适合渗透的群众基础，1000名坚决果断、装备精良的战士就能长时间牵制10万人的大军。"

尽管英国官方军事文献准确地评价温盖特"取得了卓越

的成就",但是他还是断然被调回了开罗,军衔也从代理中校恢复到原来的少校,温盖特再次因为"粗鲁、蛮横而固执"的性格冒犯了自己的上级。一位高级将领曾抱怨"这场战争就是劳伦斯留下的祸根",但事实上,劳伦斯在处理和艾伦比将军及其部下的关系方面比温盖特要高明得多。[86]

* * *

温盖特回到开罗之后的很长时间都郁郁寡欢。他用典型的谦逊口吻说:"我不开心,但是我认为任何伟大的人物都经历过这样的情况。"[87]在阿比西尼亚作战期间,温盖特曾罹患脑型疟疾。后来,温盖特感到英雄无用武之地,当独自一人待在开罗一家酒店的房间里时,他把一柄生锈的匕首刺进了喉咙。幸亏隔壁一个机警的军官听到了他倒下的声音,匆匆把温盖特送进医院才救了他一命。有一个曾经在阿比西尼亚和温盖特并肩作战的军官,可能当时被温盖特羞辱过,后来去医院探望他时说:"你这个蠢货,你怎么不用左轮手枪自杀呢?"[88]

自杀未遂本有可能终结温盖特的军人生涯,但幸运的是英军将领阿奇博尔德·韦弗尔爵士(Sir Archibald Wavell)仍然信任他,此君在巴勒斯坦和阿比西尼亚曾经是温盖特的上司。韦弗尔当时已经被任命为驻印英军司令官,他把温盖特召到自己身边,想看看他能给那些横扫缅甸的日军找点什么麻烦。

* * *

温盖特于1942年3月仰光陷落一两周后抵达印度。日本人风头正劲,牢牢掌控了局面,短时间内盟军也没有大规模反击的能力，而且温盖特也没法效仿在巴勒斯坦和阿比西尼亚的做法，利用当地人组织武装力量。有部分山地部落仍然忠于英国（温盖特后来会吸纳他们作为向导和游击队员），但是大部分缅甸人并没有为自己的前殖民地宗主国战斗的愿望。不过，温盖特还是相信，组织一支类似基甸部队的"远程渗透"部队仍然能给日本人造成打击。温盖特写道："在后方有对方不设防的肾脏、腹部、喉咙以及其他脆弱的节点。深入敌后的部队将以敌军更关键也更脆弱的地方为打击目标。"而这种行动的关键是"通过空运补充军力并用无线电指挥"，这两种手段在今天已经司空见惯，但在当时还是新奇的想法。

为了实践其设想，温盖特被晋升为准将，负责指挥第77印度步兵旅，而这支部队后来成为"钦迪特"（Chindits，由"chinthe"一词演化而来，这是一种形如狮子的缅甸神庙守护兽）部队的骨干。尽管要执行比一般军事行动更艰难的任务，但这支部队的人员几乎从来没有经过特别挑选。这个旅的主要组成部分是英军一个营，这个营大多数军人都是30多岁的已婚男子，此前执行的是守备任务，另外还有一个廓尔喀营，其士兵大都是乳臭未干的小伙子。如温盖特所说，他们"从未想过会进入一支执行奇袭任务的部队"。在这些"普通人"经受了旨在把他们打造成"人猿泰山"的艰苦训练后，温盖特把这支部队分成7个纵队，每个纵队大约400人，配备15匹马和100头骡子用于运输。每个纵队都有一个由两人组成的皇家空军联络组，配备大功率电台用于协调空中支援，而这正是此后数十年间军事行动的预演。

这支部队最初的远征行动代号是"长衫"（Longcloth），原计划是配合即将对缅甸北部发动的大规模进攻，但是这个攻势被取消之后，韦弗尔将军决定让钦迪特部队继续执行"长衫"作战任务。当时大家都知道这支部队冒着巨大的风险，因为狂怒的日军有足够的实力吃掉这一旅孤军。

1943年2月13日，自称为"温盖特马戏团"的钦迪特3000人部队开始渡过钦敦江（Chindwin）。这条有着"诡异的美丽"的大江横亘于缅甸和印度之间，钦迪特部队只能利用充气艇和皮筏渡江。两个纵队在渡河时遭到顽强抵抗，被迫退了回去，但其他人则成功渡河，之后四处炸毁桥梁铁路，伏击日军巡逻队。空投补给体系运转正常，但偶尔会有"飞来横祸"，也就是有些人"被空投的补给砸伤"。英国皇家空军甚至还按照要求给钦迪特部队空投了备用的苏格兰短裙、假牙以及单片眼镜。此后，2000多人的钦迪特部队渡过了"水流湍急"的伊洛瓦底江。他们现在深入缅甸境内至少200英里，和日军的战斗、炎热的天气以及各种热带疾病让他们不断减员。温盖特的一名副官记录道："疟疾、恙虫病、痢疾甚至是霍乱都开始蔓延。"

1943年3月26日温盖特决定折返。钦迪特部队现在几乎被日军三个战斗力最强的师团所包围，因此温盖特命令部下化整为零突围，然后分别返回印度。（温盖特说这种"化整为零"的战术是受到了罗伯特·布鲁斯的启发。）此时，这次远征才真的变成了一次"恐怖"之旅。钦迪特部队分散成从20人到40人不等的小股部队，要在"难以置信的浓密"丛林以及"极其陡峭且多岩石"的山地间跋涉数百英里，然后在强敌的围追下渡过两条大江。他们的给养本来就"十分匮乏"，而且每隔几天还要依靠空投进行补给。现在由于空投越来越少，"食品问题"变得越来越严重。其中一个纵队的指挥官伯纳德·弗格森（Bernard Fergusson）少校记录说："所有人都受到食物匮乏的折磨，维持士气的当务之急就是食物。"其实就连弗格森自己眼前也时常出现"巧克力松糕和生日蛋糕"的幻象。

3000人的钦迪特部队最后只有2182名"瘦骨嶙峋"的士兵幸存下来，最后一批士兵返回是在1943年6月6日，他们"腹部凹陷"，肋骨突出，肌肉变成了"纤维状的肌腱"。他们中的大部分人被判定为不适合继续服役。在这群幸存者中，有些人背着至少70磅的装备艰苦行军了1500英里。

弗格森后来承认钦迪特部队的第一次远征其实并未取得多少"实质性"的战果："我们炸毁了一些铁路，但不久之后就被修复了；我们搜集了一些有价值的情报；我们从次要战场上吸引了部分日军部队，当然也可能是某些更主要的战场；我们打死了数百万敌人中的几百人；我们证明了仅依靠空投也能维持一支部队的后勤补给。"

"长衫"行动的最大影响直到战后根据日本将领的供述才为人所知：他们声称由于很难防备温盖特策划的袭击，所以日军于1944年对印度发动了进攻，目的在于先发制人地消除这种隐患。日军的攻势最终失败且损失惨重，因而无力阻止英军在1945年夺回缅甸。但即使是产生了这么大的间接影响，我们也必须考虑远征所付出的巨大代价。

第14集团军司令官威廉·斯利姆（William Slim）将军指挥所部夺回了缅甸，他认为这次远征从军事角度看是一场"代价高昂的失败"，然而从公众舆论的角度来讲则是一次胜利："各盟国的媒体都极尽赞美之词描述这次远征，世界各地都在流传我们用日本人的方式回击了他们的故事。"在日本人还主宰着亚洲的时代,这一行动在心理上大大振奋了盟国军民的斗志。[89]

* * *

许多人都对钦迪特部队大加赞赏,其中就包括温斯顿·丘吉尔,他开始想弄清楚温盖特是不是另一个"阿拉伯的劳伦斯"。[90]1943年8月,丘吉尔与此时已成为民族英雄的温盖特一起出席在魁北克举行的与罗斯福总统以及联合参谋长委员会(Combined Chiefs of Staff)的会议。尽管只是个准将,但温盖特仍然给盟军高层留下了深刻印象,他们同意大力扩充远程渗透部队,并且为他组建空军力量。这次会面促进了第1空中突击队(No. 1 Air Commando)的诞生,该部队大约有400架运输机、滑翔机、轻型飞机、战斗机和轰炸机,都由美国陆军航空部队提供。他们的座右铭是"随时随地,无处不在"(anyplace, anytime, anywhere),他们的表现几乎和这句座右铭一样。他们不仅执行空投补给任务,还作为"空中炮兵"提供火力支援,同时也负责疏散伤病员。

温盖特在得到高层领导的授权之后返回了印度,但是受到位于新德里的英军总司令部同人的无尽敌视。那些保守派军官对所谓"战争新路线"抱有天然的怀疑,当然温盖特本身也有问题。一名参谋军官回忆温盖特一旦遇到别人的反对,就会"大发一通恶毒的指责,在他嘴里几乎所有人都愚蠢、无知、横加阻碍或有别的缺点"。这名军官得出结论,温盖特"是一个彻头彻尾的烂人"。温盖特是典型的顽固不化,他回击道:"因为我就是我,那些批评者虽然讨厌我,但我就是能打胜仗。"[91]

一开始的时候,温盖特的身体情况不允许他立即对那些批评意见做出回击,因为在返回印度的途中,他在飞机着陆加油时因为愚蠢地喝了一个花瓶里的脏水而感染了伤寒(当时他特别口渴,而军人服务社也关门了)。但等到温盖特身体恢复后,他马上在和司令部那些"老古董"的较量中占了上风。他被晋升为少将,并且指挥一支拥有2万人、约等于两个师的特种部队。第一次远征的时候他动用了一个旅,而现在温盖特手下有六个旅。

钦迪特部队第二次远征行动的一个新特点,就是在敌占区构建牢固的据点。温盖特将据点定义为"围绕旅所辖纵队构建的一个互相沟通的环形防御阵地","一个设防的机场","一个弹药仓库",更形象地说就是"一个拴了只小羊以引诱日本军队这只猛虎的狩猎台"。换句话说,这种据点的意图是诱使日军发动损失惨重且徒劳无功的进攻。然而,在这个过程中,钦迪特部队也要放弃游击队所特有的速度和机动性。

代号为"星期四行动"的第二次钦迪特部队远征始于1944年2月底,当时一个旅级部队率先出动。该部于3月5日星期日开始陆续登机。当天下午4点30分,在第一架C-47运输机起飞前半个小时,1架美军侦察机飞抵代号为"皮卡迪利"(Piccadilly)的预定降落地点侦察,发现着陆场的树木已经被大批砍倒。是空降行动暴露了,还是说这只是正常的采伐作业?后来才知道这其实就是采伐作业,但当时突击队的指挥官们在机场等待时可谓坐立不安。最终突击队决心按计划继续行动,空降地点从"皮卡迪利"转移到另一个代号为"百老汇"(Broadway)的地点,该地位于缅甸境内150英里。

第一架C-47于3月5日下午6点12分开始滑跑起飞,紧随其后的是按30秒间隔依次起飞的其他飞机。每架飞机都拖曳着两架滑翔机，其中满载着士兵及武器装备。但并不是所有的滑翔机都成功飞越了 7000 英尺的山脉，其中 10 架滑翔机坠落在印度境内，另外还有 6 架在空中失散，坠落在日占缅甸的其他地区。对于最终抵达"百老汇"着陆场上空的那 37 架滑翔机来说，这时候麻烦才刚刚开始。

靠近着陆场上空，运输机开始释放拖曳索，滑翔机伴随着"突如其来的寂静"一头扎向漆黑一团的地面。滑翔机里的乘员要在没有安全带的条件下经受降落的冲击。侦察机此前未能发现地面上有两道深渠，这是让大象把砍伐的原木拖进河里用的引水渠。一些首先降落的滑翔机起落架被撞掉，倾覆在临时跑道上并将其阻塞。紧随其后的滑翔机为了避开这些障碍物不得不紧急规避。但它们往往躲闪不及，也坠毁在着陆场上。更多穿过夜空、如炸弹一般坠地的滑翔机进一步加剧了清理残骸和救治伤员工作的难度。"当时周围满是机翼撕开、断裂、粉碎和机身破碎的巨大响声，"外号"疯狂迈克"的突击旅指挥官卡尔弗特（"Mad Mike" Calvert）回忆道，"然后四周又陷入了一片寂静，直到坠毁的飞机中传来伤员的阵阵惨叫。当时我正和其他人一起指挥收拾这个烂摊子，而这阵阵呻吟直刺我的心灵。"

根据预先的计划，如果着陆成功卡尔弗特应该发出"猪肉香肠"（Pork Sausage）的信号，如果失败将发出"豆蓉香肠"（Soya Link，Soya 是猪肉的替代品，被当时的士兵嫌恶）的信号。在 3 月 6 日星期一凌晨 2 点 30 分，他发出了"豆蓉香肠"的信号，后续的飞行计划被取消。远在印度的指挥官以为日本人早就在着陆场周边布置了埋伏，但事实是着陆部队连日本人的影子都没看到；他们被那些迷失方向并且降落在周边几百英里范围内的滑翔机搞得晕头转向。在"百老汇"着陆场,钦迪特突击队在降落过程中有30人死亡、20人负伤,另有超过350人安然无恙地降落到地面上。着陆部队从一架滑翔机的残骸中清理出一台不如何故竟毫发未损的推土机,在其助力下,士兵们清理并整修了跑道。早上6点30分,卡尔弗特发出"猪肉香肠"的信号。当夜C-47载着增援部队在着陆场着陆。而在离此不远的地方,突击队构建了一个据点,并以加尔各答主干道"乔林基"(Chowringhee)命名。

1944年3月13日,在首批部队空降八天之后,9000多名士兵、1350头牲畜——其中大多数是骡子,为了避免叫声暴露目标,它们还被切除了声带——以及250吨物资、野战炮连和高炮连都被运抵缅甸。温盖特宣称:"各个纵队现在都已经钻进了敌人的肚子里……这是一个将被载入史册的时刻。"

但是,温盖特未能活着见证历史进程。3月24日,在印度各基地间往返的途中,他乘坐的B-25轰炸机坠毁,原因至今不详。这位倡导"远程渗透作战"的先驱时年41岁,甚至比劳伦斯去世时的年纪更小。

温盖特手下的一个旅长乔·伦泰恩(Joe Lentaigne)接掌了钦迪特部队,但此君却没有温盖特那种"不按常理出牌"(wayward genius)的天赋。钦迪特部队的领导人很快换成了性格尖酸刻薄的美军将领,外号"醋性子乔"(Vinegar Joe)的史迪威,此人毫无顾忌地表露对所有"英国佬"的蔑视。史迪威指挥所在季风季节(monsoon season,即雨季)反复攻打设防坚固的日军部队,使钦迪特部队遭到了巨大的伤亡。在这样旷日持久的战斗中,他们不得不在齐膝的泥泞中跋涉,而且很难得到空中支援。

到 1944 年 6 月底，地球另一边的盟军已经开始了解放法国的战斗，而最初拥兵 3000 人的第 77 旅此时只剩下了 300 人，其中一名士兵回忆说，剩下的人也是"面黄肌瘦，满身泥泞，蓬头垢面"。第 111 旅尚有战斗力的士兵甚至更少——只有 119 人。旅长们纷纷要求撤出战斗，说就是温盖特也预想不到他们会在此持续战斗超过 3 个月。然而，史迪威仍然固执己见，拒绝了他们的要求。直到 1944 年 8 月 27 日，最后一批钦迪特部队才撤出战斗，而此时距离他们空降敌后已经有 6 个月之久了。

钦迪特部队付出了 3628 名官兵阵亡、受伤或失踪的代价，也就是损失了总兵力的 18%，而其中 90% 的伤亡发生在史迪威接管指挥权之后。钦迪特部队已无力再战，因此在 1945 年被解散。[92] "梅里尔的掠夺者"（Merrill's Marauders）也遭到了类似的命运，这支由温盖特训练的美军远程突击旅也在史迪威粗暴的指挥之下在缅甸"被摧毁"了。[93] 此后的几十年中，这两支部队残存下来的士兵一直在咒骂醋性子乔。

有关钦迪特部队行动的争论仍在继续。他们是否真的如某些历史学家所说的那样，大大削弱了日军对缅甸的占领？还是如官方历史所说的，当时缅甸北部必然要由印度陆军正规军解放，钦迪特部队仅仅是坚持"几个月"时间而已？[94] 当时的人们和后世的历史学家对此莫衷一是。唯一可以肯定的是，钦迪特部队在被逼入接近乃至超过人类忍受极限的绝境时，展现出了巨大的勇气和超强的恢复能力。

* * *

人们对温盖特的看法可谓毁誉参半，即使在其身故之后也是如此。丘吉尔盛赞他"才华横溢，可谓应运而生的风云人物"。曾与他并肩作战的同僚也大都持肯定态度。一名钦迪特部队的老兵写道:"你第一次和他会面时,会认为他是个疯子——一周以后你会甘愿为他去死。"[95]但并非所有下属都对他这么"敬畏有加"。一名廓尔喀军官说道:"我们并不喜欢他……我们都害怕他。"[96]另外一名军官回忆起他和同僚争执时,曾一度怀疑"他是不是疯了?"[97]很多参谋军官因为温盖特盛气凌人的架势而对他更加厌恶,其中一人在英国官方战史中曾用极其刻薄的笔触评价温盖特,"他的遇难"可谓"恰逢其时"。[98]一部官方战史如此庆祝一名高级军官的身亡,这是第一次,可能也是最后一次。

前钦迪特部队军官杰克·马斯特斯(Jack Masters)后来成为著名作家,他在其老长官去世16年后写下的一段话可能是最为中肯的:

> 温盖特有时候是正确的,有时候是错误的。这其实都不重要。重要的是,他是近代历史上性格最不同寻常的人物之一。他内心有汹涌澎湃的力量。他的性格混杂有神秘、愤怒、爱、激情和黑暗的怨恨,以及让人无法抵抗的自信和最深重的忧郁。他能让形形色色的人相信他,也可以让形形色色的人怀疑他。[99]

这样的评语放到大多数成功的游击战领导人身上也是比较恰当的;太和蔼可亲和平易近人的人是领导不了游击队的。

41
抵抗与通敌

南斯拉夫，公元 1941～1945 年，
以及焦土政策反游击战的局限性

钦迪特和掠夺者部队的解散并不意味着缅甸战区非正规作战的终结。1943 年，战略情报局派出了一支代号为第 101 特遣队（Detachment 101）的部队，深入敌后训练克钦族人同日军作战。到 1945 年为止，战略情报局已经武装超过了 1 万名游击队员，同时特别行动处成功地让最初为日本人效力的昂山将军——此人是后来的诺贝尔和平奖获得者昂山素季之父——指挥的缅甸国民军（Burma National Army）倒向盟军。当时，战略情报局和特别行动处都已经度过了最初的困难时期。战争初期，由于手忙脚乱它们几乎犯下所有能犯的错误。而随着经验的逐渐积累，这两个部门摸索出了一套更为专业的训练和获取情报的方法。按照一位历史学家的判断，它们展现了在缅甸学到的所有东西，打造出可以说是"战争期间最为成功的非正规军事行动"。[100]

缅甸战局的演变可以说是"大东亚共荣圈"兴衰的缩影。倾向自由主义的欧洲帝国能维持几个世纪的殖民统治，相比之下，野蛮的日本帝国却很快就覆灭了。当然，主要原因还是其对手——盟军的实力更强大。但是，日军的残酷手段事实上并没有发挥多大作用。和纳粹在欧洲或中东不同，日本人最初鼓

吹"亚洲是亚洲人的亚洲"(Asia for the Asians),确实成功唤起了一些民族主义情绪。他们也成功吸引了一些通敌分子,比如昂山将军、荷属东印度(印度尼西亚)的苏加诺、印度的苏巴斯·钱德拉·鲍斯。但是,"愚蠢而贪婪"的日本军人在中国采取的"三光政策"(杀光、烧光、抢光)导致了他们在战争结束时陷入孤立的境地。中央情报局在1947年的一份报告中指出,"日军的恐怖行为……在当地人中激起了广泛的反帝情绪"。[101]在亚洲其他地区也是如此。缅甸、中国、马来亚和菲律宾都爆发了大规模的抵抗运动,仅在菲律宾就有22.5万名游击队员。到1944年麦克阿瑟登陆的时候,游击队宣称他们已经控制了1000个菲律宾市镇中的800个。如果没有盟军,这些游击队自然不可能赶走日本人,但他们却让占领军维持统治越发困难。[102]

游击队在西欧的抵抗行动规模要小得多。欧洲大陆一直暗潮涌动,然而从未爆发反纳粹的熊熊烈火。特别行动处偶尔也能策划出人意料的行动,比如1942年派出两名捷克特工在布拉格郊外暗杀了"金发野兽"党卫军全国总指挥莱因哈德·海德里希(Reinhard Heydrich),但这次暗杀所付出的代价却相当可怕。为了报复海德里希之死,纳粹当局血洗了利迪策(Lidice)和莱夏基(Lezaky)两个小村,屠杀了5000多人。虽然这样的血腥报复自然在当地民众中播下仇恨的种子,纳粹分子以后将会吞下自己种的苦果,但是如特别行动处官方历史所述,"短期看来,恐怖统治取得的效果如以往一样"。[103]

另外,西欧和中欧地区的地形也不利于展开游击行动。为了避免当地无辜的民众遭到可怕的报复,大多数欧洲抵抗运动都采用了挪威地下军事组织(Norwegian Milorg)的原则:"等待时机，缓步推进。"（Lie low, go slow.）[104]纳粹当局在西欧的统治相对温和些，事实上纳粹当局对比利时人或法国人并没有对犹太人和斯拉夫人那种病态的鄙视心理，犹太人和斯拉夫人被纳粹德国贴上了"劣等种族"（Untermenschen）的标签。而丹麦人、荷兰人和挪威人甚至被认为也是雅利安人，尽管这样的种族划分并未让三国逃脱被入侵的命运。在纳粹德国当局有关报复游击队行动的命令中，1个德国士兵的性命"仅仅"相当于5个丹麦人，100个波兰人。[105]由于德国在西线的统治相对温和，反抗自然也不是那么强烈。

东欧的情况就完全不同了。任何执行反游击任务的军队都会有滥施暴力的倾向，特别是一个专制国家派出的军队，他们往往诉诸人们能够想象到的最残暴手段来镇压平民的抵抗。然而残忍手段也许能取得一时效果，但如此愚蠢的战术往往只能激起而非平息民众的反抗。古美索不达米亚的阿卡德人以及18世纪90年代法国在海地的行动可谓前车之鉴。日军、意军和德军的战史则证明，如果沦陷区民众能够得到外部势力的支援并进行反击，这样的手段会导致更糟糕的后果。

对纳粹当局不利的是，尽管希特勒对更崇尚民主自由的英帝国在扩张中取得的教训比较称道，但纳粹当局却完全无视。希特勒并未注意到，尽管英国人本身也有种族优越感，但他们能使自己适应殖民地当地的统治者和习俗，而且总能给当地人以希望，那就是在未来的某一时刻帝国的殖民地能够获得自治，无论这种希望多么渺茫。但是，在纳粹魔爪下被奴役的人们连这么渺茫的希望都看不到。"纳粹德国的统治手段不仅是反常的，而且因违反统治原则往往适得其反，"历史学家马克·马佐尔（Mark Mazower）写道，"原因是他们坚持那一套僵化的种族主义理论，这种狭隘的种族主义使得其统治下的绝大多数平民甚至不可能成为公民。"[106]希特勒如此行事，不仅忽视了英国人的教训，也忽略了当年授予被统治地区平民公民权的罗马人的成功经验。

既然纳粹德国不愿借鉴前人的经验，那么他们在占领区遭到猛烈的抵抗就是顺理成章的事情了。当德国军队入侵苏联时，许多苏联人——不仅仅是少数民族——都把德军当成把自己从斯大林主义统治下解救出来的解放者。至少有65万苏联公民穿上了德国国防军制服，其中包括许多战俘，他们在安德烈·弗拉索夫（Andrei Vlasov）及其他被俘红军将领的麾下为德国战斗。[107]另外还有许多来自波罗的海三国、乌克兰、匈牙利和东欧其他地区的志愿者加入了武装党卫军，人数将近50万。[108]但希特勒的严苛法令和无差别暴行让大多数东欧民众离心离德，从而使得苏联境内出现了大规模且颇有成效的游击运动。苏联境内的游击队员据称超过了18万人，而且得到了苏联军方和情报部门的大力支持。[109]

和北美独立战争中的英军、半岛战争中的法军、美国内战结束后在南方驻扎的联邦军队，或者在中国的日本占领军类似，纳粹德国在东欧失败的原因就是他们无法在后方地域部署足够的兵力，从而无法达到取得反游击战胜利所需的平叛部队和平民的比例。关于平叛部队和平民的比例一直是个争论不休的问题，从局势相对稳定的1：357到环境相对动荡的1：40不等，不过毫无疑问的是在苏联中部地区，德军反游击部队兵力严重不足：平均每3平方英里只有2个德国士兵。[110]在遭到游击队袭击之后，德军部队会扫荡乡村，所过之处不留活口，但结果往往是德军刚离开，游击队马上又回来了。因此，德军只是激起了更多的仇恨，根本无法有效控制占领区，这是最糟糕的后果。随着占领军兵力的衰弱，游击队的袭击越发频繁，这正好与1939年一名波兰抵抗战士的预计吻合，他建议地下组织等到德国濒临失败之际，"或至少等他们的一条腿被绑住"再暴露自己的力量，"这样我们就可以切断他们另一条腿的血管和肌腱，从而让德国这个巨人轰然倒地"。[111]

德国对法国的占领随着1944年6月6日盟军的登陆开始崩溃。法国抵抗组织马基游击队（the Maquis）在盟军登陆之后才开始逐渐活跃起来，他们抓住这一契机展开行动。在诺曼底登陆日前空投到法国境内的杰德堡行动组（Jedburgh teams）负责协调盟军和抵抗组织的行动，每个小队包括一名特别行动处或战略情报局的军官、一名自由法国（Free French）的军官以及一名无线电话务员。德怀特·艾森豪威尔将军后来声称抵抗运动对他来说至少顶得上15个师，当然，历史学家朱利安·杰克逊（Julian Jackson）认为这个说法"可能过于夸张"。[112]1943年墨索里尼倒台之后，意大利游击队在盟军向半岛推进的过程中也发挥了重要的辅助作用，他们后来更是抓获并绞死了墨索里尼及其情妇。

未能和正规军紧密配合的非正规军组织是无法取得成功的。1943年华沙犹太人起义之后，纳粹当局摧毁了整个犹太聚居区，而1944年华沙起义之后，他们又摧毁了这个城市剩余的城区。波兰本土军（Polish Home Army）在1944年起义以前曾经错误地把希望寄托在红军身上，因为此时红军已经兵临华沙城下，他们认为红军会为他们提供帮助。然而，斯大林却命令红军停止前进，对曾经抵抗共产主义统治的波兰爱国者遭到德军屠杀袖手旁观。1943年在那不勒斯爆发的持续四天的反德起义也有着类似的命运，重演了巴黎公社起义和犹太人起义的悲剧：城市是大规模起义的葬身之地。

* * *

除了苏联之外，游击队影响最大的地区当属巴尔干。这里爆发大规模游击战并不令人惊讶，因为这一区域地势崎岖，遍布山地和森林，几个世纪以来一直活跃着反抗奥斯曼帝国统治的游击队。南斯拉夫及其南部邻邦阿尔巴尼亚和希腊都出现了战斗力很强的抵抗运动，德军总共有270多个师，但24个师被牵制在这三个国家，另外它们还牵制住了31个意大利师，以及保加利亚、匈牙利和当地的轴心国傀儡军——总共超过100万人的军队。[113]

整个战争中最杰出的抵抗运动领导人约瑟普·布罗兹·铁托（Josip Broz Tito）正是在这口巴尔干大沸锅中脱颖而出的。铁托是个没受过多少教育的体力劳动者，有一双湛蓝的眼睛和一张英俊的面孔，喜欢穿昂贵的衣服，他曾是一个劳工组织的领导人和共产国际（第三国际）的地下工作者，因为从事颠覆活动在南斯拉夫的一所监狱里服刑。他的原名是约瑟普·布罗兹，"铁托"这个化名在二战初期曾让盟国方面相当困惑。西方国家对他知之甚少，以至于最开始它们以为铁托并非一个人，而是秘密国际恐怖组织（Secret International Terrorist Organization）的塞尔维亚-克罗地亚语首字母缩写。

1941年德国入侵时，铁托担任南斯拉夫共产党总书记，他的前任已经在斯大林主义式的大清洗中被处决了。南共和当时南斯拉夫其他势力一样并未做好抵抗德军的准备。但铁托在一战期间曾是奥匈帝国军队中一名被授勋的军士长，经常指挥一个排的兵力在夜间渗入俄军后方——按照今天的说法就是

"特种行动"——铁托利用自己的经验组织起了抵抗力量，而这支游击队当时缺乏外部支援。他后来以谋略击败了南斯拉夫另外一支规模较大的游击队，也就是由德拉查·米哈伊洛维奇（Dragoljub Mihailović）指挥的忠于南斯拉夫王国的切特尼克（Chetniks），米哈伊洛维奇是一个有学者风度、留着大胡子的陆军上校，此人"举止温和"，总是叼着一个烟斗，"厚厚的镜片后边是一双有点忧郁的温文尔雅的眼睛"。[114]米哈伊洛维奇作为一名职业军官，得到了南斯拉夫流亡政府及其伦敦赞助人的全力支持。但同时他在政治上又是幼稚的，作为一名塞尔维亚沙文主义者对南斯拉夫的其他民族相当蔑视。

铁托有一半克罗地亚血统和一半斯洛文尼亚血统，同时又是一个政治家。相比米哈伊洛维奇，铁托成功地把离心离德的各个民族凝聚在一起，组织成一支真正的统一军队，并且在德军从1941年秋到1944年夏连续七次的大规模围剿中生存下来。按照游击队中英国特别行动处顾问的描述，德军的围剿可谓"残忍无情"。在这场"不分前线与后方"［这个评语也来自特别行动处特工兼牛津大学教师威廉·迪金（William Deakin）］，铁托的司令部在战斗中多次差点被德军摧毁，而他本人每次都死里逃生，有几次铁托距离死亡仅一步之遥。铁托起初只有1.2万人，到1943年秋时他麾下已经有超过30万名战士。跟与德国及意大利占领军勾结的切特尼克不同，游击队在攻击占领军时毫无顾忌，尽管战斗结束后附近的村落难免遭到轴心国军队的残酷报复。游击队明白德军的暴行只会把越来越多的民众推到自己这边来——从字面意义上看，这是因为德军在遭到游击队袭击之后一般都会夷平附近的村庄，迫使平民不得不寻求游击队的庇护。

铁托敏锐地意识到在进行武装斗争的同时还要开展政治工作，一名战略情报局特工记载道，铁托特别注意"对解放区各个阶层的教导工作，儿童也不例外"，他们要唱诸如《铁托犹如我父母》（*Tito Is My Mother and My Father*）的歌曲。游击队的每个主要单位都有自己的印刷厂，用以印制共产主义宣传品，另一名战略情报局的联络官后来总结道："进行共产主义宣传现在已经和作战一样成了他们行动的重要组成部分。"铁托和毛泽东非常相似，他们的作为更符合现代游击战的要求，而不是像米哈伊洛维奇或蒋介石那样局限于片面的军事行动。

这场战争的转折点发生在1944年，当时英美两国暂时将反共置于次要地位，决定不再支持徒劳无功的切特尼克，而是支援组织更严密的南斯拉夫游击队。铁托的部下因而得到了大量的空运物资——事实上，南斯拉夫游击队得到的物资比法国或意大利的抵抗组织得到的都多。铁托甚至在1944年把司令部转移到了亚得里亚海的维斯岛上，就好像007系列电影中不少反派角色都把老巢安置在岛上一样，铁托在这里得到了英美海空力量的保护，从而度过了战争剩下的岁月。相比之下，苏联方面对铁托的援助可谓微不足道，直到1944年9月红军进入南斯拉夫。苏军帮助南斯拉夫人解放了贝尔格莱德，但随后转兵他处，南斯拉夫境内最后的战斗是由当时已经改编为正规军的铁托部队打完的。

马克·马佐尔写道："南斯拉夫是欧洲唯一依靠游击运动夺回沦陷区控制权的地方。"铁托直到1980年去世以前一直大权在握。铁托不仅对战时的对手采取严厉措施（米哈伊洛维奇后来被捕并于1946年被处决），对其他威胁自己权力的人也毫不客气。只有铁托能用自己的意志力保证南斯拉夫这个人为拼凑的国家的存在，而在他死后十年，这个国家就在血腥的内战中分崩离析了。

然而，就算铁托是一个精明、无情而坚定的人，如果纳粹的最高指挥机关能够在较长的时间内把资源集中在南斯拉夫，游击队就很有可能被镇压下去（就算一战中奥斯曼帝国军队不是同时和艾伦比将军麾下的协约国军队交战，阿拉伯大起义也同样会失败）。事实上，南斯拉夫在解放战争中付出的代价非常惨重：战前拥有1600万人口的南斯拉夫死亡人数达100万~150万。[115]这就是发动起义的代价，无论成败与否。

除了巴尔干地区之外，其他地区的大多数抵抗运动都没有太大的军事价值。在对这些自由战士致以敬意的同时，不应该掩盖这一真相，那就是他们对盟军的帮助并不是决定性的或不可或缺的。

42
评估"超级战士"

突击队能否改变战局？

被誉为"超级战士"的西方国家突击队和各个地区的抵抗运动协同行动，而且吸引了当时和后世的大量眼球，他们是什么样的人？他们的影响又如何呢？

他们那引人注目的贡献是不可否认的。二战期间盟军各种英勇的特种作战行动长久以来为各种书籍、电影和电视节目提供了丰富的素材，包括阿利斯泰尔·麦克莱恩（Alistair MacLean）的《纳瓦隆大炮》（The Guns of Navarone，1957年）、美国广播公司的《北非沙漠行动》（The Rat Patrol，1966~1968年），汉普顿·塞兹（Hampton Sides）的《幽灵士兵》（Ghost Soldiers，2001年），以及昆汀·塔伦蒂诺（Quentin Tarantino）的《无耻混蛋》（Inglorious Basterds，2009年）。1944年，两名特别行动处军官穿着德军制服，在克里特岛上绑架了一位德国将军，开着将军的座车通过22个检查点后抵达了一处藏身之所，最后经海路把他押到了开罗。而无论是谁，只要不是铁石心肠，看到这样的恶作剧可能都会会心一笑。[116]但是，这种行动的意义何在呢？德军对克里特岛的占领不会因为少了个将军就被撼动。如果是才华横溢的陆军元帅埃尔温·隆美尔（Erwin Rommel），也许会对德军带来重大影响，但1941年英军突击队一次试图绑架或刺杀隆美尔的行动"一败涂地",并且损失了30个宝贵的突击队员。[117]

在效费比问题之外还会有许多其他类似的问题,比如说有关道德的问题。在被占领区展开行动,会使当地民众不可避免地遭到德军或日军的残酷报复。同样,轴心国也会将英国和美国的行动贬斥为"恐怖主义",这种指责似乎也有些道理。那么,这种行动是否值得呢?

二战中最受人尊敬的指挥官之一斯利姆元帅曾写道:"特种单位和部队……在军事上的价值无法和在他们身上投入的人力、物力和时间相匹配。"他认为这种做法是有害的,因为从普通部队中抽调最优秀的士兵,必然会"降低普通部队的质量"。斯利姆有一个著名的论断:"军队想要赢得战争不能依靠少数超级战士,而是要依靠平均水准的普通部队。"[118]另一名英国军人则直接抨击"这些反社会、不负责任的个人主义者"对"盟军的胜利毫无贡献可言",而且"这些人是为了在战争中寻求个人满足,而不是像真正的军人一样,在战壕中拼刺刀或者在燃烧的坦克中坚守职责,并求得一线生机"。[119]

战争结束以后,这种论调在盟军高层中被普通接受。斯大林自然是匆忙解散了那些不完全听命于自己,而且有可能对自己的统治造成威胁的游击队。红军和内务人民委员部秘密警察在二战结束以后花了好多年时间镇压乌克兰、波罗的海三国、波兰以及苏联其他地区的民族主义游击队。英国在战争中组建的特种部队在二战结束后只剩下了特种空勤团(Special Air Service,SAS)、特别舟艇中队(Special Boat Service,SBS)和皇家海军陆战队突击队,而且其间还一度被撤销。(特种空勤团在1945年被解散,1947年重建。)而有着强烈平等主义思想的美国海军陆战队早在战争结束以前就解散了突击队,此后60年也没有再组建独立的特种部队。美国陆军同样解散了游骑兵部队,游骑兵部队在朝鲜战争中短暂重组,之后又被解散,直到1969年越南战争开始后才再次组建并保留至今。战略情报局也被解散了,但很快就以中央情报局的面貌在1947年重新出现。"非正规作战",也就是游击战的任务——这种任务在二战之前主要由临时抽调的民兵和正规军士兵完成,二战期间则主要由战略情报局完成——在战后分别交给了中央情报局和1952年组建的陆军特种部队(Army Special Forces)。

1945年之后人们对特种部队的态度就是这样,最初抱怀疑态度,后来慢慢勉强接受,后"9·11"时代则是狂热追捧。这样的矛盾心理其实不难解释。一战期间特种作战的使用很有限,最著名的劳伦斯其实是唯一的正面案例,而二战中特种作战行动的规模更大、情况也更复杂。它们的任务包括在敌后搜集情报或者让敌军深陷于治安行动而无法脱身,但这些袭击行动都遭受了惨重的损失而且使无辜平民遭到报复。就算是成功的行动,其影响力也不足以改变某次战役的进程。战后,当纳粹德国装备部部长阿尔伯特·施佩尔(Albert Speer)被问及法国抵抗运动对德国战争机器的影响时,他用不无嘲讽的语气回答:"法国抵抗运动是什么?"[120]

不过,某些破坏行动确实对德国的战争机器造成了损害。1942年,希腊游击队在英国特别行动处的支援下炸毁了雅典-萨洛尼卡铁路的部分铁轨,因这条铁路线是为隆美尔的非洲军团运输物资的,所以影响了阿拉曼战役之后德军的撤退行动。1943年,特别行动处一个小队化装成滑雪度假的学生,炸毁了挪威的一座重水工厂,切断了德国原子弹计划所需的重要原料。1944年，特别行动处特工在法国把一列运载德国坦克的列车的车轴润滑油换成了低质油脂，使其无法正常运行。这使得党卫军装甲师在盟军诺曼底登陆之后驰援战场的时间延后了17天。所有这些行动，以及其他一些破坏行动确实在战略上造成了影响。但是，这样的成功案例其实很少。[121]

与之对应的是大量失败的战例，比如说1942年那场声名狼藉的突袭法国港口迪耶普（Dieppe）的战斗，或者是规模稍小些的战斗，如特种空勤团袭击利比亚港口班加西（Benghazi）的战斗。从一名英国贵族外交官转型成军人的菲茨罗伊·麦克莱恩（Fitzroy Maclean）在自己颇具娱乐性的回忆录中写道，他和其他几个特种空勤团的士兵一起——包括丘吉尔首相之子伦道夫·丘吉尔——乘坐由远程沙漠行动大队专门改装的福特旅行车，在沙漠中成功穿行800英里抵达班加西，但到了那里却发现意大利军队显然提前得到了消息，此时正严阵以待。他们别无选择，只能溜之大吉。在返回的路上他们的车翻了，麦克莱恩后来说吗啡的药劲消失后，他觉得自己"锁骨断裂，胳膊受伤，而且脑壳也裂开了似的"。伤愈之后，麦克莱恩又参加了另外一次规模更大的对班加西的袭击行动，这次行动给轴心国军队造成的损失很小，但特种空勤团及其支援部队的伤亡却相当大。麦克莱恩再次在一场"彻底失败"的行动中全身而退。在后来的一次行动中，特种空勤团创始人戴维·斯特灵（David Stirling）被德军俘获，并在战俘营中一直待到战争结束。[122]值得一提的是，特种空勤团确实成功地在地面上炸毁了近400架德意军队的飞机。[123]对非洲军团来说这确实是个不小的损失，但远谈不上致命伤害，要将其彻底击败还少不了正规军出场。

之所以如此，部分原因是战争初期特种作战行动的训练、条令、作战协同和计划都很不成熟。早期的行动经常显得比较外行，但即使是在战争末期，更为专业化的特种部队在战斗中失败的概率也很高。阿拉莫尖兵（Alamo Scouts）是太平洋战争期间专门在日军战线后方执行侦察任务的特种部队，是唯一未尝败绩的特种部队。[124]大多数特种部队都遭到了严重的损失，比如说英军突击队有10%的人在行动中阵亡——这个阵亡率比正规作战部队高得多。[125]而在游击队活动区域居住的平民也付出了特别高昂的代价。在菲律宾的美国游击队领导人雷·亨特（Ray Hunt）声称他的努力"对战争后期的美军有极为重要的价值"，但他同时也指出，如果没有起义的话，"菲律宾人民的生活本可以更好"，因为许多平民"被杀害、被打残、被洗劫或遭到虐待"。[126]亨特当然知道，菲律宾人就算不拿起武器参加游击队，最后美军也会为他们带来解放。

敌后行动的最重要影响可能是心理方面的。特种作战为宣传机构提供了丰富的素材，可以把每次行动都吹捧成在力量对比悬殊的情况下取得胜利——无论事实是怎么样的。（菲茨罗伊·麦克莱恩就在一次特种空勤团突袭班加西之后写道："我们特别欣慰地发现，主流媒体对我们和我们的行动进行了特别夸张的报道，弄得连我们自己都认不出来了。"）[127]由此，在那个黑暗的时期，西方公众的斗志得到了鼓舞，而沦陷区的民众也坚信他们是在为自己的解放者提供帮助。

不过从西方视角来看，指望得到援助的抵抗组织对他们感恩戴德只是一种良好的愿望。被扶植起来的军队很难并且往往不可能被提供援助的国家控制。盟军为各国的抵抗运动提供武器和援助（仅特别行动处就为世界各国的抵抗组织提供了100万支司登冲锋枪），[128]但很多情况下，盟军都是在把武器塞到那些很快就调转枪口对付他们的人的手中。其直接后果"民族解放战争"就是下一个章节的主要内容。

注 释

1. Franz Ferdinand: Smith, *Morning*; Dedijer, *Road*; Owings, *Sarajevo Trial*.
2. Nazis: Evans, *Coming*; Kershaw, *Hubris*; Shirer, *Rise*; Campbell, *SA* (500,000: 120).
3. Japanese militarists: McClain, *Japan* (Brotherhood: 415); Gordon, *Japan*, 161–90; Drea, *Imperial Army*, 163–90; Toland, *Rising Sun*, 3–34; Byas, *Assassination* (Chaplin: 28–29).
4. Neumann, *Future*, 6.
5. Aqaba: Jarvis, *Arab Command*, 28–30 (source of all quotes unless otherwise specified); IWM/FGP, box 4; "Literary Fringes," IWM/FTB ("huts"); Brown, *Letters*, 116 ("maddest"); Rolls, *Chariots*, 238 ("hate").
6. Early life: Wilson, *Lawrence* ("endurance": 44; bicycling: 40); Liddell Hart, *Lawrence*; Brown, *Letters*; Mack, *Prince*.
7. Brown, *Letters*, 69.
8. Bruce, *Crusade*, 58.
9. Lawrence, *Pillars*, 67.
10. Ibid., 77.
11. Ibid., 84.
12. Barr, *Desert*, 142.
13. Lawrence, *Pillars*, 86.
14. Ibid., 91.
15. Storss, *Memoirs*, 186.
16. Brown, *War*, 80.
17. Bruce, *Crusade*, 54.
18. Brown, *War*, 70.
19. Lawrence, *Pillars*, 104.
20. "Sniping": Ibid. "Sphere": Brown, *War*, 77.
21. Lawrence, *Pillars*, 136.
22. "Detachment": Ibid., 194. "Gas": 192. "Soup": 193.
23. Ibid., 188.
24. Abu el Naam: Ibid., 197–203; Brown, *War*, 111–16; Wilson, *Lawrence*, 388.
25. Lawrence, *Pillars*, 189.
26. Ibid., 168.
27. Ibid., 225.
28. Young, *Arab*, 162.
29. Lawrence, *Pillars*, 312.
30. Young, *Arab*, 157.
31. Lawrence, *Pillars*, 319.
32. "Fear": Young, *Arab*, 162. Bounty: Wilson, *Lawrence*, 460.
33. Brown, *Letters*, 111.

34　Ibid., 124.
35　Ibid., 111.
36　Rape: Lawrence, *Pillars*, 441–47 ("torn," "delicious": 445); Wilson, *Lawrence*, 459–61; Brown, *War*, 165–66; Brown, *Letters*, 165–67, 360; Mack, *Prince*, 226–42; Barr, *Desert*, 201–6.
37　"Rank and File," 1936, IWM/TWB.
38　Stirling, *Safety*, 94.
39　100,000 vs. 69,000: Bruce, *Crusade*, 208. 8,000 Arab regulars: 217.
40　Lawrence, *Pillars*, 370; Winterton, *Tumultuous*, 71; Wilson, *Lawrence*, 557–60; Woodward, *Hell*, 202–3; Bruce, *Crusade*, 77, 242; Barr, *Desert*, 293.
41　Shotwell, *Peace Conference*, 131.
42　Wilson, *Lawrence*, 630; Fromkin, *Peace*, 498.
43　Fromkin, *Peace*, 507.
44　*New York Times*, May 26, 1935.
45　Fromkin, *Peace*, 9–10.
46　Brown, *Letters*, 246.
47　Ibid., 343–44.
48　Thomas, *With Lawrence*, 3.
49　*New York Times*, May 26, 1935.
50　Lawrence to Robertson, Feb. 13, 1935, IWM/LTEL.
51　*New York Times*, May 26, 1935.
52　Ibid., May 20, 1935.
53　Sex life: Wilson, *Lawrence*, 703–5, 750–51; Mack, *Prince*, 415–41 ("disorder": 427); Lawrence, *To Liddell Hart*, 163 ("sexlessness"); Brown, *Letters*, xxvi–xxvii.
54　"Strange": Abdullah, *Memoirs*, 170. "Madness": Lawrence, *Pillars*, 32.
55　"Charlatan": Edmund Ironside to Wingate, June 8, 1939, OWA. "Lied": Leebaert, *To Dare*, 406. 李波厄特在没有任何证据的情况下，于该书第405页宣称《智慧七柱》是一本"胡编乱造"的书。但相反，李波厄特没有引用的这本书是一本最详细的劳伦斯传记，它"显然极其准确地还原了事实的细节"（Wilson, *Lawrence*, 12）。
56　Liddell Hart, *Lawrence*, 382–84.
57　"Side show": Brown, *War*, 272. "Minor": Lawrence, *Pillars*, 23.
58　Papen, *Memoirs*, 80–81.
59　"Witty": Wavell, *Soldier*, 59. "Impish": 61.
60　Brown, *Letters*, 249.
61　Brown, *War*, 260–73.
62　Bray, *Sands*, 156.
63　Brown, *War*, 142–47.
64　"Incuriousness": Lawrence, *To Liddell Hart*, 75. "Active": 140.
65　Lucas, *Kommando*, 24.
66　Durnford-Slater, *Commando*, 14 ("terror"); Young, *Commando*, 8–13 (urgency).
67　Foot, *SOE*, x.

68 "Arson": Box 180, folder 4, NARA/OSS. "Hedy," "Jemima": "New Weapons for Sabotage," Oct. 13, 1943, box 200, folder 8, NARA/OSS.
69 See Leebaert, *To Dare,* 其中对历史上各种被杂乱和错误地贴上了"特种作战"标签的部队做了概述。
70 Allen, *Guerrilla War,* 9.
71 Foot, *SOE,* 69.
72 Clarke, *Assignments,* 219.
73 "Popularity": Mosley, *Gideon,* 146. "Mountebank": 6.
74 Tulloch, *Wingate,* 24.
75 IWM/ACP.
76 "Gloom": Bierman, *Fire,* 11. "Damnation": IWM/OWP, 97/20/2.
77 "Suckled": Mosley, *Gideon,* 10. "Guide": Yehuda Yaari, "Wingate as a I Knew Him," IWM/OWP, Chindit box 5.
78 Thesiger, *Life,* 320.
79 Anglim, "Formative Experiences."
80 Tulloch, *Wingate,* 74.
81 Dodds-Parker, *Ablaze,* 65. See also Mosley, *Gideon,* 115; Burchett, *Adventure,* 47.
82 Bierman, *Fire,* 155.
83 Meeting Wingate: Hay, *Genius,* 18–22. His height: Bierman, *Fire,* 16. "Sandpaper": James, *Chindit,* 88.
84 Bierman, *Fire,* 48, 389.
85 Palestine: OWA ("rose": Wingate to mother, Oct. 14, 1936; "anti-Jew," "soldiery": Wingate to "Cousin Rex," Jan. 1, 1937; "virtual control," "bodily," "feeble," "ignorant": "Appreciation . . . of the Possibilities of Night Movements," June 5, 1938; "zigzags": "Principles Governing the Employment of SNS," June 10, 1938; "silence," "surprise": "Organization and Training of SNS," Aug. 1938; "nugatory": "Remarks of General Officer Commanding," July 10, 1939; 140 killed: "Brief History of SNS," Oct. 13, 1938); IWM/ACP; King-Clark, *Blast* ("gangsters": 160; "iron": 162; "courtesy": 164; "stony": 171; "calmly": 189); Bierman, *Fire* ("for them": 63; 140 men: 99; rampage: 115; "dust": 131); Morris, *Victims,* 148–49; Dugdale, *Baffy,* 80 ("fanatic"); Oren, "Friend"; Mosley, *Gideon,* 40–78; Rooney, *Wingate,* 34–47; Sykes, *Wingate,* 135–205; Dayan, *My Life,* 46 ("path," "infected"); Bethel, *Triangle,* 37 ("forfeited"); Mockler, *Selassie's War,* 281 ("risk"); Mosley, *Gideon,* 78 ("risk"); Weizmann, *Trial,* 398 ("intenseness"); Burchett, *Adventure,* 46 (Lawrence); Sykes, *Wingate,* 132–33 (Lawrence).
86 Abyssinia: IWM/OWP, box 7 (troop strength, casualties, "patriot population," "men of integrity": Wingate, "The Ethiopia Campaign," Aug. 1940–June 1941; "Italian rations", "patriot support", "corps d'elite," "paralyze": Wingate, "Appreciation of the Ethiopian Campaign," June 18, 1941); NA/AAD ("clear off": 11); IWM/MT; Dodds-Parker, *Ablaze,* 54–73; Thesiger, *Life,* 311–54 ("curse": 320; "when we meet": 330); Allen, *Guerrilla War* (camels: 38); Mosley, *Gideon* ("favorable": 115; camels: 117–21; killed and captured: 126–27; bluff: 133; "rude": 136); Foot, *SOE,* 251–64; Playfair, *Mediterranean* ("ruthless": 1.404; size of force, "remarkable": 1.427); Bierman, *Fire*

("goading": 202; "tell them": 206); Spencer, *Ethiopia*, 87–99; Mockler, *Selassie's War* ("favorable": 286); Rooney, *Wingate*, 48–75; Sykes, *Wingate*, 236–320; Shirreff, *Bare Feet*; Haile Sellasie, *My Life*, 2.141–67; *War Illustrated* (April 25, 1941) ("mud").
87 Thesiger, *Life*, 333.
88 Ibid., 353.
89 First Chindit expedition: IWM/OWP, Chindit box 1 ("maintain forces", "90%": Wingate, "Report to Commander, 4th Corps, on Operations of 77th Indian Infantry Brigade in Burma, February to May 1943"); Fergusson, *Chindwin* ("horrid": 146; "acute": 149; "weak": 173; "éclairs": 192; 70 pounds: 249; "not much": 241); Fergusson, *Trumpet*, 174 ("grossly"); Calvert, *Mad*, 112–32 (1,500 miles: 130; 1944 offensive: 131–32); Slim, *Defeat*, 162–63 ("failure", "press"); Tulloch, *Wingate* ("anatomy": 63; "maintain": 62; "endemic": 58; casualties: 89; 1944 offensive: 91–92); Stibbe, *Return* ("shock troops": 57; "beautiful": 61–62; "circus": 68; "thick," "steep": 82); Masters, *Mandalay*, 214 ("flying fruit"); Bierman, *Fire* (Robert the Bruce: 297; casualties: 307); Rooney, *Wingate*, 76–102; Thompson, *Enemy Lines*, 130–72; Lewin, *Chief*, 211–14; Allen, *Burma* ("shock troops", "ordinary": 149); Rolo, *Raiders* ("Tarzan": 33; "circus": 45; mile-wide: 107; "swiftly flowing": 111; spare kilts: 63; "emaciated": 175); Burchett, *Adventure*; Sykes, *Wingate*, 360–432; Chinery, *March*, 20–91; Kirby, *Against Japan*, 2.309–31; Thompson, *Hills*, 19–33; Hoe, *Re-Enter*.
90 Moran, *Diaries*, 113.
91 Wingate to Michael Calvert, Aug. 8, 1942, IWM/OWP, Chindit Box 1.
92 Second Chindit expedition: IWM/OWP ("machan", "orbit": Wingate, "The Stronghold"); HIA/ACW, box 80, file 5; IWM/LFMS; Masters, *Mandalay*, 177–291 ("threshold": 268; "111 Company": 282); Fergusson, *Green Earth*; Calvert, *Prisoners* ("silence": 27); Calvert, *Mad*, 132–83 ("brilliant": 139; "rending": 143; "shrouds": 155; "exhausted": 176; 300 men: 180); Slim, *Defeat*, 216–18, 258–81; Tulloch, *Wingate*, 114–255 (2:30: 202; "approach": 156; "war": 136; casualties: 253; 90 percent: 239); Towill, *Chronicle* (no seatbelts: 19; vocal cords: 73); Bierman, *Fire* ("any time": 346); Rooney, *Wingate*, 111–201; Thompson, *Enemy Lines* ("waste away": 234); Kirby, *Against Japan*, vol. 3 ("guts": 183; 3 months: 410; 3,628 lost: 415); Pownall, *Diaries*, 2.142 ("nasty"); Mosley, *Gideon*, 5 ("marsupial"); Allen, *Burma* (400 aircraft: 319); Sykes, *Wingate* ("guts": 522); Chinery, *March*, 110–239; Romanus, *Command Problems*, 220–23; James, *Chindit* ("wayward": 87); Stilwell, *Papers* ("Limeys": 276, 287, 306); Milner, *To Blazes*; Van Wagner, *Air Commando*; Baggaley, *Chindit Story*; Thompson, *Hills* ("stream by stream": 58; "scarecrows": 61); Allen, *Burma*, 348 ("villainously").
93 Ogburn, *Marauders*, 273. See also Romanus, *Command Problems*, 238–56.
94 Substantially: Rooney, *Wingate*, 199. "Few months": Kirby, *Against Japan*, 3.445.
95 "Genius": Rooney, *Wingate*, 207. "Maniac": 205.
96 "Awe": Thompson, *Enemy Lines*, 137. "Terrified": 138.
97 James, *Chindit*, 87.
98 Kirby, *Against Japan*, 3.223.
99 Masters, *Mandalay*, 160. Cited in Thompson, *Enemy Lines*, 256.

100 Burma: Smith, OSS, 264 ("successful"); Peers, Burma Road (10,000: 220); Cruickshank, SOE, 163–91; Hilsman, American Guerrilla; Dunlop, Japanese Lines.
101 Japanese empire: Mazower, Empire, 588–90; Lapham, Raiders, 213–18 ("stupid": 217); Hartford, Sparks, 108 ("there alls"); "The Viet Nam Government," July 29, 1947, NARA/CREST, CIA-RDP82-00457R000700750001-5 ("terrorism").
102 Philippines: Lapham, Raiders (800 towns: 209; 225,000: 226); Greenberg, Hukbalahap, 17 (15,000); Kerkvliet, Huk, 88; Hunt, Behind; Volckmann, We Remained.
103 Foot, SOE, 281.
104 Mazower, Empire, 478.
105 Bennett, Swastika, 101.
106 Hitler admired British: Mazower, Empire, 581. "Counter-productive": 7.
107 Ibid., 462.
108 Ibid., 456.
109 Slepyan, Stalin's Guerrillas, 51.
110 Two German soldiers: Cooper, Nazi War, 144. For an overview of COIN ratios see Goode, "Force."
111 Mazower, Empire, 472–73.
112 Jackson, Dark Years, 557.
113 Cancian, "Wehrmacht"; Kennedy, Antiguerrilla, 44, 49; "Yugoslavia," June 30, 1943, NARA/OSS, box 211, folder 8.
114 "Gentle": Vuckovich, Tragedy, 39.
115 Tito: Djilas, Wartime; Djilas, Tito; Dedijer, Diaries; Dedijer Tito Speaks; Maclean, Approaches (Tito's name: 280); Maclean, Barricade; Roberts, Tito; Deakin, Embattled ("no front": 14; "annihilation": 27); CAM/DEAK; West, Tito; Tomasevich, Chetniks and Occupation; Kurapovna, Shadows; Pavlowitch, Disorder; Vuckovich, Tragedy; Rootham, Miss Fire; NA/TITO; John G. Goodwin, "Final Report of Mulberry Team," March 1944–March 1945, NARA/OSS, box 88, folder 11; Robin S. Newell, "Report of Geisha Mission," May 19–Oct. 13, 1944, ibid. ("teaching"); Rex D. Deane, "Redwood Team Report," Jan. 31, 1945, NARA/OSS, box 58, folder 3; Lindsey, Beacons ("indoctrinate": 237); Jackson, Dark Years, 557 (more than Italians or French received); Mazower, Empire, 518 ("only place"); Berenbaum, Victims, 64 (over 1 million killed).
116 Moss, Ill Met.
117 Thompson, Enemy Lines, 52–55 ("failure": 55); Gordon, Desert War, 78–82.
118 Slim, Defeat, 546–47.
119 Verney, Going, 145.
120 Hawes, Resistance, 197.
121 Successful operations: Foot, SOE, 298–99, 323–24, 336–37; Foot, Resistance, 180, 281; Mackenzie, History, 452, 623, 654–55; Haukelid, Skies.
122 North Africa: Maclean, Approaches, 199–62 ("fractured": 226); Thompson, Enemy Lines, 94–98 ("fiasco": 96); Wynter, Special Forces, 142–46, 167–75; Mortimer, Stirling's Men, 47–48; Gordon, Desert War, 95–96, 126–28.
123 Thompson, Enemy Lines, 106.

124 Alexander, *Shadows*, 5.
125 Cohen, *Commando*, 56.
126 Hunt, *Japanese Lines*, 269.
127 Maclean, *Approaches*, 256.
128 Foot, *SOE*, 98.

北爱尔兰 1969~1998年
爱尔兰共和军临时派

伦敦德里
英国
荷兰
欧 洲
法国

塞浦路斯 1955~1959年
"为塞浦路斯而斗争全国组织"

黑海
里

菲利普维尔
阿尔及尔
莫里斯防线
突尼斯
地中海
塞浦路斯
叙利亚

摩洛哥
阿尔及利亚
利比亚
埃及

阿曼 1962~197
佐法尔独立运

阿尔及利亚 1954~1962年
独立战争

巴勒斯坦
1936~1939年 阿拉伯起义
1944~1947年 犹太复国主义者

红海

非 洲
苏丹

亚丁
（南也

亚丁 1963
民族解放阵线
南也门解

肯尼亚 1952~1960年
茅茅运动

肯尼亚

大西洋
坦桑尼亚

马达加斯

第六章
帝国的终结
"民族解放"战争

苏联

亚洲

蒙古国

中国 1921~1949年
共产主义者

北京

朝鲜

平壤

韩国

延安

陕西

日本

中国

四川

泸定桥

南昌

东海

长征

贵州

长沙

湖南

江西

越北
地区

广西

广东

印度

缅甸

北越

奠边府

河内

老挝 万象 海防

广州

太平洋

印度支那 1946~1954年
法属印度支那战争

泰国

柬埔寨

南越

南海

孟加拉湾

西贡

湄公河三角洲

锡兰
(斯里兰卡)

马来亚联合邦

吉隆坡

丹绒马林

马来亚 1948~1960年
马来亚紧急状况

印度尼西亚
(荷属东印度)

印 度 洋

43
战后的世界

松动的欧洲枷锁

二战结束以后,除了德国的炸弹和火箭不会再倾泻在利物浦和伦敦之外,英国人的生活并没有明显改善。《纽约客》的一名通讯记者在日本投降之后不久写道:"人们突然意识到,一场巨大的经济灾难才刚刚开始,这个问题可能和他们刚刚挨过去的战争同样严重。"大约75万栋房屋被毁或受损,国家债务达到了前所未有的水平,英镑贬值,失业率迅速上升。尽管英国不得不依靠美国提供的贷款来维系生存,新上台的工党政府还是制定并实施了一系列医疗服务、教育、失业保险和养老金等耗资巨大的政府项目。

英国的定量配给制度在战后仍然存在,定量配给的范围包括肉类、蛋类、黄油、衣服、肥皂和汽油。一名家庭主妇说:"到处都要排队,买高跟鞋、猪肉馅饼、鱼、面包和蛋糕、西红柿,还有在食品办公室补办备用配给卡。"甚至在英国下议院餐厅,提供的肉食也只有用鲸鱼肉或海豹肉烹制的肉排。而在1947~1948年的寒冬,情况甚至进一步恶化。煤炭、天然气和电力供应全部短缺。每个人都在一边冻得发抖一边抱怨,当时还是大学生的金斯利·艾米斯(Kingsley Amis)称:"连上帝的血都冷了。"

移居国外的作家克里斯多夫·伊修伍德（Christopher Isherwood）战后首次回到伦敦时，发现恶劣的天气进一步加剧了这种萧条破败的景象。他观察到，"即使最时髦的广场和街道的灰泥都剥落了"，以致"找不到一栋刚刚粉刷过的房子"，而那些"曾经很现代化的餐厅"都"变得沉闷乏味甚至是肮脏了"。他问道："难道胜利了以后连水果都吃不到吗？"[1]

法国的情况更加糟糕，在1944年年底时，被德国占领的创伤和60多万平民死亡的后果才刚刚显现出来。超过1万名妇女被控和德国军人通奸，结果被剃了阴阳头；许多人遭到殴打，甚至被涂上纳粹的万字符号，然后赤身裸体地游街。

营养不良是个严重的问题，当时儿童的平均身高下降得"相当厉害"。面包店发生了抢购风潮，以至于那些买了太多法式长棍面包的顾客被那些没买到面包的人揍。甚至连葡萄酒这种法国最流行的饮品都很难搞到了。不过，这不是唯一让人丢脸的事情。以夏尔·戴高乐为首的新政府记录了这么一段历史："由于书写用纸供应短缺，他们不得不把以前维希政权的存货拿出来，把抬头的'法兰西国'（État Français，即维希法国）字样划掉，在下边写上'法兰西共和国'（République Française）字样。"[2]

* * *

了解这两个最大的殖民帝国在1945年时是多么虚弱，有助于我们理解为什么在接下来的几年里殖民地解放浪潮会席卷全球，以及为什么反抗西方的游击队和恐怖组织开始占据上风。本书的这一部分将详述毛泽东在中国的成功，胡志明在印度支那抗法战争中的胜利，民族解放阵线（FLN）在阿尔及利亚击败法国，以及英国镇压马来亚的共产主义革命（唯一一个反游击战成功的例子)。不过，集中研究某一场战争很容易造成一种是武装起来的革命者击败了他们的宗主国的感觉。或者更准确的说法是，这些帝国是被从内部打败的。民族主义起义确实起到了终结帝国主义时代的作用，但很难说它们是决定性的。

就算英国和法国在二战结束以后决心保住自己的殖民地，它们也是有心无力的。这两个国家都基本上破产了，也无法承受长时间反游击战的代价。特别是还要面对崛起的超级大国在世界各个角落挖它们的墙脚。苏联以及后来的中国本着马克思主义理论，时刻准备为"民族解放"运动提供武器、训练和资金。美国虽然帮助西欧重建，但并不赞同欧洲继续维持其海外统治。正如《生活》杂志编辑在1942年"坦率"地对"英国人民"指出的："我们不会……为了保住大英帝国而与之并肩作战。"[3] 事实上正是美国向英国施压，才迫使其结束了从印度到巴勒斯坦的统治。后来随着冷战的升温，华盛顿方面改变了立场；美国偶尔也会表示支持，比如说为法国在印度支那的战争提供资金。但从总体上来说，美国认为继续维持殖民统治不过是在给共产主义者送礼而已。

1948年至1949年间，杜鲁门政府威胁称如果荷兰不结束对印度尼西亚民族主义革命的镇压，就将停止马歇尔计划对荷兰的援助。[4] 七年以后，在另外一场更受到关注的战争中，艾森豪威尔政府威胁称，如果英国及其盟友法国和以色列不结束夺取苏伊士运河、推翻埃及铁腕人物纳赛尔（Gamal Abdel Nasser）的军事行动，就要让英镑崩溃。在经济手段的威胁下，英国和法国别无选择，只能做出让步，从而证明了它们在战后到底虚弱到了何种可悲的程度。

甚至在英国政府让步之前，英国精英们就已经丢掉了往昔帝国的魂魄。种族优越理论曾是支撑白人对亚洲和非洲国家进行统治的基础，但现在它已经遭到了纳粹德国和日本帝国的不同方式的破坏。一名英国官员在1945年写道，他漫步于加尔各答街头时，感觉"自己就像是一个行走在巴黎林荫大道的纳粹官员"。[5]

拜欧洲理念的传播所赐，民族主义在后来被称为"第三世界"的国家中已经潜移默化地传播了几十年。殖民地民众一度因为恐惧独立带来的后果，只能把这个念头埋在心底，但1942年新加坡的陷落，8.5万名英军向兵力只有他们的1/3的日军投降，彻底打破了欧洲人不可战胜的神话。[6]到战争结束时，殖民地的精英阶层已经不想再接受欧洲统治了——而在大多数情况下欧洲人也不再愿意用武力继续维系殖民统治。

1946年，一份英国政府出版物宣称"英国的'帝国主义'已经死了"。[7]诚然，在1945~1951年掌权的克莱门特·艾德礼（Clement Atlee）工党政府也不希望大英帝国一夜之间灰飞烟灭。艾德礼最开始希望能够缓慢而有尊严地"指导殖民地地区成立英联邦框架内的自治政府"，[8]但事实很快就证明这样拖延是不可能的。尽管反对党领袖温斯顿·丘吉尔发出刺耳的警告，称"过早而匆忙的撤离"将会带来"令人蒙羞的污点和耻辱"，[9]但渴求独立的印度、巴勒斯坦和其他殖民地已经发生了血腥的内战。正如工党政府的一名部长在1948年承认的那样，"如果有一块你不想统治的地方，而且你也没有力量或意愿去镇压那些不希望你继续统治的民众，唯一的选择就是抽身离开"。[10]

英国的抽身离开始于1947年在印度移交权力，然后是

1948年在缅甸、锡兰（斯里兰卡）和巴勒斯坦，接下来是1956年在苏丹，紧接着第二年是在黄金海岸（加纳）和马来亚。在此后数年间，剩下的非洲殖民地纷纷获得独立。1967年，时任首相哈罗德·威尔逊（Harold Wilson）宣称放弃在"东苏伊士"的防务，大英帝国至此已几乎没了踪影。虽然还有1982年福克兰群岛战争（又称马尔维纳斯群岛战争）这样的最后挣扎，但帝国主义的时代已经一去不复返了。

这个进程相对来说还是比较和平的。贾瓦哈拉尔·尼赫鲁（Jawaharlal Nehru）和圣雄甘地（Mahatma Gandhi）在印度展示如何进行非暴力抵抗、罢工和抗议活动——奥威尔称之为"一场非暴力的战争"——以让一个自由主义帝国因被羞辱而采取收缩政策。（奥威尔说，这些非暴力抗议手段"不能在一个反对派会在半夜消失且之后踪迹皆无的国度使用"。）他们树立了一个"完全用精神力量撼动帝国"[11]（这也是奥威尔的评论）的实例，而加纳的克瓦米·恩克鲁玛（Kwame Nkrumah）、坦桑尼亚的朱利叶斯·尼雷尔（Julius Nyerere）、肯尼亚的乔莫·肯雅塔（Jomo Kenyatta）和非洲其他国家的独立运动领导人也效仿了这个模式。他们都借助了联合国刚刚获得的引领国际反帝国主义舆论的威力。

在存在暴力反抗的地区，英国人并有继续维持统治的兴趣。1947年，经历了持续三年的犹太人恐怖袭击之后，英国内阁决定放弃巴勒斯坦；这些恐怖行动大都由右翼的伊尔贡（Irgun）和莱希（Lehi，亦被称为"斯特恩帮"）实施，总共打死了338名英国人，但这个数字还不及1842年英军从喀布尔撤离时一天的死亡人数。这可以说是有史以来最"成功"的恐怖主义行动之一，丘吉尔称之为"地狱般的灾难"。但和炸弹爆炸——诸如 1946 年炸毁位于大卫王饭店的英军司令部（这场由伊尔贡策划的行动炸死了 91 个人）——同样重要的则是，"出埃及"号事件（Exodus affair）所展示的道义上的劝诫力量。1947 年，英国皇家海军拦截了一艘名为"1947 出埃及"号（Exodus from Europe‐1947）①的船只，船上挤满了试图前往圣地的欧洲犹太难民。在夺船的过程中，英国皇家海军陆战队打死打伤了多名乘客。英国方面命令这艘船驶向德国，让乘客在这个"灭绝犹太民族"的国度下船。正如以色列历史学家本尼·莫里斯（Benny Morris）所说的，这一事件是"绝佳的宣传素材"："它对推进犹太复国主义事业可谓居功至伟。"[12]

英国只争取保留少数诸如塞浦路斯和亚丁这样的被视为具有战略重要性的基地——或者像在马来亚和肯尼亚那样的地方，避免共产主义者或其他激进分子夺权。当英国人选择战斗时，他们的表现通常是熟练且成功的；他们在反游击战中的记录要比同一时期的法国更好，而且一些战役，比如在马来亚的作战行动，至今仍是军事战略学家的研究对象。英国的成功很大程度上取决于其谨慎地选择投入力量的地点，并且绝不在民族自决的曙光来临之际为了维系不得人心的统治而陷入无望的战争。比利时同样在 1960 年未放一枪就放弃了它唯一的殖民地刚果。

法国人则表现得更为好战，这可能是对他们在二战前表现得过于软弱的弥补。他们觉得有必要维持自己的殖民帝国，以重获失去的荣光并洗刷战败的耻辱。1945～1946 年，为了恢复在当地的统治，法军在阿尔及利亚和越南屠杀了数以千计的

---

① 直译应为"1947 出欧洲号"，这里用了约定俗成的译法。——译者注

人,在叙利亚屠杀了数百人。1947~1948年,他们为了镇压马达加斯加革命至少屠杀了11200人。[13]但是和英国人类似,法国人还是在不流血的情况下允许它的大多数非洲殖民地独立。(甚至马达加斯加也在1960年以独立成员国的身份进入法兰西共同体,也就是法语版的英联邦)。而且,正如我们看到的那样,法国继续推进在印度支那和阿尔及利亚的战争的意愿也受到了严重的制约。

荷兰也在1947~1948年执行了不得人心的"警察行动"(police action)后放弃了印度尼西亚。

由法西斯独裁者安东尼奥·萨拉查(Antonio Salazar)统治的葡萄牙放弃殖民地的时间最晚,直到1974~1975年里斯本发生政变之后,它才放弃非洲殖民地几内亚比绍、安哥拉和莫桑比克。值得注意的是,葡萄牙帝国的终结,和近二十年后苏联的崩溃一样,根源在国内民众,而非遥远的战场。

* * *

以上这些事实并不意味着民族主义革命者的奋斗是微不足道的,只是说应将他们放在一个适当的位置上。二战后诞生的所谓游击战不可战胜的神话,恰好说明了这种视角的缺失。到20世纪70年代中期,随着美国在越南的失败,了解情况的观察家很容易相信正规军几乎不可能击败进行非正规战的敌人。但是,这种结论其实和事实相去甚远。正如本书所揭示的,实施游击战术或恐怖战术的组织的胜算其实并不大。游击队想要取胜,通常需要得到外部支援,同时还需要实施镇压的政府当局中有绝大部分人缺乏智慧或意愿。而这些因素都在中国得到了体现,中国的内战将为战后的游击战提供一个模板。

审视第六章的标题"帝国的终结",把中国的共产主义者推翻本国政权而非外国殖民政权的内容列入其中似乎有些奇怪。但是，中国的革命斗争在很长一段时间内都涉及反对帝国主义的因素，最初是西方国家，后来是日本。把他们的敌人描绘成"帝国主义"的"走狗"和"仆从"，而把自身描述成真正捍卫独立的人，是共产党人的制胜策略之一。另外，毛泽东的胜利也为广大有志于推翻西方殖民政权或亲西方政权的第三世界国家树立了榜样。如果不了解中国共产党人如何在20世纪40年代夺取世界上人口最多的国家的政权，那么就很难理解接下来发生的事情——20世纪五六十年代将迎来共产主义者和民族主义者起义的宏伟时代。

44
红色帝国的崛起

毛泽东与长征，公元 1921～1949 年

故事要从上海说起。这里是中国共产党诞生的地方——共产党在这里诞生最合适不过了，因为共产主义是西方舶来的思想，而上海不论是当时还是现在都是中国大陆最西方化的城市。在20世纪20年代，这个城市的核心区域由"洋鬼子"（foreign devils）掌控：英国人和美国人在公共租界，法租界与其相邻，而日本人则有非正式的日租界。他们把上海变成了一个现代化、熙熙攘攘的大都会——"远东的巴黎"或是"东方妓院"，随你挑——到处充斥着宏伟的酒店、百货公司、各种俱乐部、肮脏的鸦片馆、颓废的小酒馆和随心所欲的妓院，宽阔的林荫大道上挤满了小轿车、手推车、黄包车和有轨电车。这里是商贸、新闻和艺术中心，吸引着中国各地乃至世界各国形形色色的小商贩、大商人、银行家、妓女、黑帮分子、知识分子、传教士和难民。[14]

这个西方化的城市依赖无数中国劳动者，他们居住在疾病蔓延的贫民窟，看不到一点出人头地的机会。而即使如此，他们的生活相对农民来说仍然是奢侈的，作为中国人数最多的群体，农民的生活几千年来几乎没有多大改变，他们在这片洪水或干旱频发的苍翠土地上辛勤耕作以养家糊口。当时整个中国

4.6 亿人的平均年收入只有 12 美元，10% 的人口掌握了超过 50% 的土地。历史学家在回溯这段时期时能够找出相当多的积极发展的迹象，比如生活水准的提高，一个朝气蓬勃的知识景象，还有议会民主制度以及法制的萌芽。但从那个时代的角度来看，却并非如此。毛泽东曾准确地给那个时代下了个定义，当时的中国是"半殖民地半封建"社会。[15]

丧权辱国的耻辱激发了两场未能取得成功的起义，大大动摇了帝国的根基：1850～1864 年的太平天国运动和 1900 年的义和团运动。清政府最终在 1911 年被辛亥革命推翻。但在清帝国瓦解之后，中国并未出现一个稳定的政府，反而陷入了军阀割据的局面，许多军阀腐朽堕落、贪婪无度。逐渐成长起来的中国青年一代渴望变革，希望能有一个政权，在改善人民生活的同时，恢复久违的"天朝大国"的荣耀。

正是在这样的大背景下，时值 1921 年 7 月盛夏，13 名代表会集在上海法租界蒲石路（Rue Bourgeat）的一个女子学校。他们中间有两名第三国际的代表，都是欧洲人，这次会议就是由共产国际代表负责召开的。中国共产党的第一次代表大会几天后因被迫在警察突袭前撤离而匆匆结束，当时这个政党总共才有 57 名成员。

尽管亲身参加了"一大"，当年 27 岁的毛泽东还不是中国共产党的领导层成员。中共第一任总书记是一位来自北京的杰出大学教授。相比之下，引用当时一位与会者的描述，毛泽东是"一位面色苍白的……年轻人"，他"还未曾摆脱一个未经世事的湖南人的风格"，"他身着长衫的形象更像是游走于村镇的道士"。[16]

毛泽东从不掩饰自己身上的乡土气息，相反他对此颇为自得,他经常用那些"土气"的习惯让游历过世界的同志们大为震惊。多年以后,毛泽东已经成为共产党的领导人,一名来访者"目睹他心不在焉地解开裤带,搜索某些不速之客"——他是在捉虱子。和许多农民一样,毛泽东不会刷牙,而是喜欢用茶水漱口,还拒绝去看牙医。毛泽东后来成为国家主席时,由于长时间吸烟,他的牙齿上"覆盖着一层厚厚的绿色牙垢",后来他的牙齿慢慢变黑、脱落。毛泽东也不喜欢洗澡,更喜欢用热毛巾擦身。另外,他也不太习惯西方式的抽水马桶,他无论到哪里都要找"蹲坑"。而且,他一直偏爱湖南老家的那种油腻、辛辣的口味,因而在中年时体形发福。毛泽东经常开玩笑地说"嗜食辣椒"是任何一个真正的革命者必备的品质。[17]

然而,毛泽东并非一个普通的农民。他的家庭比大多数农民家庭都富裕;按照后来的标准,毛泽东的父亲可能会被划为应该被"清算"的"富农"成分。而这可能是毛泽东与其父亲不和睦的部分原因。和大多数游击战领导人一样,毛泽东自小就显露出强烈的反抗意识,他会在大庭广众之下和"严厉而苛刻"[18]的父亲争吵;为了实现自己的抱负,毛泽东会离家出走,甚至不惜以自杀相威胁。他强烈反对其父为他规划的农耕生活。毛泽东是"家中秀才"(family scholar),他喜欢不断地读书,不断地思考。他喜欢描写江洋大盗和农民起义的书籍,也就是中国版的罗宾汉的故事。[19]毛泽东同时还研究中国古代帝王史。后来,毛泽东的一位密友说他"相当于中国的帝王",且"他最欣赏那种冷酷无情的品质"。[20]毫无疑问,毛泽东之所以赞赏中国古代的那些强权人物,是因为在他年轻的时候中国缺乏这样的人物。在毛泽东从18岁(1911年)到35

岁（1928年）的这段时间里，中国处于军阀割据的状态，战乱不息，尽管当时由于大学和最初级的议会政治的出现，中国的经济和教育呈现出快速增长和进步的迹象。

虽然毛泽东和自己的父亲关系不好，但父亲供养他上学仍然让他获益匪浅。当同龄人都已经下地干活的时候，毛泽东能够在花费不菲的学校里念书。毛泽东在湖南省省会长沙上学的时候逐渐萌发了政治意识。他被"自由主义、民主改良主义和空想社会主义"等思潮吸引，并且为他的祖国处于"黑暗而愚昧"的状态而痛心。1911年，毛泽东和他的朋友们不顾风雨飘摇的清帝国的禁令，剪掉了辫子。而在此时毛泽东就已经显露出了刚强的个性，当时这位18岁的热血青年也会"抨击"自己的朋友们，并"迫使他们改变自己的观点"。

当年毛泽东加入了一支革命军成为列兵，但从没打过仗。他"自命不凡"的性格此时再次显露了出来：作为一名学生，毛泽东认为自己不应该像其他士兵那样去井边打水。他对军事生涯毫无兴趣，从而在六个月后离开了军队。此后毛泽东在一所师范学校又读了五年书。1918年毕业后，他追随自己的一位老师前往北京，在北京大学谋得了一个图书馆管理员的职位——这可能是他距离高等教育最近的一次了。在这里，毛泽东见到了许多中国顶尖的知识分子，他后来回忆说，"但他们大多数都不把我放在眼里"，因为"我的职位太低了"。

1919年回到长沙后，毛泽东在政治活动方面更加活跃。他创办了一份激进的学生报纸，同时还开办了一家书店，充分展示了自己在宣传和组织方面的天赋。这些才能——这也是现代游击战所必备的要素——在毛后来担任初创的中共湖南支部书记时将会派上用场，他上任后办的第一件事就是组织工会。[21]

＊　　＊　　＊

中国共产党当时的力量太过弱小，因此苏联方面迫使他们和中国国民党进行政治联姻，这个由孙中山在1912年创建的民族主义政党当时号称有10万名党员。[22] 1925年孙中山去世后，党首由他的连襟担任，此君是一位年轻的军官，具有社会主义倾向且有循道宗信仰，曾在日本和俄国学习过。他的名字叫蒋介石，其性格和毛泽东有很多相似之处。一位传记作家是这么描述蒋介石的——"尽管沉默寡言，但他也是个恃强凌弱、自负而且傲慢的人。"[23]

蒋介石最初的权力根基是黄埔军校，这所军校位于广东，其政治部主任是周恩来，当时他已经是共产党员，后来成为毛泽东的得力助手。毛泽东在1923～1927年也是国民党党员，有一段时间他还是国民党的宣传部部长。当蒋介石1926年发动北伐时，共产党人热切地与他合作。北伐的目标是打倒军阀和统一国家，而后来蒋介石也仅仅是部分地完成了这个目标。

然而，国共两党都已准备好在时机适当时背叛对方。蒋介石率先动手了，1927年4月12日，蒋介石的手下在黑社会匪徒的配合下，开始在上海屠杀和抓捕共产党人，从而拉开了中国旷日持久的内战的序幕，这场内战时断时续地持续22年之久。共产党人丝毫没有防备，遭到了惨重的损失。在共产党人策划的反击中，朱德起到了关键作用，这位有着"斗牛犬般体格"[24]的前军阀将领当时担任江西省省会南昌的公安局长。朱德作为领导者之一参加了1927年8月1日在南昌爆发的2万人的军队反抗国民党的起义。起义很快就失败了，但这标志着中国人民解放军的诞生。起义失败之后，朱德组织余部与毛泽东在江西农村地区组织起来的一支游击武装会师了。[25]

当时，毛泽东已经对发动中国的广大农民抱有浓厚的兴趣，希望将他们作为革命的主力，而不再把希望寄托在弱小的工人阶级身上。他在1927年年初写道："一切帝国主义者、军阀、贪官污吏、土豪劣绅，都将被他们葬入坟墓。"这是预测中国的农村将会掀起"暴风骤雨"。[26]他其实并不确切地知道革命高潮要过多久才能到来（"马克思主义者不是算命先生"），[27]但是他知道农民革命不会像布尔什维克在俄国组织的城市起义那样迅速地夺取政权。组建一支农民军队是这一过程必不可少的环节，因为按照毛泽东的说法是"枪杆子里出政权"。[28]这与传统的马克思主义学说里在城市工人中发展政治组织的看法格格不入，而此后多年间毛泽东在苏联教条占上风的组织中都郁郁不得志，他甚至因为"右倾"而被开除出政治局。[29]

那些怀疑毛泽东的人的理由就是1927年的秋收起义，当时毛泽东以国民党起义部队、农民和矿工组织起来的工农革命军在9月进攻长沙的战斗中遭到失败。毛泽东本人在起义前也一度被俘，但后来设法逃脱了。之后毛泽东率领起义军余部撤退到湘赣边界的井冈山。毛泽东在这里通过吸收农民武装扩大了自己的力量，这些农民武装在"遍布狼、野猪，甚至还有豹子和老虎"的茂密松林与竹林间活动。[30]1929年1月，在国民党军队的进攻下，他们被迫撤往闽赣边界的新根据地。当时在中国各地还分布着其他几块红色根据地，但这里最后发展成了最大的根据地——中央苏区。中央苏区的领导人就是毛泽东和朱德，后者年纪稍长，而且军事经验比毛泽东更丰富。

由于两人亲密的工作关系，许多农民都以为他俩是一个叫

"朱毛"的人[31]——他们共同制定游击战的战略,但由于毛泽东的个人威望,战略的制定者后来演变成了他一个人。其战略后来被浓缩成十六字诀,堪称是《孙子兵法》的当代版:"敌进我退,敌驻我扰,敌疲我打,敌退我追。"在实践这一经典游击战原则的同时,共产党人也意识到要争取农民的支持。毛泽东曾做出著名的论断"人民就是水,军队就是鱼"。为了避免出现"军纪败坏"导致"水源干涸",红军上层要求士兵"离开宿营地时要上门板"(门板会被拆下来当床用),"说话和气","买卖公平"以及"盖厕所离住家要远"。[32]毛泽东总是强调"要和广大群众打成一片"。[33]

应广大农民的迫切要求,共产党人着手进行大规模的土地改革,剥夺"劣绅""土豪""富农"的财产分给穷人。[34]尽管部分外国的支持者认为毛泽东实施的是"温和的土地改革"——而非"世界其他地区通常所理解的那种共产主义"[35]——用他自己的话说,毛泽东对要求"彻底消灭土豪劣绅及其走狗"的运动"毫无愧疚"之意。[36]和斯大林一样,他也会猛烈抨击对立者,无论对方是真正的敌人还是被误认为是敌人。

"对敌人的仁慈就是对革命的犯罪",毛泽东引用了18世纪90年代法国大革命时期的宣言。一名被逮捕的共产党干部回忆,审讯者"用一根香烫我的身体",然后折断了他的两根大拇指,这两根手指"仅仅和手掌连着点皮"。但这样的手段只能造成屈打成招,供出越来越多的"叛徒"。一名保卫干部是这么解释的:"你强迫他坦白,然后他坦白了,你相信了他然后把他处决了;或者他不坦白,这样你还是要处决他。"

＊　　＊　　＊

蒋介石的国民党军队调集了数十万人，对江西苏区进行了四次未获成功的"围剿"。毛泽东、朱德反复利用"诱敌深入"的策略。红军会让装备更精良的国民党军队深入苏区，然后趁其战线过长之时发动反击，给予歼灭性打击。尽管如此，蒋介石还是锲而不舍。1933年8月，他集结了超过50万人的军队发动第五次，也是最后一次"围剿"。

这一次国民党军队在德国军事顾问的建议下采取了一种全新的战略。他们不再冒失地深入红军控制区，而是缓慢推进，同时修筑了数千座碉堡，并将它们用新的公路、电话线和电报线路联系起来。[37]英军曾经在布尔战争中使用过类似的战术，国民党军队用这种战术成功地围困苏区，使红军陷入弹尽粮绝的境地。红军对已站稳脚跟的国民党军队进行的反击遭到了失败。此时共产党方面也由于此前的过激土改和肃反而根基不稳。由于"方法和策略错误"，政治局撤销了毛泽东大多数党内职务，而这种"错误"发生过多次。[38]

　　　　　　＊　　＊　　＊

1934年10月，共产党高层——其中不包括毛泽东，他当时受到排挤而且身患疟疾——决定离开江西去寻找一块更容易防守并得到补给的根据地。接下来的结果就是长征。在留下1万~1.5万名士兵在敌后展开游击战之后，8.6万名红军士兵和共产党干部从中国东南部的江西省出发，携带着他们的文件、印刷机、经费乃至X光机踏上了征途。在经过4000英里和12个月的跋涉之后，1935年10月，4000名衣衫褴褛的红军士兵，以及千余名在路上招募的新兵抵达中国西北部的陕西省，当地距离苏联控制的蒙古不太远。红军长征的路线迂回曲折，一开始向西，然后又向北。他们一路上被迫抛弃了大多数装备，并且经历了难以想象的艰难困苦，不仅仅是国民党中央军队和地方军阀的围追堵截，更大的困难是一路上的种种自然障碍，比如雪山和草地。[39]

人们往往忽视了长征最本质的内涵。中共史料将其描述为"一支英雄之师"为了马克思主义和毛泽东而出生入死。[40]而近年来的"历史发明家"张戎（Jung Chang）和乔恩·哈利迪（Jon Halliday），也就是畅销的毛泽东传记的作者，则矫枉过正，宣称长征路上最戏剧性的泸定桥之战是"彻头彻尾的虚构"，并且声称长征的胜利仅仅是因为蒋介石手下留情（放中共军队一条生路，以此来换取苏联把他的儿子放回来）。[41]

这种阴谋论的论调很难站得住脚；蒋介石肯定是希望彻底消灭这些威胁其统治的共产党人。事实上，他的儿子尚在苏联学习期间，蒋介石就已经开始屠杀共产党人了。当然，红军能够生存下来的部分原因的确是一些追杀他们的军队——也就是那些和国民党关系若即若离的地方军阀——对"围剿"红军兴趣不大。各地军阀担心一旦共产党被击败，蒋介石下一步就会开始收拾他们。如果不是周恩来和毗邻苏区的广东军阀谈判的话，长征可能从一开始就无法进行。新闻记者兼历史学家哈里森·索尔兹伯里（Harrison Salisbury）声称，"红军进出广东及其邻近地区犹如旅行般轻松"。[42]

泸定桥的守军同样缺乏决一死战的勇气。泸定桥位于四川省，横跨泸定河上，桥面狭窄且摇晃不定，长约300英尺。1935年5月29日红军先头部队抵达泸定桥桥头时，守军已经撤去了绝大部分桥板，只剩下九根粗铁索，"每根铁索都有碗口粗细",距离湍急的水面有30英尺。根据中共方面的记载,22名红军士兵"冒着……被卷入急流的危险"沿着铁索攀爬了100码,而守军一边还击一边点燃了剩余的桥板。最终有18名突击队员抵达对岸,用毛瑟手枪和手榴弹为后续部队开辟了一条道路。

红军能够成功渡河是因为泸定桥守军的武器太陈旧,而且他们的子弹也受潮了,大多数子弹都打不到河对岸。之所以这样其实不令人意外,一名四川军阀声称已经和红军达成了协议,"允许他们不经过激战就可以渡河"。

1934年10月16日至12月1日,在长征最初的46天里,红军损失了2/3的兵力。而在此期间只发生过一次大规模战斗:蒋介石使用飞机和军队趁红军渡湘江时,截住了其部分部队。估计在这场战斗中红军仅损失了1.5万人,剩下的3万人估计大多数都开了小差。[43]

除了逃亡和战斗减员,长征中的红军由于恶劣的自然环境和缺乏补给也减员很多。红军在长征期间渡过24条河流,翻过18座大山。特别是中国西部的那些雪山,最高峰达到14000英尺。红军于1935年6月12日翻越雪山,山上稀薄的空气对很多伤病员来说非常难挨,很多人因此丧命。

条件同样恶劣的还有草地,那是一大片位于四川省北部、海拔约为9000英尺、遍布沼泽的苔原地带。红军于翻越雪山后的三个月,即1935年8月22日开始过草地。草地里稀少的藏族居民,对这些试图分享他们本就不多的口粮的汉人军队抱有很深的敌意。藏族武装往往使用游击战术袭击落单的红军队伍,好似"秃鹰啄食尸体"般消灭他们。草地内部分布着大片沼泽,人或动物一旦走错一步就有可能被吞没。饥肠辘辘的红军战士不得不煮食兽皮、皮带甚至马缰绳来充饥。许多人不得不喝"又苦又黑"的脏水,因为"找不到木柴把这些脏水煮沸净化"。痢疾和伤寒在部队中蔓延。经过一周痛苦的跋涉之后红军终于走出了草地,他们在草地边缘发现了一片还未成熟的玉米,一些红军士兵迫不及待地掰了一些玉米充饥。但是过了不久他们纷纷捂着肚子,颤抖着大呼小叫,原来"他们的肠胃由于长期饥饿,已经无法消化突然摄入的食物"。[44]

中央红军非常走运,因为当4000名红军战士最终抵达中国西北部的陕西省时,那里已经有另一支红军部队创建了一块根据地。更幸运的是,毛泽东依靠个人智慧把一场悲剧性的失败变成了舆论宣传的胜利,毛泽东及其宣传团队传播了一个"长征的神话"——蒋介石则不无嘲讽地称之为"精神胜利"[45]——"这是由一群勇士创造的世界行军史上的纪录",而他们的目标是"北上抗日"。毛泽东甚至宣称"红军已经成为一支不可战胜的队伍"。[46]

实际上当时毛泽东是要把全部精力投入和国民党军队的战斗中,[47]红军在1935年时实力仍然很弱小。长征并未让中共解放全中国,却让毛泽东确立了在共产党中的地位。

在长征途中,毛泽东批评他的竞争对手——一名在莫斯科学习过的干部——为"机会主义者""逃跑主义者"和"左倾分子",将丢失江西苏区归罪于"错误的军事指挥路线"。[48]而在1935年6月红一方面军和红四方面军会师之后,两支红军差点在路上就爆发了内战,这支规模更大的红军由毛泽东的另外一位对手指挥。但是1935年9月毛泽东及其追随者不告而别,并在英俊且思维灵活的周恩来的帮助下巩固了权力,他此前在党内的职务要高于毛泽东。

毛泽东在陕西又展开了新的运动（整风运动）以推广他的"真正的马列主义路线"，亦即"毛泽东思想"，并彻底肃清"特务"和"主观主义思潮"。毛泽东正在一步步打造一个红色帝国。[49]

* * *

从美国独立战争到爱尔兰独立战争的时代，公众舆论在游击战中逐渐成为一个越来越重要的影响因素。20世纪的游击战和古代的游牧民族不同，不会进行那种毫无政治意义的袭击，因此取得成功的概率更大。睿智的游击战领导人，或睿智的反游击战领导人，都需要控制自己手中的新闻媒体。毛泽东早年曾有过此种经历，26岁的他曾经作为一个鼓动家创办了一份激进的报纸和一家书店。成为中国共产党无可争议的领导人之后，毛泽东在针对国民党政权的宣传战中充分利用了一件新式武器：一名来自美国中西部的年轻记者，埃德加·斯诺（Edgar Snow）。

斯诺从1928年起就开始在中国生活，他虽然不是党员，却是一个著名的共产党同情者——如果一个"资产阶级"作家按照共产党人的意愿来记述他们的故事，那给人的印象应该是"可靠"的。[50]因此，1936年斯诺在地下党的帮助下突破国民党军队的封锁，进入中国西北的红色根据地。同行的还有马海德（George Hatem），一名黎巴嫩裔美国医生，这位共产主义者随身携带了许多用品，他的妻子说其中包括"他的睡袋、骆驼牌香烟、吉列剃须刀和一罐麦斯威尔咖啡——这是他在西方文明世界中必不可缺少的用品"。[51]四个月后，在和共产党的各个阶层的人物都有过接触之后，斯诺带着轰动性的独家新闻回到了北京——此后他撰写了一本书，1937年首次出版即在英美引起巨大反响，这本书不但在西方世界引发了关注，翻译之后也在中国广泛流传。

《红星照耀中国》(*Red Star over China*，又译《西行漫记》) 事实上是除赛珍珠 (Pearl Buck) 的《大地》(*The Good Earth*) 之外，在塑造西方人对中国的印象方面贡献最大的书。大多数西方人以及大多数中国人都是通过这本书才真正了解长征及其背后的红军。毛泽东和斯诺此后终其一生都是朋友，而斯诺把毛泽东描绘成了英雄般的形象："身材消瘦，比林肯还要瘦弱……一头浓密的乌发长得很长……睿智的脸孔透着精明……而且非常幽默。"斯诺认为毛泽东"缓和了共产主义运动中残酷的你死我活的斗争"。[52] 由于《红星照耀中国》的出版，大批青年很快突破封锁，从中国的各大城市来到位于陕西延安的中共大本营。

这其中就包括蓝苹，这位时年24岁的女演员此后将以"江青"的名字出现，据说她当时比延安的其他妇女"面容更姣好且打扮更时髦"。毛泽东当时已结了三次婚了。第一次是14岁时家里的包办婚姻，被他拒绝了。第二次是和教授的女儿，毛泽东进山的时候把她留在了长沙，她后来在1930年被国民党军队杀害。他的第三任妻子贺子珍在长征期间一直陪伴着他，甚至为此不惜把新生的孩子留在根据地（这个孩子后来再也没找到）。贺子珍在长征途中再次怀孕，并且又产下一个婴儿，这个孩子被留在当地的农家但最终夭折。在长征结束之后，毛泽东和贺子珍的感情渐渐出现裂痕，她被送往苏联治病。贺子珍离开之后，蓝苹成为毛的妻子，在1966年发动的"文化大革命"中起到了辅助作用，并在毛泽东1976年去世后试图夺取权力,但她也没有得到毛泽东的长久关注。

*　　*　　*

在延安的十年间(1937～1947年)让毛泽东有充足的时间进行思考,在这段时间他详细阐述了其主要的战争理论和阶级斗争理论。最著名的作品就是1938年的《论持久战》,毛泽东在一间昏暗的窑洞里不眠不休,就着烛光花了九天时间写完这篇文章。当时毛泽东聚精会神地进行创作,没有注意到一簇火苗已经把他的鞋烫了个洞,"直到脚趾感到疼痛"。[53]毛泽东还有另外一篇与《论持久战》类似但并不完全相同的文章——现在其中文版已经找不到了,但美国海军陆战队军官塞缪尔·B.格里菲斯二世(Samuel B. Griffith II)将其翻译成了英文版《论游击战》,并且在1942年根据毛泽东的启发组建了一支海军陆战队突击营。[54]

毛泽东的大名和"人民战争"理论紧密相连,但他也批评"右倾"的"游击主义"——也就是那种认为武器轻便的部队利用灵活的打了就跑的战术就能击败强大敌人的思想。在《论持久战》中,他写道,"战争的结局主要依靠正面战场作战"且"游击战争无法负担主要的责任"。他接下来补充道:"但这并不意味着游击战争是无足轻重的。"

他提出起义战争要经历的三个阶段。第一阶段,"敌人处于战略进攻,我军处于战略防御"。第二阶段,"敌军进行战略巩固,我军做好反攻的准备"。第三阶段,"我军进行战略反攻,敌军进行战略撤退"。他指出,在第一阶段"我军主要的作战形式就是运动战,辅以游击战和阵地战"。在第二阶段,"我们的主要作战形式是游击战,辅以运动战"。在第三阶段，即最后阶段，"运动战"将成为主要的作战形式，同时"阵地战"的重要性也大幅增加。毛泽东强调在第一和第二阶段政治建设是压倒一切的重中之重——"也就是，创建根据地；系统地建设政权；深化土地革命；壮大人民军队。"毛泽东指出，没有一个肃清了"阶级敌人"的安全根据地，游击战争无法取得胜利："历史上许多农民战争都是'流寇'形式，但他们都未能取得最后的胜利。"

在革命战争中，毛泽东指出战斗力水平不同的军队的任务不同，"村民兵小组，其次是区小队、县大队，再次是地方武装，最后是正规军"。只有最高级别的部队才能够承担运动战，战斗力较低的民兵武装只能对敌进行袭击或提供情报和后勤上的保障。"我军的首要原则是集中，民兵武装则要高度分散。"他补充指出，在第三个也是战争的决定性阶段，大多数战斗"都要由从游击队升级而来的野战军承担，但是要完成从游击战到运动战的转变"。

毛泽东著作中引经据典最多的是孙子的话，其中相当一部分元素19世纪的意大利民族主义者朱塞佩·马志尼也提出过，他曾经激励了加里波第和其他许多革命者的斗志。在马志尼的《游击队管理规章》中也提出了类似毛泽东的层层升级的斗争策略，以打了就跑的游击战术开始，最终是"创建一支民族军队"。和毛泽东一样，马志尼也主张在核心的指挥下深入偏远地带；但这个核心指的不是政治局，当时还没有这样的组织，而是指字面上看起来差不多的"行动中心"（Centre of Action）。和毛泽东一样，马志尼也要求游击队谨慎处理与那些他们要争取过来的群众的关系："每支游击队都需要以道德为行事准则。需要立即树立严格的纪律并且在部队中推广……

尊重妇女、私有财产、个人权利和庄稼应该是他们的座右铭。"马志尼甚至和毛泽东在战术方面的原则都是类似的。"游击队必须在敌军误以为他们撤退时发起突击,"他写道,"并且在敌军准备反击时撤退。"[55]

马志尼与毛泽东在游击战理论方面的相似性之前几乎没人注意过,当然毛泽东的理论并非完全原创,毛泽东与马志尼及其他先行者不同的是,他大大发展并细化了自己的理论。毛泽东更像是劳伦斯一样,在实践中完善自己的理论,而不像马志尼纯粹是理论家,毛泽东本人就领导着一支传奇般的游击队——所以他并不只是个理论家,同时还是个实践者。在接下来的岁月里,毛泽东利用了一个无可比拟的优势来传播他的理论:他是世界上人口最多的国家的领导人。而这是大多数作者都无法企及的优势。毛泽东的这些"革命战争经典"被印制成小巧的"红宝书",成为有史以来传播最广、影响力最大的游击战争著作。甚至连"基地"组织,虽然不接受毛泽东的无神论,但仍然对他的军事理论青睐有加。

有种说法认为,"几乎所有同时代的游击战理论"都脱胎于《论持久战》。毛泽东的著作特别强调要重视政治,而不仅仅是阐述打了就跑的战术,这种战术早在史前时代就已经被古代起义者使用过了。但是,只有少数几次革命能够完整地经历毛泽东所说的三个阶段;和大多数游击战理论一样,《论持久战》更适用于某一个局部,而并非放之四海而皆准。甚至在中国,如果没有苏联同志的援助以及"小鬼子"(dwarf bandits)——中国人对日本侵略军的蔑称——无意中的"帮助",中共军队也很难赢得最终的胜利。

共产党人在中国的最终胜利,在很大程度上也证明了外部

图左 / 南美洲火地岛的部落男子。部落战士是最早的游击队。（New York Public Library）

图右 / 古美索不达米亚君主，可能是阿卡德的萨尔贡，世界第一个帝国的统治者（约公元前2334～前2279年），同时也是古往今来第一个不得不和游牧民族游击队交手的君主。（The Image Works）

事实上并不存在强调游击战的"东方式战术"。这批公元前210年在秦始皇陵陪葬的兵马俑显示，古代的中国军队与希腊或罗马军队一样，编制方式都是正规军。（The Image Works）

公元70年罗马军队围攻耶路撒冷。罗马军队镇压起义者时相当凶残，但是罗马人的平叛手段并非仅是"他们制造了一片荒漠，然后管这叫和平"那么简单。（The Image Works）

图左 / 公元 370 年左右直扑西欧腹地，促成罗马帝国崩溃的匈人铁骑本质上也是游击队。
（Mary Evans Picture Library）

图右 / 1306 年，为了夺取苏格兰王位，罗伯特·布鲁斯在对抗英格兰军队的战斗中使用了游击战术。（The Image Works）

1775 年，康科德之战。英军对于"扬基佬使用流氓战术……从不和我们堂堂正正交战"颇为愤怒，北美民兵躲藏在树林和石墙后边向英军开火。
（Granger Collection）

"沼泽狐狸"弗朗西斯·马里恩，美国独立战争期间最具传奇色彩的游击队领导人。
（Granger Collection）

美国独立战争的结局最终在英国的下议院中决定。厌战的英国选民在 1782 年令政府更迭,显示出公众舆论的重要性逐渐增强。(Granger Collection)

1808 年,"萨拉戈萨少女"操纵一门大炮向法军开火。西班牙人民的起义打破了拿破仑迅速征服西班牙的企图。(Granger Collection)

半岛战争最终成为反抗法国占领军及通敌者的血腥游击战。图中描绘的是一名起义者杀死法军士兵的场面。(The Image Works)

图左／海地能够赢得独立，很大程度上要归功于"黑色斯巴达克斯"杜桑·卢维杜尔。
（New York Public Library）

图右／为了镇压海地起义（1791～1804年），法军愿意使用种族灭绝的暴力行为。
（NewYork Public Library）

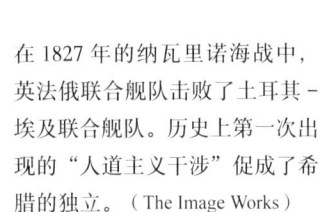

在1827年的纳瓦里诺海战中，英法俄联合舰队击败了土耳其－埃及联合舰队。历史上第一次出现的"人道主义干涉"促成了希腊的独立。（The Image Works）

朱塞佩·加里波第，意大利统一的第一功臣。作为游击战士的完美典型，加里波第是第一位成为国际名人和性感偶像的游击队领导人。
（The Image Works）

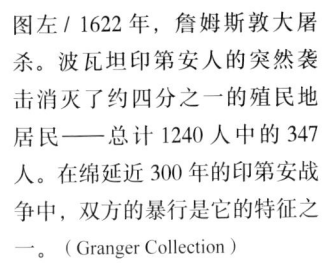

图左 / 1622 年，詹姆斯敦大屠杀。波瓦坦印第安人的突然袭击消灭了约四分之一的殖民地居民——总计 1240 人中的 347 人。在绵延近 300 年的印第安战争中，双方的暴行是它的特征之一。（Granger Collection）

图右 / 乔治·H. 克鲁克将军，印第安战争中最高效也最仁慈的美国陆军斗士。他从不装腔作势，以至于"会被当成一个蒙大拿矿工"。（New York Public Library）

1868 年，美国第 7 骑兵团袭击位于今日俄克拉荷马州沃希托河附近的一个夏延族小村。这一次，卡斯特中校在大批印第安武士赶来之前就撤出了战斗。（Granger Collection）

伊丽莎白·巴特勒的画作《一支军队的残兵败将》。这幅维多利亚时代的名画描绘的是 1842 年 1.6 万名英印远征军士兵中唯一一个活着抵达贾拉拉巴德的欧洲人，威廉·布赖登医生。（Art Resource）

从 19 世纪 40 年代到 20 世纪 40 年代，手持吉赛尔步枪的普什图族勇士在印度-阿富汗边境两侧给英军造成了巨大的麻烦。（New York Public Library）

图左/利奥泰元帅,1912~1925年摩洛哥的统治者。一名颇具文学造诣的军人,他发明了著名的"蚕食"治安战理论。(Bridgeman)

图右/1834~1859年,沙米尔领导了车臣和达吉斯坦穆斯林山民反抗俄国统治的战争。他甚至因为自己的母亲建议他让一群被困的起义者投降,而对她施以鞭刑。(New York Public Library)

克里斯蒂安·德·韦特将军,图中正是这位战绩辉煌但脾气火爆的布尔人游击队领袖及其手下。布尔人像北美印第安人一样行踪飘忽不定。(The Image Works)

在 1802～1902 年的布尔战争期间，英军士兵以残忍无情而著称，他们创造了"集中营"这个概念。（Granger Collection）

作为一个糟糕的游击队领导人，约翰·布朗对哈珀斯费里发动的袭击是一场灾难。但作为一个"伟大"的恐怖分子，约翰·布朗帮助引发了一场终结奴隶制度的战争。（Granger Collection）

图左 / 刘易斯·梅里尔少校是个顽强的探员,但是他无法给南卡罗来纳约克县的三 K 党成员定罪。(U.S. Army Military History Institute)

图右 / 1894 年,埃米尔·亨利的炸弹在巴黎的终点站咖啡馆爆炸的瞬间。无政府主义者是第一批跨国恐怖组织之一,被他们刺杀的人包括政治领袖以及普通的"资本家"一类的人。
(The Image Works)

白人至上主义者通过恐吓被解放黑奴以及共和党拥护者的行动(该图名为《三 K 党来访》,由弗兰克·贝柳发表于 1872 年 2 月 24 日的《哈珀周刊》),摧毁了美国重建的承诺。
(New York Public Library)

图左 / 迈克尔·科林斯,1919 ~ 1921 年独立战争中爱尔兰共和派事业的卓越策划人。有人说他"充满迷人的魅力,但也是个危险分子"。(The Image Works)

图右 / 1914 年,弗朗茨·斐迪南大公在萨拉热窝遇刺。这是历史上影响最大的一次恐怖行动,因为其引发了第一次世界大战。
(The Image Works)

被流放到西伯利亚的俄国民粹主义分子。尽管沙俄以统治残酷著称,但其警察的规模很小而且力量很弱,使得极端的恐怖分子能够造成严重破坏。
(The Image Works)

图左 / T.E. 劳伦斯,照片中正是"阿拉伯的劳伦斯"的经典形象。尽管他只在 1916～1918 年担任阿拉伯游击队的顾问和领导,但他最终成为世上最具影响力的游击战争实践者和理论家之一。(The Image Works)

图右 / 奥德·温盖特,劳伦斯的远亲,也是二战中最像劳伦斯的人。这个人有个古怪的毛病,就是喜欢赤身裸体地接待来访者,同时还用毛刷刷着私密部位。他曾在巴勒斯坦、阿比西尼亚和缅甸转战。(AP)

1943 年,温盖特的钦迪特部队在缅甸渡河。他们在执行"深入敌后"的任务时,在通过无线电呼叫空中支援的开创性过程中付出了惨重代价。
(Imperial War Museum)

图左/1945年，武元甲（左）和胡志明合影，当时他们与法国人、美国人和南越人的漫长战争才刚刚开始。世上再没有哪一个人像他们这样成功地实践了毛泽东的革命理论。（AP）

图右/1954年，抵达奠边府的援兵。法国指挥官根本没想到武元甲会集中炮兵来围攻他们的野战工事。（The Image Works）

1952年，在马来亚的杰拉尔德·坦普勒。他成功地使用恩威并施的手段赢得了"人心与思想"。（The Image Works）

绰号"布鲁诺"的马塞尔·比雅尔，1956年时为上校军衔，这位传奇的法国军官和德国人、越南人以及阿尔及利亚人战斗过。即使在奠边府战败投降也未能熄灭他求战的渴望。（Granger Collection）

在阿尔及尔土著聚居的卡斯巴哈巡逻的法军士兵。他们摧毁了抵抗组织的基层组织,但他们残忍的手段最终适得其反。
(Granger Collection)

"文静的美国人"爱德华·兰斯代尔(左)和拉蒙·麦格赛赛。这两个人携手在菲律宾击败了虎克叛乱(1946～1954年)。
(Hoover Institution)

约翰逊总统授权威廉·威斯特摩兰将军(右)在南越展开地面作战。不幸的是,这位二战老兵并不理解如何打一场反游击战。
(The Image Works)

1965年，美军部队正在稻田中蹒跚前进。大规模的"搜索并歼灭"任务浪费了美军的资源，最终也未能摧毁神出鬼没的越共。（The Image Works）

兰斯代尔后来帮助吴庭艳建立了南越。（The Image Works）

1972年，"黑九月"恐怖分子在德国慕尼黑奥林匹克村劫持了以色列运动员——这是2001年以前最著名的恐怖袭击事件。这一事件表明阿拉法特习惯用空壳组织来掩饰自己的行动。
（The Image Works）

1969年的阿拉法特，绿色制服和头巾已经成为他的标志。阿拉法特很善于把军事失败转化成宣传上的胜利——风格对物质的胜利。（The Image Works）

1961年，菲德尔·卡斯特罗（左）和切·格瓦拉。尽管手头兵力不多，但他们还是掀起了一场杰出的战役，成功夺取古巴政权。然而此后的切·格瓦拉却是一再失败。（The Image Works）

艾哈迈德·沙阿·马苏德（右）是20世纪80年代与苏军作战的阿富汗圣战者领导人中最老练也最温和的人之一。
（The Image Works）

1988年，苏军撤离阿富汗。阿富汗被称为"帝国坟场"，但只有苏联帝国是在阿富汗战争后被彻底摧毁的。（The Image Works）

1983年，贝鲁特被炸毁的美国海军陆战队军营废墟。这次致命的自杀式炸弹袭击标志着得到伊朗支持的真主党成为一个新的威胁。（The Image Works）

2006年，真主党武装分子在悼念伊迈德·穆格尼耶，他一手策划了袭击美国海军陆战队军营的行动和无数其他恐怖行动。而穆格尼耶恰好也死在了自己钟爱的武器——汽车炸弹——上。（AP）

奥萨马·本·拉登，曾经是一位羞涩的沙特阿拉伯少年，最终成为世界上最声名狼藉的恐怖分子。他相信"媒体战"占整个战斗的90%。（The Image Works）

2007年，彼得雷乌斯将军在伊拉克。他复活了古老的反游击战原则，成功逆转了伊拉克每况愈下的不利局面。（作者供图）

2008年，在拜伊吉（Bayji）的"伊拉克之子"成员。逊尼派民兵的崛起，以及美军的增兵和战术变化，大大削弱了"基地"组织伊拉克分支和其他恐怖组织的势力。（作者供图）

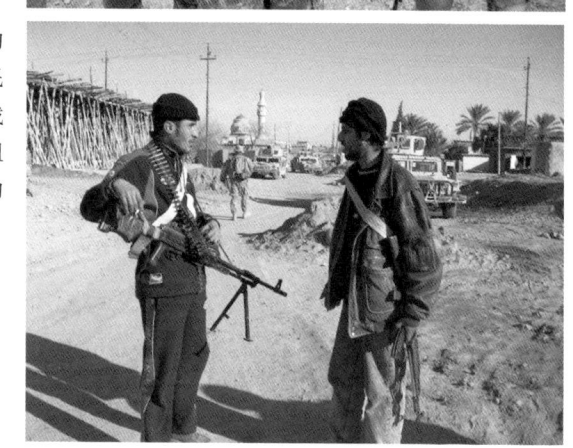

2011年，海军陆战队中校丹尼尔·施密特在阿富汗的马尔贾和当地长老会面。这样的谈判在任何反游击战争中都是重要的组成部分。（作者供图）

援助对游击战取得成功的重要性。在低烈度冲突中，外部援助比其他所有因素的影响更大。的确有某些游击武装领导人，诸如海地的杜桑·卢维杜尔、爱尔兰的迈克尔·科林斯和古巴的菲德尔·卡斯特罗，他们在成功过程中并未获得大量的外部援助，不过这几个是特例，不具备普遍性。更普遍的例子是美国的爱国者、西班牙的游击队、希腊的游击队、古巴和菲律宾的叛军、一战中的阿拉伯非正规军、南斯拉夫的游击队、法国的马基抵抗组织和其他得到了大量外部援助的起义者——同样也有中国共产党人。[56]

* * *

具有讽刺意味的是，在中共夺取政权的过程中，日本的影响最大，尽管日本人并不同情共产主义（日本共产党成立于1922年，但很快就被宣布为非法组织，到1945年以前都不得不在地下活动）。从1931年日本占领中国东北地区开始，到1937年中日战争全面爆发后，中国大多数主要城市和海岸线均被日军控制，给毛泽东的劲敌国民党政权以沉重打击。为了应对日本人的侵略，毛泽东和蒋介石被迫暂时和解。斯大林希望中国组成反法西斯统一战线，因此向毛泽东施加了不少压力；而中国的爱国军阀绑架了蒋介石，迫使后者同意共同抗日后才将其释放。1937年发生了惨绝人寰的南京大屠杀，在这一年，中国工农红军大部改编为八路军，从而在名义上接受国民党政府指挥。

国共合作让中共方面得到了喘息的机会，蒋介石把主要军队都投入到对日作战行动之中。1931～1945年，至少300万中国军人在战争中阵亡，同时还有1800万平民死亡。牺牲的中国军人90%以上都来自国民党军队。[57]这并不是说中共军队拒绝联合抗日，而是毛泽东不倾向于展开伤亡惨重的作战行动（比如1940年的百团大战），尽量避免对装备精良、训练有素而且纪律严明的日本军队发动大规模攻击。他们更喜欢在侵略者统治薄弱的乡村地区开辟红色根据地，同时袭击日军补给线。在国民党军队伤亡惨重的同时，中共军队则在迅速壮大。

共产党武装力量在抗战爆发以后越来越强。1937年，红军只有区区4万人，到1947年更名为人民解放军时，兵力将近有100万。即使如此，中共军队兵力仍然不如国民党军队，后者兵力达到350万，而且装备着美国提供的坦克和飞机。[58]蒋介石军队在美国的帮助下接管了许多日占区。到1946年内战爆发时，蒋军控制着中国80%的土地和几乎所有主要城市。[59]他们甚至一度占领了共产党政权的首府延安，毛泽东及其他共产党高层领导人不得不在国民党军队的进攻前撤离。

当时唯一不在蒋介石掌控之下的重要地区就是东北，东北处于苏军控制之下。1946年苏军撤离时，将大批缴获的武器交给了中国同志。此后苏联人更是用火车运来了更多的物资，抵消了蒋介石获得美国援助的优势，同时他们也提供了一批火炮和装甲车，促进了中共军队向正规化的转变。

1946年，蒋介石投入50万最精锐的部队企图夺取东北。国民党军队最初的闪击战频频得手，但他们在距离哈尔滨不远的地方停了下来，部分原因是美国特使乔治·马歇尔迫使蒋介石达成了停火协议，前者希望在中国组成国共两党联合政府。[60]国民党军队最初的快速推进拉长了自己的补给线，其留下的缺口最终在1947年遭到了中共军队的毁灭性反击。当时中共军队的指挥官是才华横溢的林彪，他毕业于黄埔军校，并且参加过北伐和长征。而在中国的其他地方，毛泽东继续提倡展开"人民战争"，逐渐积聚力量包围国民党军队控制的城市，并且城市里还有共产党的地下组织作为内应。然而，和毛泽东的预期相反的是，决定战争结局的是高强度的正规军战斗，而不是游击队的行动。

国民党的腐败无能，加上人民在抗日战争中饱受摧残，中共开展工作变得更加容易。越发严重的失业、苛捐杂税和恶性通货膨胀进一步动摇了蒋介石的统治基础。由于领不到薪水，许多国民党官员开始贪污，这进一步引发了民众的不满——后来在南越、伊拉克和阿富汗也出现了类似的问题，无处不在的腐败大大影响了美国主导的反游击战。蒋介石意识到了这些问题，但无力解决。蒋介石是个独裁者，但又是个无能的独裁者，甚至连他自己的军队都无法做到令行禁止、通力合作。蒋介石抱怨自己的将领们既不听他的命令，也不能精诚团结。他承认自己的政权已经彻底"腐化堕落"。[61]

毫无疑问，毛泽东时期的中国更适合进行战争动员和协调，不服从命令的人会遭到严厉惩罚。蒋介石无法在国民党中灌输这种观念，而这对他的政权造成了致命的影响。

随着国民党军队 1947～1948 年在东北吃了败仗，国民政府的崩溃速度甚至连毛泽东都感到吃惊。[62]部分国民党军队奋战到了最后时刻，但是大多数部队则纷纷投降或起义。随着中共胜利的可能性越来越大，许多中间派纷纷倒戈。1949 年，中共军队进入北平，蒋介石最后不得不逃往台湾。

* * *

被称为伟大舵手的毛泽东对许多其他国家的革命者，尤其是亚洲国家的革命者带来了鼓舞和帮助。

在朝鲜，金日成得到了毛泽东和斯大林的勉强同意，于1950年发动大规模武力统一的战争，而此前朝鲜就试图在南方展开游击战。但这次战争结果事与愿违，为了挽救朝鲜政权，中国提供了包括派遣100万"志愿军"在内的诸多帮助。

越南共产党人则更低调，相对也更弱小。他们决定使用游击战术削弱法国人，越南人自始至终都坚定地遵从毛泽东的理论指导，有朝一日他们也会用正规军来赢得"人民战争"。这一天的到来比所有人预想的都要快。

45
在奠边府告别

印度支那战争，公元 1945～1954 年

1953年11月20日上午10点30分，位于越南西北部靠近老挝边境的芒清（Muong Thanh）村，薄雾刚刚散去。这个村庄位于楠云（Nam Yum）河河谷，这条河谷长11英里、宽5英里，被楠云河一分为二。河谷周围围绕着海拔6000英尺"郁郁葱葱的群山"。大山里生活着以种植罂粟、贩卖鸦片为生的苗族部落，河谷中住着从事农耕的傣族人，他们居住在"由粗壮的竹子搭建并覆以树叶的高脚楼里"。这些人在这里平静地生活，用短镰刀收割水稻，同时还养着"咯咯叫的家禽和呼噜呼噜哼唧的小黑猪"。驻扎在当地的越南独立同盟会（Vietminh，简称越盟）军队此时正在进行实地演练。他们在一条废弃的机场跑道边架起了迫击炮和机枪，但随后发现空中飞来了一架双引擎飞机。后来有个农民回忆说这架飞机"穿过云层，后边留下点点白点，好像撒棉花种子一样。但后来这些白点打开了，我们发现那是伞兵"。

空中飞来的是美制C-47飞机，9年以前钦迪特部队的士兵们也是乘坐着同一型号的飞机钻进缅甸的丛林。随着一阵阵"跳！跳！跳！"的口令，法军两个最精锐的伞兵营士兵纷纷跳出了飞机。其中一个营的空降地点太靠南了，所以控制芒清

周边的任务只能由第6殖民地伞兵营完成。该营共有621人——大多数是法国人,不过还有200名越南人,营长为马塞尔·比雅尔(Marcel Bigeard)少校。他当时只有37岁,但已经是一个传奇人物——此人堪称现代骑士,毫无畏惧同时斗志昂扬,能让人联想起历史上的勇士,诸如沙米尔、乔治·阿姆斯特朗·卡斯特和奥德·温盖特。几乎所有在印度支那的人都了解比雅尔少校"高耸的前额、淡黄色的短发、猛禽般的外形,以及令人难以接近的个性"——他留下了卓越的战斗记录,比雅尔出身既非圣西尔军校也非战争学院,他最终能晋升为四星上将就是因为战功卓著。

比雅尔1916年出生在一个铁路工人家庭,14岁就辍学进入银行工作,1936年参军成为一名普通士兵,1940年在马其诺防线被俘时还是一名准尉。第二年,在两次越狱失败之后,比雅尔终于逃出了12A德军战俘营,并辗转来到法属西非参加自由法国组织。1944年,比雅尔化名布鲁诺——此后这个名字成为他终生的绰号——伞降回到法国,与抵抗运动共事并协助盟军的反攻行动,他因此荣获法国荣誉军团勋章和英国战时优异服务勋章。

1945年,比雅尔上尉首次来到印度支那。1953年,比雅尔第三次来到印度支那,而此前他已经有好几次差点被派到这里。1952年,印度支那局势开始恶化。比雅尔和部下空降到北部高原的思黎(Tu-Lê)村,以阻击越盟的攻势并接应该地区的法军撤退。比雅尔的营被敌军一个师包围,他们不得不杀开一条血路,抬着伤员在丛林间昼夜兼程。整支法军部队几乎在路上被全歼,但比雅尔和少数幸存者仍然设法从兵力十倍于己的敌军包围中冲了出来。

虽然遭到挫败，但比雅尔旺盛的斗志并未熄灭。比雅尔是个性格高傲、爱慕虚荣的伞兵军官，他仍然一如既往地在战斗中不带武器，而且身先士卒地指挥"比雅尔营"投入战斗。比雅尔说："只要有可能，就要把它做好。"但假如不可能呢？我们也会"全力以赴"。

法军在芒清的行动应该说是比较有把握的，几乎可以说是比较稳妥的，但意料之外的情况是空降地域的越军比法军预料的多。该营军医在伞降过程中意外被流弹击中头部身亡。许多伞兵空降的地域很散乱，大多数无线电设备也摔坏了，但比雅尔成功地把部队集结起来。比雅尔藏身在大象草之中，头上到处是嗖嗖飞过的流弹，他成功把伞兵召集起来，对越盟发起了一次进攻；越军打得很顽强，成功地掩护了团指挥部撤退。比雅尔甚至还和盘旋在空中的 B-26 轰炸机取得了联系。在得到空中掩护和下午联系上的另一个伞兵营的帮助之后，比雅尔在黄昏时分控制住了战场。法军仅损失 15 人，而越军则损失了 100 多人。

这次战斗将是法军在这条河谷中赢得的为数不多的几次战斗之一，法国人很快将会咒骂这个地方：奠边府。[63]

* * *

到 1953 年时，法国远东远征军为了夺回印度支那已经和越盟打了七年多。越盟表面上是民族主义者的联盟，但实际是共产党组织，他们的领导人是颇具人格魅力的胡志明。正如毛泽东抓住抗日战争的时机发展一样，胡志明也是如此。1940年，日军占领了印度支那。法国维希政权一直存在到 1945 年，但从 1941 年开始，其对殖民地的控制力就逐步减弱了，胡志明及其追随者借机从中国越境潜入越南北部。这是 30 年来他

第一次回到自己的祖国生活。

阮必成（Nguyen Tat Thanh）1890年出生于越南中部的一个贫穷的儒生家庭，"胡志明"不过是他使用过的众多化名中的一个。胡志明由于参加反法活动被学校开除，1911年离开越南，在一艘轮船上当了一名地位低下的厨师助理。在周游世界之后，胡志明来到法国，一边当仆人，一边进行反殖民活动。1920年，他出席了法国共产党的成立大会。三年以后胡志明来到莫斯科，在共产国际远东局作为"殖民地代表"参与相关工作。胡志明在此后20年将一直作为共产国际代表。利用这重身份，胡志明于1930年在香港帮助创建了印度支那共产党，他也因此在英国人的监狱里待了一年半。

根据一位传记作者的描述，胡志明尽管是一个"老练的斯大林主义者"，却给人一种"直率……谦和""善良质朴"的形象，最终甚至为他赢得了"胡伯伯"的称号。胡志明和毛泽东不太一样，作为越南的领导人，他居住在乡村小屋中充当官邸，他偶尔住在豪华酒店时也睡在地板上（如今胡志明的遗体经过处理后躺在宏伟的陵寝中——而这可能正是他厌恶的东西）。不过相比1941年胡志明第一次返回越南，居住在北坡（Pac Bo）地区阴冷潮湿的洞穴里的情况，此时的居住条件已经有了很大改善。胡志明身材瘦弱，甚至可以说是虚弱——用一个来访者的话说就是"一个干瘪的老头"——胡志明留着一缕白色的山羊胡子，使他有一种学者风范，但胡志明其实是个特别能吃苦的人。

胡志明和一小批追随者着手在距离中国边境不远的北坡开辟游击根据地和组织游击队，这支游击队最终发展成越南人民军。1942年，胡志明返回中国希望得到更多的援助，但他这次却被国民政府逮捕坐了18个月的牢。胡志明出狱后和战略情报局建立了联系，该机构同意派一支小分队去协助他展开抗日活动。美国人为胡志明提供了武器和训练，更重要的是治好了他的疟疾和痢疾。不过，美国人这也是给自己未来的敌手捡回了一条命。

双方在战争中的合作催生出一种说法，即如果不是美国在冷战中过于偏执而将胡志明一脚踢开，胡志明本可能成为美国的盟友。战略情报局对胡志明特别感兴趣，一份报告声称胡是位"坚定的民主主义者"，他"坚决地认为应该遵循美国的方式来发展本国经济"。而事实上，他在本质上和毛泽东相似，埃德加·斯诺出于对后者的喜爱也对其抱有类似的希望，胡志明既是一个共产主义者，同时也是个民族主义者。他只是利用美国的资源来分化"资本主义阵营"，同时建立了一个属于"社会主义阵营"的一党制国家。1945年9月2日，胡志明在刚刚摆脱日本占领的首都河内，身着毛式上衣，脚穿橡胶凉鞋，引用美国《独立宣言》中的字句，在一片红旗飞舞的壮观景象中宣布越南民主共和国（俗称北越）成立。[64]

随后越南民主共和国通过选举组建了联合政府，但共产党人控制了所有核心部门，胡志明本人成为国家主席兼外交部部长。不久之后，非共产党政治人物纷纷被秘密警察杀害或逮捕，中央情报局的报告声称河内"弥漫着恐怖的气氛"。[65]

盟军接受日军投降的行动使越盟巩固政权的努力遭到了惨败——中国军队从北部进入越南，英军则是从南部进入。不久之后，法国也开始寻求重建自己的殖民帝国。1945年，英法军队联手将越盟赶出了西贡。1946年11月23日，在向越盟下达了要求其全部撤出原殖民地港口海防的通牒之后，法军指挥官命令军舰、飞机和大炮向该城开火，造成数以千计的平民伤亡。12月19日，越盟在河内发动起义，但法军已经有所准备，将起义军赶出了河内。随后，法军控制住了越南的主要城市，但拥有2400万人口的大片乡村却让法军鞭长莫及。[66]越盟领导人撤退到难以通行的越南北部地区，即所谓的越北地区（Viet Bac），该地山峦起伏、丛林密布，越盟在这里建立了训练营、军营、学校，甚至还有简陋的兵工厂。

直到1947年10月7日以后，法军才对越北地区发动大规模进攻。法军发起了"利行动"（Operation Lea），空投了1137名伞兵，同时动用机械化部队直扑越盟总部，企图将越盟领导人一网打尽。胡志明仅以身免，法军装甲部队在遍布沼泽的狭窄山路中举步维艰，同时越盟四处砍伐树木、埋设地雷、炸毁桥梁并挖掘路障。一个月之后攻势停止，法军一无所获地退回进攻出发地：这一幕将在此后的数年中反复上演。[67]

胡志明在1946年曾经对一位美国记者讲述自己的战略。他知道法军在装备上占据优势，但胡志明说："我们有一种武器，威力堪比最现代化的大炮：民族主义！"他把接下来要爆发的战争形容为"老虎和大象之间的战争"："如果老虎静止不动，那么大象能把它踩扁。但老虎可不会纹丝不动，它会在丛林中昼伏夜出。它会从大象背后突然扑出来，从大象身上撕下一块肉然后再躲回去。慢慢地，大象就会因为失血过多而死去。"[68]

这是一个异乎寻常准确的预言。

*　　*　　*

胡志明手下的大象杀手就是武元甲（Vo Nguyen Giap），此人注定要以一流军事战略家的身份在历史上留下自己的名字。武元甲生于1911年,尽管比胡志明小了21岁,但两个人的经历却非常相似,这也是为什么1940年两人在中国一见如故。和毛泽东或铁托不同,胡志明和武元甲都不是农民,两个人都出身于穷困潦倒却又受人尊敬的小知识分子家庭。两人甚至都是因为参加反法活动而被同一所高中开除,他们的校友中还有两人未来的死敌吴庭艳(Ngo Dinh Diem)。胡志明于1908年被开除,武元甲于1927年被开除。但和胡志明不同的是,武元甲留在了越南,在坐了两年牢以后仍努力完成了自己的学业。

武元甲于1937年获得法学学位,同年他加入了共产党,然后找了一份历史老师的工作,同时出版反法报纸。1940年,武元甲为了逃脱追捕被迫流亡中国,他把自己的妻子和小姨子留在了越南,这两位共产党员被法国人逮捕后折磨致死。而武元甲的父亲也在1947年遭受了同样的命运。胡志明的前妻也死在法国人的监狱里。基于这种原因,尽管胡志明和武元甲是越南人中会说法语的精英,但他俩都非常痛恨殖民统治。

胡志明对武元甲这位晚辈的睿智和果断相当青睐,因此武元甲虽然未受过正规的军事训练,但仍然被委以掌管军事业务的重任。武元甲后来说:"我唯一上过的大学就是丛林军校。"和T. E. 劳伦斯一样——武元甲经常引用劳伦斯的著作作为自己的"战斗圣经"——他也是个完全凭借天赋自学成才的军人。武元甲最崇拜的人是拿破仑,对他指挥的全部战役烂熟于心。同时,武元甲对越南古代那些抵抗中国和蒙古入侵的英雄事迹也了然于胸。但对武元甲影响最大的可能还要算毛泽东,毛泽东利用自己的那套理论取得了内战的胜利,而武元甲则效仿毛泽东,依靠这套战略击败了一个又一个外国侵略者。尽管与在越南的法国或美国侵略者相比，与毛泽东对抗的国民党政权在合法性和基层控制力上略强，但武元甲的敌人能够动用的资源和军事力量要占据绝对优势。因此，相比在国内战争中取得胜利的毛泽东和他手下的将帅，武元甲面对的挑战更艰巨。[69]

和毛泽东类似，武元甲也把战争分成了三个阶段——首先是"局部游击战"，然后是"运动战"，最后是"总起义"[70]——而要进行这场战争需要三个级别的武装：正规军，作为正规军补充的脱产地方武装，以及数量更大的不脱产民兵，他们有时候也会进行破坏行动，但更重要的作用是提供情报和后勤支持。胡志明和武元甲同时也是毛泽东战术信条的信徒，他们派出干部去农村地区动员群众，并要求其不要"高高在上"，而是要和群众打成一片，甚至要帮助农民收割农作物。[71]在赢得了大多数农民的支持后，越盟的下乡干部就开始清算"通敌分子"和"地主阶级"。这些人的土地被分配给赤贫农民，然后这些农民要向越盟缴纳公粮并应征入伍。

* * *

越盟的动员相当有效，但天主教徒或信奉高台教（Cao Dai）与和好教（Hoa Hao）的教徒则是例外，其中天主教徒约占越南总人口的10%。其他一些居住在山地的少数民族，如傣族和苗族也不服从越盟的统治。诸如罗歇·特兰基耶（Roger Trinquier）少校这样果敢大胆的法军情报军官，将大约15000名山地少数民族成员编入了反越盟的非正规部队，利用游击战术打击越盟，而罗歇·特兰基耶后来也成为颇具影响力的反游击战理论家。法国人同时还跟西贡的黑社会组织平川派

(Binh Xuyen)结成了同盟。[72]

但大多数越南人对殖民统治都毫无好感,这也是法国在这场战争中的致命弱点。1949年,法国给予越南、柬埔寨和老挝以名义独立,让其作为"法兰西联邦"的"联系国",实际上法国人仍然牢牢控制权柄。同时,法国还得到了美国的大力援助:到1954年时,每个月都有超过3万吨物资运抵越南,包括从轰炸机、炸弹到钢盔和防弹背心在内的各种装备。[73] 不过,法国人断然拒绝了美国人关于让越南完全独立的建议,这可能是唯一能赢得越南非亲共人士支持的办法。

法军的战术也让局势更加恶化。一名在法国外籍军团服役的英国军人回忆说:"对无辜农民和村庄的奸淫烧杀、严刑拷打屡见不鲜。"他手下的士兵有许多是没有参加过二战的德国青年,这些德国人经常自吹自擂:"他们手里有多少人命或奸淫过多少妇女,或者是用何种手段拷打平民,或者是劫掠了多少金银细软诸如此类。"法军在当地征发的民夫,往往是地痞无赖或越盟的逃兵,这些逃兵的"脑袋赏格很高",而且更糟糕的是,他们"因为屡屡偷鸡摸狗、敲诈勒索,当地农民对他们又恨又怕"。[74]

法军在遭到袭击以后的报复手段非常残忍。一名法国老伞兵就回忆说,1946年一支法军部队在越南南部盛产稻米的湄公河三角洲行动,遭到冷枪袭击:"在重新开始行军以前,士兵们放火点燃了村庄。一根火柴就能点着屋顶的茅草。而那些农民逃跑后无人看管的水牛则纷纷被子弹打倒"。[75] 一名越南作家记述道,对那些农民来说,损失掉"这些重要的牲畜",意味着"失去生计"。[76]

受人尊敬的印度支那专家、法裔美国作家贝尔纳·B. 法尔

(Bernard B. Fall) 在他的《没有欢乐的走廊》(Street without Joy) 一书中，回忆了1953年乘坐C-119运输机遭到地面高炮火力射击的场景。法尔通过对讲机能听到两名护航的战斗机飞行员的对话，他们当时正扑向地面的一个村庄并准备扫射：

"什么都他妈看不见。你能看见什么？"

"我也是什么都看不见，不过咱们可以给他们点颜色瞧瞧。"

两架战斗机俯冲下去，脱离后突然升起巨大的黑烟。他们投掷的是凝固汽油弹，这是二战中最可怕的发明之一。凝固汽油弹起到的是传统燃烧弹的作用，但其威力更大，能把任何沾上的东西都烧成灰烬。

"啊哈，看看，这些杂种们跑出来啦？"

村庄已经一片火海。两架战斗机俯冲下去用机关枪反复扫射。随着我们乘坐的飞机转向，黑烟已经冲到了和我们同样的高度。一个村子就这么被夷平了——而我们甚至都不知道这个村子是不是亲共的村子。[77]

要是在这通无缘无故的空袭之前这个村子并不倾向越共的话，那他们以后也会向越共靠拢了。

当然，越共的行径也比较野蛮，被俘的法军士兵"被钉在竹桩上，睾丸被割下来塞在嘴里"。[78]但是，越共报复的对象一般确实是他们的敌人，而法国人往往不分敌我一通乱杀。一名越南共产党高层领导写道："我们要感谢法国人，在他们的帮助下'越盟融入了越南人民'。"[79]

这样的结果就是越盟很容易就找到"乐于提供……极有

价值的情报"[80]的密探——或者是自愿为此作战的战士,但为这些人提供训练和武器其实更难——直到中国共产党取得胜利。1949年以后,越盟开始获得来自中国的训练、武器和顾问,其中包括毛泽东手下最能征惯战的将领。这加速了越盟武装从乌合之众的游击队向正规军的转变,虽然最初没有飞机或坦克,但总算有了大炮——而仅仅几年前中国人民解放军才在苏联的帮助下完成了同样的转变。[81]

* * *

武元甲利用这些新锐部队,在1950年秋天发动了攻势,意图肃清靠近中越边境沿4号公路零散部署的法军据点。法军试图撤出高平(Caobang)据点的守军,但撤出来的守军和增援部队都被越军歼灭了,法军损失了4500人,而缴获的装备也足够武装越盟一个师。

随着河内以北地区尽在掌握,武元甲开始沾沾自喜起来。武元甲可能算得上20世纪最成功的游击战指挥官之一——败在此人手下的是一个强国和一个超级大国——但他犯下的错误也是灾难性的。最著名的就是1968年的春节攻势,这场攻势虽然在军事上失败了,在政治上却是个胜利。但在1951年年初,武元甲还没有发动一场旨在迅速结束战争的攻势的可能。他的目标是红河三角洲,越南北部的经济和人口中心。

阻止武元甲的重担落在了让·德·拉特尔·德·塔西尼(Jean de Lattre de Tassigny)将军的肩上,此人性格专横、要求苛刻,曾经在利奥泰将军手下服役于摩洛哥,被美国媒体冠以"法国的麦克阿瑟"称号。[82]塔西尼宣称"我们将寸土不让",[83]重振了法国远征军的低迷士气并击退了越盟的进攻。在平坦开阔的湄公河三角洲,越南游击队被美国人最新提供的凝固汽油弹烧成灰烬,其温度可达1800华氏度——这为美军于20世纪60年代在越南使用很多可怕的化学武器开了头。一名越盟军官回忆说:"巨大的蛋形炸弹播撒的是地狱……在其布洒的火流之下人们无所遁形,烈火蔓延到四面八方,所过之处一切皆化为灰烬。"[84]

到1951年夏天武元甲取消攻势的时候,越军已经承受了超过2万人伤亡的代价。越南人不得不重新捡起游击战术,在春节攻势之后他们也被迫做了同样的调整。而法军未能做好准备以应对随之而来的变化,原因是他们已经力不从心了。

1953年,法国远征军总共有22.8万名军人和辅助人员,其中只有5.2万法国人。在其他国家的人员里,越南人最多,总共7万人,还有4.8万名北非和西非人,外籍军团有1.9万人,其中60%是德国人(和传说中的说法相反的是,其中没有前纳粹成员:外籍军团的官方政策是不允许前党卫军成员加入)。保大皇帝指挥下的越南国军还有16万名军人和辅助人员,但大多数疏于训练,而且无心为殖民政权卖命。法军和越南伪军在正规兵力上仍然超过越盟,后者拥有25万人的正规军和地方武装,以及200万人的地方民兵,但是法军的大部分有生力量都被束缚在据点中。在封锁红河三角洲的"德·拉特尔防线"(De Lattre Line)上总共有大大小小900多个据点,兵力为8.2万人,而能够用于清剿根据地或阻止共产党干部在乡村扩张势力的机动兵力则少得可怜。[85]根据法国军方的估计,1953年法军控制的区域仅为整个越南的25%,[86]甚至出了西贡几英里的地方在夜间也不安全。[87]

武元甲自吹自擂道:"我们的游击队和地方政权已经扩展到敌军据点的枪口之下了。"[88]这并非言过其实。一名1953年年初在红河三角洲采访的美国《新闻周刊》的记者就曾报道,法军据点几乎每晚都会遭到袭击。法军每天早上都得去公路上排雷,而扫雷行动中遭受的伤亡占总减员的60%。这篇文章写道,"白天由法国人统治,晚上则是共产党的天下",神出鬼没的游击队藏身于地道之中,"在法国人离开后半个小时之内又冒了出来",让法军更难以抓住他们。[89]

法军准确地意识到他们无法把游击队赶出乡村,所以法军指挥官千方百计地吸引越盟和自己展开常规战争,从而发挥法军的火力优势。这种意图于1953年催生出了决定越南战争走向的卡斯托行动(Operation Castor)计划,即在距离河内180英里的奠边府建立一个据点,而想要抵达那里只能通过空运。法军宿将亨利-尤金·纳瓦尔(Henri-Eugène Navarre)中将希望以此建立一个效仿钦迪特部队的"空地一体"据点,一方面阻止共产党向老挝渗透,另一方面能够控制鸦片产地,这在当时对双方来说都是有利可图的买卖。[90]

根据纳瓦尔的估计,武元甲别无选择,只能强攻这个"刺猬"(Hedgehog)阵地,即使必然会让越军在河谷中遭到大屠杀。纳瓦尔无法想象越军能够具备火力优势,因为他认为越军无法穿越数百英里"无法通行"的丛林来转移火炮。[91]但事实是越南人确实做到了。

* * *

武元甲在1953年11月底得到法军在奠边府构筑工事的情报之后,立即开始着手集结部队。最终,在奠边府周边的高地上,武元甲集结了手头6个正规师中的4个,总计约5万名作战士兵和5万名后勤保障人员。转运他们的武器装备和后勤物资是一项英雄式的壮举,在现代军事史上少有什么伟业能与之比肩，越盟为此动员了成千上万的农民。越南人在丛林中开辟道路，以便拖曳重型装备的苏制莫洛托夫牵引车（Molotova trucks）能够行驶。但是，大多数后勤物资的运输还是依靠武元甲口中"望不到边的人力运输链条"，他们要么是手推着"独轮车"，要么是肩扛竹制扁担。

越南人把大炮拆成零件，利用夜间拉到奠边府周边的高地上，他们在这些高地上设置了经过精心伪装的炮兵阵地。一名越盟军人回忆说："为了翻过一道斜坡，几百个人跑到大炮前面，用绳子把大炮一寸一寸往上拽……借助火光，一晚上能把一门炮拉上去500米或1000米。"如果一门大炮有滑下山谷的危险，越南士兵就会把自己的身体垫到炮轮下边。正是这样的英勇行为让越南人在奠边府周围布置了206门野战炮和迫击炮，包括105毫米榴弹炮和37毫米高射炮。

在越军紧锣密鼓地准备的同时，法军却几乎无动于衷。尽管他们对即将面临的灾难毫无概念，他们还是在指挥官上校克里斯蒂安·德·卡斯特里（Christian de Castries，后来很快被提拔为准将）的指挥下疯狂地抢筑工事，卡斯特里几乎每天都头戴红色平顶帽，手持短马鞭。卡斯特里出身骑兵，曾是世界跳高冠军，他曾说他最大的梦想就是"有马可骑，有敌可杀，有妞可泡"。有个坊间传闻说是，卡斯特里用自己以前和现在的情人的名字来命名奠边府周边低矮丘陵上的法军据点，不过更大的可能是卡斯特里随意以女性姓名的字母排序来命名各个据点。

围绕在机场跑道和指挥部地堡周边的是多米尼克（Dominique）、艾琳（Eliane）、于盖特（Huguette）和克劳汀（Claudine）四个地堡群。往北边的是比阿特丽丝（Beatrice）、安妮-玛丽（Anne-Marie）和加布里埃尔（Gabrielle）地堡群。每个"防御核心"都由几个较小的前哨站（如艾琳1、2、3、4号地堡）组成，各前哨站可以形成交叉火力，并且均布置有铁丝网和地雷。往南3英里有保护机场跑道的伊莎贝尔（Isabelle）地堡群——该地堡群距离其他工事很远，因此无法支援友军。法军在由战俘组成的劳工的帮助下竭尽全力挖掘战壕，修筑工事，但由于缺乏足够的工兵和建筑材料，因此不是所有掩体都能承受大规模炮击。

法军的火力骨干主要包括24门105毫米火炮和4门155毫米榴弹炮，后者可以将95磅重创炮弹射到10英里开外的地方。越盟手中没有能和155毫米榴弹炮相比肩的武器，但其火炮数量是法军的2~3倍。

据守奠边府防御阵地的法军总共有10813人，在被围之初得到增援后兵力增加为15090人，其中大多数为志愿空投到奠边府的士兵。在战斗中，守军每天要消耗180吨物资，而这些物资也要通过空运，其中包括葡萄酒和奶酪。法军甚至还空运了两个移动战地妓院（Mobile Field Brothels），这个"最为重要的娱乐场所"由越南和非洲妓女组成。相比之下，武元甲在奠边府以北12公里的前沿指挥所里过着斯巴达式的清苦生活，他睡在草垫子上，每餐只有米饭和少量的肉或鱼。

当然，也有少数法军军官，比如身体健壮的比雅尔，像武元甲一样生活节制。访问者称比雅尔的饮食除了"一小片火腿和一小块煮土豆"之外就是"清茶一杯"，而大多数生活奢靡的法军军官，每天的饮食都是各种佳肴配上种类繁多的葡萄酒和白兰地。

*　　*　　*

自从法军占领奠边府之后,双方就一直在断断续续地战斗。那些敢跑到铁丝网之外冒险的小部队经常遭到伏击,而铁丝网之内的法国守军也在间歇性的炮击中承受着伤亡。在早期冲突中约有 1000 名士兵,也就是守军的 10% 在战斗中受伤或阵亡。越军的包围于 1954 年 3 月 13 日下午形成。"敌军的炮弹如雨点般不停落下,就好像秋季夜间的冰雹,"一名外籍军团的士官回忆道,"我军的地堡和堑壕一个个接连被炸毁,守军及其武器装备纷纷被埋在下边。"

437 名外籍军团士兵据守的比阿特丽丝地堡群遭到的炮击尤其猛烈。这部分守军的指挥官是朱尔·戈谢(Jules Gaucher)中校,他是外籍军团的传奇人物,从 1940 年起就在印度支那服役。晚上 7 点 30 分,一发炮弹击穿了戈谢的指挥所地堡,炸断了他的胳膊和腿,胸部也被弹片穿透。戈谢不久后就伤重身亡。戈谢手下的多名军官也在战斗中遭遇了同样的命运。剩下的守军由一批士官和低级军官指挥,而越军正通过秘密挖掘的交通壕发起一波又一波的攻势。进攻的先头部队使用爆破筒在铁丝网和雷场之中开辟通道。随后跟上来的部队冒着守军的火力发起疯狂的冲锋。在进攻中,越军一名班长成为传奇人物,他奋不顾身地用身体挡住了地堡中的机枪口,为战友的进攻铺平了道路。外籍军团虽然英勇奋战,但午夜之后一名上尉用无线电报告说:"一切都结束了——越南人已经占领了这里。请向我的阵地开炮。完毕。"

几天之内,越军的炮火射程就封锁了机场跑道。此后法军的增援兵力和后勤物资补给只能通过空投,而空投也是非常危险的——总共有 48 架飞机被击落。缺乏安全的降落跑道意味着伤员也没法疏散出去，救护站到处是遍体鳞伤的伤员，而高温、恶臭、尘土、雨水、泥巴甚至是蛆虫更是增加了伤员的痛苦。一名医生描述伤员们"慢吞吞的呻吟简直就是一首充满悲伤的歌曲"。救护站外边则堆积着大量的残肢——"腐烂的腿、胳膊和手掌，奇形怪状的脚掌，活像一个女巫的大沸锅。"

大批越南、泰国和非洲士兵成了内部的不稳定因素，他们沿着楠云河纷纷逃跑，但伞兵和外籍士兵作为精锐力量士气仍然高昂。比雅尔和他的营在围攻开始后第二次空降到奠边府，4月10日他们发动了准备夺回艾琳1号地堡的英勇行动。大腿肌肉拉伤的比雅尔脚步蹒跚，在艾琳4号地堡的掩蔽所中指挥战斗，这里有8部无线电台，他就好似管弦乐队的指挥。

法军的进攻从早晨6点开始，10分钟的炮击向敌军阵地倾泻了1800发炮弹。炮火一停止，伞兵们立即以散兵队形向山头发起进攻，进攻部队动作非常迅速，绕过了那些零星抵抗的敌军，他们将由后续部队解决。法军用火焰喷射器以"喷射的烈焰"将敌军据守的地堡烧毁，只留下"一阵人肉烧焦的气味"。到下午2点，进攻部队攻上了高地，而此时他们已经伤亡过半，160人的部队损失了77人。比雅尔回忆说："越军士兵全部战斗到最后一个人，无人后退，他们是真正的勇士，而这些士兵都是武元甲训练出来的。"

几个小时之后，2000多名"英勇的战士"卷土重来。这次比雅尔不得不投入了自己仅有的预备队——100多名外籍军团士兵和越南伞兵。外籍军团在行军的时候高唱德国行军歌，越南伞兵唱的则是《马赛曲》。凌晨2点时，在经过数个小时的白刃肉搏之后，堑壕中"尸积如山"，且"臭气冲天"，"被不分敌我的炮火炸聋了耳朵"的越军被迫后撤，留下至少 400 具尸体。艾琳 1 号地堡在此后的 20 天时间里展开了残酷的一战式堑壕战，一个又一个连的守军被打残。

比雅尔苦战之后的惨胜仅仅是延缓了奠边府绞索收紧的速度。那些以女性名字命名的据点一个个易手，就像纯情少女在情人的攻势下被俘获。越军步步推进，从而将炮火的射程逐渐覆盖到守军的核心阵地。到 5 月初时，用历史学家马丁·温德罗（Martin Windrow）的话说，"只剩下一条腿的法军士兵在掩体中操纵机枪，而只有一条胳膊和一只眼睛的战友为他装填弹药"，法军的崩溃已经近在眼前。法国人最后的希望是美国空军亲自上阵进行支援（甚至有传闻说美军要使用原子弹），但艾森豪威尔总统拒绝了法国的要求。1954 年 5 月 7 日，武元甲的部队已经接近了卡斯特里的指挥所，卡斯特里命令部队停止抵抗。傍晚 5 点 50 分，法军核心阵地发出了最后一封电报："我们正在炸毁一切设备，再见"。[92]

* * *

经过 55 天的激战，原有 15090 人的奠边府守军有 10261 人活到了投降的时刻，被俘士兵大都状态很差。由于持续数个礼拜吃不饱饭加上连日苦战，大部分人身体都很虚弱。被俘士兵有超过半数没有在严酷的囚禁中活下来，他们被迫行军超过 500 英里，忍受政治灌输，且得不到西方标准的食物和医疗——当然，公平地说越军自己也达不到这样的标准。在 8 年的印度支那战争中，法军有 9.2 万人死亡，而其仆从国军队也损失了 2.7 万人。越盟的伤亡要大得多，估计仅奠边府一役中就伤亡了 2.5 万人，而整个战争中的损失则是 25 万人。

从理论上说，法国人还能够继续打下去，奠边府损失的兵力只占整个印度支那法军总兵力的3%。同理，在1781年的约克镇围城战之后，英军本也可以继续在北美的战争；或者在1921年，尽管迈克尔·科林斯成功地"致盲"了英国情报部门，英国也有余力继续镇压他们。但被选票选上台的议会制政府如果继续进行不得人心的战争，将很难在选战中取胜。1953年5月，在奠边府尚未陷落时，法国国内的民意调查就已显示，只有15%的民众认为应该继续进行印度支那战争。[93]这场战争不得人心的部分原因是耗资巨大：它消耗了法国国防预算的1/3。[94]对于一个精疲力竭、民心厌战的国家来说，奠边府之战成了最后一根稻草。这场战役给法国人造成了严重的心理打击，并且在东南亚之外都造成了广泛的影响。这是现代西方殖民帝国在殖民地战争中所遭受的最惨重损失——法军的损失是卡斯特里最后一战中损失的57倍——这场战役更加坚定了新加坡陷落以后殖民地人民的观念，"黑种人""棕种人""黄种人"战士并不次于那些统治他们、自认为"上等人"的白人统治者。西方殖民帝国曾经用愚弄和恐吓的手段来维持自己的统治，这样花费相对低廉（这也是国内公众舆论唯一能够接受的方法），但现在这套伎俩已经彻底破产了。从法属印度支那开始，各个殖民地不久之后纷纷独立。从15世纪拉开帷幕的西方殖民帝国时代如今已经接近落幕了。

1946年，胡志明在和一名法国外交官的会谈中就已经预言了敌人的失败："我们打死你们一个人，你们可以打死我们十个。但总有一天你们会耗不下去的。"[95]他的预言现在已经成真了。像1781年约克镇围城战之后辉格党人占据了国会一样，此时法国政局也发生了类似的变化，新任法国总理皮埃尔·孟戴斯-弗朗斯（Pierre Mendès-France）于1954年6月任职，他将带领蒙羞的法国进入一个和平新纪元。7月在日内瓦签署的和平协议使越南暂时分裂,以北纬17度线为界,北方由越盟控制,南方则成立了以吴庭艳(Ngo Dinh Diem)为首的"越南共和国"。

法军虽然在各种资源上对越盟有压倒性优势,但最终失败也并不令人惊讶。正如十年之后卷入越战的美国人一样,法军的表现几乎在方方面面都违反了人口中心反游击战理论,法军使用传统的、大规模部队的、集中火力的策略,疏离了当地民众并且没有成功地困住越盟。另外,他们也无法切断游击队获得外部支援的渠道——这是游击战争能否获得成功的重要指标。值得注意的是,1948年铁托在和斯大林决裂之后,关闭了南斯拉夫和希腊的通道,断绝了对希腊共产党的援助,后者因而很快遭遇失败。相比之下,毛泽东加快了对越盟的援助。他们很快就取得了胜利。

作为日内瓦协议的一部分,越盟释放了在奠边府俘虏的3900名战俘。仅仅经过四个月的战俘营生活,这些战俘就宛如集中营的幸存者。但大多数战俘仍然心高气傲、意志坚定,正如比雅尔所说,他们要"再次投入战斗",并在"以后的战争中"表现得更好。[96]这些人的机会来得比想象的还要快,这次发生战争的地方是阿尔及利亚,一个自1830年就落入法国统治之下的国家。

46
"安抚还是镇压"

阿尔及利亚独立战争，公元 1954～1962 年

人类使用酷刑的历史比文明史还要悠久，其具体形式随着世纪变动而不断翻新。中世纪是各种新奇刑具层出不穷的高峰时期，如拉肢刑架（rack），一种由木制滚轴和棘轮制成的刑具，可以把人的四肢生生从躯干上拉下来；铁女架（iron maiden），这是一个铁制的柜子，里边布满了铁钉或匕首，足以刺穿受害人的躯体；裂脑器（head crusher），一种金属刑具，用于压碎人的颅骨。随着电力的使用，特别是19世纪末磁力发电机的出现，残忍无情的保安机关又增加了新的手段。

磁力发电机是一种能够产生高压电火花的小型发电机。在20世纪初这种发电机的手摇版广泛应用于启动汽车发动机、电影放映机、飞机发动机和其他设备，同时它也广泛应用于世界各国军队所装备的野战电话。20世纪30年代，法国情报机关安全局（Sûreté）和日本秘密警察机关宪兵队（Kempeitai）将弹簧夹接在野战电话上，分别在印度支那和朝鲜使用该手段审问嫌疑犯。每摇一次手柄就会产生一次电击，手柄摇得越快电压就会越强。到20世纪50年代中期时，这种绰号为"电刑"（gégène）的刑讯设备在阿尔及利亚也派上了用场，风头很快就盖过了更传统的刑讯手段——如被称为"水管"（tuyau）的当

地水刑，至少能追溯到 14 世纪，赢得了阿尔及利亚的法国军队的偏爱。当然还有一些比较简单粗暴的手段，如殴打、断水断粮、让受害者暴露于酷热或严寒等，也得到了广泛的使用。电刑的优点在于起效快，不留痕迹，而且除非受刑者碰巧有心脏病，否则一般不会很快被刑讯致死。[97]

1957 年 6 月 12 日，亨利·阿莱格（Henri Alleg）在被捕之后领教了包括电刑在内的各种残忍的刑讯手段。当时一名"神经紧张"的侦探一直小心翼翼地用枪顶着阿莱格，直到第 10 伞兵师的士兵把他押走。第 10 伞兵师是自阿尔及利亚民族解放阵线（FLN）开始进行恐怖行动以后，赶赴阿尔及利亚负责维护当地治安的部队。阿莱格的肋部顶着一支司登冲锋枪，被拉到了当地的"清算中心"，他在那里被当成了"猎物"。阿莱格作为一名法国犹太人和共产党员，曾担任《阿尔及尔共和党人》（Alger Républicain）的编辑，这份报纸因为号召反抗法国统治而被查禁。

"嘿！你就是那个新来的？跟着我！"

阿莱格跟着一个伞兵中尉走进了一间小屋。阿莱格被命令脱光衣服，然后用皮带绑在了一块木板上。另一个伞兵过来问："你害怕了吧？有什么想说的？"他们想知道在逃亡期间都有谁藏匿过阿莱格，但是阿莱格拒绝回答。"还想逞英雄，是吗？"那个伞兵说，"我们不用太长时间，顶多十五分钟，你自己就会老实招供的。"

一名士官开始把电线连在发电机上，两个"光亮的夹子"分别夹在了阿莱格的耳朵和手指上。随着手柄摇动，阿莱格回忆说："我耳边闪起了闪电的亮光，我觉得自己的心脏都快蹦出来了。我拼命挣扎、大喊，浑身抽筋，直到皮带深深勒进皮肉。"但是阿莱格仍然一言不发,法国人把夹子夹在了他的阴茎上,"随着越来越强大的电流"的刺激,阿莱格浑身都"颤抖起来"。

接下来阿莱格被解开,脖子上被系上了绳子,被伞兵们像拖一条狗一样拖到了另外一个房间痛打——一开始是用拳头,然后是用一块木板,所有人都在嘲弄他:"你这个渣滓!你完蛋啦!快招吧!……在这没有人不开口!"

阿莱格还是闭口不言,因此法国人又准备给他上电刑,这次准备用更大的发电机。"我虽然承受着巨大的痛苦,不过还是能感受到电流强度的不同,"他回忆说,"之前是尖锐而快速的电流,好像要把我一劈两半,现在全身的肌肉感受到更大的痛苦,感觉肌肉被拉得更紧。"

紧接着就是水刑,阿莱格躺在一块木板上被抬进了厨房,头上包着一块破布,嘴里被塞进了一块木头,然后接上水龙头的软管往他头上浇水。"水流得到处都是:嘴里、鼻子里,流得满脸都是……我觉得自己要被淹死了,于是拼命挣扎,死亡的恐惧充斥着我的脑海。"

但如此的酷刑都没有让阿莱格开口。暴怒的伞兵们再次开始殴打他,直到他失去了意识。在"连踢带打"地把阿莱格弄醒之后,他们决定"烤他"。阿莱格回忆说,对方用纸做了一个火把,他"感觉自己的阴茎和大腿上着火了,体毛燃烧时也发出噼啪声"。

最后,阿莱格被丢进一间小屋,"冻得浑身发抖并神经衰竭"。阿莱格想躺下,但是用铁丝网填塞的床垫根本没法躺。他想要上厕所,但看守却告诉他"你自己解决吧"。没有吃的,更没有水喝。

此后阿莱格就一直在忍受日复一日的刑讯，刑讯往往从晚上开始，有时候会持续到凌晨。阿莱格还能听到这座建筑物的其他地方"传来哭叫声，含糊不清的喊声、咒骂声和拷打声"。他"很快就知道这并非一个特殊的夜晚，而只是例行的公事"。

相比其他的"客人"，阿莱格要幸运得多。他最后并未"消失"或"因试图越狱而被击毙"——数以千计的囚犯就这样未经审判而消失了。一个月以后，阿莱格被押送到另外一座监狱，他在这里记录下了自己遭到的折磨。以此为基础，他撰写了一本名叫《问》(The Question) 的书，在法国出版后很快就卖出了6万册，但随后被查禁。[98]

阿莱格的遭遇，加上少数军人对广泛使用酷刑的反对，在法国民众中激起了极度痛苦的响应，因为这个国家不久之前才遭到盖世太保相似手段的蹂躏。批评家们不禁发问，"文明"的军人怎么能使用如此残忍的手段呢？其实答案很简单，阿尔及利亚战争和印度支那战争一样，从一开始就被交战双方贴上了野蛮的标签。

* * *

起义于1954年11月1日诸圣日爆发，在整个阿尔及利亚爆发了70多处袭击事件。起义者武器不多，战术素养也很差。在一座矿山，起义者试图夺取1500磅炸药，但被仅有的一个穆斯林保安给赶跑了。[99]由于这些行动大多徒劳无功，因此民族解放阵线决定把重点从对法国安全部队进行游击队式的袭击，转向对法国平民及其穆斯林"通敌者"实施恐怖袭击。

阿尔及利亚和印度支那的不同在于该国有大量的欧洲殖民者——将近100万法裔（又被称为黑脚仔）生活在850万穆

斯林中间。[100]拉姆丹·阿班（Ramdane Abane）是民族解放阵线最足智多谋的领导人，如果不是1957年死在少数派起义者手中的话，他本有可能成为阿尔及利亚的毛泽东或胡志明，阿班认为应该让法裔和温和派穆斯林的生活变得无法忍受。他希望刺激安全部队进行报复，以让中立派穆斯林倒向民族解放阵线。阿班的如意算盘是这样的："我们需要血流成河的新闻出现在世界各大媒体头条"，并且还声称"1具穿着皮夹克的尸体要胜过20具穿着军服的尸体"。[101]

几乎同一个时代，肯尼亚的茅茅分子也把目标瞄准了数量少得多的欧洲殖民者——总数为29000人，不过只有32人被杀。[102]然而就算只死了这么几个白人，也招致了英国当局的铁腕报复。事实上，根据历史学家戴维·安德森（David Anderson）的研究，在非洲的全部欧洲殖民地——不仅是肯尼亚和阿尔及利亚，也包括安哥拉、莫桑比克、赞比亚和南非——都经历了那个时代的非殖民化暴力浪潮。[103]阿尔及利亚仅次于从20世纪50年代起就已经不是殖民地的南非，拥有非洲大陆最多的白人，因此其暴力活动的规模也最大。

1955年8月20日，居住在菲利普维尔（Philippeville）港附近的欧洲人遭到了疯狂的袭击。在邻近的一个矿业城镇里，居住着130名欧洲人和2000多名穆斯林。民族解放阵线的游击队员在正午午休时分闯入镇中，挨家挨户地杀人。随后赶到的法国伞兵看到的是令人毛骨悚然的景象。保罗·奥萨莱塞斯（Paul Aussaresses）少校回忆道："我看到被砍成碎块的儿童尸体，他们的喉咙被割开或者被砸得血肉模糊，妇女则被开膛破肚或斩首，我觉得他们真的不知道怜悯为何物。更加难以置信的是，造成这些平民死亡或残疾的元凶竟是他们的阿尔及利亚邻居，此前他们曾经相安无事地在同一个地方生活。"

法军发现起义者混进了街道上的平民之中，因此"不加区分地朝他们射击"。一个伞兵回忆道："两个小时内，我们的冲锋枪一刻不停地射击……我的冲锋枪枪管过热，以致我根本就不敢碰它。"最后法军下令抓一批俘房，数以百计的阿拉伯男子被捕。第二天早上他们被"伞兵用自动步枪和机枪"统统枪毙了。法国人总共打死了1273名穆斯林——一名伞兵回忆道，打死的人太多，"不得不用推土机掩埋尸体"。奥萨莱塞斯回忆道："我对此毫不动情。我们必须把他们打死，然后我就这么干了，事情就是如此。"[104]

这就是双方进行恐怖行动和报复行动的模板。那么，应该谴责民族解放阵线还是法国人呢？其实这个问题没有多大意义，双方都陷入了"以暴易暴"的死循环。[105]

诚然，本着利奥泰的行动原则，法国当局曾试图推动公共建设，以赢得当地人的支持。这些措施包括给予穆斯林更多的选举权，并在学校教育和社会福利方面追加投资。特别管理部（Section Administrative Spécialisée）——十几年前摩洛哥的地方事务管理局（Service des Affaires Indigènes）的继承机构——的工作组走进乡村，以改善穆斯林的生活。但这些人太少，来得也太晚了。法国领导人，甚至是社会主义者，比如说内政部部长弗朗索瓦·密特朗（François Mitterrand）拒绝支持独立，而独立正是阿尔及利亚民众真正需要的东西。在他们看来，阿尔及利亚和勃艮第或普罗旺斯一样，已经是法国的一部分了。声势浩大的阿尔及利亚法裔游说集团更是强化了这种情绪，该集团对分歧巨大的法国国会产生了很大影响，而且他们非常担心，一旦穆斯林独立，他们的委托人将不得不面对残酷无情的选择题,即"行李箱还是棺材"。

在以往的殖民地战争中,西方国家的军队往往由家乡远离战场所在国的军人组成,和当地人比起来他们经常更加温和。比如说在打击印第安人的战争中,美国陆军在使用武力时往往比当地的武装民兵,如一手制造了1864年桑德克里克大屠杀的科罗拉多志愿兵,更加克制。但阿尔及利亚的情况却并非如此,法国军队决心不择手段,一雪印度支那失败的前耻。甚至有些参加过那场战争的老兵仍然将全新的敌人称为"越南人"。天主教徒和保守派军官团相信,尽管没有明确的证据,阿尔及利亚民族解放阵线仍然和越盟一样,属于全球共产主义运动的一部分,只要击败它,一切过分行为都不会有人指责。事实上,参加过印度支那战争的法国战略家所得到的主要经验,正如1961年罗歇·特兰基耶上校的为人广泛引用的《现代战争》(*Modern Warfare*)中所述的:"现代战争需要获得民众的无条件支持。要不惜一切代价保证得到民众的这种支持"。

法国当局有几次试图组织亲法的民众集会,让人们高呼口号,大唱《在越南》(*á la Viet*)这样的歌曲,但这样的行动无一例外都失败了。正如另外一位曾在阿尔及利亚服役的有影响力的反游击战理论家大卫·格鲁拉(David Galula)所写的,面对这样的情景,法军士兵"窃窃私语且心怀疑虑",而穆斯林村民则"完全无动于衷"。[106]大多数军官以为只要比民族解放阵线更加残忍,就能够更有效地动摇民心。他们的口号是:"要么安抚,要么镇压。"[107]

* * *

这种态度造成了严重的后果,战场最终转移到了阿尔及尔，这是一座有着法国式的林荫大道、时髦商场、风情海滩，建筑物粉刷得雪白且阳光明媚的城市。阿尔及尔的90万人口中有2/3是欧洲人。1956年9月30日，在奶吧（Milk Bar）和自助餐厅（Cafeteria）这两个法裔聚集的地方发生了炸弹爆炸事件。第三枚炸弹放置在法国航空公司航站楼里，但是未能成功起爆。炸弹爆炸共造成3人丧生，50人受伤，其中包括一些妇女和儿童。

安置炸弹的是三个风情万种并假扮成欧洲人的穆斯林女性。她们是被阿尔及尔的民族解放阵线作战指挥官亚西夫·萨阿迪（Yacef Saadi）招募的，此人手中掌握着一个包括1200名作战人员和4500名辅助人员的庞大网络。他的副手是阿里·阿马拉（Ali Amara），也就是著名的阿里·拉·普安特（Ali la Pointe），此前是个皮条客，在监狱中接受了激进派思想。他通过刺杀阿尔及利亚市长联合会主席，让形势变得更加混乱。1956年年底，一名阿尔及尔居民写道，"城市恐怖主义活动已经达到了前所未有的高潮"，仅在圣诞周就发生了30起袭击事件。

由于无法制止民族解放阵线的袭击，当地民间的权威人士要求第10伞兵师出马，该师师长雅克·马叙（Jacques Massu）准将是一个"敢打敢拼"的军人，长着一张"好似用过多年的案板"的脸。一名生活在阿尔及尔的美国外交官形容马叙"是个堪当重任的强人"。马叙刚刚带领着部下参加了军事上大获全胜，但政治上却遭到失败的苏伊士运河战争（也叫第二次中东战争）——法国由于美国方面的压力而不得不很快就撤出了苏伊士运河。现在马叙手下只有4个不满编的伞兵团，总共4600人，伞兵们身着与众不同的"豹纹"迷彩服，头上戴的不是钢盔,而是鲜红色或绿色的贝雷帽。唯一的例外是第3殖民地伞兵团,该团头戴尖顶的"利扎尔"(lizard)军便帽,这种帽子是该团颇受爱戴的团长马塞尔·比雅尔中校设计的。

在前一年(1956年)的6月16日,正当战斗激烈之时,"血腥"比雅尔被一枚子弹击中,中弹位置仅仅在心脏上边一点。法军用直升机和飞机抢运才把他抢救了过来。几个月后的一天,即1956年9月5日,比雅尔在一座海边小镇独自慢跑,没有随身携带武器,三个阿拉伯青年近距离向他至少开了两枪。而一个开车路过的法裔男子拒绝把比雅尔送到医院,他怕比雅尔的血会弄脏自己的车座。比雅尔最后勉强捡回了一条命。如今重返前线的比雅尔,仍然要保护那些忘恩负义的法裔白人免受阿拉伯敌人的袭击。

他的团——"一台精确得可怕的战争机器"——被授予了最重要的任务:卡斯巴哈(Casbah)。它按照字面意思是"大本营"(the citadel),专指对欧洲人来说危机四伏、望而生畏的本地人聚居区。在这片阴暗、狭窄、曲折的小路盘绕的地区,生活着10万穆斯林。他们当中隐藏着亚西夫·萨阿迪、阿里·阿马拉及其党羽。但问题是怎么把他们揪出来呢?

1966年亚西夫·萨阿迪拍摄的电影《阿尔及尔之战》(*The Battle of Algiers*),准确地还原了当年法国伞兵的手段。法国伞兵在1957年1月28日,遇到了由民族解放阵线组织的大罢工带来的挑战。法军通过用武力将穆斯林平民集中起来并用卡车接送他们上班的应急手段,轻松破坏了民族解放阵线的行动。小商贩被迫关门歇业,但他们的闸门有些都被装甲汽车撞烂了。整座城市处于"戒严"状态,就好像是一个"军营"。法军设立了流动检查点,搜查"任何棕色皮肤的行人"。同时,伞兵们在阿拉伯人聚居的卡斯巴哈区外拉设了铁丝网。军方还实施了宵禁,并且下令可以向任何违令外出的人射击。被击毙的人的尸体就躺在大街上,直到第二天早上才被收走,这给当地居民留下了这样的印象:他们现在面对的是"比民族解放阵线更残忍"的力量。

为了弄清"密布沙黄色蜂巢式建筑物"的卡斯巴哈区的地势,伞兵们进行了人口普查,并且绘制了一份地图,上边标明了谁在哪居住。这恰恰是参加过印度支那战争的坚韧老兵罗歇·特兰基耶上校的任务。军方在警察档案的帮助下初步列出了一份目标清单。"先生们,你们的任务就是把阿尔及尔的夜晚从民族解放阵线手中夺回来。"马叙这样跟部下说。1957年1月8日凌晨,第一批突击队分散进入卡斯巴哈,破门而入逮捕了数百名嫌疑犯进行审讯。每个伞兵团都有自己的审讯中心,最重要的嫌疑犯都被移交给保罗·奥萨莱塞斯少校,他曾在印度支那战争中做过特勤工作,另外在二战期间还是杰德堡行动组成员。奥萨莱塞斯直接向马叙本人报告,后者认为严刑拷打是"必要的残忍"。

奥萨莱塞斯在图尔勒斯别墅(Villa des Tourelles)开设了自己的指挥所,这是一座位于城外郊区的二层小楼。每天晚上,奥萨莱塞斯和手下在这里用亨利·阿莱格在另外一座监狱遭受的手段拷打嫌疑犯,而其中的区别在于,正如奥萨莱塞斯所述,"事实就是,这些人之所以被押送到这个别墅,是因为他们被认为是危险人物,他们不可能活着离开"。后来奥萨莱塞斯回忆,在这些嫌疑犯被打得"遍体鳞伤"之后,"我的手下大多数时间里都在把这些嫌疑犯拉到20公里外阿尔及尔郊外的'僻静地点',用冲锋枪枪毙以后埋起来"。其他部队都有各自处理嫌犯的手段。传说第3殖民地伞兵团开着飞机把嫌疑犯扔到地中海里,受害者被称为"比雅尔小虾"。总而言之,在整个阿尔及尔之战中,约有24000名穆斯林被捕,4000人"人间蒸发",这相当于卡斯巴哈总人口的1/3。

近年来有一种流行的说法,即严刑拷打并不能起作用,嫌犯都按照审讯者的意图供述对方想要的情报。如果此说法属实,那么使用残忍的酷刑——自古以来,无论是起义一方还是镇压一方都广泛使用酷刑——就很令人费解了。事实上,很少有被捕者能够像亨利·阿莱格那样忍受拷打。刑讯手段从道德上来说确实应受到指责,但毫无疑问,至少在阿尔及利亚,刑讯手段很有效果。通过强迫被俘的恐怖分子指认自己的同伙,以及通过鼓励其他被捕者转作线人以避免遭受电刑,法国伞兵在几个月的时间里就肃清了民族解放阵线在阿尔及尔的组织。1957年10月,随着亚西夫·萨阿迪被捕,阿里·拉·普安特被杀,阿尔及尔之战就此结束。[108]

* * *

法国人不但在阿尔及尔占了上风,在阿尔及利亚的其他地区也赢得了战斗。战争爆发时法军投入了5万人,到1956年,法军总共投入了40万人——和当地穆斯林的比例达到了1比21。这还不算12万在民兵单位服役的穆斯林辅助人员,兵民比例已经远远超过1比50,而这个比例据称是镇压游击战能否取得成功的临界点。由于安全部队掌握不受限制的"紧急状态"权力,他们扣押了5万穆斯林,打死的甚至更多。[109]

阿尔及利亚民族解放阵线在国内的作战组织已经被彻底肃清,因此该组织决心从安全的邻国突尼斯向国内进行渗透。为了阻止民族解放阵线的渗透，法军沿两国边境建立一条长200英里的封锁线并部署了8万人的军队。这条以国防部部长名字命名的莫里斯防线（The Morice Line）由一道带电铁丝网，以及诸多雷场、探照灯和电子报警系统组成。这条封锁线要比法国国内那条以更早期的国防部部长——安德烈·马其诺——名字命名的著名防线更有效。一旦发现民族解放阵线的游击队员渗透进来，预先瞄准目标区域的105毫米榴弹炮会马上开火，然后乘坐吉普车或直升机的追击部队会很快赶过来。这是有史以来第一次广泛使用直升机的战争。法军总共部署了200多架直升机，使伞兵能够迅速追击并歼灭敌方渗透分队。一名法国记者写道："民族解放阵线渗透的企图几乎全部以失败告终。"[110]

与此同时，法国情报机关还向民族解放阵线内部打入双面间谍。亚西夫·萨阿迪被捕后，在阿尔及尔接替他的人就是已经被法国情报机关策反的内奸。这样的行动使得民族解放阵线内部猜忌丛生，导致了亲者痛仇者快的清洗。而在阿尔及利亚之外，法国也在破坏民族解放阵线获得武器的渠道。地中海上运载武器的船只被拦截，欧洲的军火商也遭到暗杀。法军的目标还瞄准了流亡在外的民族解放阵线高层领导人。1956年，以艾哈迈德·本·贝拉（Ahmed Ben Bella）为首的民族解放阵线代表团乘坐一架麦道DC-3飞机飞往突尼斯，而法军最高指挥部通过无线电，命令身为法军预备役军人的飞行员将飞机降落在阿尔及利亚。当飞机降落的时候，整个代表团全部被捕，这让他们大吃一惊，因为降落的时候那些漂亮的空乘还告诉他们飞机已经降落在突尼斯。[111]

面对法军如此强大的压力，民族解放阵线无法像越盟和中共那样，按照毛泽东的理论转向正规战。相比武元甲能够动员整师的兵力，并且拥有重炮，民族解放阵线仅能组织起比连队稍大的单位，并只配备轻武器进行战斗。阿尔及利亚人没有奠边府，境内也没有可以作为"解放区"的区域，尽管民族解放阵线能够在突尼斯和摩洛哥——这两个国家在 1956 年先后脱离了法国的"保护"——这样的邻国找到安全的藏身之所。到 1959 年时，民族解放阵线发动的袭击迅速减少，法国武装部队起码在军事上赢得了胜利。[112]不过，他们马上就会遭到压倒性的政治失利。

* * *

法军失败的祸根恰恰是他们自己的英雄——夏尔·戴高乐。无论是阿尔及利亚法裔还是法国军队都厌恶软弱无能的第四共和国，他们害怕自己会被第四共和国政府那些翻云覆雨的政客出卖掉。1958 年 5 月，阿尔及尔爆发骚乱，法裔居民和军官成立了一个公共安全委员会，由马叙将军领导。他的伞兵部队事实上已经控制了科西嘉岛，而且威胁称除非让戴高乐上台，否则就会在巴黎空降。

军方的愿望得到了满足。但和他们的想象不同的是，戴高乐并不是阿尔及利亚法裔的忠实后盾。这位奉行实用主义的法国领导人认识到维持在阿尔及利亚的统治是不得人心的，将要付出比预想更惨重的代价。随着法国逐渐摆脱二战的创伤，重新以一个独立大国的形象出现在国际舞台上的时候，阿尔及利亚战争却在消耗着法国宝贵的外交资源。阿尔及利亚独立运动在联合国甚至是美国都得到了越来越多的同情，1957 年美国参议员约翰·F. 肯尼迪还呼吁法国结束在阿尔及利亚的统治。法国政府试图通过美国的公关公司来宣传战争，但民族解放阵线显然对宣传战更熟悉。民族解放阵线虽然在战场上屡屡失利，但它通过宣传手段赢得了广泛的国际认可——而这一事实也激励着非洲人国民大会、巴勒斯坦解放组织和其他"民族解放"运动用公关宣传的超凡手段代替传统的武装斗争。[113]同时，法国国内舆论也不再支持战争。法国公众惊骇于军方打着他们旗号的所作所为，而法国军方通过和阿尔及利亚法裔的合作，也暴露出危险的干涉政治的倾向。

在这种情况下，戴高乐估计如果从阿尔及利亚撤出，将有利于增进法国的威望——这正是他毕生的目标。1959年，戴高乐将军以其独有的方式写道："通过我，法国宣布她将决定阿尔及利亚命运的权力交还给阿尔及利亚人民。"[114]

军队和阿尔及利亚法裔中的"极端分子"为了挽回不可避免的失败命运而进行了绝望的战斗。1960年，阿尔及尔的法裔极端分子在街道上布置路障，打死了那些阻拦他们的宪兵。但这次起义仅仅持续了一周时间，因为他们未能取得军方的支持。1961年，一小撮法军将领，包括两名原阿尔及利亚法军指挥官，拉乌尔·萨朗（Raoul Salan）将军和莫里斯·沙勒（Maurice Challe）将军试图发动政变。他们曾一度控制了阿尔及尔，但戴高乐越过了这些将领，通过无线电演讲，直接向法军士兵呼吁，要求他们保持对国家的忠诚，于是这次政变很快就失败了。

尽管输掉了"电波中的战斗"，但某些密谋分子仍然决定继续战斗。他们组织了秘密军队组织（Secret Army Organization，OAS）并实施了一系列恶毒的恐怖行动，包括几次试图刺杀戴高乐但未能成功的行动——后来以此为蓝本诞生了小说及电影《豺狼之日》（*The Day of the Jackal*）。密谋者在法国本土策划的阴谋还包括爆破埃菲尔铁塔以及让-保罗·萨特（Jean-Paul Sartre）①的住所。但秘密军队组织的主要活动仍集中在阿尔及利亚，极具讽刺意味的是，该组织的行动方式很大程度上是效仿民族解放阵线的手段。

秘密军队组织的大本营位于巴布瓦迪（Bab-el-Oued）街区，这是阿尔及尔的一个毗邻卡斯巴哈街区的欧洲裔贫民区。秘密军队组织的武装组织是"三角洲突击队"（Delta Commandos），由数百名残忍无情的暴徒组成，为首的人名叫罗歇·德盖尔德尔（Roger Degueldre），是个"冷酷无情"的前外籍军团军官，曾在奠边府负过伤。一名法国记者写道，"在阿尔及利亚法裔的鼓噪以及茴香酒（anisette）的作用下，三角洲武装分子极其狂热"，他们对自己的屠杀行为毫无悔意。到1962年时，阿尔及尔平均每天要发生30~40起谋杀案——远超战争初期镇压民族解放阵线的时候，和伊拉克战争初期的巴格达差不多。"他们用手榴弹、自动武器和匕首把人们杀死在汽车里或摩托车上……恐怖笼罩着阿尔及尔。"这是一名杰出的穆斯林小说家写的一段话，而此后不久他也被秘密军队组织杀害了。

法国军方最终被迫动用2万余人，在坦克、大炮和飞机的支援下突击巴布瓦迪街区。与此同时，当局依靠线人和严刑拷打，逐步搜捕秘密军队组织领导人。德盖尔德尔于1962年4月7日被捕，两个月后被处决。沙勒将军于同月被捕入狱。至1962年年底时秘密军队组织被彻底肃清。这有些类似于另一个白人种族主义恐怖组织，即美国内战后出现的三K党，但

---

① 因为他公开呼吁反对阿尔及利亚战争。——译者注

两者具有决定性的区别在于：三K党能够得到美国南方多数民众（有59%是白人）的支持，而秘密军队组织所代表的欧洲人口在当地几乎占不到总数的1/9。[115]

1962年7月3日，阿尔及利亚正式宣布独立，而大多数欧洲人当时要么已经离开，要么正准备离开。民族解放阵线对那些曾经帮助殖民地当局战斗的穆斯林进行了残酷的报复。至少3万名"哈基"（harkis，阿尔及利亚战争中站在法国一边作战的穆斯林）分子被杀，而且在此之前这些人及其家人也会遭到拷打。肯尼亚也发生了类似的事情，当地的茅茅分子杀死的非洲人比欧洲人杀的要多得多（1800人对32人）。[116]阿尔及利亚战争也是亲法和反法穆斯林之间的内战。整场战争中法军总共有17456人阵亡，64985人受伤，1000人失踪。欧洲平民则总共伤亡1万人。而关于穆斯林的伤亡并没有准确数字，估计为30万到100万。[117]尽管在独立战争中付出了骇人听闻的惨重代价，阿尔及利亚民族解放阵线的成功，在接下来的数年间还是激励了整个非洲的民族解放运动，而这将最终摧毁欧洲国家在非洲大陆残余的殖民统治。

* * *

法国军队在阿尔及利亚被击败后，其内部的怨恨情绪怎么形容都不为过。通过前伞兵让·拉特吉（Jean Lartéguy）的两本小说就能够一窥当时法军军人的态度：《百夫长》（*The Centurions*，1962年）和《禁卫军》（*The Praetorians*，1963年）。书中的一名伞兵说道，印度支那已经够糟糕的了，"法国军队因为愚蠢无能的领导而在丛林中饱受黄皮肤小矮子的折磨"。现在在阿尔及利亚，"应该适可而止了，我们再也承受不起失败了"。当法军真的失败以后，书中以比雅尔为原型的

"拉斯佩吉上校"(Colonel Raspeguy)则苦涩地思索:"胜利者的微笑如此之美,即使身上散发着血汗的臭味;而失败者就算喷满了古龙水和迪奥香水,身后也会飘着恶臭的气味。"

由于耻辱的投降,军人自然对远在高层的政客心怀不满;他们"对那些在巴黎给他们背后一击的人满怀怨恨与厌恶……那些高层官员,靠不住的将军以及臭名远扬的政客"。[118]但很少有法国军人会承认造成如此恶果是法军残酷手段的必然后果。使用酷刑并不新鲜,法军早在印度支那就已经广泛使用了。但阿尔及尔的新情况是这里对那种行为的舆论监督水准,在这个最欧洲化的阿尔及利亚城市有很多外国媒体。法国军方并未准备好应对公众的口诛笔伐。罗歇·特兰基耶在阿尔及尔之战前说过一句话,这可能是法军上下一致的心声:"我对美国人或新闻媒体的观点一点儿都不在乎。"[119]他本应该多在乎些的。

阿尔及尔之战是自19世纪20年代希腊革命以后最具戏剧性的范例,它同时也展示了尽管一个游击队组织在战场上失利,但能通过赢得"宣传战"而取得最后胜利。(爱尔兰共和军和美国革命者也善于利用公众舆论,但他们并未遭到阿尔及利亚人和希腊人那样的军事失败。)在布尔战争和菲律宾战争中,英美两国也差点吞下同样的苦果。从那以后,西方国家的军人不得不特别注意这一方面的斗争——也就是所谓的信息战(information operations)——而在此前几个世纪,他们的前辈在进行殖民地战争时根本不必担忧此类问题。随着新闻媒体监督力度的增强,反游击战的手段要更加温和优雅,英国在马来亚的反游击战就是其中一例。

47
一个人和一份计划

布里格斯、坦普勒和马来亚紧急状态，
公元 1948~1960 年

1952 年 2 月 7 日，在一个典型的热带地区的下午，一名"肤色苍白、身形瘦削而神情凝重"[120]的男子从一架降落在吉隆坡简陋机场上的皇家空军飞机中走了下来。此人正是将军杰拉尔德·坦普勒爵士（Sir Gerald Templer）将军，他穿着一身松快的热带套装，胸口的口袋中露出手帕的一角。坦普勒留着一髭小胡子，加上一头向后梳的黑发，让他的形象颇像著名演员大卫·尼文（David Niven），尼文是桑赫斯特军校的毕业生，也参加过二战。尽管尼文离开好莱坞参军后留下了比较出色的服役记录，但他的军事成就比起参加过一战的坦普勒还是相形见绌。坦普勒曾经转战索姆河、敦刻尔克和安齐奥。在两次世界大战的间歇期，他作为跨栏运动员参加过奥运会，他还是英国陆军中顶尖的刺刀好手，并且赢得过比赛。

1944 年，坦普勒的军人生涯连同其生命差点就过早结束了，当时他在意大利担任师长。在驾驶吉普车时，旁边一辆经过的卡车恰好压中了地雷。后来据说坦普勒差点被卡车上飞出来的一架钢琴砸死。坦普勒虽然活了下来，但是背部受了重伤。他自嘲"恐怕是唯一一个被钢琴弄伤的将军了"，尽管罪魁祸首似乎是卡车的一个轮胎。

正所谓大难不死，必有后福，当时的坦普勒被迫卸去了师长的战场指挥职务。他后来先是在伦敦为特别行动处工作，然后在德国英占区担任民政事务和军管当局的领导人。坦普勒在德国工作期间声誉鹊起，或更准确地说是声名狼藉，因为坦普勒解雇了当时的科隆市市长康拉德·阿登纳（Konrad Adenauer），此人后来成为西德总理（坦普勒认为阿登纳岁数太大又太懒惰了）。此后，坦普勒又在伦敦的军事情报部门担任主任。

坦普勒拥有进行破坏行动、情报工作和处理民政事务的经验——在两次世界大战间歇期，他还曾在巴勒斯坦镇压阿拉伯叛乱分子，这段经历让他学会了"有关游击战的思维和方法"——相比担任一个普通的陆军军官，上述经验让他更适合承担目前的任务。坦普勒被任命为马来亚高级专员，并直接指挥在马来亚的作战行动，将军政大权集于一身，类似利奥泰在摩洛哥的地位。温斯顿·丘吉尔首相之所以赋予坦普勒如此大权，是因为马来亚局势的严峻性。[121]

和许多其他被日本占领的国家一样，马来亚出现了一支得到盟军支援的游击队，这就是特别行动处第136特遣队。战争结束以后，由共产党指挥的马来亚人民抗日军改编为马来亚人民解放军（MRLA），掉转枪口反抗重返马来亚的英国人，他们使用抗日期间的林中密营和武器装备对抗英军。1948年，在三个英国种植园主接连被打死以后，当局宣布进入紧急状态，停止行使民法，给予警察和军队以很大的权力，可以任意进行搜查、逮捕和拘留（嫌疑犯不经审判就可最长被关押两年）。[122]

虽然英国当局施加的压力越来越大，但马共游击队在陈平

(Chin Peng)的领导下力量越来越强。时年 26 岁的陈平是一个自行车店主的儿子，前任马共总书记是一个为日本人和英国人卖命的内奸，在其 1947 年携马共的经费逃跑后，陈平接管了马来亚人民解放军。按照一位曾与其共事的特别行动处特工描述，陈平是一个"个性沉稳、思维敏捷且能力超群"的人[123]——沉默寡言的个性似乎和性格外向、富有传奇色彩的游击队领袖，比如迈克尔·科林斯或朱塞佩·加里波第不相干。陈平通过英国人学习了游击战争，他还曾因为战时贡献获得过一枚大英帝国勋章。和许多亚洲国家的共产党人一样，陈平也仔细地研究了毛泽东的著作，不过实践证明他的战略水平远在毛泽东之下。

被英国当局污蔑为恐怖组织的马共很快发展到拥有超过 5000 名战士，另外还有大量兼职的"民众运动"（Min Yuen）人士协助马共。游击队中的大部分人都来自人口 200 万的马来亚华裔，而其余 510 万马来亚人口中则很少有马共的支持者，这些民众包括 250 万马来人、50 万印度人和 1 万欧洲人。[124]越南的共产党武装同时袭击法国人的种植园和法国安全部队，马共武装的行动方针也一样，在密林中出没的马共不但打击英军安全部队，同时也把矛头指向了该国的经济命脉——橡胶园和锡矿山，这些地方一般由欧洲人管理，工人主要为华裔和印度裔。英国种植园主已经习惯了居住的房屋在晚上遭到枪击。列车经常出轨，橡胶树被砍伐，工厂被烧毁。马共展开这样的行动是为了把欧洲人赶出马来亚，使游击队能够放手夺权。到 1952 年为止，马共总共打死了 3000 多人，并且牵制住了 3 万人的联邦军队和 6 万名警察。[125]

马共取得的最大胜利发生在 1951 年 10 月 5 日，当时 36

名游击队员在吉隆坡以北约60英里，沿一条崎岖的公路设下了埋伏。下午1点15分，他们发现路上驶来一辆乘坐了6名警察的路虎汽车，后边跟着一辆插着英国国旗的劳斯莱斯轿车。游击队用步枪和机枪一阵猛烈射击，路虎汽车上几乎所有人都中弹，劳斯莱斯的司机也被打伤。豪华轿车的后门打开后走出来一个英国人，他跑了几步随后也被打倒。游击队无意间打死的这个人是亨利·格尼爵士（Sir Henry Gurney），他是英国政府驻马来亚高级专员。[126]

这次伏击成为马共活动进入顶峰的一个标志，此后马共的活动慢慢开始走向下坡。但当四个月后杰拉尔德·坦普勒抵达马来亚时他并不知道这一点，坦普勒从机场驱车前往高级专员的官邸时所乘坐的轿车上还残留着累累弹痕，这是他那位前任被打死时留下的痕迹。吉隆坡当时的气氛很紧张。英国殖民地官员奥利弗·利特尔顿（Oliver Lyttelton）写道："我们正在迅速失去对这个国家的控制。"一名英国顾问则说："这里总的感觉是十分绝望的。"[127]他们都知道，如果丧失马来亚，对英国的打击不仅仅是经济上的（马来亚是当时世界上最大的天然橡胶输出地），而且也是心理上的——这将被视为国际共产主义运动的胜利，同时也是自由世界的失败。

* * *

伯纳德·L. 蒙哥马利（Bernard Law Montgomery）元帅是坦普勒的良师益友，都是北爱尔兰人，蒙哥马利曾经给利特尔顿写过一封短信，其中指出想要解决马来亚问题有两个条件："首先我们必须制订一份计划，其次必须要有一个人。当我们有了计划和人，我们就会取得成功，否则就会失败。"（"我想说，可能没有任何自负的成分，这些条件我都已经满足了。"

利特尔顿冷淡地写道。)在第一个选择被拒绝考虑之后,蒙哥马利于是推荐坦普勒,他认为此人将"不负众望"。[128]蒙哥马利不知道的是,马来亚问题的解决方案当时已经成型了。

这个计划的制订者是中将哈罗德·布里格斯爵士(Sir Harold Briggs),他曾是印度陆军的军官,在二战中的缅甸战场崭露头角——英军在缅甸积累了丰富的丛林作战经验,而在森林覆盖率达80%的马来亚,丛林作战的经验是至关重要的。[129]1950年,本已经退休的布里格斯被重新征召,担任协调马来亚军队和警察行动的主管。布里格斯在这个职位上制订了"布里格斯计划",绘制了英国在马来亚取胜的蓝图。他的计划包括多个步骤,从加大密探的使用力度,到协调军队和警察肃清孤立区域的道路,以及将被俘的马共人员驱逐到中国。这个计划的核心内容就是重新安置华裔贫民,这是升级版的"再集中"(reconcentration)策略,在美国印第安战争、古巴和菲律宾的游击战以及布尔战争中镇压游击战的一方都使用过这种方法,在十年之前的肯尼亚、阿尔及利亚和越南也出现过这样的手段。

大约有40万~60万(尚无准确数字)华裔贫民[130]居住在丛林边缘的棚屋区,这些人大都面黄肌瘦,以耕种或其他职业为生。华裔在这里基本没有土地,也没有融入马来亚社会。这使华裔成为马共最主要的力量。布里格斯计划提出要兴建500个新村(New Village),这些新村由武装警卫、探照灯和铁丝网保护,华裔贫民可以迁居至此从而和游击队隔绝。[131]起初,治安工作由有5万华人的自卫队承担。[132]如果没有身份证任何人都不得出入新村,而且严格执行宵禁。工人早上离开村庄做工的时候要被搜身,以确保他们不会私自携带粮食给共产党。

布里格斯计划中规定要对通共者严厉惩罚，"向共匪提供粮食和经费者均格杀勿论"。[133]

重新安置计划最终受到了华裔的欢迎，因为华裔能够得到土地，能用上电和干净的水，可以上学，可以看病。阿尔及利亚的法国当局虽然也推行过类似的政策，但遭到了失败。到1959年为止，超过100万穆斯林被迁居到要塞化的"重新安置营地"，这里的条件和60年前英国人在南非搞的集中营类似，缺乏基本的生活设施，包括食物、卫生设施和药品，因而成为滋生疾病以及不满情绪的温床。[134]马来亚的新村条件要更好，但迁居至此的村民大都并非自愿——他们是在枪口下生活。

布里格斯计划的重点是重新安置，"丛林打击"则不再是重点，战争初期英军曾为此浪费了大量宝贵的资源。按照一名军官的话说，许多刚刚从欧洲来到这里的旅长"都很怀念二战"，[135]而现在则要指挥部队深入密林，结果除了空空如也的游击队密营之外毫无所获。"你不可能为了处理蚊子传播的瘟疫，就把所有蚊子都打死，"布里格斯说，"你可以找到并消灭它们孳生的土壤。这样蚊子就被消灭了。"[136]

在条件险恶的丛林中搜剿游击队的任务主要由特种空勤团之类的部队完成，这支部队由钦迪特部队的老兵、绰号"疯狂迈克"的卡尔弗特指挥，他专门进行远程渗透训练，并从婆罗洲带来了迪雅克族猎头人，作为追踪游击队的骨干。不过，布里格斯的主要资源还是投入在"摧毁游击队的群众基础"方面，而这是所有成功的反游击战策略的基础。[137]马来亚公务员，同时也是钦迪特部队老兵的罗伯特·汤普森（Robert Thompson）指出，"必须强调……'肃清-巩固'行动和'搜索-清剿行动'（或扫荡行动）是截然不同的"。[138]

事实证明这种策略是十分有效的,但在马来亚工作了18个月之后,布里格斯于1951年年底带着厌恶、苦涩且理想破灭的心情离开了这里。因为他发现自己被局限于一个权力极为有限的协调员的角色,马来亚联邦由九个州组成,他的主要任务就是协调安全部队和民政官员与马来亚联邦九个州的统治者之间的琐碎事务。

* * *

坦普勒将手握布里格斯所没有的权力,而且他也将充分使用自己的权力。坦普勒有着爱搞恶作剧和风趣的一面,不过一般情况下这一面都隐藏得很好。大多数时候坦普勒给人的印象是专横、苛刻、让人有紧迫感——没有谁喜欢在这种人的指挥下工作。在1944年安齐奥战役战局危急的时刻,当时还是师长的坦普勒就有一个"暴走猫"(Scalded Cat)的绰号。他把这套"干劲十足"的风格带到了马来亚,他对这里的许多官僚和种植园主的懒散态度大为震惊——一个记者称他们是"一群束手束脚……的笨蛋",而殖民地事务大臣则不无讽刺地指出,其中许多人"在港口流连,每天烂醉如泥"。[139]

当应邀在吉隆坡的一家排外的俱乐部发表演讲时,坦普勒严厉地申斥台下那些享有特权的听众,告诉他们共产党人"从来不去赌马,也从来不搞什么晚宴或酒会。他们也不玩高尔夫!"坦普勒威胁道,除非允许当地"土著"进入其内,否则他会再关闭一家俱乐部。[140]

坦普勒"无礼"的指责、批评和质疑,通过一个"简单明了且严厉的声音"传达出来,冒犯了某些人。如果一名官员引起了他的不满,坦普勒会毫不留情地指责对方是个"卑鄙小人"或"没有血性的东西"。不过大多数人都对他"活力十足，有时不给人留情面的粗暴个性"印象深刻。一名地区官员说，跟坦普勒开完会之后，"感觉就好像安装了新电池的手电筒"。[141]

坦普勒在后来给殖民地事务大臣的一封信中解释说，他竭尽全力驱使官僚们"走出他们的办公室，和地方上那些能解决问题的人聊一聊紧急状态"。[142]坦普勒以身作则，他经常乘坐一辆装甲汽车四处巡视，而且事先不打招呼就突然造访军事单位或村庄，以让他们没有机会事先做好准备。当坦普勒发现有某些事情需要整改的时候，按照习惯的做法，他会发布用红色文字打印的备忘录，并限定一个最后的解决期限。这些由骑着摩托车的通信员去散发的"红色备忘录"，就好像丘吉尔的"今日必须解决"的战时备忘录一样。它们对那些顽固死板的官僚来说都是很有效的办法。

坦普勒强调在反游击战中政治重于军事，而这奠定了他在反游击战历史上的地位。"解决这个问题，军事手段的比重只占1/4，"他经常说，"另外3/4在于让这片土地上的民众支持我们。"[143]坦普勒还有一个论断更加著名："问题的答案不在于向丛林中派遣更多的军队，而在于人心与思想。"[144]而"人心与思想"这个概念是英军将领亨利·克林顿爵士早在1776年（"在美洲赢得其人心，征服其思想"）和约翰·亚当斯在1818年（"革命起源于人民的思想和人心"）都提过的，坦普勒再次提出应该说是和前人不谋而合。[145]但直到坦普勒提出以后，"人心与思想"才成为一个固定的俗语，然后再成为陈词滥调（1968年时这个被坦普勒称作"令人恶心的短语"，却成为林登·约翰逊总统的口头禅）。[146]

这个概念也经常被人们误解，认为它仅仅强调用社会、政治和经济手段来赢得人心。像赫伯特·利奥泰、威廉·霍华德·塔夫脱、戴维·彼得雷乌斯和其他"人口中心论"学派的反游击战专家一样,坦普勒确实信赖民政手段。他鼓励军队修建学校,向平民开放医院,并且慷慨地帮助民众。更重要的是,为了反击共产党的吸引力,坦普勒反复对马来人强调,他们会在"时机合适"的时候被允许独立。[147]而且,坦普勒效仿古罗马的例子,积极推动给予100多万马来亚印度裔和华裔公民权,以此来增强他们对生活在其中的国家的认同。

但要想赢得"人心与思想"也要使用暴力手段,比如重新安置那些贫民——这一工作由布里格斯着手,最终在坦普勒手中完成——这种手段对于21世纪的英美反游击战来说是不可想象的。原钦迪特部队老兵罗伯特·汤普森曾经与布里格斯和坦普勒共事,他指出战争对平民来说可不是喜不喜欢谁的问题:"农民们想要知道的是政府有没有能力赢得战争。因为如果不行的话,他们就得去支持游击队。"汤普森补充道:"政府必须证明自己不但意志坚定,而且也准备好了使用铁腕手段。"[148]

* * *

坦普勒的手段也确实够铁腕。1952年4月发生了一次英国人被伏击、12人被杀的事件,事件发生后坦普勒赶到现场,亲自指示要用"严厉手段"迫使伏击地点附近的丹绒马林(Tanjong Malim)村村民供出袭击者的姓名。当村民们拒不开口后,他下令立即进行22小时宵禁并把村民的口粮减少一半。然后,当局给每个家庭都分发了表格,他们可以匿名检举游击队员。此后有38人被捕,13天以后,禁令被撤销。不过坦普勒并不情愿采用这么严厉的办法,因为这种"连坐"

(collective punishment)手段的名声不好听,而且引起了国会的反感。最后坦普勒还是废除了这种方法。[149]

坦普勒同样也取缔了反游击战初期被滥用的虐待行为,当时英国军队中有许多毫无战斗经验、惊慌失措的新兵,他们往往会为了报复游击队的袭击而烧掉整个村子,并且任意抓捕并殴打嫌疑犯:关押时间不到一个月的有20万人,而2.5万人的关押时间在一个月以上。在1948年的一次事件中,英军甚至还屠杀了24名华裔平民。[150]

坦普勒明白,这些愚蠢的做法只会把更多的人赶到马共那边。他选择的是更谨慎的方法,即基于准确的情报并使用小部队作战。坦普勒来到马来亚后不久即宣称:"对我来说,让情报机构正常运转起来是重中之重。"[151]联邦警察政治保安处领衔负责情报工作,负责该工作的人力从原来的仅2名警官扩充到超过200人。[152]政治保安处的侦探们通过审讯投降的共产党员和抓捕马共交通员——交通员是陈平用于各部通信联络的主要手段——取得了不错的成绩。坦普勒要求部下尽量抓活的而不是把游击队员打死,原因就是"我们能从他们嘴里获得情报"。和法军在印度支那和阿尔及利亚滥用酷刑不同的是,英军在马来亚从不对高级别俘虏动刑。[153]英军得到的警告是"不得以任何诱导、威胁或许诺的方式……获得口供"。[154]

坦普勒也不忽视展开进攻行动的重要性,他经常对负责治安行动的官员说:"派部队去消灭这些杂种——共匪。"[155]为了肃清马共,坦普勒派部队去丛林战学校(Jungle Warfare School)训练,并且出版了一本名为《马来亚反恐行动指南》(*The Conduct of Anti-Terrorist Operations in Malaya*)的战术手册，第一次向部队介绍了一种普遍的作战原则。

坦普勒手中最重要的武器就是心理战，这种方法让马共各级共产党员"普遍地士气低落"。[156]英军飞机给游击队空投了数百万份传单，为他们提供了投诚通行证。其他飞机还经常在丛林上方低飞并播放劝降广播。这些"宣传飞机"特别有效，（而且特别可怕的是）被他们点出姓名的游击队员往往就在下边。英军对游击队员"不论死活"都提供赏格，但如果抓住了活口则赏金更高。[157]

迫使游击队员投诚的最主要原因是他们在丛林中已无法维持生存。在某些新村，当地人吃饭都得去警卫森严的公共食堂，而且当局不允许个人拥有宝贵的粮食。马共游击队为了解决吃饭问题不得不在丛林中开荒种地，然而他们的农田一旦被发现，英军不是派飞机播撒除草剂，就是干脆派部队深入丛林将其铲除并付之一炬。[158]陈平回忆说："我们当时的情况相当绝望，我甚至一度准备找一些橡胶籽充饥。"当然橡胶籽是不能吃的，其内部有无法祛除的毒素。[159]坦普勒向人们证明，如果他认为必要的话就会使用最严厉的手段，类似美军对付印第安人的方法，用饥饿迫使马共投降。许多游击队员在投降的时候形象都很狼狈，用一名英军准将的话说："蓬头垢面，形容枯槁，衣衫褴褛，眼神就像是被追捕的老鼠。"[160]

随着越来越多的马共游击队员放下武器（最终有3982人投降或被俘），[161]坦普勒决定将一些区域的颜色换为意味着治安状况良好的"白色"。这些地区可以解除紧急状态，包括停止宵禁和粮食配给制度，这样也能够促进治安状况仍然处于"黑色"的区域倒向政府。到1954年5月31日坦普勒离开马来亚时，该国已有1/3的乡村成了"白色"区域，这些地方对游击队的支持已经被破坏。值得注意的是,坦普勒和他的夫人赶赴机场的时候乘坐的是一辆敞篷观光车。

* * *

坦普勒后来晋升为陆军元帅,并成为英帝国总参谋长。他留下的那个国家最终更名为马来西亚,在 1957 年迎来独立,并在东古·阿卜杜勒·拉赫曼(Tunku Abdul Rahman)的领导下组成了一个亲西方政府。一名英国军官这么总结坦普勒两年来的成就:"2/3 的游击队被肃清,发生恐怖袭击的次数从每个月 500 起下降到不足 100 起,而伤亡率从每个月 200 人下降到不足 40 人。"[162] 二战结束后还没有哪个西方国家在反游击战中能取得如此的成功。

坦普勒为了提醒那些过分自负的人,并且点出反游击战取得完胜的困难,他在 1953 年说道:"要是有哪个狗娘养的说紧急状态应该结束了,那我会毙了他。"[163] 在 1960 年以前没有人说过这样的话,至少没有人敢公开宣布,在 1960 年以后马共已经没有再造成人员伤亡了。1960 年,马来西亚宣布解除紧急状态。不过,陈平还有上百名忠心耿耿的手下,仍然在邻国泰国的丛林中坚持战斗,直到 1989 年签署和平协议,但他们已经无法再给马来西亚造成什么重要威胁了。

* * *

想要解释为什么英军在马来亚取得成功而法军在邻近的印度支那失败,必须要注意马来亚的邻国是同处半岛的友好国家泰国,而越南的邻国则是不太友好的中华人民共和国,且两国边境线很长。对任何反游击战来说,切断游击队的外部援助都是关键因素,而在马来亚孤立游击队的困难要小于印度支那。

陈平从未得到过来自中国或苏联的重要援助，而他的部队也从来没装备过重武器，甚至连轻武器的弹药都供应不足。[164]

另外一个对英国当局有利的因素是，马共的主要成员几乎全是华裔，而华裔人口在马来亚总人口中的比例只有 40%。如果马共能够成功地动员起马来亚的大多数人口，那么英国人想要将其镇压下去势必要付出更大的代价。但是，马来亚人大多数笃信伊斯兰教，基本都忠于世袭的苏丹，而后者选择和英国人合作。

此外，英军的战争努力还得益于一件意外的事情：1950 年爆发的朝鲜战争导致世界范围内物价上涨，包括马来亚出产的锡矿和橡胶。经济形势好转使英国当局能够为公共设施投入更多资金，并且提供更多薪水不错的工作，这也有助于消除游击队滋生的土壤。

最后，英国的成功也来自哈罗德·布里格斯和杰拉尔德·坦普勒的开明领导。他们始终坚持适度使用暴力，而不是像印度支那和阿尔及利亚的法国人那样，滥用暴力以至于搬起石头砸了自己的脚。

综上所述，相比法国和美国在越南的反游击战，英军在马来亚的反游击战代价小得多，而成绩却大得多。在持续 12 年的紧急状态中，总共有 3283 名平民、1865 名治安人员和 6698 名马共游击队员丧生。[165]

48
"特殊的英国式方法"？

为什么英国人至少有时成功了？

甚至从马来亚的紧急状态结束之后，有关英国当局的"反游击战术"（counterinsurgency）——这个术语在1960年首次出现——在其他地区是否适用、适用范围有多大的争论就相当激烈。[166]参加过马来亚反游击战的英国老兵，诸如罗伯特·汤普森、理查德·克拉特巴克（Richard Clutterbuck）和弗兰克·基特森（Frank Kitson）都认为只要结合民政建设和惩罚手段，就可以平息其他地区的起义。反对者则指出，马来亚反游击战取得成功是该地域本身有一些人口和地理方面的优势，这些优势其他地区不一定具备。

但如果政策愚蠢的话，就算有这样的天然优势，也会被浪费掉。爱尔兰是一个孤立的岛屿，和外部世界的隔绝甚于马来亚，而且距离英国本土近得多，然而英国人1921年在这里还是被打败了。古巴也是一个岛屿，当马来亚解除紧急状态的时候，古巴当地还是爆发了成功的起义。甚至在马来亚，20世纪50年代初人们也不敢断定当局肯定能取得反游击战的成功。唯有布里格斯和坦普勒所推行的正确的反游击战策略才把英国从失败的深渊拉了出来，并且让马来亚反游击战在军事界成为一个教科书式的典范。

在马来亚推行这套策略的前提是军民紧密配合，寻求政治解决，避免大规模的"搜索并歼灭"任务，代之以"肃清并巩固"行动，这种战术的意图是控制民众，同时根据准确的情报并运用最小限度的武力定点打击游击队的藏身之所。按照历史学家托马斯·R. 莫卡伊迪斯（Thomas R. Mockaitis）的说法，这一整套办法形成了"特点鲜明的英国式反游击战方法"。[167]英国人也是在两次世界大战之间的那段时期，汲取了一系列失败的教训后才总结出了这些经验，他们也曾经使用严酷的镇压手段，比如黑棕部队在爱尔兰的暴行，但结果适得其反。也许铁腕镇压对 19 世纪的国家来说是可以接受的，但在文明标准进步的 20 世纪，一个民主国家肯定会禁止残酷的镇压手段。

公平地说，正如历史学家大卫·弗伦奇对莫卡伊迪斯观点的批判，英军在镇压过程中很难避免暴力以及侵犯人权的行径。英军在所有战争中都会或多或少地使用酷刑，而且总是依赖相当严厉的高压手段——弗伦奇写道："也就是说其手段包括暴力规模程度较低的宵禁、封锁线和搜捕行动，到稍高一点的集体处罚和未经审判的大规模拘留，以及最高的强制性人口安置和开辟自由射击区。"弗伦奇指出，英国人的回忆录往往歪曲了历史真相，说英国军人和当地民众是如何和睦相处，这误导了 21 世纪在阿富汗和伊拉克执行任务的英国军队，他们往往只追求避免和当地人爆发冲突，结果无法完成治安任务。弗伦奇的观点无可非议。然而，英法两国军队的反游击战策略有着本质的区别，更不用说与英国的反游击战手段差别更大的，诸如纳粹德国或国民政府之类的狭隘的反游击战手段了。弗伦奇也承认，"英国并没有像法国在阿尔及利亚那样，用系统的方法和规模展开'肮脏'的战争"。弗伦奇指出,"大多数(英国)治安部队成员在绝大多数时间还是在法律的框架内行动",当然当时的法律也使治安部队为了维护治安而获得了相当大的行动自由。[168]

英国人的方法并不是独一无二的(相似的方法也在摩洛哥和菲律宾使用过),但很有效。英国在马来亚取得的胜利并不是绝无仅有的,不过也寥寥无几,如1952~1960年在肯尼亚镇压茅茅运动;[169]1955~1959年在塞浦路斯镇压"为塞浦路斯而斗争全国组织"(EKOA,也叫埃奥卡),该恐怖组织的目标是寻求塞浦路斯与希腊合并;[170]1962~1975年在阿曼镇压佐法尔地区独立运动的分裂分子;[171]1969~1998年在北爱尔兰镇压寻求与爱尔兰共和国合并的爱尔兰共和军临时派。[172]而一旦英军不再维持谨慎使用暴力的策略,局势往往会退回到以前的时代,经典的例子是1972年1月30日发生的第二次"血色星期日",英军伞兵在伦敦德里(Londenderry)枪杀了13名手无寸铁的天主教抗议者,从而使北爱尔兰局势进一步恶化。不过凡事都有例外,英军在肯尼亚的镇压手段可谓史无前例的血腥残酷(他们总共拘捕了7万名嫌疑犯,至少处决了其中1.2万人),不过英国人却侥幸取得了成功,因为茅茅叛军属于少数民族基库尤人中的一支,他们缺乏能够吸引大多数非洲人的"明确的民族主义意识形态"。甚至基库尤人最杰出的政治家乔莫·肯雅塔也反对这次反叛,然而即使如此,英国人还是把他监禁了八年之久。

当然,英国人不可能百战百胜。大英帝国最终还是瓦解了。本书此前也提到过,二战后英国人在巴勒斯坦未能成功地镇压犹太恐怖主义组织。在亚丁及其附近地域也未能取得成功，1967年英国人不得不离开此地，马克思主义民族解放阵线（Marxist National Liberation Front）随后接管了政权，成立了南也门。但这并不是说英国人是被阿拉伯恐怖组织赶走的；在亚丁发生的恐怖袭击几乎都是在英国人决定离开以后才发生的，1966年作为英国撤出"东苏伊士运河"计划的一部分，当局宣布将离开亚丁。当地的抵抗运动至多只是加速了英国人撤离的时间。[173]

与此同时，英国在塞浦路斯也只是取得了有限的胜利，不过埃奥卡也没有达成与希腊合并的目的。和许多类似的叛乱行动一样，这一次的叛乱也随着冲突双方不情愿的妥协而慢慢消亡，塞浦路斯赢得了独立但没有和希腊合并，而英国则在当地保留了两个军事基地。

爱尔兰危机最后也是通过协商谈判解决的，1998年冲突双方签署了《耶稣受难日协议》（Good Friday Agreement，又称《贝尔法斯特协议》），联合主义者和爱尔兰共和军的政治派别新芬党达成协议，双方分享权力，不过北爱尔兰仍然留在联合王国。爱尔兰共和军失败的根本原因和马来亚人民解放军、茅茅运动以及佐法尔独立运动失败的原因类似：他们只代表愤怒的少数，大多数民众仍站在政府一边（北爱尔兰人口有53%是新教徒，44%是天主教徒）。[174]如果大多数民众都同情游击队的话，反游击战一方取胜的难度就大得多了，比如在阿尔及利亚和印度支那。

阿尔及利亚战争和印度支那战争比英国曾经面对的任何冲突规模都要大得多。法国人面对的敌军有数万人，甚至数十万人，而英国镇压的大多数游击队或恐怖组织顶多几百人。法军遭受的伤亡也是令人吃惊的，法军在阿尔及利亚死亡了超过

17000人，在印度支那是92000人；而英军损失的军人和警察，在马来亚不到2000人，在肯尼亚是62人，在塞浦路斯是156人，在阿曼是35人，在亚丁是200人，在北爱尔兰则是729人。在1959年的尼亚萨兰（Nyasaland）——今天的马拉维——危机期间，英军治安部队无一伤亡。[175]英军之所以伤亡不大，很大一部分原因是对手太过孱弱，但取得成功的关键还在于他们审慎使用最低限度的暴力，而不像法国人一样滥用最大规模的武力。

另一个重要的原因是英国在政治事务方面投入了更多的精力。从20世纪上溯到古美索不达米亚时代，大多数殖民国家通常可以凭借自己的力量毫无顾忌地镇压起义者，他们一般不太关注当地"原住民"的感受，除非少数可以用财富拉拢的精英阶层。而英国人注意到，随着全新的意识形态理论的传播（自由主义、民族主义、社会主义）和全新的媒体形式（报纸、广播、电视）的出现，再效仿古人已经不行了。在现代世界，一个土生土长且相对民主的政权才具备相当的合法性。正如阿尔及尔美国总领事路易斯·克拉克（Lewis Clark）在1955年所写的："在当今世界的政治共同体中，没有人能接受永远处于二等公民的地位。"

法国人的醒悟要晚得多——克拉克一针见血地指出，他们在所谓的"幻想世界"中生活得太久了。[176]如果法国人能早点做出政治让步，换句话说，承诺将在未来结束殖民统治，就像英国人在马来亚做的那样，那么越盟和民族解放阵线未必能获得成功。非殖民化时代留给人们的最经久不衰的经验就是，在反游击战过程中政治和军事两手都要抓——这是和此前帝国时代所谓的"小规模战争"最大的差异。

对起义者来说道理也是一样的。毛泽东及其追随者胡志明强调在武装斗争的同时必须要展开政治行动，这和自古以来那些毫无政治诉求的起义者截然不同。毛泽东和胡志明被誉为20世纪最成功的两位游击战争领袖也并非浪得虚名。从犹太复国主义以及其他争取自己所在的民族国家独立的组织身上也能得到类似的经验。它们的胜利表明，虽然在20世纪50年代反游击战一方仍然占据着优势，但任何根基深厚的起义者均有成功的可能，特别是一旦动员起广泛的民族主义情绪，成功的可能性比19世纪末20世纪初都有显著的上升，更不用说更早的时代了。在美国西部，柯尔特左轮手枪被称为"均衡器"，因为即使是身体瘦弱的人也能用它打死身体比自己强壮得多的对手。同样，在二战后的时代，随着国内外公众舆论影响力的增强，冲突双方的力量被大大均衡了，越来越多军事上弱势的一方得以击败强敌。军事和政治两种力量联手的潜力，不仅在第二次越南战争中得以再次展现，在其他遥远的国家，诸如古巴和以色列，也得到了重新证明。

注　释

1. Britain: Kynaston, *Austerity*, 102 ("blitz"), 20 (750,000 houses), 71 ("queues"), 105 (whale), 196 (Amis), 191–92 (Isherwood).
2. France: Beevor, *Paris*, 264 (height), 77 (women shaved), 265 (bakeries), 101 (paper); Gildea, *France*, 65–100; Jackson, *Dark Years*, 570–99 (10,000: 581).
3. *Life*, Oct. 12, 1942.
4. McMahon, *Colonialism*; Westad, *Cold War*, 114.
5. Bayly, *Forgotten Wars*, 221.
6. Bayly, *Forgotten Armies*, 146.
7. Hyam, *Declining*, 94.
8. Ibid., 162.
9. Wolpert, *Shameful Flight*, 132.
10. Hyam, *Declining*, 109.
11. "Warfare": Orwell, *Essays*, 4.467. "Heard": 4.469. "Shaking": 4.463.
12. Zionists: Bethel, *Triangle*, 358 (338 killed, "hell"); Begin, *Revolt*; Bell, *Terror*; Morris, *1948*, 44 ("coup").
13. Gildea, *France*, 21; Grimal, *Decolonization*, 243, 357.
14. Shanghai: Bergère, *Shanghai*; Clifford, *Spoilt Children*; Sergeant, *Shanghai*; Dong, *Shanghai*.
15. Population, income, ownership: Guillermaz, *Communist Party*, 7. "Semi-colonial": Mao, *Military Writings*, 77. Positive: Dikotter, *Openness*; Waldron, *From War*.
16. Party Congress: Chang, *Rise* ("pale-faced": 1.140); Short, *Mao*, 117–22; Guillermaz, *Communist Party*, 57–60; Chang, *Mao*, 25–27; Saich, *Power*, 3–19; Kuo, *Analytical History*, 1.14–37, 341–50.
17. "Guests": Snow, *Red Star*, 96. "Greenish": Li, *Private Life*, 99. Bathe: 100. Privy: 133. Smoking: Ch'en, *Mao*, 211. "Pepper": Snow, *Red Star*, 93. Spence, *Mao*, 98, notes his "deliberate cultivation of a coarse manner."
18. Snow, *Red Star*, 131.
19. Wilson, *Long March*, 26.
20. Ch'en, *Mao*, 25.
21. Young Mao: Snow, *Red Star* ("scholar": 133; "forcibly": 140 ; "liberalism": 149; "exist": 151); Li, *Private Life*, 122 ("ruthless"); Spence, *Mao*, ("ignorance": 18; water: 15); Short, *Mao*; Siao-yu, *Mao and I*; Chang, *Mao*; Terrill, *Mao*; Schram, *Road*, vol. 1; Ch'en, *Mao*.
22. Short, *Mao*, 147.
23. Taylor, *Generalissimo*, 38.

24 Band, *Two Years*, 242.
25 Zhu De revolt: Gao, *Zhou*, 59–61; Smedley, *Great Road*, 199–25; Guillermaz, *Communist Party*, 150–56; Kuo, *Analytical History*, 1.281–85.
26 Saich, *Power*, 198.
27 Mao, *Military Writings*, 75.
28 Ibid., 274.
29 Snow, *Red Star*, 165.
30 Wilson, *Long March*, 41.
31 Terrill, *Mao*, 99; Smedley, *Great Road*, 176.
32 Mao-Zhu slogans: Mao, *Military Writings*, 72; Schram, *Road*, 5.499; Snow, *Red Star*, 173–74; Short, *Mao*, 222; Braun, *Agent*, 55; Mao, *Aspects*, 50 ("fish," "dry").
33 "Interview with Mao Zedong," Oct. 25, 1937, HIA/NW, box 22, file 591.
34 Saich, *Power*, 199.
35 Band, *Two Years*, 244. See also Forman, *Report*, 177: "the Chinese Communists are no more Communistic than we Americans are."
36 Schram, *Road*, 3.74.
37 Hartford, *Sparks*, 187–88, 他在书中估计的碉堡数字有所不同。
38 Saich, *Power*, 533.
39 Number of marchers: Salisbury, *Long March*, 2; Wilson, *Long March*, 227; Chang, *Rise*, 2.445. Rearguard: Benton, *Mountain Fires*, 6–8. 毛泽东宣称长征的里程是25000华里（约7700英里），但根据Jocelyn, *Long March*, 326–27, 其认为只有12000华里（约3750英里），这仍然是个漫长的征途。
40 Wilson, *Long March*, 233.
41 Chang, *Mao*, 153. 关于 "与苏联交换儿子" 的说法，作者也承认（第135页）"这是个无法说明白的提议"。对这种说法的批判性评论，可参见Benton, *Monster*。
42 Salisbury, *Long March*, 63.
43 "Traitors": Sun, *Long March*, 21. "Dick": 29. 30,000: 79; Salisbury, *Long March*, 103.
44 Grasslands: Braun, *Agent* (24 rivers, 18 mountains: 146); Sun, *Long March* ("vultures": 167; "bloated": 171; leather: 172; "intake": 175); Snow, *Red Star*, 200–206; Wilson, *Long March*, 175–84, 204–21 ("sat down": 178; "bitter": 209; boiled hides: 216); Peng, *Memoirs*, 380–84; Jocelyn, *Long March*, 258–303.
45 Yang, *From Revolution*, 2.
46 "Record," "invincible": Schram, *Road*, 5.71. "Heroes": 5.92.
47 Braun, *Agent*, 101.
48 Saich, *Power*, 643–48, 1168.
49 Mao's ascent: Hsiung, *Bitter Victory*, 92–94; Guillermaz, *Communist Party*, 363–68; Chang, *Mao*, 240–49; Short, *Mao*, 379–96; Saich, *Perspectives*, 299–338; Saich, *Power* ("correct": 1164); Short, *Mao*, 379–96; Kuo, *Analytical History*, 4.396–423.
50 Thomas, *Season*, 136.
51 Ibid., 132.
52 "Lincolnesque": Snow, *Red Star*, 90. "Humor": 92. "Moderating": 95.

53 Ch'en, *Mao*, 209.
54 Arthur Waldron and Edward O'Dowd, "Introduction to Second Edition," in Mao, *On Guerrilla*, 13–14.
55 "Formation," "Centre," "morality": Mazzini, *Writings*, 1.369. "Retiring": 1.375.
56 Mao's precepts: Mao, *Military Writings*, 278 ("guerrilla-ism"), 246 ("outcome"), 210–19 (three stages), 247 ("primary"), 66 ("base areas"), 168 ("roving"), 66 ("Red Guards"), 33 ("concentration"), 247 ("originally"), 78 ("laws"). For assessments, see Connable, *Insurgencies End*, 7 ("nearly"); Wilson, *Scales*, 117–43; Osanka, *Guerrilla Warfare*, 131–77; Graff, *Military History*, 229–49; Stout, *Perspectives*, 126 (Al Qaeda).
57 Casualties: Waldron, "Remembering." 90 percent KMT: Taylor, *Generalissimo*, 7.
58 Hsiung, *Bitter Victory*, 79, 102; Guillermaz, *Communist Party*, 328.
59 Westad, *Decisive Encounters*, 69.
60 Levine, *Anvil*, 130; Chang, *Last Chance*, 52.
61 Eastman, *Seeds*, 203.
62 Westad, *Encounters*, 209.
63 Bigeard: Bigeard, *Gloire*; Bergot, *Bigeard*; Roy, *Dienbienphu*, 185 ("profile"); Fall, *Street* (Tu Le: 66–70); Singer, *Cultured*, 267–345 (10 to 1: 286); Roy, *Dienbienphu* ("possible": photo caption); Windrow, *Last Valley*, 120–21; Morgan, *Valley*, 192–94.
64 Ho: Duiker, *Ho Chi Minh*, 94 ("token"), 95 ("Stalinist"), 136 ("goodness"), 251 ("mat"), 302 (saved Ho), 573 (using Americans), 348 (Diem's brother), 361 ("shit"); Sainteny, *Ho Chi Minh* ("frankness": 66; sleep on floor: 77); Brocheux, *Ho Chi Minh*; Quinn-Judge, *Missing Years*; Ho, *On Revolution* and *Writings*; Patti, *Why*, 199 ("wisp"); "Who's Who of Members of Present Government," Nov. 7, 1945, NARA/OSS, box 200, folder 5 ("Democrat").
65 "The Viet Nam Government," July 29, 1947, NARA/CREST, CIA-RDP82-00457R000700750001-5.
66 Duiker, *Ho Chi Minh*, 402.
67 Lea: Ibid., 408–10; Currey, *Victory*, 138–40; Fall, *Street*, 28–31; Windrow, *Last Valley*, 95–96; Porch, *Secret Services*, 300–301; Elliott, *Willow*, 165–67.
68 Schoenbrun, *France*, 234–36; Duiker, *Ho Chi Minh*, 379.
69 Giap: Currey, *Victory* (bush: 147; "gospel": 154); Macdonald, *Giap*; *Time*, Feb. 9, 1967 ("bush").
70 Macdonald, *Giap*, 99–100.
71 Giap, *Unforgettable*, 46.
72 Vietminh adversaries: Trinquier, *Maquis*; Fall, *Street*, 267–79; Windrow, *Last Valley*, 218–19; Porch, *Secret Services*, 326–33; Macdonald, *Giap*, 111–12.
73 NARA/MAACV-OM, 1952–54.
74 "Rape": Ainley, *To Die*, 30. "Feared": 32–33. Germans: Porch, *Legion*, 531–32.
75 Scholl-Latour, *Ricefields*, 29.
76 Elliott, *Sacred Willow*, 195.
77 Fall, *Street*, 110–11.
78 Scholl-Latour, *Ricefields*, 32.

79 Truong Chin, *Writings*, 111.
80 Ainley, *To Die*, 106.
81 Zhai, *China* (generals: 63); Chen, "China."
82 *Time*, Sept. 24, 1951.
83 *New York Times*, Feb. 18, 1951.
84 Fall, *Street*, 39.
85 Troop strength: Window, *Last Valley*, 147 (Vietminh), 170 (French); Lawrence, *First Vietnam War*, 217, 221; Giap, *Dien Bien Phu*, 911; Fall, *Street*, 180 (80,000); Morgan, *Valley of Death*, 101 (82,000); Dalloz, *Indo-China*, 104; Porch, *Legion*, 531 (60 percent German).
86 Morgan, *Valley*, 70.
87 Bodard, *Quicksand*, 83.
88 Starobin, *Eyewitness*, 70.
89 *Newsweek*, April 23, 1953.
90 "Illicit Opium Traffic Southeast Asia," CIA memo, Dec. 13, 1948, NARA/CREST, CIA-RDP82-00457R002100350002-2.
91 Bodard, *Quicksand*, 23.
92 Dien Bien Phu: Bigeard, *Gloire* ("lush": 134; "whistled": 135; "not one": 174); Roy, *Dienbienphu* ("clucking": 37; "possible": photo caption); Fall, *Hell* ("cotton seeds": 10; "hailstorm": 137; firing slit: 140; 3 rounds: 102; "flame": 233); Simpson, *Tiger*, 89–100 ("stilted": 94; "thin slice": 99); Giap, *Dien Bien Phu* ("human chain": 84; 5:05 p.m.: 221; "mat": 383); Windrow, *Last Valley* ("administrative": 233; "whole nights": 293; artillery: 294–95, 708–11, 343–51; 180 tons: 417; Gaucher: 383: "all over": 385; 300 dead at Eliane: 504; "one-legged": 591; 3 percent: 629; 92,000 killed: 653); Currey, *Victory* (tons of rice: 191; "horse to ride": 185; mistresses: 187); Grauwin, *Doctor* (Gaucher: 83; "groans": 97; "shriveled": 252); Langlais, *Dien Bien Phu*; De Borchgrave, "Great Stand" (170 tons); Morgan, *Valley* (Giap's HQ: xv–xvii; 1,000 killed: xvi; "Verdun": 246; "rotting": 429; Eliane 1: 428); Fall, *Street*, 263 (48 planes), 300 (500-mile march); Porch, *Secret Services*, 318–57 (opium); Porch, *Foreign Legion*, 555–65; Macdonald, *Giap*; Dinh Van Ty, "Iron Horses"; Burchett, *North*, 47–59; Simpson, *Dien Bien Phu* (mistresses: 39); Macdonald, *Giap*, 124–61; Ainley, *To Die*, 59 ("all important"); *Newsweek*, April 5, 1954 ("Verdun").
93 Morgan, *Valley*, 163.
94 "Probable Developments in Indochina Through Mid-1953," CIA memo, Aug. 23, 1952, NARA/CREST, CIA-RDP79R01012A00100004014-0.
95 Sainteny, *Ho Chi Minh*, 89.
96 Bigeard, *Gloire*, 210.
97 Magneto: Rejali, *Torture*, 141–62.
98 Alleg, *The Question*. Servan-Schreiber's *Lieutenant in Algeria* was another prominent antitorture memoir.
99 Horne, *Savage War*, 91.
100 Connelly, *Revolution*, 18.

101 "Headlines": Morgan, *My Battle*, 21. "Corpse": Horne, *Savage War*, 132.
102 29,000: Anderson, *Hanged*, 9. 32 killed: 4.
103 Ibid., 6.
104 Massacre: Aussaresses, *Casbah*, 45–55 ("pity," "indifferent"); Leuliette, *St. Michael*, 149–52 ("indiscriminately," "hot," "machine guns," "bulldozers").
105 Behr, *Problem*, 99, quoting Yacef Saadi.
106 "Support": Trinquier, *Modern Warfare*, 17. "Snickers": Galula, *Pacification*, 53–54.
107 Lazreg, *Torture*, 98.
108 Battle of Algiers: Aussaresses, *Casbah*, 85 ("extreme"), 85 ("take back"), 121 ("dangerous"), 122 ("remote"), 123 ("grunt"); Bigeard, *Gloire*, 274–86, 303–8; Trinquier, *Temps perdu*, 231–60, 270 ("precision"); Massu, *Bataille* (Jan. 8: 88; strike: 92; 4,600 men: 98; census: 140; "necessity": 168); Horne, *Savage War*; Morgan, *My Battle* (Bigeard shot: 118; "shrimp": 139; "baskets": 161); NARA/DS ("unprecedented": Lewis Clark, Jan. 3, 1957, box 3379, 751S.00/1-257; "tough": Ibid., Jan. 15, 1957; "siege": Ibid., Jan. 21, 1957; "brown skin": Merritt N. Cootes, March 1, 1957, 751S.00/3-157; "absence": Ibid., March 12); Kettle, *Algeria*, 106 ("enormous"), 398 ("without trace"); Connelly, *Revolution*, 131 (arrests, disappearances); Clark, *Turmoil* (146 casualties: 327), 387 ("dash"); Porch, *Secret Services*; Gale, *Englishman*, 133 ("spidery"); *Time*, May 26, 1958 ("chopping-block"); Lazreg, *Torture* ("crevettes": 53); Rejali, *Torture*, 481–92 (informants: 484); Singer, *Cultured*, 310–12 (Bigeard shot).
109 Troop strength: Kettle, *Algeria*, 485–86; O'Ballance, *Insurrection*, 141; Clark, *Turmoil*, 301–2, 307; Paret, *Revolutionary*, 41; Gortzak, "Indigenous Forces" (120,000); Galula, *Pacification*, 10–11, 13, 244. 1:50: U.S. Army, *Counterinsurgency*, 23; Connable, *Insurgencies End*, 129–31.
110 Morice Line: Horne, *Savage War*, 263–65; Roy, *Algeria*, 86 ("doomed"); O'Ballance, *Insurrection*, 117–20; Alexander, *Algerian War*, 12 (helicopters), 15 (80,000 troops).
111 Horne, *Savage War*, 159–61; Kettle, *Algeria*, 69; Morgan, *My Battle*, 26; Connelly, *Revolution*, 114–15; Porch, *Secret Services*, 369–74.
112 Connelly, *Revolution*, 292.
113 Public opinion: Connelly, *Revolution* (inspire ANC: 5); Evans, *Memory*; Wall, *France*; Ulloa, *Francis Jeanson*; Dine, *Images*.
114 De Gaulle, *Hope*, 75.
115 OAS: Henissart, *Wolves* ("harsh": 161; 30–40 killings: 319); Bocca, *Secret Army*; Horne, *Savage War*, 480–534; Feraoun, *Journal*, 313–14 ("terror"); Porch, *Secret Services*, 396–403.
116 Anderson, *Hanged*, 4.
117 Casualties: Horne, *Savage War*, 538; Kettle, *Algeria*, xiii–xiv.
118 "Dwarfs": Larteguy, *Centurions*, 51. "Enough": 304. "Hatred": 370. "Shady": 320. "Shit": *Praetorians*, 23. Modeled on Bigeard: Dine, *Images*, 29.
119 Trinquier, *Temps perdu*, 240.
120 Clutterbuck, *Long War*, 80.
121 Templer's background: TEMP (Adenauer: J. A. Barraclough to Templer, May 16, 1954); Cloake, *Templer*; "Battle of Malaya" ("mind").
122 Barber, *Running Dogs*, 70.
123 Chin Peng, *My Side*, 30.

124 Population: Lyttelton, "Cabinet Paper: Malaya," Dec. 21, 1951, TEMP; Stubbs, *Hearts*, 12; Barber, *Running Dogs*, 15, 17. 5,000 fighters: Chin Peng, *My Side*, 26.
125 3,000 killed: Barber, *Running Dogs*, 139. Police, army: Stockwell, *Malaya*, 327; Thompson, *Insurgency*, 48; Lyttelton, *Memoirs*, 358; Stubbs, *Hearts*, 159.
126 Gurney: Chin Peng, *My Side*, 287–88; Barber, *Running Dogs*, 130–31; Stubbs, *Hearts*, 133; Miller, *Menace*, 190–93; Stockwell, *Malaya*, 301–2; Mackay, *Domino*, 111–14.
127 "Losing": Cloake, *Templer*, 199. "Hopelessness": Ramakrishan, "Transmogrifying."
128 "Plan," "occurred": Lyttelton, *Memoirs*, 364. "Goods": Copy of Jan. 1, 1952, letter from Montgomery to Churchill, TEMP.
129 Coates, *Suppressing*, 143.
130 Harper, *Making*, 176.
131 Thompson, *Insurgency*, 140; Short, *Rats*, 391.
132 Stubbs, *Hearts*, 158.
133 Stockwell, *Malaya*, 220.
134 Horne, *Savage*, 338.
135 Clutterbuck, *Long War*, 51.
136 "Battle of Malaya."
137 Stockwell, *Malaya*, 237.
138 Thompson, *Insurgency*, 117.
139 "Scalded": Cloake, *Templer*, 127. "Electrifying": 213. "Chairbound": Miller, *Menace*, 163. "Varnished": Lyttelton to Templer, May 16, 1952, TEMP.
140 "Seldom go": Cloake, *Templer*, 263. Close down: 265.
141 "Clipped": Robinson, *Transformation*, 108. "Stinker": "Battle of Malaya." "Bloody": Raj, *War Years*, 127. "Dynamic," "brusque": Blake, *View*, 140. "Torch": Cloake, *Templer*, 213.
142 Templer to Lyttelton, Sept. 12, 1952, TEMP.
143 Templer to Lyttelton, Nov. 3, 1952, TEMP.
144 Barber, *Running Dogs*, front page.
145 Adams, *Works*, 10.266.
146 Stubbs, *Hearts*, 1.
147 Stockwell, *Malaya*, 372.
148 "Mean to win": Thompson, *Insurgency*, 146. "Ruthless": 144.
149 Tanjong Malim: Stockwell, *Malaya*, 424–25; Cloake, Templer, 222–23; "Battle of Malaya"; Barber, *Running Dogs* ("savage": 158); Ching Peng, *My Side*, 297; Clutterbuck, *Long War*, 81–82; Stubbs, *Hearts*, 165; Miller, *Menace*, 206–10; Mackay, *Domino*, 126–27.
150 Abuses: Short, *Rats*, 160–69; Stubbs, *Hearts*, 73–74; Chin Peng, *My Side*, 239–40; Stockwell, *Malaya*, 328 (detainees).
151 Templer to Lyttelton, Feb. 20, 1952, TEMP.
152 Templer to Lyttelton, Feb. 7, 1953, TEMP.
153 Templer to Lyttelton, Sept. 12, 1952, TEMP.
154 "Inducement": *Conduct of Operations*, 4.2.3.
155 Raj, *War Years*, 127.
156 *Conduct of Operations*, 3.12.1

157 Ramakrishan, *Propaganda*, 189–90.
158 Henniker, *Red Shadow*, 181.
159 Chin Peng, *My Side*, 270.
160 Henniker, *Red Shadow*, 210.
161 Barber, *Running Dogs*, 270.
162 Clutterbuck, *Long War*, 80.
163 Cloake, *Templer*, 261.
164 Coates, *Suppressing*, 50.
165 Casualties: Short, *Rats*, 507–8; Thompson, *Insurgency*, 27; Barber, *Running Dogs*, 270; Stewart, *Smashing Terrorism*, 339; Nagl, *Eat Soup*, 103.
166 In 1960: Andrew Birtle of the U.S. Army Center of Military History, email to author, Dec. 20, 2010. Nagl, *Eating Soup*, and Tilman, "Non-Lessons," offer differing views in the debate over Malaya's lessons.
167 Mockaitis, *Counterinsurgency*, ix.
168 "Measures": French, *British Way*, 248. "Dirty": 249. "Operate": 248.
169 Anderson, *Hanged* (statistics: 4–5, 9); Elkins, *Reckoning*; Branch, *Mau Mau* (casualties: 5; "ideology": xi). 埃尔金斯的著作获得了普利策奖, 但这本书有一些过于耸人听闻的描述 (比如说把英国人的监狱称为"古拉格"), 并且大大高估了肯尼亚人被杀和被拘禁的数字, 此外也没有得到其他材料的支持。
170 Holland, *Revolt*; Grivas, *Memoirs*; Crawshsaw, *Revolt* (casualties: 349); Rosenbaum, "Success"; Byford-Jones, *Grivas* (casualties: 185).
171 Hughes, "Model Campaign"; Peterson, *Oman's Insurgencies*; Arkless, *Secret War*; Gardiner, *Service*.
172 Geraghty, *Irish War*; English, *Struggle* (casualties: 380); Saville, *Report*.
173 Aden: Walker, *Aden* (200 killed: 285); Hinchcliffe, *Without Glory*; Pieragostini, *South Arabia*.
174 http://www.statistics.gov.uk/cci/nugget.asp?id=980.
175 French, *British Way*, 57.
176 "Secondary": Lewis Clark to John W. Jones, April 22, 1955, NARA/DS, box 3333, 751S.00/1-155. "Dream": Clark to Secretary of State, Jan. 4, 1957, NARA/DS, box 3379,751S.00/1-257.

北美洲

大 西 洋

德国 1970~1992年
巴德尔-迈因霍夫帮

比利时
慕尼
法国

意大利 1967~1988
红色旅

古巴 1956~1959年
七二六运动

哈瓦那
圣地亚哥
松树岛
奥连特省

阿尔及利亚

非 洲

南美洲

秘鲁
巴西
拉伊格拉

刚果 1961~1965年
独立后的内战

尼亚卡瓦苏地区
玻利维亚 1966~1967年
切·格瓦拉的最后征途

太平洋

布宜诺斯艾利斯 乌拉圭
阿根廷

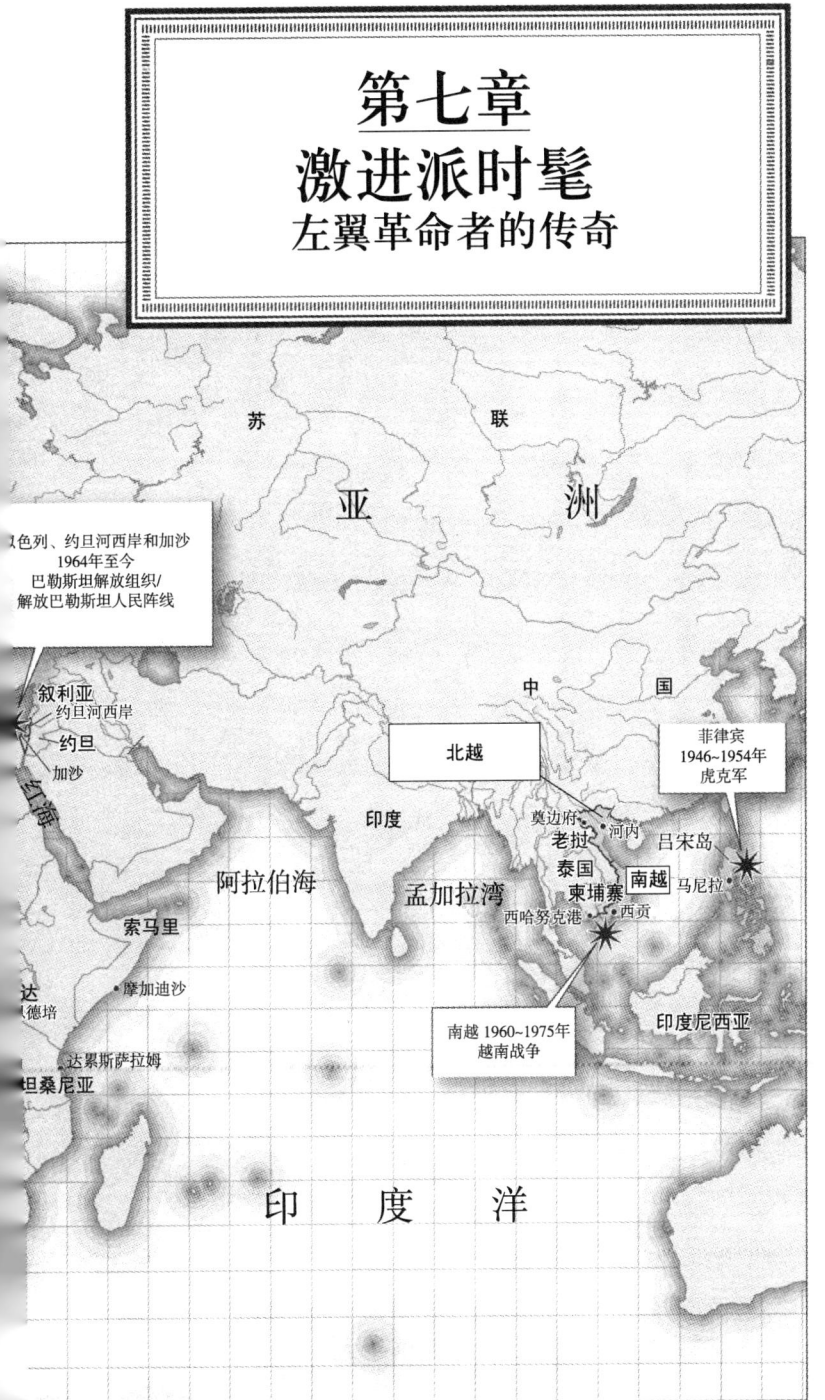

第七章
激进派时髦
左翼革命者的传奇

以色列、约旦河西岸和加沙
1964年至今
巴勒斯坦解放组织/
解放巴勒斯坦人民阵线

叙利亚
约旦河西岸
约旦
加沙

苏联

亚洲

中国

北越

印度

奠边府 河内
老挝
泰国
柬埔寨 南越
西哈努克港 西贡

菲律宾
1946~1954年
虎克军

吕宋岛
马尼拉

阿拉伯海
孟加拉湾

索马里

摩加迪沙

达累斯萨拉姆
坦桑尼亚

南越 1960~1975年
越南战争

印度尼西亚

印度洋

49
硬币的两面

20 世纪六七十年代的游击战秘诀

游击战争和恐怖袭击并未随着欧洲殖民帝国的衰亡而减少。恰恰相反，1959~1979 年——从卡斯特罗夺取古巴政权到桑地诺民族解放阵线夺取尼加拉瓜政权——恰恰是左翼起义者的黄金年代。当时还有少数殖民地处于战争状态，如阿曼、亚丁、莫桑比克、安哥拉以及几内亚比绍，同时还有很多种族冲突，如刚果、东帝汶和尼日利亚的比夫拉地区，这是决定后殖民地国家性质的冲突，引发这些冲突的因素主要是社会主义意识形态与一种强烈的民族分离主义情绪的互相混合，诸如巴斯克埃塔、库尔德工人党、解放巴勒斯坦人民阵线、爱尔兰共和军甚至是美国黑豹党人。激进分子经常把自己当成下一个毛泽东、胡志明、卡斯特罗或格瓦拉，他们拿起 AK-47 要么进行农村游击战，要么进行城市恐怖袭击——或者两样都干。第七章将首先介绍菲律宾的虎克军（huk，也叫人民抗日军），以及美国参与的越南战争，然后是菲德尔·卡斯特罗在古巴夺取政权的过程，以及切·格瓦拉试图把古巴模式输出到外国的努力，最后将介绍 20 世纪 70 年代国际恐怖主义兴起的新时代，以及开启这个时代的巴勒斯坦解放组织的标志性人物及其领导人亚西尔·阿拉法特。上述这些组织，除了菲律宾虎克军之外，都引发了国际媒体的广泛关注，并且把游击战争和恐怖主义推上了公众舆论关注的焦点，从20世纪六七十年代至今，这些组织在公众心目中往往有一种英雄般的传奇色彩。

非正规作战的斗士们那如此之高的魅力与威望，可谓前无古人后无来者。汤姆·沃尔夫（Tom Wolfe）用著名的短文《激进派时髦》（Radical Chic，1970年发表）捕捉到了这个瞬间，他在文章中描述了作曲家雷昂纳德·伯恩斯坦（Leonard Bernstein）在纽约奢华的公寓中和一群黑豹党人的聚会，这场聚会充斥着各种令人捧腹或痛苦的细节——黑豹党是当时无数个恐怖组织之一，这个组织声名在外，但基本上是徒有虚名，根本无法完成他们那虚无缥缈的目标。[1]

在被沃尔夫嘲笑的游击队追捧者中，美国新闻记者罗伯特·泰伯（Robert Taber）是个典型的例子。泰伯在古巴革命期间采访过菲德尔·卡斯特罗，后来还曾经帮忙建立了亲卡斯特罗组织"古巴公平游戏规则委员会"（Fair Play for Cuba Committee）。他撰写了一本赞颂游击队和恐怖组织的著作《跳蚤战争》（The War of the Flea，1965年），把它们比喻成跳蚤，"咬一口，跳走，再咬一口，行动敏捷，躲开想踩死它的脚"。泰伯相信这些60年代的"跳蚤"是无私的理想主义者，他们是为了"全世界的穷人""全世界受压迫和受剥削的人民"而战，同时也是为了证明"想要用暴力镇压人民抵抗运动是徒劳无功的"而战。[2]

还是有一些国家相当成功地镇压了"抵抗运动"。那些最成功的反游击战运动的设计师由此声名鹊起，总统和总理们纷纷向其问计，流行杂志也对他们进行报道。1965年，肯尼迪的助手小阿瑟·M. 施莱辛格（Arthur M. Schlesinger Jr.）指出，反游击战"风行一时"(faddish)。[3] 20世纪60年代出版了一批很有影响力的手册，诸如《反游击战：理论与实践》(*Counterinsurgency Warfare: Theory and Practice*，1964年)，作者大卫·格鲁拉是法国军官，曾参加阿尔及利亚独立战争，并作为驻外武官见证了希腊内战和中国内战。而当时更为流行的著作是《打败共产党叛乱：马来亚和越南的教训》(*Defeating Communist Insurgency: The Lessons of Malaya and Vietnam*，1966年)，作者是罗伯特·汤普森爵士，他参加过钦迪特部队和在马来亚紧急状态时的作战行动。

虽然各种反游击战理论差异很大，但像格鲁拉和汤普森这样的专家却在很大程度上达成了共识，即对付游击战不能采取传统战争的作战手段。将反游击战区分开来的基本原则是使用"最小限度的火力"(格鲁拉)并且首先要考虑"挫败政治颠覆的企图而非游击武装"(汤普森)。他们都认为，面对出没不定的敌人，动用大规模步兵或装甲兵进剿往往适得其反。要挫败游击队，需要一个具备合法性和代表性的政府，获得及时准确的情报，正如坦普勒在马来亚所做的一样。格鲁拉正好呼应了人口中心反游击战理论的教父赫伯特·利奥泰元帅，他写道："一名军人必须准备好成为宣传家、社会工作者、土木工程师、学校教师、医院护士以及乐于助人的人。"[4]

能总结出这么一套反游击战理论实属不易，更困难的是让那些思想仍停留在装甲兵闪电战年代的军官接受这套理论，而且这些军官往往对那些武器简陋、衣衫褴褛而且没有正规军校学习经历的游击队员不屑一顾。甚至连有着悠久的治安战传统的英国陆军，在马来亚反游击战初期也试图采用正规战战术，直到徒劳无功才改弦更张。美国武装力量在这方面的问题更严重。他们同样有悠久的反游击战历史，从清剿印第安人到镇压菲律宾和海地的抵抗运动。美国海军陆战队在1935年甚至制定了《小规模战争手册》。[5]但这些上不了台面的作战经历在职业军人中从来都是冷门，在波澜壮阔的二战联合军事思想中更是被彻底埋没了。美国武装力量的所有精力都集中在准备和自己同等水准的敌人作战，要么是苏联红军，或者其小规模翻版，如朝鲜军队。

只有少数反游击战专家试图让美国军事力量在面对截然不同的敌人时使用截然不同的战术。而在这方面，没有谁比"文静的美国人"爱德华·吉尔里·兰斯代尔（Edward Geary Lansdale）更具创新精神，拥有更大名声，也没有人比他最终遭受更大的挫败。

50
文静的美国人

兰斯代尔和虎克叛乱，公元 1945～1954 年

"文静的美国人"这个绰号来自英国作家格雷厄姆·格林（Graham Greene），他于 1950 年年初造访西贡，1955 年出版了小说《文静的美国人》（*The Quiet American*）。小说中的托马斯·福勒（Thomas Fowler）以格林本人为原型，是一个放荡不羁、有厌世情绪的英国记者，而他的对立面是一个天真年轻的美国人，名叫奥尔登·派尔（Alden Pyle），一般都认为这个人物的原型就是兰斯代尔，[6] 但这种看法很有可能是错误的。派尔总是喋喋不休地说，要引入第三种势力，把越南从共产党和法国殖民者手中夺来。福勒认为派尔"实在太天真"，不过其"幼稚愚蠢"[7]的观点却得到了历史的证实。从 21 世纪的观点来看，第三种势力——自由民主主义——比共产主义或殖民主义存在的时间都长。不过，尽管具备文学天赋，格雷厄姆·格林还是无法领会这种教训。

其他一些较为次要的作家对兰斯代尔的描述可能更正面一些，如美国海军上校威廉·莱德勒（William Lederer），他本人确实认识兰斯代尔，此外还有政治学教授尤金·伯迪克（Eugene Burdick）。他们在畅销书《丑陋的美国人》（*Ugly American*，1958 年）中塑造了一位骑着摩托车、吹着口琴的陆

军上校埃德温·B. 希兰代尔（Edwin B. Hillandale），其原型就是兰斯代尔，书中那些保守的大使馆同僚对他的评价更出名，即"那个疯狂的杂种"。希兰代尔"在一家菲律宾小餐馆吃饭，一边狼吞虎咽阿斗波（adobo，一种西班牙式炖肉）、粉条和米饭，一边喝一种两比索一品脱的菲律宾朗姆酒"。他每个周末都会和当地民众接触，并且基本上"已经和当地人打成了一片"。[8]对作者来说，希兰代尔给人们做出了一个美国代表在东南亚和当地人进行接触的表率——不过这样的人实在很少。而兰斯代尔自从踏上菲律宾的土地，就以自己谦逊的风格赢得了欢迎并且成为有影响力的人物。

兰斯代尔于1945年首次抵达菲律宾，当然和以往一样，是通过非正常渠道。他是美国加州大学洛杉矶分校后备军官训练团的一名候补军官，在1931年还没有毕业的时候曾经短暂加入过陆军预备队。后来他离开了军队，成为旧金山广告行业的一颗明星。兰斯代尔靠自己的努力帮助当地牛仔裤生产商李维·施特劳斯（Levi Strauss）的牛仔裤风靡东海岸。珍珠港事件之后兰斯代尔重返军队，同时为战略情报局和军事情报部门工作，一边训练新手，一边搜集情报。战争结束之后，这位37岁的专攻军事情报的少校被派往马尼拉，他在那里立即开始融入菲律宾文化。[9]

兰斯代尔对虎克运动（Hukbalahap movement）特别感兴趣（虎克军是人民抗日军的首字母缩写，后来改称人民解放军），这是一个共产党组织，于1946年开始对抗刚刚独立的菲律宾政府。兰斯代尔把马尼拉灯红酒绿的鸡尾酒晚宴抛诸脑后，跳上一辆吉普车直奔穷乡僻壤，正如兰斯代尔在日记中记录的，他发现在那里，"恐惧从日出时开始四处蔓延"。这里到处是聂帕棕榈树树叶搭盖的小屋和水牛留下的痕迹，蚂蚁和蚊子四处出没，不管是在烈日下"浑身恶臭"，还是在大雨中"浑身湿透"，兰斯代尔风雨无阻地花很长时间和"对立的双方"进行交流。[10]

在这一过程中，兰斯代尔渐渐开始同情那些普通的虎克军战士，他们大多是"不到 20 岁"的青年，他们相信"自己正在进行的事业是正义的"，是通过"武装斗争"来"改变现有的需要变革的糟糕局面"。他甚至希望能和虎克军领导人路易斯·塔鲁克（Luis Taruc）会面，但未能如愿，后者的秘密指挥部就在离美国克拉克空军基地不远的地方。兰斯代尔为了找他差点挨了枪子儿。

兰斯代尔有时候是孤身一人犯险，有时候还有一个菲律宾朋友陪着他。那是一个"可爱机智"的菲律宾女孩，名叫帕特罗西尼奥·凯利（Patrocinio Kelly），她将成为兰斯代尔的第二任妻子。[11]兰斯代尔的首任妻子海伦对菲律宾的感情远没有他这么深，两人因此渐行渐远，但兰斯代尔直到她死后十多年才再婚。

虽然小说中的希兰代尔上校能说一口流利的塔加洛语（又称他加禄语），现实中兰斯代尔却从没学过外语，但这并不妨碍他和菲律宾人、越南人或其他外国人建立一种令人印象深刻的关系。[12]他的一位下属后来说："他有一种惊人的能力，能够通过口译者充分地和对方沟通。"[13]当然，对兰斯代尔来说更有利的是大多数菲律宾人都说英语，不过兰斯代尔还能够用手势和一些短语让对方明白自己的意思，即使是面对只会讲土语的原始的尼格利陀人（Negrito）也是如此。兰斯代尔在马尼拉的同僚说："除了魔鬼，他恐怕能和任何人成为朋友。"他的秘诀是什么?"他是个很好的倾听者,"一个菲律宾朋友回忆道,"他总能用一种和蔼、令人消除戒心而迷人的方式讲话。他从不命令谁,只会问'你对这么做这件事有什么看法?'或者'你对我们这么处理这个问题有什么看法?'"[14]

兰斯代尔轻声细语、谦卑恭顺的方式广受欢迎,和许多西方人在第三世界国家的那种言过其实、恃强凌弱的作风形成了鲜明对比。如果有谁对他闭口不言,兰斯代尔就会拿出自己的秘密武器——口琴。音乐能够消除人们之间的社交障碍,即使那些人最开始对这位身着制服、留着平头和小胡子的美国人心怀疑虑,兰斯代尔也总是说他能够通过民歌深入了解一个国家。

* * *

兰斯代尔在菲律宾认识的最重要的朋友是拉蒙·麦格赛赛(Ramón Magsaysay),1950年两人认识的时候后者刚刚当选为议员。当时兰斯代尔已经从陆军转到空军服役(他认为"在这个'全新的军种'一定能够大展拳脚")[15],并且为新成立的中央情报局工作——他在1950~1956年一直保持着这样的秘密身份。[16]兰斯代尔和麦格赛赛一见如故,两人年纪相同,麦格赛赛在从政以前参加过抗日游击队。兰斯代尔成了麦格赛赛最亲密的朋友,甚至一度是他的室友。这两个男人对如何剿灭虎克军的看法基本一致,但菲律宾安全部队后来却没有采用他们的办法。

安全部队用大炮和炸弹攻击贫民区,并且不加区分地抓捕、拷打嫌疑犯。一名游击队领导人说:"民主自由被彻底撕得粉碎,农民和其他平民遭到殴打、逮捕、枪击、拘禁甚至是杀害。"[17]菲律宾安全部队的残忍程度比不上二战中的日本或纳粹德国，但其行径却是同样的适得其反并更加徒劳无功，因为按照兰斯代尔的描述，菲律宾政府是一个"腐败丛生"的政府[18]——而纵然日本帝国和纳粹德国政府罪恶累累，它们仍尽量肃清贪污腐败。虎克军总计有1万～1.5万名活跃的战士，在2000万人口中至少有10万名积极支持者，[19]而菲律宾安全部队那种简单粗暴的方式只会让虎克军的支持者越来越多。

麦格赛赛认为菲律宾政府必须赢得民众的信任，兰斯代尔也持此观点。兰斯代尔在华盛顿展开游说，华府用其影响力让麦格赛赛在1950年获得了国防部部长的职务，以推行这个计划。新任部长的座右铭是"全力安抚，或者全力进剿"。[20]该理念实际上就是当时新鲜出炉的人口中心反游击战战略，这种战略可以追溯到古罗马时期，当时罗马帝国就用"面包和马戏"的手段安抚顺从的平民，同时用刑罚折磨那些被俘的反叛者。现代反游击战理论的背后也是这样的方法，联合"安抚"与"惩罚"两种手法，半个世纪前利奥泰元帅就已经实践了这种方法，10年之后罗伯特·汤普森和大卫·格鲁拉会将其发扬光大。在菲律宾，早在上一代菲律宾起义者反抗美国统治的斗争中，这种策略就已经被成功地运用过了，而现在英国人正在马来亚实践这一理论。不过和美国镇压菲律宾人起义或英国镇压马共不同的是，镇压菲律宾虎克军的部队并不是外国军队，安全部队士兵全是菲律宾本国人。这无形中让安全部队本身具备了一定的合法性，而这正是对付游击战或恐怖组织时最重要的有利条件之一，不过这也让改善菲律宾军队糟糕的表现成了当务之急。在菲律宾，本国军队如果围剿失败，那自然无法用外来军队的借口加以掩饰。

按照一位菲律宾作家的说法，根据兰斯代尔的建议，麦格赛赛"实际上重建了武装部队"。[21]现在军队被命令"在进入居民区的时候，要像对待亲友一样对待平民"，而且还要向当地儿童分发糖果和口香糖，同时警告"士兵不得打着保境安民的旗号搜刮，连偷一只鸡也不行"。[22]麦格赛赛派出军方律师，帮助贫苦农民和那些不住在本地的富裕地主打官司，进一步改善了军方形象。

为了保证士兵按照命令行动，兰斯代尔和麦格赛赛经常事先不打招呼就到基层进行突击检查，就好像坦普勒在马来亚做的那样。"没有哪个军官，即使是在最偏僻的哨所执勤，也不能保证在天亮之前不会被暴跳如雷的国防部部长从床上揪起来。"一名跟随麦格赛赛的菲律宾军官以及另一名与兰斯代尔共事过的美国军官如此写道。[23]麦格赛赛还鼓励民众可以给他发廉价电报，告诉他"他们目睹的政府军的所作所为，无论好坏"。[24]

菲律宾士兵被改造成了"亲善大使"，[25]同时经过训练的他们也成了更优秀的突击者。麦格赛赛将武装部队人数扩充一倍，达到51000人，[26]并且派出装备精良的战斗小组先是进入马尼拉，然后进驻偏远的丛林地带，以肃清吕宋岛上游击队的根据地。在1950年一系列同时发动的突袭行动中，虎克军政治局的大批核心人物被俘并被押送到首都，路易斯·塔鲁克不禁哀叹道："真是祸不单行。"[27]

菲律宾武装部队中效率最高的是X特遣队，这支部队装扮成虎克军——英国人在肯尼亚也用这种"伪装"战术伏击茅茅成员，在罗德西亚也派出塞卢斯侦察兵打击非洲起义者。[28]在兰斯代尔的建议下，麦格赛赛还用了其他"阴谋诡计",包括故意留给虎克军设置了诡雷的弹药。

和在马来亚一样,菲律宾治安部队很少使用火炮或飞机,但广泛使用心理战手段。兰斯代尔和麦格赛赛的手法与坦普勒很相似,派出宣传飞机在游击区上空低飞,并且通过点名的方式来鼓励投降者,一旦他们提供的信息使得战友被俘或被击毙,他们就能得到丰厚的奖励。甚至连虎克军领袖路易斯·塔鲁克的母亲也被政府说服,同意劝说自己的儿子投降,塔鲁克几乎"每个小时"都能从政府的广播中听到母亲的声音。[29]而那些投降的虎克军战士可能会得到宽大处理,某些时候甚至会得到免费的土地。

"民事行动"的核心计划是进行自由的公平选举。麦格赛赛和兰斯代尔知道虎克军之所以受到欢迎,是因为民众对1949年总统大选中的舞弊行为深恶痛绝。为了避免重蹈覆辙,他们动用军队为1951年的国会选举和1953年的总统大选提供安全保卫。总统大选的获胜者不是别人,正是麦格赛赛,这一次他再次得到了兰斯代尔的帮助。在帮助自己的朋友在选战中击败了贪污腐败的现任总统之后,兰斯代尔得到了一个新的绰号:压倒性胜利上校(Colonel Landslide)。

兰斯代尔利用自己广告业的从业经验和中情局的秘密资金,为麦格赛赛塑造了很好的公众形象,他甚至想出了一个竞选口号——"麦格赛赛是我们的人"。[30]归根结底,这位可靠、谦逊而勤奋的国防部部长之所以取胜,靠的并非公关方面的花招,按照两位参加过清剿虎克军作战的老兵的说法,原因是他本身那种"专注而进取的领导力的魅力"。[31]"平静而公开"的选举给了虎克军致命一击,他们不得不承认人民不再有"进行武装斗争的紧迫需要了"。[32]

兰斯代尔说:"虎克军现在已经成了无水之鱼。"[33] 由于地理上与外界隔绝(菲律宾周边的水域有美国海军和菲律宾海军巡逻),虎克军甚至在核心区域所在地吕宋岛也无法得到内部援助。路易斯·塔鲁克被迫在群山沼泽中藏身。1954年,在搜捕和饥饿的威胁下,塔鲁克决定效仿数千名部下的选择,向政府军投降。

不幸的是,麦格赛赛和兰斯代尔一手策划的民主改革并没有持续下去,部分原因是麦格赛赛未能活着完成改革——他于1957年因空难丧生。此后费迪南德·马科斯夺取了大权,从1966年到1986年维持独裁统治,结果共产党和穆斯林游击队纷纷起义。马科斯被推翻后,菲律宾重新民主化,不过菲律宾政府仍然充斥着贪污腐败。兰斯代尔和麦格赛赛没有把菲律宾改造成伊甸园,但他们平定了大规模的起义。希腊、马来亚和菲律宾当局成功的反游击战缔造了样板,即尽管二战后共产主义或其他游击队的吸引力达到了顶峰,但通过切断外部援助、增强政府的合法性和支持力度,以及提高安全部队的战斗力并改善军民关系等方法,最终能够成功地平定它们。

51
缔造南越

兰斯代尔和吴庭艳，公元 1954~1956 年

在完成指导菲律宾清剿虎克军的任务之后，兰斯代尔发现华盛顿已经把他当成了反游击战的消防队员。他的下一站是西贡，兰斯代尔在这里将和格雷厄姆·格林产生交集。他于 1954 年 6 月 1 日抵达西贡，那时奠边府陷落还不到一个月，其标志着法国殖民统治的结束。根据日内瓦协议，保大皇帝建立南越政权①，而越共则占据了北边。保大选择经验丰富的民族主义政客吴庭艳为政府总理，此人是一位虔诚的天主教徒，既反对法国人也反对共产党。当时没多少人看好吴庭艳在这个职务上能干得长久。他要同时承受共产党以及南越军队内部各派系的压力。南越内部的不稳定因素有佛教的分支，如和好教与高台教（高台教同时供奉耶稣、佛祖和维克多·雨果），还有在西贡活动的地下黑帮平川派。吴庭艳要在各方的压力下缔造一个全新的国家，这是非常严峻的挑战，而且他还无法指望由法国训练出来的军队的忠诚，因为其总参谋长还在策划发动

---

① 按日内瓦协议规定，两个越南暂时以北纬 17 度线分治。北边的越南民主共和国（俗称北越）由越南劳动党（越共）执政，南边则在保大皇帝统治之下，也叫越南国。1955 年 10 月，越南南方在西贡举行全民公决，废除了保大，成立越南共和国，俗称南越。国外一般将越南南部政权叫南越，实则有些不同。——译者注

针对他的政变。

兰斯代尔上校作为中央情报局驻西贡军事代表团的领导人，任务是帮助"自由越南"（Free Viet-Nam）存活下来。[34]或者按照国务卿约翰·福斯特·杜勒斯告诉他的，要"像在菲律宾那样工作"。[35]协助兰斯代尔的有十多人，一名美国外交官写道："他们忠于兰斯代尔，并且承诺进行艰苦甚至有时候是危险的工作。"[36]他们从中情局的固定工作点搬出来，在米歇尔大街的一栋四居室的平房里工作，这里同时还是兰斯代尔居住的地方。他经常随身携带几枚手榴弹以防不测。

和在菲律宾一样，兰斯代尔花了很长时间下乡，和当地领导人深入交谈。他虽然不会说法语或越南语，不过仍然取得了不小的成果。兰斯代尔和吴庭艳必须通过翻译交流，但是两人"仍然养成几乎每天会面的习惯"，两人每次在总理官邸的会谈都长达数个小时，并且不断地抽烟喝茶。兰斯代尔写道，"我们两人逐渐形成了深入、信赖而真挚的友谊"，不过他也指出"这并非盲目的友谊"，因为吴庭艳"把我其他的越南朋友都抓起来或流放了"。[37]美国顾问试图让这位南越政客了解美国独立战争的原则，并且鼓励"身材矮胖的吴庭艳穿着白色鲨鱼皮双排扣服装"[38]以效仿乔治·华盛顿的形象，并且努力成为越南的"国父"。

兰斯代尔以其特有的谦逊风格和自己的新朋友共享反游击战的哲学，后来有些人称之为"兰斯代尔主义"。[39]这是兰斯代尔独有的美式思想，和英国的罗伯特·汤普森、法国的大卫·格鲁拉以及其他相似的反游击战战略家类似，不过兰斯代尔和他们不同的是，他从来没有把自己的理论思想转化为出版物（他从来没写过相关的著作，只在1972年出版过一本回忆录)。"兰斯代尔主义"的基本理念是贯彻《独立宣言》和《人权法案》的"基本政治理念",他相信两者形成了"一种符合普世价值的具备活力的意识形态,在当今世界为人们所广泛接受,并且贴近全世界善良民众的心灵"。兰斯代尔认为,"我们的意识形态"将"比共产主义者在亚洲能够拿出来的解决方案更具吸引力"。这给人的感觉就好像格雷厄姆·格林所批判的天真幼稚,但兰斯代尔绝不是一个稀里糊涂的"不切实际的改良主义者"。而且他也并非反对展开军事行动——他说:"一个战士,必须要准备好随时投入战斗。"不过他和格鲁拉以及汤普森一样,认识到仅仅用武力消灭游击队是不够的。为了"给共产党人致命一击",必须要展开"民政建设"从而在"军队和平民间建立起一种亲如手足的关系"。"如果把人民争取到自己这边,"他和一位绿色贝雷帽的成员说,"共产党游击队将无处可藏。如果他们无处藏身,那你们就能找到他们。然后,对一个军人来说,要做的就是盯住他们……干掉他们!"[40]

*　　*　　*

日内瓦协议允许共产党的同情者迁移到北方,而反共的平民则可以迁到南方。兰斯代尔顶住了美国大使馆上级的反对,组织美国军舰和飞机进行了大规模的运输工作,把难民运送到南方。兰斯代尔知道越南人特别相信算命,所以他特别在一本比较畅销的年鉴上请著名的占星家做出预言,指出南越将迎来好运,而北越则将"前途黯淡"。[41]为了阻止太多的南方人逃到北方,兰斯代尔让人散发一本小册子,里边声称去北越的人最好准备好寒衣,因为到了那边他们可能会被当作"志愿者"

送到中国境内去修铁路。[42]以上所述并不是兰斯代尔的全部手段，甚至不是主要的手段，但是有将近100万人南迁，而只有不到10万人迁移到了北方。

兰斯代尔试图派反共游击队向北越渗透，早在二战前特别行动处和战略情报局都曾实施类似的行动，但这一计划的结果不太理想。兰斯代尔派出的特务成功地破坏了河内公交系统的燃料供应，但除此之外战果寥寥。这种秘密行动很难撼动一个本土政权。二战期间盟军利用轴心国在情报方面的劣势，在德国和日本占领区的破坏行动取得过比较有限的成功。但是，盟军在德国和日本本土的行动并未取得过像样的成果，兰斯代尔在北越的破坏行动亦如此。[43]

兰斯代尔有幸成功地在南越扩大了西贡政府的控制范围，这项被称为"国家建设"的工作取得的效果很好——而这是任何反游击战取得成功的重要因素，为了破坏游击队的群众基础，必须要建立一个可以有效保护民众，并对其诉求做出回应的政府机构。兰斯代尔的民政建设手段包括把他带来的一批菲律宾志愿医护人员送下乡，他们得到中情局和私人捐赠的经费支持，并作为一个被称为"兄弟会行动"的非政府组织的一部分，为越南农民提供免费医疗服务。[44]他还鼓励越南官员走出首都，脱掉他们的法国服装，穿上农民式的黑色宽松衣裤，在乡村"发展自主治理、自主发展和自主防卫"。[45]

在南方的许多地区，南越政权唯一的代表就是军人。共产党人发出警告称这些"腐败的法国傀儡"将会剥削压迫人民。[46]为了打破这样的疑虑，兰斯代尔让手下印刷了一批行为守则，内容模仿毛泽东的原则，宣称"每个军人都应该是民政工作队员"。[47]兰斯代尔知道农民很乐于看到"在乡间道路横冲直撞，把村民、鸡和猪吓得到处乱窜的军车陷入泥泞"的场面，所以他让部队展开"在乡间开车时要讲礼貌"的教育，而且还"举办了好司机评比活动，给每个单位最有礼貌的司机以奖励并颁发奖章"。[48]

如果一个省份恢复了治安，兰斯代尔就鼓励吴庭艳去当地访问，以便和民众建立人际关系。一旦吴庭艳下乡访问，他往往会被"特别热情"的民众团团围住。[49]相对来说，民众会比较拥戴吴庭艳这样的本国领导人，而不是类似杰拉尔德·坦普勒这样的外国反游击战专家，这种拥戴虽然只是暂时的，但对于吴庭艳的政府来说却是非常宝贵的财富。

*　　*　　*

这是一个世界各地新生国家层出不穷的年代。1945年联合国刚成立的时候还只有51个成员，到1970年时，随着非殖民化浪潮的席卷，联合国成员增加到了127个，而且还在继续增加。[50]建立国家的过程往往不会一帆风顺，南越自然也是如此，吴庭艳想要建立稳固的统治相当困难，不仅在农村，甚至在他自己的首都也是如此。各个派别——和好教、高台教和平川派——在保大皇帝的支持下组成了颠覆吴庭艳的"联合阵线"。这几个派别联合起来约有4万名武装分子，而且集中在西贡周边地区，吴庭艳的军队虽然有15万多人，但非常不可靠，而且散布在南越的各个角落。[51]平川派先后于1955年3月29日和4月28日两次用迫击炮炮击吴庭艳的官邸。叛乱者得到了法国方面的暗中帮助，法军当时在南方仍然有9.4万人，他们反对吴庭艳，原因是他想终结法国人的统治地位。一些法国下级军官甚至因为试图刺杀兰斯代尔及其他协助吴庭艳的美国高级顾问而被捕。[52]兰斯代尔写道,法国人"痛恨我们这些家伙,而且希望看到我们在他们失败的地方重蹈覆辙"。[53]

兰斯代尔怂恿吴庭艳去对付"联合阵线"以巩固他的统治。他帮助吴庭艳利用中情局的资金收买了一些派别的首领。[54]美国大使、绰号"闪电乔"的退役将军J. 劳顿·柯林斯(J. Lawton Collins)和兰斯代尔产生了分歧。他对吴庭艳有"很深的疑虑",并且飞赴华盛顿亲自游说自己的老朋友艾森豪威尔总统抛弃这个总理。[55]兰斯代尔这时并不害怕对抗自己的老板,当然以前他也没害怕过。他们在第一次"团队"会面的时候,柯林斯大使就针对兰斯代尔解决方案的优先顺序提出了质询。难道兰斯代尔不知道柯林斯是总统的私人代表吗?兰斯代尔回应道:"我猜这里没有谁是美国人民的私人代表。美国人民要我们讨论解决方案的优先顺序。所以我据此认为本人就是他们的代表——而现在我们要退场了。"他也确实是这么做的。[56]

当兰斯代尔听说"闪电乔"想要打击他心目中"伟大的爱国者"以及"可能是所有越南民族主义者中最优秀的人",也就是吴庭艳时,他给杜勒斯发去了一封措辞严厉的长电报,警告称:"任何法国人能接受的吴庭艳的替代者,都无法推进必要的改革,而这是阻止越南落入共产主义者手中最基本的条件。"[57]几年以后,兰斯代尔预言,吴庭艳的继任者将会"是特别自私且平庸的人,等共产党打过来的时候他们还醉心于内部的争权夺利"。[58]1963年美国默许南越军方推翻并处决了吴庭艳,此后南越出现的"政治和安全真空"[59]证明了兰斯代尔预言的准确性。中情局头子威廉·科尔比(William Colby)以及其他一些人后来意识到,坐视吴庭艳被推翻是"美国在越南犯下的最主要（可能也是后果最坏）的错误"。[60]

1955年，吴庭艳政权之所以能够继续存在，很大程度上是因为兰斯代尔说服艾森豪威尔政府为其撑腰。不久之后，吴庭艳的军队开始击溃帮派武装——这是兰斯代尔预料的结果，他曾经独自一人漫步在西贡街头，目睹"巷战的残酷血腥"，[61] 但那些伏案工作的法国和美国官僚却仍然认为"吴庭艳肯定不可能靠军队镇压帮派"。[62]

兰斯代尔建议吴庭艳，趁着军事胜利的机会举行全国大选，以决定到底是他还是保大应该成为这个国家的领导人。虽然兰斯代尔警告称应该保证选举公平，但是吴庭艳的弟弟吴廷瑈（Ngo Dinh Nhu）还是忍不住利用舞弊手段，帮助他哥哥获得了98.2%的选票。不过即使不考虑那"让人难以置信"的差距，吴庭艳无疑还是真心受人拥戴的候选人；兰斯代尔团队的一个人曾声称，就算进行公正选举，吴庭艳也能获得80%的选票。[63]

到1956年年底兰斯代尔离开西贡的时候，南越已经打破了当年那些悲观的预言，成为一个运转正常的国家。尼尔·希恩（Neil Sheehan）后来用几近谄媚的语气写道："实实在在地说，南越是爱德华·兰斯代尔一手缔造的国家。"[64]

问题是他创造的南越能否在不断壮大的共产党游击队面前生存下来。到1957年时，游击队开始针对最受欢迎、最有干才的地方官员进行恐怖袭击，这些官员被扣上了"奸细、匪徒和美帝国主义的走狗"的帽子。[65]这些游击队员现在不再被称为越盟了，而是越共（Vietcong）。[66]

52
另一场战争

越南战争中火力的局限，公元 1960～1973 年

兰斯代尔此后仍影响了第二次越南战争的结局，不过他只能在五角大楼的特种作战办公室（Office of Special Operations）的新职务上施加间接影响。兰斯代尔的工作是帮助国防部监督情报工作进展。兰斯代尔只能偶尔重返西贡，尽管吴庭艳希望他能够一直待在那里。[67] 兰斯代尔回忆说，在返回越南的时候，"我几乎说不上话"。[68]

兰斯代尔于 1960 年被晋升为准将，但他反而因为自己的成功吃到苦头。《文静的美国人》和《丑陋的美国人》出版之后，兰斯代尔一跃成为继 T. E. 劳伦斯之后最著名的军事顾问——和劳伦斯一样，他也同时被官僚厌恶和被高级军官推崇。

新任美国总统约翰·F. 肯尼迪（John F. Kennedy）曾研究过毛泽东和切·格瓦拉的著作，他坚持要在所谓的"秘密战争"中加强美国的力量。[69] 肯尼迪在就职典礼之后没几天就在白宫椭圆形办公室召见兰斯代尔，谈话中他提到准备让兰斯代尔就任驻西贡的美国大使。然而这一提议遭到了国务卿迪安·腊斯克（Dean Rusk）的强烈反对，因为兰斯代尔头上有一个"独狼"的恶名——他不具备"团队合作精神"。[70] 正如中情局

的威廉·科尔比所说的,"如果上级下达的命令明显是错误的,那他就会视而不见,按照他自己认为正确的思路行事(而且屡屡如此)"。兰斯代尔生性桀骜不驯,科尔比写道:"这让他很少和更传统保守的官僚成为朋友,更严重的是,这使得兰斯代尔没法获得更重要的岗位,而他在那样的岗位上本来能够让美国的外交政策发生重大变化。"[71]

因此在美国策划猪湾行动的时候,兰斯代尔就完全被排斥在决策圈之外。他认为用不到1500人的流亡分子发动一场胜利日式的登陆行动简直就是"自杀式"的行为,兰斯代尔更倾向于"派出一支小规模游击队……并且逐渐赢得支持"。他后来担任"猫鼬"行动的负责人,这是一次多部门协作的行动,旨在推翻卡斯特罗。但兰斯代尔发现自己的上级,特别是司法部部长罗伯特·F. 肯尼迪,对于他在古巴创建一个革命组织以赢得"热情、聪明而富有同情心的古巴人民的支持"的计划毫无耐心。高层"希望速战速决",这意味着使用突击队进行突袭,并且策划暗杀卡斯特罗的行动。用一个作者的说法,在这些"疯狂的计划"(nutty schemes)中,有一个计划是打算空投印有卡斯特罗和赫鲁晓夫头像的手纸,以羞辱这些共产党领导人。这些计划最终得以真正实施的寥寥无几,而且颠覆古巴政权的计划后来被媒体曝光,让包括兰斯代尔在内的所有相关人员都非常难堪,他甚至在退休以后仍然在1975年被要求参加参议院丘奇委员会(Church Committee)的听证会。和在北越一样,兰斯代尔试图动摇古巴共产党统治的企图也遭到了可耻的失败。[72]

虽然得到了肯尼迪的支持,但兰斯代尔让美国武装力量全力以赴地投入反游击战的努力还是遭到了重重阻碍。1962年,美国总统敦促武装力量投入一场"战争,其烈度前所未见,而历史源远流长——由游击队、颠覆分子、叛乱者、暗杀者进行的战争,以伏击代替正面交战"。[73]为了应对这一挑战,肯尼迪设置了反游击战特别工作组,其成员包括他自己的弟弟。但这个部门的领导人是马克斯韦尔·泰勒(Maxwell Taylor)将军,后来他还先后担任参谋长联席会议主席和驻越南大使,泰勒将军更看好持久的正规战,他青睐动用正规军进行有限战争。[74]因此,武装部队对于总统的指示只是口头应承而根本没有实际动作。1961年,肯尼迪总统视察北卡罗来纳的布拉格堡(Fort Bragg),陆军特种部队骄傲地展示了他们全新的绿色贝雷帽,而这是总统不顾陆军的反对亲自批准他们戴上的,陆军中的保守派对任何离经叛道的部队都非常蔑视。(同样配发绿色贝雷帽的还有英军特种部队,他们曾在1942年和美军游骑兵部队一起进行训练。)戴着华丽的帽子,特种部队向总统展示了"如同西席·地密尔(Cecil B. De Mille)执导的影片的壮观景象",一名士兵回忆说,阅兵甚至包括一名伞兵利用"火箭装置"飞跃湖面,在总统面前着陆。[75]由于被告知要在训练课程中加入游击战的内容,特种部队甚至教授打字员"如何让打字机爆炸",以及让面包师学习"如何在苹果派里放置手榴弹"。[76]

这些噱头也许跟推动游击战有些许联系,但跟反游击战毫不相干,而后者恰恰是美国陆军在20世纪60年代的主要任务。正如兰斯代尔所说,肯尼迪的敦促让军方"做了大量的工作",但大多数都"和预期目标相去甚远"。[77]美军高级将领认为传统的训练、条令和编制足以完成反游击战任务。1960~1962年的美国陆军参谋长乔治·德克尔(George Decker)将军将他们的看法总结为"任何优秀的军人都可以对付游击队"。[78]

实际上，古往今来的许多军人在对游击战的幻想被打破之前都有过类似的想法，无论他们要对付的是古代的马加比游击队，还是19世纪的西班牙游击队或者是20世纪的爱尔兰共和党人。事实上，游击战争在战术层面和轻步兵作战的战术有很多相似之处，但作为一场在民众中间进行的战争，游击战在战略上与两支势均力敌的军队在广袤的沙漠、大地、海洋或空中展开的战争相差很大。低烈度冲突强调的是维持治安和控制民众，在这一过程中滥用武力会适得其反，因为如果造成不必要的平民伤亡，反而会让更多的平民加入起义者一方。因此，反游击战争最基本的要求是某种程度的自我克制，这与正规战的准则相去甚远。

* * *

美国武装部队也是在越南付出了高昂的代价后才总结出了这一经验——这不是第一次，也绝非最后一次。兰斯代尔离开之后越南的局势迅速恶化，很重要的原因是北越方面在1960年决定组建民族解放阵线在南方展开游击战。兰斯代尔1961年短暂访问越南的时候，对于共产党已经"可以渗入南越统治最巩固的地区，并且几乎能够控制住一切"的情况大为震惊。[79]而当兰斯代尔看到"南越军队炮击村庄"时，他感到万分沮丧——这是"在游击战争中绝不能做的事情……绝不能和自己的人民为敌"。[80]

吴庭艳本人则在自己的官邸里更加与世隔绝，兰斯代尔说"他通过戒备森严的警卫与外界隔绝"。自兰斯代尔离开后，吴庭艳已经没有了可信赖的智囊督促他进行民主改革。吴庭艳反而被弟弟吴廷瑈所摆布，按照一名南越官员的话说，"此人是个彻头彻尾的马基雅维利主义者"。[81]吴廷琰到处鼓吹不切实际的所谓"人格主义"理论，使用高压手段镇压异议人士，大大激化了南越当局和佛教徒之间的矛盾。

兰斯代尔在1961年时写道，"如果接任的美国官员和吴庭艳谈谈，那就应该把他看成一个几年来一直生活在地狱中的人——而不是把他当作敌人，向他下黑手——我们应该帮助他用正确的方式恢复我们的影响力……如果我们不希望他的弟弟吴廷瑈扩大影响力的话"，他建议道，"那就让我们安插一些与我们关系更好的人"。[82]但是在兰斯代尔离开越南之后，没有一个美国人能和那位敏感易怒的总统建立一种良好的关系。未来那些和萨尔瓦多的何塞·纳波莱昂·杜阿尔特（José Napoleón Duarte）、阿富汗的哈米德·卡尔扎伊（Hamid Karzai）、伊拉克的努里·马利基（Nouri al-Maliki）打交道的美国官员也将体会到类似的痛苦。事实上，当一个外部势力支援而非控制一个表面上主权独立的盟友进行反游击战时，这种碰撞是普遍存在的现象。英国人在马来亚、法国人在阿尔及利亚或其他在本国殖民地作战的帝国主义国家都无须面对这样的问题，但在那种情况下，因为没有一个独立的本土政权，殖民地作战需要面对的问题是如何赢得民众的支持。

兰斯代尔离开后，南越最有可能成功的计划应该是战略村计划，这是在罗伯特·汤普森爵士的促成下制订的，当时"优雅"的汤普森爵士担任英国顾问团的领导人，[83]而且他和兰斯代尔一样，是少数有空军背景的卓越反游击战理论家（他曾在钦迪特部队担任皇家空军联络员）。这个人口重新安置和乡村治安计划完全模仿英国在马来亚实施的新村计划以及以色列的基布兹集体农场，[84]但在吴廷琰错误的领导下这个计划操之过急。汤普森写道:"在马来亚花了三年多时间才创建了500个足以自守的华裔新村。而在越南只用了两年时间就创建了8000个战略村,其中大部分是在1963年的前九个月完成的。"[85]这种战略村的数量太多,毫无经验的南越武装部队根本无暇顾及,导致敌人得以向这些新村渗透。在肯尼迪遇刺前不到一个月,吴庭艳被一场美国支持的政变推翻,而此后战略村计划就不再受到官方的垂青,尽管守卫新村的努力一直存在。

由于西贡政权突然陷入内部不稳的状态,而越共趁机扩充势力,新上台的美国总统林登·约翰逊面对的是吃力不讨好的抉择:要么投入更多的兵力,要么坐视南越倒台。1965年,两艘美国驱逐舰在东京湾(即北部湾)执行搜集情报的任务,谎称遭到北越军队的攻击。作为报复,约翰逊下令展开"滚雷行动",对北越实施逐步升级的轰炸,为了配合谈判,美军的轰炸行动时断时续。为了保卫空军基地,美军派出了第一批地面部队,但他们很快就扮演了积极作战的角色。到1965年年底时,南越有18.4万美国驻军,而这个数字还在不断增加,直到1969年驻越美军兵力达到了最高峰的54万人。[86]北越的反应则是派出正规军南下配合越共作战。这反过来进一步恶化了南越的治安形势——更不用说美国国内的政治形势,这场战争在美国国内不得人心,并且在大学校园中激起反战浪潮,也引发了骚乱。约翰逊政府把征兵当成了解决问题的首要办法,但他们却忽视了历史上的经验教训,特别是罗马、中国、英国、法国等的历史,这几个国家历史上都经历过远离本土、不受当地人欢迎、消耗巨大且旷日持久的治安作战。经验证明,在此类行动中,最好是使用那些志愿投身枯燥乏味的服役生涯的职业军人,而不是征召厌战情绪较高的民兵,否则一定会在国内引发动荡。

被美国武装力量忽视的以往的游击战争经验不止于此。美国驻越南军事援助司令部（U. S. Military Assistance Command, Vietnam）司令官威廉·威斯特摩兰（William Childs Westmoreland）将军是一个彬彬有礼的美国南方人，他貌不惊人、头发斑白、眉毛浓密且面容硬朗。威斯特摩兰参加过二战和朝鲜战争，在正规战方面有丰富的经验，但威斯特摩兰无论是作战经历还是教育背景都缺乏和神出鬼没的敌人交手的准备，越共不会像德军或朝鲜人民军那样，和美军摆开阵势正面交战。1964年，当威斯特摩兰第一次被提名为驻越美军司令人选时，一名准将提醒道："任命他将是一个严重的错误"——"此人有条不紊……这是一场反游击战，而他对于如何进行这样的战争毫无概念。"[87]这个预言不幸应验了。

威斯特摩兰的反游击战经验有限，他给出的解决办法只有一个词："火力"（Firepower）。[88]美军飞机在越南战争中投下的炸弹比二战还多，且大多数都是轰炸南越领土。[89]然而，可以预见到，美军虽然可以无限制地倾泻火力，但是动用飞机、直升机、卡车和坦克的动静太大，敌人往往早早就能捕捉到风声从而逃之夭夭。共产党军队偶尔也会和美军建制部队大规模决战——比如说，1965年著名的德浪河谷之战，小说和同名电影《我们曾经是战士》（*We Were Soldiers…And Young*）就是以这场战斗为背景的。但是，北越或越共军队很少会这样一头扎进美军的陷阱里自寻死路。美军肆无忌惮使用火力的后果是造成了大量的平民伤亡和流离失所，从而进一步丧失了南方的人心。"我们真的炸死了很多平民。"一个美国军官后来回忆道。[90]

和基奇纳在布尔战争中一样，威斯特摩兰对平民的遭遇漠不关心——他对战役进程的判断依据是极其不准确的"尸体数量统计"，而这种统计数字很容易把被打死的农民当成越共战士。而一旦美军或南越军队离开某一地域，越共往往很快就会恢复对该地区的控制。美军忙于在人口稀少的高原地带追剿越共部队，却忽视了保卫这个国家人口最稠密的地区，南越的1600万人口中有90%居住在湄公河三角洲和狭长的沿海平原地带。[91]

威斯特摩兰希望通过封锁胡志明小道（Ho Chi Minh Trail）来切断游击队的生路，胡志明小道是途经北越、老挝和柬埔寨进入南越的道路网络。但威斯特摩兰从未获得过成功，因为艰苦朴素的游击队不需要大量后勤补给就能够维持作战，而且他们还有另外一条直通柬埔寨的西哈努克港的后勤线路。胡志明小道更重要的作用是向南方增派人员（到1966年时，一年之内就有5万多名战士经此进入南方），而众所周知，从空中是很难发现并打击躲藏在丛林中的人的。[92]

平心而论，美军除了实施常规作战行动之外也做出了不少非常规战努力。他们和南越军队协同展开了一些卓有成效的反游击作战行动。这些行动包括"联合行动计划"，派遣海军陆战队小组到村中驻扎，协助当地民兵部队维持治安；效仿法国人此前的做法，派遣中情局和特种部队成员动员少数民族，即越南山民，组建民间非正规防卫团（CIDG）；组织远程侦察巡逻队，派出由美国和南越特种部队组成的小型猎杀部队，负责搜集情报和伏击敌军；还有"凤凰计划"（Phoenix Program），即派遣美国和南越情报人员肃清越共干部。相比比较常规的军事行动，这些计划的战果更大，美军和越南平民的伤亡也更小。一名越共领导人后来说："我们并不惧怕一个师的敌人，但很畏惧渗透到我们内部的小股敌人"——而这正是"凤凰计划"的主要特征——"他们给我们造成了巨大的困难。"[93]

但对于美军领导层来说，这些反游击战手段既不能立竿见影，也未能给敌人以决定性打击，兰斯代尔嘲讽美军指挥层试图寻找的是"捷径"或"不二法门"。[94]反游击战开始被称为"另一场战争"（the other war），其地位仅仅是笨拙的"搜索并歼灭"任务的附庸，后者消耗了美军95%的资源。[95]这也是美国在越南的努力遭到失败，而英国人在马来亚以及菲律宾人在虎克叛乱中取得成功的主要差别。在后两场战争中，反游击战一方所采用的手段表面上和美军在南越采取的反游击战战术类似，但区别是后两者把主要力量集中在反游击战方面，而不是把反游击战当作战争中的插曲。在南越，愚蠢的极具破坏性的"搜索并歼灭"任务，使在目标更加明确的反游击战行动中取得的大部分成果毁于一旦。

虽然手头的部队不断增加，但威斯特摩兰仍无法完成他所重视的目标，即通过大量杀伤越共，使河内方面来不及补充，从而达至战争的"转折点"。甚至就在美军指挥官不断拿出水分严重的战绩记录的时候，越共在越南南方的兵力还是在稳步增加。根据美军官方的估计，1965年年底越共在南方总共有13.4万人的正规军和游击队，到1967年时增加到28万人。中情局则认为实际数字肯定还要更高——到1968年应该超过了50万。[96]

共产主义军队也承受了巨大的伤亡——战争结束后，河内方面承认总共损失了110万名士兵[97]——但其对此并不在意。北越政府不必担心公众舆论，而美国民众对伤亡更敏感，而且当大量美国士兵白白丧命但战争毫无进展的时候,美国公众开始掀起反战运动。美军的损失最终为5.8万人阵亡,而早在这之前很久,大批美国民众就走上街头,抗议旷日持久的战争,造成了自美国内战以后最为严重的社会分裂。河内方面故意进行选择性的宣传,对美国国内的公众舆论施加影响以激起反战情绪,其中最典型的例子就是1972年美国影星简·方达(Jane Fonda)访问北越。河内方面表示越共是独立于北方的组织,而胡志明等北方领导人也不是真正的共产主义者。[98]很多西方公众都相信了北越制造的这些谎言,相比之下,北越民众在政府的审查制度下很难接触到反共的宣传。

当威斯特摩兰黯然离开越南多年以后,他和他的同僚试图掩盖自己在战术上的失误,而把责任推脱给政治人物,特别是总统林登·约翰逊和国防部部长罗伯特·麦克纳马拉。但是约翰逊由于害怕将北越的盟友中国和苏联扯进战争,一直对轰炸北越的行动严密控制,而对于美军在南越的行动则干涉不多。美国历史学家路易斯·索雷(Lewis Sorley)指出,"在南越,美军指挥官有很大的行动权限,可以决定怎么作战。威斯特摩兰是这样,他的继任者也是一样"。总而言之,威斯特摩兰不能把责任推卸给别人,应当自己承担,和此前在印度支那的法军指挥官一样,他们所进行的"消耗战"正中共产党人的下怀。[99]

* * *

1965年8月,当兰斯代尔再次来到南越工作的时候,美军已经形成了正规战——而且是徒劳无功的——战术模式。1963年年底,兰斯代尔在官僚机构中政敌的排挤下被迫从空军退役,而当时距他晋升为少将才几个月,但副总统休伯特·

汉弗莱（Hubert Humphrey）仍然信赖兰斯代尔，认为他仍然能起作用。当中情局西贡分站站长听到兰斯代尔这个"生性直率且离经叛道"的外来户被从一介平民提拔成新建的西贡联络办公室主任，并直接向大使亨利·卡伯特·洛奇（Henry Cabot Lodge）负责的消息时，他"愤怒得差点摔掉了酒杯"。[100]

兰斯代尔重新召集了20世纪50年代跟随自己的旧部，并补充了一批新人——包括他在五角大楼时的副手丹尼尔·艾尔斯伯格（Daniel Ellsberg），艾尔斯伯格后来因为在1971年公开了一份有关越战的五角大楼绝密文件而声名狼藉。兰斯代尔和他的同事们在公理街（Cong Ly Street）上的二层小楼里不停地接待来访的越南客人，他们往往饮酒作乐到凌晨，时不时还要引吭高歌一番。

到目前为止，兰斯代尔都是一个"活着的传奇"，新闻界期望他能够创造"奇迹"。[101]但是，南越政权当时没有一个相当于麦格赛赛或吴庭艳的本土领导人能够配合他。正如兰斯代尔的预言，吴庭艳倒台——这是由兰斯代尔的同事，中情局特工卢西恩·科奈恩（Lucien Conein）策划的——之后，南越政权由独裁军阀轮流掌权，而他们都缺乏合法性。

不过，兰斯代尔面对的最大阻碍来自美国方面，即所谓的"东方五角大楼"，也就是机构臃肿、效率低下的美国驻西贡官僚机构。1954年兰斯代尔第一次来南越时，整个南越只有348名美国军人；而1968年他再次离开南越的时候，这个数字已经上升到了50多万。[102]从兰斯代尔自身来说，他手下只有11个人。[103]他没有任何自主权，而且由于兰斯代尔的办公室政治经验几乎为零，缺乏华盛顿高层的支持，官僚机构对他又疑虑重重，他也无力施加自己的影响力。一名美国官员把他们的观点归纳为："我们不希望出现一个亚细亚的劳伦斯。"[104]

兰斯代尔如此不受待见的原因不难解释。这位文静的美国人反对美国自20世纪60年代起就开始在南越推行的政策。他不希望美国军队介入南越，尤其是介入的规模还这么大。他总结了数千年来无数游击战争的经验教训，提醒洛奇大使"军队可以镇压共产主义武装……但不能用屠杀的方式打败他们"。兰斯代尔倾向于由了解社会人文的顾问进行指导，在"草根阶层"推行政治改革，以发展一套"可行的民主制度"，而不是像他在越南看到的大多数美国人一样，充满了盛气凌人的"家长制作风"，在兰斯代尔看来这属于"殖民主义后遗症"。[105]兰斯代尔明白需要展开军事行动，但并不是像美国和南越军队这样，动用大军并采取集中火力的战术。他在1964年的《外交事务》杂志上发表文章，警告称："当军方远距离动用武力——不论是步兵武器、火炮或空袭——打击据报告称有越共集结的战略村或是平民的村庄时，下达这种命令的越南军官和纵容他们'肆意妄为'的美国顾问，都是在损害自由事业。"[106]

兰斯代尔试图推动美军在越南改变平乱战术，他后来哀叹道，他的"理念一次次被美国的官员所摧毁"。[107]兰斯代尔以及其他一些经验丰富的反游击战老手，诸如罗伯特·汤普森、约翰·保罗·范恩（John Paul Vann）和罗杰·希尔斯曼（Roger Hilsman）等人的先见之明，在春节攻势之后才得到了多数人的认可。而春节攻势几个月之后，兰斯代尔就永远地离开了越南。

＊　　＊　　＊

　　1968年1月30日夜间，武元甲将军在越共内部强硬派领导人的压力下，动用84000人向西贡及其他南方主要城市突然发动大规模进攻。1月31日凌晨3点，兰斯代尔和西贡的其他居民都突然被"巨大的爆炸声，以及随之而来的自动武器射击声"惊醒。不久之后，"到处都充斥着"激烈的枪声。一支越共敢死队甚至成功突入戒备森严的美国大使馆，但最终全部牺牲。就像武元甲1951年发动的功败垂成的红河三角洲攻势一样，这次被定性为"决定性打击"的攻势在付出巨大代价后遭到挫败。越共估计有37000人阵亡，5800人被俘，而美军仅损失1001人，南越军队损失2082人。河内方面期盼的总起义并未爆发。相反，越共在顺化的表现相当残忍，其在控制城市的三周时间里处决了2800名平民，在南方引发了强烈的反对。[108]

　　春节攻势虽然在军事上是失败的，但由于戳破了美国政府方面的不实宣传，在政治上给河内方面带来了意外的收获。1967年11月威斯特摩兰曾说，这场战争"已经可以隐约看到结局了"。[109]1968年3月31日晚上9点，约翰逊总统在椭圆形办公室发表电视讲话，他身穿蓝色外套，系狭长的红色领带，布满皱纹的脸上一脸严肃，宣布为了"逐步结束冲突"而局部暂停轰炸。令人吃惊的是，在40分钟的演讲结束后，约翰逊又补充道，为了集中精力实现"不负我国和全世界的和平期望"，他将不会参加下届总统竞选或接受"本党对我参加下一届总统竞选的提名"。因此，整个越南战争中最著名的受害者，恐怕非约翰逊总统莫属了。[110]在九天前约翰逊已经解除了威斯特摩兰的职务，任命其为陆军参谋长，而威斯特摩兰继续向越南增兵的请求也被拒绝了。这等于是默认了战争进展不顺利,对此民众早已嗅到了一些气味。约翰逊演讲之前的盖洛普民意测验显示,仅有26%的民众赞成他的对越政策。[111]

继任总统理查德·尼克松及其国家安全顾问亨利·基辛格别无他法,只得推出"战争越南化"的政策,在逐步撤出美军作战部队的同时寻求"体面"地结束冲突的办法。然而,由于越共在春节攻势中元气大伤,他们当然也无法利用美军撤出越南的有利时机。威斯特摩兰的副手和继任者,克赖顿·"亚伯"·艾布拉姆斯(Creighton "Abe" Abrams)将军通过将重点转向"保卫战略村和乡村中的南越民众"而继续施加压力,同时逐步减小正规战的强度。艾布拉姆斯解除了"另一场战争"的魔咒,代之以"一场战争"。[112]他得到了战略情报局和中央情报局的老手威廉·科尔比的帮助,科尔比将民事行动与革命发展支持计划(CORDS)——这是一个专门负责安抚地方的机构——转变为反游击战中卓有成效的工具。美军大批撤退之后南越的安全形势甚至一度还有所好转。1971年,科尔比和他性格鲁莽的部下约翰·保罗·范恩不带保镖骑着摩托车在湄公河三角洲游荡,最终也没遇到麻烦。[113]

1972年,武元甲再次在南方发动了大规模攻势,而这次攻势又犯了和1951年、1968年同样的错误。过早地摒弃非正规作战,无论是对游击队还是对反游击战一方来说,都可能是代价高昂的大错;在这样的战争中,没有捷径可走。武元甲大体上是位极有耐心的学习者,当然他也比曾和自己交手的法军将领或美军将领拥有更长远的眼光。但是武元甲特别喜欢搞那种代价高昂、孤注一掷式的进攻,而这将损害他作为有史以来最成功的游击战略家之一的声誉。尽管美军只在南越留下了少数部队,但是得到美军空中支援的南越武装部队还是粉碎了1972年的复活节攻势(Easter Offensive)。1973年1月,在美军轰炸了河内以及海防港的工矿企业之后,河内政府准备在《巴黎和平协定》上签字以停止战争,至少是暂时停止战争。

尽管尼克松宣布美国已经获得了"体面的和平"(peace with honor),但是在越南南方仍然有超过15万人的共产党军队,几乎在和平协定墨迹未干的时候,南方的越共就开始违约了。[114]但即使如此,如果美国像在朝鲜战争后在韩国驻军那样,在南越保留部分军队的话,那么南越政权其实也可以留存下来。由于公众强烈反对越战,加上水门事件彻底摧毁了尼克松的声望,经过一边倒的总统大选之后,这种可能性彻底消失了。美国于1974年彻底切断了对南越的援助,但中苏两国仍在援助北越。1975年,北越出兵南方造成了南越政权的迅速崩溃。二十年战争的终结是由正规军驾驶T–54坦克完成的,而非衣衫褴褛的游击队,但正是游击队将美国公众继续进行战争的意志消耗殆尽,越南的共产主义力量才有了最终夺取胜利的可能。

*　　*　　*

胡志明于1969年去世,他没能活着看到这场漫长的反抗"帝国主义及封建主义势力"斗争的终结。[115]胡志明早在去世以前很久就因为体弱多病而成了一个象征性人物,真正的权力由幕后的强硬派人物黎笋(Le Duan)掌控。甚至武元甲由于在1965年担忧与美军进行正面交锋而被黎笋讥讽为"受惊的兔子"(scared rabbit),黎笋是让美国这个超级大国在越南蒙羞的主要幕后推手。[116]而黎笋一心追求的胜利的代价也相当高昂——任何民主国家的政治家都难以接受。河内估计在长达二十年的战争中，交战双方的越南人总共付出了360万条生命的代价。[117]

传统美国军人的观点以哈里·萨默斯（Harry Summers）上校为代表，他后来指出，这场战争之所以会输掉，原因是美军被迫过分关注"南方的游击战"，而且目光短浅的政客束缚着军方的手脚，使其无法重点解决"麻烦的根源……在源头上掐断"。[118]他们认为，只要发动一场常规战争入侵老挝，切断胡志明小道，或者直接入侵北越摧毁越共政权，那么美国肯定能打赢这场战争。这种想法根本无视了中国介入的可能性，1967年时，如果美军跨过北纬17度线，将会遭遇中国在北越的17万人的军队。[119]此外，他们还忽视了法国人在印度支那战争中的教训。法军曾经占领了越南全境，但仍然被得到中国支援的游击队打败了。

美国政治领导层的朝令夕改无疑导致了这场美国历史上最严重的军事惨败，但愚蠢的军方试图用正规战的方式来应付非正规战争同样也是导致这场失败的原因。如果更加重视如兰斯代尔这样的反游击战专家的忠告，战争的结局可能完全不同。兰斯代尔早在1964年就指出，"共产党已经在越南传播了革命的理念，这种理念并不会由于我们的忽视、轰炸或扼杀而消亡"。[120]兰斯代尔相信，如果采取正确的方法，美国并非打不赢越南战争。但随着美国民众不再支持越战，美国最终得胜的可能性也就不存在了。

在这个"激进派时髦"的时代，越南并不是唯一一个利用游击战争推翻美国扶植的盟友的地方。另外一个"人民战争"取得辉煌成就的案例，在某种程度上更让美国人难堪，因为它恰恰发生在扬基佬的后院。自从1898年美国派出部队帮助古巴起义者赶走西班牙殖民者之后，这个国家就一直在美国的控制之下。

53
七二六运动

卡斯特罗的绝地反击，公元 1952～1959 年

1956年12月2日，82名革命者乘坐的"格拉玛"号最终抵达古巴海岸，一名当时在船上的革命者后来回忆说："这不是一次登陆，而是一次海难。"

这趟始自墨西哥的旅程简直就是一场噩梦，这些革命者此前曾在墨西哥进行训练。这条38英尺长的游艇是他们花2万美元从一个美国移民手中买来的，"格拉玛"号的乘员定额是25人。除了严重超员之外，这艘船干舷太低，很难适应汹涌的海浪和恶劣的天气，而且操纵起来十分费劲。其中一名成员，未来的古巴共产党中央委员会委员福斯蒂诺·佩雷斯（Faustino Pérez）后来回忆道："排山倒海般的巨浪任意玩弄着这艘渺小而顽强的小船。"另外一名成员是28岁的医生埃内斯托·切·格瓦拉，他回忆说他们"疯狂地找晕船药，可就是怎么也找不到"。不久以后，他写道："整条船上充斥着一片荒谬而悲惨的景象：人们捂着肚子，脸上露出痛苦的表情，有些人把脑袋塞进水桶，有些人则以奇怪的姿势躺在甲板上一动不动，衣服上满是呕吐物。除了两三个水手，以及另外四五个人之外，其余的几十人都晕船。"

"格拉玛"号最终于12月2日天蒙蒙亮时抵达古巴东海岸

奥连特省，停在离海岸约一百码的地方。大多数补给品和装备都被留在了船上，人们纷纷跳进海中，涉水上岸。福斯蒂诺·佩雷斯回忆道："情况相当艰苦……连续几个小时在沼泽中跋涉，穿过泥泞、红树林和积水地区，我们才终于踩上了坚实的地面。我们躺在草地上，精疲力竭、饥肠辘辘、浑身烂泥，然后意识到，我们终于踏上了古巴的土地。"

这支起义军的领袖是时年30岁的律师菲德尔·卡斯特罗，他计划效仿1895年何塞·马丁（José Martí）和其他古巴革命者在古巴登陆并掀起反抗西班牙统治的浪潮的故事。卡斯特罗原本打算让此次登陆行动呼应城市革命者在附近的圣地亚哥发动的起义。但由于在海上航行的时间过长，这个计划泡汤了。当"格拉玛"号靠岸时，等待他们的只有古巴独裁者富尔亨西奥·巴蒂斯塔（Fulgencio Batista）派来的军队。几个小时以后，一艘海岸警备队的船只驶来，一架飞机开始向被困在红树林沼泽里的"格拉玛"号投弹。起义者侥幸逃脱。卡斯特罗和手下依靠被巴蒂斯塔的腐朽政权压榨得一无所有的当地农民提供粮食和向导，在甘蔗地中穿行向东开进，为了躲避空袭而夜行晓宿。他们的目标是平均海拔4500英尺的马埃斯特腊山（Sierra Maestra），卡斯特罗一行认为到那里就安全了。

12月5日早上，用切·格瓦拉的话说，在一整夜的疲劳行军后，他们"濒于崩溃的边缘"，于是在阿莱格里亚德皮奥（Alegría de Pío）的一个小山坡上宿营。然而危险却在悄悄接近，一个给他们带路的农民悄悄向当地的乡村自卫队告了密。要找到这群人一点也不难，起义者一路都在吃甘蔗，所以路上到处是他们丢下的甘蔗皮，甚至连警犬都不用就能追踪到他们。下午4点，起义者发现有飞机袭来，"几秒以后"就"弹如雨下",格瓦拉后来写道,"当时就是这样,我们经历了战火的洗礼"。

在最初的混乱中,格瓦拉和其他几个人被击中。"我觉得胸部被什么尖利的东西打中,脖子也受伤了。我当时认为自己死定了……"他写道,"我立即开始思考最好的死法,因为当时我似乎马上就会死掉。"这些毫无经验的起义者纷纷陷入恐慌,他们或独自一人,或三三两两"像兔子一样乱窜",把装备丢在身后。许多人在被俘后遭到处决,其他人则逃走了。在阿莱格里亚德皮奥之战后,起义者只剩下了20多人。

身穿橄榄绿军服、戴着沉重的角质框架眼镜的菲德尔·卡斯特罗和两个战友在甘蔗田里躲了五天,提心吊胆地听着周围政府军来来回回走过的声音。卡斯特罗睡觉的时候把步枪枪口顶在自己的喉咙上,并且发誓说:"如果我被发现了,我一定会立即扣扳机自杀。"

卡斯特罗此时的处境,类似1802年维克托·埃马纽埃尔·勒克莱尔指挥法国远征军登陆海地后的杜桑·卢维杜尔,1927年秋收起义失败后的毛泽东,或日本军队占领印度支那以后独处北坡据点的胡志明,都可谓四面楚歌。然而,和其他许多革命领袖一样,卡斯特罗即使身临绝境,也从没放弃信仰。这位健谈的年轻人此时仍然克制不住高谈阔论的习惯以及继续梦想的习惯。他夜以继日地用"压低的嗓音"和两个同伴谈论自己未来的计划:如何动员农民,如何进行社会革命,如何打败美国佬,诸如此类。

他的两个同伴觉得卡斯特罗简直是在白日做梦。当时他们时时刻刻都有可能被抓住和杀害。而就算侥幸逃脱,十几个装备极差的起义者怎么可能推翻一个拥有4万装备精良的军人的政权呢？"妈的，他肯定是疯了……"卡斯特罗的一个同志这么想，"就靠这么几个人怎么可能推翻巴蒂斯塔呢？"[121]

答案将在接下来的 25 个月内揭晓。

* * *

铁托是个穷人，毛泽东出身富农家庭，胡志明和武元甲都是穷困潦倒的书生，而卡斯特罗则是货真价实的有钱人。1926 年，卡斯特罗出生于奥连特省的一个拥有 25000 英亩土地的地主家庭，他们家抽农场工人的鞭子的手柄都是银质的。菲德尔的父亲安赫尔是个白手起家的人，他从西班牙移民到古巴时只是个普通的劳工，在成年以后才识字。卡斯特罗后来在哈瓦那的天主教贵族学校上学时，因为自己不是贵族血统，社交圈子大大受限；虽然他是篮球队队长，但其他学生都觉得卡斯特罗"粗鲁"又"没文化"。而且卡斯特罗不喜欢洗澡，"餐桌上也不讲礼仪"。卡斯特罗独来独往，性格暴躁，他的一个同学回忆说，卡斯特罗对"上流社会和有钱人非常憎恶"。他和自己的父母及老师也不和。他后来说："我很早就是个革命者了……大约在六七岁的时候。"

在这方面，卡斯特罗和年轻时候的毛泽东、铁托以及斯大林非常类似，这些后来成为铁腕人物的革命领袖在很年轻的时候就对父母以及社会表现出强烈的反抗精神。他们对心目中所谓的"强权"深深厌恶，同时对拒绝接纳这些自命不凡者的政治体系也十分厌恶，而且他们准备好用暴力手段进行革命。卡斯特罗和毛泽东、铁托以及斯大林不同的是——似乎和武元甲一样——他接受了良好的大学教育。和 20 世纪越来越多的激进分子，以及 19 世纪的俄国民粹主义者一样，卡斯特罗在大学期间就是个积极的政治活动分子——他于 1945 年进入哈瓦那大学法学院。在古巴进行政治活动没有胆量是不行的,卡斯特罗随身携带枪支,经常和其他学生一起卷入与警察的暴力冲突。他根本就不重视自己的学业,两次被控犯有谋杀罪,而且得到了一个颇为夸张的外号,"青年政治暴徒"。在那些年,被同学称为"疯狂的菲德尔"的卡斯特罗满脑子只想一件事。一个朋友回忆说:"他就算跟女孩在一起也会滔滔不绝地谈论政治。"卡斯特罗多年以后身居高位时,也和铁托一样招蜂引蝶,当然同时他对政治倾轧也保持着浓厚的兴趣。

1950年从法学院毕业后,卡斯特罗开始做律师,但接不到多少案子。虽然卡斯特罗的父亲经常会接济他,但到身居高位之前卡斯特罗一直处于囊中羞涩的窘境。卡斯特罗有个漂亮的金发妻子,米尔塔·迪亚斯-巴拉特(Mirta Díaz-Balart),她是一个亲巴蒂斯塔家族的成员,两人在上学期间就结婚了,经常没钱给他们的儿子菲德尔利托(Fidelito)买牛奶喝。不过,卡斯特罗却整日忙于和自己的政治密友吃喝玩乐。他计划参加1952年的议员选举,但后来这次选举取消了。前陆军中士巴蒂斯塔在1933~1944年把持着古巴的大权,现在他再次独揽大权。在第一个任期内,巴蒂斯塔以革新的且受人欢迎的领导人形象赢得了工会和共产党的支持,而古巴的上流社会却并不喜欢这个出身低贱、一度当过劳工的黑白混血儿。再次掌权的巴蒂斯塔逐渐变得心黑手狠且贪污腐败,使得各个阶层的人士均对他不满。卡斯特罗立即开始策划革命,其他激进分子也一样。如果他们不能通过选举夺权,那就准备使用武力夺权。

那时候的卡斯特罗身高超过6英尺,健壮结实,早已经给周围的人留下了深刻的印象,尽管当时他还没有改成后来的经典形象——一脸大胡子加一身绿军装。那时候的卡斯特罗更喜欢穿深色衣服，留一撇小胡子，抹着百利发蜡。卡斯特罗在政坛初出茅庐时，就已经表现出"长篇大论者"的天赋，发表几个小时的高谈阔论将成为其一生的符号。他的风格类似铁托或加里波第，让人觉得"粗犷而迷人"。

卡斯特罗当时是个左派人士，但还不是共产党员。直到后来成为古巴最高领导人以后，卡斯特罗才入了党并成为第一书记；卡斯特罗天性不甘居于人下。他最开始的政治面貌是正统党党员（Ortodoxos），这是一个温和的反对党，宣称践行的是何塞·马丁——卡斯特罗的偶像之———的政治理念。当然，卡斯特罗追随的首先是自己的政治抱负；他雄心万丈，按照一位女性朋友的说法，喜欢别人对他的"肯定、喝彩和崇拜"。"他希望成为上帝。"她总结道。

卡斯特罗直到多年以后才知道什么叫马克思主义，他公开宣称自己是"政治文盲"，而在开始游击战之前，他也没有读过列宁、毛泽东和其他著名革命者的著作。给卡斯特罗影响更大的是古巴独立战争，以及他最偏爱的一部小说——欧内斯特·海明威的《丧钟为谁而鸣》，这部小说描写了西班牙内战中一支游击队的经历。他后来说："这本书帮助我构思我们自己的游击战争。"和毛泽东不同的是，卡斯特罗并不特别看重在展开军事行动前先缔造政治组织。他认为一批理想主义者和冲劲十足的游击队员，通过几次大胆的袭击就能够引发一场大起义。这套理论后来成为著名的"游击中心论"（foco theory），但它从来没成功过，甚至在古巴也没成功。

*　　*　　*

卡斯特罗重返祖国、展开游击战前，早在1952年时就已经踏上了漫长而曲折的革命道路,这导致他被捕并流亡海外。当时卡斯特罗开着自己的米黄色雪佛兰汽车横穿古巴,到处寻找自己的追随者,并许诺要恢复民主制度。不久之后他就有了1200名追随者。卡斯特罗为他们挑选的首要目标是攻打圣地亚哥的蒙卡达军营,这座军营有着坚固的围墙,并且有400多名守卫。他希望借此夺取武器以武装自己的革命军,但是1953年7月26日的袭击遭到了惨败。卡斯特罗的部众大部被俘或被杀。他本人带着少数人试图逃往山区,但被乡下的自卫队抓住了。不过幸运的是,抓住卡斯特罗的那个中尉个性仁慈,他抵制了上级处决所有俘虏的命令。

根据优良的革命传统,卡斯特罗成功地把审讯自己的法庭变成向公众宣扬自己政治观点的讲坛。法官允许卡斯特罗担任自己的律师,为政府提出的"暗杀与酷刑"的指控做辩护。卡斯特罗最终和25名同伴,包括自己的弟弟劳尔被判处15年徒刑,但在此之前,卡斯特罗为自己进行了一场两小时的辩护演讲,足以让人想起哈珀斯费里之战后约翰·布朗的慷慨陈词。当时卡斯特罗具体讲了什么已经无从查证,不过他后来在狱中整理自己的讲话并加以美化,秘密出版了一本小册子《历史将宣判我无罪》(*History Will Absolve Me*)。他在最后总结道:"就像我不怕夺去了我70个兄弟生命的可鄙暴君的狂怒一样。判决我吧!没有关系。历史将宣判我无罪!"

由于率众攻打蒙卡达兵营的名声,加之为自己慷慨陈词的气节,他被推举为反巴蒂斯塔力量的领导人。卡斯特罗被关押在松树岛(Isle of Pines)监狱中服刑的日子,进一步为他的革命资历增光添彩,尽管他在这里是个享受特权的囚犯,能够得到书籍、食物和雪茄等包裹。他在监狱中通过阅读来深化自己的思想，最终转变为共产主义者。在监狱里的时候，卡斯特罗的妻子和他离婚了，原因很可能是卡斯特罗误把写给情人的信寄给了她。在此后的岁月里，卡斯特罗身边也不乏女人（据说他的保镖也和他有染），但是，正如他的一位女性朋友所写的那样："他真正的情人是革命。"

1955年，在囚犯母亲们的压力下，巴蒂斯塔对卡斯特罗及其追随者实行大赦。这是巴蒂斯塔政权粉饰自己的手段，这个独裁政权已经引起了广泛的不满，但又没有足够的力量去镇压那些不满。巴蒂斯塔曾有机会除掉这个最危险的敌人，或者至少一劳永逸地把他囚禁起来，但他却错过了。而卡斯特罗在掌权以后则不会犯同样的错误。[122]

* * *

在离开松树岛监狱后，卡斯特罗自主流亡到墨西哥。他在这里训练军队，现在这支力量被称为"七二六运动"，或者以西班牙语首字母缩写为M-26-7。卡斯特罗在这里遇到了一位新战友，此人是个医生，他最初自称埃尔·阿亨蒂诺（El Argentino），他将成为自加里波第之后最具传奇色彩且声名远扬的游击战士——切·格瓦拉。

但跟加里波第不一样，格瓦拉和卡斯特罗都非出身于工人阶级。格瓦拉的家庭不像卡斯特罗那么富裕，但血统上更高贵，他是阿根廷一位最富有的人的后代。到1928年格瓦拉出生时，他家的家财大多已经散尽了，但他的父母仍然保持着不错的生活水准——开销往往超过收入。他们过着放荡不羁的生活，而且思想相当自由开放。他的母亲穿裤子而且抽雪茄，这在当时是十分大胆的行为。格瓦拉的父亲是个臭名昭著的花花公子，后来和格瓦拉的母亲分居了。格瓦拉更亲近自己的母亲,小时候身患哮喘的格瓦拉得到了母亲的精心照料——而身患哮喘让他日后进行体力劳动时饱受痛苦。像赫伯特·利奥泰和西奥多·罗斯福一样,格瓦拉要建立一番丰功伟绩,以证明自己不再是当年那个体弱多病的小男孩。父母双方都把热爱运动和阅读的基因遗传给了他;格瓦拉喜欢打橄榄球和高尔夫球,阅读萨特、弗洛伊德、马克思和列宁的著作。当然,格瓦拉也从父母那里继承下来了蔑视社会传统的性格。

格瓦拉慢慢变得桀骜不驯、勇敢无畏且倔强固执。他喜欢用自己不修边幅的形象震惊资产阶级,比如说,他曾经不无夸张地宣称他有半年没洗过衬衫。女孩们纷纷被这个"平易近人"的年轻男子所吸引,按照他第一个妻子的描述,他"声若洪钟却又弱不禁风"。他"有一头深棕色的头发,苍白的面孔,一双炯炯有神的黑眼睛"。历数自加里波第及之后的一大批游击战领袖,格瓦拉无疑是其中最受女性欢迎,同时也最为风流倜傥的一位。

格瓦拉在布宜诺斯艾利斯大学(Buenos Aires University)主修医学,但其实他并不想成为一位医生。格瓦拉很喜欢旅行和写作。他小时候家里经常搬家,所以长大以后他也四海为家,一度被人当成是拉丁美洲的杰克·凯鲁亚克(Jack Kerouac)①。1950年,他独自骑着一辆摩托车在阿根廷来往奔波。两年以后他和一个朋友骑着一辆摩托车游历南美,这辆摩托车被他起名为"拉·波特若沙"(La Poderosa,意为强者),这次7个月的旅行被他写成了《摩托车日记》(*Motorcycle Diaries*)。1953年从医学院毕业后,他又和另外一位朋友一起

---

① 美国著名小说家,代表作有《在路上》。——译者注

完成了另一次洲际旅行。

毛泽东和他的一个同学在1917年夏天化装成乞丐游历湖南,当时的所见所闻让他大为震惊。与之类似,格瓦拉在旅途中既看到了赤贫、文盲而缺医少药的穷人,也看到了巨富和特权阶级。比如,格瓦拉在1952年曾经在智利一个铜矿看到工人因罢工而遭监禁,而这个工人和他的妻子一起"在夜晚的寒风中瑟瑟发抖",甚至连"一条可以御寒的毯子都没有"。正如毛泽东将他所看到的社会不公归咎于资本主义本身,而不是从农业经济向工业经济过渡过程中的内在困境一样,(据说年轻的毛泽东曾说"金钱是灵魂的父亲和爷爷"),格瓦拉也把抨击的矛头指向了资本主义——在他看来,是拉丁美洲的寡头统治者和他们的美国后台。他对联合果品公司在哥斯达黎加的种植园特别愤怒,他在给家里的信中写道:"我在斯大林同志的画像前发誓,不打倒这些资本主义吸血鬼绝不罢休。"

在危地马拉,格瓦拉不可避免地被政治深深迷住了,他见证了1954年危地马拉左派总统哈科沃·阿本斯·古斯曼(Jacobo Arbenz Guzmán)被中情局操纵的政变推翻。格瓦拉"在战斗中特别忘我,经常冒着受伤的危险"。他写道:"这些经历都非常有趣,在枪林弹雨中,参加演说和其他活动,生活不应该是一成不变的。"1954年秋天他离开危地马拉的时候,格瓦拉已经成为虔诚的马克思主义者,并且成了一个新生的好战分子。

他的下一站是墨西哥城,当时这座城市还在从墨西哥革命战争(1910~1920年)的创伤中缓慢恢复,也正处在那个塑造一个丑陋、拥挤但充满活力的特大都市的快速扩张中,以致小说家卡洛斯·富恩特斯(Carlos Fuentes)将之形容为"欠发达地区的首都"。由于墨西哥当时由左翼的革命制度党

(PRI)执政，所以这里成为许多流亡者的目的地，如列夫·托洛茨基，他于1940年在这里被暗杀，还有文学界的叛逆者，诸如杰克·凯鲁亚克，他在20世纪四五十年代经常造访墨西哥城，还有威廉·S. 巴勒斯（William S. Burroughs），他于1949～1952年在此定居。

在墨西哥城的时候，格瓦拉在1955年7月的日记中写道："我见到了菲德尔·卡斯特罗，那个古巴革命者。"卡斯特罗给格瓦拉留下了深刻印象："他是个年轻睿智的家伙，非常自信，特别勇敢。"他补充道："我认为我们志趣相投"。当然，事实是格瓦拉立即加入了七二六运动。

七二六运动对格瓦拉的吸引力还在于，这至少能让他脱离自己所说的"灾难性的婚姻"。格瓦拉在危地马拉认识了一个身材丰满而相貌平庸的印第安女子，伊尔达·加西亚（Hilda Gadea），格瓦拉在加西亚怀孕以后跟她结婚了。虽然他很爱自己刚刚降生的女儿，但格瓦拉实在无法忍受成为一个"平庸的居家男人"的生活。现在他也不必再过这样的生活了，在接下来的战斗生活中他会遇到一位更年轻、更漂亮的女孩，一位名叫阿莱达·马尔奇（Aleida March）的革命女青年，她将成为格瓦拉的第二任妻子。（伊尔达最后成为一名卓越的社会主义者，她声称为了能让格瓦拉全身心地投入"解放美洲的斗争"，而选择与他和平离婚。）

格瓦拉最初只是作为医生加入革命队伍的，但他在军事训练以及后来的军事行动中表现得更加优异。虽然有哮喘，但格瓦拉做事非常刻苦而且不顾一切，就像加里波第和温盖特一样，甚至在他成为高层领导人，即司令官以后，他也保持着这种风格，尽管某些古巴人因为他是外国人而有些怨气

（一些挑剔的古巴同志对格瓦拉不喜欢洗澡这点特别惊讶）。格瓦拉崛起的关键是，尽管他比卡斯特罗更聪明，也更加心思细密，但他从来没有挑战过菲德尔的领导地位，他将卡斯特罗当成革命中唯一的最高领导人。[123]

* * *

在阿莱格里亚德皮奥的那场一边倒的伏击之后，卡斯特罗的部众大部分被抓或被杀，巴蒂斯塔认为七二六运动已经被打垮了，所以把大批军队调离马埃斯特腊山区。少数幸存者得以死里逃生，并在当地同情革命的农民的帮助下重整旗鼓。卡斯特罗像毛泽东一样，要求部下善待穷人。他们吃饭住房都付钱，而且还经常惩罚那些侵犯民众利益的起义者——这和巴蒂斯塔的军队形成了鲜明对比，古巴政府军经常盘剥民财，虐待农民。与此同时，卡斯特罗为惩罚"告密者"和"剥削阶级"而设立了"人民法庭"——当然它也可以用来打击任何被认为阻碍他的人。和所有成功的游击队领袖一样，卡斯特罗知道如何恩威并施，以及利用利益和惩罚手段来动员民众。

告密者对起义军而言一直是个麻烦。1957年1月30日，一个农民给当地自卫队带路，直扑游击队的营地，巴蒂斯塔军队的飞机对游击队进行了轰炸和扫射。格瓦拉亲自处决了那个告密者，而其他人都没胆量下手。[124]不过，起义军又像阿莱格里亚德皮奥之战那样被打散，但他们再次死里逃生并重新聚集在一起。

七二六运动能够重新崛起，很大程度上是因为《纽约时报》的一位记者在1957年2月17日深入他们的营地进行采访。卡斯特罗有意识地模仿何塞·马丁，后者在1895年登陆奥连特之后不久就接受了《纽约先驱报》的采访——卡斯特罗也跟毛泽东不谋而合，后者聪明地利用了埃德加·斯诺。采访卡斯特罗的记者名叫赫伯特·L. 马修斯（Herbert L. Matthews），这个人对他的采访对象都有相当程度的认同，无论是入侵阿比西尼亚的意大利法西斯分子，还是西班牙内战中的共和派。据说当时卡斯特罗让手下排成圆圈一直在附近走来走去，以免让这位记者看穿起义军人数不多而且已经被包围了。不过这个说法可能是虚构的，但卡斯特罗确实让助手以并不存在的"第二纵队"的名义发来了一则假消息，而且卡斯特罗自称他手下有"数个10到40人不等的战斗小组"，但实际上他所有的兵力也不够40人。

轻信的马修斯被卡斯特罗吹的牛皮给蒙住了，于是在《纽约时报》发表了头条新闻。他在报道中写道，那个"古巴青年英雄"还"活着并且在努力而成功地"为了"一个全新的古巴""战斗"，他想建设的古巴是"激进的、民主的并因此是反共的"。巴蒂斯塔在国内暂时取消了审查制度，因此这一报道也在古巴国内刊载并引发了轰动。古巴政府不止一次向民众宣称卡斯特罗已经被击毙，但现在他们知道"卡斯特罗先生"，"一个充满理想、勇气，有着非凡领导才能的人"已经"成为马埃斯特腊山区的主宰"，并且"巴蒂斯塔将军想要镇压卡斯特罗的革命的希望渺茫"。马修斯的报道夸大了事实，但成为在未来应验的预言——这更证明了在现代游击战争中"信息战"对战争最终结局的影响力逐渐增强，而且这种影响力有时候会是决定性的。[125]

* * *

很少有人注意到古巴城市中的地下革命组织在马修斯的冒险故事中所起到的作用。马修斯是被卡斯特罗在哈瓦那的内线从纽约找来的。其他地下工作者和马修斯在指定地点碰面，然后躲过巴蒂斯塔的封锁把他送往解放区并送回来，很像1936年中共在城市中的地下工作者对埃德加·斯诺所做的。古巴革命者以后也会在其他记者身上做同样的事，如哥伦比亚广播公司（CBS）的罗伯特·泰伯，他在1957年5月做了一次关于卡斯特罗的热情洋溢的报道——《马埃斯特腊山区的革命者：古巴丛林战士的故事》（*Rebels of the Sierra Maestra: The Story of Cuba's Jungle Fighters*）。

这个例子仅仅是七二六运动的城市地下组织在宣传方面为卡斯特罗提供的诸多帮助中的一个，实际上城市地下组织还为卡斯特罗提供了人力、资金、药品、武器、弹药、粮食和被服。据估计，平原地区总共有1万名革命战士，远多于山区中的革命者，[126]而在1958年以前城市中的革命者也更加重要。他们中很少有人是马克思主义者，而且大部分人都是卡斯特罗的竞争者，其中包括魅力非凡的学生领袖何塞·安东尼奥·埃切维里亚（José Antonio Echevarría）。在马修斯的报道发表之后，埃切维里亚为了盖过卡斯特罗的风头，领导了一次向总统府的进攻行动，最终失败了。他的死对卡斯特罗来说是意外之利，间接除掉了一个主要竞争对手。

然而，其他的城市革命者仍在继续战斗，他们组织罢工和暴动，并且实施了大量的破坏和恐怖袭击行动。包括在哈瓦那郊区焚毁了40万加仑的航空燃油，一度攻占国家银行，以及绑架了一名来古巴访问的阿根廷赛车手。即便城市革命者的行动未能成功，他们也将政府的注意力从马埃斯特腊山区的游击队身上吸引开来，并且保持着对巴蒂斯塔独裁政府的压力。

如果不是很大一部分古巴民众转而反对巴蒂斯塔政府，那么卡斯特罗也很难成功。甚至连富商都开始资助卡斯特罗的事业，有些人无疑是为了应对政治变局而在卡斯特罗身上下注，其他人则是因为憎恶巴蒂斯塔，并且相信卡斯特罗进行温和改革的许诺。1958年3月，46个社会组织代表20万民众要求巴蒂斯塔下台。[127]但是，对于所有这些反巴蒂斯塔政权的组织来说，卡斯特罗的人才最终完成了对巴蒂斯塔政权的致命一击，而收获胜利果实的人则是他们的领袖，卡斯特罗。

* * *

转折点发生在1958年夏天，当时游击队成功抵挡住了政府军对山中"解放区"的大举进剿。巴蒂斯塔集结了1万人的军队，在飞机和大炮的支援下发动进攻。卡斯特罗手下只有300多个士兵，但他占有地利。政府军不得不沿着"陡峭而凶险"的小路行军，而这种小路连骡马都无法行进，更不要说吉普车了。卡斯特罗那"经过巧妙伪装的营地"只能经由"荆棘密布且难以行走的陡峭山路"才能到达。这样一来少数守军就能够抵御数量占很大优势的敌军的进攻。在经过76天激战，丢弃了大量武器装备，付出1500人阵亡、受伤和被俘的代价之后，巴蒂斯塔被迫停止了进攻。[128]

1958年8月底，卡斯特罗发动了自己的攻势，他效仿毛泽东，计划用农村包围城市的战略，但他的部队比毛泽东少很多，当然事实上古巴也是个比中国小很多的国家。卡米洛·西恩富戈斯（Camilo Cienfuegos）带领一个82人的纵队走出山区。切·格瓦拉带领另外一个150人的纵队。他们的目标直指500英里外的哈瓦那，不过是步行过去。卡斯特罗本人在9月率领230人的第三个纵队直取圣地亚哥。如果这是一场正规战，这么点儿兵力根本就没有机会取胜。然而，古巴政府军当时士气低落而且已经对巴蒂斯塔失去了信心,并且承认"军事局势大大恶化"导致了"恐慌的蔓延"。[129]

1958年12月29日,格瓦拉的纵队已经增加到340人,他们进攻了古巴中部一个重要的交通枢纽圣克拉拉(Santa Clara),这个城市有15万人,3500名守军。双方进行了长达三天的血腥巷战,让人想起了红衫军1860年对巴勒莫的进攻。像加里波第一样,格瓦拉得到了市民的帮助,他们设置路障并且向政府军投掷自制炸弹——莫洛托夫鸡尾酒燃烧瓶。圣克拉拉陷落之后,再也没有什么地方能阻止起义军进军哈瓦那了。[130]

此时甚至连美国政府都已经抛弃了巴蒂斯塔政权——当时没有像爱德华·兰斯代尔那样的顾问给巴蒂斯塔打气,并且给他出谋划策以进行挽回民心的改革。艾森豪威尔政府被巴蒂斯塔这么顽固的盟友激怒了,于1958年3月切断了对他的武器援助,而中情局为了捞取政治资本,甚至开始向七二六运动提供秘密资金。[131]

巴蒂斯塔别无他法,只能在新年前夜选择流亡他国,他悲哀地写道,"西服、连衣裙、孩子的玩具、长子在马术比赛里赢得的奖杯、生日时送给孩子的昂贵礼物、油画和艺术品、第一夫人的珠宝和首饰,以及自1930年代起赚取或别人送给我的个人财产"都被丢在了身后。[132]刚刚流亡至多米尼加共和国的巴蒂斯塔在被记者问到为什么被这么少的敌人夺取了政权时,他回答道:"整个军队都未做好准备,以对付采用游击战术的起义者。"[133]

起义军于1959年1月1~2日夜间进入首都,其间得到了民众盛大的欢迎。曾被官方禁止的七二六运动的红黑色旗帜犹如雨后春笋般，瞬间从各处冒了出来。汽车在街道上飞驰，喇叭滴滴作响，穿过兴高采烈的人群，他们认为这个新年标志着古巴将迎来一个新的时代。[134]同一天，卡斯特罗进入了圣地亚哥，1953年时他就在这里开始了自己的革命生涯。这次他不发一枪就进入了蒙卡达军营。接下来该做的就是巩固新生政权了。

54
游击中心论还是狂热病?

切·格瓦拉的愚侠式冒险，公元1965~1967年

七二六运动在最后胜利时总兵力也不过几百人，[135]他们能取得胜利着实有些不可思议，仅靠游击队就击败了一支拥兵4万的军队，并控制了一个拥有600万人口的国家。其他取得胜利的共产主义运动，不论是中国还是越南，在最后成功夺取政权的时候军队规模都大得多。甚至许多不成功的起义，从希腊到菲律宾，其武装力量都要多得多。卡斯特罗的胜利违反了毛泽东的理论，他从未试图组建一支正规军。而且和毛泽东或胡志明不同，他在赢得胜利的过程中，除了古巴侨民之外，基本上没得到什么来自外国的援助。（苏联的援助还是很久以后的事情。）

这正是卡斯特罗的天赋，将小规模武装进攻和大范围宣传攻势相结合，创造了一个七二六运动必胜的氛围。甚至在他攻打蒙卡达军营失败并遭牢狱之灾后，卡斯特罗也展现出了把军事挫折转化为宣传战胜利的神奇天赋。然而，如果不是巴蒂斯塔政权太孱弱的话，卡斯特罗也很难取胜，相比之下蒋介石政权就强多了。巴蒂斯塔手下是一个不得人心的腐败政权。他的军队只是纸面实力强大，巴蒂斯塔政权提拔军官的标准是其人是否忠诚，而非按照功绩和能力，征召的大多数士兵都无心恋

战——这也很好地解释了为什么在两年的战争中政府军只死了不到300人。[136]正如巴蒂斯塔的手下不如卡斯特罗的手下一样,他本人在战术灵活性方面也远远不如卡斯特罗。[137]特别是卡斯特罗巧妙地掩藏了自己的意识形态观点,并且和那些非马克思主义的反对派结成了暂时的政治联盟。他当时坚决拒绝在七二六运动中掺入任何"共产主义"或是"反美主义"的内容。[138]

革命胜利后卡斯特罗很快就抛弃了之前温和派的政治面貌,他下令处死了数以百计的政敌,拒绝举行大选,没收了大量土地,强行控制物价,和苏联结盟,压制独立的媒体和政党,建立了一个比巴蒂斯塔政权的控制更严密的警察国家——到20世纪60年代初期,卡斯特罗把古巴改造成了一个共产主义国家。这使得他和许多以前的同志疏远,并让美国政府有所警惕。美国政府展开了大量行动,有些活动是在兰斯代尔的指导下展开的,试图推翻卡斯特罗政权。面对美国对古巴新生政权的威胁,卡斯特罗能够依靠的就是弟弟劳尔·卡斯特罗以及切·格瓦拉的坚定的忠诚,他们是首先把卡斯特罗推向共产主义的人。

格瓦拉是个强硬的马克思主义者,后来他认为苏联太过软弱,转而亲近强硬的中国。格瓦拉并不是个嗜杀者,但他对动用流血手段也并无悔意。格瓦拉曾经写道:"我感到自己的鼻腔正在扩张,贪婪地嗅着火药、血液以及敌人的死亡的气味。"[139]卡斯特罗因此在1959年年初任命格瓦拉为卡瓦尼亚堡(La Cabaña)监狱的监狱长,那是一座坐落于哈瓦那海港的老式石质要塞,戒备森严,令人望而生畏。在这里,格瓦拉曾经批准只经过简单的审判就处决数百名"反革命分子"。他的其他职务还包括代表古巴出任巡回大使,以及工业部部长和国家银行行长。

格瓦拉担任后面的职务的过程很有趣,当时古巴领导人正在开会,卡斯特罗问屋子里有谁是"经济学家"(economist),只有格瓦拉举了手,因为他以为卡斯特罗问的是谁是"共产主义者"(communists)。[140]把这么一位对经济学一无所知的人放在掌管经济的岗位上并非一时起意。格瓦拉在实施工业化和土地改革方面倾注了大量的热情,而且他对提高工人待遇很不以为然(他认为"社会主义国家的人"应该为了社会利益而奉献)。[141]格瓦拉主导的改革让古巴糖业生产遭遇了灾难性的萎缩,让这个曾是拉丁美洲最富裕的国家变成了穷国。古巴在此后几十年的时间里不得不依赖苏联的援助。

格瓦拉很快就对这些工作感到厌烦,准备寻找新的挑战。他自称"冒险家"和"20世纪的雇佣兵"。[142]与喜欢美食美酒和一心想成为大人物的卡斯特罗不同,格瓦拉生活很朴素,对权力或特权不感兴趣。格瓦拉的妻子有一次让他用公车送孩子去医院,但格瓦拉让她和平民一样去坐公共汽车,因为公车的汽油属于"人民",不能因个人原因而动用。[143]格瓦拉是个理想主义者,或者可以称之为"圣卡尔"(Saint Karl)①式的狂热信徒,他将自己形容为"和北美的罗马帝国对抗的"基督徒。和加里波第一样,格瓦拉并不追求权力,他是个不断革命论的信奉者。格瓦拉渴望对"帝国主义、殖民主义和新殖民主义"进行不断的打击——以创造"两个、三个或很多个越南",[144]这句话曾经被广泛引用。

1960年,格瓦拉出版了一本名叫《游击战争》(*Guerrilla*

---

① 指马克思。——译者注

Warfare）的书，这成为其他左翼游击队的行动指南。这本书提供了很多非常实用的建议，甚至在今日的童子军手册中也可看到其影子——比如说，"只多带一条裤子，不要带太多的内衣和其他物品"。格瓦拉这本书的开创性贡献是他强调游击队员要有灵活的应变能力——革命的游击中心主义。"并不一定要等到发动革命的所有条件都具备，"他指出，"发动起义能够创造这样的条件。"他的追随者，法国知识分子雷吉斯·德布雷（Régis Debray）在自己的宣言书《在革命中的革命?》（*Revolution in the Revolution?*）里这样阐述格瓦拉的思想："开辟一个军事上的游击战中心，而非政治上的中心，他对未来的影响将是决定性的。"[145]

游击中心论非常浪漫，而且足以鼓舞人心，但正如一名专家所指出的，这一理论主要基于"相对比较特殊的古巴经验"，而且它忽视了城市地下工作者以及大众反对巴蒂斯塔这两个条件所起的作用。[146]如果游击中心论在它的诞生地古巴没有成功，那在其他地方能成功吗？这是一个美丽的海市蜃楼，将让它最重要的维护者死无葬身之地。

* * *

格瓦拉决定在刚刚独立的刚果实践自己的理论，这是一个处于冷战前线的混乱国家。1961年，刚果独立后的首位领导人帕特里斯·卢蒙巴（Patrice Lumumba）被政变推翻并丧命，各种各样在苏联和中国支持下的起义者纷纷出现，意图推翻有西方背景的脆弱的刚果现政权。刚果武装部队司令官约瑟夫·蒙博托（Joseph Mobutu）将军在绰号"疯狂迈克"的霍尔（"Mad Mike" Hoare）上校指挥的1000名南非雇佣兵的支援下，击退了起义者。格瓦拉带领130名古巴战士去帮助共产党支援的起义军。

刚果起义军仅仅在坦噶尼喀湖西岸有一小片解放区,坦噶尼喀湖是一片广阔的内陆湖,周边覆盖着棕榈树林,对欧洲人来说是一片"刚发现"的土地,1858年伟大的探险家理查德·弗朗西斯·伯顿爵士(Sir Richard Francis Burton)和约翰·斯皮克(John Speke)发现了这个湖泊。在殖民时代,坦噶尼喀湖分别属于比属刚果和德属东非,现在则将刚果与布隆迪和坦桑尼亚隔开。1965年春天,格瓦拉来到这里,他在日记中写道:"人民解放军的基本特点是一支寄生虫军队,不工作、不训练、不战斗,从民众中征用物资和劳役,有时候手段还特别残酷。"

格瓦拉做了很多工作,试图提高起义军的训练水平和纪律性,但收效甚微,原因是他发现这些人缺乏卡斯特罗手下那批人的献身精神。军官们要么从前线临阵脱逃,到达累斯萨拉姆(Dar es Salaam)花天酒地,要么随便找个地方"喝到烂醉如泥"。就算是偶尔带领士兵投入战斗,这些军官也会"率先临阵脱逃"。而普通士兵则满足于"拥有一支步枪和一套军服,有时候甚至是一双鞋子,以及在当地有一定的权威"。他们基本上都没有"革命意识"。事实上,这些士兵缺乏"任何超越当地传统部落视野的长远眼光"。他们宁愿相信巫术而不是马列主义,他们相信巫师的符咒可以让人刀枪不入。这些人甚至拒绝携带自己的补给品,并且振振有词地说"我又不是卡车",后来则说"我又不是古巴人"。格瓦拉总结认为,他们"懒散而毫无纪律",而且"没有任何战斗或自我献身的精神"——"是我遇到过的最差劲的战士"。

和这些毫无斗志的人一起工作实在令人沮丧,而且古巴人还时常身染疟疾和其他热带疾病；据格瓦拉记载，有一次他"24小时就拉了30多次肚子"。作为一个骨子里的乐观主义者，格瓦拉也不得不承认情况实在令人绝望。

1965年11月，格瓦拉和他的同伴在来到刚果7个月后就一去不复返了。不久之后，残忍无情又野心勃勃的蒙博托夺取了政权，并且在这里建立起腐败的独裁统治，他将刚果改名为扎伊尔（Zaire），并且统治达32年之久。他最终于1997年被曾经得到格瓦拉帮助的起义者洛朗·卡比拉（Laurent Kabila）推翻，但卡比拉夺权之后和前任一样残忍而腐败。[147]

* * *

格瓦拉并没有想给他的非洲之行涂脂抹粉，在他死后多年才出版的回忆录中，他写的第一句话就是："这是一段失败的历史。"但是，这样的挫折并未熄灭他心中的革命火焰。1966年格瓦拉短暂地返回古巴，但这只不过是为了下一次冒险做准备。他把下一个目标选在了玻利维亚，因为这里处于南美洲的中心地带；他希望以此为基础，将革命的浪潮辐射到玻利维亚的邻国，包括他的祖国阿根廷。

玻利维亚到处是贫穷而困苦的印第安乡村，并且到处是山，乍一看是个实践游击中心论的完美国家，但在其他方面这里远远算不上理想的游击战场所。玻利维亚在1952年爆发过革命，那场革命将最大的矿业公司收归国有，重新给农民分配土地，将他们转变成保守势力。雷内·巴里恩托斯（René Barrientos）将军于1964年夺权，但在两年后的大选中他获得了六成的选票。巴里恩托斯是个平民主义者，说的是印第安语中的克丘亚语（Quechua），而且非常关心农民问题。他同时也得到了美国的大量援助，后者对拉丁美洲卡斯特罗主义的扩散相当警惕。

445　　格拉瓦于1966年11月乔装成一个秃头的乌拉圭农业专家进入玻利维亚。他在玻利维亚东南部尼亚卡瓦苏（Nancahuazú）地区的偏远山区开设营地，但接下来的行动全面违背了他自己提出的游击战原则。他曾写道，"游击队战士应该是一个社会改革家"，但在玻利维亚，格瓦拉没有提出任何有吸引力的社会改革计划。他也曾经提出，"在任何政府以某种形式的选举而上台的国家……都不能提倡游击战争，因为这里存在着进行和平斗争的可能性"。而在玻利维亚，总统恰恰是通过选举上台的。

格瓦拉继续写道，"游击战士需要对周边乡村的情况了如指掌"，但玻利维亚农村对格瓦拉及其手下相当抵触。他最初带领的24名战士中只有9个人是玻利维亚人，而且他们之中的大多数都来自城市。他还写道，"游击战士需要得到当地民众的全力支持"，但没有一个农民加入他的游击队。1967年4月，格瓦拉在日记中承认道："动员农民的工作几乎不存在，除了作为密探之外。"此外，格瓦拉也无法得到城市地下工作者的帮助。玻利维亚共产党并未要求格瓦拉前来，而且也认为眼下并不适合发动武装斗争。格瓦拉是在孤军奋战。

格瓦拉违反的另外一个准则是"绝对保密，不能让敌人掌握任何情报"。他的行踪于1967年3月暴露，两个逃兵供出了自己古巴人的身份，使得巴里恩托斯总统能够打着反对外国侵略者的旗号来激发民族主义情绪。德布雷被俘后因为受刑不过也供出了格瓦拉行动的细节，他于1967年4月在跟随游击队行动了几个星期之后被俘。很快，一个由17名会说西班牙语的"绿色贝雷帽"（即美国陆军特种部队士兵）小分队抵达玻利维亚，指挥官是绰号"老爸"的拉尔夫·谢尔顿（Ralph Shelton）少校，此人参加过朝鲜战争和在老挝的军事行动，他们一起负责训练清剿格瓦拉的玻利维亚游骑兵营。中情局特工也向他们的行动提供了情报支援。

游击队人数最多时有50名士兵，分成两个纵队，他们设法伏击了某些安全部队的成员，但一般都是遭到人数越来越多的政府军的追击。玻利维亚山区气候炎热，丛林密布，时常大雨倾盆。随着战局不利，格瓦拉的脾气也越来越坏，他经常靠"狂风暴雨式的怒骂"来发泄情绪，甚至连一些老兵都被他骂哭了。他还经常生病，身体虚弱不堪，因为格瓦拉连哮喘病药品也遗失了。游击队还缺乏食物，他们只能靠扣押农民来获得粮食。这种举动自然将农民推到了对立面，也让政府军更容易侦知他们的行踪。

正如格瓦拉承认的，随着政府军"证明他们的行动更有效"，他的小部队连连受挫。1967年8月31日，游击队遭到政府军伏击，损失了10个人。一个月后，另外一支游击队分队被歼灭：3人被打死，2人失踪。到最后，格瓦拉手下只剩下17个人了。1967年10月8日上午，他们在一个狭窄的峡谷中被100多名玻利维亚游骑兵包围，而给他们带路的是一个当地农民。双方在午后不久开始交火，格瓦拉腿部被击伤，而他的M-2卡宾枪也被一发机枪子弹打坏了。格瓦拉试图突围，但因为腿部受伤加手无寸铁而没能跑远。

夜幕降临时，瘸着腿的格瓦拉被他的捉拿者押送到附近一个叫拉伊格拉（La Higuera）的村庄，关押在一所泥墙的小学校舍里面。第二天，一个古巴出生的中情局军官菲利克斯·罗德里格斯（Felix Rodriguez）认出了他，他当时是玻利维亚政府军的顾问,此前乘坐直升机飞到这里。罗德里格斯写道:"他的衣服又破又脏,脚上包着破皮子,蓬头垢面,而他所梦寐以求的农民起义最终也未爆发。"罗德里格斯宣称他曾试图给格瓦拉留条性命,但没有成功。玻利维亚最高指挥部的命令很快下达,"立即处决格瓦拉先生"。一名士官因为三个好朋友在战斗中被打死,所以他志愿做刽子手。罗德里格斯承认格瓦拉"死得很英勇"。传说中格瓦拉的临终遗言是:"我知道你们肯定会杀了我。开枪吧,懦夫!你要做的只是杀死一个人!"[148]

为了避免让后人祭奠这位烈士,格瓦拉的遗体(他的双手被砍掉,作为身份证明)被埋在了一条飞机跑道下面的乱坟岗里。直到1997年,格瓦拉遗体的命运才真相大白,当时他的遗体被挖掘出来运回了古巴,并得到了英雄般的葬礼。

* * *

切·格瓦拉在牺牲之后就渐渐成为一个神话;摄影师阿尔贝托·科达(Alberto Korda)1960年时为他拍下的头戴贝雷帽的照片,成为这个星球上最出名的照片之一。[149]他和另外一位失败的狂热英雄约翰·布朗一样著名,后者是当时一位大胆的进步观念者,而且也是游击中心论的实践者。正如格瓦拉希望在玻利维亚掀起共产主义革命而未成功一样,约翰·布朗试图在弗吉尼亚引发奴隶起义的努力也归于失败。甚至在哈珀斯费里战斗时,布朗手下的人数跟格瓦拉也差不多,22个人。两人的主要区别在于,布朗被绞死几年后,他所反抗的奴隶制度就瓦解了,而格瓦拉所拥护的革命势力却遭到了一次又一次的失败。

从哥伦比亚革命武装力量(FARC)到萨尔瓦多的法拉本

多·马蒂民族解放阵线（FMLN），再到乌拉圭的图帕马罗城市游击队（Tupamaros，也叫杜派马鲁分子）、阿根廷的庇隆主义左翼城市游击队（Montoneros），整个拉丁美洲在20世纪六七十年代产生了一大批令人眼花缭乱的游击队和恐怖主义组织，它们名称类似、暴力倾向类似，指导行动的意识形态也类似，尽管它们之间存在尖锐的甚至是弄巧成拙的托洛茨基主义者、毛泽东主义者和亲莫斯科的共产主义者的区分。大多数组织都受到"光荣的古巴革命"鼓舞。[150]有些组织按照格瓦拉的理论，建立了农村根据地："在不发达的美洲地区，农村是展开武装斗争的基本区域。"[151]而其他组织——特别是在城市化程度更高的国家，如阿根廷、巴西、智利和乌拉圭——受到巴西马克思主义者卡洛斯·马里格赫拉（Carlos Marighella）的《城市游击战迷你手则》（*Minimanual of the Urban Guerrilla*，1970年）的影响更大，该书用城市游击中心论取代了乡村游击中心论。

马里格赫拉是1967年成立的巴西恐怖组织"民族解放运动"（National Liberation Action）的领导人。该组织曾绑架了几位外交官员（包括美国大使），劫持了一架巴西航空公司的飞机，多次抢劫银行。虽然马里格赫拉和格瓦拉的打击目标不同，但对暴力的救赎力量以及革命者英雄主义品质的看法却是一样的。他写道："今天，'暴力'或'恐怖主义者'将成为任何一个高贵之人的光荣品质，因为在反对可耻的军事独裁及其残暴统治的武装斗争中，这样的行动配得上一个革命者。"[152]

两者还有另一个相似之处：马里格赫拉和格瓦拉一样壮志未酬。1969年，他在巴西警察的伏击中被打死。他的城市游击中心论也像格瓦拉在玻利维亚的乡村游击中心论一样，迅速灰飞烟灭。

拉丁美洲的大多数革命组织，无论是活动于城市还是乡村，大都遭受了类似的命运。唯一的例外是尼加拉瓜的桑蒂诺运动（Sandinista movement），其于1979年推翻了安纳斯塔西奥·索摩查（Anastasio Somoza）①的统治，索摩查是个懦弱、腐败、无能堪比巴蒂斯塔的独裁者。但是，桑蒂诺运动并不是孤立的游击中心组织。该组织于1961年成立，是一个基础深厚的反对派运动，得到了包括天主教会、商会和大多数上流阶层的支持——而在古巴以外的拉丁美洲国家都没有类似的情况。而且，和古巴类似的是，美国在最后时刻切断了对索摩查政权的援助，从而加速了该政权的垮台。[153]

* * *

拉丁美洲的各个革命组织虽然未能成功，但在那个时期仍然造成了相当大的人员伤亡。特别是农村游击运动，它们有能力存续数十年。不过，它们所带来的社会变革基本是负面的，仅仅是刺激了军事接管。拉丁美洲的军人政权往往派出安全部队进行清剿，并且经常以"暗杀队"（death squads）这样的准军事组织作为补充，疯狂屠杀起义者及被怀疑支持起义者的平民，后者的范围广泛得几乎可以涵盖所有的左翼分子。据说仅在阿根廷的"肮脏战争"（Dirty War）期间就有3万人被打死——所谓"肮脏战争"指的是布宜诺斯艾利斯军政府在1976~1983年对有嫌疑的左翼人士的清剿。[154]危地马拉的死亡人数更多：1960~1996年的内战总共导致约20万人丧生。[155]

---

① 原文如此，此处实际应指尼加拉瓜索摩查家族的第三任总统（1967~1979年）安纳斯塔西奥·索摩查·德瓦伊莱（A. S. Debayle）。——译者注

铁腕镇压在阿尔及利亚和印度支那都适得其反，因为这两个国家的反游击战一方都是缺乏民众支持的外国殖民者。巴蒂斯塔和索摩查则是本土政权镇压起义事与愿违的案例。但是到20世纪70年代初，大多数拉丁美洲的平民确实对不断加剧的暴力和混乱状况，以及共产主义者可能夺取政权的前景感到担忧。这导致他们大都对军政府为了恢复法律和秩序所采取的严厉手段持默许态度。一旦危机解除，公众则会抨击军政府，要求恢复文官统治。在世纪之交，大多数拉丁美洲游击队都已经被打垮了，无独有偶，大多数拉美国家也都走向了民主化。

除了多米尼加共和国和格林纳达之外，这些共产主义运动的失败大都不是因为美国的直接军事干预，但美国为各国当局提供了相当的军事援助，特别是20世纪80年代在萨尔瓦多以及21世纪初在哥伦比亚。这两个国家的民主政府得到的美国援助要超过巴蒂斯塔和索摩查，这两国政府都能够约束本国军队，使之不能胡作非为，并且它们也都实践了坦普勒在马来亚和麦格赛赛在菲律宾所实施的人口中心反游击战手段。萨尔瓦多的马蒂民族解放阵线于1992年放弃了武装斗争，成为一个政党。哥伦比亚革命武装力量在总统阿尔瓦罗·乌里韦（Alvaro Uribe）于2002~2010年发动的清剿中幸存了下来，但实力锐减，从此逐渐转向实施犯罪而非革命行动。乌里韦打垮了一个一度有希望夺取政权的游击队组织，因此他应该能和坦普勒和麦格赛赛一样，名列二战后最卓越的反游击战专家之一。[156]尽管在这些战争中没有出现类似爱德华·兰斯代尔的美国顾问，但仍然有许多"文静的专家"（Quiet Professionals）——这是绿色贝雷帽的自称——在幕后起到了关键作用，他们对提高各个国家的反游击战能力贡献颇多。

当然，拉丁美洲并不是20世纪六七十年代唯一经历革命暴力运动蔓延的区域。这是当时的世界性浪潮，甚至也让西欧和北美的许多发达的自由民主国家头疼。世界各地的激进分子以毛泽东、胡志明和切·格瓦拉为榜样——他们是游击主义的大师——对"旧制度"发动了猛烈的攻击。他们中的许多人得到了古巴、苏联、东德和其他共产主义国家或激进国家的直接支援。在这个过程中，他们引领了国际恐怖主义的第二个高潮时代，足以让当年的无政府主义浪潮黯然失色。

55
68 一代以及 48 一代

奇袭恩德培和 20 世纪 70 年代的恐怖主义

1976年6月27日星期日12点20分,法航139次班机从雅典机场顺利起飞,这架航班是从特拉维夫飞往巴黎的途中经停雅典。当空乘人员紧张地为246名乘客准备午餐时,突然从头等舱传来了尖叫声。航空工程师打开了驾驶舱舱门想弄明白发生了什么事,正好看到一个金发的年轻男子在他对面,手里握着手枪和手榴弹。此人秘鲁护照上的名字是塞尼奥·加西亚（Senor Garcia）,但他的真名叫维尔弗里德·博泽（Wilfried Böse）,属于红军派的一个分支组织的成员。红军派是德国的一个左翼团体,不过更出名的名称叫巴德尔－迈因霍夫帮（Baader-Meinhof Gang）,是以两个创建者的名字命名的。同机的还有他的女朋友,革命细胞（Revolutionary Cells）组织成员布丽吉特·库尔曼（Brigitte Kuhlmann）,梳着一个运动式的马尾辫,戴着眼镜。她手里挥舞着枪和手榴弹,控制住了头等舱。与此同时,经济舱的两个阿拉伯人也站了起来,从糖果盒中掏出预先藏起来的手榴弹,由于希腊机场安检水平出了名的低,他们才能够把手榴弹偷偷带上飞机。库尔曼叫这两个人为"39号同志"和"55号同志",法耶兹·阿卜杜勒－拉希姆·贾巴尔（Fayez Abdul-Rahim Jaber）和贾伊菲·纳吉·阿尔－

450

阿亚姆（Jayel Naji al-Arjam）都是解放巴勒斯坦人民阵线特种作战司令部（PFLP - Special Operations Command）的资深成员，而所谓的特种作战司令部是巴勒斯坦地区大大小小的派别中的一个。

这样不伦不类的劫机者组合——无依无靠的巴勒斯坦人和来自西方的"有原罪的白人青年"[157]——随后就变得清晰起来，博泽通过空客 A300 的机内广播系统向惊恐万分的乘客宣布，他们现在处于"切·格瓦拉力量和解放巴勒斯坦人民阵线加沙突击队"的控制之下。这两个距离遥远的恐怖组织的联系随之也清晰了起来，因为他们要求以色列、法国、西德、瑞士和肯尼亚等多个不同的国家释放 53 名被关押的恐怖分子，其中有 1972 年在以色列卢德机场（今本·古里安机场）打死 26 人的听命于解放巴勒斯坦人民阵线的日本赤军（Red Army）分子。这些要求是从乌干达的恩德培机场发出的，6 月 28 日星期一凌晨 3 点 15 分，法航 139 次班机在经停利比亚加油以后降落在这里，而这也让他们瞬间出现在世界各国的电视屏幕上。

据传列宁有一句名言（可能是别人杜撰的），"恐怖主义的目的就在于制造恐怖"。美好年代的无政府主义者已经展示出如何利用报纸和杂志来达到他们目的的能力，但电视的广泛传播使得 20 世纪的恐怖分子能够将他们的主张传播得更广。像 20 世纪七八十年代的诸多"人质危机"一样，这次事件也得到了媒体扣人心弦的报道，至少是在它以戏剧性的结局收场之前，这在很大程度上达成了劫机者的目的——恐吓以色列及其支持者。

当乌干达军队包围这架飞机的时候，那些被吓坏的人质无从得知等待他们的将是什么。他们会被救出去么？然而，答案很快就揭晓了，乌干达疯狂的独裁者伊迪·阿明·达达（Idi Amin Dada）与恐怖分子是一丘之貉。尽管乌干达以前和以色列的关系不错，但1971年通过军事政变夺权的阿明作为穆斯林还是同情巴勒斯坦人的事业的。他和利比亚以及沙特阿拉伯都有很亲密的关系，这两个国家给他提供了大量经济援助，阿明因此得以在驱逐了这个国家最成功的南亚商人阶层并没收其财产后，恢复了被他搞得一团糟的经济。1972年，阿明公开宣称他认为希特勒"屠杀了600多万犹太人"的做法是正确的。当乘客们在乌干达士兵的枪口下被转移到机场老候机楼时，他们非常害怕。在这里，控制飞机的4个恐怖分子又多了6个同伙。他们听命于瓦迪亚·哈达德（Wadia Haddad）医生的指挥，此人在索马里摩加迪沙的临时指挥所操控全局。作为一名受过训练的牙医，有着良好教育背景的哈达德在1967年与乔治·哈巴什（George Habash）一起建立了以马克思主义为宗旨的解放巴勒斯坦人民阵线，后者是一名学医的巴勒斯坦学生，两人是在贝鲁特认识的。他们的专长是实施恐怖行动，偏爱的目标就是民航客机。

  劫机的历史几乎和商业航班出现的历史一样悠久。历史上第一次有记录的劫机出现在1931年，当时泛美航空公司的一架客机在秘鲁被当地的革命分子劫持，他们想利用这架飞机投撒传单。第一次民航飞机炸弹事件发生在两年以后，当时一架联合航空公司的客机在从克利夫兰飞往芝加哥的途中爆炸，机上7人全部遇难。[158]但哈巴什和哈达德把劫机浪潮推向了一个新的高度，使其成为20世纪70年代标志性的恐怖主义战术，如同手榴弹是无政府主义时代的标志性武器，汽车炸弹是21

世纪恐怖分子的标志性武器一样。1968 年，解放巴勒斯坦人民阵线成员首次劫持了一架以色列航空公司的飞机；1970 年 2 月，他们在空中炸毁了瑞士航空公司的一架客机；1970 年 9 月，在一系列疯狂的劫机事件中，他们同时劫持了 4 架西方国家的航班。作为对劫机事件的报复，1968 年以色列派遣突击队将停靠在贝鲁特机场的 14 架没有乘客的客机炸毁，更重要的是为以色列航空公司引入了武装空警和其他严格且代价不菲的安保措施。这迫使解放巴勒斯坦人民阵线把目光投向安保措施比较松懈的其他国家的民航客机。1976 年，哈巴什甚至决定袭击非以色列和非军事的目标。哈迪德因而退出，自己成立了激进派别解放巴勒斯坦人民阵线特种作战组织（PFLP - Special Operations Group），这个组织得到了克格勃的秘密援助，[159]再一次证明外部支援对起义者的重要性。

劫持法航 139 次航班的解放巴勒斯坦人民阵线特种作战组织①的成员宣称法国和其他国家是"犹太复国主义罪行"的同谋，但他们的主要矛头还是指向以色列人和犹太人。在 6 月 29 日星期二晚上，博泽宣布部分乘客将被押往机场老候机楼里的一个独立房间关押。当他根据护照念出那份名单的时候，很明显被他点到名字的都是犹太人。这些犹太人乘客中有些是大屠杀的幸存者，而一个德国人冷酷地念这份名单的景象让人想起了奥斯威辛。在奥斯威辛是由约瑟夫·门格勒（Josef Mengele）博士决定谁立即死，谁能活得久一点。在接下来的两天里，148 名非犹太人被释放，并飞回法国。94 名犹太人和 12 名法航机组人员留了下来，后者是勇敢地志愿留下来的。

---

① 原文如此。——译者注

从劫机者的角度来看，释放那批非犹太人人质是一个致命的错误。他们一飞回巴黎就有一批以色列特工来询问情况，后者由此得知了许多有关恩德培机场布局的细节。曾经在乌干达承担军事援助任务的以色列军官们和两个曾经租用一架小飞机飞越机场航拍照片的摩萨德特工提供了更进一步的情报。他们的发现使得策划一场营救行动成为可能。

从劫机事件发生伊始，以色列总理伊扎克·拉宾（Yitzhak Rabin）、国防部部长西蒙·佩雷斯（Shimon Peres）和内阁成员就一直在争论，到底是采取营救行动，还是像以前那样满足劫机者的要求。以往的营救行动历史显示营救成功率并不高。最著名的失败案例发生在1972年的慕尼黑机场，当时德国人笨拙地想要解救以色列奥运会运动员，结果导致全部9名人质、1名警察和8名恐怖分子中的5人丧生。以色列安全部队对这种行动的准备更充分一些，但成功率也高不到哪去。1974年，3个从黎巴嫩来的巴勒斯坦人就在以色列北部的马阿洛特（Ma'alot）控制了一所学校。陆军突击队冲进了学校，但没能尽快肃清恐怖分子，后者杀死了21个学生，打伤了数十人。第二年，8个巴勒斯坦解放组织武装分子乘坐橡皮艇从一处海滩登陆，控制了特拉维夫的萨沃伊酒店（Savoy Hotel）。陆军突击队再次发起攻击，这次5名人质被解救，但另外8名人质和3名士兵被打死。

这些行动均由以色列陆军精锐部队总参侦察营（Sayeret Matkal）实施，它被简单地称为"某部队"，以英国特种空勤团为蓝本组建。1972年，4个巴勒斯坦人在卢德机场劫持了一架比利时航空公司的航班。这次以色列人的运气好些，16名突击队员穿上白色工作服，假扮成机场的技术人员，参加突击的人包括埃胡德·巴拉克（Ehud Barak）中校和本雅明·内塔尼亚胡（Benjamin Netanyahu）中尉，两人都是后来的以色列总理，这回只有1名乘客被打死。但解救人质并非这支部队的特长，而且他们也未曾在离本土这么远的地方展开过行动。没几个人相信他们真能接到飞赴恩德培机场的命令，但他们仍然为行动精心制订了计划。

当全世界的注意力都关注着人质的命运，越来越多的人认为他们可能再也不能回家时，以色列军方和政府的高层领导人却对代号为"霹雳行动"（Operation Thunderball）的营救行动越来越有信心，并认为行动的损失能够控制在可以承受的范围内。拉宾认为即使有15~20名人质和营救者丧生，这个行动也值得展开，比接受对方的勒索要好。

1976年7月3日星期六下午2点，4架满载的C-130运输机从西奈半岛起飞直扑恩德培，飞行距离约为2500英里。飞机上有34名准备解救人质的总参侦察营突击队员，另外还有130名士兵和4辆轻型装甲车，他们负责在行动过程中阻击乌干达军队。

1976年7月3~4日午夜刚过，第1架C-130运输机在恩德培机场降落。几秒钟后穿着乌干达军队制服的以军营救部队就冲上了飞机跑道，开着悬挂伪造的乌干达车牌的一辆黑色奔驰和两辆路虎。从飞机到关押人质的老候机楼约有1英里远，突击队这样伪装是希望哨兵以为他们看到的是阿明或其他什么大人物的豪华轿车。但是，在距离目标约300码的地方他们就被两个哨兵拦了下来，其中一人举起了步枪。突击队指挥官、人称"约尼"的约纳坦·内塔尼亚胡（Jonathan Netanyahu）中校和另外一个坐在奔驰车里的士兵用点22口径伯莱塔无声手枪开火。不过，他们的小口径手枪未能打倒哨兵，另外一个坐在路虎车里的士兵被迫用未消声的AK-47开火。枪声本来可能惊动恐怖分子，让他们有时间枪杀人质。一名突击队军官写道："我当时甚至觉得行动的突然性已经彻底丧失了。"但幸运的是，劫机者被乌干达军服迷惑了，他们以为这是一次试图推翻阿明的军事政变，而不是一场营救行动。

当夜空的宁静被一连串的枪声划破时，奔驰和陆虎在短暂停留后迅速向目标冲去。以色列人惊讶地发现计划使用的一个入口已经被锁起来了，他们的情报有误。整个行动立即陷入危机之中，内塔尼亚胡挺身而出，催促部下迅速前进。正在此时，老候机楼内一名恐怖分子射出的子弹击中了他。内塔尼亚胡倒地生命垂危，但其部下仍然继续前进，内塔尼亚胡之前曾命令他们不要顾及伤亡，要迅速前进。他们冲进关押人质的大厅后迅速打死了7名恐怖分子，包括德国人维尔弗里德·博泽以及布丽吉特·库尔曼。在混战中3个人质被打死，但其他人还是活了下来。此时距离第一架C-130着陆不过4分钟。

与此同时，作为支援的以军部队虽然遭到了控制塔中守军的胡乱射击，但仍然控制住了机场的其他部分。以军打死了50多名乌干达士兵，炸毁了机场上的7架米格战斗机，以免返航时遭到追击。凌晨1点40分，最后一架C-130起飞，先去肯尼亚加油然后返回以色列。只有一名人质被留了下来——75岁的多拉·布洛赫（Dora Bloch），她此前已经被送往坎帕拉（Kampala）的一家医院，几天以后被阿明的亲信杀害了。

人质和营救部队的归来让以色列公众欣喜若狂，稍稍慰藉了1973年赎罪日战争中因准备不充分而几乎走向灾难的悲伤记忆。只有营救部队的成员高兴不起来，他们失去了自己的指挥官，约纳坦·内塔尼亚胡，这是在"霹雳行动"中唯一丧生的军人（另外有一名士兵因伤致残）。约尼一直被他的家族当作英雄铭记，包括他的弟弟，本雅明·内塔尼亚胡，后来的以色列总理。这次行动不但被新闻媒体大肆报道，还以此为原型出版了书籍，拍摄了电影，其中之一是《奇袭恩德培》（Raid on Entebbe，1977年上映）。在这部电影中，查尔斯·布朗森（Charles Bronson）、彼得·芬奇（Peter Finch）和其他美国演员扮演以色列突击队员。

虽然恩德培机场营救行动声名远播，但其余波却被严格保密。两年后的1978年，哈达德死于东德的一间医院，当时他患上了一种破坏免疫系统的神秘疾病。大约30多年以后才有材料披露当时他是死于以色列情报机构摩萨德（Mossad）的投毒，摩萨德知道哈达德喜欢甜食，所以让一名巴勒斯坦特工给他捎了一块掺毒的比利时巧克力。[160]

* * *

恩德培劫机案只是20世纪70年代巴勒斯坦人及西方恐怖组织的同情者和合作者实施的一系列震惊世界的恐怖行动中的一件。在此之前，恐怖组织甚至是跨国恐怖行动都不少见——大约一个世纪以前的无政府主义者就是始作俑者。但是在20世纪70年代，国际恐怖主义的第二个伟大时代，这种趋势达到了新的高度。此时的恐怖分子往往参加彼此的训练营，它们位于从东德到利比亚的诸多国家，甚至会合作发动袭击。

巴勒斯坦人的动机很明确：他们认为自己与生俱来的权利被剥夺了，并且想要夺回被以色列占领的土地。但是，那些西方恐怖分子呢？

20世纪70年代的西方恐怖组织——直接行动派（法国）、巴德尔－迈因霍夫帮（德国）、红色旅（意大利）、共产主义战士细胞（比利时）、日本赤军、爱尔兰共和军临时派、巴斯克埃塔、希腊11月17日革命组织、魁北克解放阵线、黑豹党、气象员派、共生解放军（Symbionese Liberation Army）和其他组织——与同时代拉丁美洲的激进组织以及历史上的俄国无政府主义组织一样，大多数成员都是在校学生或受过教育的人。60年代的大多数激进分子已经不满足于和平示威、占领大楼和烧毁兵役证。对"体制"的不满——事实上他们喜欢冒险，怀着个人目的参与暴乱——导致他们冲击防暴警察，登堂入室，少数人甚至发展到抢劫银行、谋杀和劫持人质。曾经暗中支援多个欧洲恐怖组织的东德特务头子马库斯·沃尔夫（Markus Wolf）总结道，其成员大多是"出身上流社会，是被宠坏了而歇斯底里的孩子"。[161]

在激进主义思想家诸如赫伯特·马尔库塞（Herbert Marcuse）、雷吉斯·德布雷和弗朗茨·法农（Frantz Fanon）等人的影响下，20世纪60年代的激进青年们为自己的行为找到了正当的理由，他们认为自己可以效仿越共、七二六运动或中国的工农红军，而不必考虑他们自身所处的社会与吴庭艳治下的南越、巴蒂斯塔治下的古巴或蒋介石治下的中国有何不同。或者他们根本就认为这些国家和自己生活的自由民主国家之间没有区别。这些激进青年，面对与前述国家状况相反的现状（60年代也是民权运动风起云涌的时代）认为，想要给这样腐朽的"美国式"社会带来变革，非要通过暴力革命手段不可。[162]

美国的学生争取民主社会组织（Students for a Democratic

Society）的分支"气象员派"的行动就收敛多了。虽然这个组织虚张声势地宣布要"撕碎肮脏的都市"和"把战火烧到家里去"，但他们雄心勃勃的血洗计划却在1970年的一次事故之后戛然而止，当时气象员派的3个成员在格林尼治村的一栋房子里自制炸弹时被意外炸死了。此后他们虽继续安装炸弹，但为了避免造成伤亡还是会发布警告。该组织留下的最恶劣的记录，同时也是它的最后一次行动，是1981年的一次抢劫运钞车事件，导致2名警官和1名保安人员丧生。[163]

共生解放军则是一个更短命但更暴力的组织。该组织宣称自己信奉毛主义，口号是"消灭剥削民众的法西斯蠹虫"。其成员包括10个白人，他们都是伯克利的中产阶级激进分子，领导人是一个非裔美国逃犯，名叫唐纳德·德弗里兹（Donald DeFreeze），他自封"大元帅"。共生解放军因在1974年绑架了派翠西亚·赫斯特（Patty Hearst）① 而臭名昭著。在这个组织的威逼利诱之下，小赫斯特在一周后参加了这个组织抢劫银行的行动，当时她以切·格瓦拉的一位追随者"塔妮娅"（Tania）的名字为化名。这个组织于1973年发动首次袭击（谋杀奥克兰一所学校的黑人校董），于1975年在赫斯特及她的3名劫持者加同志被捕后停止活动。其间，在1974年，德弗里兹和另外5名成员在和警察进行了两小时的激战后被打死，这场枪战被电视台进行了直播，当时他们在洛杉矶城区中南部的一栋房子里囤积了17支枪和6000发子弹。这些激进分子像约翰·布朗一样，希望用武装斗争来发动非裔美国人的大规模革命，当然他们最终也遭到了和布朗一样的失败命运。[164]

---

① 美国报业大王威廉·赫斯特的孙女，赫斯特家族女继承人。——译者注

西德红军派及其分支的规模更大,活动时间更长,破坏性更大,但不比其他组织更成功。该组织打死了30多人,造成90多人受伤,包括警察、法官、检察官、商人和美国士兵。1977年,该组织的十余名成员甚至渗入驻德美军基地试图盗窃核武器,但最终失败。除了恩德培机场行动之外,该组织也实施过其他劫机行动。1977年,德国激进分子再次协同解放巴勒斯坦人民阵线劫持了汉莎航空公司的一架波音737客机,然后转飞摩加迪沙。这次出动的是德国新组建的德国边防军第9反恐大队(GSG-9),该部队的表现比以色列人还要好,在没有造成人质伤亡的情况下夺回了飞机(3名劫机犯被打死,1人负伤)。随后,西德警方在国内展开了大规模搜捕,逮捕了红军派的大多数成员,很显然该组织的职业成员不超过30人,积极分子也就百多人。红军派早期领导人乌尔丽克·迈因霍夫(Ulrike Meinhof)和安德列亚斯·巴德尔(Andreas Baader)于1976~1977年在狱中自杀。此后该组织显示出强大的恢复能力,其第二代和第三代激进派分子,在东德秘密警察以及多个巴勒斯坦组织以及阿拉伯国家提供的训练营、资金和武器的帮助下先后涌现。

一方面,这种小规模激进组织在像西德这样有秩序和稳定的社会中逍遥法外的绝对能力——他们进行的是"6人对6000万人的战争",这是诺贝尔文学奖得主德国小说家海因里希·伯尔(Heinrich Böll)的说法——显示无论激进组织规模多小,要将其肃清并不容易。另一方面,红军派的行动未能达到任何结果,也昭示了依靠暴力动摇一个民主政府有多难。巴德尔·迈因霍夫帮直到1992年才正式停止活动,但在此之前很久该组织就已经被时代抛弃——扎染(tie-dyes)和户外聚会

(be-ins）时代中又一个过时的残留物。[165]

意大利红色旅［该组织因为在1978年绑架并杀害了前总理阿尔多·莫罗（Aldo Moro）而众所周知］、日本赤军和其他一些类似组织也遭受了同样的命运。这些组织在柏林墙倒塌前后慢慢淡出了历史舞台，在很大程度上是因为向它们提供的支援减少了。这些组织的大众吸引力也几乎为零——甚至比无政府主义者的还要小，后者至少依然能在工人运动中寻到踪影。新左派恐怖主义者像无政府主义者一样，由于荒唐的滥用暴力而失去了本能争取到的公众支持。

具有民族主义诉求的恐怖组织，比如埃塔、爱尔兰共和军及库尔德工人党存在的时间更长。它们虽然未能彻底实现分离的目标，但至少达成了一些政治改革。其中最著名的是巴勒斯坦解放组织，它综合运用恐怖主义手段和精明的外交手段，并精通如何影响公众舆论。该组织在领导人亚西尔·阿拉法特的领导下展现的是一个充满灵活性而非领袖风范的案例。

56
阿拉法特的奥德赛

巴勒斯坦人恐怖行动的得与失

阿拉法特与卡斯特罗以及上溯至俄国民粹分子的很多其他革命者一样,是在高校学习时涉足政治的。阿拉法特的全名是穆罕默德·阿卜杜勒-拉乌夫·阿拉法特·古德瓦·侯赛尼(Muhammad Abdel-Rauf Arafat al-Qudwa al-Husseini),"亚西尔"(Yasser)是他的绰号。颇具讽刺意味的是,这个绰号的意思是"心平气和"或"无忧无虑"——而这与脾气暴躁、自负而苛刻的阿拉法特根本不沾边,他对除了巴勒斯坦解放事业之外的任何事物都没有兴趣。阿拉法特说,他由于全身心地投入巴勒斯坦解放事业,根本没有时间刮胡子——"在游击战争之中",他无法浪费一天15分钟、一个月450分钟。阿拉法特少数的放松手段是看动画片,他声称很喜欢《猫和老鼠》,因为"老鼠靠聪明才智打败了猫"。阿拉法特如此偏执,使其无法成为一个让人喜欢的人,但这让他和格瓦拉、毛泽东或其他卓越的革命领导人很相似。就此而言,在诸如从商业到体育等职业中的成功人士多少也有这种特点。

让巴勒斯坦爱国者多少有些尴尬的是,阿拉法特出生在开罗,他的父亲是个商人,于1927年移居埃及,两年后阿拉法特就出生了。阿拉法特的亲生母亲故去后,他父亲又娶了个妻子，阿拉法特非常痛恨这位继母，20世纪30年代时他被送到耶路撒冷和亲戚一起住了几年，但后来又很快回到了开罗。虽然阿拉法特后来声称自己在战场上多么英勇（他在1988年接受访问时声称"在耶路撒冷、耶路撒冷南部以及加沙战斗过"），但没有任何证据证明阿拉法特参加过1947～1948年的以色列独立战争，这场战争造成了70万巴勒斯坦难民无家可归。第二年阿拉法特进入埃及福阿德国王大学，也就是后来的开罗大学学习，专业是土木工程。但根据他的一个朋友回忆，"他唯一的活动就是参加政治活动，基本没怎么到过工程学院"，而卡斯特罗的同学对他的回忆也几乎一模一样（他在1945年进入哈瓦那大学）。

　　阿拉法特在大学期间的主要成就是成为巴勒斯坦学生联合会的主席——这是在穆斯林兄弟会的支持下获得的职务。阿拉法特并不是哈马斯创始人那样的宗教激进主义者，也不是20世纪六七十年代哈巴什、哈达德之类的巴勒斯坦积极分子，更不是激进的左翼分子。他从一开始就是个传统的穆斯林，其意识形态的框架也是在追求巴勒斯坦建国的范围内。

　　1956年毕业以后，阿拉法特去了科威特，和许多其他巴勒斯坦专业人才一样，他也被那里飞速发展的石油经济所吸引。在公共工程部担任初级道路工程师期间，阿拉法特于1959年在一栋"不起眼的房子"里召集了不到20名巴勒斯坦流亡分子，他们一起组建了一个反以色列组织，名为法塔赫（Fatah，意为"征服"）。它最初得到了叙利亚和阿尔及利亚的支持，这两个国家于1964年允许初生的法塔赫在其境内建立首批训练营，用于训练几百名武装分子。

　　针对以色列定居者的恐怖主义活动在当时并非新现象。它从1936~1939年阿拉伯起义开始就已经成为生活中的事实。在1948年以色列建国之后——以色列建国在一定程度上也是犹太复国主义势力针对英国当局实施恐怖行动的结果——犹太人国家就一直面对阿拉伯自杀式袭击者无休止的渗透。1948~1956年，这种恐怖行动导致200多名以色列平民和多名军人遇难，直接引发了1956年以色列和埃及的战争以及大量小规模的报复行动。但这些恐怖行动主要是由以色列的邻国，诸如埃及和叙利亚策划的，而非独立的巴勒斯坦团体。巴勒斯坦人因为部落和经济利益呈一盘散沙之势，并且没有足够的民族主义思想将其凝聚成一支能捍卫自身利益的强大力量。阿拉伯世界的领导人希望保持这种状态：他们希望利用巴勒斯坦问题，但又不想让巴勒斯坦人发出自己的声音。阿拉伯各个专制国家的领导人也不希望出现任何巴勒斯坦领导人挑战他们的权威。因此，1964年成立的巴勒斯坦解放组织是在埃及总统贾迈勒·阿卜杜勒·纳赛尔（Gamal Abdel Nasser）的帮助下组建的，当时埃及控制着加沙地带（约旦河西岸则属于约旦）。该组织首任领导人完全是依赖纳赛尔的支持。阿拉法特决定在1964年独立发动对以色列的袭击，但当时很多人认为法塔赫还没有做好准备，在很大程度上他是想要比巴勒斯坦解放组织及其背后的支持者埃及抢先一步。

当时阿拉法特已经接受了自己的标志——黑白相间的阿拉伯头巾，满面胡茬，不分昼夜都戴着墨镜，虽然缺乏服役经历，他还是穿着一身橄榄绿军装，佩戴一支有枪套的史密斯＆威森左轮手枪。这些标志性打扮对阿拉法特相当重要，类似蒙哥马利的贝雷帽或麦克阿瑟的烟斗。同时，这也让人们不再关注阿拉法特其貌不扬的外表，按照记者托马斯·弗里德曼

（Thomas Friedman）的描述："他只有5英尺4英寸高，眼睛突出，永远留着像是三天没刮的胡子，而且还有个大肚子，阿拉法特几乎和潇洒不沾边。"

阿拉法特在政治上的机敏不仅仅弥补了他在身材上的不足。从一开始阿拉法特就养成了建立一些空壳组织的习惯，让它们宣称为某些袭击行为负责，从而顺理成章地否认自己与袭击行为相关。第一个此类组织名为"暴风"（al-Asifa）。法塔赫打着这个旗号于1965年1月1日从叙利亚出发，开始了对以色列的第一次袭击——试图破坏自来水厂但未获成功。虽然法塔赫最初的一系列行动都不怎么成功，但每次他们都大张旗鼓地称之为"历史性的胜利"。阿拉法特最开始时会在贝鲁特亲自开着甲壳虫汽车散发"自卖自夸的传单"。后来，他慢慢开始利用世界级的宣传机器发出自己的声音；和许多其他的现代革命者一样，他相信劳伦斯的格言"印刷机是现代指挥官最强有力的武器"。阿拉法特很少吸烟喝酒，但他着迷于公共宣传事业。

阿拉法特最开始时试图在约旦河西岸和加沙地带组织毛泽东式的游击战，但收效甚微。以色列国内安全局辛贝特（Shin Bet）以"无情、迅速而冷酷"而著称，特别善于利用各种手段（金钱、工作或旅行证件）来引诱和威胁（监禁、驱逐）巴勒斯坦人告密。1967年年底，阿拉法特在拉马拉（Ramallah）的一个秘密藏身处差点被以色列人抓住；以色列安全人员冲进那里的时候发现他的床垫还是热的。

一名以色列官员曾经很轻蔑地评价法塔赫："我们根本不屑于称之为游击队或突击队……他们不过是一群比越共都差得远的乌合之众。"这个评价很准确，但并未指出其本质。无论阿拉法特怎么辩解（他坚称恐怖主义标签是"以色列军人集团"的"弥天大谎"），法塔赫确实是恐怖组织，而非游击队，法塔赫的目标是获取平民大众和政治支持，而非在军事上击败甚至是严重削弱以色列。从这个标准来看，阿拉法特确实是成功了。阿拉法特的袭击行动开始之后，波斯湾周边的富国为之提供了大量捐助。用一个学者的话说，巴勒斯坦解放组织逐渐发展成为"目前世界上最富有的民族主义运动"。

阿拉法特是唯——个知道巴解组织资金藏在什么地方的人，这笔经费达数十亿美元，而这也很好地解释了为什么这个手握重权的人能活得这么久。但和许多被怀疑贪污的同僚不同，阿拉法特从未被人怀疑过。他和切·格瓦拉一样，对物质享受看得很淡——他一生中都像牧民一样生活，除了劳力士手表和史密斯＆威森左轮手枪之外再没有什么私人财产。一名记者在1989年写道："阿拉法特甚至连个小摆件都没有。"

阿拉法特声名鹊起是在卡拉麦之战（battle of Karameh）以后。卡拉麦是约旦境内的一个巴勒斯坦难民营，法塔赫将其作为行动基地。以色列地面部队于1968年3月21日向这个难民营发动进攻，以报复法塔赫在以色列境内的道路上埋设地雷炸毁校车的行动。以军遭到了出乎意料的顽强抵抗，损失了33人。不过，防御一方损失更大——巴解组织有156人被打死，141人被俘。按照传统观点来看，这场战斗根本算不上胜利，而且大多数参战士兵是约旦军人而非巴解组织成员。但阿拉法特利用自己天才般的能力，把这场军事上的惨败变成了公众宣传领域的胜利。他宣称卡拉麦之战第一次挫败了以色列人——对于1967年六日战争后迫切需要好消息的阿拉伯人来说，他们宁愿相信阿拉法特。于是，数以千计的志愿者纷纷加入法塔赫，而阿拉伯国家也加大了他们的投入。

1968年阿拉法特第一次出现在《时代》周刊的封面上，标题为"阿拉伯世界的所有人都认识他"。1969年，他当选为巴解组织主席，而直到去世阿拉法特都一直担任这一职务。阿拉法特利用新获得的财富和权力，大肆扩张约旦境内的基地网络，打造了一个国中之国。巴勒斯坦武装分子公开地用武力"敲诈"以获得资金，并且公开谈论推翻"约旦法西斯政权"。

约旦的回击也相当迅速。

解放巴勒斯坦人民阵线是巴解组织内部仅次于法塔赫的第二大派别，而且阿拉法特无法控制该派别。1970年9月，该组织因劫持几架西方国家的飞机而引发了一场危机，并且飞机在约旦境内被炸毁。阿拉法特明确表示自己不赞成解放巴勒斯坦人民阵线的劫机行动，但也不出面阻止。侯赛因国王受够了这种情况，他对两面三刀的阿拉法特心存蔑视，也担心他自己失去对国家的控制。侯赛因国王遂命令军队驱逐巴解组织。约旦陆军是一支拥有装甲车、火炮和飞机的职业军队，迅速肃清了自命不凡但"完全措手不及"而且寡不敌众的巴解武装。巴解组织至少被打死了2000多人。阿拉法特的一些手下由于害怕约旦人的残酷手段甚至寻求以色列的庇护。阿拉法特自己则转移到了黎巴嫩。公开挑战侯赛因国王是阿拉法特犯下的第一个大错，但远非最后一个。[166]

* * *

阿拉法特于1971年东山再起，这次他组建了一个新的组织"黑九月"（Black September）。这个组织的第一个目标是约旦首相瓦斯菲·塔勒（Wasfi Tal），按照巴解组织的宣传，此人是"屠杀巴勒斯坦人民的刽子手之一"。塔勒1971年在开罗被枪杀。尤为恐怖的是，其中一名刺客甚至品尝了奄奄一息的遇刺者在地板上流淌的鲜血。1973 年，黑九月武装分子突袭了沙特阿拉伯驻喀土穆大使馆中的一次聚会现场，打死了一名比利时外交官和美国大使及其副手——这是巴解组织少数的矛头直指美国的行动。多年来阿拉法特树敌无数，不过尽管和苏东集团交往甚密，他还是非常小心地避免和超级大国发生正面冲突。黑九月最有影响力的行动就是1972年慕尼黑奥运会时劫持以色列运动员，可以说是"9·11"事件以前最著名的恐怖袭击事件。在以色列代表团驻地阳台出现的头戴黑色头套的武装分子冷酷得如同外星人，这张照片也成为那个时代的缩影。

作为报复，以色列立即轰炸了黎巴嫩和叙利亚境内的巴解组织基地。与此同时，以色列总理果尔达·梅厄（Golda Meir）秘密命令以色列各情报机构展开"上帝的复仇行动"（Operation Wrath of God），其中一个目标就是穷追猛打黑九月和解放巴勒斯坦人民阵线的成员。以色列使用定点清除战术并不是第一次。回溯到1956年，摩萨德特工就曾用包裹邮寄了一枚藏在书里的炸弹，炸死了直接指挥从加沙地带向以色列发动自杀式袭击的埃及情报人员穆斯塔法·哈菲兹（Mustafa Hafez）中校。[167]但对慕尼黑事件的报复则太过张扬，也引起了很大争议。

报复行动包括1973年冒险从海上登陆突击贝鲁特的核心区域：青年春季行动（Operation Springtime of Youth）①。以军总参侦察营部队几名成员，包括指挥官埃胡德·巴拉克

---

① 原文如此。关于该行动，另有说法为"青春之泉行动"（Operation Spring of Youth）。——译者注

(Ehud Barak)，假扮成妇女，骗过哨兵，将三名巴解组织的高层领导人刺杀在他们所住的公寓里，同时伞兵部队炸毁了解放巴勒斯坦人民解放阵线一个分支机构的指挥部和其他目标。六年之后，以军又取得了另外一次大捷，当时黑九月的作战指挥官，也是阿拉法特的宠儿，阿里·哈桑·萨拉马（Ali Hassan Salameh，外号"红色王子"）在贝鲁特经过一辆停在路边的大众汽车时被炸弹炸死。

尽管取得了这些战绩，但"上帝的复仇行动"却很难说取得了彻底的胜利。黑九月指挥官阿布·达乌德（Abu Daoud）1981年在华沙的一间咖啡馆里被打了13枪，但还是活了下来。更令人尴尬的是，1973年摩萨德一支小分队在挪威把一个摩洛哥服务员误认为萨拉马并将其杀害，但最终他们被挪威警方逮捕并判刑。这是有据可查的唯一一个错杀的案例，不过大多数被刺杀者跟慕尼黑惨案的关系也不大；之所以选这些人是因为刺杀他们比刺杀那些巴解组织高层领导人更容易（据说阿拉法特每晚都睡在不同的地方，而且还有一大批贴身保镖）。而以色列方面的暗杀也并不是没有代价。巴解组织报复性地绑架并杀害海外的以色列人，包括1973年暗杀梅厄夫人失败和1972年在曼谷成功地刺杀以色列大使。

阿拉法特在1973年解散了黑九月，此后基本收敛了国际恐怖行动，但继续在以色列境内和巴勒斯坦被占领土上进行恐怖行动。很难说以色列的定点清除行动对阿拉法特的决策是否有影响，不过很显然以色列方面报复性打击的效果，要好过欧洲和阿拉伯国家释放被捕恐怖分子的效果。比如说，刺杀瓦斯菲·塔勒的杀手被埃及法庭释放，3名参加了慕尼黑惨案的恐怖分子在不到两个月后就因为黑九月劫持了一架汉莎航空公司的客机而被释放。(有谣传称这次劫机行动其实是波恩方面和巴解组织内外勾结,以尽快送走那些不受欢迎的囚犯。)但是,很难说以色列仅靠"上帝的复仇行动"就能让阿拉法特改变主意。另外一个主要原因肯定是沙特阿拉伯和美国发出了警告,如果巴解组织再袭击它们的机构或人员就要承担严重后果。

大概是阿拉法特经过盘算,认为从类似慕尼黑惨案这样的高调袭击行动中已经获得了足够的利益,继续下去有可能破坏他的政治策略。如此看来,1974年应该是个转折点,这一年阿拉伯国家联盟承认巴勒斯坦解放组织是巴勒斯坦人民"唯一合法的代表",而且阿拉法特获准在联合国大会上发言。和其他一些致力于巴勒斯坦事业的激进分子不同——其中一些是积习难改的冒险家,如委内瑞拉人伊里奇·拉米瑞兹·桑切斯(Ilich Ramírez Sánchez,绰号"豺狼卡洛斯"),他在1975年组织袭击了欧佩克维也纳总部,劫持了多名石油部长作为人质;或者阿布·尼达尔(Abu Nidal),此人被认为是巴勒斯坦人的叛徒,他的手下在1985年的罗马和维也纳机场向以色列航空公司的柜台开枪——阿拉法特渴望获得国际合法地位。他可以从实用主义出发利用恐怖主义,但他经常误判形势,而后来阿拉法特在黎巴嫩又犯了错误。[168]

* * *

黎巴嫩已经形成了法塔赫家园(Fatahland),阿拉法特在这里组建了强大的商业网、准政府部门、法院、学校,还有为外国恐怖组织如巴德尔-迈因霍夫帮提供训练的设施。他甚至组建了半正规的巴勒斯坦解放军(Palestine Liberation Army),兵力有15000多人。这样一支巴勒斯坦人武装力量的存在,打破了黎巴嫩国内微妙的政治平衡,在 1975 年引发了破坏性的内战,断断续续直到 1990 年才告结束。这场战争导致超过 10 万人丧生,并让曾被称为"东方巴黎"的贝鲁特变成一片废墟。巴解组织和穆斯林以及德鲁兹派(Druze)民兵一起对抗以色列支持的基督教民兵。从位于黎巴嫩的巢穴出发,巴解组织也对以色列实施打击和火箭袭击。其中就包括 1978 年臭名昭著的"海岸公路大屠杀"(coastal road massacre),11 名法塔赫成员划着橡皮艇在以色列登陆并劫持了一辆公共汽车。在和以色列安全部队的枪战中,35 名乘客被杀,71 人受伤。三天以后以色列国防军(IDF)侵入黎巴嫩南部,沿黎以边境建立了由基督教民兵守卫的安全区。

然而巴解组织的袭击一直在继续,最终引发以色列在 1982 年 6 月对黎巴嫩发动了全面的进攻,这场战争以对贝鲁特的十周围攻而达到高潮,并且让以色列遭到了国际社会的普遍谴责。在此之前,从恩德培劫机事件后,以色列在国际社会一直被认为是受害者,而从此以后却被当作滥用武力的帝国主义国家。这样的转变将大大影响以色列的国际形象。1982 年 9 月,在以色列军队的旁观下,基督教长枪党(Christian Phalangist)民兵制造了贝鲁特难民营大屠杀,这更进一步恶化了以色列的国际声誉。不久之后以色列军队发现自己在黎巴嫩陷入了持续不断的游击战,对手是新组建的"真主党"(Hezbollah)武装。但巴解组织的情况并未有所缓解,他们再次把自己军事上的虚弱暴露在全世界面前。1982 年 8 月,阿拉法特在别无选择之下被迫同意了美国的方案,将巴解组织总部撤往 1500 英里外的突尼斯。

然而,阿拉法特拒绝了利比亚领导人卡扎菲提出的用自杀来抗议的建议。阿拉法特可能提倡别人为事业献身，但他不会自杀。尽管他曾多次面临以色列的暗杀，但他和德·韦特、科林斯或格瓦拉这样的一线斗士不同，阿拉法特的位置永远远离一线，乘坐私人飞机辗转于各个国际高层会议，这样他就比那些面临危险和贫困的部下更容易坚持斗争。他甚至拒绝承认失败，撤出黎巴嫩又被包装成一次光荣的胜利，一名巴解组织的温和派官员打趣道："要是再来这么一次胜利，巴解组织恐怕就得躲到斐济群岛去了。"[169]

* * *

"这个老人"——阿拉法特从青年时代开始就被这样称呼——再次通过一个偶发事件东山再起：1987年12月，约旦河西岸和加沙地带的巴勒斯坦青年开始与以色列占领军发生冲突。这次大起义（Intifada）并非由巴勒斯坦解放组织策划，但它也并非以恐怖活动来达到自己的目的，而是以罢工、抵制和游行示威。参与者公开宣称放弃热兵器，用石块、匕首和燃烧瓶做斗争。尽管这并不是甘地式的非暴力抵抗，但也不是针对以色列平民的赤裸裸的杀戮，而后者恰恰是巴解组织此前的行为模式。

以色列安全部队对于该如何应对这种态势不知所措。一名以色列国防军官方历史学家写道："我们被弄得措手不及。"作为自由民主国家的军队并且受到国际舆论的密切关注，他们不可能派出坦克镇压手无寸铁的平民。有时候，特别是暴动初期，以军小部队面对大批暴徒时往往使用实弹镇压。但随着事态的发展，安全部队开始使用其他手段，诸如警棍、催泪瓦斯和橡皮子弹。安全部队也会殴打、驱散示威者，尤其是拘捕那些被认出的麻烦制造者，其中一些人在审讯时受到了折磨。仅在巴勒斯坦起义的第一年就有18000名巴勒斯坦人被捕入狱。另外，1987～1990年，约有600多名巴勒斯坦人被以色列安全部队打死，而被巴勒斯坦人打死的以色列人只有约100人。尽管以色列当局相当克制，但这样的死亡比例仍然给国际社会一个"歌利亚般"的以色列欺负"大卫般"的巴勒斯坦人的印象。在现代社会，西方民主国家政府坚守的标准要更高——正如爱尔兰独立战争中的英国，阿尔及利亚战争中的法国以及伊拉克战争和阿富汗战争中的美国一样。

以色列领导人和美英法诸国领导人一样，没有意识到公众形象的重要性。大量新闻媒体报道的都是抛掷石块的巴勒斯坦青年，他们脸上包着手帕，对抗武器精良、气势汹汹的以色列士兵和警察。尽管巴解组织领导层并未动员民众进行示威，但他们肯定动用了相应的公关智慧来宣传起义者的行为——国际媒体在报道中总会倾向于弱者，而两者一拍即合。"宣传战"在直到20世纪初的游击战争中都还没有多大分量，但随着时代的发展，它现在已经慢慢超越了真刀真枪的对抗，在决定事件的发展过程中作用更大。以色列国防军在常规战争中显示出高超的素质，但他们在面对这种新的战争类型时远未达到熟练的程度。

巴勒斯坦大起义的后果是大部分以色列人转而反对继续占领巴勒斯坦领土，并且第一次愿意承认巴勒斯坦是一个国家。国际社会对巴勒斯坦人的同情也与日俱增。大起义可谓是公共关系领域的胜利，但还没有达到19世纪希腊革命者反抗奥斯曼帝国、古巴革命者反抗西班牙或更近世的阿尔及利亚革命者反抗法国的战争中所达到的程度。

至于阿拉法特本人，由于在1990年萨达姆·侯赛因入侵科威特的战争中他错误地站在了伊拉克一边，使得一批海湾国家切断了对巴勒斯坦解放组织的资助，进而导致了财政危机，他因此不得不采取更为温和的立场，开始拥抱奥斯陆和平进程。1993年，阿拉法特和以色列总理拉宾签署了一份协议，作为承认以色列的回报，成立巴勒斯坦权力机构（Palestinian Authority），该机构将在约旦河西岸和加沙地带获得受到限制但不断增长的权力。[170]

阿拉法特在1992年利比亚沙漠的空难中差点身亡，而这次奇迹般死里逃生的阿拉法特不但在肉体上获得重生，在政治上也重生了。这位流亡者已经有快三十年没有踏上巴勒斯坦的土地了，他在1994年以诺贝尔和平奖得主和国际公认的一个准国家领导人的身份返回故土。回到巴勒斯坦的阿拉法特受到了数以万计的巴勒斯坦人的热烈欢迎，整个加沙都飘扬着巴勒斯坦的红绿黑白旗帜，这无疑是阿拉法特一生中的一个高光时刻。阿拉法特把自己的官邸设在约旦河西岸拉马拉的一座原以色列建筑物里，他在这里接待了形形色色的来访者，从国家首脑到笔者本人，[171]并且通常是在早上接待他们（阿拉法特养成了夜间工作的习惯）。

1990年，这位居无定所的62岁革命者甚至朝着安稳的生活迈出了一步，和一位27岁的巴勒斯坦基督徒苏哈·塔维尔（Suha Tawil）秘密举行了婚礼，五年后两人生下了一个女儿。然而，因为女儿出生在巴黎，所以塔维尔在那花了很多时间照顾女儿。塔维尔乘坐喷气式飞机四处穿梭的排场让那些贫穷的巴勒斯坦人大为愤恨；当他们看到回国的巴解组织官员中充斥着贪污腐败时，这种愤怒越发地增长。

对阿拉法特失望的不仅仅是巴勒斯坦人民。拉宾曾经希望阿拉法特能够比以色列军队更好地控制住巴勒斯坦民兵，因为他不会被法院、人权游说团体或者其他"悲天悯人者"束缚。[172]但事实并非如此。阿拉法特有时候会逮捕恐怖分子，有时候也会与他们合作——只要适合他当下的目标。在20世纪90年代，以色列出现了第一批自杀式炸弹袭击分子，而在1993年到2000年间这个数字增加了30倍。[173]尽管这些袭击是由哈马斯和巴勒斯坦伊斯兰圣战组织，而非巴解组织实施的，但阿拉法特并未阻止它们的行动。

* * *

2000年，以色列总理巴拉克在戴维营会谈中给阿拉法特提出了一份最终协议，这份协议规定将割让东耶路撒冷、约旦河西岸的90%以及事实上整个加沙地带。如果签署这份协议，阿拉法特将从一个受人尊敬的"自由战士"摇身一变成为一个狭小而贫困的国家的领导人，不过这很可能为他招来激进分子的刺杀。阿拉法特没签，他随后引发或者至少没有阻止第二次巴勒斯坦起义。2000年9月的起义是由以色列反对派领导人阿里埃勒·沙龙（Ariel Sharon）——沙龙为巴勒斯坦人所痛恨，他策划了1982年入侵黎巴嫩的行动和坚决支持在约旦河西岸及加沙地带修建犹太人定居点——短暂造访耶路撒冷圣殿山所引发的，这个地方在犹太人和穆斯林双方心目中都是圣地。这次起义很快演变成了一场恐怖主义行动，而不是如第一次起义时那样的抗议。自杀式炸弹袭击者渗入以色列一些最大的城市，并且造成的伤亡较之以往更惨重：2000~2005年，以色列总共有649名平民遇难。阿拉法特像以往一样试图隐藏自己和这些事件的关联，而让阿克萨烈士旅（al-Aqsa Martyrs Brigade）和坦齐姆组织（Tanzim）充当挡箭牌，这两个组织与哈马斯以及巴勒斯坦伊斯兰圣战组织一起实施枪击和自杀式炸弹袭击事件。

以色列的反应和第一次巴勒斯坦起义时一样，迷惑而克制。一名以色列高层情报官员承认道："我们简直愚蠢得无可救药。"在20世纪90年代将约旦河西岸城市移交给巴勒斯坦权力机构之后，以色列当局就不想重返这里，尽管以色列国防军参谋长曾经说这里已经成为"恐怖分子的避风港"。但是，2002年3月以色列的忍耐已经到达了极限。这个月有135名以色列人在17次恐怖袭击中遇难，仅在犹太逾越节晚餐（Passover Seder）这一天就有30多人被杀。一名以色列将军写道："很显然，情况不能再这样继续下去了。"

沙龙在担任总理后做了两个颇有争议的决定：一个是防御性的，另一个是进攻性的。防御性举措是兴建造价不菲的隔离墙——有的地方是一堵墙，有的地方则是一道栅栏——将以色列及部分定居点和约旦河西岸的巴勒斯坦社区隔离开。进攻性举措就是动用军队实施进攻，计划夺回对整个约旦河西岸的控制权。防御盾牌行动（Operation Defensive Shield）开始于2002年3月29日，进展出奇的顺利。唯一一个爆发了激烈战斗的城市是杰宁（Jenin）。但即使在杰宁也没有发生巴勒斯坦人宣称的大屠杀：联合国后来的调查宣称杰宁战斗中以色列军人死亡23人，巴勒斯坦人死亡52人，其中不到半数是平民。整个行动中总共有500名巴勒斯坦人被打死，大多数是在行动最初被击毙的巴勒斯坦民兵，另有约7000人被捕。巴勒斯坦武装分子像以前在约旦和黎巴嫩一样，再次在与正规军的正面交锋中败下阵来。2002年，阿拉法特在拉马拉的官邸中被包围，以色列人用D-9装甲推土机推倒了他住所的围墙。2004

年,阿拉法特在75岁的风烛残年去世。这位抵抗运动领袖漫长的斗争生涯以悲剧宣告结束。

未经阿拉法特筹划的巴勒斯坦第一次起义让以色列社会陷入分裂,而他亲手策划的第二次起义却让以色列团结一致。这使得以色列国防军获得了取得一场令人印象深刻的胜利所需的支持——这场胜利堪比哥伦比亚军队镇压革命武装力量、斯里兰卡政府军镇压泰米尔猛虎组织(Tamil Tigers)和美军在2007~2008年对付伊拉克大大小小的叛乱分子。2002年,以色列总共遭到了53次自杀式袭击,2007年只发生了1次,而到了2009年1次也没发生过。该如何解释这种转变呢?这大大出乎传统认知,甚至连以色列安全部队中的许多人都没有想到,那些甘心奉献生命的恐怖分子怎么可能会停手呢?

这其中有三个特别重要的因素。首先,以色列国防军成功地封锁了约旦河西岸——这是一片略小于特拉华州的地区,居住着200万阿拉伯人。这样就切断了巴勒斯坦武装分子获得补给的通道。比如说2002年,以色列海军拦截了一艘名为"Karine A"的货船,其中装载了50吨伊朗供应给巴勒斯坦人的武器。这让阿拉法特非常难堪,他马上声明这并非外界提供给巴勒斯坦人的武器,但很难令人信服。而在约旦河西岸地区内部,以军在街道上布置了大量路障,限制了民兵和平民的活动。其次,以色列国防军能够获得准确的情报,无论是通过电子手段还是间谍人员。这使得重新构建已经在20世纪90年代放弃的情报网成为必要,因为自那时起约旦河西岸的人口就已经属于巴勒斯坦管辖。而以军投入地面行动之后,以军情报军官得以再次征募线人。最后,也是最重要的因素,以色列国防军的持久力。如果以色列国防军在防御盾牌行动中寄希望于速战速决，像此前数十年中对阿拉伯邻国发起的袭击、2006年打击真主党和2008~2009年对付哈马斯的行动那样，那么防御盾牌行动能否取得现实中这般持久的成功还是个未知数。2011年，以色列一位资深战略学家声称："如果我们从约旦河西岸撤退，那它会成为另一个加沙，我们就必须不断地展开清剿行动。"

由于以色列军队仍部署在地面上，就像北爱尔兰的英军一样，他们在获得情报后几个小时，有时候甚至是几分钟之内就能做出反应。这使得哈马斯、阿克萨烈士旅和其他恐怖组织无法重建自己的秘密机构。很多自杀式炸弹袭击分子仍然试图发动袭击（仅2009年就有36例），但很少有人能获得成功。随着恐怖袭击威胁的减小，以色列军队拆除了一些检查站，从而改善了巴勒斯坦人的生活。这可能是以色列军队试图赢得一个彻底敌对——这种情绪是可以理解的——民族的"人心与思想"的努力，尽管做得还不够。但是直到2011年，在巴勒斯坦第二次大起义大约10年以后，以色列国防军仍然在约旦河西岸不断地展开夜间行动，搜捕恐怖分子嫌疑犯。而真正的巴勒斯坦主权国家的建立——这是阿拉法特奋斗终生的目标——似乎仍然和以前一样遥遥无期。[174]

* * *

回顾阿拉法特从1965年到2004年漫长的武装斗争生涯，很难判断恐怖主义行动是否起了作用。当然，恐怖袭击让阿拉法特和巴解组织登上了政治舞台，否则无论是他个人还是这个组织都不会被世界所知。以色列方面不断的报复行动也激发了当时一直对局势比较冷漠的巴勒斯坦人的反抗情绪，使得这个民族此前一直缺乏的民族意识抬头。但至少有三次——1970

年在约旦，1982年在黎巴嫩，2000年在约旦河西岸和加沙地带——阿拉法特因为诉诸恐怖主义而招致了重大挫折，这大大推迟了巴勒斯坦的建国进程。这是一把双刃剑：一方面，巴勒斯坦人通过恐怖主义吸引了国际关注；另一方面，它既玷污了巴勒斯坦人的国际声誉，也让以色列方面越发强硬。

阿拉法特显然相信，起码最初的时候相信通过不间断的袭击能够迫使犹太人承认巴勒斯坦建国，就像法国被驱逐出阿尔及利亚、美国被驱逐出南越一样。阿拉法特访问过阿尔及利亚和越南，对阿尔及利亚民族解放阵线和越共印象颇深。曾经担任阿拉法特助手的阿布·伊亚德（Abu Iyad）写道："阿尔及利亚的游击战争在法塔赫组建之前五年就已经爆发了，这对我们的影响很深远……它象征着我们梦寐以求的目标。"[175]这种说法忽视了其中一个重要的区别，从这些偏远地带的战争中脱身并不会给法国人和美国人带来民族自杀（national suicide）的后果。但在以色列人看来，一旦妥协就意味着可能遭到第二次大屠杀。除非以色列武装力量被消灭干净，否则以色列人不会离开自己的祖国，而事实上以军的强大远超巴解组织。据估计，1968~1985年巴解组织发动的行动打死了650名以色列士兵，平均每年40人——这对即使是以色列这样的小国来说也不是什么致命损失。[176]

正如以色列自由派作家格肖姆·戈伦伯格（Gershom Gorenberg）所说的，有理由相信，如果领导巴勒斯坦解放事业的是圣雄甘地或马丁·路德·金而不是阿拉法特，那巴勒斯坦建国事业应该能够取得更大的成就。[177]像以色列这样的自由民主国家很容易被直指其良知的诉求所影响，而残酷的打击只能激起民众的愤怒。很显然，巴勒斯坦第一次大起义所获得的成果更加重大，它也远比之前持续 20 年的恐怖袭击或之后的第二次大起义温和。但是，阿拉法特是靠武力起家的，而且他也绝不可能彻底放弃使用武力。他无法完成像其他一些恐怖组织领导人，如以色列前总理梅纳赫姆·贝京（Menachim Begin，原伊尔贡领导人）和伊扎克·沙米尔（Yitzhak Shamir，原斯特恩帮领导人），完成向一个正常政治家的转变。而他的权力，以及其他激进分子的存在，使得那些提倡非暴力抵抗或对以色列达成妥协的巴勒斯坦人不可能走上前台。

归根结底，巴勒斯坦恐怖主义最大的受害者还是巴勒斯坦人自己。仅在巴勒斯坦第二次大起义时期就有 3200 多人丧生，而且也未能完成巴勒斯坦建国的事业。[178]

57
被忽视或者无人进行的事业

左翼事业在 20 世纪 80 年代的终结

和其他所有人一样，游击队员和恐怖分子也受到公众情绪和知识界时髦思潮的影响。18 世纪末到 19 世纪末，从新大陆的乔治·华盛顿、西蒙·玻利瓦尔、杜桑·卢维杜尔，到欧洲的沃尔夫·托恩、弗朗西斯科·米纳，以及朱塞佩·加里波第和朱塞佩·马志尼，他们都受到在进步思想家中盛行的自由主义思想的鼓舞。但是到了 20 世纪初，启蒙运动的理念已经渐渐被遗忘了，至少某些知识圈倡导的是更激进的重建社会的意识形态。在这种背景下，无政府主义恐怖行动势头高涨，无政府主义也成为左翼流派里受人尊敬的意识形态。但在 20 世纪 20 年代以后，无政府主义恐怖分子就很少出现了，因为此时无政府主义思想已经在革命的先锋中被社会主义思想取代。

新一代左翼游击队和恐怖组织借 20 世纪 40 年代和 50 年代的反殖民化浪潮露头，在 60 年代和 70 年代达到鼎盛时期，那时进步观点将第三世界的"民族解放"运动美化为反抗帝国主义和"新帝国主义"食人魔的理想主义斗士。在这个时期，无论是大众还是知识界都在谈论着胡志明、切·格瓦拉、卡斯特罗和阿拉法特。甚至他们的敌人，如爱德华·兰斯代尔、罗伯特·汤普森和约翰·保罗·范恩,尽管这些人并非青年人的偶像,但也为人所熟识。到80年代时,随着殖民时代的记忆渐渐褪色,那些后殖民时代独立国家的统治者的荒淫无道也渐渐为人所知。在里根和撒切尔推动下,资本主义的复苏让左翼运动黯然失色,而游击战争取胜的秘诀已经像老式的大众汽车一样,被人们遗忘了太久。

左翼意识形态在战后逐渐失势,不仅仅是因为其幕后资助者苏联在经济上的衰退——这从20世纪70年代就有迹象,也是因为左翼势力一旦掌权就很残酷。最极端的例子就是斯大林的大清洗。从乌干达的阿明到柬埔寨的红色高棉,还有数不清的例子,渐渐让曾经为这一理想而战斗的战士感到震惊。甚至是从未掌权的组织,诸如图帕马罗城市游击队、巴德尔-迈因霍夫帮以及解放巴勒斯坦人民阵线,也因为无差别攻击平民而失去了民众的支持。这些组织除了自毁根基之外,也忽视了学习历史上那些更为成功的恐怖组织的经验,尤其是1919~1921年的爱尔兰共和军和1944~1947年的伊尔贡及斯特恩帮,尽管这些组织的袭击目标并不完全是占领当局。相比之下,20世纪70年代的恐怖组织更喜欢组织有轰动效应的行动,如在慕尼黑奥运会期间劫持人质、在恩德培劫持客机,直接在全世界电视镜头前把矛头指向了平民。他们虽然利用电视这一新生的强大通信媒介宣扬了自己的不满,但同时也遭到了全球观众的厌恶,而非获得同情。

到20世纪80年代末,社会主义阵营渐渐崩溃。在苏联,戈尔巴乔夫实施了经济和政治改革,但仍然不能阻止1991年苏联的解体。东欧的共产主义国家纷纷走上资本主义道路,而中国则在1976年毛泽东去世之后,在参加过长征的邓小平的领导下，逐渐开始向市场经济（但并没有民主化进程）转型。越南在1986年黎笋去世后也开始进行渐进式改革，而像古巴和朝鲜这样继续坚持的国家则在经济上出现了很大的问题。几乎没有理论家能够想象，在这些贫穷而受尽折磨的土地上未来会诞生什么东西，或者有什么人会为了效仿这些例子而发动武装斗争。

随着苏东阵营的瓦解，左翼游击组织在资金、武器和训练方面的援助被切断。20世纪70年代的马克思主义团体未能建设一个属于自己的强大根据地，因此和支援它们的后台一起倒掉了。而像巴勒斯坦解放组织和爱尔兰共和军这样的民族主义运动情况稍好，尽管它们也因为外部资助的减少而举步维艰，这再次证明了外部援助对游击组织的重要性。一些左翼游击队，诸如哥伦比亚革命武装力量和印度的纳萨尔派（Naxalite）仍然存在，但是它们渐渐被边缘化了。甚至尼泊尔的毛派也在2006年放弃了"人民战争"，签署和平协议同其他政治派别进行和平竞争。毋庸讳言，巴勒斯坦的斗争仍在继续，但解放巴勒斯坦人民阵线已经不在斗争的最前线了，而且在其主要组织者乔治·哈巴什于2008年去世之前很久就已经退出了斗争一线。

尽管左翼游击队渐渐式微，游击战争和恐怖活动却很难消失。它们只是改头换面而已，新一代激进分子进入了公众视线，而引发其斗争的原因却是最最古老的——种族和宗教。

注　释

1. Wolfe, *Radical Chic*.
2. "Bites": Taber, *Flea*, 49. "Have-nots": 173. "Futile": 176. For Taber's pro-Castro views see, Anderson, *Che*, 292, 389.
3. "Faddish": Schlesinger, *Days*, 342.
4. "Propagandist": Galula, *Counterinsurgency*, 62. "Fire": 95. "Subversion": Thompson, *Insurgency*, 55. For background see Cohen, *Galula*; Marlowe, *Galula*; and Thompson, *Hills*.
5. Boot, *Savage Wars*.
6. 格林坚决否认这本书主人公的原型是兰斯代尔，而且很显然在兰斯代尔抵达西贡以前他就完成了这本小说。See Sherry, *Greene*, 2.416–17; Nashel, *Lansdale's War*, 159.
7. Greene, *Quiet American*, 23.
8. Lederer, *Ugly American*, 110.
9. Early life: HIA/EGL, boxes 69–70; Currey, *Unquiet*.
10. "Fear": Lansdale diary, March 19, 1947, HIA/EGL, box 72, diaries 1946–48. "Stinking": Dec. 26, 1946. "Sopping": Oct. 30, 1946. "Squabble," "rightness": March 30, 1947. "Slick": April 11, 1947.
11. Lansdale to Ben, June 12, 1973, HIA/EGL, box 83, file 118.
12. LBJ/LOH, 24 ("I didn't speak [French] at all"); "Foreign Language Qualifications," Oct. 16, 1961, HIA/EGL, box 69, misc. file; Currey, *Unquiet*, 5.
13. Rufus Phillips, email to author, July 23, 2010.
14. Currey, *Unquiet*, 44–45.
15. Lansdale, *Midst*, 5.
16. "Connection with CIA," Lansdale memo, Dec. 15, 1985, HIA/EGL, box 70, biographical file/memo.
17. Kerkvliet, *Huk*, 195.
18. Lansdale, *Midst*, 25.
19. Greenberg, *Hukbalahap*, 57.
20. Valeriano, *Counter-Guerrilla*, 103.
21. Martinez, *Magsaysay*, 176.
22. "Friends," candy: Valeriano, *Counter-Guerrilla*, 206. "Chicken": 201.
23. Ibid., 207.
24. Lansdale, *Midst*, 48.
25. Valeriano, *Counter-Guerrilla*, 207.

26 Greenberg, *Hukbalahap*, 67, 110.
27 Taruc, *Tiger*, 91.
28 Kitson, *Gangs*; Cline, "Pseudo Operations."
29 Taruc, *Tiger*, 137.
30 Nashel, *Lansdale's War*, 32–33.
31 Valeriano, *Counter-Guerrilla*, 139.
32 Kerkvliet, *Huk*, 238.
33 Lansdale, *Midst*, 85.
34 "Preliminary Working Draft Prepared in State for Discussion at OCB Meeting of January 19, 1955," NARA/CREST, CIA-RDP80R01731R002900480007-6.
35 LBJ/LOH, 7.
36 Simpson, *Tiger*, 113.
37 "Depth": Lansdale, *Midst*, 159. "Blind": U.S. Department of Defense, *Pentagon Papers*, 11.7.
38 "Roly-poly": Lansdale, *Midst*, 158.
39 *Washington Post*, Aug. 25, 1965.
40 "Universality": Lansdale speech at Principia, April 9, 1965, HIA/EGL, box 73, file 1. "Fuzzy": Speech at Yale, Nov. 23, 1964. "Fight," "hide": Speech at Special Warfare School, Aug. 30, 1962. "Brotherhood," "licking": Speech at Air Force Academy, May 25, 1964.
41 Lansdale, *Midst*, 226.
42 Currey, *Unquiet*, 160.
43 Department of Defense, *Pentagon Papers*, 1.577–79; LBJ/LOH, I.28–29.
44 Rufus Phillips, email to author, Aug. 21, 2011.
45 Lansdale, *Midst*, 213.
46 Phillips, *Vietnam*, 67.
47 Ibid., 53.
48 Lansdale, *Midst*, 232–33.
49 "Monthly Report of TRIM Activities," May 1–31, 1955, NARA/MAAGV-OM, box 2, folder 30.
50 http://www.un.org/en/members/growth.shtml.
51 "Background—South Vietnam O/B," March 23, 1955, NARA/CREST, CIA-RDP79R00890A00030052-2.
52 Lansdale, *Midst*, 316–18; Phillips, *Vietnam*, 78.
53 Lansdale to family, May 2, 1955, HIA/EGL, box 83, file 188.
54 "The Crisis in Saigon," Memo to DCI, April 4, 1955, NARA/CREST, CIA-RDP7900904A000200020005-2; Nashel, *Landsdale's War*, 59–60; Currey, *Any Cost*, 224–25; Rufus Phillips, email to author, Aug. 21, 2011.
55 Collins to Dulles, April 27, 1954, NARA/DS, box 3333, 751G.00/4-155.
56 "Interview II," Sept. 15, 1981, HIA/EGL, box 79, file 285; Lansdale, *Midst*, 204; Phillips, *Vietnam*, 33.
57 "Patriot": Lansdale, *Midst*, 155. "Successor": Phillips, *Vietnam*, 64. See also U.S. Department of State, *Foreign Relations: Vietnam, 1955–1957*, 145, 301–30; U.S.

Department of Defense, *Pentagon Papers*, 1.229–35, 2.26; Anderson, *Trapped*, 111–15.
58　U.S. Department of Defense, *U.S.-Vietnam*, 11.2.
59　Phillips, *Vietnam*, 223.
60　Colby, *Lost Victory*, 366.
61　Lansdale, *Midst*, 301.
62　Paris Embassy to Dulles, April 4, 1955, NARA/DS, box 3333, 751G.00/4-155.
63　"Unbelievable": Simpson, *Tiger*, 151. 80 percent: Phillips, *Vietnam*, 327.
64　Sheehan, *Lie*, 138.
65　Terror: Duiker, *Road*, 196; Moyar, *Forsaken*, 79; Karnow, *Vietnam*, 254–55; Currey, *Victory* ("spies": 227); "Order of Battle," Oct. 1, 1963, AHEC/MACV.
66　Currey, *Victory*, 234，书中声称兰斯代尔捏造了"越共"的概念，但是兰斯代尔的助手鲁弗斯·菲利普斯（Rufus Phillips）认为这种观点是错误的。见于菲利普斯2011年8月21日给作者发送的电子邮件。
67　U.S. Department of Defense, *Pentagon Papers*, 2.126; Phillips, *Vietnam*, 121.
68　Lansdale to Robert Komer, May 30, 1971, HIA/EGL, box 4, file 106.
69　"Subterranean": Schlesinger, *Days*, 340. Reading: Sorenson, *Kennedy*, 632; Hilsman, *Move*, 415.
70　U.S. Department of State, *Foreign Relations: Vietnam 1961*, 1.13–28 ("wolf," "player": 19); U.S. Department of Defense, *Pentagon Papers*, 2.440–43; Hilsman, *Move*, 419; Jones, *Death*, 23–24.
71　Currey, *Unquiet*, x.
72　Mongoose: U.S. Department of State, *Foreign Relations: Cuba, 1958–1960*, 1116 ("warm"); Bohning, *Obsession* ("nutty": 92; toilet paper: 102); NARA/CREST; Freedman, *Kennedy's Wars*, 153–61; Nashel, *Landsdale's War*, 72–76; Weiner, *Ashes*, 184–88 ("fast": 186); McClintock, *Statecraft*, 203–7; "Interview II," Sept. 15, 1981, HIA/EGL, box 79, file 285 ("suicidal," "bona fides").
73　http://www.jfklibrary.org/Historical+Resources/Archives/Reference+Desk/Speeches/.
74　Taylor, *Trumpet*.
75　Duncan, *New Legions*, 146.
76　Krepinevich, *Army*, 53.
77　Lansdale to McNamara, April 7, 1962, HIA/EGL, box 96, file 1.
78　Krepinevich, *Army*, 37; Blaufarb, *Era*, 80.
79　U.S. Defense Department, *U.S.-Vietnam*, 11.5.
80　"Interview II," Sept. 15, 1981, HIA/EGL, box 79, file 285.
81　Bui Diem, *Jaws*, 91.
82　U.S. Department of Defense, *U.S.-Vietnam*, 11.8; U.S. Department of Defense, *Pentagon Papers*, 2.26.
83　*Time*, Dec. 26, 1969.
84　H. A. F. Hohler to Foreign Secretary, Jan. 30, 1963, NA/BRIAM.
85　Thompson, *Insurgency*, 140.
86　Gibson, *Perfect War*, 95.

87 Sorley, *Westmoreland*, 67.
88 Krepinevich, *Army*, 197; Sorley, *Westmoreland*, 218.
89 Gibson, *Technowar*, 319; Sorley, *Better War*, 83; Clodfelter, *Statistics*, 225.
90 Krepinevich, *Army*, 205.
91 16 million: Smith, *Handbook*, 60. 90 percent: Krepinevich, *Army*, 167.
92 Duiker, *Ho*, 551.
93 Karnow, *Vietnam*, 617.
94 Lansdale, "Viet Nam."
95 Krepinevich, *Army*, 180.
96 U.S. Department of Defense, *Pentagon Papers*, 4.303, 4.403; "Order of Battle," Oct. 1, 1963, AHEC/MACV; Sorley, *Westmoreland*, 188 (CIA estimate).
97 *New York Times*, April 23, 1995.
98 Directive, April 28, 1971, DPC #2150901041, April 1971; Duiker, *Ho*, 552, 557.
99 "Latitude": Sorley, *Westmoreland*, 73. "Attrition": 90.
100 "Dropped": Phillips, *Vietnam*, 251. "Blunt": *New York Times*, Aug. 21, 1965.
101 "Miracles": *Washington Post*, Aug. 20, 1965. "Legend": Ibid., Feb. 25, 1966.
102 *Washington Post*, Sept. 29, 1968.
103 "Team Assignments," Oct. 8, 1965. HIA/EGL, box 96, file 6.
104 *Washington Post*, Aug., 20, 1965.
105 "Genocide": LBJ/POL. "Rice roots," "ills": LBJ/B1967.
106 Lansdale, "Viet Nam."
107 Lansdale to Leo Dowatch Jr., March 13, 1974, HIA/EGL, box 70, biographical file/memoranda.
108 Tet: Braestrup, *Big Story*; Oberdorfer, *Tet*; Westmoreland, *Reports*, 310–34 (casualties: 332); Duiker, *Road*, 288–97 ("decisive": 289); Davidson, *At War*, 473–529; Duiker, *Ho*, 557; Ang, *Other Side*, 113–40; Lansdale to "The Old Team," Feb. 10, 1968, HIA/EGL, box 73, file 2 ("bangs").
109 *Washington Post*, Nov. 22, 1967.
110 http://www.lbjlib.utexas.edu/johnson/archives.hom/speeches.hom/680331.asp.
111 *New York Times*, April 1, 1968.
112 Sorley, *Better War*, xiii.
113 Colby, *Lost Victory*, 303–6.
114 Peace treaty: Berman, *No Peace*; Karnow, *Vietnam*, 671 (150,000 men); Kissinger, *Ending*; Nguyen, *Palace File*; Kimball, *War Files*.
115 Duiker, *Ho*, 512.
116 Le Duan: Asselin, "Le Duan"; Currey, *Victory*, 229; Duiker, *Ho*, 548 ("rabbit"); Ang, *Other Side*.
117 *New York Times Magazine*, Aug. 10, 1997.
118 "Guerrilla": Summers, *Strategy*, 127. "Root": 173.
119 Duiker, *Ho*, 546; Zhai, *China* (170,000: 135).
120 Lansdale, "Viet Nam."
121 Landing: Franqui, *Diary* ("shipwreck": 124; "rough": 123); Guevara, *Reminiscences*

("tragic": 14; ("collapse": 17; "hail": 18; "lost": 19); Castro, *My Life*; Szulc, *Fidel* ("trigger", "controlled": 32; "slight": 29; "crazy": 34); Anderson, *Che*; Taibo, *Guevara*; Quirk, *Castro*; Thomas, *Cuba* ("rabbits": 899); Cesar Gomez interview, HIA/GAG, box 9, file 27; Perez, "Granma" ("bobbing").

122 Young Castro: Szulc, *Fidel* ("assassination": 289); Castro, *My Life* (25,000 acres: 29; "six": 41; *For Whom*: 209; Chevy: 108); Castro, *Struggle* ("absolve": 220–21); Castro, *Prison Letters*; Quirk, *Castro* (whip: 9; school/prison: 12; "hatred": 18; "gangster": 27); Geyer, *Prince* (no milk: 72; mistress letter: 130); Casuso, *Cuba* ("hoodlum": 115; "approval": 174; "mistress": 172); HMP; Thomas, *Cuba*; Emilio Caballero interview, HIA/GAG, Box 7, File 48 ("talking politics"); Rafael Díaz-Balart interview, HIA/GAG, box 8, file 29 ("monologist"); Waldo Díaz-Balart, HIA/GAG, box 8, file 30 ("primitive"); Armando Llorente interview, HIA/GAG, box 11, file 4 ("loco," "charming"); Ramon Mestre interview, HIA/GAG, box 11, file 29 (bathed); Jose Rasco interview, HIA/GAG, box 12, file 32 ("manners").

123 Young Guevara: Anderson, *Che* (Argentino: 184; richest men: 4; rugby shirt: 37; "twin evils": 52; "frozen stif": 76; "octopuses": 121; divorce: 382); Guevara, *Motorcycle Diaries* ("blanket": 77) and *On the Road* ("pirate": 63; "fun": 80; "hit it off": 99); Debray, *Praised Be*, 96 ("no interest"); Gadea, *My Life* ("black eyes": 24; Sartre and Freud: 60–61); Granado, *Traveling*; Taibo, *Guevara* ("Stalin": 31); Castañeda, *Compañero* (Kerouac: 46; "Stalin": 62; "disastrous," "boring": 95); Siao-yu, *Beggars*, 148 ("money").

124 Anderson, *Che*, 229; Taibo, *Guevara*, 112; Castañeda, *Campañero*, 102.

125 The Matthews articles appeared on Feb. 24–26, 1957. See HMP; Matthews, *Cuban Story*; DePalma, *Man* (marching in circles: 84); Felipe Pazos and Javiar Pazos interviews, HIA/GAG, box 12, files 14–15.

126 Wickham-Crowley, *Guerrillas*, 191.

127 Sweig, *Revolution*, 111.

128 Batista offensive: Szuc, *Fidel*, 445–49; *Washington Post*, Sept. 14, 1958 ("steep," "shin"); Castro, *Struggle*, 399–415; Batista, *Betrayed*, 80 ("panic"); Franqui, *Diary*, 316–86; Taibo, *Guevara*, 170–78; Quirk, *Castro*, 182–94; Thomas, *Cuba*, 996–1004; Castañeda, *Campañero*, 116.

129 Batista, *Betrayed*, 80.

130 Santa Clara: Guevara, *Reminiscences*, 267–69; Anderson, *Che*, 348–53; Franqui, *Diary*, 474–78; Taibo, *Guevara*, 237–49; Castañeda, *Campañero*, 133 38.

131 CIA: Weiner, *Ashes*, 155; Anderson, *Che*, 259–61; Szuc, *Fidel*, 427–29; Geyer, *Prince*, 183.

132 Batista, *Betrayed*, 135.

133 *New York Times*, Jan. 2, 1959.

134 Ibid.

135 Thomas, *Cuba*, 1042; Wright, *Era*, 16.

136 Castañeda, *Campañero*, 137; Thomas, *Cuba*, 1040.

137 Casuso, *Cuba*, 137.

138 "Infiltration": *Washington Post*, Sept. 15, 1958. See also *New York Times*, April 18, 1959; *U.S. News & World Report*, March 16, 1959.
139 Guevara, *Motorcycle Diaries*, 164.
140 Rene Monserrat interview, HIA/GAG, box 11, file 39.
141 Anderson, *Che*, 458.
142 Rojo, *My Friend*, 181–82; Anderson, *Che*, 599.
143 Anderson, *Che*, 538; Castañeda, *Campañero*, 236.
144 "Saint Karl": Guevara, *Road*, 114. "Roman Empire": Debray, *Praised Be*, 98. "Imperialism": Anderson, *Che*, 584. "Vietnams": Guevara, *Guerrilla Warfare*, 175.
145 "Underwear": Guevara, *Guerrilla Warfare*, 53. "Create": 7. "Decisive": Debray, *Revolution*, 119.
146 Childs, "Historical Critique."
147 Congo: Guevara, *African Dream* ("parasitic": 26; "drinking": 28; "running": 49; "rifle," "perspective," "truck": 26; "poorest": 226-27; "runs": 135); Anderson, *Che*; Hoare, *Mercenary*; Kelly, *America's Tyrant*; Schatzberg, *Mobutu*; Taibo, *Guevara*; Gleijeses, *Conflicting*, 101–23.
148 Bolivia: Guevara, *Bolivian Diary*, 144 ("nonexistent"), 248 ("effectiveness"); James, *Bolivian Diaries*; Guevara, *Guerrilla Warfare*, 10–11 ("reformer," "countryside," "full help"), 8 ("vote"), 116 ("secrecy"); Salmon, *Defeat of Che* (peak strength: 71; Shelton: 86; "bandits": 168); Villegas, *Pombo* ("torrential": 141); Debray, *Praised Be*, 104 ("murderous"); Rojo, *My Friend*; NSA/DCG (esp. "Activities of 2nd Ranger Battalion," Nov. 28, 1967; "Debriefing of Felix Rodriguez," June 3, 1975); LBJ/CSP; Castro, *Revolution*, 136–46; Wright, *Era*, 68 (billion dollars; expectations), 8–87; Anderson, *Che*, 637–710 ("mess": 705; "shoot": 710); Taibo, *Guevara*, 472–562 (100 Rangers: 548; "shoot": 561); Rodriguez, *Shadow* ("tattered": 10; "courage": 11); Ryan, *Fall* (Korea, Laos: 90); Gary Prado interview, HIA/GAG, box 12, file 28.
149 Casey, *Afterlife*.
150 Latin insurgents: Wright, *Era*; Wickham-Crowley, *Guerrillas* ("glorious": 31); Ratliff, *Castroism*; Scheina, *Latin America's Wars*, vol. 2; Castro, *Revolution*; Gott, *Rural Guerrilla*; Kohl, *Urban Guerrilla*.
151 Guevara, *Guerrilla Warfare*, 7.
152 "Ennobles": Marighella, *Minimanual*, 20. See also Flynn, *Brazil*; Skidmore, *Military Rule*; Williams, "Carlos Marighela"; *New York Times Magazine*, Nov. 15, 1970.
153 Nicaragua: Wickham-Crowley, *Guerrillas*, 7, 271–81; Kagan, *Twilight*; Kinzer, *Blood*.
154 Marchak, *God's Assassins*; Timerman, *Prisoner*.
155 Sanford, *Buried*; Commission, "Memory."
156 Boot, "Miracle."
157 Burleigh, *Blood*, ch. 6.
158 Gero, *Flights*, 8.
159 Andrew, *Sword*, 380–82; Andrew, *World*, 246–55.

160 Entebbe: Betser, *Soldier* ("surprise": 328; "shattered": 329); Maj. Gen. (ret.) Uri Sagi and Maj Gen. (ret.) Ephraim Sneh, part of the rescue team, interviews with author, March 1, 2011; Dunstan, *Lightning*; Pedahzur, *Secret Services*, 53–62; Netanyahu, *Entebbe*; Ben-Porat, *Rescue*; Williams, *Diary*; Rabin, *Memoirs* (15 or 20: 287); Peres, *Battling*; Kurzman, *Soldier*; McRaven, *Spec Ops*; Harclerode, *Secret*; Follain, *Jackal*, 107 (kill Jews); Thomas, *Gideon's Spies*, 142–45; Katz, *Elite*; Stevenson, *90 Minutes*; Williamson, *Counterstrike*; Klein, *Striking*, 205–8 (chocolates); *New York Times*, Sept. 13, 1972 ("six million Jews");
161 Wolf, *Face*, 279.
162 Sixties radicals: Gitlin, *Sixties*; Suri, *Power*; Berman, *Utopias*.
163 Weathermen: Varon, *War Home*; Stern, *With*.
164 SLA: Graebner, *Patty's* ("insect": 15); Hearst, *Secret*; Payne, *SLA*; *Los Angeles Times*, May 18, 1994.
165 RAF: Aust, *Baader-Meinhof* (total killed); Varon, *War Home*; Meinhof, *Everybody*; Baumann, *How*; Cockburn, *One Point*, 1–6 (nuclear munitions); Andrew, *Mitrokhin Archive*, 511–12 (East German support); Carr, *Infernal*, 138 ("six"); Wolf, *Man*. The 2008 German film *The Baader-Meinhof Complex* also presents an accurate portrayal of the group's rise and fall.
166 Arafat: Rubin, *Arafat* ("Tom and Jerry": 224; mattress: 39); Walker, *Arafat* ("activity": 11; Algeria: 31; Beetle: 37; "richest": 130); Abu Iyad, *My Home* ("discreet": 29; "unprepared": 81); Sayigh, *Struggle*; Hart, *Arafat*; Morris, *Victims* (1948–56 deaths: 270; parcel bomb: 288; Karameh: 268–69; "fascist": 78; refuge in Israel: 80); *Time*, Dec. 13, 1968 ("Viet Cong"; "everyone"); Strong, "Playboy Interview" ("I fought"; "big lie"); Black, *Secret Wars*, 279 ("relentless"); Yaari, *Strike*; Raviv, *Every Spy*, 163 (bed still warm); Abu-Sharif, *Tried* (use of permits to recruit informers: 151); Byman, *Price*; Friedman, *From* ("dashing": 107); *New York Times*, Nov. 12, 2004 (2,000 killed); Allman, "Road" (shaving, Rolex, "bric-a-brac").
167 Pedahzur, *Secret Services*, 26–28; Morris, *Victims*, 288; Byman, *Price*, 25.
168 Black September: Dobson, *Black September*; Walker, *Arafat* (U.S., Saudi threats: 101–2); Klein, *Striking*; Jonas, *Vengeance*; Black, *Secret Wars*; Pedahzur, *Secret Services*, 40–46; Abu Iyad, *My Home* ("butchers": 97); Raviv, *Prince*, 184–94; Abu-Sharif, *Tried*.
169 Lebanon: Schiff, *Lebanon War*; Rabinovich, *War*; Sayigh, *Struggle*, 522–43; Rubin, *Arafat* (suicide: 88; "Fiji": 93); Morris, *Victims* (650 dead: 558); Cobban, *Palestinian*; Byman, *Price* (15,000 strong: 67).
170 First Intifada: Morris, *Victims*; Black, *Secret Wars*; King, *Revolution*; "Fatalities" (casualties); "China: Tiananmen" (Tiananmen Square deaths); Catignani, *Intifadas*; Peretz, *Intifada* (18,000 arrests: 64); Sayigh, *Struggle*, 607–37; Raviv, *Prince*, 379–404; Yigal Hankin, interview with author, Feb. 28, 2011 ("pants down"); Byman, *Price* (600 killed: 73).
171 Author's meeting with Arafat: *Wall Street Journal*, Dec. 14, 1998.
172 Byman, *Price*, 104.

173 Schweitzer, "Suicide Bombing."
174 Second Intifada: Eiland, "Second Intifada" (March toll, "continue"); Schweitzer, "Suicide Bombing" (attacks in 2002; attacks and attempted attacks in 2009); *PLO: Captured Documents*; Morris, *Victims*; "Intifada Toll" (casualties); Catignani, *Intifadas*; Byman, *Price* (casualties: 152–54); Lt. Gen. (ret.) Moshe "Bogie" Ya'alon ("safe havens," 2010 attacks), Brig. Gen. (ret.) Yossi Kuperwasser ("like Gaza"), Brig. Gen. Noam Tibon, Brig. Gen. (ret.) Michael Herzog ("clueless"), interviews with author, Feb. 27–March 3, 2011.
175 Abu Iyad, *My Home*, 34.
176 Merari, *Terrorism*, 107.
177 Gorenberg, "Mahatma."
178 "Intifada Toll."

地图

欧洲 / **巴尔干地区** / **黑海** / **地中海** / **埃及** / **苏丹** / **非洲** / **红海** / **沙特阿拉伯** / **伊拉克** / **库尔德斯坦** / **以色列约旦** / **科威特**

- 车臣 1994~1996年，1999年至今 车臣叛乱
- 格罗兹尼 · 车臣
- 德黑兰 19... 人质
- 黎巴嫩 1982年至今 真主党
- 塔尔阿法 · 摩苏尔
- 贝鲁特 · 贝卡谷地
- 提尔 · 扎尔卡
- 安曼
- 拉马迪 · 巴库巴 · 巴格达
- 纳杰夫 · 巴士拉
- 加沙和约旦河西岸 1987年至今 哈马斯
- 以色列和占领区恐怖分子 1987~1992年 第一次大起义 2000~2005年 第二次大起义
- 伊拉克 2003年至今 "基地"组织伊拉克分支/迈赫迪军
- 阿尔及利亚 1992年至今 伊斯兰武装组织 1996至今 萨拉菲宣教与战斗组织；伊斯兰马格里布"基地"组织
- 吉达 · 麦加
- 也门 2009年至... "基地"组织阿... 半岛分支
- 麦加 1979年 朱海曼·乌泰比 围攻圣地

322

第八章
真主的杀手
伊斯兰激进派别的崛起

塔吉克斯坦 1991年至今
塔吉克斯坦伊斯兰运动

苏联（1991年以前）

亚洲

乌兹别克斯坦（苏联）

新疆分裂分子

阿富汗
1979~1992年 圣战者
1994年至今 塔利班
1996~2001年 北方联盟

兴都库什山脉

克什米尔 1993年至今
虔诚军等

喀布尔 贾拉拉巴德
贾基 白沙瓦
托拉博拉山区 克什米尔
伊斯兰堡

伊朗

阿富汗

巴基斯坦

巴基斯坦 1988至今
"基地"组织、哈卡尼网络
2007年至今 巴基斯坦塔利班

阿拉伯海

印度尼西亚 约1993年至今
伊斯兰祈祷团

菲律宾 1991年至今
阿布沙耶夫组织

58
震撼世界的五十天

德黑兰、麦加、伊斯兰堡和喀布尔，
公元1979年11月4日~12月24日

起义者从为政治信仰而战到为宗教信仰而战的转变——从左翼极端主义到伊斯兰极端主义——中间的过渡时间长达数十年，甚至是几个世纪。它可以追溯到20世纪五六十年代的埃及鼓动家赛义德·库特布（Sayyid Qutb）的作品；1928年在埃及创建穆斯林兄弟会的哈桑·班纳（Hassan al-Banna）的活动；穆罕默德·本·阿布杜·瓦哈卜（Muhammad bin Abd al-Wahhab）的劝诱改宗，他曾在18世纪开创了一个清教徒式的教派，现在成为沙特阿拉伯的国教；甚至14世纪的教义学家伊本·泰米叶（Ibn Taymiyya），他为穆斯林对叛教者实施圣战奠定了理论基础；以及7世纪的哈瓦立及派（Kharijites），该派认为只有最正统的穆斯林才适合治国。[1]但是，这些宗教理论的划时代影响——对于比较世俗的穆斯林革命者，如阿拉法特及其继任者马哈茂德·阿巴斯（Mahmoud Abbas）来说，宗教教义渐渐变得无关紧要——直到1979年那灾难性的秋天才引发了世界的关注。

震撼世界的五十天始于1979年11月4日，这天早上天下着蒙蒙细雨，抗议者开始翻过位于德黑兰塔赫特-贾姆希德大街（Takht-e-Jamshid Avenue）上的美国大使馆院子外的砖墙。

负责保卫大使馆安全的伊朗警察对此袖手旁观。美国的坚定盟友，伊朗国王穆罕默德·礼萨·巴列维（Mohammad Reza Pahlavi）在当年年初的政变中被赶下台。但是，后国王时代的伊朗政局并不稳定。伊斯兰教的捍卫者阿亚图拉·鲁霍拉·霍梅尼（Ayatollah Ruhollah Khomeini）希望建立神权独裁（又叫"法基赫的监护"或"教法学家的监护"，velayat-efaqih），以排挤掉世俗的左翼和自由派势力的影响。许多温和派人士则希望伊朗继续维持和美国的盟友关系；伊朗总理迈赫迪·巴扎尔甘（Mehdi Bazargan）当时刚刚和他的外长前往阿尔及尔，会见美国国家安全顾问布热津斯基（Zbigniew Brzezinski）。

冲击美国大使馆的行动是由激进的大学生组织的，其中就包括后来的伊朗总统马哈茂德·艾哈迈迪-内贾德（Mahmoud Ahmadinejad），他们的目的不仅仅是让"大撒旦"难堪，同样也是想让迈赫迪·巴扎尔甘和其他世俗主义者难堪。数以千计的学生被动员起来冲击大使馆，并且被提供了条幅、徽章、断线钳，甚至布条以捆绑俘虏。守卫使馆的海军陆战队奉命不得开火，这样伊朗学生没费多大力气就制服了手无缚鸡之力的大使馆人员。当人质被蒙上眼睛带出了大使馆时，广场上狂热的群众高呼着"真主伟大！"和"杀死美国人！"的口号。霍梅尼事先并不知道学生要占领美国大使馆，但当他看到学生背后高涨的民意时，为了巩固自己的权力，他欣然支持学生们的举动。巴扎尔甘为了抗议而辞职，从而自动为最高领袖进一步集中绝对权力去掉了一个主要障碍。

美国总统吉米·卡特的态度软弱得过分，最初他试图和解，然后才命令解救人质，该行动终止于1980年4月25日伊朗境内一个代号为"沙漠一号"的集结点的剧烈爆炸，8名美国军人因此丧生。52名人质直到1981年1月20日才被释放，这一天正好是卡特卸任、罗纳德·里根上任。在人质危机的444天里，媒体的大肆炒作把美国打造成了一个跛足的巨人，连自己的外交官都保护不了。霍梅尼欢呼道："美国人根本就一事无成。"他因此受到了鼓励，将反美主义和反以主义，作为将伊朗人民聚集在他的领导之下并把伊朗革命扩展到海外的努力的核心部分。[2]

伊朗并不是唯一一个感受到伊斯兰主义者怒火的美国盟友，沙特阿拉伯也是目标之一。和世俗西方化的伊朗国王不同，沙特皇室成员仍然是相当保守的穆斯林，但还没有保守到萨拉菲派（Salafists）那种极端的程度，这个教派经常让人想起他们那些"虔诚的前辈"所实践的伊斯兰教的早期版本。寄望于引发革命推翻沙特王室，1979年11月20日黎明时分数百名武装分子拿起用棺材偷运进来的步枪和自动武器，攻占了麦加的大清真寺（Grand Mosque in Mecca）——这是伊斯兰教最神圣的圣殿。他们的领导人名叫朱海曼·乌泰比（Juhayman al Uteybi），这名前沙特阿拉伯国民警卫队队员留着一脸大胡子，性格反复无常，他抨击沙特王子们"生活堕落……酗酒成性"，指责他们纵容在沙特境内"放映电影、开办俱乐部和举行艺术展览"。朱海曼宣称和他一起攻占大清真寺的姐夫是马赫迪（救世主），将带来审判日的降临。朱海曼和装备精良的手下经过血战多次击退了试图夺回清真寺的沙特军队。经过两周时间，在付出一千多人伤亡的代价之后，沙特安全部队在法国顾问的指导下终于镇压了起义。那些没有被当场击毙的起义者也在严刑拷打之后被处决。

为了赢得那些宗教机构的支持以在至圣所展开行动，沙特王室不得不匆匆压制在20世纪六七十年代已经萌芽的自由化进程。报纸上不得出现妇女的照片；剧场被关闭；倡导美德和防止犯罪委员会（Committee to Promote Virtue and Prevent Vice）派出执法队，取缔任何在公共场合出现的与性有关的东西。甚至超市中连狗食也被迫下架了，因为虔诚的穆斯林认为狗是不洁的。更为用心险恶的是，沙特王室为了维护自己的地位，逐渐倾向于被人称为"里亚尔政治"（riyalpolitik）的手段。这意味着不断增加投入，将他们自身那套清教徒式的瓦哈比教义向全世界传播：这套教义终有一天将激励奥萨马·本·拉登及其追随者致力于颠覆沙特王室及其背后的西方支持者。[3]

沙特阿拉伯人因为麦加大清真寺被攻占事件相当难堪，他们在前互联网时代的最后十几年里试图封锁外界对这一事件的所有报道，有时候也取得了成功。但这种做法导致外界谣言四起，认为这一事件的元凶不是伊朗特务就是犹太人和美国人。后一种说法更是像大火一样在巴基斯坦境内蔓延。

1979年11月21日，在朱海曼占领麦加大清真寺一天后，嘴里咆哮着"杀光美国狗！"的示威者们就在伊斯兰堡的美国大使馆门前聚集。就像两周多之前在德黑兰一样，示威者几乎不受阻拦就占领了这个院子。巴基斯坦的士兵和警察像他们的伊朗同行一样，无意介入。巴基斯坦总统穆罕默德·齐亚·哈克（Mohammed Zia ul-Huq）希望把国家引向更为伊斯兰化的方向，他也无意为了镇压这些激进者而与他们为敌。大使馆人员最终幸免于难仅仅是因为巴基斯坦的示威者组织不够严密，或者说他们不像伊朗学生那么坚定。示威者用燃烧瓶点燃了大使馆的6栋建筑，但100多位大使馆工作人员躲在档案馆三层的安全通信室中。尽管通信室的地板因为底下烈火的炙烤而碎裂和变形，美国人还是坚持到了夜幕降临，他们随后发现示威者已经散去了。只有4名大使馆雇员——2名美国人、2名巴基斯坦人——和2名抗议者丧生。虽然结果可能更坏，不过事情已经够糟糕的了：这标志着伊斯兰国家中穆斯林人口位列第二的国家逐渐开始走向激进化。[4]

在世纪之交，世界上最重要的叛乱团体绝不仅仅是伊斯兰主义者。后冷战时代再次出现了种族和部落冲突，特别是在非洲和巴尔干地区。种族战争至少在惨烈程度上堪与宗教战争比肩，而其造成的生命损失甚至更大。然而，西方国家对这些战争兴趣不大，它们主要将这些战争视为人道主义灾难。相比之下，圣战主义者更受西方国家关注，不管他们曾经是战略上的盟友（阿富汗圣战者）还是威胁（真主党、"基地"组织及其伊拉克分支）。本章将全面介绍各个极端组织，尽管这些组织发展壮大的过程未必非常清晰，但它们已经展示出让超级大国受挫的能力——无论是在阿富汗的群山沙漠，还是在贝鲁特的美国海军陆战队军营，或者是在纽约的世界贸易中心。

59
苏联的越南

苏军 vs. 圣战者，公元 1980~1989 年

在苏联军方以教科书式的行动突袭阿富汗的时候，很少有人能预料到圣战者组织在后来的阿富汗战争中能展示出那么顽强的战斗力。1979 年平安夜，苏军发起了进攻——恰好是德黑兰的美国大使馆被占领 50 天后——苏军出动了不止一个伞兵师在喀布尔机场和相距 35 英里的巴格拉姆（Bagram）空军基地着陆。一天以后，12 月 25 日，一个摩托化步兵师从苏联中亚地区突入阿富汗境内，向南直扑喀布尔。从表面上看，苏军此举仅仅是为了援助头年刚刚夺取政权的阿富汗共产主义政权。阿富汗人民民主党作为一个共产主义党派，在掌权以后因为立即开始挑战阿富汗悠久的社会习俗和土地所有制而疏远了民众。地主和毛拉们被捕，妇女们被命令除去面纱，甚至阿富汗国旗也从伊斯兰的绿色改成了共产主义的红色。阿富汗政府为了镇压民间的反抗，出动飞机轰炸平民区，甚至政府军将整个村庄屠戮一空。这样的残酷镇压只能激发更多的人参加圣战。到 1979 年年底时，超过半数的阿富汗军队士兵开了小差，超过 80% 的国土已经不在中央政府的控制之下。

当时莫斯科领导层的核心人物、体弱多病的 80 岁总书记列昂尼德·勃列日涅夫（Leonid Brezhnev）做出结论，除非苏

联直接介入，否则"兄弟般"（fraternal）的阿富汗政权必然倒台。他们认为哈菲佐拉·阿明（Hafizullah Amin）总统已经对这场革命造成了极大的危机，这位无情的领导人在三个月前罢黜并杀死了自己的前任，从而夺取了权力。阿明毕业于哥伦比亚大学，能说一口流利的英语，并且希望改善和华盛顿方面的关系。克格勃因此对他产生了怀疑，甚至认为阿明是中情局特务。

1979年12月27日，身着阿富汗陆军制服的克格勃突击队在苏军部队掩护下奉命向喀布尔郊外的塔日别克宫（Tajbeg Palace）展开进攻，居住在这里的阿明有2500名警卫。颇具讽刺意味的是，苏联人在晚上7点30分发起进攻的时候，阿明正在住所里治疗食物中毒（这也是克格勃下的毒），为他治疗的来自苏联大使馆的医生对苏军的进攻计划一无所知。当得知别墅遭到攻击时，阿明要求助手立即和苏联人联系来救他，结果他得到的回答是，攻击者恰恰是苏联人。

克格勃突击队士兵都喝了些伏特加，并且被告知"不能允许任何人活着从这里离开"。突击队遭到了卫兵出乎意料的顽强抵抗，阿明的警卫部队用重机枪开火，在逐个房间与克格勃士兵对抗。数十名克格勃军官阵亡，剩下的也几乎全部带伤。然而，凭借自动武器和手榴弹，突击队最终还是控制住了整个官邸，并杀死了阿明。一名苏军士兵回忆道，他们完成任务之后"地毯上满是血迹"。

而在喀布尔的其他地方，苏军部队也控制住了阿富汗政府部门、广播电台和电视台以及其他要害之地。他们得到了城内苏联顾问的帮助，这些苏联顾问诱骗阿富汗军人把坦克的弹药卸下来，把卡车的电池也拆下来。其实不仅是首都，整个阿富汗的情况都是如此——整个战役期间苏军行动之迅速,代价之小,远超 2003 年美军入侵伊拉克的行动。几周之内,8 万名苏军士兵就遍布阿富汗全境,还扶植了一个新的阿富汗总统:巴布拉克·卡尔迈勒(Babrak Karmal),他曾是阿明的头号竞争对手。[5]

西方国家领导人担心这是苏联向海湾产油区扩张的开始,但实际上苏联领导人并无此意。他们只是想扶持摇摇欲坠的盟友,而且希望在阿富汗的行动能像 1956 年的匈牙利或 1968 年的捷克斯洛伐克那样速战速决。苏联人没想到他们将陷入一场长达 9 年的战争,其间 2.6 万苏军士兵丧命,[6]还加速了苏联的崩溃,并大大鼓舞了世界各地的圣战者。

如果苏联领导人能更仔细地研究一下古往今来的游击战争史——特别是英国"资产阶级"军队在 1839~1842 年以及 1878~1880 年在阿富汗的失败教训——他们可能就不会那么有信心了。但就算是仔细研究了历史,苏联人在面对远比当年英国的对手危险得多的敌人时也不可能做好万全的准备。和他们 19 世纪的先辈一样,阿富汗起义者靠民族主义和宗教情绪来动员民众反抗苏联侵略者。但是,他们所具备的优势则是阿克巴汗或谢尔·阿里做梦也想不到的:邻国巴基斯坦为其提供安全基地,他们在那里可以得到武器并接受训练。苏军用不了多久就会发现阿富汗广袤的群山具有比他们所拥有的任何现代化武器都巨大的优势。苏军所取得经验教训和美军在越南的一样,而苏军所经历的苦战也与美军相似。

* * *

苏军先是在潘杰希尔山谷(Panjshir Valley)吃到了苦头,这是高耸入云的兴都库什山脉中的一条峡谷,位于喀布尔以北

40英里，长70英里，往东北方向延伸。山谷两旁都是陡峭的灰白色岩石，最宽的地方也只有1英里。20世纪80年代时只有一条土路可以通行，"仅仅是一条铺满碎石的小道"，紧挨着"蓝绿色"汹涌奔流的潘杰希尔河（Panjshir River）。在苏军入侵以前，这里居住着大约8万名塔吉克人，以散养家禽和山羊、种植杏和小麦为生。到1980年时，整个山谷都被艾哈迈德·沙阿·马苏德（Ahmad Shah Massoud）控制，他是千千万万武装反抗苏联入侵的圣战者之一。

和许多其他的圣战者一样，马苏德其实在苏军入侵以前就已经拿起枪了。马苏德1952年出生于一个阿富汗军官家庭，后来进入一所法国人开办的中学学习，再后来进入苏联援建的喀布尔工学院（Kabul Polytechnic Institute），其间马苏德表现出了高超的数理思考能力。和20世纪70年代的许多大学生一样，马苏德热衷政治，但他并不喜欢左翼意识形态，而是加入了穆斯林青年团（Muslim Youth），这是一个受埃及穆斯林兄弟会启发组建的激进组织。他们的行动触怒了阿富汗总统穆罕默德·达乌德（Mohammad Daoud），这个左翼政治家在1973年从他的堂弟、阿富汗国王穆罕默德·查希尔（King Zahir Shah）手中接管了权力。（而他本人则将在五年后被盟友共产党推翻。）马苏德不得不流亡巴基斯坦，在那里，巴基斯坦为包括他在内的数千名伊斯兰极端分子提供军事训练。1975年重返阿富汗发动袭击的行动失败后，马苏德终于在三年之后永久地回到了阿富汗并展开了反抗喀布尔共产党政权的战斗。根据一名记者的报道，他最初只有"不到30人，17条五花八门的步枪，130美元经费"。一年多以后马苏德就拉起了一支有3000多人的队伍，他们将成为苏军面对的最可怕的游击运动中的核心力量。

相比其他以巴基斯坦为基地，与三军情报局（Inter-Services Intelligence）关系紧密的起义军领袖，马苏德得到的外部援助要少得多。考虑到这点，马苏德能取得这样的成就更不简单。苏联入侵时马苏德还不到30岁，他能够发展壮大很大程度上是靠自己的精明和魅力。记者塞巴斯蒂安·荣格尔（Sebastian Junger）回忆道："他是个精力充沛、感情强烈且尊贵的人，对周边的人能产生立竿见影的强烈影响力，当他说话时，我不由自主地盯着他，他的身上有种让人着迷的东西。"

马苏德是个虔诚的穆斯林，每天要祷告五次，但又不像其他强硬派起义军领导人那样教条而极端。马苏德"性格温文尔雅，幽默风趣"，宽以待人，而且对诗歌和伊斯兰教的苏菲神秘主义很有兴趣。他鼓励妇女接受教育，并且"善待苏联俘虏以致苏联士兵宁愿向他投降"，其中一名被俘苏军士兵甚至成了马苏德的保镖。（相比之下，其他圣战领导人则以折磨俘虏而著称。）马苏德毫无高高在上的做派，他真诚地关心下属的生活，因而得到了部下的爱戴。他的手下回忆说"他自己洗衣服，甚至洗袜子"，自己给自己做饭，并会在轮到自己时在夜间站岗放哨。当有一次一位外国访问者送给马苏德一双新鞋时，尽管他"自己的一只鞋已经能看到脚趾了"，他还是把鞋送给了手下。

圣战者像沙米尔手下的车臣人或希腊游击队一样，是天生的游击队员——"穷山恶水的山民"加上坚定的宗教信仰，支撑着阿富汗人在几个世纪里和一拨又一拨外国入侵者苦战。马苏德比其他人的受教育程度都高，尽管他学过法语但已经基本上忘光了。马苏德读了不少游击战经典著作——如毛泽东、格瓦拉和武元甲的书——甚至是有关美国独立战争的书,并且他也开始运用他所学到的知识。马苏德长着鹰钩鼻子,留着大胡子,戴着平顶的羊毛帽子,身穿旅行夹克,马苏德的这个形象很快将和他自己所研究过的那些人一样著名。作家罗伯特·卡普兰(Robert Kaplan)预言,几年之后马苏德将会被誉为"20世纪最伟大的游击战士之一"。

马苏德并不只把潘杰希尔山谷当作基地,和其他圣战组织不同,他还把这里当成了"解放区"(Liberated Zone),这里有学校、法庭、清真寺、监狱、一所法国人开的医院以及一个军事训练基地。马苏德把自己的部下分成由专事作战的战士组成的机动作战小组(moutarik),以及不脱产只负责保卫所在村庄的民兵(sabet),在起义军中间他是第一个这么干的。机动作战小组被编成120人的连队,穿着橄榄色制服、黑色军靴。配备武器则五花八门,有的是从苏军那里缴获的,也有从巴基斯坦买来的,包括AK-47突击步枪、RPG-7火箭筒、DShK12.7毫米机枪,甚至还有ZPU-2高射炮。他们对占领军的威胁特别大,因为潘杰希尔山谷距离连通喀布尔和苏联边境的萨朗(Salang)高速公路只有几英里远。这条公路是苏军的后勤动脉,马苏德的手下不断对公路上的苏军进行袭扰。有一次他们甚至缴获了一辆驶往阿富汗国防部的黑色伏尔加轿车。马苏德的手下把这辆车拆开,带回根据地,然后又组装起来给马苏德乘坐。

* * *

早在1980年春天,苏军就发动了对潘杰希尔山谷的第一次进剿,但收效甚微。1982年5月时,苏联占领军正在积极准备发动第五次围剿，这次将动用 8000 名苏军士兵和 4000 名阿富汗政府军士兵，而且还有强大的空中力量支援。马苏德依靠出色的情报网事先得到了风声，于 1982 年 4 月 25 日率先对苏军的巴格拉姆空军基地发动袭击，至少击毁击伤了 12 架苏军飞机。这推迟了苏军在发动地面攻势之前那长达一周的空袭行动。5 月 17 日苏军最终正式发动了进攻，苏联人以阿富汗政府军为先锋。马苏德命令部下放过先头的阿富汗军，其中有不少人最后叛逃了。当苏军装甲车队进入山谷时，游击队引爆了峡谷两边的炸药，崩落的山石堵塞了道路，这暂时延缓了苏军前进的步伐。此后，苏军不仅清除了路上的石块，而且还往山谷的北部入口派遣部队，对马苏德发动钳形攻势。与此同时，6 个营约 1200 人的苏军乘坐米-6 和米-8 直升机从空中突袭山谷中部，米格-21 战斗机和苏-25 攻击机则负责摧毁任何移动的目标。

《基督教科学箴言报》记者爱德华·吉拉德特（Edward Girardet）写道："从早到晚，他们都在顽强地战斗。"吉拉德特当时在马苏德的部队中采访，目睹了这场战斗。

一开始只听到远处传来的嗡嗡声，然后声音越来越大，地平线上慢慢显现出几个小点，接着直接穿过高低不平、终年积雪的兴都库什山。像一群黄蜂一样，深灰色的武装直升机从围绕着这个富饶峡谷的高耸山脊边冒了出来。很快，当直升机朝游击队的阵地发射火箭和投下炸弹时，声音宛如雷鸣……在潘杰希尔半山腰的有利位置，我们能清楚看到苏联军队和阿富汗政府军、坦克、装甲运兵车和卡车沿着狭窄的土路前进，如同汹涌的巨浪……通过望远镜我们能看到一排排 BM-21 "斯大林的管风琴"火箭炮，每一台火箭炮能够发射 40 发火箭弹、总共投放 4.5 吨炸药，此外还有巨大的自行榴弹炮，气势汹汹地指向我们所在的位置。

马苏德对苏军多管齐下的进攻显得有些猝不及防，但也仅仅是暂时的。他是一个"象棋高手"，而且和所有高手一样，马苏德能够冷静地分析形势。一名马苏德身边的英国记者发现他"似乎从没有惊慌失措过……他从不会丧失从容的气度"。马苏德的一名部下回忆说，"他总是保持微笑"而且"你看到他微笑的时候……会觉得我们正在取胜"。在胜算比较小的情况下，这种冷静的态度是大有裨益的，比如说在 1982 年的这场战斗中。

和山谷中的大多数抵抗者一样，马苏德带着手下隐藏在邻近潘杰希尔河一侧的小山谷中。他们在"高耸的悬崖那隐蔽的凹处和裂缝之间"开辟安全的洞穴和巨石掩体，并随时冲出来打击山下动弹不得的敌人。苏军对这些神出鬼没的敌人很头疼。他们一下午反复轰炸并用火箭弹轰击游击队的机枪阵地，直到山头上只剩下一棵树。但是，第二天游击队的机枪还是照常开火。爱德华·吉拉德特写道："最初俄国人仅仅在山谷下方的平地上宿营，后来由于圣战者的不断袭扰，他们不得不挖掘战壕。"到 7 月的时候，苏军把战壕都放弃了，攻势也渐渐减弱，苏联人不得不将大部分部队撤出山谷。

到战争结束时，苏军先后发动了九次大规模攻势，付出了数千人伤亡的代价，但马苏德仍然控制着潘杰希尔山谷。马苏德在面对强大而野蛮的敌人的反复围剿时所表现出的应变能力,和杜桑·卢维杜尔在海地、弗朗西斯科·米纳在西班牙以及铁托在南斯拉夫一样让人印象深刻。[7]

* * *

潘杰希尔之战可谓整场战争的一个缩影。苏军发动了许多大规模的冒失的攻势,但苏联总参谋部后来承认,其中大多数攻势都"事倍功半"(wasted effort)——"苏军的战术更适合在欧洲北部平原而不是阿富汗山区。"[8]阿富汗境内的大多数地区,东部是高耸的山脉,南部则是不毛的沙漠,都永远在苏军的控制范围之外。少数的例外就是阿富汗的主要城市及其之间的公路。

苏军在清剿游击队的战斗中吃尽了苦头,他们把这些人称为"幽灵"(dukhi)或"敌寇"(dushman),并把怒火发泄到了无辜平民的头上。1984年,来自赫尔辛基观察(Helsinki Watch,人权观察组织的前身)的调查员到巴基斯坦走访阿富汗难民、苏军逃兵和去过阿富汗的西方游客。他们写道:"从我们的采访来看,人们很快就会发现,所有能想象到的侵害人权事件在阿富汗都发生过,而且规模相当大。"原来的囚犯现在指证苏联人以及克格勃训练的阿富汗秘密警察卡德(KhAD)的各种刑讯手段——"包括电击、拔指甲、长时间不允许睡觉、强迫站在冷水里以及其他惩罚手段。"苏军对当地人袭击的报复更是家常便饭。一名苏军士兵回忆说,1982年一名上尉和三名士兵喝多了伏特加酒,摇摇晃晃地走进一个村庄,最后全部被杀。一名苏军旅长恰巧是被杀上尉的哥哥,他率兵闯进了这座村庄,见人就杀,总共杀害了200多人。

苏军的暴行常常没有什么军事意图。苏联军人只知道偷走所有值钱的东西,打死每一个抵抗者。武装直升机甚至向开动的车辆射击,这样士兵就能去洗劫财物。这样不分青红皂白地袭击平民使大批阿富汗人逃离家园,流亡到伊朗或巴基斯坦。但其至是带着毛毯和家禽逃跑的难民也不安全,他们在开阔地会遭到苏联飞机的轰炸和扫射。而造成平民伤亡最多的可能就是地雷了,在这个国家有数百万枚任意布撒的地雷。许多空投蝴蝶雷的设计目的就是混杂在荒郊野外使人无法辨认。触雷者常常是被炸成残废而不是被炸死,其设计理论认为,对抵抗者来说残疾人能造成负担,死人却不行。另外还有一种流传很广但未经证实的说法,即苏军将地雷设计成玩具的形状以炸断儿童的胳膊和腿,这种说法使得世界舆论对苏军的入侵大加挞伐。苏军甚至毁坏《古兰经》、轰炸清真寺或者将其改成浴室——在一个笃信伊斯兰教的国家,这是能够想象到的最恶劣的渎神行为。[9]

当然,苏联人也并非完全无视从利奥泰到兰斯代尔这几代反游击战专家所提倡的吸引民众的民事行动。1980~1989年,莫斯科投入了30亿美元的非军事援助,并且派出了数千名顾问帮助阿富汗政府。[10]但大多数资金都被用于对阿富汗社会进行苏联化改造——也就是在学校中教授马列主义和俄语——这根本无助于赢得"人心与思想",而且事实上进一步疏远了虔诚的穆斯林民众。甚至苏联偶尔的善举,诸如兴建学校和发电站,也被淹没在血海之中。

苏军造成了超过100万阿富汗人丧生,迫使500多万人流亡国外,另外有200万人在阿富汗境内无家可归。由于阿富汗战前人口有1500万~1700万,其中有超过6%的阿富汗人死亡,这个规模可以与二战中的南斯拉夫相比。

苏联领导人可能并未从人道主义的立场来关注他们造成的

这一后果，但像在南斯拉夫的德国人一样，他们会为自己采取的种种政策感到后悔，因为其将大量阿富汗平民推到了反抗者的阵营之中。至少有15万人加入了圣战者组织。如此一来游击队便在人数上超过了驻阿苏军，而苏军在阿富汗的兵力从未超过11.5万人。协助苏军的阿富汗政府军士兵有3万人，大多数是被强征入伍的平民，非常不可靠。另外至少还有1.5万名阿富汗秘密警察，他们与克格勃的合作很紧密。尽管他们更热衷于保卫阿富汗现政权，但他们人数太少，无法弥补反游击战方面的人数劣势。（相比之下，由于对手的手段相对温和，2001年后的塔利班能够动员用于和北约部队战斗的兵力从未超过3万人，北约部队在巅峰时期拥有14万人，在阿富汗安全部队中还有35万盟友。）对苏联扶植的喀布尔政权来说，反游击战中的兵力对比——治安部队和人口的比例为1∶100——明显对其不利。[11]

* * *

占领军的人力组成也非常不利。美国人在越南战争中就发现，把大量义务兵投入这么一场不体面、危险且漫长的战争中，很难取得速胜并获得公众的支持，甚至会引发麻烦：指挥官不得不应对部下士气低落以及在国内四处蔓延的反战情绪。虽然苏联政府不像美国政府那样容易受到公众舆论的左右，但它最终也发现把士气不高的义务兵投入这么一场野蛮的反游击战中是很愚蠢的。

苏联士兵接受的宣传是，他们去阿富汗是为了帮助"兄弟般的盟友"抵抗"美帝国主义和北京霸权主义"，他们很快就会戳破宣传的假象。正如一名士兵所说的："周围的所有人都是敌人……我们看不到一个友好的阿富汗人，只有敌人。甚至阿富汗政府军也不友好。"苏联士兵知道，每次离开戒备森严的营房，都有可能冒着乘坐"黑色郁金香"——这是运送阵亡苏军士兵镀锌棺材的飞机——回家的危险。甚至基地里也不完全安全：巴格拉姆有两个苏军士兵外出上厕所，结果后来发现他俩的脑袋都被钉在了桩子上。一名士兵在目睹朋友被杀后说："我已经准备好毁灭任何东西和任何人了。"还有一个士兵回忆说，他们连队里的两名士兵因为"由谁来枪毙7个阿富汗囚犯"而打了起来。其中一个人从背后打死了6人，另外一个跑过去大喊："让我也枪毙一个！让我来！"

在一支职业化军队中，军官和士官应该激励士兵、约束士兵，并且把他们的好勇斗狠引导到建设性的方向上，但苏军的军官因为追求生活享乐、纵容老兵欺侮新兵而获得了"豺狼"的恶名。一名士兵声称苏军被"五花八门的道德败坏"所困扰，他们无法约束队伍中那些担惊受怕、动机不明、激进好战的人，从而彻底违背了毛泽东、卡斯特罗、麦格赛赛以及其他游击战和反游击战专家的理论。这些人都曾教导部下，为了赢得民众的支持，必须要尊重平民。所有实施反游击战的军队在某种程度上都曾滥用暴力，甚至相比其他大多数国家军队来说比较克制的美军，也犯下过伤膝河大屠杀、美莱村大屠杀和阿布格莱布监狱虐囚事件等暴行。但苏军在阿富汗反人权暴行的普遍程度和规模都要大得多，苏军指挥官在约束下属方面相比美国人做得很不够。苏军士兵被告知"可以为所欲为，但不要被抓住"。这等于为苏军实施暴行发了许可证，不但让阿富汗人饱受苦难，也给施暴的苏军士兵留下了心理创伤——这无助于他们完成自己的战争目标。

虽然战争就在邻国进行，但苏军居然无法得到足够的食物、寒衣或燃料，这更进一步打击了部队士兵的士气。一些士兵甚至不得不吃腐烂的土豆或卷心菜。超过70%的士兵因为严重的疾病住院，包括伤寒、疟疾、肝炎和痢疾，而这通常是由于饮用水不干净导致的。苏军的纪律已经废弛到士兵向圣战者兜售武器弹药的地步，卖武器弹药的钱会用来购买牛仔裤或卡式录音机并带回国内。

士气低落导致某些士兵开枪自伤以便尽早回国，而其他人则自暴自弃。更多的人酗酒或求助于药物，以求摆脱"无处不在的血腥气息"。一名士兵说："我一闻到血腥味就吐得翻江倒海。"苏军士兵经常喝伏特加、私制烈酒乃至须后水，或者是吸食大麻、海洛因或麻药，有时候这些东西是阿富汗商人免费提供的，他们很乐于腐蚀自己的敌人。一名士兵说："最好是让自己酩酊大醉，然后再参加行动——这样你就能够变成一头禽兽。"[12]

* * *

苏联在阿富汗战争中得到和美国在越战——另外一次，至少在后期是这样，由心怀不满的士兵进行的不得人心的反游击战——中一样的教训，这不完全是巧合。正如苏联曾经大力援助越共，美国也为了削弱竞争对手而援助阿富汗圣战者。

华盛顿最开始给圣战者提供的都是非致命性的援助——无线电、医药、资金——甚至是在苏军入侵前就已经开始了。在苏军入侵之后，吉米·卡特立即签署总统调查令（presidential finding），授权可以为圣战者秘密提供武器。为了避免暴露美国的幕后角色，中情局从东方阵营购买武器，包括埃及、波兰、中国以及其他渠道，然后通过海路运到巴基斯坦。沙特阿拉伯提供的资金也堪比美国。输送物资则由巴基斯坦三军情报局负责。在靠近边境的白沙瓦（Peshawar），有阿富汗七个主要抵抗派别的总部，那里用于接受武器和训练。在巴基斯坦边境地区，用三军情报局一名准将的话说，这里是一片"广阔的三不管地区，是圣战者的基地"，[13]武器弹药通过卡车、马匹和骡子，或者干脆通过人背肩扛经新闻记者们口中的"圣战者小道"偷运进阿富汗。苏联人竭尽全力试图切断这条供应线，但跟美国试图切断胡志明小道一样，毫无效果。原因很简单，崇山峻岭中有太多秘密小道可供一队队战士通过。用一名记者的话说，圣战者"能长时间不吃不喝，像山羊一样在群山中上下攀爬"。[14]

2001年9月11日以后，有一种观点认为，那些袭击美国的恐怖分子恰恰是美国曾经资助过的人。这并不完全正确——没有证据表明中情局或任何美国政府机构为本·拉登提供过援助。但事实是，在20世纪80年代美国确实资助过很多强硬派伊斯兰分子，而他们后来终会成为美国的敌人。这是华盛顿向巴基斯坦总统齐亚·哈克提供武器和资金的副产品，后者渐渐成为伊斯兰主义者。

巴基斯坦情报机构使美国提供的武器慢慢流向了一些最极端的伊斯兰组织，如古勒卜丁·希克马蒂亚尔（Gulbuddin Hekmatyar）的伊斯兰党（Party of Islam）。希克马蒂亚尔是个权欲熏心的工程专业毕业生，他遭到了许多其他圣战者的痛恨，用罗伯特·卡普兰的话说，"他的组织缺乏战斗力，浪费了大量资源去进攻其他游击队"。[15]和马苏德不同，希克马蒂亚尔在阿富汗待的时间很短，他更喜欢在白沙瓦居住。但他是三军情报局的宠儿，也是沙特阿拉伯情报机构的红人，甚至中情局也很偏爱他。[16]他和奥萨马·本·拉登走得也很近，后者是在苏军入侵后来到巴基斯坦的。[17]中情局为马苏德提供了一些单边援助，英国和法国的情报部门也有过类似举动，但相对其他极端分子如希克马蒂亚尔来说，马苏德获得的资源少得可怜，而希克马蒂亚尔终有一天也在阿富汗和美军成了对头。

向代理人军队提供武器但最后又被"反作用力"所伤，上面的例子很好地说明了这个问题，但它并不是唯一的例子——欧洲国家在二战后已经有过类似的经历，二战中某些接受欧洲援助来抗日的抵抗者在欧洲殖民者回来后立即调转了枪口。

* * *

美国最初的目标只是让苏联放放血，但里根政府的目标渐渐从扰乱苏联人改成了将其彻底击败。资助从1980年的3000万美元增加到1987年的6.3亿美元，而实际拨付的资金超过了12亿美元（大约相当于2012年的30亿美元），因为沙特阿拉伯追加了资助。1986年，美国官方为了进一步增加对苏军的压力，向圣战者提供了毒刺防空导弹。这个决定的原因及其影响遭到了广泛的误解。

同名小说和电影《查理·威尔森的战争》（Charlie Wilson's War）描述了一个酗酒成性、拈花惹草的得克萨斯国会议员，他是为圣战者提供毒刺导弹和其他援助的主要推手。威尔森无疑是圣战者的支持者中较有影响力的一位，但仅仅是其中之一。而且，《查理·威尔森的战争》的作者乔治·奎尔（George Crile）甚至也承认，威尔森并没有"直接牵扯"到提供毒刺导弹的决策中。他的主要贡献是在1984年进行游说，以向圣战者提供瑞士生产的厄利康（Oerlikon）高射炮。但由于这种高炮每门重达1200磅，需要20头骡子才能运输，因而在阿富汗并不太实用。相比之下，毒刺导弹仅重 34 磅，能够锁定飞机发出的红外辐射源进行攻击。

提供毒刺导弹的推动力并非来自查理·威尔森，而是两位国防部官员——国防部副部长弗雷德·伊克尔（Fred Iklé）及其助手迈克尔·皮尔斯伯里（Michael Pillsbury），后者是一位保守的前国会工作人员。他们遭到了参谋长联席会议、国防部和中情局的反对，这些机构担心提供高科技美制武器的举动可能会导致战争升级。但那两个人说服了国务院官员莫顿·阿布拉莫维茨（Morton Abramowitz），阿布拉莫维茨又说服了国务卿乔治·舒尔茨（George Shultz），另外两个怀疑论者国防部部长卡斯珀·温伯格（Caspar Weinberger）和中情局负责人比尔·凯西（Bill Casey）也被说服了。1986 年 3 月，里根总统正式批准提供毒刺导弹。

6 个月后，1986 年 9 月 29 日，8 架米-24 武装直升机准备在贾拉拉巴德机场降落。米-24"雌鹿"是战争中苏联最恐怖的武器，被圣战者称为"撒旦的战车"（Shaitan Arba）。该型直升机配备 1 门加特林自动机关炮、80 毫米火箭、炸弹以及空投地雷，重型机身装甲也能抵御大多数机枪的射击。但是 29 日这天，一群圣战者携带 3 枚毒刺导弹成功击落了 3 架"雌鹿"直升机。不过，苏军总参谋部宣称："在毒刺导弹流入之后，被击落飞机的数量并没有明显增加。"但即使这个说法是真的，毒刺导弹的出现也迫使苏军飞行员尽量保持在12500 英尺以上的高度飞行——这是毒刺导弹的最大射程——从而削弱了他们的战斗力。苏军最优秀的武器就此失去了用武之地。[18]

虽然这对占领军是个打击，但和大多数人所信服的说法不同的是，毒刺导弹在阿富汗的出现根本算不上战争的转折点。在美国提供毒刺导弹之前，苏联新任领导人戈尔巴乔夫就已经认为战争不可能打赢了。1985 年 10 月 17 日，在第一枚毒刺导弹出现在阿富汗之前大约一年，戈尔巴乔夫在政治局的发言中就指出他将会寻求"在尽可能短的时间内撤出阿富汗"。[19] 苏军直到 1989 年才从阿富汗完全撤军，但在此之前还有艰难的仗要打〔包括规模最大的苏军攻势——1987 年的"专断行动"（Operation Magistral）〕。但在 1986 年时，战争结束已经遥遥在望了。

*　　*　　*

对俄国人来说，九年的残酷折磨最终在 1989 年 2 月 15 日那个"寒冷的冬季早晨"画上了句号。上午 11 点 55 分，苏军第 40 集团军司令员鲍里斯·格罗莫夫（Boris Gromov）中将走过了阿富汗和乌兹别克苏维埃社会主义共和国交界处的友谊桥（Friendship Bridge），标志着苏联结束了在阿富汗的战争，尽管战争并未真正结束。[20] 苏军的撤离标志着它数个世纪殖民扩张的首次失败，并且证明如果占领军缺乏合法性，且他们的敌人能利用有利地形和得到外部援助的话，即使是使用最残酷的手段实施反游击战也未必能够成功。

克格勃在苏联国内尽量禁止民众公开表示对战争的不满，因此苏联内部也没有发生美国在 20 世纪 60 年代那样的反战游行。但到 20 世纪 80 年代末，苏联已经无法掩饰自己的惨败了，它不仅动摇了苏共统治的合法性，而且也让曾经恐惧它的敌人从此怀有轻慢之心。因此，苏联在撤出阿富汗的同一年失去了对东欧的控制并不完全是巧合。两年以后，苏联自身也解体了。阿富汗据称是"帝国坟场"（graveyard of empires），但事实上，苏联帝国是第一个验证了这一称号的国家，尽管苏联的崩溃在很大程度上和这场战争无关。相比之下，维多利亚时代的大英帝国在1842年阿富汗失败后倒是达到了巅峰。

* * *

颇具讽刺意味的是，从1986年开始由前秘密警察头子纳吉布拉（Najibullah）担任总统的阿富汗政权甚至比苏联存在的时间更长。这在很大程度上是由于阿内部势力的长期不和。在俄国人停止援助之后，纳吉布拉最终于1992年被推翻，马苏德领导的塔吉克游击队和阿卜杜勒·拉希德·杜斯塔姆（Abdul Rashid Dostum）领导的乌兹别克民兵联手促成此事。新政府由军队司令官马苏德控制，但和铁托不同，马苏德对政治并不像对游击战那么精通。马苏德无法捏合四分五裂的圣战者派别，他甚至无法阻止希克马蒂亚尔为了夺取政权而炮击喀布尔。阿富汗整个国家因为军阀混战而乱象丛生，犯罪横行。

这种不堪忍受的情况导致了1994年塔利班的崛起，这个由极端普什图族学生组成的组织开着丰田皮卡，承诺将恢复秩序。大多数塔利班成员都是战争遗孤，他们对和平一无所知，在巴基斯坦的难民营中接受由沙特阿拉伯人资助的宗教学校（madrassas）的教育，学到的东西除了圣战主义之外别无他物。巴基斯坦抛弃了希克马蒂亚尔，转而支持塔利班。1996年，在经过10个月的围攻之后，塔利班攻占喀布尔，成为阿富汗的新统治者。

塔利班入城后做的第一件事就是阉割、枪毙了纳吉布拉，并将他的尸体悬挂起来示众。马苏德被赶回潘杰希尔，为了阻止追兵而在峡谷入口爆破制造障碍。在接下来的五年里，马苏德及北方联盟（Northern Alliance）的盟友一直在抵抗塔利班及其新的阿拉伯盟友"基地"组织的进攻。马苏德最终在2001年9月9日丧命,当时他被两个伪装成电视台记者的"基地"组织自杀式炸弹袭击分子炸死。两天以后,世贸大厦和五角大楼遭到了袭击,这让全世界都见识到了马苏德的敌人有多么危险。[21]

其实在此之前就有很多危险的预兆——不只是1979年,也包括随后几年发生的事情。特别是在黎巴嫩,如果有人读懂了那些迹象的话,就能发现这里满是危险的预兆。20世纪80年代的黎巴嫩成为一种新型战争的培养皿,它发展出了足以造成大规模伤亡的自杀式炸弹袭击战术。本·拉登未来将充分利用这种冷酷无情的战术。

60
一流的恐怖组织

黎巴嫩真主党，公元 1982~2006 年

1983 年 10 月 23 日星期天，这一天发生的小事件注定将引发轩然大波。这天早上的贝鲁特，蒂姆·杰拉蒂（Tim Geraghty）上校像往常一样在黎明时分醒来，穿上了迷彩服和军靴，用冷水洗了把脸，然后走到楼下的作战中心。这位看上去很年轻的军官参加过越南战争，也曾在中情局任职，面貌英俊，方方的下巴，他是美国海军陆战队第 24 陆战远征队两栖部队的指挥官。该部队中的 1800 名海军陆战队队员，是在 1982 年进入贝鲁特的多国维和部队中的一部。

美国海军陆战队于 1982 年 8 月第一次来到贝鲁特，监督以色列入侵之后巴勒斯坦解放组织的撤军行动。此后，由于黎巴嫩信奉基督教的总统贝希尔·杰马耶勒（Bashir Gemayel）遇刺以及基督教长枪党民兵在贝鲁特的萨布拉和夏蒂拉巴勒斯坦难民营实施大屠杀，他们于 9 月又回到贝鲁特。海军陆战队的任务是并不太明确的"保持存在"并且在某种程度上减轻已经持续七年的黎巴嫩内战的痛苦。他们本应该保持中立、不偏不倚，但因为美国为黎巴嫩基督教民兵提供武器和训练，美国海军陆战队很快就卷入了内战。和黎巴嫩政府军交战的什叶派和德鲁兹派民兵也开始与美海军陆战队为敌。

502　　1983年的整个9月，美国海军陆战队在贝鲁特机场的司令部不断遭到枪击和炮击，持续出现伤亡。尽管如此，9月26日交战双方还是达成了脆弱的停火协议。杰拉蒂10月23日起床的时候局势还"相当平静"，6点22分时，只有少数厨师、哨兵和部分海军陆战队士兵已经醒了——杰拉蒂回忆说，恰在此时"窗户突然被炸碎，玻璃碎片四处飞散，办公用品、文件和纸片在办公室飞得到处都是"。杰拉蒂不顾耳朵还在嗡嗡作响，扣上头盔，抓起点45口径手枪冲了出去，想要弄明白"到底他妈出了什么事"。他刚一出门就发现自己被笼罩在"一片浓密的灰白色灰尘"之中，将近20年后"9·11"事件的幸存者对这个场景应该会很熟悉。他透过"呛人的浓烟"向北望去几乎什么也看不见。站在他旁边的一个少校向南看去，惊呼道："我的上帝啊，营登陆队（Battalion Landing Team）的营房大楼不见了！"司令部下辖的营登陆队有超过300名海军陆战队队员和水兵，是杰拉蒂地面战斗部队的一部，而现在整栋建筑都成了一片瓦砾。

此前两年黎巴嫩发生过几起汽车炸弹袭击事件，包括当年春天造成重大伤亡的贝鲁特美国大使馆遇袭事件，但那几次袭击事件的规模都没有这次大。一辆黄色的奔驰卡车以超过35英里每小时的速度直接冲过铁丝网和带刺篱笆墙，停在了营部的大门口。车上装载着季戊四醇四硝酸酯炸药（PETN）的爆炸物在压缩乙烷的作用下威力倍增。卡车在一道"橙红色的闪电"中爆炸，爆炸威力相当于12000磅TNT——这应该是有记录以来威力最大的非核爆炸装置之一。整个贝鲁特的居民都能听到那"可怕的闷响"，并且看到机场方向升腾起一朵蘑菇云。这栋钢筋混凝土制的四层建筑物被炸得飞起来，然后支离破碎。

杰拉蒂发现眼前是一片"可怕的景象",让人想起"二战时期欧洲的黑白新闻纪录片:破碎扭曲的尸体飞得到处都是,形成一种诡异的风格。一名还在睡袋里的海军陆战队队员的尸体挂在树枝上"。当救援人员赶到时,他们只能听到"废墟下边传来的悲哀呻吟"。死者实在太多,连运尸袋都不够用了,不得不要求紧急补充。

总共有 241 名海军陆战队士兵和水兵丧生——这是自 1945 年硫磺岛战役之后美国海军陆战队单日遭受的最惨重的伤亡。几乎同一时间,另外一辆装满炸药的卡车袭击了 2 英里外的法国伞兵驻地,造成 58 人丧生。一个自称伊斯兰圣战组织(Islamic Jihad)的地下团体宣称对这两起袭击事件负责。这是从什叶派阿迈勒运动(Shiite Amal movement)中分离出来的一个极端派别,而这个团体很快将有一个新的名字——真主党(Hezbollah)。该组织的最初行动显示它比此前的恐怖主义团体更渴望也更有能力实施规模更大的恐怖袭击,其他的恐怖组织,从三 K 党、社会主义革命战斗组织到巴解组织和德国红军派,要么受资源所限,要么是缺乏杀害更多人的意愿。以往大多数的恐怖组织都认为如果行动超过一定的底线,就会适得其反,遭到大众的反对。而从此时开始,真主党对造成大规模伤亡毫无心理压力,尽管它们比后来的"基地"组织及其分支更有底线。[22]

* * *

这个高效而冷酷的新组织诞生于黎巴嫩贝卡谷地(Bekaa Valley),当时总共有 1500 名伊朗革命卫队成员在叙利亚的协助下被派到这里,训练抵抗以色列入侵的黎巴嫩民兵。伊朗人发现许多当地的黎巴嫩什叶派教徒渴望投入与"犹太复国主义者"以及"异教徒"的战斗，这个被剥夺了公民权的族群在20世纪70年代逐渐组织化和极端化。其中最卓越的是两名年轻的什叶派神职人员，34岁的苏卜希·图费利（Subhi Tufeili）和30岁的阿巴斯·穆萨维（Abbas Musawi）。这两个人都在伊拉克的纳杰夫（Najaf）上过学，霍梅尼也在那里一直居住到1978年。他们将成为真主党最初的两任总书记。[23]

对真主党早期发展起到更关键作用的人，是实际指挥其军事行动的伊迈德·穆格尼耶（Imad Mughniyeh）。这个恐怖主义奇才出生在黎巴嫩南部，在贝鲁特的贫民区长大，1982年时穆格尼耶才20岁，但已经在巴解组织精锐的第17部队（Force 17，亦称总统安全部队）服役过。以色列国防军将巴解组织从黎巴嫩赶走之后，他加入了真主党。在接下来的20年里，他在伊朗顾问的帮助下，直接指挥了真主党几乎所有造成轰动效果的袭击事件，从自杀式炸弹袭击到劫持人质。他的一个以色列对手称他为"我接触过的人中最具创造性和最聪明的人之一"。在本·拉登出现之前，穆格尼耶就是世界头号恐怖分子，但和本·拉登不同的是，穆格尼耶总是躲开媒体的聚光灯。他甚至为了掩饰自己的面貌而整容。海军陆战队知道他直接指挥了1982~1983年的系列袭击，但他们并不知道穆格尼耶的名字，他们称其为"卡斯特罗"，因为他也留着大胡子。真主党拒绝承认任何有关穆格尼耶的消息，直到他在2008年死亡，当时穆格尼耶被当作一位殉难的烈士来纪念，并建立了博物馆。[24]

真主党从一诞生就笼罩在神秘的面纱之下，直到1985年该组织发布公告谴责"美国及其盟友和犹太复国主义集团"

强加的"侵略和耻辱"时,才正式浮出水面。[25]真主党更喜欢搞一些有轰动效果的袭击,特别是自杀式袭击,而不是夸夸其谈的声明。他们在黎巴嫩的第一次自杀式袭击目标是伊拉克大使馆,在1981年的一次袭击中杀死了27人。(伊拉克当时正在和伊朗交战,而袭击背后的真主党正是得到了伊朗支持)。下一年轮到了以色列:1982年11月,一辆装载着1300磅炸药的法国标致汽车冲进了位于黎巴嫩最南部城市提尔(Tyre)的以色列军队指挥部,造成75名以色列人和约27名黎巴嫩囚犯丧生。这是第一次针对以色列的自杀式炸弹袭击,但绝不是最后一次。几乎正好一年以后,以色列军队在提尔的另外一个指挥部遭到了一辆雪佛兰皮卡的炸弹袭击,造成28名以色列人和35名囚犯丧生。贝鲁特的美国大使馆是另一个遭到反复袭击的目标。第一次袭击发生在1983年4月,那次是一辆通用汽车,炸死了63人。1984年9月,贝鲁特郊区美国大使馆的配楼遭到袭击,这次发动袭击的是一辆雪佛兰厢式货车,炸死了24人。

这样的袭击让真主党跟自杀式爆炸画上了等号——20世纪70年代的巴勒斯坦恐怖分子和阿富汗圣战者都不曾使用这样的战术。尽管19世纪末20世纪初的俄国社会主义者和中世纪的阿萨辛派偶尔也使用这种方式,但提起自杀式袭击人们首先想到的还是日本的神风特攻队。日本人在二战穷途末路、战局不利的情况下使用自杀战术,证明了这其实是弱者的战术,而且使用者必然是狂热分子。真主党自然要使用这样的战术,因为什叶派本身就比逊尼派弱小,伊斯兰世界90%的人都是逊尼派。什叶派信仰的基础是他们尊崇穆罕默德的外孙侯赛因,其在公元680年被一名不承认他是先知后代的哈里发杀死。在20世纪80年代，伊朗大量利用自杀式袭击志愿者"伊斯兰武装力量动员队"（Basij，也叫巴斯基），对付装备更好的伊拉克军队。数以万计的少年，有些人甚至只有十岁，手里拿着所谓通向天堂的塑料按键，被送去参加穿过雷场的人海攻击。[26]

真主党把同样的殉难精神带到了自己的行动中，尽管《古兰经》明文规定禁止自杀和屠戮无辜。真主党领导人哈桑·纳斯鲁拉（Hassan Nasrallah）1998年宣布："每个男人，无论老少，都热衷于奉献自己的生命，以把入侵者、占领者的犹太人炸得支离破碎。"真主党宣称，他们的成员乐意奉献生命，这样才能够击败装备精良但可能意志比较薄弱的敌人，比如"胆小而怯懦"的以色列人——多年以后许多其他伊斯兰极端组织将重申这一宣言。但和后来的其他组织不同的是，真主党将自杀式袭击的范围限定在军事目标。[27]

自杀式袭击并不是真主党唯一的武器，而且随着真主党其他战术的发展，自杀式袭击的地位也逐渐下降。实际上，截至2011年，真主党自1999年以后再也没有实施过一例自杀式袭击。真主党早期的时候也使用过劫机的战术，但不久之后也停止了。该组织最出名的劫机行动是1985年6月在贝鲁特劫持美国环球航空公司的847次航班，这次事件导致一名美国水兵被杀，他的尸体被抛到了跑道上。

真主党在诞生初期频繁使用，但如今已经被抛弃的另外一个战术就是劫持人质。它开始于1982年劫持贝鲁特美国大学代理校长戴维·道奇（David Dodge）事件。道奇被装在箱子里偷运到德黑兰，366天之后才被释放。在接下来的十年时间里几乎有100多名西方人在黎巴嫩被劫持，被扣押时间最长的是记者特里·安德森（Terry Anderson），他几乎被关押了七年之久（1985~1991年）。不过，安德森比另外两位人质要幸运得多——中情局站长威廉·巴克利（William Buckley）和海军陆战队中校威廉·希金斯（William Higgins），两人都在经历酷刑后被杀害。

真主党实施这些袭击并非仅仅为了满足残忍或血腥的杀戮欲望，而是试图以这种精心算计的战略将以色列、美国和其他西方国家的影响力挤出黎巴嫩，只留下伊朗及其盟友的影响力。真主党的这一战略收到了效果。在贝鲁特美国海军陆战队司令部遇袭不到四个月之后，罗纳德·里根就进行"重新部署"，将海军陆战队调出了黎巴嫩。让杰拉蒂上校非常不满的是，美国政府从未实施任何报复行动，也拒绝加入法国和以色列对贝卡谷地中伊朗人和真主党据点的空袭行动。而接下来的人质劫持事件让"大撒旦"[28]——美国——进一步蒙羞，里根政府为了换取对方释放人质，不得不向伊朗秘密出售武器。三名人质被释放，但其他许多人依然被扣押，与此同时里根政府几乎在伊朗门事件中被赶下台。在霍梅尼去世、德黑兰由相对温和的政府掌权后，伊朗及其代理人最终于1992年放弃了劫持人质的行动。[29]

* * *

真主党对以色列的袭击（"像癌一样生长，必须被铲除"）[30]更频繁也更有效。在最初入侵黎巴嫩时，什叶派对以军是欢迎的，因为他们推翻了巴解组织的高压统治，但以色列试图在贝鲁特扶植一个友好的基督教领导的政府，这遭到了什叶派的反对。真主党无疑在以色列入侵黎巴嫩之前就已经建立了，但以色列的存在加速了什叶派的军事化进程。真主党在

1982年对提尔的以军指挥部的自杀式炸弹袭击仅仅是旨在将入侵者赶出去的游击战争的开端。

以军安全部队对袭击的反应是设置路障,逮捕并拷问嫌疑犯,摧毁村庄,以及轰炸真主党的藏身处,但以色列指挥官后来承认,他们的铁腕政策仅仅招致了当地民众的不满而已——正如法军在阿尔及利亚和印度支那的行径一样。[31]虽然做出了很大努力,但内斗频仍的以色列情报机构无法渗入狙击并用炸弹袭击以军的叛乱组织内部。自杀式炸弹袭击者有时候会袭击以军车队,但"伊斯兰抵抗运动"也会使用伊朗提供的结构复杂的路边炸弹以阻挠以军行动。1985年,由于国内日益高涨的反战情绪和不断增加的伤亡(650人阵亡,3000人负伤),[32]以色列国防军撤至黎巴嫩南部的安全区。这是以色列历史上第一次在真主党面前遭到军事失败,但远非最后一次。

以色列军队的撤退鼓舞了真主党继续追寻自己的终极目标——"彻底消灭犹太复国主义集团"并且效仿伊朗的模式在黎巴嫩建立一个伊斯兰共和国。[33]为了完成这个宏伟的目标,真主党把势力伸到了黎巴嫩以外,而这要感谢伊朗革命卫队及其情报机构的帮助。1992年,真主党炸毁了布宜诺斯艾利斯的以色列大使馆,造成29人丧生。1994年,它再次用炸弹袭击了布宜诺斯艾利斯的一个犹太人社区,造成85人死亡。真主党和伊朗革命卫队也被怀疑很有可能与1996年沙特阿拉伯霍巴塔(Khobar Towers)军营的爆炸事件有关,这次袭击造成19名美国空军士兵死亡。[34]另外,真主党还为其他许多恐怖组织提供训练和支持,包括20世纪90年代的"基地"组织以及2003年以后伊拉克的迈赫迪军。后来发生的许多恐怖袭击行动,诸如"基地"组织1998年用卡车炸弹袭击美国在非洲的两栋大使馆,以及2003年以后美军在伊拉克遭到的大量路边炸弹,都是效仿真主党在黎巴嫩所倡导的行动模式。[35]

作为报复,以色列方面宣称他们在1992年取得了一次大捷,以军的一架阿帕奇武装直升机炸毁了真主党总书记阿巴斯·穆萨维乘坐的小汽车,当时他正和家人一起观光旅行。16年后的2008年,此前的恐怖奇才伊迈德·穆格尼耶在大马士革丧命——杀死他的正好是他最钟爱的武器,汽车炸弹,而实施者则是摩萨德。有些时候一些恐怖组织会因为领导人被除掉而陷入混乱,秘鲁的光辉道路组织在1992年阿维马埃尔·古斯曼(Abimael Guzmán)被捕后一蹶不振;而在遥远的古代,反抗罗马帝国的卢西塔尼亚起义军在维里亚图斯于公元前139年死后也渐渐没落。然而,真主党的组织机构非常健全,并未因为穆萨维和穆格尼耶的死而受到太大阻碍。

穆萨维死后接替他的是身材肥硕的哈桑·纳斯鲁拉,这位时年32岁、出生在贝鲁特东部贫民区的神职人员是一个水果蔬菜商贩的儿子,但头上戴的黑色头巾,显示他是先知穆罕默德的后代。纳斯鲁拉和穆萨维一样,曾经在纳杰夫学习,在那里得到了霍梅尼的教导。此人和前任穆萨维一样,精明、残忍而有魅力。他甚至还很有幽默感,经常自嘲自己的语言障碍和其他缺点——很难想象本·拉登会如此做。

1997年,纳斯鲁拉的长子在和以军突击队的战斗中丧生,由此他得到了追随者的拥戴,因为大多数中东地区领导人的儿子都是风流不羁的花花公子。真主党领导人——这有点像早期那些比较异端的什叶派恐怖分子,阿萨辛派的创始人萨巴赫——愿意牺牲他们的后代,从而增加自己的威信。[36]

纳斯鲁拉让真主党摆脱了沦为纯粹恐怖组织的境地。和胡志明以及卡斯特罗类似，他认识到政治行动的重要性。和他们不同的是，纳斯鲁拉甚至或多或少地愿意参与自由选举的竞争，尽管他也不断使用强迫手段去参与选举并镇压反对派。在压制了某些成员的反对意见后，真主党成为一个政党，于1992年开始参加黎巴嫩大选并且参与组阁。真主党的角色也扩展到为黎巴嫩的什叶派贫民提供社会服务，运营着一个庞大的由学校、医院、建筑公司、贷款提供者和其他主要由伊朗提供资金的商业等组成的网络，这让真主党每年至少入账1亿美元。[37]真主党有自己的童子军组织迈赫迪童子军（Mahdi Scouts），以及致力于帮助自杀式袭击者留下的孤儿寡母的殉道者联盟（Martyrs' Association）。他们甚至还向游客兜售有纳斯鲁拉头像的手镯和打火机，本书作者2009年在贝卡谷地也买到了这样的纪念品。更重要的是，真主党有自己的网站、四份报纸、五个广播电台和一个卫星电视台，即灯塔电视台（Al Manar），用于向外界发布消息。令人惊讶的是，这个非国家组织在传播信息方面的效率比以色列的类似机构还强，而以色列宣传机构背后是以色列整个国家资源。[38]

进入政治领域并不意味着真主党放弃了武装斗争。那些反对真主党的黎巴嫩政治家、将军和新闻记者——或者令真主党背后的大马士革和德黑兰赞助人不快的人——都很快会遭遇不测。真主党被怀疑与2005年导致前首相拉菲克·哈里里（Rafiq Hariri）死亡的汽车炸弹爆炸事件有关，他曾强烈支持叙利亚军队撤出黎巴嫩的主张。但是，真主党大多数的精力还是用在对付以色列方面，真主党经常以此证明自己在1989年黎巴嫩内战结束以后像其他民兵组织一样拒绝解除武装的合法性。

* * *

20世纪90年代，全世界出现了许多血腥的游击战争。很容易就能列出一个灰暗的单子：在南斯拉夫，信奉正教的塞尔维亚人与信奉伊斯兰教的波斯尼亚人、信奉天主教的斯洛文尼亚人以及其他族群长期血战；在克什米尔，巴基斯坦支持的穆斯林武装反对信奉印度教的印度人的统治；在车臣，东正教俄罗斯士兵试图镇压穆斯林车臣人的反抗；在纳戈尔诺-卡拉巴赫（Nagorno-Karabakh），亚美尼亚基督徒试图从由穆斯林掌权的阿塞拜疆政府手中夺取自治权；在索马里，中央政府崩溃后，大大小小的部族和派别为了争权夺利而大打出手；在卢旺达，极端的胡图族人屠杀图西族人和温和派胡图族人。这些局部冲突各有差异，每一场冲突都是因为深刻的族群矛盾被民族主义意识形态所利用，除了卢旺达和索马里之外，在大多数情况下它还会被宗教差异加剧。政治学家塞缪尔·亨廷顿在1993年宣称，这些冲突是因为世界处于"文明的冲突"之中。他的论点有些夸大——文明内部的冲突并不见得就少于文明之间的冲突——但获得了广泛的认同，因为这能够解释在冷战结束后的第一个十年里世界范围内冲突的高发态势。黎巴嫩肯定属于这一范畴。在20世纪90年代，这个小小的地中海国家仍然在从内战中缓慢恢复，虽然它与后来造成80万人死亡的卢旺达相比要平静一些，但仍然存在着源自种族和宗教的冲突。

在那个十年里，真主党一直在黎巴嫩南部针对以色列国防军及其扶植的约2500人的主要是基督徒的南黎巴嫩军（South Lebanese Army）展开游击战。虽然真主党只有千余人的专职士兵，但这已经足够给兵力和装备都占优势的以色列国防军制造麻烦了。真主党在南部"安全区"的低烈度袭击中经常使用路边炸弹，平均每年炸死17个以色列士兵、30个南黎巴嫩军士兵,[39]并且引发了以色列国内阵亡士兵母亲掀起的声势浩大的反战运动。真主党知道无须打死太多人，因为通过强大的宣传机器就能够放大袭击效果。真主党通过发布死亡或受伤士兵的照片，并用希伯来语写上"谁是下一个？"的标语，巧妙地在以色列国内培育了反战情绪。[40]

2000年5月，以色列总理巴拉克最终在18年后将以色列军队撤出了黎巴嫩。纳斯鲁拉迅速宣称："这是通过牺牲和流血取得的……伟大历史性胜利。"真主党及其他组织得到的教训——包括巴勒斯坦人，他们后来很快发动了第二次大起义——用纳斯鲁拉的话说，即使"拥有原子弹，以色列也比蜘蛛网还孱弱"。[41]虽然其存在的最大理由——反对以色列占领——已经不存在了，但真主党把目光转移到了沙巴阿农场（Shebaa Farms），这是以色列占领的戈兰高地中的一小片土地，它以前属于叙利亚而不是黎巴嫩。

真主党和以色列之间持续紧张的关系在2006年达到了爆发点，这导致以色列采取了自1982年入侵黎巴嫩之后最大规模的军事行动。7月12日，真主党武装分子渗入以色列北部，伏击了以军的两辆军车，打死了3名士兵，并俘虏了另外2人。两小时后以军开始追击，但是真主党用地雷炸毁了一辆梅卡瓦坦克，打死了另外5名士兵。时任以色列总理奥尔默特命令对位于黎巴嫩南部和贝鲁特郊区的真主党目标实施空袭和炮击。贝鲁特郊区的100多座高层建筑被炸毁，但由于以色列事先发布了警告，所以这些建筑物里基本没人。为了给黎巴嫩施加压力并迫使真主党就范（但黎巴嫩政府根本无力做到这点），以色列海军封锁了黎巴嫩海岸线，同时以色列空军轰炸了贝鲁特机场。此后的一个月里，以军飞机总共使用了1.2万枚炸弹和导弹，同时以军地面部队和海军发射了超过15万发火箭弹和炮弹。但即使如此强大的火力也未能阻止真主党不断使用122毫米喀秋莎火箭炮轰击以色列北部地区。这些射程短、无制导的火箭弹可以在任何地点几分钟内被发射出去，以空军根本不可能对其进行空中拦截。

以色列内阁在失望中命令以军展开有限的地面行动，以军最终出动了1.5万名士兵，但他们发现真主党的顽强大大超乎预料——和以军此前面对的只会扔石头的巴勒斯坦人，或者战斗力低下的阿拉伯军队毫无共同点。在战斗爆发之前，真主党精心构筑了一套拥有地堡、战壕和隐蔽所，之间由专用通信系统联络并储藏有充足的食物、饮用水和弹药的复杂防御体系。一旦战斗打响，真主党武装分子能够依托阵地自给自足，而且可以在火力下有效机动，这是任何军队所必须经受的重大考验。真主党不必固守战线，他们可以出其不意地攻击以色列军队，用老式"耐火箱"（Sagger）导弹和相对现代化的"短号"（Kornet）导弹炸毁坦克和部队集结点。真主党甚至发射了一枚中国设计、由伊朗提供的C-802反舰导弹，重创了一艘距离海岸10英里远的以军导弹艇。

真主党有能力驾驭如此复杂的战争形式让一些分析家认为它正站在一种新趋势——"混合战争"——的最前沿，它结合了传统的和非传统的战术。[42]这一分析有点道理，尽管分析家们对于"混合战争"实际上到底有多新还有争论。以往最成功的起义者，不管是美洲大陆上的殖民者还是中国的共产主义者，都是将游击战术和正规战术结合起来。还有许多组织，诸如阿尔及利亚民族解放阵线、爱尔兰共和军以及越盟/越共，都是用一种类似真主党的混杂了恐怖主义的游击战术。[43]虽然真主党在战场上并不一定占据上风，但它在操纵新闻媒体方面却是好手。

战争的转折点是7月30日以色列空袭了卡纳（Qana）附近一个被怀疑为真主党阵地的目标。遭到空袭的大楼被夷平，17名儿童和11名成年人被杀害（最初估计的伤亡数字更高）。真主党充分利用支离破碎的尸体被从废墟中拉出来的镜头，确保其广泛传播，对以色列方面施加压力以使其停止进攻，人们认为这场攻势"太过头了"。以色列人有理由抱怨，在专制政权镇压反游击战的过程中，如俄罗斯镇压车臣分离主义者，秘鲁镇压光辉道路或者阿尔及利亚镇压宗教激进主义者时，它们从未受到媒体如此严厉的监督。但以色列对这种双重标准却束手无策——或更准确地说，作为一个狭小孤立、依靠美国支援立国的国家，以色列更容易受到国际压力的影响。以军的梅卡瓦坦克和F-16战斗机对这种武器其实用处并不大。就像19世纪20年代的希腊人、19世纪90年代的古巴人、20世纪50年代的阿尔及利亚人和20世纪80年代的巴勒斯坦人一样，真主党精通信息战的柔术（jujitsu），在争取全球同情的战争中将对手的力量转化为劣势。由于互联网和卫星电视的普及，这种手段的效果被前所未有地放大了。

2006年8月14日，双方的停火协议生效。以色列军队撤回本国境内，真主党则返回黎巴嫩南部。这场持续34天的战争导致119名以色列士兵和42名以色列平民丧生。总共有1100名黎巴嫩平民丧生；真主党方面的损失估计为250人（真主党自己公布的数字）到650人（以色列估计的数字）不等，但不论哪个数字，对于总数至少有1.5万人的真主党武装来说，这个损失确实很小。[44]

* * *

通过这场战争，真主党在某些方面得到了磨炼。2008年12月到2009年1月，哈马斯（Hamas）——一个受真主党启发而建立起来的逊尼派组织——在加沙地带和以军爆发冲突，真主党克制住了在北方开辟第二条战线的冲动，暗示其无心重复2006年的战争。但在很大程度上，真主党还是通过第二次黎巴嫩战争发展壮大。到2010年时，在叙利亚和伊朗的帮助下，真主党重整军备，纳斯鲁拉宣称自己拥有4万枚火箭弹，在2006年战争爆发时只有1.3万枚。[45]真主党还花费数百万美元重建遭受战争创伤的地区，从而进一步巩固了什叶派民众对他们的支持。2011年，真主党及其盟友扳倒了黎巴嫩逊尼派亲西方总理萨阿德·哈里里（Saad Hariri），并代之以一个他们比较满意的人物。

真主党的优势反映出以色列的弱点。以色列自20世纪60年代以来就在大大小小的战斗中无法彻底击败游击队，它们无法像此前的阿拉伯正规军那样被迅速或完全地打败。以色列的问题在很多方面与美国在越南、伊拉克和阿富汗，法国在阿尔及利亚和印度支那，以及英国在塞浦路斯和亚丁遇到的问题一样。当然也有区别，区别就是以色列无法简单地毫无后顾之忧地就把军队撤回本土，因为其顽固不化的敌人离自己的人口中心相当之近。

以色列为了自保会定期发动惩罚性打击，但这种打击往往只是增强了恐怖组织与遭到以军打击地域的平民之间的关系。空中打击能够破坏真主党或哈马斯的行动，但无法阻止它们重建组织。也许需要重新占领这些地区，但以色列对此犹豫不决，因为它不想又一次陷入对阿拉伯领土旷日持久且代价不菲的占领；而且在现代西方社会，帝国主义也是不为公众所接受的，以色列自认为是现代西方社会的一部分。以色列曾经成功地消除了约旦河西岸的恐怖威胁，因为以军在巴勒斯坦人第二次大起义期间重新进占约旦河西岸部分地区，巧合的是在2004年阿拉法特去世以后，接掌政权的马哈茂德·阿巴斯和萨拉姆·法耶兹（Salam Fayyad）是相对温和的人物。但黎巴嫩并没有出现这样一个政权，而是出现了越来越多激进的什叶派团体。因此，以色列所能期望的最好结果，就是一个随时可能被打破的不稳定的休战期。

* * *

真主党在其创建后的第一个25年里已经充分地实现了一位前美国官员在2003年的描述："真主党可能是一个'一流的恐怖组织'，而'基地'组织可能实际上只能算'二流'。"[46]当然，"基地"组织并没有堪比真主党的那种准正规战军事能力，后者拥有完整的广播和电视网络，并且有能力控制和管理一大片区域。其他大多数伊斯兰团体都没有这样的能力。绝大部分伊斯兰起义者，以及大多数非伊斯兰起义者都非常不幸地失败了。他们遭到了阿尔及利亚、埃及、摩洛哥、叙利亚、沙特阿拉伯和其他中东国家的非民选统治者的血腥镇压；和以色列或美国的领导人不同，这些中东国家的统治者并不在乎公众舆论。阿尔及利亚的战争就特别残酷，在20世纪90年代至少造成了10万人丧生。[47]当然，正如我们已经看到的，就算是最冷酷无情的反游击战，如果激怒了全体民众，也难免失败，正如纳粹德国在南斯拉夫或苏联在阿富汗一样。但大多数伊斯兰极端派别都远未得到大批民众支持，他们喜欢袭击平民，而这些平民大多数是穆斯林，这反而让他们遭到了公众的厌恶。因此，阿拉伯国家的统治者在镇压伊斯兰派别武装起义时就有足够的合法性，而这些派别都不像2011年爆发的"阿拉伯之春"那样，有那么深厚的群众基础。

可以预见的是，在穆斯林人口占少数的地区，伊斯兰极端分子的命运并不会好到哪儿去。从东亚到西欧，从北美到南亚，激进分子对抗国家的阴谋很少能获得成功。俄罗斯就曾成功镇压在1991年宣布独立的车臣地区的叛乱。俄军于1994年进入车臣，但1996年就撤出了，因为车臣游击队像19世纪的前辈一样死战到底。但俄军于1999年卷土重来，使用焦土政策征服了这片分离出去的地区。战前人口约为100万的车臣，后来估计约有10万人在战争中丧生——这个死亡率比二战中的南斯拉夫还要高，不过还是比海地独立战争的死亡率低。在车臣战争中，俄军可能也损失了2万名士兵。

俄罗斯在车臣的成功，以及数年后斯里兰卡剿灭泰米尔猛虎组织的案例证明，即使在21世纪，只要不在乎世界舆论的压力，使用残酷手段进行反游击战也是可行的，因为这两国政府都是在本土行动，它们所具备的合法性是在黎巴嫩的以色列或在阿尔及利亚的法国所无法企及的。只有得到外部势力援助的起义者才能打破这样的战略，比如20世纪80年代的阿富汗，1995年的波斯尼亚，1999年的科索沃，1991年的伊拉克库尔德斯坦以及2011年的利比亚，但车臣或斯里兰卡不在此列。[48]

伊斯兰分子由于不能推翻本国政权，不得不在20世纪90

年代流亡到少数对他们抱以同情的地区寻求庇护。这些地区一般都处于无政府状态，尤其是索马里、苏丹、也门、巴基斯坦的部族区域以及阿富汗。一个在这种没有希望的条件下出现的恐怖组织很快就在臭名昭著方面让真主党相形见绌，尽管它的效力不及真主党。

61
国际恐怖主义

本·拉登和"基地"组织，公元 1988～2011 年

1998 年 2 月 23 日，伦敦的一份阿拉伯语报纸《阿拉伯圣城报》（AL QUDS AL ARABI）刊登了一则消息，宣称自己收到了一份传真。其标题是"世界伊斯兰阵线对犹太人及十字军的圣战宣言"，签署者一共五人——两个埃及人，包括一个名叫艾曼·扎瓦赫里（Ayman al-Zawahiri）的医生；一个巴基斯坦人；一个孟加拉国人；另外还有一个人，是沙特阿拉伯人，署名为"谢赫·奥萨马·本－穆罕默德·本－拉登"（Shaykh Usamah Bin-Muhammad Bin-Ladin）。然后就是一番夹杂着《古兰经》和穆斯林经典的带有诗意的阿拉伯语，作者罗列了一大堆陈词滥调，抨击"十字军－犹太复国主义联盟"，在 1991 年的海湾战争中，他们"占领了伊斯兰最神圣的土地阿拉伯半岛，掠夺富人，操纵统治者，羞辱阿拉伯人民，威胁邻国，把在阿拉伯半岛上的基地变成了反对比邻而居的穆斯林人民的矛头"。由于美国人已经宣布"向真主及其信使和穆斯林开战"，作者声称他们已经发出了一道裁决令（fatwa），或者说一道法令，"杀死美国人及其盟友——无论是平民还是军人——是每个穆斯林的义务"。[49]

但即使到此时，西方也不是很了解奥萨马·本·拉登。美

国中情局成立了一个专门负责追踪他的单位：亚历克站（Alec Station）。从 1994 年开始，《纽约时报》已经 16 次提到了他。[50] 他在美国电视媒体上也不陌生，奥萨马·本·拉登甚至在 1993 年就接受了美国有线电视新闻网（CNN）的采访，然后在 1994 年接受了美国广播公司新闻频道（ABC News）的专访，但他给人们的形象一般都是恐怖主义的资助者而不是实践者。本·拉登在 1988 年创建的"基地"组织当时还隐藏在暗处。1998 年时本·拉登还生活在塔利班控制的阿富汗，他因为对美国不满被驱逐出沙特阿拉伯而为人所知，但当时的他很难说能够给美国造成什么威胁。他对世界最强国家的宣战通常被认为是无关紧要的，因此没有一家美国报纸或杂志报道。这就好像一个躲在街角怒目而视的教士宣称要和官僚做斗争（fight city hall）一样。

仅仅在 6 个月以后，全世界都将重新评价本·拉登。1998 年 8 月 7 日，"基地"组织自杀式袭击者分别在美国驻肯尼亚和坦桑尼亚大使馆门前引爆了装满炸药的卡车，炸死 213 人，包括 12 个美国人。克林顿政府终于开始认真对待本·拉登，8 月 20 日，美国军舰向阿富汗东部的"基地"组织训练营以及苏丹的一间制药厂发射了数十枚战斧式巡航导弹，袭击后者是因为美国人错误地怀疑那里正在为"基地"组织生产化学武器。然而，美军的导弹只炸死了几个武装分子，本·拉登则毫发未伤、全身而退，反而提升了他的地位。这让本·拉登更加蔑视美国（"胆怯懦弱而不敢和伊斯兰青年面对面"）并且让他确信自己做出的战略选择是明智的。在 1996 年发出的那道裁决令中，他写道，"由于敌我双方武装力量的实力悬殊"，最为"合适的战斗方式"就是使用"快速机动的轻装部队在完全保密的情况下行动","换言之就是发动游击战争"。[51]

本·拉登使用非对称手段对抗强大敌人的理念并不新奇，正如我们曾看到的，这种理念的历史几乎和国家一样悠久。而他的那种宗教狂热在非正规战勇士中间也并不鲜见，毕竟历史上第一批恐怖组织就是犹太教狂热信徒和穆斯林阿萨辛派。然而，以前的大多数游击队和恐怖组织都会把袭击限定在一个单一的国家或彼此毗邻的国家集团，而且通常会控制自己的暴力行为以免招致毁灭性的反击。本·拉登的野心更大——他的目标不仅仅是"毁灭"美国，它只是推翻遍布中东的美国盟友的前奏，最终创造一个"真主至上"的世界。[52] 到1998年为止，本·拉登的组织已经与在阿尔及利亚、波斯尼亚、埃塞俄比亚、肯尼亚、索马里和坦桑尼亚的袭击事件有关联，而且这仅仅是开始。在接下来的几年时间里，这个世界很少有哪个角落没被圣战者侵袭，他们受到"基地"组织的激励、训练、资助、指导或者武装，有时候甚至是上述全部。

跨国性的恐怖主义趋势在19世纪末期的无政府主义组织和20世纪70年代的左翼组织中初见雏形，但是"基地"组织将这一趋势引领至一个全新的高度，而这是它娴熟地利用那些常见而复杂的技术的结果。客机的出现让它更容易抵达世界各地；电话、传真、卫星电视，最终还有移动电话和互联网，使得它筹集资金、宣传、招募和部署追随者变得更加容易；计算机的出现也有助于它掌管一个复杂的组织；廉价、可靠且大规模生产的武器，比如AK-47和火箭弹，以及最重要的炸药都使它更容易去杀戮。本·拉登提倡恢复中世纪的伊斯兰传统，但他却在利用复杂的科学技术和管理技巧来统帅第一次真正的全球大叛乱方面展现出了天才。本·拉登把许多和他类似的人招至麾下，那些人像他一样很少接受宗教训练，但精通现代技术并且熟悉现代世界的各种方法。像毒品贩子、计算机黑客和其他国际罪犯一样，他们代表的是21世纪全球化的黑暗面。

* * *

奥萨马·本·拉登崛起成为恐怖主义的全球代表——相比之下，早期的一些恐怖主义名人，比如"豺狼"卡洛斯、阿布·尼达尔甚至是阿拉法特都黯然失色——至少可以这么说，这并不是注定的。奥萨马小时候是个害羞的男孩，说话轻柔、彬彬有礼，总是躲在他那些开朗外向的哥哥后边——他有很多哥哥。奥萨马的父亲穆罕默德是一个只剩下一只眼睛的也门侨民，他到沙特阿拉伯的时候一无所有，后来在沙特王室的庇护下开办了王国中最大的建筑公司。穆罕默德跟22个妻子至少生下了54个孩子。奥萨马是第18个儿子，生于1957年，他的母亲是个单纯的叙利亚女孩。两年后穆罕默德和她离婚了，然后像以往一样让她嫁给了自己手下的一个高管。本·拉登在对父亲的敬畏中逐渐长大，但他很少看到自己的父亲。1967年他父亲在一次空难中丧生，领导家族的重任落在了奥萨马最大的哥哥萨利姆（Salem）身上，而这个萨利姆与他完全相反——他不信伊斯兰教，喜好娱乐，热衷弹吉他，喜欢生活在欧洲或美国。

奥萨马并不是在这种上流社会的环境下长大的。他和自己的母亲以及继父生活在红海港口城市吉达过着中产家庭的生活。奥萨马在小时候就很虔诚，但并没有达到沙特人那种古怪的程度。他每天祈祷五次，但是也看电视，喜欢骑马和踢足球。他大一点后变得逐渐古板，不看电影、不听音乐甚至也不拍照片：总之是拒绝一切他认为"违反伊斯兰教义"的行为。和许多留学海外的兄弟姐妹不同，奥萨马在吉达当地的一所私立学校上学，成绩平平，后来进入吉达的阿卜杜勒·阿齐兹国王大学主修经济学，但最终也没能毕业。在大学里他受到了埃及伊斯兰主义者赛义德·库特布的激进作品的影响，库特布已经于1966年被世俗化的纳赛尔政权处决，但其兄弟当时是这所学校的教职人员。

1974年，17岁的本·拉登和家族一个15岁的叙利亚堂妹结婚了。几年以后，本·拉登和自己的父亲一样，遵守《古兰经》教义又娶了几个老婆，其中包括两个获得博士学位的老师。(他告诉自己的大老婆，他这样做不是为了自己，而是"为伊斯兰教生更多的孩子"。)他后来至少有20个孩子。本·拉登一家住的地方很奇怪，不许用冰箱和空调。生活节约的本·拉登喜欢粗茶淡饭，衣着简朴，而且要求全家都这样。他们不允许喝美国的软饮料，连冰镇汽水也不喝，甚至连玩具、糖果和处方药都不许使用，他那患有哮喘的孩子只能偷偷地使用吸入器。他强迫自己的儿子不带水或者只带一点水在沙漠中远足，以磨炼他们作为圣战者的意志。女孩则待在家里和妈妈在一起，在没有男性监护人陪伴的情况下绝不能出门。在这样一个沉闷的家庭里，甚至欢声笑语也是被禁止的；孩子们不能大笑，否则会遭到严厉家长的责打。

本·拉登生命中的重要转折点出现在1979年，这一年苏联入侵了阿富汗。他的第一个妻子回忆说，苏联入侵阿富汗所造成的苦难"让他的丈夫心如火燎"。他前往巴基斯坦，向圣战者提供资金和援助。当时他还经营着家族的建筑企业，和他的父亲一样，本·拉登以和手下同甘共苦著称。但是到20世纪80年代,他开始在反苏圣战中开拓一个独立的身份。

在巴基斯坦本·拉登遇到了阿卜杜勒·阿扎姆(Abdullah Azzam),他是一位年长的巴勒斯坦神职人员,穆斯林兄弟会巴勒斯坦分支哈马斯的创始人之一。毫无疑问,阿扎姆极其渴望获得沙特阿拉伯方面的资助,他成了本·拉登的导师(mentor)。两人于1985年创办了业务办公室(Services Office),也就是"基地"组织的前身,帮助阿拉伯志愿者反抗苏联人。业务办公室出版一本名为《圣战者》(Jihad)的杂志,并从世界各国包括美国募集资金,因而创立了"基地"组织后来将会利用的网络。没有证据表明本·拉登得到了美国政府方面的任何资助,但他确实和沙特情报机构有过联系,后者很显然是利用他向圣战者提供资助。

不满足于仅仅是一个资金提供者,或者像无政府主义大师克鲁泡特金那样纯粹是一个理论家,本·拉登亲身进入阿富汗。1986年,他在阿富汗东部贾吉(Jaji)的一个村子里为五六十个阿拉伯战士建立了一个基地。这个基地号称"狮巢"(Lions' Den)。1987年,本·拉登投入了一场时间长达一周的战斗,得到了阿拉伯媒体的大肆报道,在这场战斗中阿拉伯人在撤退之前进行了英勇的战斗。1989年,本·拉登带领阿拉伯士兵重返战场,试图从纳吉布拉所部手中夺取贾拉拉巴德。这次攻势成为一次代价高昂的惨败,证明他并不是个合适的战场指挥官。但是,这并不有损本·拉登精心打造的名声,他仍然是一个放弃了沙特阿拉伯富裕生活、为了信仰而奋战的无畏勇士。和阿拉法特一样,本·拉登知道如何把战场失利转化成宣传的胜利。

随着时间的流逝,阿扎姆和本·拉登最终分道扬镳。阿扎姆反对组建仅由阿拉伯人构成的部队,并且他很欣赏马苏德;本·拉登则很仇视马苏德,而且和与马苏德为敌的原教旨主义者走得很近。阿扎姆于1988年在本·拉登的家乡白沙瓦参与了组建"基地"组织"军事基地"(Al-Askariya)的行动,其目标是在阿富汗的反苏战争结束以后保存"圣战的火种"。但是在1989年,阿扎姆在白沙瓦被身份不明的袭击者炸死。

到那时,本·拉登已经受到了一个受尊敬的新领袖的影响——艾曼·扎瓦赫里,他是个杰出的外科医生,出生于埃及一个显贵家庭,于1973年组建了一个名为伊斯兰圣战的组织。他在1981年萨达特遇刺后被关押了三年,因为他的组织帮助策划了刺杀案。扎瓦赫里在监狱中遭到的拷打让他变得越发愤恨而激进。然而,阿扎姆反对滥杀无辜,并且希望集中精力将外国侵略者从穆斯林的土地上赶出去,但扎瓦赫里则试图颠覆温和的穆斯林政权并且处死"叛教者"。阿扎姆之死——扎瓦赫里被怀疑很有可能与之有关——除掉了一个有可能缓和本·拉登恐怖生涯的主要因素。而奥萨马的哥哥,同时也是本·拉登家族族长的萨利姆之死也是如此。萨利姆1988年在得克萨斯驾驶自己的超轻型飞机时因意外事故身亡。

在阿扎姆和萨利姆死后,本·拉登有生以来第一次可以自己做主了——不仅仅在金融方面,同时他也成为"基地"组织的绝对领袖。本·拉登身高6英尺5英寸,他在其随从中是名副其实的鹤立鸡群,且他们也十分崇敬他。所有"基地"组织的成员必须要发誓对他忠诚。甚至被认为是"基地"组织真正智囊的扎瓦赫里也对他表示顺从,尽管前者很可能只是依赖他的资金而已。

＊　＊　＊

1989年本·拉登返回沙特阿拉伯，他在那里被沙特政府当作英雄欢迎，但第二年就从一个偶像沦落为流亡者。在萨达姆·侯赛因入侵科威特之后，他和沙特王室因为意见相左而发生了冲突，沙特国王驳回了他部署"阿富汗阿拉伯战士"保卫沙特的请求。相反，沙特人转向美军以寻求帮助。在穆斯林圣地出现如此之多的"异教徒"令本·拉登极为不满，尽管他的家族企业也因为承包大量的美军工程而有利可图。本·拉登慢慢地开始公开抨击沙特王室，结果他被迫于1992年迁移到由伊斯兰政权统治的苏丹。本·拉登在这里将圣战主义与商业相结合，开设准军事训练营，也从事种植向日葵、修建道路、生产皮夹克等许多业务。

"基地"组织在全球各地实施的系列恐怖袭击中的第一次发生在1991年的意大利，当时本·拉登的一名追随者向77岁的阿富汗流亡老国王行刺，但并未杀死他。1992年，"基地"组织实施的另外一次恐怖行动也不太成功——在美军频繁光顾的亚丁两家酒店中安置炸弹，但受害者仅是1名游客和1名酒店员工。其他行动计划则较为顺利。本·拉登后来吹嘘他曾派人帮助训练和支援索马里部落武装，而这些人在1993年的摩加迪沙伏击了美军一支特种部队，击落了2架黑鹰直升机并打死了19名美国人。1995年，本·拉登的手下和利雅得沙特国民警卫队办公室的汽车炸弹爆炸案扯上了联系，这次爆炸中7人死亡，包括5名美国人。1996年炸死19名美国人的沙特阿拉伯霍巴塔基地爆炸案也被怀疑和"基地"组织有关。（本·拉登曾经对这些发生在祖国的袭击行动赞誉有加，但拒绝为此负责。）埃及则是另外一个主要目标：1995年，极端分子用炸弹袭击了巴基斯坦的埃及大使馆，并且试图刺杀访问埃塞俄比亚的埃及总统胡斯尼·穆巴拉克（Hosni Mubarak）。

这些轰动一时的袭击事件导致本·拉登声名狼藉，沙特阿拉伯由此剥夺了他的公民权，苏丹也于1996年将他驱逐出境。唯一接纳他的国家就是阿富汗，这个国家当时已经被塔利班控制。"基地"组织不像其他一些恐怖组织诸如巴解组织和真主党那样，能够得到国家的支持。"基地"组织也并没有寻找一个能够为其提供支持的强国，而是寻找可以向内部渗透的弱国。到20世纪90年代末，阿富汗几乎是世界上最弱的国家，它被从1978年开始的连绵不断的战火所摧残。

* * *

本·拉登在世界上最原始的国家之一不得不开始重建自己的组织。这个任务相当艰难，因为他在苏丹已经损失了数百万美元，而在沙特阿拉伯的家族也已经切断了他的资金来源。本·拉登并不像外界传闻的那么富有，从1970年开始他的家族每年给他提供大约100万美元，但是1993年或1994年之后就没有了。从此之后他不得不依靠海湾富商和穆斯林慈善机构的资助。有时候本·拉登和他的家人甚至连饭都吃不饱（他们一度要靠鸡蛋、面包和"掺着沙子"的石榴充饥），但是他仍然保证了圣战者的资金。

美国联邦调查局后来估计，"基地"组织在"9·11"事件以前每年能够筹到3000万美元。想要肃清恐怖主义代价不菲，但想要实施恐怖行动则相当便宜；据说整个"9·11"袭击只花费了不到50万美元。其他行动的花费就更少了——据估计，2000年袭击美国海军"科尔号"军舰花费了5万美元；2004年马德里爆炸案据说只花了1万美元。

"基地"组织的大部分资金都投入了阿富汗的训练营中，那里有数千名圣战者正在接受训练。本·拉登为这些受训者提供住宿、饮食、薪水、武器、车辆和训练手册。他甚至编纂了一本数千页的《圣战百科全书》（Encyclopedia of Jihad），内容都是关于如何实施一次有效袭击的建议。为了管理这个正在成长的企业——圣战股份有限公司（Jihad Inc.）——和许多草创阶段的公司一样，本·拉登任命了数名经理人，并且建立了由计算机管理的人事和薪酬系统。曾经访问"基地"组织的记者彼得·卑尔根（Peter Bergen）说，"基地"组织"是历史上官僚制度最严密的恐怖组织"。

想要加入"基地"组织的圣战者必须要填写一个长长的表格，就好像向大学提交入学申请一样，问题不仅仅是个人背景（"你是否有过军事经验？""你的爱好是什么？"），还包括"你能记住《古兰经》的多少章节？"培训课程由一位曾在美国陆军服役的埃及裔士官设立的，内容包括各种武器的使用——从苏制DShK机枪到以色列生产的乌兹冲锋枪。受训者甚至要学习驾驶坦克，尽管"基地"组织的一些成员参加过针对阿富汗北方联盟的准正规战，但大多数人要参加的战斗都不太可能会用到坦克。

"基地"组织专注于采取引人注目的"殉教式"（martyrdom）行动，诸如2000年用小艇袭击停泊在亚丁港的美国海军"科尔号"军舰，其造成17名美国水兵死亡。这次行动类似1998年袭击美国驻非洲国家大使馆和2001年袭击世贸中心及五角大楼的行动，都是由"基地"组织中心策划和实施的。还有许多袭击事件是由或多或少相对独立的圣战者实施的，他们得到了本·拉登的激励或训练，但并不受他指挥。

在"9·11"事件后这种趋势越发明显,当时"基地"组织领导人们正四处奔逃,但即使在此之前大多数训练营的毕业者也并未加入"基地"组织。只有那些经过严格筛选的"兄弟"才能获此特权。大多数在基地中受训的圣战者会加入一些相对不那么严密的组织,如印度尼西亚的伊斯兰祈祷团(Jemaah Islamiyah)、克什米尔的圣战者运动(Harakat ul-Mujahideen),或者阿尔及利亚的伊斯兰武装组织(Armed Islamic Group)。

为了促成世界范围内的圣战运动,本·拉登发动了野心勃勃的宣传攻势,甚至接受了美国广播公司、美国有线电视新闻网和半岛电视台的采访。他还会通过自己的宣传机构"萨哈巴"(Al Sahab,"云"的意思)向外发布视频和音频信息,同时他的追随者还开办了数千个圣战者网站。本·拉登即使在偏僻的藏身处也很偏爱英国广播公司,他相信"媒体战"是推进圣战运动的"最强大"的武器——"作战准备中可能有90%的准备都是媒体方面的。"除了阿拉法特之外,可能只有少数起义者如此重视宣传战。其原因可能也是互联网、移动电话和卫星电视的日益普及,而本·拉登恰好抓住了这个机会;同时也由于"基地"组织相对缺乏常规军事能力,这意味着他们别无他法,只能在时间间隔较长的袭击行动之间强调"信息战"。

"基地"组织的基层人员通常是中产阶级,但往往是和社会疏远的那部分人。有些人是生活在欧洲的穆斯林移民或移民后代。其他人则生活在乏味压抑的独裁国家,如沙特阿拉伯、埃及和叙利亚。和大多数恐怖分子一样,激发他们的原因如同学者路易斯·理查德森(Louise Richardson)所说的是"三个R"——复仇(revenge)、名望(renown)、反应(reaction)。

他们企图报复西方世界从十字军东征开始就强加到穆斯林头上的痛苦；希望自己能够出名，而不是庸庸碌碌地生活；以及刺激他们的敌人对其袭击做出反应。

许多人相信想要达到这三个目标就要展开"殉教式行动"。各级成员为了获得"烈士"（shaheed）的荣誉而竞争激烈。然而，"基地"组织领导人并不会自愿牺牲自己或他们的孩子。他们认为，他们必须活下来以确保取得击败真主的敌人这一事业的胜利。为了实现这个目标，一些不为西方所熟悉的颇有影响力的圣战主义思想家，如阿布·奥贝德·库拉西（Abu Ubayd al-Qurashi）、优素福·阿以里（Yusuf al-Ayiri）和阿布·穆萨布·苏里（Abu Musab al-Suri），对军事战略和历史进行了深入研究。他们的作品参考了大量典籍，不仅仅是克劳塞维茨和孙子，还有毛泽东、武元甲、切·格瓦拉、马里格赫拉、泰伯和其他倡导非正规战争的左翼人士。他们着迷于越南、阿富汗、黎巴嫩和索马里这种游击队成功驱逐强权的案例。这些案例让他们特别关注游击战术和恐怖主义战术，但其实这么多年来失败的案例远超成功的案例。

本·拉登开始确信美国是一只"纸老虎"，软弱而怯懦，是一个只需要几次奋勇一击就会轰然倒地的敌人。他决定将这个"遥远的敌人"——美国——定为"基地"组织集中袭击的目标，他认为这个强权一旦被扳倒，"所有现存的阿拉伯和伊斯兰政权也会土崩瓦解"，然后他就可以建立一个横跨中东的原教旨主义哈里发王国。这被证明是"基地"组织一次巨大的战略误判。本·拉登夸大了美国对中东那些"叛教"政权的支持力度；它们是依靠自己的秘密警察，而不是主要依靠与美国的联盟来维持政权的。尽管稍早一些的伊斯兰起义都失败了,本·拉登原本也可以去直接挑战那些阿拉伯政权而不激怒美国。一些国家的伊斯兰主义者实践过这种路线,使用暴力手段的有伊朗、阿富汗和苏丹,通过和平选举的有土耳其、突尼斯和埃及。但是,本·拉登过于好高骛远,没有意识到自己的局限性,精明而自负的他策划了历史上最为致命的恐怖袭击。[53]

* * *

利用航班进行袭击这一主意最早是由哈立德·谢赫·穆罕默德(Khalid Sheikh Mohammed)提出来的,他是众多被本·拉登的魅力和资源吸引过来的恐怖分子之一。穆罕默德是一个在科威特长大、在美国接受教育的巴基斯坦裔工程师。他16岁就加入了穆斯林兄弟会,在阿富汗对抗苏军的战斗中表现活跃。1992年,他还在波斯尼亚参加过战斗。此人和1993年世界贸易中心的汽车炸弹爆炸案有一点点关系,那是他的侄子拉姆齐·优素福(Ramzi Yousef)策划的,此人曾在阿富汗的"基地"组织训练营中受训。那次袭击炸死了6个人,但未能炸塌双子塔。1994年,他们当时正住在马尼拉,他和优素福曾讨论要在太平洋上炸毁12架美国客机。两年以后,穆罕默德在阿富汗见到本·拉登的时候铆足了劲,他提出了一个计划,劫持10架美国客机,其中9架分别撞击美国的标志性建筑,第10架则在杀死所有男性乘客后在机场降落,到时他将会面对电视摄像机发布一份对美国进行恶毒咒骂的演讲。

本·拉登像一个出色的CEO一样,准确地把自己下属略有些异想天开的想法转化成更现实的计划,顺便剥夺了穆罕默德在全球圣战者面前抢走拉登自封头衔的机会。他为实施这一计划投入了资金和人力。2001年9月11日，19名恐怖分子用美工刀——这个细节显示"基地"组织在背后做了怎样精妙的监督与策划——劫持了4架飞机。当时飞机劫持案已经不像以前那么有轰动价值了，但让被劫持飞机撞击目标，要比类似恩德培劫机案那样让飞机在着陆后与政府讨价还价更有冲击力。自1972年慕尼黑奥运会之后，还没有哪次恐怖袭击像"9·11"事件这样野蛮残酷，吸引了整个世界的目光。[54]

这次事件的直接后果超过了本·拉登的预料，他曾设想顶多是摧毁三到四层，没想到却撞塌了整栋双子塔。死者总计约为3000人，大大超过了最近一次美国本土所遭到过的最大规模袭击，也就是1941年12月7日的珍珠港事件，而且珍珠港事件的制造者是一个国家，而不是一个弱小的非政府组织。本·拉登对这次袭击造成的经济损失特别满意，估计约为5000亿美元；此前主修的经济学专业让本·拉登可以想象到他竟可能让世界最富有的国家破产。[55]

本·拉登很快发现美国并非像他想象的那么虚弱。尽管他曾经说他欢迎美国入侵阿富汗，这样就能让美国因陷入"一场长期的游击战争……就像我们反抗苏联人时一样"[56]而出出血，但实际上本·拉登并没有为美国可能的入侵做什么准备。在"9·11"事件后的几周时间里，一些中情局探员和特种部队成员来到阿富汗，他们随身携带的大量现金和先进的通信设备让北方联盟犹如打了一针强心剂。到12月初时，塔利班已经倒台，"基地"组织也被得到美国空中力量支援的北方联盟打得溃不成军。本·拉登和扎瓦赫里能够逃到巴基斯坦，还要感谢美军指挥官和华盛顿官员所犯的错，他们在2001年11～12月未派足够部队封锁贾拉拉巴德外围的托拉博拉（Tora

Bora）山区。但是，他们的很多手下都被抓住或打死了，另外许多人则在接下来几年中美国人的穷追猛打中被打死，甚至包括拉登本人。

小布什政府被"9·11"事件打了个措手不及的说法是不太恰当的。当时小布什政府仍然把很大精力集中在敌对大国和"无赖国家"身上，如伊朗和伊拉克，总统及其副手忽视了那些暗示一个非国家恐怖网络已经对美国造成巨大威胁的情报。在某种意义上，小布什和他的顾问们都是传统历史学的受害者，它强调国家之间的常规冲突，却忽略了历史上无处不在而且扮演了重要角色的游击战争。

"9·11"事件之后小布什政府奋起直追。作为"全球反恐战争"的一个组成部分，小布什总统和国会成立了几个新的国土安全部门，并且为了在执法机关和情报机关之间进行协调，消除了许多官僚政治障碍。更有争议的是小布什批准了很多超过传统执法机关界限的做法，包括：对高价值的嫌疑犯如哈立德·谢赫·穆罕默德使用"更严厉的审讯技术"，他于2003年在巴基斯坦被捕之后遭到了183次水刑；在美国本土使用未经授权的监听手段来监听可能与恐怖分子有联系的人；未经审判就将一些囚犯"引渡"回其来源国，尽管其中某些国家因为滥用酷刑而声名狼藉（如埃及、阿尔及利亚和约旦）；在关塔那摩湾和中情局的"黑监狱"（black sites）无限期地关押着800余名未经审判的恐怖分子嫌疑人；建立军事法庭审讯恐怖分子嫌疑人；以及使用"捕食者"无人机在巴基斯坦和也门等国家定点清除"基地"组织领导人。[57]

这样的手段遭到了公民中自由主义者的强烈谴责，而且在"9·11"事件的恐惧开始散去之时，国会和法庭行动也大大限制了其中许多手段。但是，即使是对小布什的政策报以最苛刻的态度，他的政策相比许多国家来说还是相当收敛的，甚至是像英国、法国和以色列这样的民主国家，它们在面对恐怖主义威胁时手段更加残酷。不过，相比内战时期的亚伯拉罕·林肯、一战时期的伍德罗·威尔逊和二战时期的富兰克林·罗斯福对公民权利的限制，其实前述几个国家也算比较克制了。虽然有人假定所有的"施压技术"都是酷刑，大部分时候也确实是，但只有28名囚犯遭到了这样的审讯，而且在此过程中还要小心翼翼地避免对其进行持续的身体伤害。相比之下，法国人在阿尔及利亚时曾对数千人进行严刑拷打，而且事后常常将其处决。且不管对错，在和恐怖主义展开大规模战斗的国家中，很少有哪个国家像美国一样受到全球舆论如此多的关注。不幸的是，笨嘴拙舌的小布什为美国的行动所做的解释和辩护实在太糟糕了。但不管怎么样，小布什政府还是沉重打击了圣战者组织。"基地"组织的战略家阿布·穆萨布·苏里在2004年哀叹道："美国人已经肃清了圣战者武装运动的绝大部分的领导人、秘密机构、支持者及其朋友。"[58]

圣战者在"9·11"事件之后仍然可以实施规模较小但具破坏力的恐怖袭击。其中一些突出的例子包括2002年的巴厘岛夜总会爆炸案（202人死亡），2004年的马德里铁路系统爆炸案（191人死亡），2005年的伦敦地铁爆炸案（52人死亡），以及2008年的孟买枪击事件（163人死亡）。但是，除了极少数例外（马德里的袭击案是由伊拉克流亡者制造的），这些袭击无助于"基地"组织及其下属团体推进其事业。恰恰相反，由于造成许多无辜者伤亡，其中许多都是穆斯林，使得穆斯林舆论都开始反对这些圣战者，并且迫使全球各国对恐怖分子采取严厉镇压措施。甚至沙特阿拉伯，这个一直对镇压伊斯兰主义者漠不关心的国家，也在 2003 年造成 35 人死亡的利雅得爆炸案后强硬起来。美国在消灭"基地"组织的过程中有效地联合了世界各国，因为越来越多的国家发现了"基地"组织的巨大威胁。国际协作挫败了许多阴谋，包括 2006 年夏天那次野心勃勃的要在大西洋上空用液体炸弹炸毁 7 架航班的企图。许多其他的恐怖袭击计划，包括 2001 年试图使用装在鞋里的炸弹炸毁从巴黎到迈阿密的航班，或是 2010 年在时代广场试图用汽车炸弹实施恐怖袭击，都因为纯粹无能或运气太差而流产。

在"9·11"事件以前，恐怖分子就基本上不再制造大规模的平民伤亡了，因为他们已经认识到这种袭击只会引火上身。正如恐怖主义分析家布莱恩·詹金斯（Brian Jenkins）在 20 世纪 70 年代所写的："恐怖主义是一个剧院，恐怖分子需要的是有许多人能够过来观看，而不是让许多人死亡。"[59]"基地"组织和其他极端伊斯兰组织违反了这个准则，他们付出的代价是失去支持。车臣的叛乱者也提供了一个恰当的例子：他们于 2002 年在莫斯科的一个剧院劫持人质，导致 169 人死亡；2004 年，他们在北奥塞梯别斯兰的一所学校中劫持人质，造成了 331 人死亡，其中半数以上都是儿童，从此之后他们就失去了所有的支持。

同样的现象——无政府主义的暴力行为将适得其反——在 20 世纪 90 年代的阿尔及利亚和埃及以及 2000 年后的伊拉克也很明显。在阿尔及利亚和埃及，伊斯兰起义者遭到了本国军人政权的镇压。然而，在伊拉克，后萨达姆时代的伊克政府无法有效镇压恐怖分子。镇压叛乱者的任务落到了一支来自外国强权的"异教徒"军队身上,而这支军队自令其蒙羞的越战之后,几乎就没有为投入一场游击战争做过多少准备。

62
美索不达米亚大屠杀
公元 2003 年后的"基地"组织伊拉克分支

故事始于 2003 年 8 月——伊拉克坠入了地狱。8 月 7 日，在巴格达的约旦大使馆外发生了卡车炸弹爆炸事件，导致 19 人死亡。8 月 12 日，一名自杀式炸弹袭击分子开着一辆装满炸药的水泥搅拌车，冲进了巴格达的联合国驻伊拉克总部。22 名死者中包括联合国驻伊拉克高级代表、颇受欢迎的巴西外交官塞尔吉奥·维埃拉·德梅洛（Sergio Vieira de Mello）。后果最严重的袭击发生在 8 月 29 日的纳杰夫。下午 2 点的时候，在整个什叶派心目中最为神圣的伊玛目阿里清真寺（Imam Ali mosque）外，一辆型号疑为丰田陆地巡洋舰的汽车发生了爆炸。响礼刚刚结束，伊拉克什叶派宗教领袖之一阿亚图拉·穆罕默德·巴吉尔·哈基姆（Ayatollah Mohammed Baqir al-Hakim）刚刚结束每周说教准备离开，周围是数千名什叶派信徒。爆炸在街道上造成了 3 英尺宽的大坑，炸死了 80 多位平民，包括哈基姆本人。根据目击者的回忆，"在清真寺街对面的屋顶和窗户上到处都是血肉"。后来一名记者发现，"空气中到处都是橡胶燃烧的味道，街道上到处是汽油、扭曲的金属、玻璃和各种碎片"。[60]

这样的景象在接下来几年里将在伊拉克反复上演。美国军队没遇到什么麻烦就在 2003 年春天短短几周的战斗中推翻了萨达姆·侯赛因的政权，这凸显了美军出色的常规战能力。不幸的是，美军指挥官的精力过分专注于最初的攻势，而对恢复秩序、重建有效治理准备不足。权力真空的结果就是各式各样的逊尼派和什叶派极端组织大肆破坏，打死了数以万计的伊拉克平民和数以千计的外国士兵，这应该是有史以来破坏性最大的恐怖行动。其中最为活跃的组织，即要为八月炸弹袭击事件以及后来更多的此类事件负责的是统一和圣战组织（Monothesim and Jihad），该组织最后改名为"基地"组织伊拉克分支（Al Qaeda in Iraq，AQI）。

"基地"组织伊拉克分支的创建者是阿布·穆萨布·扎卡维，据说其岳父是纳杰夫自杀式炸弹袭击案的参与者。扎卡维在很短时间内就成为继本·拉登和艾曼·扎瓦赫里之后全球最著名的恐怖分子，但跟后两者不同的是，扎卡维并非名门世家子弟。扎卡维原名艾哈迈德·法迪勒·卡莱拉（Ahmad Fadil al-Khalaylah），他出生于约旦肮脏的工业城市扎尔卡（Zarqa）。扎卡维是个浑身刺青的辍学少年，整日混迹于录像厅，喜欢偷鸡摸狗，没上过几天学基本只认得几个字，经常酗酒，纯粹是个街头混混。他最终还是皈依了真主。1989 年，23 岁的扎卡维来到阿富汗，在"基地"组织训练营中受训。在回到约旦之后，扎卡维因为颠覆行动在监狱中服刑五年，1999 年再次回到阿富汗，很快就组建了自己领导的圣战者组织。

美军在 2001 年秋天入侵阿富汗，扎卡维及其党羽被迫流亡伊朗，虽然扎卡维是个反什叶派分子，但伊朗在对其冷嘲热讽之余还是提供了援助和庇护。扎卡维及其手下从伊朗出发，通过北部的库尔德地区渗透进伊拉克，颇具讽刺意味的是，该区域是得到美国空中力量保护的地区。2003年春天美国武装力量进入伊拉克，四处搜寻子虚乌有的所谓萨达姆的大规模杀伤性武器时，扎卡维当时已经准备好要"在侵略者所到之处点燃怒火"。[61]

更世俗一些的逊尼派组织，由前复兴党成员领导，集中全力狙击占领军，以及使用简易爆炸装置炸毁美军军车——这种历史悠久的游击战术可以追溯到半个世纪前，印度支那的法军和马来亚的英军可能对此更加熟悉。相比之下，扎卡维更喜欢摆出令人厌恶而高调的姿态，诸如播放斩首视频，充分利用这种最新的通信技术的优势。2004年5月11日，一个圣战者网站上传了一段视频，内容是五个蒙面男子对一位犹太裔美国商人尼古拉斯·贝尔格（Nicholas Berg）进行斩首，死者身穿橙色连体服类似关塔那摩囚犯的穿着。中情局认为正是扎卡维亲自挥刀斩下了贝尔格的头颅。该视频在网上传播的方式利用了最新出现的宽带互联网，这正是熟练运用宣传手段的"基地"组织伊拉克分支的典型风格。正如19世纪的无政府主义者充分利用报纸和杂志的传播优势，越共和巴解组织利用广播电视，21世纪的恐怖组织也展示了如何利用最新颖的技术来传播恐怖。

扎卡维主要的活动区域是伊拉克，但他也没有忘记自己的祖国。2005年，扎卡维手下的自杀式炸弹袭击分子袭击了安曼的三座美国人开办的酒店，炸死60名平民，其中大多数是穆斯林，引发约旦的大规模抗议。但扎卡维最具破坏力的自杀式汽车炸弹袭击行动还是集中在伊拉克。2003~2008年，伊拉克发生的自杀式袭击要比历史上任何国家发生过的自杀式袭击都多。彼得·卑尔根写道："到2008年4月，自杀式炸弹袭击已经杀死了超过1万名伊拉克人。"[62]

尽管政治学者罗伯特·帕佩（Robert Pape）宣称"自杀式恐怖袭击主要针对的是外国占领军",[63]但伊拉克的大多数自杀式炸弹袭击分子都不是伊拉克人,他们的目标也不是外国占领军。[64]这些人主要是来自经由叙利亚入境的其他阿拉伯国家（其中沙特阿拉伯人最多）,而且他们的主要目标是什叶派平民和伊拉克安全部队人员。很显然,驱使这些人的是宗教狂热而非民族主义,因为在发动袭击并丧命之前,他们中的大多数从未到过伊拉克。

考虑到扎卡维特别痛恨什叶派,研究这些滔天罪行背后的合理动机可能意义不大。在一份被美国当局截获的信件中,扎卡维把什叶派称为蝎子、毒蛇、老鼠、异教徒和"人身恶魔"。扎卡维对什叶派的袭击从某种意义上来说不仅仅是因为敌意,他显然还希望激发什叶派的反击,从而"唤醒松散的逊尼派,因为他们会觉得危险迫在眉睫"。[65]然后,"基地"组织伊拉克分支就能以逊尼派保卫者的形象出现。到目前为止,他们确实达到了这一目的。但接下来扎卡维想要达到什么目的暂不清楚。占伊拉克总人口不到25%的逊尼派怎么能推翻人口占大多数的什叶派呢？更有可能的结果是逊尼派将会被消灭。

甚至扎卡维在"基地"组织中名义上的上级也很清楚他策划的袭击往往适得其反。2005年7月,扎瓦赫里给他写了一封措辞充满警告意味的信："你的许多穆斯林崇拜者都很奇怪,你为什么要袭击什叶派……我认为无论你怎么解释,穆斯林群众都不会接受,而且以后对你的行为也会持厌恶态度。"[66]

扎卡维对这一忠告毫不理睬,因为他自己的组织是独立于"基地"组织的核心而行动的。在2005~2006年最鼎盛的时期,

"基地"组织伊拉克分支每年收入将近450万美元，主要来源于犯罪活动，比如走私汽油、盗窃车辆和敲诈勒索。[67]扎卡维建立的组织根基特别深厚，因此在他死后也能继续存在；2006年6月7日，美军联合特种作战司令部跟踪到了身处巴库巴郊外的扎卡维，然后他被1架F-16投掷的炸弹炸死。[68]

此后伊拉克陷入了分崩离析的境地。2006年2月22日，"基地"组织伊拉克分支炸毁了萨马拉阿斯卡里清真寺的金顶，这里是什叶派的一个圣地，从而引发了普遍的敌意。什叶派敢死队后来在巴格达对逊尼派进行了种族清洗，作为报复。在巴格达各地，每天都会发现数十具逊尼派信徒的尸体，其中一些尸体上的痕迹证实死者死前遭到电钻的折磨，其他人则是简单地被一枪打死。伊拉克平民的死亡人数从2005年的5746人激增到2006年的25178人。[69]

伊拉克全面内战爆发后，美军只是无能为力的参观者。美军指挥官没有试图扑灭暴力行动，反而将控制权交给伊拉克安全部队。不幸的是，伊拉克军队训练水平太差，而且被什叶派民兵渗透得很严重。他们更多的是在给宗教冲突火上浇油。由于局势动荡，普通伊拉克人更倾向于依赖教派民兵来自保。到2006年时，"基地"组织伊拉克分支已经控制住了伊拉克西部和北部一片比新英格兰地区还要大很多的地域，[70]同时什叶派民兵的主力迈赫迪军，在穆克塔达·萨德尔（Moqtada al Sadr）的领导下，则宣称控制着伊拉克中部和南部。

看上去似乎已经绝望的局势在2006年9月发生了逆转，当时拉马迪的部落族长们在美国士兵和海军陆战队成员的协助下针对"基地"组织伊拉克分支发动了一次反击。部落领袖们对"基地"组织伊拉克分支的不满在于后者侵犯了他们的权威，并影响了他们的经济来源,即走私贸易。由于"基地"组织伊拉克分支萨拉菲派的信仰,他们甚至禁止抽烟——而这是在伊拉克风靡的一种消遣方式。反抗法令的人会遭到暗杀,这更激发了部落成员的仇恨。一名族长回忆说:"局势已经令人难以忍受。"[71] 19世纪车臣地区的地方长老对沙米尔的法令也有着类似的反感,因此他们在19世纪50年代选择和沙俄政府合作,寻求镇压圣战运动。但即使如此,当年的车臣人也没有像安巴尔省的逊尼派部落那样,全体一致武装反抗"基地"组织伊拉克分支。最终有超过10万名的逊尼派信徒加入了反"基地"组织的民兵武装——伊拉克之子(Sons of Iraq)。

逊尼派部落的大规模倒戈几乎是不可避免的。此前不满情绪就在部落中四处蔓延,但遭到了"基地"组织伊拉克分支的残酷镇压。如果美军在2007年像大多数美国公众期望的那样正在撤出的话,这次起义很可能也失败了。但在2006年年底,经过三年多的摇摆之后,小布什总统做出了一个不受欢迎的决定,扭转了这场走向失败的战争。小布什不顾参谋长联席会议以及议会中大多数人的反对,决定向伊拉克增兵2万——而这个数字最终达到了3万。与此同时,小布什还对军方高层大换血,撤换了国防部部长唐纳德·拉姆斯菲尔德(Donald Rumsfeld)、中央司令部副司令约翰·阿比扎伊德(John Abizaid)将军以及驻伊美军高级将领乔治·凯西(George Casey)将军:这些人都是造成自越战之后美军历史上最严重的灾难的罪魁祸首。和威斯特摩兰一样,凯西卸任后就任陆军参谋长。

在此之前,小布什一直十分同意拉姆斯菲尔德、阿比扎伊德和凯西——这些人都是小布什亲自任命的——关于美国应该尽量减少在伊拉克的驻军的强烈愿望，因为他不想重复林登·约翰逊的错误，后者曾经希望微观管理（micromanage）越南战争。[72]这是一个强调研究军事史的重要性而非依赖历史神话的典型例子。事实上，正如我们所看到的，约翰逊仅仅是微观管理了对北越的空中打击；在南方，约翰逊则放手让威斯特摩兰用自己觉得合适的方法实施地面作战。问题在于，威斯特摩兰和他在伊拉克的后辈一样，用残酷无情的正规战手段展开非正规作战——而且盲目乐观——不接受任何有关战争可能失利的证据。

随着伊拉克的形势越来越糟糕，以及美国公众开始反对这场战争，拉姆斯菲尔德和将领们却继续做出一些乐观的保证，就像麦克纳马拉和威斯特摩兰曾经做过的那样，宣称局势其实是在改善，只是没有人发现而已。最终，甚至连小布什这样没有国家安全背景的人都发现，他不能再相信这些将领了，小布什曾经对这些将领有着相当天真的信任。由于小布什自己的地位也隐然有些不稳，他开始寻求政府以外的一些顾问的新行动理念，诸如军事历史学家弗雷德里克·卡根（Frederick Kagan）和退役将领杰克·基恩（Jack Keane），他们建议总统抛弃拉姆斯菲尔德、阿比扎伊德和凯西等人的削减计划，而应该向伊拉克投入所有可以增派的援兵。

为了实施这一"增兵"（surge）计划，小布什任命了一位将军，此人以职业军人的做派和温和的行事方式部分掩饰了其对胜利的强烈渴望。如果说本·拉登是21世纪初叛乱者中的领军人物，那么戴维·豪厄尔·彼得雷乌斯就是反叛乱作战领域（或者反游击战领域）的领军人物。

63
重新发现反游击战

彼得雷乌斯和增兵计划，公元 2007～2008 年

彼得雷乌斯在征服伊拉克之前，第一件工作就是要摆平美国陆军。众所周知，这支军队的一大特点就是抵制知识分子，比如这位普林斯顿大学毕业的哲学博士。彼得雷乌斯最有效的武器是他身体健康而且性格坚韧。他在五十几岁的时候，还能和年龄只有他一半的士兵比赛俯卧撑，而且还赢了。彼得雷乌斯好胜心很强，他考察自己副官候选者的方法就是让他们跟着自己跑步，并且逐渐提速看看谁能跟上他。

1991 年，当时还是中校的彼得雷乌斯在一次训练中意外被他的士兵手中的 M-16 步枪打中。经过紧急手术彼得雷乌斯才保住性命，而当时给他做手术的比尔·弗里斯特（Bill Frist）医生后来成为参议院多数党领袖。不到一周之后彼得雷乌斯就要求出院，回到自己的营部。为了向医生证明自己状况良好，彼得雷乌斯拔掉了输液管，并趴在病房的地板上做了50 个俯卧撑。九年以后的 2000 年，在一次跳伞训练中，时为准将的彼得雷乌斯在跳伞过程中，降落伞在距离地面 75 英尺时突然损坏，他重重地摔在地上造成了骨盆骨折。彼得雷乌斯不得不在身上装上金属板并用螺丝钉加固，但这也未能阻止他尽快重返工作和训练岗位。2009 年彼得雷乌斯罹患前列腺癌

时也未放缓工作的脚步，他对此事守口如瓶，并偷偷进行放射治疗。

彼得雷乌斯瘦弱的体形——仅有5英尺9英寸高，150磅重——下掩盖着坚韧不拔的精神。这让他能够消除别人对他的怀疑，即认为他太过拘谨和理智而不能带领部下打仗，正是这种怀疑让他直到2003年才终于获得了机会，而此时的彼得雷乌斯已经是二星上将了。

和许多与他同一时代的出身军人世家的军官不同，彼得雷乌斯是他们家的第一个军人。1952年，彼得雷乌斯出生于一个移民家庭，他父亲是一艘荷兰商船的船长，在纳粹德国占领荷兰之后移民美国，并且在二战中担任美国商船船长，经历过许多最艰难的航程。他母亲是个兼职的图书馆管理员，深受熏陶的彼得雷乌斯很喜欢读书。他在距离西点军校几英里远的哈德逊河畔的康沃尔（Cornwall - on - Hudson）长大，到了该上大学的年纪时，彼得雷乌斯抵挡不住进入这么一所独特学府接受挑战的诱惑。他在西点军校期间就表现出在整个军人生涯中最有标志性的强烈好胜心，他在西点军校被称为"明星学员"（star man），这意味着他是成绩位居前5%的学生，同时彼得雷乌斯还是学兵队长、滑雪队和足球队成员。他甚至还选修了医学预科项目，仅仅因为这是全校要求最苛刻的一门课程。彼得雷乌斯在1974年毕业后不久就取得了另外一个成就，和学院领导人聪明的女儿霍莉·诺尔顿（Holly Knowlton）结婚。后来他成为唯一一位同时在游骑兵学校（Ranger School）和陆军指挥与参谋学院（Army Command and General Staff College）首先完成学业的军官，前者要经历为期九周的严酷训练，后者则要经过整整一年的学术课程学习。

彼得雷乌斯特别争强好胜——他希望赢得每一次辩论、获得每一个荣誉、胜过每一个对手——再加上几乎不去掩饰的远超常人的智力，他经常激怒那些不太积极、相对低调的军官，但又能用幽默感、看起来比较低调的个性以及关心手下士兵的福祉被人更容易地接受。比如说在游骑兵学校，彼得雷乌斯就因为帮助一位伙伴完成课业而备受好评。后来他也以培养年轻军官而出名。但彼得雷乌斯既不是安东·米勒（Anton Myrer）在1968年出版的军事类畅销小说《曾是鹰》（*Once an Eagle*）中描绘的那个军中宠儿考特尼·马森盖尔（Courtney Massengale），一个以自我为中心的政治型将领；也不是那种经常跻身美国陆军高层，喜欢和别人称兄道弟、咀嚼烟草的乡下小伙（如汤米·弗兰克斯）。

彼得雷乌斯的早期导师之一约翰·加尔文（John Galvin）将军为他制定了一条不同的路径，加尔文是个军中学者，曾做过北约的最高指挥官，退役以后成为弗莱彻法律与外交学院（Fletcher School of Law and Diplomacy）院长。加尔文逼迫年轻的彼得雷乌斯上尉，也即他后来的副官继续攻读民政事务的研究生学位。他选择了普林斯顿大学的伍德罗·威尔逊公共与国际事务学院，从1983年到1985年的在校学习期间，彼得雷乌斯大大拓展了自己的视野，远远超过当时军队中的各级军官。这段经历让他能够从容应付学术界和媒体界，而这恰恰是大多数军人无法企及的本领。

在西点军校社会研究系教学的时候，彼得雷乌斯写了一篇博士论文，主要内容是越南战争对美军的影响。这个题目一直让他十分着迷，因为彼得雷乌斯参军的时候美国军队正处在越战创伤的余波之中。1976年在法国的一次训练时，彼得雷乌斯成为比雅尔的崇拜者,比雅尔作为法国伞兵的传奇人物参加过二战、印度支那战争和阿尔及利亚战争;彼得雷乌斯后来还珍藏着比雅尔赠送他的亲笔签名照片,并且在 2010 年比雅尔去世以前一直与其保持通信。他还读过伯纳德·福尔(Bernard Fall)、让·拉特吉、大卫·哈伯斯塔姆(David Halberstam)、大卫·格鲁拉和其他作者撰写的有关法国和美国在印度支那战争中的经验的书籍。20 世纪 80 年代的大多数军官都希望把越南战争抛诸脑后,尽可能少做有关反游击战的准备工作,因为这样的战争实在是吃力不讨好。但彼得雷乌斯并非如此,他在博士论文中指出,"美国介入低烈度冲突将是不可避免的"并且"军队需要为此做好准备"。

在伊拉克战争以前,彼得雷乌斯在低烈度战争方面并没有什么经验。1986 年他整整一个夏天都在为加尔文将军工作,加尔文将军时任美国南方司令部司令,其间彼得雷乌斯走访了萨尔瓦多和其他拉丁美洲国家,学习这些国家的反游击战经验。1995 年,彼得雷乌斯花了三个月时间参与了联合国在海地的国家重建行动。此后,在 2001~2002 年,他在波斯尼亚待了 10 个月,执行维和任务。这就是彼得雷乌斯参加过的所有低烈度冲突以及所有类型的作战行动:他错过了 1991 年的海湾战争,而他的许多同辈在此次战争中首次经历了炮火的洗礼。让彼得雷乌斯失望的是,在战争如火如荼地进行的同时他只是在华盛顿担任陆军参谋长卡尔·沃诺(Carl Vuono)将军的副官。许多同僚都不大看得起这种远离军队的任务,他们嘲笑彼得雷乌斯就像科林·鲍威尔一样,是一个"政治型将军"(political general),而不是一个亲临前线的军人。至少在 2003 年以前,同僚们这么讥讽彼得雷乌斯多少有些道理,但长期在指挥机关任职的经历让彼得雷乌斯对高层的决策过程和军民事务的相互作用有了深刻的了解。当他在 2003 年春天作为第 101 空降师师长进入伊拉克的时候，彼得雷乌斯将会充分利用这些经验，而这是他的同辈所不具备的。像其他军中知识分子，如利奥泰和劳伦斯一样，彼得雷乌斯证明了他不仅能够运筹帷幄，而且能够亲临战阵。[73]

* * *

面对"伊拉克自由行动"之后的混乱局面，几乎没有美军指挥官做好了相应的准备。太多军官忽视了伊拉克的国家重建工作，而是像在黎巴嫩的以色列人或两个世纪以前在西班牙的法国人一样，追逐那些神出鬼没的游击队，在残酷的作战行动中打死或拘押了许多伊拉克人，最终疏远了平民大众。他们在高级文官，如国防部部长拉姆斯菲尔德，提出的错误道路上执迷不悟；拉姆斯菲尔德在冷战高峰时期的 1975～1977 年就曾在国防部部长一职上做得风生水起，但现在面对一种完全不同的冲突类型时则显得茫然无措。2003 年，拉姆斯菲尔德居然否认伊拉克存在"游击战争"。他轻蔑地声称那些叛乱者只是"一小撮残余分子"，并且认为伊拉克最大的威胁是对美国的援助"产生信任或依赖"。[74]

相比之下，彼得雷乌斯清醒地认识到游击战的威胁正在增长，而且仅用武力是无法镇压的。在摩苏尔的司令部里，彼得雷乌斯明确表示出他对人口中心反游击战理论的欣赏，正如大卫·格鲁拉和罗伯特·汤普森曾经阐述的："我们是在进行一场争取民众的比赛，你和你的部队今天是否为了实现这个目标有所贡献？"[75] 彼得雷乌斯并没有坐等来自巴格达的指令——高级将领里卡多·桑切斯（Ricardo Sanchez）中将、高级文官美国大使 L. 保罗·布雷默三世（L. Paul Bremer III）正在巴格达苦苦挣扎——他开始在伊拉克北部推进国家重建计划。当然，他也没有忽视进剿行动，101 师取得的最为显赫的战绩是于 2003 年 7 月 22 日发现并击毙了萨达姆的儿子乌代和库赛。但是，彼得雷乌斯更强调不冒进的（nonkinetic）"行动路线"。他在伊拉克北部扶植了一个议会制政府，重启电信服务、整修公路并且组建了一支警察部队，甚至还和土耳其及叙利亚达成协议，用伊拉克的石油来换取急需的电力供应。

彼得雷乌斯曾经和一个记者开玩笑说，他"集总统和教宗两个角色于一身"，一些伊拉克人甚至称他为"大卫王"（King David）。[76]彼得雷乌斯这种高调的姿态触怒了一些比较保守的军官，他们抱怨这位少将偏离"航线"实在是太远了，但彼得雷乌斯理解这些人所不理解的——至关重要的是要迅速建立一个能够运转的政府，并且需要有一个人来处理伊拉克的大小事务。彼得雷乌斯同样明白现代战争的另外一个实质——关键在于打赢"宣传战"。因此，彼得雷乌斯对待媒体的态度比他的同事更开放，当然他也不会像后来早早被罢官的阿富汗美军司令官斯坦利·麦克里斯特尔（Stanley McChrystal）将军那样草率。彼得雷乌斯对新闻媒体的熟练运用不仅有利于他自己的职业生涯，也有利于完成他所负责执行的任务。

* * *

2004 年 4 月中旬，在和 101 师返回本土之后不到两个月，彼得雷乌斯就重返伊拉克，评估伊拉克安全部队的情况。他发现伊拉克安全部队的表现相当糟糕。6 月已经成为中将的彼得雷乌斯领导了一个新成立的机构，驻伊拉克多国安全过渡指挥部（Multi - National Security Transition Command - Iraq）——

负责装备和训练伊拉克军队——按照彼得雷乌斯的话说,这是"制造一架世界最大的飞机,它一边飞行,一边在设计,一边还要遭到射击"。[77]他将伊拉克士兵和警察的数量从9.5万人增加到19.2万人,[78]但他的努力赶不上伊拉克安全局势恶化的速度。逃亡、贪腐和民兵组织的渗透日益猖獗。随着暴力活动的不断升级,伊拉克人不敢把维持治安的希望寄托在联军身上。按照两名跟彼得雷乌斯交往甚密的记者的观点,他有很多次"看起来疲惫而又沮丧",尽管他当时正在努力给周边的人营造一种自信而果断的气氛。[79]

2005年9月,彼得雷乌斯离开伊拉克,就任堪萨斯莱文沃斯堡(Fort Leavenworth)联合兵种中心(Combined Arms Center)指挥官,这是一个负责监管陆军条令、训练中心和参谋学院的机构。他后来承认,"有人暗示说我已经被派去养老了"。但彼得雷乌斯还是化被动为主动,在这个偏僻的地方再造了战争努力。

美国陆军的反叛乱作战条令,或者按照常用军事缩略语来说是"COIN",在美军中已经好几十年没有进行修订了。彼得雷乌斯着手制定一部新的反叛乱作战手册,不仅借鉴历史经验,尤其是阿尔及利亚和马来亚反游击战经验,而且吸取近年来包括他自己在内的美国军人在伊拉克和阿富汗的作战经验。彼得雷乌斯在编写这部非常规战争手册的时候没有墨守成规——他不仅招募了聪明的军官,也吸纳了学者、记者、救援人员以及其他以往几乎没有被军队咨询过的人员。彼得雷乌斯解释他之所以吸纳这些人的意见,是因为当年他在普林斯顿上学的时候就从"自己不擅长的领域的经验"中获益。不可忽视的是,这位善于和媒体打交道的将军和许多有影响力的人士有联系，而这将有助于让很多人成为"反叛乱作战理论支持者"（COINdinistas），这批人中的领军人物是他在西点军校的同班同学康拉德·克兰（Conrad Crane）。结果就是2006年12月出版的美国海军陆战队《反叛乱战地手册》（*Counterinsurgency Field Manual*），并且很快就被下载了150万次。甚至它得到了《纽约时报》的关注与评论，而此前没有任何一个军方手册有此殊荣。[80]

这部手册本质上是紧紧围绕着人口中心反游击战理论而制定的实践方案，它吸收了诸如查尔斯·卡尔韦尔、T. E. 劳伦斯、罗伯特·汤普森，以及最重要的大卫·格鲁拉等人的经典理论。手册开篇就讲到了反叛乱作战的原则："任何反叛乱作战行动的首要目标都是尽快建立有效的统治……通过均衡使用军事和非军事手段。"手册强调了军民双方人员"协同一致"的重要性，"政治因素"的优先性，"了解当地环境"的必要性以及要保证"当地民众的安全"。其中最重要的一条忠告是"适度地使用武力"："如果一次行动打死了5个叛乱分子，但其附带损害导致出现50个新的叛乱分子，那么这次行动就是适得其反。"

该手册中还有一句类似的话，指出某些"反叛乱作战中最有效的武器并不用扣动扳机"，这是强调情报工作、政治行动和经济发展的重要性。手册还警告说，"有时候对军队的保护越多，获得的安全就越少"。这等于直接批评驻伊美军部队躲在防爆墙之后的基地里的倾向，其切断了军队和当地民众的联系，使他们每次外出都更容易遭到路边炸弹的袭击。此外，手册中也隐晦地批评了阿布格莱布监狱的虐囚行为，警告士兵"应该给予非战斗人员和被拘留者以人道的待遇"。[81]

这份在军队内部代号为"FM3-24"的文件，将成为游击战争领域最具影响力的官方出版物，至少在英语世界中，它是自卡尔韦尔的《小规模战争》（1896年）和海军陆战队的《小规模战争手册》（1935年）[①]之后最有影响力的。然而，这部手册在军中也不是没有争议的。许多现役和退役的军人纷纷指责这部手册的作者试图把20世纪中叶对付左翼人士和民族主义者游击队的模式套用到21世纪的战争中来，而其所瞄准的宗教和种族很难受到"人心与思想"吁求的影响。不过，批评者却没有提出建设性的意见，即西方自由民主国家的军队在这种战争中应该如何行事。其中许多人似乎受到了一种错误印象的影响，认为焦土政策更有效——只要稍微研究一下古代在美索不达米亚的阿卡德人、在巴尔干地区的纳粹德国军队和在阿富汗的苏联人的历史，就能戳破这种神话。

* * *

在编写这部手册的时候，彼得雷乌斯并不知道他将有机会在伊拉克实践这些理念；有迹象表明他会被调到伊拉克，但并无确实的消息。[82]传闻中的机会比预想的来得还快，凯西将军被明升暗降，调任陆军参谋长。彼得雷乌斯戴着刚刚得到的四颗将星于2007年2月抵达巴格达时，发现局势比他了解的还要糟糕。城市的各个地区已经变成了被废弃的鬼城。作为小布什总统增兵计划的一部分，美军增派了5个旅，但包括凯西在内的大多数专家都怀疑，这样的增兵规模是否足以挽回颓势。在这么一个拥有2500万人口的国家，仍然只有17万人的联军。虽然还有32.5万名伊拉克安全人员，但他们的忠诚与能

[①] 前文第247页曾提到它于1940年出版。——译者注

力仍然值得怀疑。

彼得雷乌斯后来写道："如果我们还像以前一样使用军队，那么局势不会有任何改观。"[83] 但是彼得雷乌斯和雷·奥迪尔诺（Ray Odierno）中将——他是个大块头的光头炮兵军官，负责日常行动——精诚合作，他直接按照新的手册，按照从布尔战争到镇压虎克军以来各种成功的反叛乱作战手册来实施一套新的战略。彼得雷乌斯和奥迪尔诺不再让部下在巨大的前沿作战基地中保持孤立状态，而是让他们分散布署于居民点中的规模较小的联合安全站（Joint Security Stations）和战斗哨所（Combat Outposts）。士兵们不再仅仅是"乘车执勤"，现在他们将在自己巡逻的区域生活，因此可以和邻居熟悉起来，从而得到居民的信任。彼得雷乌斯鼓励美军士兵组织步兵巡逻队——在本书引子中做过描述——而不是驾驶重型装甲汽车巡逻。为了保卫自己的"行动区域"，美军部队被告知要构筑高大的混凝土围墙，这样不仅可以阻碍汽车炸弹，还能控制住重要通道。他们的任务不再交给伊拉克人执行，他们要在这里靠自己赢得战争。彼得雷乌斯在提交给司令部的《反叛乱作战指导原则》中论述了他的"主导思想"："为民众提供安全和服务"；"和民众打成一片"；"巩固治安区"；"无情地追剿敌人"。[84]

推行作战计划是一回事，而在拥有17万人的驻伊美军部队中推广彼得雷乌斯的概念是更难的另一回事。事实上，此前在伊拉克也有一些孤立的反叛乱作战行动取得成功。比如说2005~2006年，H. R. 麦克马斯特（H. R. McMaster）上校指挥的第3装甲骑兵团明显地抑制住了伊拉克北部城市塔尔阿法（Tal Afar）的暴力活动，而这正是利用了"FM3-24"中提到的战术。然而，当时许多指挥官使用的仍然是截然不同的更加传统的战术。从根子上讲，凯西将军虽然口头上说要实践反叛乱作战概念，但并未在伊拉克全境化为行动。

彼得雷乌斯知道症结在何处，并且像精力充沛且热情高涨的坦普勒处理马来亚事务一样大干一场，不过彼得雷乌斯利用了一些现代技术的优势。每天早上彼得雷乌斯通过多媒体会议和参谋人员以及下属交流，召开所谓的战斗更新与评估会（Battle Update and Assessment），通过助理随身携带的两台笔记本电脑不断地接收和发送邮件，以及每周进行两次"战地走访"（Battlefield Circulation），和下属一起巡逻交流，以推行自己的理念。彼得雷乌斯把自己的邮箱地址广泛下发，并且特别喜欢和下级士兵交谈。他是扁平化管理的信徒，并且给予部下便宜行事的权力。彼得雷乌斯还是个工作狂，和大多数驻伊美军军官一样，每天工作 17 个小时，每周工作 7 天。

那些思想比较保守的军人抱怨彼得雷乌斯把士兵变成了社会工作者，但这些批评根本没有切中要害。2007 年，美军打死或抓捕的叛乱分子人数飙升（美军总共拘留了 2.7 万名伊拉克人），[85]但并没有像早期的那些清剿行动一样，导致民众的强烈不满。区别在于现在的驻伊美军已经和伊拉克人比邻而居，能得到当地民众提供的情报，从而准确地分辨谁才是叛乱分子，而不是像过去几年那样不分青红皂白地把青壮年统统抓走，从而激起民众的反感。

以前美军的高级将领犹豫不决，不敢让部队在居民点之中常驻，因为他们害怕会导致伤亡激增，从而引发国内的反战情绪。这种看法并非杞人忧天。事实上 2007 年夏天是整个伊拉克战争中暴力冲突最剧烈的几个月，4 月、5 月和 6 月每个月都有超过100名美军士兵死亡。但此后就像是突然退烧一样，损失开始下降，到12月时死亡数字下降到25人。一年以后的2008年12月，只有16名美军士兵死亡。[86]到2011年年底时总共有4484名美军士兵死于伊拉克，但只有557人是在2007年以后死亡的。同样重要的是，平民伤亡的数字也在快速下降：从2007年的23333人被杀，到2008年的6362名平民死亡，2009年的2681人死亡，2010年的2500人死亡，再到2011年的1600人死亡。到2011年年底时，整个伊拉克战争造成7万伊拉克平民和1.5万伊拉克安全人员死亡，当然真实数字可能还要更高一些。[87]

彼得雷乌斯在2007年的主要工作是摧毁"基地"组织伊拉克分支在安巴尔省以及巴格达部分地区的据点。他估计一旦"基地"组织伊拉克分支被肃清，那么什叶派民众就不会再将安全寄托在穆克塔达·萨德尔的迈赫迪军身上。这个赌博在2008年收到了成效，伊拉克总理努里·马利基（Nouri al-Maliki）在美军的大力支援下派伊拉克军队肃清了迈赫迪军在巴士拉和萨德尔城的据点。虽然伊拉克的未来仍然面临着深刻的教派和政治分裂的威胁，但至少现在是被从深渊中拉了出来。而且伊拉克的安全形势在2009年、2010年乃至美军开始撤离的2011年都在不断改善，尽管很难保证到2011年12月底美军全面撤出伊拉克之后安全形势是否能维持稳定。

有些怀疑论者指出，消灭伊拉克90%的暴力活动的并不是增兵计划，而是加入伊拉克之子组织的10万逊尼派信徒在金钱之下的倒戈。毫无疑问，逊尼派的倒戈对局势影响很大，但仅用金钱诱惑还不足以解释逊尼派的转变——正如T. E. 劳伦斯能够动员贝都因部落参加阿拉伯起义并不仅是靠黄金来收买一样。和所有人一样，伊拉克那些部族民众最关心的就是如何保卫自己的利益。除非他们可以确认自己能活着花掉新得到的财富，否则逊尼派是不会接受这种交易的。正如安巴尔的一位部落长老对作家宾·韦斯特（Bing West）所说的，只有当他们相信美军是伊拉克"最强大的势力"而且会长时间在伊拉克驻扎（或者说他们这么认为）时，他们才会站到美国人这边。如果美军在2007年的兵力是减少而不是增加，逊尼派是否会觉醒将无法确定。

对于彼得雷乌斯的反叛乱作战理论来说，逊尼派的倒戈并没有破坏反而证明了他的理论：一旦相信当局正在赢得胜利，那么，治安形势的改善将会像滚雪球一样让那些骑墙派甚至是敌人倒戈。然而，不论增兵计划在战术层面取得了多大的成功，单靠其自身也无法保证长久的稳定。成功的治安行动仅仅是创造了一个前提，从而有可能建立一个包容并有效率的政府，以消除少数民族的不满并把国家捏合成一个整体。20世纪初的南非、50年代的马来亚和菲律宾、80年代的萨尔瓦多、90年代的北爱尔兰和2000年之后的哥伦比亚等都把握住了这样的时机。然而，伊拉克强硬的什叶派领导人马利基总理是否拥有和麦格赛赛或乌里韦一样的洞察力，还远未明晰。在2011年美军撤出之后，他偏私的以及易造成不和的政府议程，还在威胁美军及其伊拉克盟友经过艰苦奋战才得到的成果，而这也直接关系着历史将如何评价增兵计划的成败。[88]

* * *

从某种程度上来讲，考虑到它在其他时候在其他地方取得的成功，人口中心反游击战理论在伊拉克起了作用，至少是暂时和战术性地起作用的事实算不上一件特别惊讶的事。但是伊拉克战争的某些经验却是独一无二的。首先，很少有其他国家——比较接近的例子是哥伦比亚——能从濒临崩溃的境地恢复过来。在马来亚，坦普勒在最初受挫之后又反败为胜，但马来亚战争的烈度大大低于伊拉克战争，而且马来亚比伊拉克小得多。其次，坦普勒也不用担心外部干涉，而叙利亚和伊朗则分别是逊尼派和什叶派叛乱者的后台。最后，在马来亚大多数的游击战中，叛乱者被孤立在远离首都的偏远地带，而伊拉克的主要城市——费卢杰、拉马迪、摩苏尔、巴库巴、巴格达——都沦为了战场。这种现象有利有弊：在巴格达和其他城市发生的袭击事件大大放大了危机的严峻程度，但同时只要美军在这些城市中投入重兵，就能够迅速扭转局势。

它的影响中同样矛盾的是伊拉克抵抗运动之间派别林立："基地"组织伊拉克分支和迈赫迪军分别是逊尼派和什叶派武装中最强大的势力，但同时还有许多其他的抵抗组织——根据一项统计总共有56个武装派别。[89]和共产党起义者不同的是，这些抵抗分子没有一个领导核心，也没有像胡志明或菲德尔·卡斯特罗这样得到广泛认同的领袖。缺乏统一的领导使得这些武装派别难成大气候，但想把它们肃清也更难。"斩首"行动，诸如肃清扎卡维这样的行动，无法彻底平定分散化的起义。

虽然城市游击队一般最后都失败了，但从二战结束以后很少有哪些游击队是完全被外部势力击败的。最近几十年成功的反游击战，都是由得到外部援助的本土政权实施的，而且即使得到了大量援助，主要的战斗也是由本国军队展开。但在伊拉克情况却不是这样，自2007年以来，尽管在美国国内遭到了强烈反对，伊拉克的治安行动还是由美军主导。美军之所以成功，部分原因是他们扶持的是一个民选政权，而不像苏军在阿富汗扶持的是一个专制政权，伊拉克现政府虽然有种种缺点，但毕竟代表着大多数民众。自从2008年签署协议准备在2011年年底撤出全部美军之后，美国人就表明他们并不是要无限期地维持占领，这类似英国人在马来亚，而不是法国人在印度支那和阿尔及利亚。同时，美军在伊拉克的教派之间保持着中立态度，这对他们来说也是有利的，相比伊拉克本国的安全部队，大多数伊拉克人更信任美军。

作为在伊拉克取得成功的回报，彼得雷乌斯得到了一项棘手的任务，去处理另外一场麻烦的反游击战，这次是在阿富汗——由于小布什政府把美国的资源集中在伊拉克，这个国家已经被忽视了好几年。彼得雷乌斯此次任务比在伊拉克更难，因为阿富汗政府腐败蔓延，塔利班在巴基斯坦有栖身之所，而且美国国内的厌战情绪越发高涨。彼得雷乌斯于2010年7月接手奥巴马总统赋予的任务，1年后离开阿富汗并成为中情局的领导人，宣称他在阿富汗取得了一定成绩，但不如在伊拉克那么富有戏剧性。打击塔利班、哈卡尼网络（Haqqani Network）和其他叛乱武装的战争在伊拉克战争之前就已经开始了，而此后也将继续下去。阿富汗战争的经验表明，《反叛乱战地手册》虽然吸收了诸多历史经验和教训，但它并不是能立即彻底击败游击队的灵丹妙药。即使是在最有利的条件下，想要肃清游击队都是艰难而持久的任务。而且阿富汗也很难说是一个能够实践反游击战理论的好地方，这是从亚历山大大帝到英国人以及俄国人的几代入侵者早就发现的事情。

64
一蹶不振?

国际恐怖主义的成与败

"基地"组织伊拉克分支锐气大挫——至少是暂时——是"9·11"事件之后圣战者遭到的诸多挫败之一,而其中最具影响力的是2011年5月2日击毙本·拉登。奥巴马总统不顾多名顾问的反对,命令美军特种部队对藏身在巴基斯坦的拉登进行了大胆的突袭。相比恐怖行动,公众的不满和暴动所带来的动荡更甚。2011年,一场大规模起义席卷了从利比亚到巴林的多国政权,而这是"基地"组织从未做到过的事情。伊斯兰极端主义者从未能颠覆任何穆斯林政权,反而是让很多信徒转而反对他们。皮尤全球态度调查项目(Pew Global Attitudes Project)的记录显示,2003~2010年,人们对本·拉登的"信心"急速下降:在巴基斯坦是从46%下降到18%,在印度尼西亚是从59%下降到25%,在约旦是从56%下降到14%。[90]

不过,少数人就足以支撑一个恐怖组织了,"基地"组织也已经充分展示了它那令人钦佩的再生能力。它的分支机构继续活跃在从中东到东南亚的广大区域。"基地"组织的核心与其在阿拉伯半岛(沙特阿拉伯和也门)以及北非诸国的分支机构联系特别紧密。同时,其他一些伊斯兰极端派别,诸如虔诚军、巴基斯坦塔利班、阿富汗塔利班和哈卡尼网络——都是与"基地"组织有所接触但并没有正式交往的组织——继续在阿富汗和巴基斯坦展示出相当可观的力量,此外哈马斯还控制着加沙地带,真主党控制着黎巴嫩,而青年党则在索马里争权夺利。2011年席卷中东的"阿拉伯之春"动乱为许多极端伊斯兰派别提供了新的上位机会,其中有些与"基地"组织有关联的派别掌握了权力。根据它们的记录,在2012年,伊斯兰组织在夺取政权方面要大大强于当年的无政府主义者,但是比19世纪的自由派民族主义者和20世纪的共产主义者还是差得很远。

对"基地"组织或其他任何恐怖组织来说,想要造成巨大影响的最好办法就是获得核武器、化学或者生物武器,本·拉登曾说这是所有穆斯林的"宗教义务"。[91]不过即使没有这些威力巨大的武器,恐怖组织也有能力把民族国家拖入血腥的战争,比如"基地"组织策划的"9·11"事件,直接引发了美国入侵阿富汗。真主党和巴勒斯坦解放组织也曾引发以色列介入黎巴嫩局势,而以巴基斯坦为基地的圣战组织网络曾多次因为在印度领土上实施恐怖袭击,险些引发印度和巴基斯坦之间的战争。考虑到恐怖分子曾经引爆第一次世界大战,恐怖袭击可能引发两个拥有核武器国家之间的战争并非耸人听闻。

为了避免发生这样的灾难,美国及其盟友建立了多种防御机制。问题的关键在于改善安全、治安工作和情报搜集。军方也扮演了重要角色,尽管不像在伊拉克和阿富汗那样是问题的核心——这两个国家的政府在美国入侵以后都被推翻了。在一个完全自治或部分自治的国家,美国的作用仅限于提供训练、武器、情报和其他帮助。这种"有限介入"(low footprint)行动的代表是2002年美军联合特种作战特遣队前往菲律宾协助剿灭诸如阿布沙耶夫之类的圣战者组织。有不到600名美国人参与了这一行动，但并没有直接参战，而是为菲律宾军方提供训练和支持，同时实施民政事务项目，诸如建设医疗所和学校。[92]

巴拉克·奥巴马是在对小布什时代反恐战争的诸多方面的批评声中上任的。不管他对那些做法的批判有多强烈，诸如使用"施压技术"进行刑讯，在小布什第二个任期就已经被禁止了。但其他一些政策——诸如在关塔那摩长期关押未经审判的嫌疑犯并由军事法庭审判——奥巴马则不得不接受，因为国会反对停止这种做法。而在其他领域——比如利用无人机打击巴基斯坦境内的目标——实际上奥巴马批准的攻击行动比其前任还多。他甚至比小布什更喜欢动用特种部队冒险执行某些任务，诸如击毙本·拉登。许多自由派人士对奥巴马在纠正小布什政策方面做得远远不够而非常失望，不过许多保守派人士也同样失望，因为他们认为奥巴马太激进了。但是，大多数美国人很显然对赢得了国会两党支持的强硬反恐政策表示满意——而且这保证了他们在"9·11"事件之后十年里的安全。

然而，没人能保证反恐战争在今后仍然能继续获得成功。正如"劫机行动"所显示的，在与"隐形军队"的较量中，可能会面临惊人的突然失败，这种失败不仅会发生在遥远的前线，还会出现在国内本土。这是在过去数个世纪中和伊斯兰叛乱分子交手的英国、法国、俄罗斯和其他西方国家从未面对过的情况——车臣人在19世纪并未袭击莫斯科，普什图人也没有袭击伦敦，而摩洛哥人也没有袭击过巴黎——但这是21世纪的全球化世界所不可避免要面对的战争现实。

注　释

1. Origins of jihadism: Kepel, *Jihad*; Stout, *Terrorist Perspectives*; Wright, *Looming*; Habeck, *Knowing*; Sivan, *Radical Islam*.
2. Hostage crisis: Bowden, *Guests*; Coughlin, *Ghost*; Rubin, *Anti-American*, 107 ("damn"); Bill, *Eagle*, 295–304; and hostages' memoirs (e.g., Queen, *Inside*; Koob, *Guest*; Kennedy, *Ayatollah*; Daugherty, *Shadow*).
3. Mecca: Trofimov, *Siege* ("cinemas": 31; "heretical": 32; 1,000 lives: 225); Coll, *Ghost Wars*, 28 ("dissolute"); Lacey, *Inside*, 16–36; Wright, *Sacred Rage* (dog food: 155); Bergen, *Holy War*, 59 ("riyalpolitik").
4. Islamabad: Trofimov, *Siege*, 109–16 ("magnificent": 116); Coll, *Ghost Wars*, 29-37; Sullivan, *Under Siege*, 71–89; *Washington Post*, Nov. 27, 1994; *Time*, Dec. 3, 1979.
5. Invasion of Afghanistan: Lyakhovskiy, "Soviet Invasion" (80 percent outside control: 4; vodka: 50; "alive": 57; "soaked": 65); Grau, "Take-Down"; CWIHP/SIA; Mitrokhin, "KGB"; Tanner, *Afghanistan*, 235–38; Feifer, *Gamble*, 55–85; Girardet, *Afghanistan*, 114 (mosques closed); Helsinki Watch, "Tears"; Kalinovsky, *Goodbye*, 16–54; Tanner, *Afghanistan*, 231 (flag), 235 (ammunition, batteries); Urban, *War*, 27–50; Rubin, *Fragmentation*, 111–22; Cordovez, *Out*, 13–49; Russian General Staff, *War*, 11–12; Mendelson, *Changing Course*, 39–64. Lyakhovskiy, "Soviet Invasion," 64, 其称在这次进攻塔日别克宫的行动中有5名克格勃人员和5名苏军士兵阵亡；Mitrokhin, "KGB", 97–98则声称"有超过100名克格勃人员被杀"。
6. 苏联官方声称在这场战争中总共损失了13833人。真正的数字接近26000人。See Russian General Staff, *War*, 43.
7. Massoud: Girardet, *Afghanistan*, 30 ("wasps"), 83 ("trenches"); Russian General Staff, *War*, 74–83; Coll, *Ghost Wars*, 107–24 (Massoud background); Feifer, *Gamble*; *Washington Post*, Oct. 17, 1983 ("blue-green"), Oct. 18, 1983 ("30 followers"; Volga sedan); Grad, *Massoud* (American Revolution: 29; "energy": 104; "compassion": 120; "washed": 20; food: 199; "toes": 18; chess: 30; "cool": 105; "smiling": 244); *Christian Science Monitor*, June 22, 1982 ("vantage point," machine-gun position), June 28, 1982 ("caves"); Gall, *Russian Lines*; Tanner, *Afghanistan*, 251–52, 257–61; Urban, *War*, 101–5; Kaplan, *Soldiers*, xv ("ornery"), xix ("greatest"); Roy, *Afghanistan*, 72–75; Bergen, *Osama bin Laden*, xxii ("fragility"); Junger, *Fire*, 199–222; Rowan, *Trail*; former CIA officer Reuel Gerecht, email to author, April 27, 2012 (forgotten French).
8. Russian General Staff, *War*, 91.
9. Abuses: Helsinki Watch, "Tears" ("conceivable": 4; "shocks": 10; 200 killed: 35; strafed: 54; toy mines: 60; mosques: 82).
10. $3 billion: Westad, *Cold War*, 350. Advisers: Kalinovsky, "Blind." Hospitals: Feifer, *Gamble*, 146.
11. Troop strength, casualties: Rubin, *Fragmentation*, 1, 131–33; Feifer, *Gamble*, 255; Girardet, *Afghanistan*, 53–54; Kaplan, *Soldiers*, 11, 18; Russian General Staff, *War*, 88.

12 Red Army: Feifer, *Gamble* (diseases: 142; rotten potatoes: 179; "dedy": 142); Borovik, *Hidden War* ("caught": 185; "blood": 183; "animal": 186); Heinamaa, *Soldiers' Story*, 26 ("slaughtered," "shoot"), 16 ("jackals," "moral"), 26 ("destroy"); Yousaf, *Bear Trap*, 54–56; Russian General Staff, *War*, 302 (hospitalized); *Christian Science Monitor*, June 28, 1982 ("imperialism"); Alexievich, *Zinky Boys*; Tamarov, *Afghanistan*.
13 Yousaf, *Bear Trap*, 49.
14 Kaplan, *Soldiers*, 16.
15 Ibid., 69.
16 Reuel Gerecht, email to author, April 27, 2012.
17 Coll, *Ghost Wars*, 153.
18 U.S. aid: Lundberg, "Covert Action"; Coll, *Ghost Wars*, 147–53 (aid spending: 151); Feifer, *Gamble* ($30 million: 130); Crile, *Charlie Wilson's War*, 419 ("directly"); Russian General Staff, *War*, 222 ("appreciable"); Cordovez, *Out*, 194–201; Yousaf, *Bear Trap*, 174–89; Gates, *Shadows*, 348–50; Tanner, *Afghanistan*, 267 (270 shot down); Westad, *Cold War*, 355–56; Bearden, *Main Enemy*, 207–54; Mendelson, *Changing Course*, 95–100; Michael Pillsbury, email to author, Oct. 27, 2010; globalsecurity.com (Hind specs).
19 Cordovez, *Out*, 202; Kalinovsky, *Goodbye*, 84.
20 "chilly": Westad, *Cold War*, 377. 11:55: *New York Times*, Feb. 16, 1989.
21 Rise of Taliban: Rashid, *Taliban*; Goodson, *Endless War*; Tanner, *Afghanistan*.
22 Beirut bombing: Geraghty, *Peacekeepers* (quiet, "shards": 91; "gone": 92; "mangled": 99; PET: 185-186); Hammel, *Root* ("presence": 38; "bright": 295); Dolphin, *24 MAU* (youthful: 19); Wright, *Sacred Rage* ("roar": 70); U.S. Commission, "Report."
23 Hezbollah origins: Jaber, *Hezbollah*; Norton, *Hezbollah* (PLO training: 32); Cambanis, *Privilege*; Nasr, *Revival*, 142–43; Coughlin, *Ghost*, 210–18; Qassem, *Hizbullah*; Harik, *Hezbollah*; Norton, *Amal*; Baer, *No Evil*, 130–31 (PLO connection); Wright, *Sacred Rage*; Byman, *Price*, 209–21.
24 Mughniyeh: Hammel, *Root*, 432 ("Castro"); *Independent*, Feb. 23, 2010 (killed settler, plastic surgery); Jaber, *Hezbollah*, 115–20; Diaz, *Lightning*, 61–68; Bergman, *Secret War* ("creative": 67); *New York Times*, Sept. 2, 2008 (museum).
25 Norton, *Amal*, 170–71.
26 Nasr, *Revival*, 132.
27 Suicide bombers: Cambanis, *Privilege*, 9 ("loves"); Nasrallah, *Voice*, 206 ("fearful"); Pape, *Dying*; Pedahzur, *Suicide*; Bloom, *Kill*.
28 Nasrallah, *Voice*, 54.
29 Hostages: Ranstorp, *Hizb'allah* (100 seized: 1); Coughlin, *Hostage*; Baer, *No Evil*.
30 Nasrallah, *Voice*, 54.
31 Bergman, *Secret War*, 78.
32 Morris, *Victims*, 558.
33 "Find": Norton, *Hezbollah*, 39. "Entity": Nasrallah, *Voice*, 95.
34 Khobar: Clarke, *All Enemies*, 114; National Commission, "9/11 Report," 60.
35 Training Al Qaeda: National Commission, "9/11 Report," 68; Bergen, *Osama bin Laden*, 143; Wright, *Tower*, 173–74.

36　Nasrallah: Cambanis, *Privilege*, 180 (humor), 188 (son's death); Nasrallah, *Voice*.
37　$100 million: Cambanis, *Privilege*, 15; Norton, *Hezbollah*, 110.
38　Exum, "Explaining Victory," 152.
39　Luft, "Israel's Security Zone."
40　Exum, "Explaining Victory," 154–55.
41　"Victory": Nasrallah, *Voice*, 233. "Cobwebs": Harel, *34 Days*, 38.
42　Hoffman, "Conflict."
43　Mansoor, *Hybrid*.
44　第二次黎巴嫩战争：作者于2006年8月和2011年2月两次访问以色列，在战争进行过程中和战争结束后分别采访了以色列士兵和政策制定者；此外，作者还于2009年访问了黎巴嫩。See also Harel, *34 Days* ("scalded": vii); Boot, "Second Lebanon War"; Biddle, *Lebanon Campaign*; Cambanis, *Privilege* (human shields: 89, 91); Cordesman, *Lessons* (15,000 troops: 5); "Winograd Commission Final Report"; Exum, "Assessment" (decentralized); Exum, "Explaining Victory" (from local areas: 88); Nasrallah, *Voice*, 393 (never expected); Arkin, *Divining* (100 buildings: xx; ambulances: 50; 12,000 bombs: 64; 15,000 Hez-bollah fighters: 74); Byman, *Price*, 251–65.
45　*New York Times*, Oct. 6, 2010.
46　"Ending": Nasrallah, *Voice*, 63. "A-Team": Richard Armitage, CBS News, April 18, 2003.
47　Evans, *Algeria*, xiv.
48　Chechnya: Babchenko, *Soldier's War*; Smith, *Allah's Mountains* (casualties: xviii); Hughes, *Chechnya*; Politkovskaya, *Hell*; Akhmadov, *Struggle*; Goode, "Force."
49　http://www.pbs.org/newshour/terrorism/international/fatwa_1998.html.
50　Nexis/Lexis.
51　http://www.pbs.org/newshour/terrorism/international/fatwa_1996.html.
52　Ibid.
53　Young Bin Laden: Bergen, *Osama bin Laden* (TV: 14, 21; "model": 17; *Jihad* magazine: 33; height: 182; "flame": 75; "sand": 168; "components": 116; "bureaucratic": 402; questionnaire: 402–7; "Big Satan": 197); Bergen, *Longest War*; Bergen, *Holy War*; Bin Laden, *Growing Up* (learned English: 108; "good if Islam": 50; "corrupted": 43; no toys: 43; no drugs: 60; no laughter: 62; "crisp": 27; "women": 84; BBC: 199); Wright, *Tower*; National Commission, *Report* ($30 million a year: 170; cost of 9/11: 172); Coll, *Bin Ladens* ($1 million/year: 351); Bin Laden, *Inside*; Stout, *Perspectives*, 19 (caliphate), 124 (guerrilla history); *Time*, Jan. 11, 1999 ("cowardly"); *Independent*, March 22, 1997 ("paper tiger"); Nasiri, *Jihad* (weapons training: 142); Benjamin, *Sacred Terror*; Bin Laden, *Messages*; Ibrahim, *Al Qaeda*; Cullison, "Hard Drive"; Randal, *Osama*; Cronin, *Terrorism*, 276 (cost of bombings); Scheuer, *Osama bin Laden*; Kepel, *Own Words*; Richardson, *Terrorists*, 88 (3 R's); Bin Laden to Zawahiri, 2002, Harmony Database, CTC, AFGP-2002-600321 ("media war").
54　除了此前提到的有关本·拉登的材料，还要特别提到"9·11"事件委员会的报告，参见 Bernstein, *Blue*, and McDermott, *Perfect*。
55　$500 billion: Bergen, *Longest War*, 91. Bankrupt America: Bin Laden, *Growing Up*,

177.
56 Bergen, *Osama*, 322.
57 Waterboarded 183 times: Bergen, *Longest War*, 115. 800 at Gitmo: 106. 28 interrogated: 111. For the debate over such measures, compare Mayer's *Dark Side* with Yoo's *War*.
58 Lacey, *Global Jihad*, 40.
59 Jenkins, *Go Nuclear?*, 101.
60 Najaf bomb: *Washington Post*, Aug. 30, 2003; *Independent*, Aug. 30 (crater); *Los Angeles Times*, Aug. 30 ("reeked").
61 Zarqawi: Weaver, "Zarqawi"; Bergen, *Osama bin Laden*; Bergen, *Longest War*; *Time*, June 11, 2006; *New York Times*, July 13, 2004; Michael, "Legend"; Napoleoni, *Insurgent*; Brisard, *Zarqawi* ("burn": 97).
62 More suicide attacks: Moghadam, *Globalization*, 41, 251. "By April": Bergen, *Longest War*, 167.
63 Pape, *Dying*, 23.
64 Fishman, *Bleedout*, 6.
65 Zarqawi letter, 2004, at www.globalsecurity.org.
66 Zawahiri to Zarqawi, July 9, 2005, at www.globalsecurity.org.
67 Bahney, "Economic Analysis"; Fishman, *Bombers*.
68 Bowden, "Ploy"; Alexander, *Break*.
69 根据维基解密透露的美国军方的官方数据得出。参见 *Guardian*, Oct. 23, 2010。
70 Bergen, *Longest War*, 169.
71 McWilliams, *Awakening*, 2.46.
72 Boot, "Vietnam War."
73 根据2003年以来作者对彼得雷乌斯的多次访谈和邮件往来，以及Cloud, *Fourth Star* (Bigeard: 37, 64); Bowden, "Professor" and "Winning Streak"; Broadwell, *All In*; Giron, "General Motors"; Petraeus, "American Military" ("unavoidable": 309; "prepared": 307); Robinson, *Tell Me*; Gericke, *Petraeus*; Sennott, "Good Soldier"; Coll, "Dilemma"得出。
74 "Guerrilla war": *New York Times*, June 28, 2003. "Dependency": CNN.com, Sept. 10, 2003. "Dead-enders": Bergen, *Longest War*, 158.
75 Boot, "Reconstructing Iraq."
76 *Washington Post*, May 16, 2003.
77 Petraeus, email to author, Aug. 7, 2011.
78 O'Hanlon, "Iraq Index."
79 Cloud, *Fourth Star*, 181.
80 Petraeus, "Surge of Ideas" ("pasture," "zone," 1.5 million).
81 "Objective": U.S. Army, *Counterinsurgency*, 37. "Unity": 39. "Environment": 40. "Political": 39. "Appropriate": 45. "Weapons": 49. "Protect": 48. "Humanely": 245.
82 Petraeus, email to author, Aug. 7, 2011.
83 Petraeus, email to author, Jan. 4, 2011.
84 Petraeus, "Guidance."

85　Petraeus, email to author, Aug. 7, 2011.
86　www.icasualties.org.
87　Figures based on the *Guardian*, Oct. 23, 2010, and the Brookings Iraq Index: www.brookings.edu/iraqindex.
88　主要根据作者自2003年以后先后八次前往伊拉克的经历得出，其中包括对彼得雷乌斯、奥迪尔诺及以克罗克为代表的伊拉克和美国领导人进行的多次访谈，以及在增兵之前、之中和之后的数次"战地走访"。See also Ricks, *Gamble*; Robinson, *Ends*; Cloud, *Fourth Star*; West, *Strongest Tribe*; McWilliams, *Anbar Awakening*; Kagan, *Surge*.
89　Hafez, *Suicide Bombers*, 243–49.
90　http://pewglobal.org/database/.
91　*Time*, Jan. 11, 1999.
92　Boot, "Treading Softly."

尾　声

在马尔贾的会谈，公元 2011 年 10 月 23 日

如同带枪的外交官一样，海军陆战队员围绕在那些笨重的防地雷反伏击装甲车旁边，就好像是《星球大战》里的场景。军靴轻轻地踩在干泥和碎石地面上咯咯作响，他们的沙漠基地是盖着沙漠迷彩伪装网的简陋建筑，里边的摆设都是临时组装的胶合板木质家具，外边由成排的艾斯科防爆墙（Hesco Bastion）和混凝土制泽西路障（Jersey barriers）环绕，这种用于防备自杀式炸弹袭击者和敌军火箭弹的设施使得整个基地看上去像是中世纪的城堡，只是没有护城河罢了。条件太简陋了，连移动公厕都没有，更不用说带自来水的厕所了，士兵们解决问题用的是插进沙土中的塑料"尿管"。他们头上是直刺天空的天线，宛如一只金属大手，在外围哨所和上级司令部以及在外游动巡逻的小规模部队之间架设起联系的桥梁。海军陆战队士兵们站在装甲车旁边听取任务简报，身着迷彩服，背着 M-4 步枪、备用弹夹，配备着防弹衣、无线电、背包、急救箱和其他随身用具。

突然湛蓝的天空中出现了一个奇怪的身影，凌空飞来一架巨大的飞机，伴随着震耳欲聋的轰鸣。它既不是固定翼飞机也不是直升机，而是两者的合体，有着可倾斜旋翼的 V-22 "鱼

552　鹰"飞机在汉森军营着陆，乘坐飞机赶来的是来自喀布尔的安全专家，他们的任务是评估在这一区域展开的行动。海军陆战队第6团第3营的丹尼尔·A.施密特（Daniel A. Schmitt）中校是个修长结实且精力充沛的指挥官，他走上前去向那些于这个温暖的秋日来访的专家问好，手里拿着头盔，将他们领进了前文提到的防地雷反伏击装甲车里面，然后车发动了。在环绕着果园和农场的土路上颠簸30分钟，从定居点的北部边缘开到了它的中心地带。

2011年10月23日，星期日，地点是阿富汗南部赫尔曼德省的马尔贾地区。

在第82空降师的戴维·布吕奈上尉带领着一小队士兵在巴格达街道巡逻的四年半以后，另外一名美国军官走出了另外一个国家的另外一座美军基地，投入另外一场旷日持久的反游击战。布吕奈带队巡逻的任务是在美军入侵一个动荡不安的国家之后巩固军方所获得的成果，施密特和"关键领导人会面"的策略目的也是如此，这是美国军方的一个奇特术语，用于描述和当地名人的会谈。

2010年2月，包括第6团第3营在内的海军陆战队部队首次进入马尔贾地区，这里长久以来因为是塔利班的避风港和猖獗的毒品交易中心而臭名昭著。美军指挥官曾经过分乐观地声称要把"政府打包装箱"带过来，但最开始却由于喀布尔政府代表的无能和低下的战斗力，以及当地叛乱分子顽强的抵抗，美军指挥官的期望落了空。马尔贾周边没有什么战果辉煌的胜利，局势也没有立竿见影的好转，但在与根基深厚的游击武装展开战斗之后，情况开始有了变化。经过一系列激烈的战斗，尽管双方都遭到了严重损失，但海军陆战队成功地逐渐把塔利班从城镇中赶了出去。在马尔贾一度有两个海军陆战队营驻扎，现在只剩下一个加强营了，而且美军也逐步将这里的控制权移交给阿富汗军方和警察，从而能够在狭窄的农耕地带之外的空旷沙漠追击塔利班，这个被称为"绿区"的农耕地带沿赫尔曼德河河谷分布。某些塔利班分子仍然在城镇里隐藏着，当然他们都明智地把武器藏了起来，起码暂时是这样。

当2011年5月海军陆战队第6团第3营再次被部署到马尔贾的时候，这里的形势已经安全多了。不过，在施密特和访客们走下装甲车进入一座有扇古老的大门并戒备森严的房子时，他还是警惕地让士兵在前边手执金属探测器开路以搜寻地雷。那些出没无常而且致人死命的简易爆炸装置让赫尔曼德省的海军陆战队付出了相当大的代价，许多士兵被炸死，或者被炸断了胳膊或腿。大多数爆炸装置都非常隐蔽，只有用金属探测器或经过严格训练的士兵用肉眼才能发现。

进入房子以后，海军陆战队和来访者的会面方式成为过去十年间美军的第二天性，他们看起来十分渴望用自己的行动来证明"丑陋的美国人"的时代是很久之前的事了。美军脱下了防弹衣，把它们成堆放起来，然后走进一座宽敞的客厅沿着墙边坐在地上。紧挨他们坐在破旧地毯上的都是当地有权势的人。坐在房间的最前边，紧挨着施密特的是这所房子的主人，哈吉巴兹·古尔（Hajji Baz Gul），身穿传统的白色宽大克米兹长袍和黑色背心，头戴头巾，留着花白胡子。（"哈吉"是一个尊称，显示此人曾经去麦加朝圣。）

自从亚历山大大帝的时代以来，和当地土著长老会谈也是反游击战的一部分，而且如果施密特不是带着一块昂贵的手表，那么他所处的地位可能看起来跟当年的马其顿征服者没太大区别。这样的会谈是为了让占领军和被占国平民之间交换信息并达成暂时妥协。会谈并不能代替暴力行动和作战行动——占领军还是要打死或者抓住叛乱分子——但这是使用武力的必要补充。当前许多下至排级，上至师级乃至更高层的美军指挥官都已经在这种外交工作上花了许多时间，而且这也区分开了反游击战和常规冲突，后者中纯粹的战斗压倒了一切。想要赢得反游击战是一项特别复杂的工作，远不是揪出叛乱者头目和冒着被枪击或炸弹袭击的危险就可以了，还要冒着食物中毒风险和忍受枯燥无味的生活。

一名男仆走进来向与会者分发午餐，包括米饭、黄瓜、西红柿和骨瘦如柴的烤鸡，这些食材都就着冰凉的罐装苏打水被咽下。正当美军士兵和阿富汗人一起把盘子放在地上用手抓着吃的时候，另外一个长老进来坐在施密特的另外一边。哈吉莫托·汗（Hajji Moto Khan）和巴兹·古尔的穿着基本一样，唯一的区别是他的胡子更长也更白，这显示出他在这个家族中的地位更高。在接下来的一个小时里，美国人和阿富汗人进行了一场呆板而缓慢的会谈，中间穿插着海军陆战队翻译精心准备的热情洋溢的讲话。当地长老要求对基础设施建设追加投资，而施密特则要求他们对安全行动给予更多协助。

在表面的友好气氛之下暗流涌动。莫托·汗以前是当地塔利班的领导人，另外一位坐在房子里面的长老有两个儿子在和美军的战斗中被打死了。这些人并不伪装自己对来客并无好感，但作为精明的幸存者他们也在盘算着各自的利益——2007年伊拉克安巴尔省的部落长老们也是这么做的，他们最终决定投靠"最强大的势力"，至少是暂时如此。

多亏了他们的帮助，马尔贾从阿富汗一个暴力活动频发的地区变成了一个相对和平的地方。离开长老的住所之后，施密特在路上遇到的最大麻烦就是一群堵在路上的羊。没有狙击手瞄准他的手下，也没有路边炸弹要炸毁他的车辆。他甚至和那些来访者一起去了一趟露天市场，美军士兵能够摘下头盔暗示了当地的安全环境大为改观。这座一度关闭的市场现在熙熙攘攘，到处都是东奔西跑的儿童，店铺里满是从蔬菜到塑料人字拖的各类商品，大街上满是叮当车和摩托车。施密特对此景象相当自豪，在他眼中这比抓住或打死多少恐怖分子都更重要。

尽管局势从表面上看很平静，但仍然有一个重要的问题尚未解决，就像是风暴来临前的预兆：一旦美军全部撤走，当地还会如此平静么？2007年在伊拉克的美军士兵问的大多也是同样的问题。[1]

答案似乎和四年半以前差别不大。尽管伊拉克和阿富汗是相当不同的两个国家，但美军在这两个国家实施反游击战时使用的战术、技术和程序，乃至经历的诸多挫折和胜利大都类似。不过，其实在过去的五千年中，反游击战的方方面面改变并不大。布吕奈和施密特进行的反游击战仍然遵循当年阿卡德萨尔贡王的故道，而"基地"组织伊拉克分支和塔利班则传承了当年令阿卡德以及其他美索不达米亚国家头疼的波斯高地部落的传统。交战双方在很大程度上都汲取着过往的经验，即如何发动游击战和反游击战，以及如何颠覆政权和保卫政权。

这些经验在阿富汗战争和伊拉克战争盖棺论定之后很久都依然相当重要，如果历史中有一个常量，那么它会是游击战争的普遍存在与不可避免。这是一种在所有文明、各个历史时期都存在的作战方式，只要是某一方特别弱小以至于无法和敌对方公开交战，就会出现游击战。没有理由认为游击战这种方式会很快过时，相反，应该担心的是未来游击战将会以令人恐惧的形式出现。一旦某些叛乱组织获得了大规模杀伤性武器，特别是核武器，一支仅有步兵分队规模的恐怖武装就能够轻而易举地获得比正规军完整的大兵团更大的破坏能力。这并非科幻小说中的事件。如果发生这种情况，那么，游击战将在五千年来的历史中占据前所未有的重要地位。虽然这个技术进步并不会很快地出现，我们有理由认为，游击队仍将给世界上的强权国家带来挫败和羞辱，正如历史上它们曾成功做到的那样，而循着布吕奈和施密特脚步的军人们将不可避免地发现自己正在投入非正规战争的大沸锅中。

这里借用并修改一下乔治·桑塔亚纳的名言："只有死人才是安全的；只有死人才能看到游击战争的终结。"[2]

注 释

1 基于我本人的观察。
2 Santayana, *Soliloquies*, 102.

启 示

五千年来的十二条准则或经验

1917年,劳伦斯写下了一篇名为《二十七条准则》的文章,总结了他在游击战中的诸多经验。接下来的内容应该被称为十二条准则,其总结了本书所提到的一些经验。

1. 游击战争是历史上普遍存在且相当重要的作战模式。

部落战争是游击武装之间的战斗,其历史和人类出现的历史一样悠久,而且至今仍然在世界某些地区以改进的形式存在着。作为一种全新的战争模式,即以游击武装对抗"正规"武装,其历史就相对较短,大约是5000年前出现在美索不达米亚。因此,给游击战争贴上"非正规"的标签是错误的,这是一种正规的战争,当然国与国之间的战争则是例外。

世界上大多数人居住的国家的现存边界和政府的组织形式,都是由该国历史上所实施的或镇压的非正规作战塑造的。比如说联合王国(英国),其所谓的"联合"其实就是英格兰人击败了苏格兰人和爱尔兰人的抵抗后的联合。如今伦敦政府所管辖的领土远远小于一个世纪以前,这部分是从爱尔兰共和军到犹太复国主义者等多个武装团体斗争的结果。而在此之前的北美殖民地战争更是如此。美国之所以有今日的疆域,正是三个世纪以来和印第安部落不断进行小规模战争的结果。

上面只是几个例子而已，实际上类似的国家还有很多。很难想象世界上有哪个国家没有经历过游击战争的洗礼，就好像很难想象哪一支有组织的武装力量不曾投入游击战争——尽管未必出自其本愿——为了剿灭游击队而投入大量精力和资源。

2. 游击战争并非"东方式的战术"，而是弱者对抗强者的普遍方式。

有一种观点将游击战术归为孙子和其他中国哲学家所创造的理念，这很大程度上是由于中共和越共成功地夺取了政权，而他们所推崇的战术，可能和西方军事学家诸如克劳塞维茨所推崇的正规战相悖。事实上，古代中国和印度的军队与罗马军团类似，也是以大规模正规军的方式存在的。而且中原地区中国人的文化传统也并不偏好游击战术——喜欢这种战术的是他们的敌人，深处亚洲内陆的游牧民族。对这些游牧民族来说，他们和苏族人以及普什图人一样，将游击战当成一种生活方式。但即使是在崛起过程中利用游击战术取得巨大成功的民族，比如突厥人、阿拉伯人和蒙古人，后来也纷纷利用正规军来保卫他们征服的来之不易的庞大帝国。这些民族的历史证实，任何人都不会自愿选择游击战术，游击战往往是无法组织正规军的弱势一方最后的手段。同样地，恐怖行动也是那些连游击队都组织不起来的弱势一方的最后手段。

3. 游击战争既被低估了，也被高估了。

1945 年以前游击战争的内在价值被大大低估了。因为游击武装拒绝进行正面交战，所以它们没有得到应有的尊重——尽管游击队一直就具备挫败世界最强帝国的能力，例如从攻入罗马的蛮族到 18 世纪 90 年代反抗法国统治的海地起义。1945 年以后，公众舆论又走向了另外一个极端，把游击战争尊奉为不可用武力战胜的法宝。正如1967年一名专家所说的："因此，现代游击队几乎被罩上了战无不胜的光环。"[1]这很大程度是因为在二战后不久，一批游击战争领导人诸如毛泽东、胡志明和卡斯特罗的胜利引发了20世纪六七十年代的激进派时髦。但仅仅看到这些人的胜利会忽视绝大多数游击队所遭受的失败，包括卡斯特罗的亲密战友切·格瓦拉。事实上，游击战争既非不可战胜，也非战无不败。事实并不那么极端：尽管游击队经常能够坚持多年的战斗并给敌人造成巨大的损失，但它往往很难实现自己的目标，而能够实现目标的恐怖分子就更少了。

4. 1945年以后游击武装变得更加成功，但大多数情况下仍不免失败。

根据本书统计的数据（见附录），在自1775年以来爆发的443场游击战中，在已有结局的战争里，游击队的胜率为25.5%，另有63.6%的战争是反游击战一方获胜（还有10.8%是平局）。从1945年以后计算，游击队的胜率上升到40.3%，但是反游击战一方在1945年以后的游击战争中胜率仍然达到了50.8%。而且这个数据某种程度上还夸大了游击队的胜率，因为当下仍在抗争的一些游击武装基本看不到胜利的希望。如果将现存的游击武装判定为失败的话，就和它们一直以来的结局一样，那么在1945年以后的游击战争中，游击队的胜率下降到21.9%，而反游击战一方的胜率上升到68.7%。能够让数据看上去比较平衡的原因是有些恐怖组织或游击队虽然不再追求自己的既定目标，却仍然在坚持斗争并且迫使对方在某种程度上做出了让步，爱尔兰共和军和巴勒斯坦解放组织就是比较好的例子。

5. 在最近的两百年中，游击战争最重要的发展就是对公众舆论的利用。

为什么1945年以后游击队会变得更加成功呢？我相信最大的一个原因就是随着民主制、学校教育、通信技术、大众媒体和国际组织的发展，公众舆论的力量逐渐增强——所有这些因素都削弱了国家陷入持久反游击战的决心，特别是在本土以外进行的反游击战，同时也大大提高了游击武装遭受严重的军事挫折后的生存能力。

在公众舆论大发展之前，大多数游击队基本上都是不关心政治的部落武装，一般使用打了就跑的战术，对政治动员一窍不通。他们对于争取中立民众支持或破坏得到强大军队保护的敌对方群众的工作，要么根本不做，要么做得很少。有时候，类似罗马帝国后期的情况，游击武装持续攻击的目标一般都比较弱，最后往往能够消灭对方。更常见的情况是部落武装被能够动员更强大军队的定居民族击退。那个时代的战略优势在防守一方，尽管进攻者在马背上作战的技巧相当娴熟。随着17世纪以后国家实力的逐渐增强，防守方的优势更加明显了。

双方力量的平衡向游击武装方面倾斜是由于公众舆论的发展，这个概念于1776年适时地首次出现在印刷品中。虽然英军在北美遭受了挫折，但如果不是1782年国会局势逆转，诺顿勋爵领导的政府被迫下台的话，那么英国本可以恢复对北美的控制，然而新上台的辉格党政府决定依靠谈判来结束战争。几十年以后，19世纪20年代的希腊起义者同样因为西方舆论而获利，希腊之友成功地说服本国政府反对奥斯曼的暴行。后世的许多起义者也将利用同样的办法，从19世纪90年代古巴人反对西班牙统治，到 20 世纪 50 年代阿尔及利亚人反抗法国统治，以及 20 世纪 80 年代真主党反对以色列。公众舆论的力量最惊人的证明出现在越南战争期间，当时的美国政府可以说并不是输在了战场上，而是输给了国内的反战舆论。同样的事情在 2007 年的伊拉克战争中也差点重演。

在对付自由主义国家的时候，公众舆论和媒体的反对效果很明显，因为这种国家想要继续进行战争必须依赖民众的支持。但公众舆论力量的不断增长甚至影响到了一些专制政权，它们发现，由于诸如 Twitter 和 YouTube 之类的传播技术，以及类似美国有线电视新闻网和半岛电视台的媒介，加上联合国和人权观察等国际组织的出现，镇压国内暴动的压力比以前更大。今天的游击战和反游击战不仅在地面上展开，也在网络空间和卫星电视上展开。像"基地"组织和真主党这样具有创新性的伊斯兰组织在这个领域的思维比较超前，而那些古板的正规军队则相当迟钝。

6. 传统的战术无法应对非传统威胁。

正规军军人经常想当然地认为，他们能够轻而易举地击败那些缺乏火力或者没有受过职业军事训练的乌合之众。1960～1962 年出任美国陆军参谋长的乔治·德克尔将军总结这种心态为"任何优秀的军人都可以对付游击队"。越南战争和无数其他的战争打破了这种论调。运用大部队并集中火力的行动只能搜剿少数游击队，且往往会让民众离心离德。为了击败非正规武装，军人必须使用截然不同的战术，不仅要集中精力剿灭游击队，还要保护民众的安全。这也就是"搜索并歼灭"和"肃清并巩固"战术的区别。后一种战术并非走和平主义路线，也需要使用暴力和高压手段，但需要小心地控制暴力手段的烈度并精确地定位打击目标。正如一名以色列将军说的，"对付恐怖主义，一支 M-16 要比一架 F-16 更有效"。[2]

7. 很少有反游击战能够依靠制造大范围恐怖来获得成功，至少在外国领土上不能如此。

面对神出鬼没的游击队，平叛一方过多地采用拷打手段获取情报，并且血腥地报复平民。这样的战略偶尔会有效果，但通常都会遭到失败。大革命时期和拿破仑时期法国的经验能够很好地证明这一观点。法国革命者草菅人命，并且成功地镇压了法国旺代地区在 18 世纪 90 年代的叛乱，但法军尽管同样血腥残忍，却也未能镇压西班牙或海地的起义。甚至在古代世界，当时没有人权组织也没有 CNN，那些古代帝国也发现想要制服那些野性难驯的民众，通常要采取胡萝卜加大棒的政策。罗马治下的和平赢得了许多民族，这种和平有很多优势，罗马的反游击战不仅仅是"他们制造了一片荒漠，然后管这叫和平"这么简单。

铁腕手段在反抗运动势力很小甚至是不存在，或者是在本国领土上进行反游击战的情况下最有效，因为本国政权至少有一定程度的合法性，相对熟悉当地的人文和地理环境，并且可以调动占压倒性优势的部队，比如说斯大林在 20 世纪 30 年代的"大清洗"。但许多其他的例子，诸如德军在巴尔干和苏军在阿富汗，就算是反游击武装愿意实施大屠杀也无法取得胜利；他们暴行的唯一结果是激起民众投入得到外部援助的起义者的怀抱。这就是内战研究领域的领军者、政治学者斯塔西斯·卡里瓦斯（Stathis Kalyvas）曾经总结过的："滥用暴力往往适得其反，除非冲突双方的力量特别悬殊。"[3]

8. 人口中心反游击战理论经常能取得成功，但并非一般人所想象的妇人之仁。

美国和其他自由民主国家不能像专制国家那么残忍，或更准确地说不能选择那么残忍的手段的这个事实，并不意味着它们不能在反游击战中取得成功，正如某些时候宣称的那样；[4]它们只是不得不用更人道的手段来实施反游击战，比如爱德华·兰斯代尔和杰拉尔德·坦普勒。戴维·彼得雷乌斯于2007~2008年在伊拉克成功地展示了人口中心反游击战理论至少是在狭义的安全范畴内的效果，尽管这个计划也未能带来一个持久的政治解决。同时代的哥伦比亚总统阿尔瓦罗·乌里韦也曾实施相似的"民主安全"战略，而成功镇压了第二次巴勒斯坦起义的以色列国防军也是如此。其他人口中心论战术的成功典范还包括20世纪90年代的北爱尔兰，80年代的萨尔瓦多和50年代的马来亚。

人口中心论战略中最流行的概念就是"赢得人心与思想"，这个有点迷惑性的概念是北美独立战争期间英国将领亨利·克林顿提出的，在20世纪50年代由杰拉尔德·坦普勒发扬光大。这个现在被视为陈词滥调的概念指出了反游击战就是要赢得民众的支持。有些国家的政府在此方面做出了努力：2003~2007年，美国在伊拉克投入了290亿美元的发展援助，[5]希望由此带来的社会经济效益能够让伊拉克平民不再支持叛乱分子。这一战略最终失败了，原因是伊拉克普遍缺乏安全：如果支持政府要冒着被谋杀的风险，那么，很少有人会由于能够获得更好的教育或生活环境而做出这种选择。在大多数冲突中，大多数平民都持观望态度直到局势明朗化，而直到2007年彼得雷乌斯的计划显现出效果后，伊拉克的局势才渐渐清晰起来。和美国独立战争时期类似，英军攻势正盛的时候亲英派更加活跃，而当英军撤退以后，更多的殖民地居民宣称支持起义者。斯塔西斯·卡里瓦斯强调说："控制一个地区将会赢得合作者，而失去对一个地区的控制则会让大多数合作者倒戈。"[6]

获得必要的控制的唯一途径是让占领军每时每刻和民众保持接触，仅仅是定期的"扫荡"或"封锁并搜索"行动，甚至像纳粹那样残酷的镇压手段都会失败，原因是民众知道起义者会在军队撤走后回来，并残酷镇压那些曾和政府合作的人。民众只会在支持政府的危险比支持起义者更小时才会拥护政府，这就是为什么成功的人口中心论政策是控制民众，而非赢得他们的热爱与感激。正如在南越的美国顾问、传奇人物约翰·保罗·范恩所说的："安全只是问题的10%，或者90%，但无论占多大比例，安全问题始终是重中之重，没有了安全，我们做的一切都毫无意义。"[7]

9. 获得合法性对任何起义者或镇压者都至关重要，而且在现代社会，任何外来的组织或政权都很难获得合法性。

事实上，合法性是仅次于保证民众安全的第二重要的因素。在20世纪以前不通过选举就获得统治权很容易，甚至是外国人也可以获得统治合法性：在人类历史上由皇帝、国王和酋长来统治是司空见惯的。此后随着民族主义和民主思想的传播，维持非民选政权的难度大大增加了，特别是那些来自外国的势力，很难获得当地民众的忠诚。因此，那些大国在国外与当地游击武装对抗时，往往会选择扶植合法的当地政权，而不仅仅是在暴力威胁下给他们强加殖民官员，尽管历史上的强权国家经常如此。对美国来说，在哥伦比亚和菲律宾完成这个任务要相对容易，因为这两个国家都是由美国扶植的民选政府统治的。而在南越、阿富汗和伊拉克难度要大得多，因为美国在这些国家扶植民主政权基本上是从零开始。而苏联占领下的阿富汗，一个以无神论意识形态立国的政权想要在一个笃信伊斯兰教的国家立足几乎毫无可能。

合法性对起义者来说也是个问题。无政府主义逐渐淡出历史舞台的原因也是因为其无法建立自身作为一个统治信条的可信度。左翼起义者在苏联解体和中国改革开放后也逐渐式微。今天的伊斯兰圣战者所推崇的极端暴力并非伊斯兰教教义的主流，因而也由于在伊斯兰世界缺乏民众支持而陷入危机。哈马斯和真主党比其他伊斯兰武装团体做得更好，原因就是他们通过在加沙地带和黎巴嫩提供社会服务赢得了民众支持。

历史证明，最受欢迎和最持久的激励游击武装和恐怖分子的意识形态，既不是自由主义，也不是无政府主义，更非社会主义或伊斯兰主义，而是民族主义。从历史上就能看出来，20世纪70年代大多数恐怖组织纷纷失败，而有着民族主义诉求的组织，比如巴勒斯坦解放组织和爱尔兰共和军就迫使政府做出了较为重大的让步；那些企图进行激进的社会变革的组织，比如巴德尔－迈因霍夫帮和气象员派，则在领导人死亡或被捕后销声匿迹了。

10. 大多数游击武装的斗争都是长期性的，试图速胜往往会事与愿违。

根据本书附录的数据库，1775年以来的游击战持续时间平均为10年，而1945年以后的持续时间更长——14年。有趣的是，斗争的时间和起义者的成功率之间并没有什么联系。

越共战略家长征在1947年说的一段话和大多数人的想象不同："延长战争是胜利的关键所在……时间在我们这边。"[8]对印度支那的游击武装来说延长战争更有利，他们的敌人是外国人，终将厌倦这场战争。而对于和本土政权交战的起义者来说，时间就不一定在他们这边了。在本书的数据库中，持续时间不到10年和超过20年的游击武装在面对本土政权时，本土政权的胜率相仿——前者为64.3%，后者为63.9%。

低烈度冲突的特点用罗伯特·汤普森爵士的话说就是"持续时间长，艰巨并且久拖不决"，[9]这是让交战双方都感到沮丧的原因所在，但想要速战速决的后果往往是欲速则不达。美国在越南战争和伊拉克战争初期就曾试图使用常规战手段，企图通过穷追猛打的手段歼灭游击武装，从而达至约翰·保罗·范恩所谓的"迅速而表面化的结果"。[10]具有讽刺意味的是，当美国放弃了速胜的企图，并贯彻得到检验的人口中心反游击战理论时，战局开始出现了转机。在越南这么做已经太迟了，而在伊拉克，美国及时扭转了当地的安全态势。

更具吸引力的"速胜"策略就是清除起义者的领导层。这种手段有时候会取得效果。公元前139年，罗马人成功地收买几个叛徒刺杀了起义领袖维里亚图斯，从而扑灭西班牙起义。美国人在1901年也通过一次大胆的突袭行动抓获了菲律宾起义领袖埃米利奥·阿奎纳多，从而加速了菲律宾起义的终结。但也有很多实例，即使领导人被除掉，抵抗运动仍然继续存在，有时候甚至势力越来越大——无论是真主党还是"基地"组织伊拉克分支都在此列。高水准的"斩首"策略对于组织比较涣散，而且个人崇拜色彩比较浓厚的运动比较有效。

如果将其作为将游击队从民众中孤立出去的更广泛的反游击战努力的一部分，斩首行动将会更加有效。如果行动仅仅是除掉领导人，那么这就像割草一样，叛乱组织通常会通过自身的能力恢复过来。

游击武装如果希望获得速胜而发动准备不充分的攻势，往往也会遭到失败，比如1951年和1968年武元甲将军指挥的攻势。无论是游击队还是反游击战一方都应该借鉴坦普勒元帅的深谋远虑，他在1953年的马来亚写道："我经常说，想要彻底解决问题将会是个漫长的过程。"[11]

11. 在得到外部支持，特别是得到正规军部队的支持时，游击队往往会更具战斗力。

从游击队的立场来看，除了获得民众支持以外，第二重要的优势就是获得外部支持。而最佳的状况就是能和正规军协同行动，不论它是本国的还是盟友的。这样就能够让对方的正规军不知所措。当对方的正规军在投入大规模作战的时候，其薄弱的交通线容易遭到游击队的袭击。而当正规军分散清剿游击队的时候，面对游击队一方主力的攻势时又很脆弱。像毛泽东和胡志明这样的游击队领袖能够创造自己的正规军，但这种案例很少。更多的起义者是和外国盟友合作，最典型的例子是美国起义者与法军合作对抗英军，西班牙游击队和威灵顿合作对抗拿破仑，以及阿拉伯起义者和艾伦比及劳伦斯合作对抗土耳其人。

就算游击队得不到正规军的支援，得到外国的资金、武器、训练和安全营地也能起到很大的作用。这些是游击队能够取得成功最关键的几项因素——许多例子，比如越南和阿富汗的历史就证明了这一点。在古代世界，对镇压叛乱的当局来说比较有利的就是，叛乱者一般很难获得外部援助。游击队曾获得大量援助但后来又被切断的时候，结果往往是灾难性的，比如希腊共产党，1948年来自南斯拉夫的外援切断了，还有安哥拉的争取安哥拉彻底独立全国联盟（UNITA），来自南非和美国的援助在20世纪90年代中断。

然而，我们也不应该夸大外部援助的作用。没有获得或者仅有少量外部援助而取得成功的例子也有，比如古巴的卡斯特罗和爱尔兰的柯林斯。而即使获得大量外国援助也有可能失败，比如"基地"组织伊拉克分支、解放巴勒斯坦人民阵线以及其他许多组织。然而，就算外国支持不能让反叛势力取得成功，也能让其不至于彻底失败。比如哥伦比亚革命武装力量在2002年以后遭受了一连串打击，但在委内瑞拉领导人查维斯的援助下它仍然生存了下来。

12. 相比正规战，游击战争中技术的重要性没有那么大，但技术正在改变游击战。

所有游击队和恐怖组织的战术，从自杀式爆炸到劫持人质再到路边伏击，目的都是为了避开正规军的火力优势。在这种类型的战争中，技术所占的比重没有在常规冲突中高。甚至像苏联和美国等拥有了核武器这种终极武器的国家，也不能避免在游击队手中落败的命运。在低反叛水平的冲突中起作用的技术往往不是武器技术。正如劳伦斯的名言："印刷机是现代军事指挥官手中最强有力的武器。"现代起义者可能会用"互联网"来代替"印刷品"，但其基本内涵是一致的。

然而，如果未来的起义者掌握了化学武器、生物武器或核武器，那么，武器在这种类型的战争中的作用可能就会加大了。一小群只有排级规模的恐怖分子可能会摧毁像巴西或埃及这样的无核武器国家的全部军队,这绝不是危言耸听。这也就是说,未来的低烈度冲突给世界各主要强权带来的麻烦要比历史上严重得多。而且,正如我们已经看到的,这个问题在历史上就已经非常严重和复杂了。

注 释

1. Heilbrunn, *Partisan.*
2. Brig. Gen. Noam Tibon, interview with author, Feb. 27, 2011.
3. Kalyvas, *Logic*, 171.
4. Luttwak, "Dead End"; Merom, *Democracies Lose.*
5. Berman, "Hearts and Minds."
6. Kalyvas, *Logic*, 119.
7. Sheehan, *Shining Lie*, 67.
8. Truong Chinh, *Writings*, 102.
9. Thompson, *Communist Insurgency*, 169.
10. Vann, "Memorandum for the Record," March 16, 1966, AHEC/JPVP.
11. Templer to Lyttelton, Dec. 22, 1953, TEMP.

附 录

隐形军队数据库

本数据库统计的是自 1775 年以来的各场游击战争，用以补充历史记录。其数据均来自现有的资料，但是希望能比任何以前的材料覆盖范围更广、更详细和更准确。

表中结果栏的代码分别有 0（代表游击队获胜）、1（代表平局）、2（代表正规军获胜）或 3（代表正在进行）。如果平叛当局做出了某些政治妥协，并且即便游击武装未能在军事上被彻底打败，本数据库也使用代码 2。比如说，英国尽管在 1998 年通过《耶稣受难日协议》给了共和派一些议会席位，也被视为打败了爱尔兰共和军临时派，而爱尔兰共和军方面并未达到统一爱尔兰的目的。代码 1 表示战争没有确切的胜利者，交战双方最终通过谈判的方式结束了战争。比如说"为塞浦路斯而斗争全国组织"应该说是在塞浦路斯获得了一个平局而非胜利，他们成功迫使英国撤军（保留了两个空军基地），但是未能将塞浦路斯并入希腊。

许多数据库（举例来说，Lyall and Wilson,"Rage"）只包括达到一定标准的低烈度冲突，比如造成了超过千人死亡的战斗。这就将三 K 党和巴德尔·迈因霍夫帮排除在外，如此产生了有利于起义者的偏见——就好像研究新兴公司的时候，只将上税或股价达到一定额度的企业纳入研究范围，会形成有利于创业者的偏见一样。大多数新兴公司就像很多游击武装一样，存在的时间并不长，但其实也应该收录在内。因此，这个数据库希望囊括1775年以来所有影响较大的游击运动。那么，何谓影响较大呢？那就是它们造成的伤亡，以及引发同时代的人和历史学家的关注。其中一些组织可能看起来不太重要，但有些后来可能影响很大，比如中共1921年在上海成立的时候只有13个人。纯粹的犯罪集团，比如墨西哥的贩毒集团或索马里海盗则不收录其中。

附录中还有两个独立的数据摘要：一个仅包括已成定局的游击战，另一个则总结了将仍在继续的游击战记为当局胜利的有关情况。大多数其他的数据库排除了所有仍在持续的游击战争，但考虑到某些游击队和恐怖组织已经斗争并失败了数十年（如哥伦比亚革命武装力量和克钦分离武装），如不将其计入可能会让人们对游击战争的未来产生错误的印象。

在很多战争中，游击武装获胜的原因仅仅是外部势力的干涉。在19世纪20年代的希腊独立战争和90年代的古巴独立战争中，起义者引来了外部势力的干涉，因而其结果以代码0表示。在其他战争中，比如二战中的很多抵抗运动，外部干涉势力对游击队造成的影响很小，因而其结果以代码1表示。

正规军	游击队	开始时间	结束时间	持续天数	持续年份	结果
英国	北美殖民者	1775.4.19	1783.9.3	3059	8.381	0
美国	彻罗基族印第安人	1776.5	1794.6	6605	18.096	2
荷兰人/布尔人	科萨人	1779.12	1781.7	578	1.584	1
美国	西北印第安人	1785.11	1795.8.3	3562	9.759	2
俄国	车臣（谢赫·曼苏尔）	1785.7	1791.6	2161	5.921	2
英国	澳大利亚土著	1788.5.29	1869.2	29467	80.732	2
法国	海地人	1791.8.21	1804.1.1	4515	12.370	0
法国	天主教徒及旺代保皇党	1793.3	1800.1	2497	6.841	2
俄国	波兰人	1794.4.17	1794.4.19	2	0.005	2
美国	威士忌起义者	1794.7	1794.10	92	0.252	2
英国	爱尔兰人	1798.5.23	1798.9.8	108	0.296	2
俄国	格鲁吉亚	1802.9	1841.9	14245	39.027	2
英国	爱尔兰人	1803.7.23	1803.7.23	1	0.003	2
英国	康提王国（斯里兰卡）	1803.1.31	1818.10.30	5751	15.756	2
奥斯曼	塞尔维亚人	1804.1	1813.10.3	3563	9.762	2
英国	澳大利亚的爱尔兰人	1804.3.4	1804.3.4	1	0.003	2
英国	西班牙殖民者（入侵拉普拉塔河流域）	1806.6	1807.7	395	1.082	0
法国	卡拉布里亚（意大利）	1806.3	1811.3	1826	5.003	2
海地	佩蒂翁将军（内战）	1806.10.17	1820.10.8	5105	13.986	0
奥斯曼	土耳其新军	1807	1807	无数据	1.000	2
法国	西班牙游击队（半岛战争）	1808.5.2	1814.4.17	2176	5.962	0
英国	澳大利亚（朗姆酒叛乱）	1808.1.26	1810.1.1	706	1.934	2
西班牙	玻利维亚	1809.7.16	1825.4.1	5738	15.721	0
西班牙	厄瓜多尔	1809.8.10	1822.5.22	4668	12.789	0
法国/巴伐利亚	提洛尔（奥地利）	1809.4	1810.2	306	0.838	2

续表

正规军	游击队	开始时间	结束时间	持续天数	持续年份	结果
西班牙	墨西哥	1810.9.16	1821.9.27	4029	11.038	0
西班牙	智利	1810.9.18	1826.1.15	5598	15.337	0
西班牙	阿根廷	1810.5.18	1818.4.5	2879	7.888	0
美国	特库姆塞/肖尼印第安人	1809.10	1811.11.7	767	2.101	2
西班牙/葡萄牙	乌拉圭	1811.5.18	1821.7	3697	10.129	0
西班牙	秘鲁	1811.6	1824.12	4932	13.512	0
西班牙	委内瑞拉	1811.7.5	1823.10	4471	12.249	0
法国	俄国游击队	1812.6	1812.12.8	190	0.521	0
美国	克里克印第安人	1813.7	1814.11.7	494	1.353	2
奥斯曼	塞尔维亚	1815.4	1817.11	945	2.589	2
俄国	高加索民族（沙米尔等）	约1817	约1864	无数据	47.000	2
美国	塞米诺尔人（第一次战争）	1817.2	1818.5.28	481	1.318	2
英国	宾德人	1817.11.6	1818.6.3	210	0.575	2
法国/西班牙	西班牙保皇党	1821.12.1	1823.4.6	492	1.348	2
奥斯曼	希腊	1821.3.25	1828.4.25	2588	7.090	0
葡萄牙	阿维莱斯革命/巴西	1821.9	1825.8.29	1458	3.995	0
荷兰	巴东人（西苏门答腊）	1821	1837	无数据	16.000	2
英国	缅甸	1823.9.24	1826.2.24	884	2.422	2
英国	阿散蒂王国（加纳）	1824.1.20	1826.8.7	930	2.548	1
中国	喀什叛乱者	1825	1828	无数据	3.000	2
墨西哥	雅基&梅奥部落	1825.10.25	1827.4.13	535	1.466	2
荷兰	蒂博尼哥罗王子	1825.7.23	1830.3.28	1710	4.685	2
英国	巴拉特普尔人	1825.12	1826.1	32	0.088	2
葡萄牙	佩德罗五世/自由党人	1829.7.1	1834.7.5	1831	5.016	2

续表

正规军	游击队	开始时间	结束时间	持续天数	持续年份	结果
俄国	波兰人	1830.11.29	1831.9.8	283	0.775	2
奥斯曼	叙利亚	1831.10.1	1832.12.27	453	1.241	0
美国	黑鹰	1832.5.14	1832.8.2	80	0.219	2
西班牙	保皇党人	1834.7.15	1840.7.15	2193	6.008	2
巴西	共和派叛乱者	1835.1.6	1837.5	846	2.318	2
美国	塞米诺尔人	1835.12.28	1842.8.14	2421	6.633	2
英国	魁北克与安大略	1837.11.6	1838.11	360	0.986	2
得克萨斯	彻罗基人	1838.5	1839.3	304	0.833	2
英国	阿富汗人	1838.10.1	1842.10.12	1472	4.033	0
乌拉圭	红党与白党内战	1838.3	1852.2	5085	13.932	2
法国	阿卜杜·卡迪尔(阿尔及利亚)	1839.11.1	1847.12.23	2974	8.148	2
奥斯曼	波斯尼亚人	1841	1841	183	0.501	2
英国	毛利人	1843.6.17	1872.5	10546	28.893	2
英国	信德人	1843.2.15	1843.8	167	0.458	2
海地	多米尼加共和国	1844.2.27	1849.4.21	1880	5.151	0
法国	摩洛哥	1844.8.6	1844.9.10	36	0.099	2
英国	锡克人	1845.12.13	1846.3.9	87	0.238	2
哈布斯堡帝国	克拉科夫	1846.2.15	1846.3.3	16	0.044	2
美国	纳瓦霍人	1846.8	1864.1.14	6375	17.466	2
英国	科萨人	1846	1847	366	1.003	2
美国	墨西哥游击队(美墨战争)	1846.5.12	1848.2.2	632	1.732	2
西班牙	保皇党人(第二次战争)	1847.5.15	1849.5.1	718	1.967	2
墨西哥	尤卡坦玛雅人(阶级战争)	1848.8.17	1855.3.4	2390	6.548	2
哈布斯堡帝国	匈牙利	1848.9.9	1849.8.13	338	0.926	2

续表

正规军	游击队	开始时间	结束时间	持续天数	持续年份	结果
两西西里王国	西西里革命者	1848.1.12	1848.1.27	15	0.041	2
哈布斯堡帝国	意大利革命者	1848.3.13	1848.10.31	232	0.636	2
普鲁士	大波兰	1848.3	1848.5	61	0.167	2
奥斯曼	瓦拉几亚	1848.6	1848.9	92	0.252	2
美国	加利福尼亚印第安人	1850.9	1863.7.22	4707	12.896	2
英国	科萨人	1850	1853	1097	3.005	2
中国	太平天国	1850.10.1	1864.7.31	1674	4.586	2
英国	缅甸	1852.4	1853.1	276.5	0.758	2
中国	捻军	1853.11	1868.8	5387	14.759	2
美国	苏族人	1854.8.19	1855.9.3	380	1.041	2
中国	客家人	1855	1867	无数据	12.000	2
英国	桑塔尔人(印度)	1855	1856	366.5	1.004	2
美国	雅基马人	1855.10.6	1858.9.5	1065	2.918	2
美国	塞米诺尔人	1855.12	1858.3	821	2.249	2
美国	堪萨斯(蓄奴派和废奴派内战)	1856.5.21	1856.9.15	117	0.321	2
法国	阿尔及利亚(卡比利亚地区)	1856	1857	366.5	1.004	2
法国	图库洛尔帝国	1857	1857	183	0.501	2
英国	印度士兵起义	1857.5.10	1859.4.7	697	1.910	2
美国	约翰·布朗	1859.10.16	1859.10.18	2	0.005	2
中国	苗族	1860.10.25	1872.5.1	4206	11.523	2
法国	印度支那	1858.8.31	1862.6.5	1375	3.767	2
中国	回族	1860.10.25	1872.12.26	4445	12.178	2
美国	阿帕奇部落	1860.12.4	1864.4.7	1220	3.342	2
英国	毛利人	1860	1870	无数据	10.000	2
哈布斯堡帝国	皮埃蒙特-撒丁王国	1860.3.4	1870.3.23	3672	10.060	0

续表

正规军	游击队	开始时间	结束时间	持续天数	持续年份	结果
美国	南方邦联游击队	1861.4.12	1865.4.9	1458	3.995	2
美国	苏族人	1862.8.17	1868.7.2	2146	5.879	2
法国	墨西哥(反对马克西米连的起义)	1862.4.16	1867.2.5	1756	4.811	0
英国	阿散蒂王国(加纳)	1863	1864	无数据	1.000	1
俄国	波兰	1863.1.22	1864.4.19	454	1.244	2
西班牙	多米尼加共和国(多米尼加复辟战争)	1863.8	1865.3	578	1.584	0
俄国	波兰人	1863.1	1864.5	486	1.332	2
中国	新疆北方叛乱	1864.7	1871.7.3	2558	7.008	0
俄国	中亚可汗	1864.9	1873.8	3256	8.921	2
英国	不丹	1865.1	1865.11.11	300	0.822	2
美国	三K党/白人至上主义者(重建)	1866	1876	无数据	10.000	0
奥斯曼	克里特(第一次战争)	1866.5.29	1867.2.22	270	0.740	2
美国	苏族人(红云战争)	1866.12.21	1868.11.6	686	1.879	1
英国	埃塞俄比亚帝国	1867.12	1868.4.13	120	0.329	2
西班牙	古巴(十年战争)	1868.10.10	1878.2.10	3410	9.342	2
英国	红河叛乱(加拿大)	1869.10	1870.8.24	327	0.896	2
普鲁士	法国游击队(普法战争)	1870.7.15	1871.5.10	299	0.819	2
法国	阿尔及利亚	1871.3	1872.1	307	0.841	2
法国	巴黎公社	1871.4.2	1871.5.29	57	0.156	2
美国	阿帕奇人	1871.4	1873.6	792	2.170	2
西班牙	保皇党人	1872.4.20	1876.2.20	1402	3.841	2
美国	莫多克人	1872.11.30	1873.5.22	173	0.474	2
法国	东京(印度支那)	1873	1885	4384	12.011	2
荷兰	亚齐省	1873	1913	无数据	40.000	2
英国	阿散蒂王国(加纳)	1873.1	1874.2	395.5	1.084	2

续表

正规军	游击队	开始时间	结束时间	持续天数	持续年份	结果
美国	科曼奇、基奥瓦、南方夏延、阿拉巴霍诸部落	1874.6.27	1875.5.8	315	0.863	2
奥斯曼	黑塞哥维那 & 保加利亚	1876.6.30	1877.3	244	0.668	0
美国	阿帕奇人(杰罗尼莫)	1876.9	1886.9	3652	10.005	2
美国	苏族人(大苏族战争)	1876.3.17	1876.11.25	253	0.693	2
俄国	高加索苏丹国	1877	1878	无数据	1.000	2
美国	内兹佩尔塞人	1877.6.17	1877.10.5	110	0.301	2
日本	萨摩藩	1877.1.29	1877.9.24	239	0.650	2
英国	阿富汗	1878.11.20	1880.9.2	652	1.786	1
哈布斯堡帝国	斯拉夫民族主义者	1878.7.13	1919.9.10	15033	41.186	0
美国	夏延人	1878.9.13	1879.1.22	131	0.359	2
阿根廷	巴塔哥尼亚人(沙漠战争)	1879.4.6	1880.7.8	459	1.258	2
俄国	民意党	1879.8	1883.2	1280	3.507	2
英国	祖鲁王国	1879.1.11	1879.7.4	175	0.480	2
英国	布尔人	1880.12.30	1881.4.5	97	0.266	0
法国/意大利/西班牙	无政府主义者	约1880	约1939	无数据	59.000	2
英国/开普殖民地	巴索托人(枪械战争)	1880.9	1881.5	243.5	0.667	0
法国	突尼斯起义者	1881.3.31	1882.4.4	370	1.014	2
英国	埃及(阿拉伯人)	1881.2.1	1882.9.13	589	1.614	2
英国	马赫迪起义(苏丹)	1882.9.13	1885.12.30	1204	3.299	0
法国	马达加斯加	1883.6.1	1885.12.17	930	2.548	1
法国	勤王运动(越南)	1885.7	1888.12.12	1260	3.452	2
法国	瓦苏禄帝国(第一次曼丁哥战争)	1885	1886	366	1.003	2

续表

正规军	游击队	开始时间	结束时间	持续天数	持续年份	结果
俄国	阿富汗	1885.3.30	1885.4	17.5	0.048	1
英国	缅甸	1885	1886	366	1.003	2
奥斯曼	克里特	1888	1889	无数据	1.000	2
法国	达荷美王国（贝宁）	1889	1892	1096.5	3.004	2
美国	苏族（松脊岭/伤膝河之战）	1890.12.29	1891.1.15	17	0.047	2
法国	塞内加尔	1890	1891	366	1.003	2
法国	暹罗王国	1893.7	1893.10	92	0.252	2
英国	恩德贝勒人（第一次马塔贝勒战争）	1893.11.1	1894.1.23	83	0.227	2
南斯拉夫	马其顿内部革命组织	1893.11	1944.8	18505	50.699	2
澳大利亚	杰达马拉战争	1894.11	1897.4	882	2.416	2
法国	马达加斯加	1894.12.12	1895.10.1	293	0.803	0
法国	瓦苏禄帝国（第二次曼丁哥战争）	1894	1895	无数据	1.000	0
朝鲜	东学党起义	1894.2	1895.3	393	1.077	2
荷兰	龙目岛（巴厘）	1894	1894	183	0.500	2
英国	阿散蒂王国（加纳）	1894	1905.3.14	无数据	6.000	2
西班牙	古巴	1895.2.24	1898.4.20	1152	3.156	0
意大利	埃塞俄比亚	1895.12.7	1896.10.21	320	0.877	0
日本	台湾起义者	1895.5.29	1895.10.21	146	0.400	2
巴西	卡努杜斯起义者	1896.10.1	1897.10.15	369	1.011	2
西班牙	菲律宾人	1896.5.30	1898.5.1	701	1.921	0
奥斯曼	克里特	1896.2	1897.22.15	367.5	1.007	0
英国	恩德贝勒人（第二次马塔贝勒战争）	1896.3	1896.10	214	0.586	2
奥斯曼	德鲁兹起义者	1896	1896	183.5	0.500	1

续表

正规军	游击队	开始时间	结束时间	持续天数	持续年份	结果
英国	马赫迪起义者（苏丹）	1896.9	1899.11.4	1145.5	3.138	2
英国	普什图部落（西北边境省之战）	1897.8	1868.4	243.5	0.667	2
英国	尼日利亚北部	1897	1897	183	0.501	2
英国	印度穆斯林	1897.8	1898.4	243.5	0.667	2
英国	滕内人和门迪人（塞拉利昂，茅屋税战争）	1898.2	1895.5	91.5	0.251	2
美国	菲律宾	1899.2.4	1902.7.4	1246	3.414	2
哥伦比亚	自由党（千日战争）	1899.9.1	1903.6.15	1383	3.789	2
英国	布尔人	1899.10.11	1902.5.31	963	2.638	2
英国	索马里兰	1899.9	1905.3.5	1998	5.474	2
八国联军	义和团运动（中国）	1900.6.17	1900.8.14	59	0.162	2
玻利维亚	土地革命	1902.8.6	1903.3.21	227	0.622	0
拉希德酋长国	沙特起义者（沙特阿拉伯统一）	1902.1	1932.9.23	11209	30.710	0
奥斯曼	伊林登/马其顿内部革命组织	1903.8.2	1903.11.2	92	0.252	2
德国	赫雷罗人（纳米比亚）	1904.1.12	1905.11.16	674.5	1.848	2
俄国	社会主义者/自由派（1905年革命）	1905.1.22	1906.1.1	344	0.942	2
德国	马及马及起义（坦噶尼喀）	1905.7	1906.6	335	0.920	2
俄国	波兰人	1905.6.21	1905.6.25	4	0.011	2
英国	祖鲁王国	1906.3	1906.7	123	0.337	2
西班牙	摩洛哥	1909.7	1909.10	92	0.252	2
墨西哥	革命者	1910.11.20	1920.5.21	3470	9.507	0
法国	摩洛哥	1911.7.1	1912.3.30	273	0.748	2

续表

正规军	游击队	开始时间	结束时间	持续天数	持续年份	结果
中国	辛亥革命起义者	1911.10.11	1911.12.31	81	0.222	1
中国	西藏分裂势力	1912.3.1	1913.4.1	396	1.085	0
美国	墨西哥（占领维拉克鲁斯）	1914.4.21	1914.11.23	216	0.592	2
英国	冯·莱托-福尔贝克（东非）	1914.11.2	1918.11.25	1484	4.066	1
美国/海地	凯科斯	1915.7.3	1934.8.14	6982	19.129	2
奥斯曼	阿拉伯起义	1916.6.5	1918.10.30	877	2.403	0
英国	复活节起义	1916.4.24	1916.5.1	7	0.019	2
法国	摩洛哥	1916	1917	366.5	1.004	2
美国	多米尼加共和国	1916.5	1924.9	3045	8.342	1
俄国	白军（内战）	1917.12.9	1921.3.18	1195	3.274	2
中国	西藏地方势力	1918.1.7	1918.8	222	0.608	222
俄国	高加索苏丹国	1917.8	1925.9	2953	8.090	2
俄国	乌克兰革命起义军	1918	1921	无数据	3.000	2
德国	工人委员会	1919.1.6	1919.5	115	0.315	2
英国	阿富汗	1919.5.19	1919.8.8	85	0.233	1
英国	爱尔兰共和军（爱尔兰独立战争）	1919.1.19	1921.12.6	1052	2.882	0
美国	无政府主义者	1919	1927	无数据	8.000	2
法国	叙利亚	1920	1920	183.5	0.503	1
意大利	赛努西教团（利比亚）	1920.6.1	1932.7.1	4414.5	12.095	2
英国	伊拉克	1920.6	1921	382.5	1.048	2
俄国	突厥斯坦（易卜拉欣·贝克）	1921.11.10	1931.6.30	3519	9.641	2
西班牙/法国	里夫起义者	1921.7.18	1926.5.27	1774	4.860	2
日本	军国主义/极端民族主义秘密社团	约1921	约1937	无数据	16.000	0

续表

正规军	游击队	开始时间	结束时间	持续天数	持续年份	结果
爱尔兰	爱尔兰共和军反条约派	1922.4	1923.5	395	1.082	2
伊拉克/英国	库尔德人	1922.6	1924.7	761	2.085	2
英国	爱尔兰共和军	1923	1969	无数据	46.000	2
德国	纳粹分子（啤酒馆暴动）	1923.11.8	1923.11.11	3	0.008	2
土耳其	赛义德教长起义（库尔德人）	1924	1925	无数据	1.000	2
法国	德鲁兹起义（叙利亚）	1925.7.18	1927.6.1	684	1.874	2
美国/尼加拉瓜	尼加拉瓜（桑地诺）	1927.7	1933.1	2011	5.510	2
中国	共产党	1927.8.1	1937.7.7	3628	9.940	1
罗马尼亚	铁卫团	1927.6.24	1940.9.4	4821	13.208	0
墨西哥	基督战争	1927.10	1929.4	548	1.501	1
南斯拉夫	克罗地亚民族主义者/乌斯塔沙	1927.6	1941.4	5053	13.844	0
英国	萨耶山起义（缅甸）	1930.12	1932.6	548.5	1.503	2
日本	中国游击队	1931.9.19	1945.8.14	5078	13.912	1
秘鲁	秘鲁人民党起义者	1932.7.7	1932.7.17	10	0.027	2
英国/印度	普什图人（西北边境省起义）	1936	1939	无数据	3.000	2
英国	阿拉伯起义（巴勒斯坦）	1936.4.20	1939.5.17	1123	3.077	2
苏联	芬兰	1939.11.30	1940.3.12	103	0.282	2
德国	法国抵抗组织	1940.6.23	1944.8.29	1528	4.186	1
苏联	车臣	1940	1944	4	0.011	2
德国	苏联游击队	1941.7	1944.7	1096	3.003	0
德国和意大利	南斯拉夫（游击队/切特尼克）	1941.5	1945.4	1431	3.921	0

续表

正规军	游击队	开始时间	结束时间	持续天数	持续年份	结果
日本	菲律宾抵抗运动	1942.4.9	1945.8.15	1224	3.353	1
意大利/德国	阿尔巴尼亚抵抗运动	1941.11	1944.10	1065	2.918	0
日本	特别行动处/马来亚抵抗组织	1942.2.15	1945.9.2	1295	3.548	1
德国	希腊抵抗运动	1941.5.1	1944.8	1188	3.255	0
驻缅日军	钦迪特部队/战略情报局/缅甸人	1943.2.181	1945.5	804	2.203	1
德国	华沙犹太人起义	1943.4.19	1943.5.16	27	0.074	2
德国	意大利抵抗运动	1943.9.8	1945.5.2	602	1.649	1
德国	华沙起义	1944.8.1	1944.10.2	62	0.170	2
英国	巴勒斯坦（犹太复国主义）	1944.2.1	1948.5.14	1564	4.285	0
希腊	共产党	1944.12.3	1949.10.16	1778	4.871	2
苏联	丛林兄弟（波罗的海国家）	1944.4	1956	无数据	12.000	2
苏联	乌克兰（乌克兰起义军）	1944	1953	无数据	9.000	2
哥伦比亚	自由主义＆共产主义党派（暴力时期）	1945.9.15	1966.12.31	4856	13.304	1
荷兰	印度尼西亚	1945.11.10	1946.10.15	340	0.932	0
中国（国民党）	中国人民解放军（共产党）	1945.8	1949.12.7	1589	4.353	0
法国	越盟（印度支那）	1946.12	1954.12.29	2950	8.082	0
法国	马达加斯加	1947.3.29	1948.12.1	613	1.679	2
缅甸	克钦和克伦族（克伦民族联盟）	1948.4	仍在继续			3
英国	马来亚民族解放军（马来亚）	1948.2	1960.7.31	4564	12.504	2
菲律宾	虎克军	1950.9.1	1954.5	1338	3.666	2

续表

正规军	游击队	开始时间	结束时间	持续天数	持续年份	结果
中国	西藏分离势力	1950.10	1954.8	1400	3.836	2
玻利维亚	民族主义革命运动	1952.4.8	1952.4.11	3	0.008	0
法国	突尼斯	1952.3	1956.3	1461	4.003	0
英国	茅茅运动(肯尼亚)	1952.10.20	1956	1351.5	3.703	2
英国	为塞浦路斯而斗争全国组织(塞浦路斯)	1952.7.2	1959.8.13	2598	7.118	1
古巴	七二六运动(卡斯特罗)	1953.7.26	1959.1.1	1985	5.438	0
印度尼西亚	伊斯兰之家	1953.9.20	1953.11.23	64	0.175	2
老挝/美国	巴特寮	1953.4	1975.12.2	8280	22.685	0
法国	民族解放阵线(阿尔及利亚)	1954.11.1	1962.7.1	2799	7.668	0
法国	喀麦隆	1955	1960	1827.5	5.007	0
印度	那加	1955.10	1975.11	7336	20.099	2
美国	白人种族隔离主义者	1955	1968	无数据	13.000	2
南越/美国	越共/越南人民军	1955.10.26	1975.4.30	7126	19.523	0
苏联	匈牙利	1956.10.23	1956.11.30	38	0.104	2
中国	西藏叛乱分子	1956.3.1	1959.3.22	1117	3.060	2
印度尼西亚	左翼势力	1956.12.15	1960.12.31	1478	4.049	2
西班牙	摩洛哥/萨拉威起义(伊夫尼战争)	1957.11	1957.12	30	0.082	2
阿尔及利亚/法国	秘密军队组织	1958.5.1	1963.3	1765	4.836	2
西班牙	埃塔	1959.7	2011.10.20	19104	52.340	2
卢旺达/比利时	胡图族	1959.11	1961.9	670	1.836	0

续表

正规军	游击队	开始时间	结束时间	持续天数	持续年份	结果
刚果（金）	加丹加	1960.7.11	1963.1.15	918	2.515	2
纳米比亚	西南非洲人民组织	1960.4.19	1990.3.21	10928	29.940	0
危地马拉	贫民武装游击队、人民武装革命组织、反抗武装力量、危地马拉劳工党、危地马拉全国革命联盟	1960.11	1996.12	13179	36.107	2
南非	非洲人国民大会、泛非洲国民大会、阿扎尼亚人民组织	1961.12.16	1990.8.1	10455	28.644	0
委内瑞拉	革命左翼运动、民族解放武装力量	1960.4	1963.12	1339	3.668	2
埃塞尔比亚	厄立特里亚分裂势力	1961.9.1	1993.5.24	11588	31.748	0
伊拉克	库尔德人	1961.9.16	963.11.22	798	2.186	2
尼加拉瓜	桑地诺民族解放阵线	1961.7	1979.7.19	6592	18.060	0
葡萄牙	安哥拉	1961.2.3	1975.11.11	5394	14.778	0
阿尔及利亚	革命国防民族委员会/社会主义力量阵线（卡比利亚）	1963.9	1965.4	550	1.507	2
阿曼/英国	佐法尔	1962	1983	无数据	21.000	2
葡萄牙	几内亚比绍	1962.12	1974.12	4384	12.011	0
葡萄牙	莫桑比克	1962.6	1975.6.25	4772	13.074	0
也门	也门共和国（北也门内战）	1962.11.15	1969.9.3	2485	6.808	0
加拿大	魁北克解放阵线	1963.3	1971.1	2863	7.844	2
乌拉圭	图帕马罗城市游击队	1963.7.31	1973.1	3593	9.844	2

续表

正规军	游击队	开始时间	结束时间	持续天数	持续年份	结果
苏丹	安那亚那	1963.10.1	1972.2.28	3073	8.419	1
英国/马来亚	婆罗洲	1963.1	1966.8	1308	3.584	2
哥伦比亚	革命武装力量、民族解放军、人民解放军、四一九运动	1963	仍在继续			3
英国	独立社会主义阵线、国家独立战线(亚丁)	1963.12	1967.11.30	1460	4.000	0
肯尼亚	北部边境地区解放运动(希夫塔战争)	1963.12	1968.1.13	1522	4.170	2
刚果(金)	刚果东部(东部省、北基伍省、南基伍省、加丹加)	1964.9.1	1967.11.5	1160	3.178	2
罗德西亚	非洲民族联盟-爱国阵线(丛林战争)	1964.7	1979.12	5631	15.427	0
秘鲁	革命左翼运动	1965.6.9	1965.10.23	136	0.373	2
泰国	共产党	1965.11	1983.1	6270	17.178	2
以色列	巴勒斯坦解放组织	1965	仍在继续			3
乍得	乍得民族解放阵线	1965.11	1979.8	5041	13.811	0
智利	激进运动	1965	仍在继续			3
多米尼加共和国	立宪派	1965.4.24	1966.6.3	405	1.110	2
伊朗	人民圣战者组织	1965	仍在继续			3
印度	米佐民族阵线	1966	仍在继续			3
北爱尔兰	北爱志愿军/忠英志愿军	1966.5	2007.5	14975	41.027	1
尼日利亚	比夫拉	1967.7.6	1970.1.12	921	2.523	2
印度	纳萨尔派	1967	仍在继续			3
柬埔寨	红色高棉	1968.1	1975.4.16	2662	7.293	0
巴西	民族解放运动、民众革命先锋	1968.2	1971.9	1308	3.584	2

续表

正规军	游击队	开始时间	结束时间	持续天数	持续年份	结果
菲律宾	摩洛民族解放阵线	1968.3.18	1996.9.2	10395	28.479	2
以色列	解放巴勒斯坦人民阵线总指挥部	1968	仍在继续			3
美国	气象员派	1969.6.20	1977.11	3056	8.373	2
菲律宾	菲律宾共产党/新人民军	1969	仍在继续			3
日本	赤军派	1969.8.29	2000.4.14	11186	30.647	2
德国	红军派（巴德尔-迈因霍夫帮）	1970.6.5	1998.3	10131	27.756	2
意大利	红色旅	1970.8	1988.12	6697	18.348	2
约旦	巴勒斯坦解放组织	1970.9.17	1970.9.24	8	0.022	2
巴基斯坦	孟加拉国	1971.3.26	1971.12.17	266	0.729	0
斯里兰卡	人民解放阵线	1971.4.5	1971.6.9	65	0.178	2
布隆迪	胡图族起义者	1972.4.29	1972.7.31	93	0.255	2
巴基斯坦	俾路支分离分子	1973	仍在继续			3
埃及	伊斯兰团结	1973	仍在继续			3
美国	共生解放军	1973.3	1975.9.18	931	2.551	2
孟加拉国	孟加拉国和平之军	1973.1.7	1997.12.2	9095	24.918	1
埃塞尔比亚	反军政府民兵	1974.11	1991.5	6025	16.507	0
以色列/约旦	阿布·尼达尔组织	1974	仍在继续			3
印度尼西亚	东帝汶独立革命阵线	1974.9.11	1999.8.30	9119	24.984	1
安哥拉	争取安哥拉彻底独立全国同盟	1975.8.9	2002.8.2	9855	27.000	2
黎巴嫩	逊尼派、什叶派和基督教民兵（内战）	1975.4.13	1990.10.13	5662	15.512	1

续表

正规军	游击队	开始时间	结束时间	持续天数	持续年份	结果
安哥拉	卡宾达省	1975	仍在继续			3
印度尼西亚	东帝汶	1975.11.29	1999.8.30	8675	23.767	0
希腊	11月17日革命组织	1975.12.23	2002.9.5	9753	26.721	2
摩洛哥	西撒哈拉人民解放阵线	1976.2.27	1991.9	5665	15.521	2
印度尼西亚	自由亚齐运动（亚齐省）	1976.12.4	2005.1	10255	28.096	2
阿根廷	革命武装力量、人民革命军/祖国运动（肮脏战争）	1976.3.25	1982.7.16	2304	6.312	1
莫桑比克	莫桑比克全国抵抗组织	1976.12	1992.10.4	5786	15.852	2
叙利亚	穆斯林兄弟会	1976.7	1982.2.28	2068	5.666	2
刚果（金）	民族解放阵线	1977.3.8	1977.5.31	84	0.230	2
菲律宾	摩洛伊斯兰解放阵线	1977	仍在继续			3
土耳其	革命人民解放党	1978	仍在继续			3
柬埔寨	奉辛比克党、高棉人民民族解放阵线武装力量	1979.3	1993.5	5175	14.178	1
伊朗	库尔德民主党	1979	仍在继续			3
法国	"直接行动"派	1979.5	1987.2.21	2853	7.816	2
伊拉克	库尔德"自由斗士"组织	1980.10.1	1988.9.6	2897	7.937	2
尼日利亚	麦塔特斯尼教派（卡诺）	1980.4	1985.4	1826	5.003	2
秘鲁	光辉道路、图帕克·阿马鲁革命运动	1980	仍在继续			3
苏联	阿富汗	1980.1	1989.2.15	3333	9.132	0
萨尔瓦多	马蒂民族解放阵线	1980.10.10	1992.1	4100	11.233	2
索马里	反巴雷部族（索马里救国民主阵线、索马里民族运动、伊萨克族）	1980.7	1991.1.29	3864	10.586	0

续表

正规军	游击队	开始时间	结束时间	持续天数	持续年份	结果
尼加拉瓜	反政府游击队	1981.8	1990.4	3165	8.671	1
乌干达	全国抵抗军	1981.1	1986.1.19	1844	5.052	0
以色列	真主党（黎巴嫩南部）	1982.6.4	2000.5.25	6565	17.986	0
塞内加尔	卡萨芒斯民主力量运动	1982.12	2004.12	8036	22.016	2
葡萄牙	四二五人民阵线	1983.12.6	1984.9.24	293	0.803	2
斯里兰卡	泰米尔猛虎组织	1983.7	2009.5	9436	25.852	2
苏丹	苏丹人民解放运动	1983.8	2005.1	7824	21.436	0
土耳其	库尔德工人党	1983	仍在继续			3
印度	锡克人	1984	仍在继续			3
日本	奥姆真理教	1984	仍在继续			3
南也门	内战	1986.1.13	1986.1.24	11	0.030	2
乌干达/刚果（金）/苏丹	圣灵抵抗军	1986	仍在继续			3
乌干达	民主同盟军/解放乌干达民族军	1986	2000	无数据	14.000	2
乌干达	乌干达人民军/乌干达自由运动	1986	1993	无数据	7.000	2
以色列	哈马斯	1987	仍在继续			3
以色列	巴勒斯坦大起义	1987.12	1993.9.13	2113	5.789	1
美国/盟国	"基地"组织	1988	仍在继续			3
布隆迪	胡图族起义者	1988.8.18	1988.8.22	4	0.011	2
印度	克什米尔分离分子	1989	仍在继续			3
巴布亚新几内亚	布干维尔革命军	1988.12	1998.4	3408	9.337	0

续表

正规军	游击队	开始时间	结束时间	持续天数	持续年份	结果
印度	虔诚军	1989	仍在继续			3
巴基斯坦/克什米尔	圣战者运动	1989	仍在继续			3
马里	图阿雷格起义者	1990.6	1995.7	1856	5.085	1
美国	巴拿马（正义事业行动）	1989.12.20	1989.12.24	4	0.011	2
阿富汗（纳吉布拉）	圣战者	1989.2.19	1992.4.15	1151	3.153	0
利比里亚	利比里亚全国爱国阵线	1989.12.24	1996.11.22	2525	6.918	1
摩尔多瓦	德涅斯特分裂分子	1990.9	1992.7.21	689	1.888	0
卢旺达	卢旺达爱国阵线	1990.10.1	1994.7.18	1386	3.797	0
以色列	保卫犹太人联盟	1990	仍在继续			3
摩洛哥	摩洛哥伊斯兰战斗团	1990	仍在继续			3
克罗地亚	塞尔维亚克拉伊纳共和国	1990.4	1995.8	1948	5.337	2
吉布提	恢复团结和民主阵线（阿法尔起义者）	1991.8	2001.5.12	3572	9.786	1
伊拉克	什叶派和库尔德人	1991.3.1	1991.3.31	30	0.082	2
乌兹别克斯坦	乌兹别克斯坦伊斯兰运动	1991	仍在继续			3
菲律宾	阿布沙耶夫组织	1991	仍在继续			3
塞拉利昂	革命统一战线、武装力量革命委员会	1991.3	2002.1	3959	10.847	2
索马里	军阀混战	1991	仍在继续			3
南斯拉夫	斯洛文尼亚民族主义者/分离主义者	1991.6.27	1991.7.5	10	0.027	0

续表

正规军	游击队	开始时间	结束时间	持续天数	持续年份	结果
尼日利亚	尼日尔河三角洲起义者	1991	仍在继续			3
黎巴嫩	安萨尔联盟	1991	仍在继续			3
美国	爱国者运动	1992.8	2001.5	3195	8.753	2
阿尔及利亚	阿扎瓦德伊斯兰运动/伊斯兰拯救阵线/伊斯兰拯救军,伊斯兰武装集团	1992.1	2002.2	3684	10.093	2
阿塞拜疆	纳戈尔诺-卡拉巴赫	1988.2	1994.5.16	2296	6.290	1
波斯尼亚	斯普斯卡共和国（塞族）	1992.6.6	1994.12.31	938	2.570	1
格鲁吉亚	阿布哈兹分离主义者	1992.8.14	1993.12.1	474	1.299	0
塔吉克斯坦	塔吉克反对派联盟	1992.5	1997.6.27	1883	5.159	2
孟加拉国	伊斯兰圣战运动	1992	仍在继续			3
布隆迪	内战	1993.10	2005.4.12	4211	11.537	0
印度尼西亚	伊斯兰祈祷团	1993	仍在继续			3
墨西哥	萨帕塔民族解放军	1994	仍在继续			3
阿富汗	塔利班	1994.8	1996.9.27	788	2.159	0
中非共和国	中非人民解放运动	1994	1997	无数据	3.000	2
阿富汗	北方联盟	1996.11	2001.12	1856	5.085	0
乍得	民主与进步运动、乍得民族阵线、民主和平民族复兴行动委员会、联邦共和国武装力量	1991.10.15	1998.5	2390	6.548	1
俄罗斯	车臣	1994.12.11	1996.8.31	629	1.723	0

续表

正规军	游击队	开始时间	结束时间	持续天数	持续年份	结果
卢旺达	联攻派民兵	1994.7.18	仍在继续			3
也门	南也门	1994.2.21	1994.7.7	136	0.373	1
爱尔兰	持久爱尔兰共和军	1994	仍在继续			3
墨西哥	萨帕塔民族解放军	1994	仍在继续			3
利比亚	利比亚伊斯兰战斗团	1995	仍在继续			3
塞尔维亚	科索沃解放军	1996.2	1999.6.10	1225	3.356	0
巴基斯坦	强戈维军	1996	仍在继续			3
尼泊尔	尼泊尔共产党	1996.2.13	2006.4.26	3725	10.205	1
刚果（金）	解放刚果-扎伊尔民主力量同盟	1996.10	1997.5	212	0.581	0
中国	新疆暴恐分子	1996	仍在继续			3
刚果	武装叛乱分子	1997.6	1999.12	913	2.501	2
克伦比亚	哥伦比亚联合自卫力量	1997.4	2006.4.12	3298	9.036	2
肯尼亚/坦桑尼亚	"基地"组织东非分支	1998	仍在继续			3
刚果（金）	东部刚果民兵（第二次刚果内战及其余波）	1998	仍在继续			3
几内亚比绍	军人集团	1998.6.7	1999.5.10	337	0.923	0
阿尔及利亚	萨拉菲宣教与战斗组织/伊斯兰马格里布"基地"组织	1998	仍在继续			3
俄罗斯	车臣/北高加索	1999	仍在继续			3
利比里亚	利比里亚和解与民主联盟、利比里亚民主运动	1999.4.25	2003.11.8	1569	4.299	0

续表

正规军	游击队	开始时间	结束时间	持续天数	持续年份	结果
巴基斯坦	穆罕默德军	2000	仍在继续			3
以色列	巴勒斯坦（第二次大起义）	2000.9.28	2005.2.8	1594	4.367	2
沙特阿拉伯/也门	沙特"基地"组织 & 也门伊斯兰圣战者/阿拉伯半岛"基地"组织	2000	仍在继续			3
美国/阿富汗	塔利班/哈卡尼网络/古勒卜丁伊斯兰党	2001	仍在继续			3
美国/伊拉克/西欧国家	伊斯兰辅助者组织	2001	仍在继续			3
科特迪瓦	新军	2002	仍在继续			3
巴基斯坦	塔利班运动	2002	仍在继续			3
苏丹/乍得	达尔富尔起义军	2003	仍在继续			3
伊拉克	"基地"组织伊拉克分支/迈赫迪军/人民圣战者组织/复兴党民族主义者	2003	仍在继续			3
伊朗	伊朗人民抵抗运动/真主旅（俾路支）	2003	仍在继续			3
希腊	革命斗争	2003	仍在继续			3
泰国	泰国南部起义者	2004	仍在继续			3
也门/沙特阿拉伯	胡塞叛军	2004	仍在继续			3
乌兹别克斯坦	伊斯兰圣战联盟	2004	仍在继续			3

续表

正规军	游击队	开始时间	结束时间	持续天数	持续年份	结果
以色列	真主党(第二次黎巴嫩战争)	2006.7.12	2006.8.14	33	0.090	1
马里	图阿雷格部族	2007.5	2009.2.2	642	1.759	1
巴基斯坦	巴基斯坦塔利班运动	2007	仍在继续			3
利比亚	全国过渡委员会	2011.2.15	2011.10.23	250	0.685	0
叙利亚	叙利亚自由军	2011	仍在继续			3
马里	图阿雷格部族/伊斯兰捍卫者	2012	仍在继续			3

数据摘要

已成定局的游击战				
起义者胜利	96(25.20%)			
平局/妥协	42(11.02%)			
当局胜利	243(63.78%)			
将61场仍在继续的游击战记为当局胜利				
起义者胜利	96(21.72%)			
平局/妥协	42(9.50%)			
当局胜利	304(68.78%)			
时间	游击队胜利	平局	当局胜利	
1945年以前	50(20.49%)	21(8.61%)	173(70.90%)	
1945年以后(已有结局的)	46(39.60%)	21(15.33%)	70(51.09%)	
持续时间(已有结局的)/年				
1945年以前平均持续时间	5.489			
1945年以后平均持续时间	9.677			
平均持续时间(总计)	6.97			
游击战持续时间	最终解决	当局胜利	平局	游击队胜利
游击战<10年	293	196(66.89%)	34(11.60%)	63(21.50%)
游击战>20年	32	21(65.63%)	3(9.38%)	8(25.00%)

致　谢

本书的出版得到了美国外交关系委员会（Council on Foreign Relations，CFR）的大力支持。在 2006～2012 年创作本书期间，我非常幸运地成为外交关系委员会国家安全研究方面的珍妮·J. 柯克帕特里克（Jeane J. Kirkpatrick）高级研究员，否则，此书恐难写就。外交关系委员会主席理查德·哈斯（Richard Haass）以及另外两位研究主管詹姆斯·林赛（James Lindsay）和加里·萨莫雷（Gary Samore）为我以及我的工作提供了巨大的帮助。我在此对他们以及所有外交关系委员会的同事［特别是艾米·贝克（Amy Baker）、亚尼内·希尔（Janine Hill）以及所有研究部的同事，国家项目方面的副主席伊里纳·菲尔基诺斯（Irina Farkianos），以及编辑部主任帕特丽夏·多尔夫（Patricia Dorff）］表示诚挚的感谢，同时还有委员会其他优秀同人，大家一起营造了一个和谐的氛围，有利于进行一系列严肃的创作和分析。我学到了许多东西，特别是从那些于前线服役期间来外交关系委员会访学一年的军方人员身上获益颇多。自 20 世纪 20 年代以来，外交关系委员会成为为美国对外政策的发展做出重要并持久贡献的充满生气的知识机构，我很荣幸成为其中一员。[1]

外交关系委员会的一大优势在于研究助理，而我在撰写本书的过程中就得到了那些出色的年轻人的极大帮助：萨拉·埃斯克里斯－温克勒（Sarah Eskries-Winkler）、迈克尔·斯卡维利（Michael Scavelli）、里克·贝内特（Rick Bennet）和塞思·迈尔斯（Seth Myers）。在我进行研究和写作的同时，他们帮助我查找资料，处理各种事务，编制预算以及应付其他大大小小的杂务。里克和赛思在本书附录的数据库的编制过程中起到了特别重要的作用。

我在此还要感谢许多在经济、知识和精神上给予我帮助的人，他们让本书的最终问世成为可能。他们包括罗杰·赫托格（Roger Hertog）以及赫托格基金会；罗伯特·罗森克兰茨（Robert Rosenkranz）、亚历山大·芒罗（Alexandra Munroe）、德纳·沃尔夫（Dana Wolfe）以及罗森克兰茨基金会；希瑟·希金斯（Heather Higgins）以及伦道夫基金会；马丁·斯特门茨基（Marin Strmecki）、纳迪亚·沙多（Nadia Schadlow）以及史密斯·理查德森基金会；戴安娜·J.赛尔勒（Dianne J. Sehler）以及布拉德利基金会；斯蒂文·温奇（Steven Winch），以及其他一些不愿透露姓名的朋友。当我需要去以色列进行调研时，罗杰·赫托格利用自己的人脉关系为我提供了很大的帮助。在以色列，沙勒姆研究中心主任丹尼尔·波利萨尔（Daniel Polisar）及其助理约尔达娜·巴尔卡斯（Jordana Barkats）安排我对一些就职于以色列安全机构的人进行了访谈。而当我在伦敦研究英国档案的时候，罗伯特·罗森克兰茨和亚历山大·芒罗非常慷慨地让我在他们的寓所中居住。

我的一些朋友和同事详细阅读了本书的全部或部分手稿。感谢巴里·斯特劳斯（Barry Strauss）、罗伯特·厄特利

(Robert Utley)、彼得·曼苏尔（Peter Mansoor）、亚瑟·沃尔德伦（Arthur Waldron）、鲁埃尔·格雷希特（Reuel Gerecht）、鲁弗斯·菲利普斯（Rufus Phillips）、里克·贝内特，还有特别要提到的马洛里·法克特（Mallory Factor），他的重要意见让我铭记于心。我还要感谢史蒂夫·比德尔（Steve Biddle）和杰夫·弗里德曼（Jeff Friedman）对本书数据库所提出的反馈，以及另外两位未具名的评论者，他们根据外交关系委员会的要求对本书做了详细点评。

在过去的9年间（2003～2012年），我先后十多次去阿富汗和伊拉克进行"战地走访"，并和军队高级将领以及民政官员交谈。我获得的这些信息不仅对撰写本书中有关伊拉克和阿富汗的章节有所裨益，而且有助于我形成有关低烈度冲突的总体观点。我很感谢那些使得这些访问之旅变成可能的高级指挥官，特别是戴维·彼得雷乌斯、雷伊·奥迪尔诺、斯坦利·麦克里斯特尔和约翰·阿伦。他们的下属也乐于配合我的工作并接待我的来访；我仍然记得在战区的食堂乃至在行驶的装甲车里，听他们有关反叛乱作战战术的各种让人着迷的论述。另外，我还要感谢在菲律宾和哥伦比亚接待我的特种作战部队成员；感谢美国犹太人委员会，我曾经两次作为美国安全分析师团队中的一员访问处于战争状态的以色列（与真主党及哈马斯交战）；当然，还要感谢安排我去黎巴嫩访问的李·史密斯（Lee Smith）。

我还要向所有为我提供过帮助的图书馆管理员和档案管理员表示感谢：他们提供了非常专业、有帮助而且有深度的资料。特别要感谢坦普勒元帅之子迈尔斯·坦普勒（Miles Templer），他慷慨地让我查阅了其父的资料。外交关系委员会的图书馆管理员也帮助我从其他研究机构借阅了许多书籍，而且对我拉出的一长串借书单毫无怨言。

我的代理及朋友，格伦·哈特利（Glen Hartley）和林恩·楚（Lynn Chu）一如既往地为我提供了很好的建议和无价的帮助。我很开心能够和罗伯特·韦尔（Robert Weil）以及W.W.诺顿（W.W. Norton）的整个团队一起工作，特别是他的助手菲尔·马里诺（Phil Marino）和威廉·梅纳克（William Menaker）。鲍勃作为一个老编辑，仍然一丝不苟地用铅笔帮我修改手稿；无论是最初在我纠结于寻找恰当的叙事手法时，还是在完成手稿后进行最后校正时，鲍勃都以其敏锐的眼光让我受益无穷。我从未和如此优秀的编辑共事过，而且也相信此后不会再遇到这么好的编辑了。戴维·林德罗特（David Lindroth）绘制了精美的地图，塞思·迈尔斯则负责为本书寻找插图。

最后，我要对我深爱的人们表示歉意——特别是我的孩子们，本书献给他们——在撰写本书的过程中，我时常不在家中，而且很大程度上忽视了家庭。

注　释

1. 美国外交关系委员会是一个独立的无党派会员组织、智库以及出版机构，致力于为其会员、政府官员、商界人员、记者、教育家和学生、民权和宗教事务领导人以及其他感兴趣的人，更好地了解世界以及美国和其他国家所面临的外交政策抉择提供帮助。外交关系委员会成立于1921年，其使命主要在于：通过能够激发兴趣和发展下一代外交政策领导人的专门技能的特殊项目来维持多样化的会员制；在纽约总部以及华盛顿特区和其他城市召开会议，以让高级政府官员、国会议员、各国领导人以及杰出的思想家，与外交关系委员会的成员汇聚一堂，共同探讨重大的国际问题；维持一个能够帮助培育更多独立研究的学术项目，为外交关系委员会的学者撰写论文、报告、书籍以及举行圆桌会议，以探讨分析外交政策议题并提出切实可行的建议创造条件；出版《外交事务》（*Foreign Affairs*）杂志，这本卓越的杂志的主要内容为国际事务和美国外交政策；为在最重要的外交政策议题方面撰写调查报告，分享其研究结果以及政策评估成果的独立项目小组提供资助；在其开办的网站（www.cfr.org）上提供有关世界事务和美国外交政策方面的最新信息和分析成果。

    外交关系委员会在政策问题方面的意见不代表机构的立场，并且同美国政府也无任何从属关系。该机构的所有出版物以及网站上的观点都由其作者负责。

参考文献

（新闻文章、电子邮件和作者访谈仅在章后注释中标明。）

档　案

AHEC: Army Heritage and Education Center, Carlisle, Pennsylvania.
　　CAP: Creighton Abrams Papers.
　　CKP: Crook-Kennon Papers.
　　JPVP: John P. Vann Papers.
　　MACV: MACV Command Historian's Collection.
　　NAM: Nelson A. Miles Papers.
AP: *The Papers of John Adams Digital Edition*. University of Virginia Press, Charlottesville.
ATA: Letter Books of Amos Tappan Akerman. Alderman Library, University of Virginia, Charlottesville.
BSC: John Brown/Boyd S. Stutler Collection, West Virginia Division of Culture and History, Charleston.
CAM: Churchill College Archives, University of Cambridge.
　　CHUR: Winston Churchill Papers, Chartwell Trust.
　　DEAK: William Deakin Papers.
CSR: Colonial and State Records of North Carolina, University Library, University of North Carolina, Chapel Hill.
CTC: Combatting Terrorism Center, U.S. Military Academy, West Point.
CWIHP: Cold War International History Project, Woodrow Wilson International Center for Scholars, Washington.

SIA: Soviet Invasion of Afghanistan.
VW: The Vietnam (Indochina) Wars.
DPC: Douglas Pike Collection, Vietnam Center and Archive, Texas Tech University, Lubbock.
FMP: Francis Marion Papers, South Caroliniana Library, University of South Carolina, Columbia.
GCP: George Crook Papers, Special Collections and University Archives, University of Oregon, Eugene.
HCP: Henry Clinton Papers, William L. Clements Library, University of Michigan, Ann Arbor.
HIA: Hoover Institution Archives, Stanford University.
    ACW: Albert C. Wedemeyer Papers.
    EETS: Earl E. T. Smith Papers.
    EGL: Edward G. Lansdale Papers.
    GAG: Georgie Anne Geyer Papers.
    NW: Nym Wales Papers.
HMP: Herbert L. Matthews Papers, Rare Book and Manuscript Library, Columbia University, New York.
IWM: Imperial War Museum, London.
    ACP: A. C. Simonds Papers.
    FGP: F. G. Peake Papers.
    FTB: F. T. Birkinshaw Papers.
    LFMS: Letters from Field Marshal Viscount Slim to Lt. Col. H. R. K. Gibbs.
    LTEL: Letters from T. E. Lawrence to C. P. Robertson.
    MT: Michael Tutton Papers.
    NMC: Nevil Macready correspondence with Henry Wilson.
    OWP: Orde Wingate Papers.
    RDJ: R. D. Jeune Papers.
    TWB: T. W. Beaumont Papers.
KSH: Kansas Historical Society, Topeka.
    JBP: John Brown Papers.
    BBJ: "The Battle of Black Jack," by G. W. E. Griffith (Vol. XVI).
    WJB: "With John Brown in Kansas," by August Bondi (Vol. VIII).
LBJ: Lyndon Baines Johnson Presidential Library, Austin, Tex.
    B1967: "The Battleground in 1967." Memorandum by Ed Lansdale, Nov. 11, 1966 (Doc. 096c, Memos to the President).
    CSP: "Cuban Subversive Policy and the Bolivian Guerrilla Episode." CIA Intelligence Report, May 1968 (National Security File, Box 19).
    LOH: Edward Lansdale Oral History Interview.
    POL: H. C. Lodge to President, Aug. 3, 1965 (Doc. 094a, Memos to the President).
LFM: Letters of General Francis Marion, Wisconsin Historical Society, Madison.

LTOH: Luis Taruc Oral History, Bentley Historical Library, University of Michigan, Ann Arbor.
NA: National Archives, Kew, England.
    AAD: Abrahim Akavia Diary (WO 217/37).
    AC: "Afghanistan: Extracts from the Correspondence in India Subsequent to the Insurrection of November, 1841" (PRO 30/12/33/6).
    ADM: Admiralty records, Oct.–Dec. 1827 (FO 78/162).
    AT: "South Africa: Report on Working of Armoured Trains" (WO 108/414).
    BRIAM: Records of the British Advisory Mission, Saigon (FO 371/170100-170102).
    BLOCK: "Role of Engineers, Ch. 14: Blockhousing" (WO 108/295).
    CIR: "Correspondence Respecting Circassia: 1855–57" (FO 881/1443)
    CIRE: "Papers Respecting the Settlement of Circassian Emigrants in Turkey," June 4, 1864 (FO 881/1259).
    DRA: "Defense of the Realm Act 1914 and Restoration of Order in Ireland 1920" (WO 35/66).
    IBR: "A Report on the Intelligence Branch of the Chief of Police, Dublin Castle, from May 1920 to July 1921" (WO 35/214).
    IRE: Military Operations and Inquiries in Ireland (WO 35/88B)
    RBJ: Reports on the Blockade of Jellabad (PRO 30/12/32/15).
    SAD: South Africa Dispatches (WO 108/380).
    TITO: "Establishment of Communications with Tito and Mihailovic" (HS 5/966).
NAI: National Archives of Ireland, Dublin.
    BCB: Bernard C. Byrne Witness Statement (WS 631).
    CD: Charles Dalton Witness Statement (WS 434).
    DB: Dan Breen Witness Statement (WS 1739).
    JJS: James J. Slattery Witness Statement (WS 445).
    JB: Joseph Byrne Witness Statement (WS 461).
    JL: Joe Leonard Witness Statement (WS 547).
    PL: Patrick Lawson Witness Statement (WS 667).
    PM: Patrick McCree Witness Statement (WS 413).
    VB: Vincent Byrne Witness Statement (WS 423).
    WJS: William James Stapleton Witness Statement (WS 822).
NARA: U.S. National Archives and Records Administration, Washington and College Park, Md.
    CCH: Dispatches from U.S. consuls in Cap Haïtien, Haiti, 1791–1906 (RG 59, M9).
    CREST: CIA Records Search Tool.
    DOJ-SC: Department of Justice, Source Chronological Files, 1871–1874 (RG 60).
    DOJ-LS: Letters Sent by the Department of Justice, 1818–1904 (RG 60, M699).
    DS: General Records of the Department of State, Central Decimal File (RG 59).
    LM: Letters Relating to Lewis Merrill, Adjutant General's Office, Letters Received, 1863–1870 (RG 94, M1064).

MAAGV-OM: Military Assistance Advisory Group Vietnam, Adjutant General, Security Classified Outgoing Messages (RG 472).

MAAGV-MAR: Military Assistance Advisory Group Vietnam, Adjutant General, Monthly Activity Reports (RG 472).

OSS: OSS Classified Sources and Methods Files (RG 226).

RPY: Records of the Post of Yorkville, S.C., 1871–1877 (RG 393, Part V).

NLI: National Library of Ireland, Dublin.

PBP: Piaras Béaslaí Papers (MSS 33).

KK: Correspondence between Michael Collins and Kitty Kiernan (MSS 31).

MCP: Michael Collins Papers (MSS 40).

VBP: Vincent Byrne Papers (MSS 36).

NSA: National Security Archive, Washington.

DCG. The Death of Che Guevara: Declassified.

RSC: Rendition in the Southern Cone.

OWA: Orde Wingate Archive, Steve Forbes Churchill Collection, New York.

TEMP: Gerald Templer Papers. Private collection of the Templer family, Salisbury, England.

WP: *The Papers of George Washington Digital Edition.* University of Virginia Press, Charlottesville.

RW: Revolutionary War.

CS: Colonial Series.

出版物

Abba, Giuseppe Cesare. *The Diary of One of Garibaldi's Thousand.* London: Oxford University Press, 1962.

Abdullah, King of Jordan. *Memoirs of King Abdullah of Transjordan.* London: Philosophical Library, 1950.

Abu Iyad. *My Home, My Land: A Narrative of the Palestinian Struggle.* New York: Times Books, 1981.

Abu-Sharif, Bassam, and Uzi Mahnaimi. *Tried by Fire: The Searing True Story of Two Men at the Heart of the Struggle between the Arabs and the Jews.* London: Little, Brown, 1995.

Adams, John. *The Works of John Adams, Second President of the United States.* 10 vols. Boston: Little, Brown, 1856.

Adams, Michael. "Too Dumb to Take Cover: American Myths of the Redcoat Soldier." *Bulletin of the Military Historical Society,* 2000.

Addington, Larry H. *The Patterns of War since the Eighteenth Century.* Bloomington: Indiana University Press, 1994.

"Adventures of a Foreigner in Greece." *London Magazine,* 1826–27.

Aieneias the Tactician. *How to Survive under Siege.* London: Bristol Classic Press, 2003.

Ainley, Henry. *In Order to Die.* London: Burke, 1955.

Akhmadov, Ilyas, and Miriam Lanskoy. *The Chechen Struggle: Independence Won and Lost.* New York: Palgrave Macmillan, 2010.
Aleshire, Peter. *The Fox and the Whirlwind: General George Crook and Geronimo. A Paired Biography.* New York: John Wiley, 2000.
Alexander, Don W. *Rod of Iron: French Counterinsurgency Policy in Aragon during the Peninsular War.* Wilmington: Scholarly Resources, 1985.
Alexander, Grand Duke of Russia. *Once a Grand Duke.* New York: Farrar & Rinehart, 1932.
Alexander, Larry. *Shadows in the Jungle: The Alamo Scouts behind Japanese Lines in World War II.* New York: New American Library, 2009.
Alexander, Martin S., and J. F. V. Keiger. *France and the Algerian War, 1954–62: Strategy, Operations, and Diplomacy.* London: Frank Cass, 2002.
Alexander, Matthew, with John R. Bruning. *How to Break a Terrorist.* New York: Free Press, 2008.
Alexievich, Svetlana. *Zinky Boys: Soviet Voices from the Afghanistan War.* New York: W. W. Norton, 1992.
Alleg, Henri. *The Question.* Lincoln: University of Nebraska Press, 2006.
Allen, Louis. *Burma: The Longest War, 1941–45.* London: J. M. Dent, 1984.
Allen, W. E. D. *Guerrilla War in Abyssinia.* New York: Penguin, 1943.
Allen, W. E. D., and Paul Muratoff. *Caucasian Battlefields: A History of the Wars on the Turco-Caucasian Border, 1828–1921.* Cambridge: Cambridge University Press, 1953.
Allman, T. D. "On the Road with Arafat." *Vanity Fair,* February 1989.
Ambrose, Stephen E. *Crazy Horse and Custer: The Parallel Lives of Two American Warriors.* Garden City: Anchor Books, 1975.
Amery, L. S., ed. *The Times History of the War in South Africa, 1899–1902.* 7 vols. London: Sampson Low, 1900–09.
Ammianus Marcellinus. *The Roman History of Ammianus Marcellinus.* London: George Bell, 1894.
Anderson, David. *Histories of the Hanged: The Dirty War in Kenya and the End of Empire.* New York: W. W. Norton, 2005.
Anderson, David L. *Trapped by Success: The Eisenhower Administration and Vietnam, 1953–1961.* New York: Columbia University Press, 1991.
Anderson, Fred. *Crucible of War: The Seven Years' War and the Fate of Empire in British North America, 1754–1766.* New York: Alfred A. Knopf, 2000.
Anderson, Jon Lee. *Che Guevara: A Revolutionary Life.* New York: Grove Press, 2010.
Andrew, Christopher. *Her Majesty's Secret Service: The Making of the British Intelligence Community.* New York: Viking, 1986.
Andrew, Christopher, and Vasili Mitrohkin. *The Mitrokhin Archive: The KGB in Europe and the West.* London: Penguin, 1999.
———. *The Sword and the Shield: The Mitrokhin Archive and the Secret History of the KGB.* New York: Basic Books, 1999.

———. *The World Was Going Our Way: The KGB and the Battle for the Third World.* New York: Basic Books, 2005.

Andrews, C. S. *Dublin Made Me.* Dublin: Lilliput Press, 2001.

Andrist, Ralph K. *The Long Death: The Last Days of the Plains Indian.* New York: Macmillan, 1964.

Ang, Cheng Guan. *The Vietnam War from the Other Side: The Vietnamese Communists' Perspective.* London: Routledge Curzon, 2002.

Anglim, Simon. "Orde Wingate in the Sudan, 1928–1933: Formative Experiences of the Chindit Commander." *RUSI Journal,* June 2003.

Appian. *Roman History.* 4 vols. Cambridge: Harvard University Press, 1913.

———. *Wars of the Romans in Iberia.* Warminster: Aris & Phillips, 2000.

Argenti, Philip P. *The Massacres of Chios Described in Contemporary Diplomatic Reports.* London: John Lane, 1932.

Arkin, William M. *Divining Victory: Airpower in the 2006 Israel-Hezballah War.* Montgomery: Air University Press, 2007.

Arkless, David C. *The Secret War: Dhofar 1971/1972.* London: William Kimber, 1988.

Arkush, Elizabeth N., and Mark W. Allen. *The Archaeology of Warfare: Prehistories of Raiding and Conquest.* Gainesville: University Press of Florida, 2006.

Arnold, James R. *Jungle of Snakes: A Century of Counterinsurgency Warfare from the Philippines to Iraq.* New York: Bloomsbury, 2009.

Arrian. *The Campaigns of Alexander.* London: Penguin, 1971.

Ascher, Abraham. *P. A. Stolypin: The Search for Stability in Late Imperial Russia.* Stanford: Stanford University Press, 2001.

Asprey, Robert B. *War in the Shadows: The Guerrilla in History.* New York: William Morrow, 1994.

Asselin, Pierre. "Le Duan, the American War, and the Creation of an Independent Vietnamese State." *Journal of American-East Asian Relations,* Spring–Summer 2001.

Assemblée Generale St. Domingue. *A Particular Account of the Insurrection of the Negroes of St. Domingo, Begun in August, 1791.*

Astin, A. E. *Scipio Aemilianus.* Oxford: Clarendon Press, 1967.

Atkinson, Rick. "The Single Most Effective Weapon against Our Deployed Forces." *Washington Post,* September 30, 2007.

Atlay, J. B. "Tarleton of the Legion." *Cornhill Magazine,* August 1905.

Auguste, Claude B., and Marcel B. Auguste. *L'expedition Leclerc 1801–1804.* Port au Prince: Imprimerie Henri Deschamps, 1985.

Aussaresses, Paul. *The Battle of the Casbah: Terrorism and Counter-Terrorism in Algeria, 1955–1957.* New York: Enigma, 2006.

Aust, Stefan. *Baader-Meinhof: The Inside Story of the RAF.* Oxford: Oxford University Press, 2008.

Avrich, Paul. *Anarchist Portraits.* Princeton: Princeton University Press, 1988.

———. *The Russian Anarchists.* Princeton: Princeton University Press, 1967.

———. *Sacco and Vanzetti: The Anarchist Background*. Princeton: Princeton University Press, 1991.

Babchenko, Arkaday. *One Soldier's War*. New York: Grove Press, 2009.

Baddeley, John F. *The Russian Conquest of the Caucasus*. New York: Longmans, Green, 1908.

Baer, Robert. *See No Evil: The True Story of a Ground Soldier in the CIA's War on Terrorism*. New York: Crown, 2002.

Baggaley, James. *A Chindit Story*. London: Souvenir Press, 1954.

Bahney, Benjamin, et al. "An Economic Analysis of the Financial Records of al-Qaida in Iraq." Santa Monica: RAND, 2010.

Bain, Joseph, ed. *Calendar of Documents relating to Scotland, Preserved in Her Majesty's Public Record Office*. 4 vols. Edinburgh: Neill, 1881–88.

Bakunin, Mikhail. *Bakunin on Anarchism*. Montreal: Black Rose Books, 1980.

Balakian, Peter. *The Burning Tigris: The Armenian Genocide and America's Response*. New York: HarperCollins, 2003.

Balderston, Marion, and David Syrett, eds. *The Lost War: Letters from British Officers during the American Revolution*. New York: Horizon Press, 1975.

Band, Claire and William. *Two Years with the Chinese Communists*. New Haven: Yale University Press, 1948.

Ban Gu. *The History of the Former Han Dynasty*. 2 vols. Baltimore: Waverly Press, 1938–55.

Barber, Noel. *The War of the Running Dogs: The Malayan Emergency: 1948–1960*. New York: Weybright and Talley, 1971.

Barber, Richard, ed. *The Life and Campaigns of the Black Prince*. Woodbridge: Boydell Press, 1979.

Barbour, John. *The Bruce: Being the Metrical History of Robert Bruce, King of Scots, Compiled AD 1365*. Glasgow: Gowans and Gray, 1907.

Barfield, Thomas J. *The Perilous Frontier: Nomadic Empires and China, 221 BC to AD 1757*. Cambridge: Blackwell, 1989.

Barker, John. *The British in Boston: Being the Diary of Lieutenant John Barker of the King's Own Regiment from November 15, 1774, to May 31, 1776*. Cambridge: Harvard University Press, 1924.

Barnard, Sandy. *A Hoosier Quaker Goes to War: The Life & Death of Major Joel H. Elliott, 7th Cavalry*. Wake Forest: AST Press, 2010.

Barnett, Louise. *Touched by Fire: The Life, Death, and Myth Afterlife of George Armstrong Custer*. Lincoln: University of Nebraska Press, 2006.

Barnitz, Albert. *Life in Custer's Cavalry: Diaries and Letters of Albert and Jennie Barnitz, 1867–1868*. New Haven: Yale University Press, 1977.

Barr, James. *Setting the Desert on Fire: T. E. Lawrence and Britain's Secret War in Arabia, 1916–1918*. New York: W. W. Norton, 2008.

Barrett, David D. *Dixie Mission: The United States Army Observer Group in Yan'an, 1944*. Berkeley: Center for Chinese Studies, University of California, 1970.

Barrett, Thomas M. "The Remaking of the Lion of Dagestan: Shamil in Captivity." *Russian Review*, July 1994.
Barron, Evan Macleod. *The Scottish War of Independence*. New York: Barnes & Noble Books, 1997.
Barrow, G. W. S. *Robert Bruce and the Community of the Realm of Scotland*. Edinburgh: Edinburgh University Press, 2005.
Barry, Tom. *Guerilla Days in Ireland: A Firsthand Account of the Black and Tan War (1919–1921)*. New York: Devin-Adair, 1956.
Bartlett, W. B. *Assassins: The Story of Medieval Islam's Secret Sect*. Gloucestershire: Sutton, 2001.
Barton, E. C. *Let the Boy Win His Spurs: An Autobiography*. London: Research Publishing, 1976.
Bass, Gary J. *Freedom's Battle: The Origins of Humanitarian Intervention*. New York: Alfred A. Knopf, 2008.
Bass, Robert D. *Gamecock: The Life and Campaigns of General Thomas Sumter*. New York: Holt, Rinehart and Winston, 1961.
———. *The Green Dragoon: The Lives of Banastre Tarleton and Mary Robinson*. Orangeburg: Sandlapper, 1973.
———. *Swamp Fox: The Life and Campaigns of General Francis Marion*. Orangeburg: Sandlapper, 1974.
Batista, Fulgencio. *Cuba Betrayed*. New York: Vantage Press, 1962.
"Battle of Malaya: Smiling Tiger." *Time*, December 15, 1952.
Baumann, Bommi. *How It All Began: The Personal Account of a West German Urban Guerrilla*. Vancouver: Arsenal Pulp Press, 2006.
Bayly, C. A., and Eugenio F. Biagini. *Giuseppe Mazzini and the Globalization of Democratic Nationalism, 1830–1920*. Oxford: Oxford University Press, 2008.
Bayly, Christopher, and Tim Harper. *Forgotten Armies: The Fall of British Asia, 1941–1945*. Cambridge: Harvard University Press, 2005.
———. *Forgotten Wars: Freedom and Revolution in Southeast Asia*. Cambridge: Harvard University Press, 2007.
Beard, John Relly. *Toussaint L'Ouverture: Biography and Autobiography*. Boston: James Redpath, 1863.
Bearden, Milt, and James Risen. *The Main Enemy: The Inside Story of the CIA's Final Showdown with the KGB*. New York: Random House, 2003.
Beckett, Ian F. W. *Modern Insurgencies and Counter-Insurgencies: Guerrillas and Their Opponents since 1750*. London: Routledge, 2001.
Beevor, Antony, and Artemis Cooper. *Paris after the Liberation, 1944–1949*. London: Penguin, 1994.
Begin, Menachem. *The Revolt: The Story of the Irgun*. Bnei-Brak, Israel: Steimazky Group, 2002.
Behr, Edward. *The Algerian Problem*. Harmondsworth: Penguin, 1961.
Bell, David A. *The First Total War: Napoleon's Europe and the Birth of Warfare as We Know It*. Boston: Houghton Mifflin, 2007.

Bell, J. Bowyer. *Terror Out of Zion: The Fight for Israeli Independence.* New Brunswick: Transaction, 1996.

Bell, Madison Smartt. *Toussaint Louverture: A Biography.* New York: Pantheon Books, 2007.

Benjamin, Daniel, and Steven Simon. *The Age of Sacred Terror: Radical Islam's War against America.* New York: Random House, 2003.

Bennett, Rab. *Under the Shadow of the Swastika: The Moral Dilemmas of Resistance and Collaboration in Hitler's Europe.* New York: New York University Press, 1999.

Ben-Porat, Yeshayahu, Eitan Haber, and Zeev Schiff. *Entebbe Rescue.* New York: Delacorte Press, 1977.

Benton, Gregor. *Mountain Fires: The Red Army's Three-Year War in South China, 1934–1938.* Berkeley: University of California Press, 1992.

Benton, Gregor, and Lin Chun, eds. *Was Mao Really a Monster? The Academic Response to Chang and Halliday's Mao: The Unknown Story.* London: Routledge, 2010.

Berenbaum, Michael, ed. *A Mosaic of Victims: Non-Jews Persecuted and Murdered by the Nazis.* New York: New York University Press, 1990.

Bergen, Peter L. *Holy War, Inc.: Inside the Secret World of Osama bin Laden.* New York: Simon & Schuster, 2002.

———. *The Longest War: America and al-Qaeda since 9/11.* New York: Free Press, 2011.

———. *The Osama bin Laden I Know: An Oral History of Al Qaeda's Leader.* New York: Free Press, 2006.

Berger, Carl. *Broadsides and Bayonets: The Propaganda War of the American Revolution.* San Rafael: Presidio Press, 1976.

Bergère, Marie-Claire. *Shanghai: China's Gateway to Modernity.* Stanford: Stanford University Press, 2009.

Bergman, Jay. *Vera Zasulich: A Biography.* Stanford: Stanford University Press, 1983.

Bergman, Ronen. *The Secret War with Iran.* New York: Free Press, 2007.

Bergot, Erwan. *Bigeard.* Paris: Perrin, 1988.

Berman, Eli, Jacob N. Shapiro, and Joseph H. Felton. "Can Hearts and Minds Be Bought? The Economics of Counterinsurgency in Iraq." National Bureau of Economic Research, December 2009.

Berman, Larry. *No Peace, No Honor: Nixon, Kissinger, and the Betrayal of Vietnam.* New York: Touchstone, 2001.

Bernstein, Richard. *Out of the Blue: The Story of September 11, 2001, from Jihad to Ground Zero.* New York: Times Books, 2003.

Bethel, Nicholas. *The Palestine Triangle: The Struggle for the Holy Land, 1935–1948.* New York: G. P. Putnam's Sons, 1979.

Betser, Moshe, with Robert Rosenberg. *Secret Soldier: The Autobiography of Israel's Greatest Commando.* London: Simon & Schuster, 1996.

The Bible: Authorized King James Version. Oxford: Oxford University Press, 1998.

Biddle, Stephen, and Jeffrey A. Friedman. *The 2006 Lebanon Campaign and the Future of Warfare: Implications for Army and Defense Policy.* Carlisle: Institute for Strategic Studies, 2008.

Bidwell, Robin. *Morocco under Colonial Rule: French Administration of Tribal Areas, 1912–1956*. London: Frank Cass, 1973.

Bierman, John, and Colin Smith. *Fire in the Night: Wingate of Burma, Ethiopia, and Zion*. New York: Random House, 1999.

Bigeard, Marcel. *Pour une parcelle de gloire*. Paris: Plon, 1975.

Bill, James A. *The Eagle and the Lion: The Tragedy of American-Iranian Relations*. New Haven: Yale University Press, 1988.

Billias, George Athan, ed. *George Washington's Generals and Opponents: Their Exploits and Leadership*. New York: Da Capo Press, 1994.

Bingham, D. A., ed. *A Selection from the Letters and Despatches of the First Napoleon. With Explanatory Notes*. 3 vols. London: Chapman and Hall, 1884.

Bin Laden, Carmen. *Inside the Kingdom: My Life in Saudi Arabia*. New York: Warner Books, 2004.

Bin Laden, Najwa and Omar. *Growing Up bin Laden: Osama's Wife and Son Take Us into Their Secret World*. New York: St. Martin's Griffith, 2009.

Bin Laden, Osama. *Messages to the World: The Statements of Osama bin Laden*. London: Verso, 2005.

Birnbaum, Louis. *Red Dawn at Lexington*. Boston: Houghton Mifflin, 1986.

Birtle, Andrew J. *U.S. Army Counterinsurgency and Contingency Operations Doctrine, 1860–1941*. Washington, D.C.: Center of Military History, U.S. Army, 1998.

Black, Ian, and Benny Morris. *Israel's Secret Wars: A History of Israel's Intelligence Services*. New York: Grove Press, 1991.

Blake, Christopher. *A View from Within: The Last Years of British Rule in South-East Asia*. Somerset: Mendip, 1990.

Blanch, Leslie. *The Sabres of Paradise: Conquest and Vengeance in the Caucasus*. London: Tauris Parke, 2006.

Blaufarb, Douglas S. *The Counterinsurgency Era: U.S. Doctrine and Performance, 1950 to the Present*. New York: Free Press, 1977.

Blaze, Elzéar. *Captain Blaze: Life in Napoleon's Army*. N.p.: Leonaur, 2007.

Blind Harry. *The History of the Life, Adventures, and Heroic Actions of the Celebrated Sir William Wallace*. New York: William W. Crawford, 1820.

Blood, Bindon. *Four Score Years and Ten: Sir Bindon Blood's Reminiscences*. London: G. Bell, 1933.

Bloom, James J. *The Jewish Revolts against Rome, A.D. 66–135: A Military Analysis*. Jefferson: McFarland, 2010.

Bloom, Mia. *Dying to Kill: The Allure of Suicide Terror*. New York: Columbia University Press, 2005.

Bocca, Geoffrey. *The Secret Army*. Englewood Cliffs: Prentice-Hall, 1968.

Bodard, Lucien. *The Quicksand War: Prelude to Vietnam*. Boston: Atlantic Monthly Press, 1967.

Bohning, Don. *The Castro Obsession: U.S. Covert Operations against Cuba, 1959–1965*. Washington: Potomac Books, 2005.

Bolívar, Simón. *Selected Writings of Bolivar.* 2 vols. New York: Colonial Press, 1951.

Bookchin, Murray. *The Spanish Anarchists: The Heroic Years, 1868–1936.* New York: Free Life Editions, 1977.

Boot, Max. "Reconstructing Iraq: With the Marines in the South and the 101st Airborne in the North." *Weekly Standard,* September 15, 2003.

———. *The Savage Wars of Peace: Small Wars and the Rise of American Power.* New York: Basic Books, 2002.

———. "The Second Lebanon War." *Weekly Standard,* September 4, 2006.

———. *War Made New: Technology, Warfare, and the Course of History, 1500 to Today.* New York: Gotham Books, 2006.

Boot, Max, and Richard W. Bennet. "The Colombian Miracle." *Weekly Standard,* December 7, 2009.

———. "Treading Softly in the Philippines." *Weekly Standard,* January 5, 2009.

Borchgrave, Arnaud de. "The Great Stand: Unforgettable Dienbienphu." *Newsweek,* May 17, 1954.

Borovik, Artyom. *The Hidden War: A Russian Journalist's Account of the Soviet War in Afghanistan.* New York: Grove Press, 1990.

Boteler, Alexander. "Recollections of the John Brown Raid by a Virginian Who Witnessed the Fight." *Century Magazine,* July 1883.

Bourke, John G. *An Apache Campaign in the Sierra Madre.* New York: Charles Scribner's Sons, 1886.

———. *On the Border with Crook.* New York: Charles Scribner's Sons, 1892.

Bourrienne, Louis Antoine Fauvelet de. *Memoirs of Napoleon Bonaparte.* 3 vols. New York: Charles Scribner's Sons, 1895.

Bowden, Brett, and Michael T. Davis. *Terror: From Tyrannicide to Terrorism.* St. Lucia: University of Queensland Press, 2008.

Bowden, Mark. "David Petraeus's Winning Streak." *Vanity Fair* Web Exclusive, March 30, 2010.

———. *Guests of the Ayatollah: The First Battle in America's War with Militant Islam.* New York: Grove Press, 2006.

———. "The Ploy." *Atlantic,* May 2007.

———. "The Professor of War." *Vanity Fair,* May 2010.

Bower, Walter. *A History Book for Scots: Selections from Scotichronicon.* Edinburgh: Mercat Press, 1998.

Bradford, Alfred S. *With Arrow, Sword, and Spear: A History of Warfare in the Ancient World.* Westport: Praeger, 2001.

Bradford, William. *Of Plymouth Plantation, 1620–1647.* New York: Alfred A. Knopf, 1952.

Bradley, James E. *Popular Politics and the American Revolution in England: Petitions, the Crown, and Public Opinion.* Macon: Mercer University Press, 1986.

Braestrup, Peter. *Big Story: How the American Press and Television Reported and Interpreted the Crisis of Tet 1968 in Vietnam and Washington.* New Haven: Yale University Press, 1983.

Branch, Daniel. *Defeating Mau Mau, Creating Kenya: Counterinsurgency, Civil War and Decolonization.* Cambridge: Cambridge University Press, 2009.

Brandt, Heinrich von. *In the Legions of Napoleon: The Memoirs of a Polish Officer in Spain and Russia, 1808–1813.* London: Greenhill, 1999.

Braun, Otto. *A Comintern Agent in China, 1932–1939.* Stanford: Stanford University Press, 1982.

Bray, N. N. E. *Shifting Sands.* London: Unicorn Press, 1934.

Breen, Dan. *My Fight for Irish Freedom.* Dublin: Anvil Books, 1981.

Brewer, David. *The Greek War of Independence: The Struggle for Freedom from Ottoman Oppression and the Birth of the Modern Greek Nation.* Woodstock: Overlook Press, 2003.

Brewster, Charles. "Battle of the Washita." *National Tribune*, August 22, 1901.

Bridgman, Edward Payson, and Luke Fisher Parsons. *With John Brown in Kansas: The Battle of Osawatomie.* Madison: J. N. Davidson, 1915.

Bright, John. *A History of Israel.* 4th ed. Louisville: Westminster John Knox Press, 2000.

Brill, Charles J. *Custer, Black Kettle, and the Fight on the Washita.* Norman: University of Oklahoma Press, 2002.

Brisard, Jean-Charles. *Zarqawi: The New Face of Al Qaeda.* Cambridge: Polity Press, 2005.

Broadwell, Paula, with Vernon Loeb. *All In: The Education of General David Petraeus.* New York: Penguin, 2013.

Brocheux, Pierre. *Ho Chi Minh: A Biography.* Cambridge: Cambridge University Press, 2007.

Broers, Michael. *Europe under Napoleon, 1799–1815.* London: Arnold, 1996.

Brooks, Jeffrey. *When Russia Learned to Read: Literacy and Popular Literature, 1861–1917.* Princeton: Princeton University Press, 1985.

Brousse, Paul. "La propagande par le fait." *Bulletin de la Fédération Jurassienne*, August 5, 1877.

Brown, Dee. *Bury My Heart at Wounded Knee: An Indian History of the American West.* New York: Holt, Rinehart & Winston, 1970.

Brown, George Washington. *The Truth at Last: Reminiscences of Old John Brown.* Rockford: Abraham E. Smith, 1880.

Brown, Malcolm, ed. *T. E. Lawrence: The Selected Letters.* New York: W. W. Norton, 1989.

———. *T. E. Lawrence in War and Peace: An Anthology of the Military Writings of Lawrence of Arabia.* London: Greenhill Books, 2005.

Bruce, Anthony. *The Last Crusade: The Palestine Campaign in the First World War.* London: John Murray, 2002.

Brumwell, Stephen. *White Devil: A True Story of War, Savagery, and Vengeance in Colonial America.* New York: Da Capo, 2004.

Buchanan, John. *The Road to Guilford Courthouse: The American Revolution in the Carolinas.* New York: John Wiley, 1997.

Budiansky, Stephen. *The Bloody Shirt: Terror after Appomattox.* New York: Viking, 2008.

Bui Diem, with David Chanoff. *In the Jaws of History*. Bloomington: Indiana University Press, 1999.
Burchett, W. G. *North of the Seventeenth Parallel*. Hanoi: Red River Publishing, 1957.
———. *Wingate Adventure*. Melbourne: F. W. Cheshire, 1944.
Burke, Edmund. *Select Works*. Edited by E. J. Payne. Oxford: Clarendon Press, 1904.
Burleigh, Michael. *Blood and Rage: A Cultural History of Terrorism*. New York: Harper, 2009.
Burnes, Alexander. *Cabool: A Personal Narrative of a Journey to, and Residence in, That City*. 2nd ed. London: John Murray, 1843.
Butterworth, Alex. *The World That Never Was: A True Story of Dreamers, Schemers, Anarchists, and Secret Agents*. New York: Pantheon, 2010.
Byas, Hugh. *Government by Assassination*. New York: Alfred A. Knopf, 1942.
Byford-Jones, W. *Grivas and the Story of EOKA*. London: Robert Hale, 1959.
Byman, Daniel. *A High Price: The Triumphs and Failures of Israeli Counterterrorism*. Oxford: Oxford University Press, 2011.
Caesar, Julius. *The Gallic War*. Oxford and New York: Oxford University Press, 1996.
Callwell, C. E. *Field-Marshal Sir Henry Wilson: His Life and Diaries*. 2 vols. New York: Charles Scribner's Sons, 1927.
———. *Small Wars: Their Principles and Practice*. 3rd ed. Lincoln: University of Nebraska Press, 1996.
Calvert, Michael. *Fighting Mad: One Man's Guerilla War*. South Yorkshire: Pen & Sword Books, 2004.
———. *Prisoners of Hope*. London: Corgi Books, 1973.
Cambanis, Thanassis. *A Privilege to Die: Inside Hezbollah's Legions and Their Endless War against Israel*. New York: Free Press, 2010.
Campbell, Bruce. *The SA Generals and the Rise of Nazism*. Lexington: University Press of Kentucky, 1998.
Campbell, Bruce M. S., ed. *Before the Black Death: Studies in the "Crisis" of the Early Fourteenth Century*. Manchester: Manchester University Press, 1991.
———. "Benchmarking Medieval Economic Development: England, Wales, Scotland, and Ireland, circa 1290." *Economic History Review*, 2008.
Campbell, J. B. *The Roman Army, 31 BC–AD 337*. New York: Routledge, 1994.
Campbell, Mavis C. *The Maroons of Jamaica, 1655–1796: A History of Resistance, Collaboration, and Betrayal*. Granby: Bergin & Garvey, 1988.
Cancian, Mark F. "The Wehrmacht in Yugoslavia: Lessons of the Past?" *Parameters*, Autumn 1993.
Carr, Caleb. *The Lessons of Terror*. New York: Random House, 2002.
Carr, Matthew. *The Infernal Machine: A History of Terrorism*. New York: New Press, 2006.
Carr, Reg. *Anarchism in France: The Case of Octave Mirbeau*. Montreal: McGill-Queen's University Press, 1977.
Carton, Evan. *Patriotic Treason: John Brown and the Soul of America*. New York: Free Press, 2006.

Casey, Michael. *Che's Afterlife: The Legacy of an Image.* New York: Vintage, 2009.
Cassius Dio. *Roman History.* 9 vols. Cambridge: Harvard University Press, 1927.
Castañeda, Jorge G. *Compañero: The Life and Death of Che Guevara.* New York: Vintage Books, 1998.
Castro, Daniel, ed. *Revolution and Revolutionaries: Guerrilla Movements in Latin America.* Wilmington: Scholarly Resources, 1999.
Castro, Fidel. *The Prison Letters of Fidel Castro.* New York: Nation Books, 2007.
———. *Revolutionary Struggle, 1947–1958.* Vol. 1 of *Selected Works of Fidel Castro.* Edited by Rolando E. Bonachea and Nelson P. Valdés. Cambridge: MIT Press, 1972.
Castro, Fidel, and Ignacio Ramonet. *Fidel Castro: My Life—A Spoken Autobiography.* New York: Scribner, 2009.
Casuso, Teresa. *Cuba and Castro.* New York: Random House, 1961.
Catignani, Sergio. *Israeli Counter-Insurgency and the Intifadas: Dilemmas of a Conventional Army.* New York: Routledge, 2008.
Chaliand, Gerard, and Arnaud Blin, eds. *The History of Terrorism from Antiquity to Al Qaeda.* Berkeley: University of California Press, 2007.
Chambers, Jennie. "What a School-Girl Saw of John Brown's Raid." *Harper's Monthly Magazine*, January 1902.
Champlain, Samuel de. *The Works of Samuel de Champlain.* 6 vols. Toronto: Champlain Society, 1922–36.
Chang, Chun-shu. *The Rise of the Chinese Empire.* 2 vols. Ann Arbor: University of Michigan Press, 2007.
Chang, Jung, and Jon Halliday. *Mao: The Unknown Story.* New York: Alfred A. Knopf, 2005.
Chang, Kia-Ngau. *Last Chance in Manchuria: The Diary of Chang Kia-Ngau.* Stanford: Hoover Institution Press, 1989.
Chang, Kuo-tao. *The Rise of the Chinese Communist Party, 1921–1938.* 2 vols. Lawrence: University Press of Kansas, 1971.
Chazotte, Pierre Etienne. *The Black Rebellion in Haiti: The Experience of One Who Was Present during Four Years of Tumult and Massacre.* Philadelphia: Privately Printed, 1927.
Chen Jian. "China and the First Indo-China War." *China Quarterly*, March 1993.
Ch'en, Jerome. *Mao and the Chinese Revolution.* London: Oxford University Press, 1965.
Childs, John. *Warfare in the Seventeenth Century.* London: Cassell, 2003.
Childs, Matt D. "An Historical Critique of the Emergence and Evolution of Ernesto Che Guevara's *Foco* Theory." *Journal of Latin American Studies*, October 1995.
"China: Tiananmen Legacy Defies Olympic Gloss." *Human Rights Watch*, June 1, 2007.
Chinnery, Philip D. *March of Die.* Shrewsbury: Airlife, 1997.
Chin Peng. *Alias Chin Peng: My Side of History.* Singapore: Media Masters, 2003.
The Chronicle of Lanercost. Glasgow: James Maclehose, 1913.

Churchill, Charles Henry. *The Life of Abdel Kader, Ex-Sultan of the Arabs of Algeria*. London: Chapman and Hall, 1867.
Churchill, Winston. *Blood, Toil, Tears and Sweat: The Speeches of Winston Churchill*. Boston: Houghton Mifflin, 1989.
———. *The Second World War: Closing the Ring*. Boston: Houghton Mifflin, 1951.
———. *The Story of the Malakand Field Force: An Episode of Frontier War*. Champaign: Bookjungle, n.d.
———. *The World Crisis: The Aftermath*. London: Thornton Butterworth, 1929.
———. *Young Winston's Wars: The Original Dispatches of Winston S. Churchill, War Correspondent, 1897–1900*. New York: Viking, 1972.
Clark, Dora Mae. *British Opinion and the American Revolution*. New Haven: Yale University Press, 1930.
Clark, Michael. *Algeria in Turmoil*. New York: Grosset & Dunlap, 1960.
Clark, Ransom. *Narrative of Ransom Clark, the Only Survivor of Major Dade's Command in Florida*. Binghamton: Johnson and Marble, 1839.
Clarke, Dudley. *Seven Assignments*. London: Jonathan Cape, 1948.
Clarke, Richard A. *Against All Enemies: Inside America's War on Terror*. New York: Free Press, 2004.
Clausewitz, Karl von. *On War*. In *The Book of War*, ed. Caleb Carr. New York: Modern Library, 2000. .
Clifford, Nicholas R. *Spoilt Children of Empire: Westerners in Shanghai and the Chinese Revolution of the 1920s*. Hanover: Middlebury College Press, 1991.
Cline, Lawrence E. "Pseudo Operations and Counterinsurgency: Lessons from Other Countries." Carlisle: Strategic Studies Institute, U.S. Army War College, June 2005.
Clinton, Henry. *The American Rebellion: Sir Henry Clinton's Narrative of His Campaigns, 1775–1782*. New Haven: Yale University Press, 1954.
Cloake, John. *Templer: Tiger of Malaya: The Life of Field Marshal Sir Gerald Templer*. London: Harrap, 1985.
Clodfelter, Michael. *Vietnam in Military Statistics: A History of the Indochina Wars, 1772–1991*. Jefferson: McFarland, 1995.
———. *Warfare and Armed Conflicts: A Statistical Encyclopedia of Casualty and Other Figures, 1494–2007*. 3rd ed. Jefferson: McFarland, 2008.
Cloud, David, and Greg Jaffe. *The Fourth Star: Four Generals and Their Epic Struggle for the Future of the United States Army*. New York: Three Rivers Press, 2009.
Clutterbuck, Richard L. *The Long Long War: Counterinsurgency in Malaya and Vietnam*. New York: Frederick A. Praeger, 1966.
Coates, John. *Suppressing Insurgency: An Analysis of the Malayan Emergency, 1948–1954*. Boulder: Westview Press, 1992.
Cobban, Helena. *The Palestinian Liberation Organization: People, Power, and Politics*. Cambridge: Cambridge University Press, 1984.
Cockburn, Andrew and Leslie. *One Point Safe*. New York: Doubleday, 1997.

Codrington, Edward. *Memoir of the Life of Admiral Sir Edward Codrington*. London: Longmans, Green, 1873.

Cohen, Alain. *David Galula: The French Officer Who Defined the Art of Counterinsurgency*. Westport: Praeger, 2012.

Cohen, Eliot A. *Commandos and Politicians: Elite Military Units in Modern Democracies*. Cambridge: Center for International Affairs, Harvard University, 1978.

Colby, William, with James McCargar. *Lost Victory: A First-Hand Account of America's Sixteen-Year Involvement in Vietnam*. Chicago: Contemporary Books, 1989.

Coll, Steve. *The Bin Ladens: Oil, Money, Terrorism and the Secret Saudi World*. London: Penguin, 2008.

———. "The General's Dilemma." *New Yorker*, September 8, 2008.

———. *Ghost Wars: The Secret History of the CIA, Afghanistan, and bin Laden, from the Soviet Invasion to September 10, 2001*. New York: Penguin, 2004.

Colletta, Pietro. *History of the Kingdom of Naples, 1734–1825*. Edinburgh: T. Constable, 1858.

Colley, Linda. *Captives: Britain, Empire and the World, 1600–1850*. London: Jonathan Cape, 2002.

Collins, Peter, ed. *Nationalism and Unionism: Conflict in Ireland, 1885–1921*. Belfast: Institute of Irish Studies, Queen's University, 1994.

Commission for Historical Clarification, Conclusions and Recommendations. "Guatemala: Memory of Silence." http://shr.aaas.org/guatemala/ceh/report/english/toc.html.

The Conduct of Anti-Terrorist Operations in Malaya. St. Petersburg: Hailer Publishing, 2006.

Connable, Ben, and Martin C. Libicki. *How Insurgencies End*. Santa Monica: RAND, 2010.

Connelly, Matthew. *A Diplomatic Revolution: Algeria's Fight for Independence and the Origins of the Post–Cold War Era*. Oxford: Oxford University Press, 2002.

Connelly, Owen. *The Gentle Bonaparte: A Biography of Joseph, Napoleon's Elder Brother*. New York: Macmillan, 1968.

Conrad, Joseph. *The Secret Agent: A Simple Tale*. New York: Signet Classics, 2007.

Conway, Stephen. *The British Isles and the War of American Independence*. Oxford: Oxford University Press, 2000.

———. "To Subdue America: British Army Officers and the Conduct of the Revolutionary War." *William and Mary Quarterly*, July 1986.

Coogan, Tim Pat. *Michael Collins: The Man Who Made Ireland*. New York: Palgrave, 2002.

Cook, Sherburne F. "Interracial Warfare and Population Decline among the New England Indians." *Ethnohistory*, Winter 1973.

Cooper, Matthew. *The Nazi War against Soviet Partisans, 1941–1944*. New York: Stein and Day, 1979.

Cordesman, Anthony H. *Lessons of the 2006 Israeli-Hezbollah War*. Washington: Center for Strategic and International Studies, 2007.

Cordovez, Diego, and Selig S. Harrison. *Out of Afghanistan: The Inside Story of the Soviet Withdrawal.* New York: Oxford University Press, 1995.
Cornwallis, Charles. *Correspondence of Charles, First Marquis Cornwallis.* 3 vols. London: John Murray, 1859.
Corum, James S., and Wray J. Johnson. *Airpower in Small Wars: Fighting Insurgents and Terrorists.* Lawrence: University Press of Kansas, 2003.
Cosmo, Nicola Di. *Ancient China and Its Enemies: The Rise of Nomadic Power in East Asian History.* Cambridge: Cambridge University Press, 2004.
———. *Warfare in Inner Asian History (500–1800).* Leiden, Netherlands: Brill, 2002.
Coughlin, Con. *Hostage: The Complete Story of the Lebanon Captives.* London: Little, Brown, 1992.
———. *Khomeini's Ghost: The Iranian Revolution and the Rise of Militant Islam.* New York: Ecco, 2010.
Courtois, Stephane, et al. *The Black Book of Communism: Crimes, Terror, Repression.* Cambridge: Harvard University Press, 1999.
Cozzens, Peter, ed. *Eyewitnesses to the Indian Wars, 1865–1890.* Vol. 1, *The Struggle for Apacheria.* Mechanicsburg: Stackpole, 2001.
———. Vol. 2, *The Wars for the Pacific Northwest.* Mechanicsburg: Stackpole, 2002.
———. Vol. 3, *Conquering the Southern Plains.* Mechanicsburg: Stackpole, 2003.
———. Vol. 4, *The Long War for the Northern Plains.* Mechanicsburg: Stackpole, 2004.
———. Vol. 5, *The Army and the Indian.* Mechanicsburg: Stackpole, 2005.
Crawford, Oliver. *The Door Marked Malaya.* London: Rupert Hart-Davis, 1958.
Crawshaw, Nancy. *The Cyprus Revolt: An Account of the Struggle for Union with Greece.* London: George Allen & Unwin, 1978.
Crile, George. *Charlie Wilson's War.* New York: Grove Press, 2003.
Cronin, Audrey Kurth. *How Terrorism Ends: Understanding the Decline and Demise of Terrorist Campaigns.* Princeton: Princeton University Press, 2009.
Crook, George. "The Apache Problem." *Journal of the Military Service Institution*, 1886.
———. *General George Crook: His Autobiography.* Norman: University of Oklahoma Press, 1946.
Crossman, R. H. S. "The Ethics of Terrorism." *New Statesman and Nation*, December 15, 1956.
Crowley, Roger, *1453: The Holy War for Constantinople and the Clash of Islam and the West.* New York: Hyperion, 2005.
Crozier, F. P. *Ireland For Ever.* London: Jonathan Cape, 1932.
Cruickshank, Charles. *SOE in the Far East.* Oxford: Oxford University Press, 1983.
Cullison, Alan. "Inside Al-Qaeda's Hard Drive." *Atlantic Monthly*, September 2004.
Cuneo, John R. *Robert Rogers of the Rangers.* New York: Richardson & Steirman, 1987.
Currey, Cecil B. *The Unquiet American.* Washington: Brassey's, 1998.
———. *Victory at Any Cost: The Genius of Viet Nam's Gen. Vo Nguyen Giap.* Washington: Potomac Books, 1999.
Curtius Rufus, Quintus. *The History of Alexander.* London: Penguin, 1984.

Custer, George A. *Wild Life on the Plains and Horrors of Indian Warfare.* Brandon: Sidney M. Southard, 1884.
Daftary, Farhad. *The Assassin Legends: Myths of the Isma'ilis.* London: I. B. Tauris, 2008.
Daingerfield, John E. P. "John Brown at Harper's Ferry." *Century Magazine,* June 1885.
Dalloz, Jacques. *The War in Indo-China, 1945–54.* Dublin: Gill and Macmillan, 1990.
Dalton, Charles. *With the Dublin Brigade (1917–1921).* London: Peter Davies, 1929.
Daly, Jonathan W. *Autocracy under Siege: Security Police and Opposition in Russia, 1866–1905.* DeKalb: Northern Illinois University Press, 1998.
———. *The Watchful State: Security Police and Opposition in Russia, 1906–1917.* DeKalb: Northern Illinois University Press, 2004.
Dandolo, Emilio. *The Italian Volunteers and the Lombard Rifle Brigade.* London: Longman, 1851.
Danziger, Raphael. *Abd al-Qadir and the Algerians: Resistance to the French and Internal Consolidation.* New York: Holmes & Meir, 1977.
Dash, Mike. *Thug: The True Story of India's Murderous Cult.* London: Granta Books, 2005.
Daugherty, William. *In the Shadow of the Ayatollah: A CIA Hostage in Iran.* Annapolis: Naval Institute Press, 2001.
Davidson, Philip. *Propaganda and the American Revolution, 1763–1783.* Chapel Hill: University of North Carolina Press, 1941.
Davidson, Phillip B. *Vietnam at War: The History, 1946–1975.* New York: Oxford University Press, 1991.
Davis, David Brion. *Inhuman Bondage: The Rise and Fall of Slavery in the New World.* Oxford: Oxford University Press, 2006.
Davis, John A. *Naples and Napoleon: Southern Italy and the European Revolutions, 1780–1860.* Oxford: Oxford University Press, 2006.
Davis, Mike. *Buda's Wagon: A Brief History of the Car Bomb.* London: Verso, 2007.
Dayan, Moshe. *Moshe Dayan: Story of My Life.* New York: William Morrow, 1976.
Deakin, F. W. D. *The Embattled Mountain.* New York: Oxford University Press, 1971.
Debray, Régis. *Praised Be Our Lords: A Political Education.* London: Verso, 2007.
———. *Revolution in the Revolution? Armed Struggle and Political Struggle in Latin America.* Westport: Greenwood Press, 1980.
Dedijer, Vladimir. *The Road to Sarajevo.* New York: Simon & Schuster, 1966.
———. *Tito Speaks: His Self Portrait and Struggle with Stalin.* London: Weidenfeld & Nicolson, 1953.
———. *The War Diaries of Vladimir Dedijer.* 3 vols. Ann Arbor: University of Michigan Press, 1990.
Deflem, Mathieu. "Wild Beasts without Nationality: The Uncertain Origins of Interpol, 1898–1910." In *The Handbook of Transnational Crime and Justice,* ed. Philip Reichel. Thousand Oaks: Sage Publications, 2005.
De Lon, Roy Stanley. "Stalin and Social Democracy, 1905–1922: The Political Diaries of David A. Sagirashvili." Ph.D. diss., Georgetown University, 1974.

DeMontravel, Peter D. *A Hero to His Fighting Men: Nelson A. Miles, 1839–1925*. Kent: Kent State University Press, 1998.
DePalma, Anthony. *The Man Who Invented Fidel: Cuba, Castro, and Herbert L. Matthews of the New York Times*. New York: PublicAffairs, 2006.
Deutscher, Isaac. *Stalin: A Political Biography*. New York: Oxford University Press, 1967.
De Wet, Christiaan Rudolf. *Three Years' War*. New York: Charles Scribner's Sons, 1902.
Diamond, Jared. "Vengeance Is Ours: What Can Tribal Societies Tell Us about Our Need to Get Even?" *New Yorker*, April 21, 2008.
Diaz, Tom, and Barbara Newman. *Lightning out of Lebanon: Hezbollah Terrorists on American Soil*. New York: Ballantine, 2005.
Di Cosmo, Nicola. *Ancient China and Its Enemies: The Rise of Nomadic Power in East Asian History*. Cambridge: Cambridge University Press, 2002.
Dikotter, Frank. *The Age of Openness: China before Mao*. Berkeley: University of California Press, 2008.
Dine, Philip. *Images of the Algerian War: French Fiction and Film, 1954–1992*. Oxford: Clarendon Press, 1994.
Dinh Van Ty. "The Brigade of Iron Horses." *Vietnamese Studies*, 1975.
Diodorus of Sicily. *The Historical Library of Diodorus the Silician in Fifteen Books*. 2 vols. London: J. Davis, 1814.
Djilas, Milovan. *Tito: The Story from the Inside*. New York: Harcourt Brace Jovanovich, 1980.
——. *Wartime*. New York: Harcourt Brace Jovanovich, 1977.
Djordjevic, Dimitrije, and Stephen Fischer-Galati. *The Balkan Revolutionary Tradition*. New York: Columbia University Press, 1981.
Dobson, Christopher. *Black September: Its Short, Violent History*. London: Robert Hale, 1975.
Dodds-Parker, Douglas. *Setting Europe Ablaze: Some Account of Ungentlemanly Warfare*. Surrey: Springwood Books, 1983.
Dolphin, Glenn E. *24 MAU:1983: A Marine Looks Back at the Peacekeeping Mission to Beirut, Lebanon*. Baltimore: PublishAmerica, 2005.
Dong, Stella. *Shanghai: The Rise and Fall of a Decadent City*. New York: William Morrow, 2000.
Dostoevsky, Fyodor. *Demons*. New York: Everyman's Library, 2000.
Doyle, Arthur Conan. *The Great Boer War*. New York: McClure, Phillips, 1902.
Doyle, William. *The Oxford History of the French Revolution*. 2nd ed. Oxford: Oxford University Press, 2002.
Drake, James D. *King Philip's War: Civil War in New England, 1675–1676*. Amherst: University of Massachusetts Press, 1999.
Drea, Edward J. *Japan's Imperial Army: Its Rise and Fall, 1853–1945*. Lawrence: University of Kansas Press, 2009.
Dubois, Laurent. *Avengers of the New World: The Story of the Haitian Revolution*. Cambridge: Belknap Press of Harvard University Press, 2004.

Dubois, Laurent, and John D. Garrigus, eds. *Slave Revolution in the Caribbean, 1789–1804: A Brief History with Documents.* Boston: Bedford/St. Martin's, 2006.

Dubroca, Louis. *The Life of Toussaint Louverture, Chief of the French Rebels in St. Domingo.* London: H. D. Symonds, 1802.

Duff, Douglas V. *Sword for Hire: The Sage of a Modern Free-Companion.* London: John Murray, 1934.

Duffy, Christopher. *The Military Experience in the Age of Reason.* Hertfordshire: Wordsworth Editions, 1998.

Duffy, Michael. *Soldiers, Sugar, and Seapower: The British Expeditions to the West Indies and the War against Revolutionary France.* Oxford: Clarendon Press, 1987.

Dugdale, Blanche. *Baffy: The Diaries of Blanche Dugdal, 1936–1947.* London: Valentine, Mitchell, 1973.

Duiker, William J. *The Communist Road to Power in Vietnam.* 2nd ed. Boulder: Westview Press, 1996.

———. *Ho Chi Minh: A Life.* New York: Hyperion, 2000.

Duncan, Donald. *The New Legions.* New York: Pocket Books, 1967.

Dunlop, John B. *Russia Confronts Chechnya: Roots of a Separatist Conflict.* Cambridge: Cambridge University Press, 1998.

Dunlop, Richard. *Behind Japanese Lines: With the OSS in Burma.* Chicago: Rand McNally, 1979.

Dunstan, Simon. *Israel's Lightning Strike: The Raid on Entebbe 1976.* New York: Osprey, 2009.

Dupree, Louis. *Afghanistan.* Princeton: Princeton University Press, 1973.

Durnford-Slater, John. *Commando: Memoirs of a Fighting Commando in World War Two.* London: Greenhill Books, 2002.

Earle, Edward Mead, ed. *Makers of Modern Strategy: Military Thought from Machiavelli to Hitler.* Princeton: Princeton University Press, 1952.

Eastman, Lloyd E. *Seeds of Destruction: Nationalist China in War and Revolution, 1937–1949.* Stanford: Stanford University Press, 1984.

Edwards, Bryan. *An Historical Survey of the French Colony in the Island of St. Domingo.* London: John Stockdale, 1797.

———. *The History, Civil and Commercial, of the British West Indies.* 5 vols. London: T. Miller, 1819.

Eiland, Giora. "The IDF in the Second Intifada." *Strategic Assessment*, October 2010.

Elkins, Caroline. *Imperial Reckoning: The Untold Story of Britain's Gulag in Kenya.* New York: Henry Holt, 2005.

Elliott, Duong Van Mai. *The Sacred Willow: Four Generations in the Life of a Vietnamese Family.* New York: Oxford University Press, 1999.

Elliott, Marianne. *Wolfe Tone: Prophet of Irish Independence.* New Haven: Yale University Press, 1989.

Ellis, John. *From the Barrel of a Gun: A History of Guerrilla, Revolutionary and Counter-Insurgency Warfare, from the Romans to the Present.* London: Greenhill Books, 1995.

Elphinstone, Monstuart. *An Account of the Kingdom of Caubul, and Its Dependencies in Persia, Tartary, and India.* London: Longman, Hurst, 1815.

Emerson, William. *Diaries and Letters of William Emerson, 1743–1776: Minister of the Church in Concord, Chaplain of the Revolutionary Army.* N.p., 1972.

English, Richard. *Armed Struggle: The History of the IRA.* Oxford: Oxford University Press, 2005.

———. *Irish Freedom: The History of Nationalism in Ireland.* London: Pan Books, 2007.

Epple, Jess C. *Custer's Battle of the Washita and a History of the Plains Indian Tribes.* New York: Exposition Press, 1970.

Esdaile, Charles J. *Fighting Napoleon: Guerrillas, Bandits and Adventurers in Spain, 1808–1814.* New Haven: Yale University Press, 2004.

———. *The Peninsular War: A New History.* Houndmills: Palgrave Macmillan, 2003.

———, ed. *Popular Resistance in the French Wars: Patriots, Partisans and Land Pirates.* Houndmills: Palgrave Macmillan, 2005.

Espoz y Mina, Francisco. *Breve extracto de la vida del General Mina.* London: Taylor and Hessey, 1825.

Eusebius. *The Ecclesiastical History of Eusebius Pamphilus.* London: Henry G. Bohn, 1851.

Evans, Martin. *The Memory of Resistance: French Opposition to the Algerian War (1954–1962).* Oxford: Berg, 1997.

Evans, Martin, and John Phillips. *Algeria: Anger of the Dispossessed.* New Haven: Yale University Press, 2007.

Evans, Richard J. *The Coming of the Third Reich.* New York: Penguin, 2004.

Evelyn, William Glanville. *Memoir and Letters of Captain W. Glanville Evelyn, of the 4th Regiment ("King's Own"), from North America, 1774–1776.* Oxford: James Parker, 1879.

Ewald, Johann von. *Diary of the American War: A Hessian Journal.* New Haven: Yale University Press, 1979.

———. *Treatise on Partisan Warfare.* New York: Greenwood Press, 1991.

Exum, Andrew. "Hizballah at War: A Military Assessment." Washington Institute for Near East Policy, December 2006.

———. "Hizballah at War: Explaining Victory through the Comprehensive Approach to Conflict." Ph.D diss., King's College, 2010.

Eyck, F. Gunther. *Loyal Rebels: Andreas Hofer and the Tyrolean Uprising of 1809.* Lanham: University Press of America, 1986.

Eyre, Vincent. *The Military Operations at Cabul.* London: John Murray, 1843.

Fall, Bernard B. *Hell in a Very Small Place: The Siege of Dien Bien Phu.* New York: Da Capo Press, 2002.

———. *Street without Joy.* Mechanicsburg: Stackpole Books, 1994.

Farmer, Malcolm F. "The Origins of Weapons Systems." *Current Anthropology* (December 1994).

Farrokh, Kaveh. *Shadows in the Desert: Ancient Persia at War.* Oxford: Osprey, 2007.

Farwell, Byron. *The Great Anglo-Boer War.* New York: W. W. Norton, 1976.

"Fatalities in the First Intifada." B'Tselem [http://www.btselem.org/english/statistics/first_Intifada_Tables.asp].

Fausz, J. Frederick. "The 'Barbarous Massacre' Reconsidered: The Powhatan Uprising of 1622 and the Historians." *Explorations in Ethnic Studies*, 1978.

Feifer, Gregory. *The Great Gamble: The Soviet War in Afghanistan*. New York: HarperCollins, 2009.

Fellman, Michael. *Inside War: The Guerrilla Conflict in Missouri during the American Civil War*. Oxford: Oxford University Press, 1990.

Feraoun, Mouloud. *Journal, 1955–1962: Reflections on the French-Algerian War*. Lincoln: University of Nebraska Press, 2000.

Fergusson, Bernard. *Beyond the Chindwin: An Account of Number Five Column of the Wingate Expedition into Burma 1943*. South Yorkshire: Pen & Sword Military, 2009.

———. *The Trumpet in the Hall, 1930–1958*. London: Collins, 1970.

———. *The Wild Green Earth*. London: Collins, 1946.

Ferling, John. *Almost a Miracle: The American Victory in the War of Independence*. Oxford: Oxford University Press, 2007.

Ferrill, Arther. *The Origins of War: From the Stone Age to Alexander the Great*. Boulder: Westview Press, 1997.

Fick, Carolyn E. *The Making of Haiti: The Saint Domingue Revolution from Below*. Knoxville: University of Tennessee Press, 1990.

Figes, Orlando. *Natasha's Dance: A Cultural History of Russia*. New York: Metropolitan Books, 2002.

———. *A People's Tragedy: A History of the Russian Revolution*. New York: Viking, 1996.

Figner, Vera. *Memoirs of a Revolutionist*. DeKalb: Northern Illinois University Press, 1991.

Finerty, John Frederick. *War-Path and Bivouac, or, The Conquest of the Sioux*. Chicago: Donohue and Henneberry, 1890.

Finlay, George. *History of the Greek Revolution*. 2 vols. Edinburgh: William Blackwood and Sons, 1861.

Finley, Milton. *The Most Monstrous of Wars: The Napoleonic Guerrilla War in Southern Italy, 1806–1811*. Columbia: University of South Carolina Press, 1994.

Fischer, David Hackett. *Champlain's Dream*. New York: Simon & Schuster, 2008.

———. *Paul Revere's Ride*. New York: Oxford University Press, 1994.

———. *Washington's Crossing*. Oxford: Oxford University Press, 2004.

Fisher, Andrew. *William Wallace*. Edinburgh: Birlinn, 2007.

Fishman, Brian, ed. *Bombers, Bank Accounts, & Bleedout: Al Qaeda's Road in and out of Iraq*. West Point: Combating Terrorism Center, 2008.

Fitzgibbon, Maurice. *Arts under Arms: A University Man in Khaki*. London: Longmans, Green, 1901.

Fleming, Walter. *A Documentary History of Reconstruction*. 2 vols. Cleveland: Arthur H. Clark, 1906–07.

Florus, Publius Annius. *Epitome of Roman History*. In *Sallust, Florus, and Velleius Paterculus*. London: George Bell, 1889.
Flynn, Peter. *Brazil: A Political Analysis*. London: Ernest Benn, 1978.
Follain, John. *Jackal: The Complete Story of the Legendary Terrorist, Carlos the Jackal*. New York: Arcade, 2011.
Foner, Eric. *Reconstruction: America's Unfinished Revolution, 1863–1877*. New York: Perennial Classics, 1989.
Foot, M. R. D. *Resistance: European Resistance to Nazism, 1940–1945*. New York: McGraw-Hill, 1977.
——. *SOE: The Special Operations Executive, 1940–1946*. London: Pimlico, 1999.
——. *War and Society: Historical Essays in Honour and Memory of J. R. Western, 1928–1971*. New York: Barnes & Noble Books, 1973.
——. "Was S.O.E. Any Good?" *Journal of Contemporary History*, January 1981.
Footman, David. *The Alexander Conspiracy: A Life of A. I. Zhelyabov*. LaSalle: Library Press, 1968.
Forbes, Charles Stuart. *The Campaigns of Garibaldi in the Two Sicilies: A Personal Narrative*. Edinburgh: William Blackwood, 1861.
Forman, Harrison. *Report from Red China*. New York: Henry Holt, 1945.
Foy, Michael T. *Michael Collins's Intelligence War: The Struggle between the British and the IRA, 1919–1921*. Gloucestershire: Sutton Publishing, 2006.
Franklin, Benjamin. *Autobiography of Benjamin Franklin*. New York: Henry Holt, 1916.
Franklin, John Hope, and Alfred A. Moss Jr. *From Slavery to Freedom: A History of African Americans*. 7th ed. New York: McGraw-Hill, 1994.
Franqui, Carlos. *Diary of the Cuban Revolution*. New York: Viking, 1980.
Fraser, Antonia. *Faith and Treason: The Story of the Gunpowder Plot*. New York: Doubleday, 1996.
Fraser, Flora. *Pauline Bonaparte: Venus of Empire*. New York: Alfred A. Knopf, 2009.
Fraser, Ronald. *Napoleon's Cursed War: Popular Resistance in the Spanish Peninsular War*. London: Verso, 2008.
Frayne, Douglas. *The Royal Inscriptions of Mesopotamia, Early Periods*. Vol. 2, *Sargonic and Gutian Periods (2334–2113 BC)*. Toronto: University of Toronto Press, 1993.
Freedman, Lawrence. *Kennedy's Wars: Berlin, Cuba, Laos, and Vietnam*. New York: Oxford University Press, 2000.
French, David. *The British Way in Counter-Insurgency, 1945–1967*. New York: Oford University Press, 2012.
Friedman, Jeffrey A. "The Strategy Trap and the American Indian Wars." Harvard Kennedy School, February 2011.
Friedman, Thomas L. *From Beirut to Jerusalem*. New York: Anchor Books, 1990.
Froissart, Jean. *Chronicles*. London: Penguin, 1978.
Fromkin, David. *A Peace to End All Peace: The Fall of the Ottoman Empire and the Creation of the Modern Middle East*. New York: Henry Holt, 2010.
Frontinus, Sextus Julius. *Strategematicon*. London: Thomas Goddard, 1811.

Fuller, J. F. C. *The Generalship of Alexander the Great.* Hertfordshire: Wordsworth, 1998.
———. *The Last of the Gentlemen's Wars: A Subaltern's Journal of the War in South Africa, 1890–1902.* London: Faber and Faber, 1937.
Gabriel, Richard A. *The Military History of Ancient Israel.* Westport: Praeger, 2003.
Gadea, Hilda. *My Life with Che: The Making of a Revolutionary.* New York: Palgrave Macmillan, 2008.
Gage, Beverly. *The Day Wall Street Exploded: A Story of America in the First Age of Terror.* New York: Oxford University Press, 2010.
Gage, Thomas. *The Correspondence of General Thomas Gage with the Secretaries of State, 1763–1775.* 2 vols. New Haven: Yale University Press, 1931.
Gale, John. *Clean Young Englishman.* New York: Coward-McCann, 1965.
Gall, Sandy. *Behind Russian Lines: An Afghan Journal.* New York: St. Martin's Press, 1983.
Galula, David. *Counterinsurgency Warfare: Theory and Practice.* New York: Frederick A. Praeger, 2005.
———. *Pacification in Algeria, 1956–1958.* Santa Monica: RAND, 2006.
Galvin, John R. *The Minute Men: The First Fight: Myths & Realities of the American Revolution.* Washington: Pergamon-Brassey's, 1989.
Gammer, Moshe. *The Lone Wolf and the Bear: Three Centuries of Chechen Defiance of Russian Rule.* Pittsburgh: University of Pittsburgh Press, 2006.
———. *Muslim Resistance to the Tsar: Shamil and the Conquest of Chechnia and Daghestan.* Abingdon: Frank Cass, 2005.
Gann, L. H., and Peter Duignan, eds. *African Proconsuls: European Governors in Africa.* New York: Free Press, 1978.
Gao Wenqian. *Zhou Enlai, the Last Perfect Revolutionary: A Biography.* New York: PublicAffairs, 2007.
Gardiner, Ian. *In the Service of the Sultan: A First Hand Account of the Dhofar Insurgency.* Barnsley: Pen & Sword Military, 2006.
Garibaldi, Giuseppe. *Autobiography of Giuseppe Garibaldi.* 3 vols. London: Walter Smith and Innes, 1889.
———. *Garibaldi: An Autobiography.* Edited by Alexandre Dumas. London: Routledge, Warne, and Routledge, 1861.
———, *My Life.* London: Hesperus Classics, 2004.
Gat, Azar. *War in Human Civilization.* Oxford: Oxford University Press, 2006.
Gates, David. *The Spanish Ulcer: A History of the Peninsular War.* New York: Da Capo Press, 1986.
Gates, Robert M. *From the Shadows: The Ultimate Insider's Story of Five Presidents and How They Won the Cold War.* New York: Simon & Schuster, 1996.
Gatewood, Charles B. *Lt. Charles Gatewood and His Apache Wars Memoir.* Lincoln: University of Nebraska Press, 2005.
Gaulle, Charles de. *Memoirs of Hope: Renewal and Endeavour.* New York: Simon & Schuster, 1971.

Geggus, David Patrick. *Haitian Revolutionary Studies*. Bloomington: Indiana University Press, 2002.

———. *Slavery, War, and Revolution: The British Occupation of Saint Domingue, 1793–1798*. Oxford: Clarendon Press, 1982.

———. "Toussaint Louverture and the Haitian Revolution." In *Profiles of Revolutionaries in Atlantic History, 1700–1850*, ed. R. William Weisberger, Dennis P. Hupchick, and David L. Anderson. Boulder: Social Science Monographs, 2007.

Geifman, Anna. *Death Orders: The Vanguard of Modern Terrorism in Revolutionary Russia*. Santa Barbara: Praeger, 2010.

———. *Entangled in Terror: The Azef Affair and the Russian Revolution*. Wilmington: Scholarly Resources, 2000.

———. *Thou Shalt Kill: Revolutionary Terrorism in Russia, 1894–1917*. Princeton: Princeton University Press, 1993.

Geraghty, Timothy J. *Peacekeepers at War: Beirut 1983—The Marine Commander Tells His Story*. Washington: Potomac Books, 2009.

Geraghty, Tony. *The Irish War: The Military History of a Domestic Conflict*. London: HarperCollins, 1998.

Gericke, Bradley T. *David Petraeus: A Biography*. Santa Barbara: Greenwood, 2011.

Gero, David. *Flights of Terror: Aerial Hijack and Sabotage since 1930*. Sparkford: Haynes Publishing, 2009.

Gerolymatos, André. *The Balkan Wars: Conquest, Revolution and Retribution, from the Ottoman Era to the Twentieth Century and Beyond*. New York: Basic Books, 2002.

Geronimo. *Geronimo: His Own Story. As Told to S. M. Barrett*. New York: Meridian, 1996.

Gershovich, Moshe. *French Military Rule in Morocco: Colonialism and Its Consequences*. London: Frank Cass, 2000.

Geyer, Georgie Anne. *Guerrilla Prince: The Untold Story of Fidel Castro*. Kansas City: Andrews McNeel, 2001.

Giap, Vo Nguyen. *Dien Bien Phu: Rendezvous with History*. Hanoi: Gioi Publishers, 2004.

———. *People's War, People's Army: The Viet Cong Insurrection Manual for Underdeveloped Countries*. Honolulu: University Press of the Pacific, 2001.

———. *Unforgettable Days*. Hanoi: Foreign Languages Publishing House, 1975.

Gibbon, Edward. *The Decline and Fall of the Roman Empire*. 6 vols. Boston: Phillips, Sampson, 1852.

Gibson, James William. *The Perfect War: Technowar in Vietnam*. New York: Atlantic Monthly Press, 2000.

Gilbert, Martin. *Winston S. Churchill*. Vol. 4, *1916–1922: The Stricken World*. Boston: Houghton Mifflin, 1975.

Gildea, Robert. *France since 1945*. Oxford: Oxford University Press, 2002.

Gillette, William. *Retreat from Reconstruction, 1869–1879*. Baton Rouge and London: Louisiana State University Press, 1979.

Gilmour, David. *The Long Recessional: The Imperial Life of Rudyard Kipling.* New York: Farrar, Straus and Giroux, 2002.

Girard, Philippe R. *Paradise Lost: Haiti's Tumultuous Journey from Pearl of the Caribbean to Third World Hot Spot.* New York: Palgrave Macmillan, 2005.

Girardet, Edward R. *Afghanistan: The Soviet War.* New York: St. Martin's Press, 1985.

Giron, Arthur E. "The General Motors." *Runner's World*, December 3, 2007.

Gitlin, Todd. *The Sixties: Years of Hope, Days of Rage.* New York: Bantam Books, 1993.

Gleeson, James. *Bloody Sunday: How Michael Collins's Agents Assassinated Britain's Secret Service in Dublin on November 21, 1920.* Guilford: Lyons Press, 2004.

Gleig, Robert George. *Sale's Brigade in Afghanistan, with an Account of the Seizure and Defence of Jellalabad.* London: John Murray, 1879.

Gleijeses, Piero. *Conflicting Missions: Havana, Washington, and Africa, 1959–1976.* Chapel Hill: University of North Carolina Press, 2002.

Godfrey, E. S. *An Account of Custer's Last Campaign and the Battle of the Little Big Horn.* Palo Alto: Lewis Osborne, 1968.

———. "Some Reminiscences, Including the Washita Battle." *Cavalry Journal*, October 1928.

Goldsworthy, Adrian. *How Rome Fell: Death of a Superpower.* New Haven: Yale University Press, 2009.

———. *Roman Warfare.* London: Phoenix, 2007.

Golway, Terry. *Irish Rebel: John Devoy and America's Fight for Ireland's Freedom.* New York: St. Martin's Press, 1998.

Goode, Steven M. "A Historical Basis for Force Requirements in Counterinsurgency." *Parameters*, Winter 2009–10.

Goodman, Martin. *Rome and Jerusalem: The Clash of Ancient Civilizations.* New York: Alfred A. Knopf, 2007.

———. *The Ruling Class of Judaea: The Origins of the Jewish Revolt against Rome, A.D. 66–70.* Cambridge: Cambridge University Press, 1987.

Goodson, Larry P. *Afghanistan's Endless War: State Failure, Regional Politics, and the Rise of the Taliban.* Seattle: University of Washington Press, 2001.

Goodwin, Jan. *Caught in the Crossfire.* New York: E. P. Dutton, 1987.

Gordon, Andrew. *A Modern History of Japan from Togukawa Times to the Present.* New York: Oxford University Press, 2003.

Gordon, James. *History of the Rebellion in Ireland in the Year 1798.* London: T. Hurst, 1803.

Gordon, John W. *The Other Desert War: British Special Forces in North Africa, 1940–1943.* New York: Greenwood Press, 1987.

———. *South Carolina and the American Revolution: A Battlefield History.* Columbia: South Carolina University Press, 2003.

Gordon, Thomas. *History of the Greek Revolution.* 2 vols. Edinburgh: William Blackwood, 1844.

Gorenberg, Gershom. "The Missing Mahatma: Searching for a Gandhi or a Martin Luther King in the West Bank." *Weekly Standard*, April 6, 2009.

Gortzak, Yoav. "Using Indigenous Forces in Counterinsurgency Operations: The French in Algeria, 1954–1962." *Journal of Strategic Studies*, 2009.

Gott, Richard. *Rural Guerrillas in Latin America*. Middlesex: Penguin, 1973.

Grad, Marcela. *Massoud: An Intimate Portrait of the Legendary Afghan Leader*. St. Louis: Webster University Press, 2009.

Graebner, William. *Patty's Got a Gun: Patricia Hearst in 1970s America*. Chicago: University of Chicago Press, 2008.

Graff, David A., and Robin Higham, eds. *A Military History of China*. Boulder: Westview Press, 2001.

Granado, Alberto. *Traveling with Che Guevara: The Making of a Revolutionary*. New York: Newmarket Press, 2004.

Grandmaison, Thomas August Le Roy de. *La petite guerre; ou, Traité du service des troupes légères en campagne*. Paris: n.p., 1756.

Grant, Ulysses S. *Personal Memoirs*. New York: Modern Library, 1999.

Grau, Lester W. "The Take-Down of Kabul: An Effective Coup de Main." Leavenworth: Combat Studies Institute, October 2002.

Grauwin, Paul. *Doctor at Dienbienphu*. New York: John Day, 1955.

Gray, John S. *Centennial Campaign: The Sioux War of 1876*. Ft. Collins: Old Army Press, 1976.

———. *Custer's Last Campaign: Mitch Boyer and the Little Bighorn Reconstructed*. Lincoln: University of Nebraska Press, 1991.

Great Britain. Parliament. *Hansard's Parliamentary Debates*. London: H. M. Stationery Office, 1803–.

———. *Parliamentary Register; or, History of the Proceedings and Debates of the House of Commons*. 17 vols. London: John Stockdale, 1802.

Green, Israel. "The Capture of John Brown." *North American Review*, December 1885.

Green, Peter. *Alexander of Macedon, 356–323 B.C.: A Historical Biography*. Berkeley: University of California Press, 1991.

Green, Philip James. *Sketches of the War in Greece*. London: Thomas Hurst, 1827.

Greenberg, Lawrence M. *The Hukbalahap Insurrection: A Case Study of a Successful Anti-Insurgency Operation in the Philippines, 1946–1955*. Washington: U.S. Army Center of Military History, 1987.

Greene, Graham. *The Quiet American*. New York: Penguin, 2004.

Greene, Jerome A. *Battles and Skirmishes of the Great Sioux War, 1876–1877*. Norman: University of Oklahoma Press, 1993.

———. *Lakota and Cheyenne: Indian Views of the Great Sioux War, 1876–1877*. Norman: University of Oklahoma Press, 1994.

———. *Morning Star Dawn: The Powder River Expedition and the Northern Cheyennes, 1876*. Norman: University of Oklahoma Press, 2003.

———. *Washita: The U.S. Army and the Southern Cheyennes, 1867–1869*. Norman: University of Oklahoma Press, 2008.

———. *Yellowstone Command: Colonel Nelson A. Miles and the Great Sioux War, 1876–1877*. Lincoln: University of Nebraska Press, 1991.

Greene, Jerome A., and Douglas D. Scott. *Finding Sand Creek: History, Archeology, and the 1864 Massacre Site*. Norman: University of Oklahoma Press, 2006.
Greene, Nathanael. *The Papers of General Nathanael Greene*. 13 vols. Chapel Hill: University of North Carolina Press, 1976–2005.
Greer, Herb. *A Scattering of Dust*. London: Hutchinson, 1962.
Gregorie, Anne King. *Thomas Sumter*. Columbia: R. L. Bryan, 1931.
Grenier, John. *The First Way of War: American War Making on the Frontier*. New York: Cambridge University Press, 2005.
Griffin, Patricia E. *The Chinese Communist Treatment of Counter-Revolutionaries, 1924–1949*. Princeton: Princeton University Press, 1976.
Griffith, Kenneth, and Timothy E. O'Grady. *Curious Journey: An Oral History of Ireland's Unfinished Revolution*. London: Hutchinson, 1982.
Grimal, Henri. *Decolonization: The British, French, Dutch, and Belgian Empires, 1919–1963*. Boulder: Westview Press, 1978.
Grimsley, Mark. *The Hard Hand of War: Union Military Policy toward Southern Civilians, 1861–1865*. Cambridge: Cambridge University Press, 1995.
Grivas, George. *The Memoirs of General Grivas*. New York: Frederick A. Praeger, 1965.
Gross, Feliks. *Violence in Politics: Terror and Political Assassination in Eastern Europe and Russia*. The Hague: Mouton, 1972.
Grousset, René. *The Empire of the Steppes: A History of Central Asia*. Translated by Naomi Walford. New Brunswick: Rutgers University Press, 1970.
Gruber, Ira D. *The Howe Brothers and the American Revolution*. New York: Atheneum, 1972.
Guerin, Daniel. *No Gods, No Masters: An Anthology of Anarchism*. 4 vols. Edinburgh: AK Press, 1998.
Guevara, Ernesto "Che." *The African Dream: The Diaries of the Revolutionary War in the Congo*. New York: Grove Press, 1999.
———. *Back on the Road: A Journey through Latin America*. New York: Grove Press, 2000.
———. *The Bolivian Diary*. Melbourne: Ocean Press, 2006.
———. *Guerrilla Warfare*. Lincoln: University of Nebraska Press, 1961.
———. *The Motorcycle Diaries: Notes on a Latin American Journey*. Melbourne: Ocean Press, 2003.
———. *Reminiscences of the Cuban Revolutionary War*. Melbourne: Ocean Press, 2006.
Guilaine, Jean, and Jean Zammit. *The Origins of War: Violence in Prehistory*. Malden: Blackwell, 2005.
Guillermaz, Jacques. *A History of the Chinese Communist Party, 1921–1949*. New York: Random House, 1972.
Habeck, Mary R. *Knowing the Enemy: Jihadist Ideology and the War on Terror*. New Haven: Yale University Press, 2006.
Hackett, John, ed. *Warfare in the Ancient World*. New York: Facts on File, 1989.
Hafez, Mohammed M. *Suicide Bombers in Iraq: The Strategy and Ideology of Martyrdom*. Washington: U.S. Institute of Peace Press, 2007.

Hahn, Steven. *A Nation under Our Feet: Black Political Struggles in the Rural South from Slavery to the Great Migration.* Cambridge: Harvard University Press, 2003.

Haile Sellassie I. *My Life and Ethiopia's Progress.* 2 vols. East Lansing: Michigan State University Press, 1994.

Halevi, Yossi Klein, and Michael B. Oren. "Center Right: Israel's Unexpected Victory over Terrorism." *New Republic*, September 27, 2004.

Hall, John. *That Bloody Woman: The Turbulent Life of Emily Hobhouse, Cornwall's Forgotten Heroine.* Cornwall: Truran Books, 2008.

Hallo, William W., and J. J. A. Van Dijk. *The Exaltation of Inanna.* New Haven: Yale University Press, 1968.

Hamblin, William J. *Warfare in the Ancient Near East to 1600 BC: Holy Warriors at the Dawn of History.* London: Routledge, 2006.

Hamilton, Ian. *The Commander.* London: Hollis & Carter, 1957.

Hammel, Eric. *The Root: The Marines in Beirut, August 1982–February 1984.* St. Paul, Minn.: Zenith Books, 2005.

Hanna, Henry Bathurst. *The Second Afghan War, 1878-79-80: Its Causes, Its Conduct, Its Consequences.* Westminster: Archibald Constable, 1904.

Hanson, Victor Davis. *Carnage and Culture: Landmark Battles in the Rise of Western Power.* New York: Doubleday, 2001.

———. *Makers of Ancient Strategy: From the Persian Wars to the Fall of Rome.* Princeton: Princeton University Press, 2010.

———. *A War like No Other: How the Athenians and Spartans Fought the Peloponnesian War.* New York: Random House, 2006.

Harclerode, Peter. *Secret Soldiers: Special Forces in the War against Terrorism.* London: Cassell, 2000.

Hardorff, Richard G. *Washita Memories: Eyewitness Accounts of Custer's Attack on Black Kettle's Village.* Norman: University of Oklahoma Press, 2006.

Hardy, Grant, and Anne Behnke Kinney. *The Establishment of the Han Empire and Imperial China.* Westport: Greenwood Press, 2005.

Harel, Amos, and Avi Issacharoff. *34 Days: Israel, Hezbollah, and the War in Lebanon.* New York: Palgrave Macmillan, 2008.

Harik, Judith Palmer. *Hezbollah: The Changing Face of Terrorism.* London: I. B. Tauris, 2007.

Harper, T. N. *The End of Empire and the Making of Malaya.* Cambridge: Cambridge University Press, 1999.

Harris, Walter B. *Morocco That Was.* Westport: Negro Universities Press, 1970.

Harrison, Margaret H. *Captain of the Andes: The Life of Don José de San Martín, Liberator of Argentina, Chile, and Peru.* New York: Richard R. Smith, 1943.

Hart, Alan. *Arafat: A Political Biography.* Bloomington: Indiana University Press, 1989.

Hart, Peter. *The I.R.A. and Its Enemies: Violence and Community in Cork, 1916–1923.* Oxford: Oxford University Press, 2000.

———. *The I.R.A. at War, 1916–1923.* Oxford: Oxford University Press, 2003.

———. *Mick: The Real Michael Collins.* London: Macmillan, 2005.

———, ed. *British Intelligence in Ireland, 1920–21: The Final Reports*. Cork: Cork University Press, 1921.

Hartford, Kathleen, and Steve M. Goldstein. eds. *Single Sparks: China's Rural Revolutions*. Armonk: M. E. Sharpe, 1989.

Hartigan, Richard Shelly. *Lieber's Code and the Law of War*. Chicago: Precedent, 1983.

Hassal, Mary. *Secret History; or, The Horrors of St. Domingo*. Freeport: Books for Libraries Press, 1971.

Hassrick, Royal B. *The Sioux: Life and Customs of a Warrior Society*. Norman: University of Oklahoma Press, 1964.

Hatch, Thom. *Black Kettle: The Cheyenne Chief Who Sought Peace But Found War*. Hoboken: John Wiley, 2004.

Hatley, Paul Buchanan. "Prolonging the Inevitable: The Franc-Tireur and the German Army in the Franco-German War of 1870–1871." Ph.D. diss., Kansas State University, 1997.

Haukelid, Knut. *Skies against the Atom*. London: W. Kimber, 1954.

Havelock, Henry. *Narrative of the War in Afghanistan in 1838–1839*. 2 vols. London: Henry Colburn, 1840.

Hawes, Stephen, and Ralph White, eds. *Resistance in Europe, 1939–1945*. London: Allen Lane, 1975.

Hay, Alice Ivy. *There Was a Man of Genius: Letters to My Grandson Orde Jonathan Wingate*. London: Neville Spearman, 1963.

Hayes, John H., and Sara R. Mandell. *The Jewish People in Classical Antiquity: From Alexander to Bar Kochba*. Louisville: Westminster John Knox Press, 1998.

Headrick, Daniel R. *The Tools of Empire: Technology and European Imperialism in the Nineteenth Century*. New York: Oxford University Press, 1981.

Hearn, Chester G. *The Maccabees: The Years before Herod*. Baltimore: PublishAmerica, 2003.

Hearst, Patty. *Every Secret Thing*. Garden City: Doubleday, 1982.

Heath, William. *Memoirs of Major General William Heath*. New York: William Abbatt, 1901.

Heather, Peter. *The Fall of the Roman Empire: A New History of Rome and the Barbarians*. Oxford: Oxford University Press, 2006.

Heehs, Peter. "Terrorism in India during the Freedom Struggle." *Historian*, Spring 1993.

Heer, Hannes, and Klaus Naumann, eds. *War of Extermination: The German Military in World War II, 1941–1944*. New York: Berghahn Books, 2000.

Heilbrunn, Otto. *Partisan Warfare*. New York: Frederick A. Praeger, 1967.

Heinamaa, Anna, Maija Leppanen, and Yuri Yurchenko. *The Soldiers' Story: Soviet Veterans Remember the Afghan War*. Berkeley: University of California Press, 1994.

Heinl, Robert Debs, and Nancy Gordon Heinl. *Written in Blood: The Story of the Haitian People, 1492–1995*. Lanham: University Press of America, 2005.

Helsinki Watch. "Tears, Blood and Cries: Human Rights in Afghanistan since the Invasion, 1979–1984." New York, December 1984.

Henige, David. *Numbers from Nowhere: The American Indian Contact Population Debate.* Norman: University of Oklahoma Press, 1998.

Henissart, Paul. *Wolves in the City: The Death of French Algeria.* New York: Simon & Schuster, 1970.

Henniker, M. C. A. *Red Shadow over Malaya.* Edinburgh: William Blackwood, 1955.

Hensman, Howard. *The Afghan War of 1879–80.* London: W. H. Allen, 1881.

Herodotus. *The Histories.* New York: Everyman's Library, 1997.

Hibbert, Christopher. *Garibaldi: Hero of Italian Unification.* New York: Palgrave Macmillan, 2008.

Hildermeier, Manfred. *The Russian Socialist Revolutionary Party before the First World War.* New York: St. Martin's Press, 2000.

Hildinger, Erik. *Warriors of the Steppe: A Military History of Central Asia, 500 B.C. to 1700 A.D.* New York: Da Capo Press, 2001.

Hilsman, Roger. *American Guerrilla: My War behind Japanese Lines.* Washington: Brassey's, 1990.

———. *To Move a Nation: The Politics of Foreign Policy in the Administration of John F. Kennedy.* Garden City: Doubleday, 1967.

Hinchcliffe, Peter, John T. Ducker, and Maria Holt. *Without Glory in Arabia: The British Retreat from Aden.* London: I. B. Tauris, 2006.

Hingley, Ronald. *Nihilists: Russian Radicals and Revolutionaries in the Reign of Alexander II (1855–81).* New York: Delacorte Press, 1967.

Hinton, Richard J. *John Brown and His Men, with Some Accounts of the Roads They Traveled to Reach Harper's Ferry.* Rev. ed. New York: Funk and Wagnalls, 1894.

Hoare, Mike. *Congo Mercenary.* London: Robert Hale, 1967.

Hobhouse, Emily. *The Brunt of the War and Where It Fell.* London: Methuen, 1902.

———. *Report to the Committee of the Distress Fund for South African Women and Children.* London: Friars, 1901.

Hobsbawm, Eric. *Bandits.* Rev. ed. New York: New Press, 2000.

Ho Chi Minh. *Ho Chi Minh on Revolution.* New York: Signet Books, 1968.

———. *Selected Writings (1920–1969).* Honolulu: University Press of the Pacific, 2001.

Hodgson, Marshall G. S. *The Secret Order of the Assassins: The Struggle of the Early Nizari Ismailis against the Islamic World.* Philadelphia: University of Pennsylvania Press, 2005.

Hoe, Alan, and Eric Morris. *Re-enter the SAS: The Special Air Service and the Malayan Emergency.* London: Leo Cooper, 1994.

Hoffman, Bruce. *Inside Terrorism.* New York: Columbia University Press, 1998.

Hoffman, Frank G. "Conflict in the 21st Century: The Rise of Hybrid Wars." Arlington: Potomac Institute for Policy Studies, December 2007.

Hoffman, Ronald, Thad W. Tate, and Peter J. Albert, eds. *An Uncivil War: The Southern Backcountry during the American Revolution.* Charlottesville: University Press of Virginia, 1985.

Hoig, Stan. *The Battle of the Washita: Custer's Campaign against the Cheyenne.* Norman: University of Oklahoma Press, 1979.

———. *Sand Creek Massacre*. Norman: University of Oklahoma Press, 1974.
Hoisington, William, Jr. *Lyautey and the French Conquest of Morocco*. New York: St. Martin's Press, 1995.
Holland Robert. *Britain and the Revolt in Cyprus, 1954–1959*. Oxford: Clarendon Press, 1998.
Holland, Tom. *Persian Fire: The First World Empire and the Battle for the West*. New York: Anchor Books, 2007.
———. *Rubicon: The Last Years of the Roman Republic*. New York: Anchor Books, 2005.
Holt, Frank L. *Into the Land of Bones: Alexander the Great in Afghanistan*. Berkeley: University of California Press, 2005.
Hopkinson, Michael. *The Irish War of Independence*. Montreal: McGill-Queen's University Press, 2002.
Hopkirk, J. G. *An Account of the Insurrection in St. Domingo Begun in August 1791*. Edinburgh: William Blackwood, 1833.
Horgan, John. *Sean Lemass: The Enigmatic Patriot*. Dublin: Gill & Macmillan, 1997.
Horne, Alistair. *The Fall of Paris: The Siege and the Commune, 1870–71*. London: Penguin, 2007.
———. *A Savage War of Peace: Algeria, 1954–1962*. New York: Viking, 1977.
Horne, James. *A Land as God Made It: Jamestown and the Birth of America*. New York: Basic Books, 2005.
Horne, John, and Alan Kramer. *German Atrocities, 1914: A History of Denial*. New Haven: Yale University Press, 2001.
Horry, Peter, and Mason Locke Meems. *The Life of General Francis Marion*. Winston-Salem: John F. Blair, 2000.
Howard, Michael. *The Franco-Prussian War*. London: Routledge, 2006.
Howard, Thomas Phipps. *The Haitian Journal of Lieutenant Howard, York Hussars, 1796–1798*. Knoxville: University of Tennessee Press, 1985.
Howarth, David. *The Greek Adventure: Lord Byron and Other Eccentrics in the War of Independence*. New York: Atheneum, 1976.
Howarth, Patrick. *Attila, King of the Huns: The Man and the Myth*. New York: Carroll & Graf, 2001.
Howe, Samuel Gridley. *Letters and Journals of Samuel Gridley Howe during the Greek Revolution*. London: John Lane, 1909.
Hsiung, James C., and Steven I. Levine, eds. *China's Bitter Victory: The War with Japan, 1937–1945*. Armonk: M. E. Sharpe, 1992.
Hudson, Charles. *History of the Town of Lexington*. 2 vols. Boston: Houghton Mifflin, 1913.
Hughes, Geraint. "A 'Model Campaign' Reappraised: The Counter-Insurgency War in Dhofar, Oman, 1965–1975." *Journal of Strategic Studies*, April 2009.
Hughes, James. *Chechnya: From Nationalism to Jihad*. Philadelphia: University of Pennsylvania Press, 2007.
Hull, Isabel V. *Absolute Destruction: Military Culture and the Practices of War in Imperial Germany*. Ithaca: Cornell University Press, 2005.

Hunt, Ray C., and Bernard Norling. *Behind Japanese Lines: An American Guerrilla in the Philippines*. New York: Pocket Books, 1986.
Hutton, Andrew. *The Custer Reader*. Lincoln: University of Nebraska Press, 1992.
———. *Soldiers West: Biographies from the Military Frontier*. Lincoln: University of Nebraska Press, 1987.
Hyam, Ronald. *Britain's Declining Empire: The Road to Decolonization, 1918–1968*. Cambridge: Cambridge University Press, 2006.
Ibrahim, Raymond, ed. *The Al Qaeda Reader*. New York: Broadway Books, 2007.
Intelligence Branch, Army Headquarters, India. *The Second Afghan War 1878–80: Official Account*. London: John Murray, 1908.
"Intercepted Letters of the Soldiery in Boston." *Historical Collections of the Essex Institute* (1861).
"Intifada Toll 2000–2005." *BBC*, February 8, 2005.
Isaac, Benjamin. *The Limits of Empire: The Roman Army in the East*. Oxford: Clarendon Press, 1990.
Isaacson, Walter. *Benjamin Franklin: An American Life*. New York: Simon & Schuster, 2003.
Jaber, Hala. *Hezbollah: Born with a Vengeance*. New York: Columbia University Press, 1997.
Jackson, Julian. *France: The Dark Years, 1940–1944*. Oxford: Oxford University Press, 2001.
Jacob, William. *Travels in the South of Spain in Letters Written A.D. 1809 and 1810*. London: J. Johnson, 1811.
Jacobsen, Mark. "Only by the Sword: British Counter-Insurgency in Iraq, 1920." *Small Wars & Insurgencies*, August 1991.
James, Daniel, ed. *The Complete Bolivian Diaries of Che Guevara and Other Captured Documents*. New York: Cooper Square Press, 2000.
James, Lionel ("The Intelligence Officer"). *On the Heels of De Wet*. Edinburgh: William Blackwood, 1902.
James, Richard Rhodes. *Chindit*. London: John Murray, 1980.
James, William Dobein. *A Sketch of the Life of Brig. Gen. Francis Marion and a History of His Brigade*. Dodo Press, 2007.
Jarvis, C. S. *Arab Command: The Biography of Lieutenant-Colonel F. W. Peake Pasha*. London: Hutchinson, 1942.
Jeney, M. de. *Partisan; ou, l'art de faire la petite guerre*. London: R. Griffiths, 1760.
Jenkins, Brian Michael. *Will Terrorists Go Nuclear?* Amherst: Prometheus Books, 2008.
Jensen, Richard Bach. "The International Campaign against Anarchist Terrorism, 1880–1930s." *Terrorism and Political Violence*, 2009.
———. "Rifles and Dynamite: Anarchist Terrorism in Nineteenth Century Europe." *Terrorism and Political Violence*, 2004.
Jocelyn, Ed, and Andrew McEwen. *The Long March: The True Story behind the Legendary Journey That Made Mao's China*. London: Constable, 2006.

John of Fordun. *Chronicle of the Scottish Nation.* 2 vols. Burnham on Sea: Llanerch, 1993.
Joll, James. *The Anarchists.* Boston: Little, Brown, 1964.
Jomini, Antoine-Henri. *The Art of War.* Mineola: Dover, 2007.
Jonas, George. *Vengeance: The True Story of an Israeli Counter-Terrorist Team.* New York: Simon & Schuster, 2005.
Jones, A. H. M. *The Later Roman Empire 284–602: A Social, Economic, and Administrative Survey.* 2 vols. Norman: University of Oklahoma Press, 1964.
Jones, Howard. *Death of a Generation: How the Assassination of Diem and JFK Prolonged the Vietnam War.* New York: Oxford University Press, 2003.
Jordanes. *The Origins and Deeds of the Goths.* Princeton: Princeton University Press, 1908.
Josephus. *The New Complete Works of Josephus.* Grand Rapids: Kregel Publications, 1999.
"Journal of Lieutenant Thomas Anderson of the Delaware Regiment, 1780–1782." *Historical Magazine,* 1867.
Judd, Denis, and Keith Surridge. *The Boer War.* New York: Palgrave Macmillan, 2003.
Junger, Sebastian. *Fire.* New York: W. W. Norton, 2001.
Juvaini, Ala-ad-Din Ata-Malik. *The History of the World Conqueror.* 2 vols. Cambridge: Harvard University Press, 1958.
Kagan, Kimberly. *The Surge: A Military History.* New York: Encounter, 2009.
Kagan, Robert. *A Twilight Struggle: American Power and Nicaragua, 1977–1990.* New York: Free Press, 1996.
Kalinovsky, Artemy. "The Blind Leading the Blind: Soviet Advisers, Counter-Insurgency and Nation-Building in Afghanistan." Washington: Woodrow Wilson Center for Scholars, January 2010.
―――. *A Long Goodbye: The Soviet Withdrawal from Afghanistan.* Cambridge: Harvard University Press, 2011.
Kalyvas, Stathis N. *The Logic of Violence in Civil War.* Cambridge: Cambridge University Press, 2006.
Kaplan, Robert D. *Soldiers of God: With Islamic Warriors in Afghanistan and Pakistan.* New York: Vintage Books, 2001.
Karnow, Stanley. *Vietnam: A History.* New York: Penguin, 1983.
Katz, Samuel M. *The Elite: The True Story of Israel's Secret Counterterrorist Unit.* New York: Pocket Books, 1992.
Kavanagh, Sean. "The Irish Volunteers' Intelligence Organisation." *Capuchin Annual* (1969).
Kaye, John William. *History of the War in Afghanistan.* 3 vols. London: Richard Bentley, 1851.
Kedward, Roderick. *The Anarchists: The Men Who Shocked an Era.* New York: American Heritage Press, 1971.
Kee, Robert. *The Green Flag: A History of Irish Nationalism.* London: Penguin, 2000.
Keegan, John. *A History of Warfare.* New York: Alfred A. Knopf, 1993.

Keeley, Lawrence H. *War before Civilization: The Myth of the Peaceful Savage*. New York: Oxford University Press, 1996.
Keim, DeBenneville R. *Sheridan's Troopers on the Borders: A Winter Campaign on the Plains*. London: George Routledge, 1885.
Kelly, Sean. *America's Tyrant: The CIA and Mobutu of Zaire*. Washington: American University Press, 1993.
Kennan, George. "The Russian Penal Code." *Century Magazine*, April 1888.
———. *Siberia and the Exile System*. 2 vols. London: James S. Osgood, 1891.
Kenneally, Ian. *The Paper Wall: Newspapers and Propaganda in Ireland, 1919–1921*. Cork: Collins Press, 2008.
Kennedy, Hugh. *The Armies of the Caliphs: Military and Society in Early Islamic States*. New York: Routledge, 2001.
———. *The Great Arab Conquests: How the Spread of Islam Changed the World We Live In*. New York: Da Capo Press, 2007.
———. *Mongols, Huns and Vikings*. London: Cassell, 2002.
Kennedy, Moorhead. *The Ayatollah in the Cathedral*. New York: Hill and Wang, 1986.
Kennedy, Paul. *The Rise and Fall of the Great Powers: Economic Change and Military Conflict from 1500 to 2000*. New York: Vintage, 1989.
Kennedy, Robert M. *German Antiguerrilla Operations in the Balkans (1941–1944)*. Washington: Center of Military History, U.S. Army, 1989.
Kepel, Gilles. *Jihad: The Trail of Political Islam*. Cambridge: Harvard University Press, 2002.
Kepel, Gilles, and Jean-Pierre Milelli, eds. *Al Qaeda in Its Own Words*. Cambridge: Harvard University Press, 2008.
Kerkvliet, Benedict J. *The Huk Rebellion: A Study of Peasant Revolt in the Philippines*. Lanham: Rowman & Littlefield, 2002.
Kershaw, Ian. *Hitler, 1889–1936: Hubris*. New York: W. W. Norton, 1998.
Ketchum, Richard M. *Victory at Yorktown: The Campaign That Won the Revolution*. New York: Henry Holt, 2004.
Kettle, Michael. *De Gaulle and Algeria, 1940–1960: From Mers El-Kebir to the Algiers Barricades*. London: Quarter Books, 1993.
Kierman, Frank A., Jr. *Chinese Ways in Warfare*. Cambridge: Harvard University Press, 1974.
Kimball, Jeffrey. *The Vietnam War Files: Uncovering the Secret History of Nixon-Era Strategy*. Lawrence: University Press of Kansas, 2004.
King, Charles. *The Ghost of Freedom: A History of the Caucasus*. Oxford: Oxford University Press, 2008.
King, Mary Elizabeth. *A Quiet Revolution: The First Palestinian Intifada and Nonviolent Resistance*. New York: Nation Books, 2007.
King-Clark, Robert. *Free for a Blast*. London: Grenville Publishing, 1988.
Kingsbury, Susan Myra, ed. *Records of the Virginia Company, 1606–26*. 4 vols. Washington: Government Printing Office, 1906–35.

Kinzer, Stephen. *Blood of Brothers: Life and War in Nicaragua*. New York: G. P. Putnam's Sons, 1991.

Kipling, Rudyard. *Complete Verse: Definitive Edition*. New York: Anchor Books, 1989.

Kirby, S. Woodburn. *The War against Japan*. 4 vols. London: Her Majesty's Stationery Office, 1958–65.

Kiser, John W. *Commander of the Faithful: The Life and Times of Emir Abd el-Kader*. Rhinebeck: Monkfish, 2008.

Kissinger, Henry. *Ending the Vietnam War*. New York: Simon & Schuster, 2003.

Kitson, Frank. *Gangs and Counter-Gangs*. London: Barrie and Rockliff, 1960.

———. *Low Intensity Operations: Subversion, Insurgency, and Peacekeeping*. St. Petersburg: Hailer, 2006.

Klein, Aaron. J. *Striking Back: The 1972 Munich Olympics Massacre and Israel's Deadly Response*. New York: Random House, 2007.

Kohl, James, and John Litt. *Urban Guerrilla Warfare in Latin America*. Cambridge: MIT Press, 1974.

Koob, Kathryn. *Guest of the Revolution*. Nashville: Thomas Nelson, 1982.

Kopperman, Paul E. *Braddock at the Monongahela*. Pittsburgh: University of Pittsburgh Press, 1977.

Kousser, J. Morgan, and James M. McPherson. *Region, Race, and Reconstruction: Essays in Honor of C. Vann Woodward*. New York: Oxford University Press, 1982.

Krepinevich, Andrew F. *The Army and Vietnam*. Baltimore: Johns Hopkins University Press, 1986.

Kropotkin, Peter. *Memoirs of a Revolutionist*. Boston: Houghton Mifflin, 1899.

Krueger, Alan B. *What Makes a Terrorist: Economics and the Roots of Terrorism*. Princeton: Princeton University Press, 2007.

Kuo, Warren. *Analytical History of Chinese Communist Party*. Taipei: Institute of International Relations, 1966.

Kupperman, Karen Ordahl. *The Jamestown Project*. Cambridge: Harvard University Press, 2007.

Kurapovna, Marcia Christoff. *Shadows on the Mountain: The Allies, the Resistance, and the Rivalries That Doomed WWII Yugoslavia*. New York: John Wiley, 2010.

Kurzman, Dan. *Soldier of Peace: The Life of Yitzhak Rabin*. New York: HarperCollins, 1998.

Kwasny, Mark W. *Washington's Partisan War, 1775–1783*. Kent: Kent State University Press, 1996.

Kynaston, David. *Austerity Britain, 1945–51*. London: Bloomsbury, 2007.

Lacey, Jim. *A Terrorist's Call to Global Jihad: Deciphering Abu Musab al-Suri's Islamic Jihad Manifesto*. Annapolis: Naval Institute Press, 2008.

Lacey, Robert. *Inside the Kingdom: Kings, Clerics, Modernists, Terrorists, and the Struggle for Saudi Arabia*. New York: Penguin, 2009.

Lachica, Eduardo. *The Huks: Philippine Agrarian Society in Revolt*. New York: Praeger, 1971.

Lacroix, Pamphile. *La révolution de Häiti*. Paris: Karthala, 1995.

Lamson, Peggy. *The Glorious Failure: Black Congressman Robert Brown Elliott and the Reconstruction in South Carolina.* New York: W. W. Norton, 1973.

Land, Isaac, ed. *Enemies of Humanity: The Nineteenth-Century War on Terrorism.* Houndmills: Palgrave Macmillan, 2008.

Langlais, Pierre. *Dien Bien Phu.* Paris: Presses Pocket, 1963.

Lansdale, Edward G. *In the Midst of Wars: An American's Mission to Southeast Asia.* New York: Fordham University Press, 1991.

———. "Viet Nam: Do We Understand Revolution?" *Foreign Affairs*, October 1964.

Lapham, Robert, and Bernard Norling. *Lapham's Raiders: Guerrillas in the Philippines, 1942–1945.* Lexington: University Press of Kentucky, 1996.

Laqueur, Walter. *Guerrilla Warfare: A Historical and Critical Study.* New Brunswick: Transaction, 2005.

———. *A History of Terrorism.* New Brunswick: Transaction, 2002.

Larteguy, Jean. *The Centurions.* New York: E. P. Dutton, 1962.

———. *The Praetorians.* St. Petersburg: Hailer, 2005.

Lauchlan, Iain. *Russian Hide-and-Seek: The Tsarist Secret Police in St. Petersburg, 1906–1914.* Helsinki: SKS-FLS, 2002.

Lawrence, Mark Atwood, and Fredrik Logevall. *The First Vietnam War: Colonial Conflict and Cold War Crisis.* Cambridge: Harvard University Press, 2007.

Lawrence, T. E. *Seven Pillars of Wisdom: A Triumph.* New York: Anchor Books, 1991.

———. *T. E. Lawrence to His Biographer, Liddell Hart.* London: Faber and Faber, 1938.

Lazreg, Marnia. *Torture and the Twilight of Empire: From Algiers to Baghdad.* Princeton: Princeton University Press, 2008.

Leach, Douglas Edward. *Flintlocks and Tomahawks: New England in King Philip's War.* East Orleans: Parnassus Imprints, 1992.

LeBlanc, Steven A., with Katherine E. Register. *Constant Battles: The Myth of the Peaceful, Noble Savage.* New York: St. Martin's Press, 2003.

Leclerc, Charles Victor Emmanuel. *Lettres du général Leclerc, commandant en chef de l'armée de Saint-Domingue en 1802.* Paris: Societé de l'histoire des colonies françaises, 1937.

Lederer, William J., and Eugene Burdick. *The Ugly American.* New York: W. W. Norton, 1999.

Lee, Charles. *The Lee Papers, 1754–1811.* 4 vols. New York: New York Historical Society, 1872–75.

Lee, Henry. *Memoirs of the War in the Southern Department of the United States.* New York: University Publishing, 1869.

Leebaert, Derek. *To Dare and to Conquer: Special Operations and the Destiny of Nations, from Achilles to Al Qaeda.* New York: Little, Brown, 2006.

Léger, Jacques Nicolas. *Haiti, Her History and Her Detractors.* New York: Neale Publishing, 1907.

Lepore, Jill. *The Name of War: King Philip's War and the Origins of American Identity.* New York: Alfred A. Knopf, 1998.

Lermontov, Mikhail. *A Hero of Our Time.* New York: Penguin, 2001.

Lester, J. C., and D. L. Wilson. *Ku Klux Klan: Its Origins, Growth and Disbandment.* New York: Neale Publishing, 1905.

Leulliette, Pierre. *St. Michael and the Dragon: Memoirs of a Paratrooper.* Boston: Houghton Mifflin, 1964.

Levick, Barbara. *Vespasian.* London: Routledge, 1999.

Levine, Steven I. *Anvil of Victory: The Communist Revolution in Manchuria, 1945–1948.* New York: Columbia University Press, 1987.

Lewin, Ronald. *The Chief: Field Marshal Lord Wavell, Commander-in-Chief and Viceroy, 1939–1947.* New York: Farrar Straus Giroux, 1980.

Lewis, Bernard. *The Assassins: A Radical Sect in Islam.* New York: Basic Books, 1967.

Lewis, Brian. "The Legend of Sargon: A Study of the Akkadian Text and the Tale of the Hero Who Was Exposed at Birth." Ph.D. diss., New York University, 1976.

Lewis, Mark Edward. *The Early Chinese Empires: Qin and Han.* Cambridge: Harvard University Press, 2007.

Li, Zhisui. *The Private Life of Chairman Mao.* New York: Random House, 1994.

Liang, Hsi-Huey. *The Rise of Modern Police and the European State System from Metternich to the Second World War.* Cambridge: Cambridge University Press, 1992.

Liddell Hart, Basil H. *Lawrence of Arabia.* New York: Da Capo Press, 1935.

———. *Strategy.* New York: Plume, 1991.

Lieber, Francis. *Instructions for the Government of Armies of the United States in the Field.* Washington: Government Printing Office, 1898.

Lieven, Dominic. *Russia against Napoleon: The True Story of the Campaigns of War and Peace.* New York: Viking, 2009.

The Life, Trial, and Execution of Captain John Brown, Known as "Old Brown of Ossawotomie." New York: Robert M. De Witt, 1859.

Liman Sanders, Otto von. *Five Years in Turkey.* Annapolis: U.S. Naval Institute, 1928.

Lincoln, Charles H., ed. *Narratives of the Indian Wars, 1675–1699.* New York: Charles Scribner's Sons, 1913.

Lincoln, W. Bruce. *The Romanovs: Autocrats of All the Russias.* New York: Doubleday, 1981.

Lindsay, Franklin. *Beacons in the Night: With the OSS and Tito's Partisans in Wartime Yugoslavia.* Stanford: Stanford University Press, 1993.

Lister, Jeremy. *Concord Fight: Being so Much of the Narrative of Ensign Jeremy Lister of the 10th Regiment of Foot as Pertains to His Services on the 19th of April, 1775.* Cambridge: Harvard University Press, 1931.

Liverani, Mario, ed. *Akkad, the First World Empire: Structure, Ideology, Traditions.* Padova: Sargon, 1993.

Livy. *The History of Rome, Books Thirty-Seven to the End.* London: Bell, 1888.

Loewe, Michael. *Everyday Life in Early Imperial China.* Indianapolis: Hackett, 2005.

Lonergan, Walter F. *Forty Years of Paris.* London: T. Fisher Unwin, 1907.

Longworth, Philip. *The Cossacks.* New York: Holt, Rinehart, and Winston, 1969.

———. *Russia: The Once and Future Empire from Pre-History to Putin.* New York: St. Martin's Press, 2005.

Lorge, Peter. *War, Politics, and Society in Early Modern China, 900–1795.* London and New York: Routledge, 2005.

Louverture, Toussaint. *The Haitian Revolution.* London: Verso, 2008.

———. *Memoir of General Touissant Louverture, Written by Himself.* In John Reilly Beard, *Toussaint L'Ouverture: Biography and Autobiography.* Boston: James Redpath, 1863.

Low, Charles Rathbone. *The Life and Correspondence of Field-Marshall Sir George Pollock.* London: W. H. Allen, 1873.

Lucas, James. *Kommando: German Special Forces of World War Two.* New York: St. Martin's Press, 1985.

Luft, Gal. "Israel's Security Zone in Lebanon—A 'Tragedy'?" *Middle East Quarterly,* September 2000.

Lundberg, Kirsten. "Politics of a Covert Action: The U.S., the Mujahideen, and the Stinger Missile." Case Study C15-99-1546.0. John F. Kennedy School of Government, Harvard, 1999.

Lunt, James D. *Bokhara Burnes.* London: Faber, 1969.

Lutnick, Solomon. *The American Revolution and the British Press, 1775–1783.* Colombia: University of Missouri Press, 1967.

Luttwak, Edward N. "Dead End: Counterinsurgency Warfare as Military Malpractice." *Harper's Magazine,* February 2007.

Lyakhovskiy, Aleksandr Antonovich. "Inside the Soviet Invasion of Afghanistan and the Seizure of Kabul, December 1979." Working Paper no. 55. Washington: Woodrow Wilson International Center for Scholars, January 2007.

Lyall, Jason, and Isaiah Wilson III. "Rage against the Machines: Explaining Outcomes in Counterinsurgency Wars." *International Organization.* Winter 2009.

Lyautey, Hubert. "Du rôle social de l'officier." *Revue des Deux Mondes,* March–April 1891.

———. "Du rôle colonial de l'armée." *Revue des Deux Mondes,* January 15, 1900.

———. *Lettres du Tonkin et de Madagascar (1894–1899).* 2 vols. Paris: Armand Colin, 1920.

Lynn, John A., ed. *Acta of the XXVIIIth Congress of the International Commission of Military History.* Chicago: McCormack Foundation, 2003.

Lyttelton, Oliver. *The Memoirs of Lord Chandos: An Unexpected View from the Summit.* New York: New American Library, 1963.

Macdonald, Peter. *Giap: The Victor in Vietnam.* New York: W. W. Norton, 1993.

Mack, John E. *A Prince of Our Disorder: The Life of T. E. Lawrence.* Cambridge: Harvard University Press, 1998.

Mackay, Christopher S. *Ancient Rome: A Military and Political History.* Cambridge: Cambridge University Press, 2004.

Mackay, Donald. *The Malayan Emergency, 1948–60: The Domino That Stood.* London: Brassey's, 1997.

Mackay, James. *William Wallace: Brave Heart.* Edinburgh: Mainstream Publishing, 1995.

Mackenzie, Frederick. *Diary of Frederick Mackenzie.* 2 vols. Cambridge: Harvard University Press, 1930.
Mackenzie, William. *The Secret History of S.O.E.: Special Operations Executive 1940–1945.* London: St. Ermin's Press, 2000.
Mackesy, Piers. *The War for America, 1775–1783.* Lincoln: University of Nebraska Press, 1993.
Mackey, Robert R. *The Uncivil War: Irregular Warfare in the Upper South, 1861–1865.* Norman: University of Oklahoma Press, 2004.
Mack Smith, Denis. *Garibaldi: A Great Life in Brief.* Westport: Greenwood Press, 1956.
———. *Mazzini.* New Haven: Yale University Press, 1994.
Maclean, Fitzroy. *Disputed Barricade: The Life and Times of Josip Broz-Tito, Marshal of Jugoslavia.* London: J. Cape, 1957.
———. *Eastern Approaches.* London: Penguin, 1991.
Macready, Nevil. *Annals of an Active Life.* 2 vols. London: Hutchinson, 1924.
Macrory, Patrick. *Retreat from Kabul.* Guilford: Lyons Press, 2002.
Madden, Thomas F. *Empires of Trust: How Rome Built—and America Is Building—a New World.* New York: Dutton, 2008.
Mahon, John K. *History of the Second Seminole War, 1835–1842.* Rev. ed. Gainesville: University Presses of Florida, 1989.
Malato, Charles. "Some Anarchist Portraits." *Fortnightly Review,* September 1, 1894.
Malone, Patrick M. *The Skulking Way of War: Technology and Tactics among the New England Indians.* Lanham: Madison Books, 1991.
Man, John. *Attila: The Barbarian King Who Challenged Rome.* New York: Thomas Dunne, 2005.
Mann, Charles C. *1491: New Revelations of the Americas before Columbus.* New York: Alfred A. Knopf, 2003.
Mansoor, Peter, and Williamson Murray, eds. *Hybrid Warfare: The Struggle of Military Forces to Adapt to Complex Opponents from the Ancient World to the Present.* Cambridge: Cambridge University Press, 2012.
Mao Zedong. *Aspects of China's Anti-Japanese Struggle.* Bombay: People's Publishing House, 1948.
———. *On Guerrilla Warfare.* 2nd ed. Baltimore: Nautical & Aviation Publishing, 1992.
———. *Selected Military Writings of Mao Zedong.* Peking: Foreign Languages Press, 1968.
Marchak, Patricia. *God's Assassins: State Terrorism in Argentina in the 1970s.* Montreal: McGill-Queen's University Press, 1999.
Marighella, Carlos. *Minimanual of the Urban Guerrilla.* St. Petersburg: Red and Black, 2008.
Mario, Alberto. *The Red Shirt: Episodes.* London: Smith, Elder, 1865.
Marks, Steven G. *How Russia Shaped the Modern World.* Princeton: Princeton University Press, 2003.

Marlowe, Ann. *David Galula: His Life and Intellectual Context*. Carlisle: Strategic Studies Institute, 2010.

Marshall, Peter. *Demanding the Impossible: A History of Anarchism*. London: Harper Perennial, 2008.

Marshman, John Clark. *Memoirs of Major-General Sir Henry Havelock*. New York: Longmans, Green, 1909.

Martin, A. C. *The Concentration Camps 1900–1902: Facts, Figures, and Fables*. Cape Town: Howard Timmins, 1957.

Martinez, J. Michael. *Carpetbaggers, Cavalry, and the Ku Klux Klan*. Lanham: Rowman & Littlefield, 2007.

Martinez, Manuel F. *Magsaysay: The People's President*. Makati City: Salesiana, 2005.

Massu, Jacques. *La vraie bataille d'Alger*. Paris: Plon, 1971.

Masters, John. *Bugles and a Tiger: My Life in the Gurkhas*. London: Cassell, 2004.

———. *The Road Past Mandalay*. London: Cassell, 2003.

Matthews, Herbert L. *The Cuban Story*. New York: George Braziller, 1961.

Matyszak, Philip. *The Enemies of Rome: From Hannibal to Attila the Hun*. London: Thames & Hudson, 2004.

Maurice, Frederick, et al. *History of the War in South Africa, 1899–1902*. 4 vols. London: Hurst and Blackett, 1906–10.

Maurice's Strategikon: Handbook of Byzantine Military Strategy. Philadelphia: University of Pennsylvania Press, 1984.

Maurois, André. *Marshal Lyautey*. London: John Lane, 1931.

Maxwell, Gavin. *Lords of the Atlas: The Rise and Fall of the House of Glaoua, 1893–1956*. London: Longmans, 1966.

May, Timothy. *The Mongol Art of War: Chinggis Khan and the Mongol Military System*. Yardley: Westholme, 2007.

Mayer, Jane. *The Dark Side: The Inside Story of How the War on Terror Turned into a War on American Ideals*. New York: Doubleday, 2008.

Mazower, Mark. *Hitler's Empire: How the Nazis Ruled Europe*. New York: Penguin, 2008.

Mazzini, Giuseppe. *Life and Writings of Joseph Mazzini*. 6 vols. London: Smith, Elder, 1890.

McClain, James L. *Japan: A Modern History*. New York: W. W. Norton, 2002.

McClintock, Michael. *Instruments of Statecraft: U.S. Guerrilla Warfare, Counterinsurgency, and Counter-terrorism, 1940–1990*. New York: Pantheon, 1992.

McCrady, Edward. *The History of South Carolina in the Revolution, 1775–1783*. 2 vols. New York: Macmillan, 1902.

McDermott, Terry. *Perfect Soldiers: The Hijackers: Who They Were, Why They Did It*. New York: HarperCollins, 2005.

McKenzie, Steven L. *King David: A Biography*. Oxford: Oxford University Press, 2000.

McMahon, Robert J. *Colonialism and Cold War: The United States and the Struggle for Indonesian Independence, 1945–49*. Ithaca: Cornell University Press, 1981.

McNamee, Colm. *Robert Bruce: Our Most Valiant Prince, King and Lord.* Edinburgh: Birlinn, 2006.

McPherson, James. *Battle Cry of Freedom: The Civil War Era.* Oxford: Oxford University Press, 1988.

McRaven, William. H. *Spec Ops: Case Studies in Special Operations Warfare.* San Marin: Presidio, 1995.

McWilliams, Timothy, Kurtis P. Wheeler, and Gary Montgomery, eds. *Al-Anbar Awakening.* Vol. 1, *American Perspectives.* Quantico: Marine Corps University, 2009.

———, eds. *Al-Anbar Awakening.* Vol. 2, *Iraqi Perspectives.* Quantico: Marine Corps University, 2009.

Meador, Betty De Shong. *Inanna, Lady of Largest Heart: Poems of the Sumerian High Priestess Enheduanna.* Austin: University of Texas Press, 2000.

Meinhof, Ulrike. *Everybody Talks about the Weather . . . We Don't.* New York: Seven Stories Press, 2008.

Melena, Elpis. *Garibaldi: Recollections of His Public and Private Life.* London: Trubner, 1887.

———. *Recollections of General Garibaldi.* London: Saunders, Otley, 1861.

Mellick, Andrew D. *The Story of an Old Farm; or, Life in New Jersey in the Eighteenth Century.* Somerville: Unionist-Gazette, 1889.

Mendelson, Sarah E. *Changing Course: Ideas, Politics, and the Soviet Withdrawal from Afghanistan.* Princeton: Princeton University Press, 1998.

Méneval, Claude-François. *Memoirs Illustrating the History of Napoleon I from 1802 to 1815.* 3 vols. New York: D. Appleton, 1894.

Merari, Ariel, and Shlomo Elad. *The International Dimension of Palestinian Terrorism.* Boulder: Westview Press, 1986.

Merom, Gil. *How Democracies Lose Small Wars.* Cambridge: Cambridge University Press, 2003.

Merriman, John. *The Dynamite Club: How a Bombing in Fin-de-Siècle Paris Ignited the Age of Modern Terror.* Boston: Houghton Mifflin Harcourt, 2009.

Michael, George. "The Legend and Legacy of Abu Musab al-Zarqawi." *Defence Studies,* September 2007.

Michino, Gregory F. *Lakota Noon: The Indian Narrative of Custer's Defeat.* Missoula: Mountain Press, 1997.

Middlekauff, Robert. *The Glorious Cause. The American Revolution, 1763–1789.* Oxford: Oxford University Press, 2005.

Miles, Nelson A. *Personal Recollections and Observations of General Nelson A. Miles.* Chicago: Werner, 1896.

———. *Serving the Republic: Memoirs of the Civil and Military Life of Nelson A. Miles, Lieutenant General, United States Army.* New York: Harper & Brothers, 1911.

Miller, Harry. *The Communist Menace in Malaya.* New York: Frederick A. Praeger, 1954.

Milner, Alfred. *The Milner Papers: South Africa, 1897–1905.* 2 vols. London: Cassell, 1933.

Milner, Joe. *To Blazes with Glory: A Chindit's War.* Devon: Lazarus Press, 1995.

Miot de Mélito, André François. *Memoirs of Count Miot de Melito.* New York: Scribner, 1881.
Missall, John, and Mary Lou Missall. *The Seminole Wars: America's Longest Indian Conflict.* Gainesville: University Press of Florida, 2004.
Mitchell, Stephen. *A History of the Later Roman Empire, AD 284–641.* Malden: Blackwell, 2007.
Mitnick, Barbara J., ed. *New Jersey in the American Revolution.* New Brunswick: Rivergate Books, 2005.
Mitrokhin, Vasiliy. "The KGB in Afghanistan." Working Paper no. 40. Washington: Woodrow Wilson International Center for Scholars, July 2009.
Mockaitis, Thomas R. *British Counterinsurgency, 1919–60.* London: Macmillan, 1990.
Mockler, Anthony. *Haile Selassie's War: The Italian-Ethiopian Campaign, 1935–1941.* New York: Random House, 1984.
Moghadam, Asif. *The Globalization of Martyrdom: Al Qaeda, Salafi Jihad, and the Diffusion of Suicide Attacks.* Baltimore: Johns Hopkins University Press, 2008.
Moloney, Ed. *The Secret History of the IRA.* New York: W. W. Norton, 2002.
Montanus, Paul D. "A Failed Counterinsurgency Strategy: The British Southern Campaign, 1780–1781. Are There Lessons for Today?" Carlisle: U.S. Army War College, 2005.
Montefiore, Simon Sebag. *Young Stalin.* New York: Alfred A. Knopf, 2007.
Montmorency, Hervey de. *Sword and Stirrup: Memoires of an Adventurous Life.* London: G. Bell, 1936.
Moore, Harold G., and Joseph L. Galloway. *We Were Soldiers Once . . . and Young.* New York: Ballantine, 2004.
Moore, Rayburn S. "John Brown's Raid at Harpers Ferry: An Eyewitness Account by Charles White." *Virginia Magazine of History and Biography,* October 1959.
Moran, Charles. *Churchill Taken from the Diaries of Lord Moran: The Struggle for Survival, 1940–1965.* Boston: Houghton Mifflin, 1966.
Morgan, Edmund S. *American Heroes: Profiles of Men and Women Who Shaped Early America.* New York: W. W. Norton, 2009.
Morgan, Ted. *My Battle of Algiers: A Memoir.* Washington, D.C.: Smithsonian Books, 2006.
———. *Valley of Death: The Tragedy at Dien Bien Phu That Led America into the Vietnam War.* New York: Random House, 2010.
Morris, Benny. *1948: A History of the First Arab-Israeli War.* New Haven: Yale University Press, 2008.
———. *Righteous Victims: A History of the Zionist-Arab Conflict, 1881–2001.* New York: Vintage Books, 2001.
Morris, Donald R. *The Washing of the Spears: A History of the Rise of the Zulu Nation under Shaka and Its Fall in the Zulu War of 1879.* New York: Simon & Schuster, 1965.
Mortimer, Gavin. *Stirling's Men: The Inside History of the SAS in World War II.* London: Weidenfeld & Nicolson, 2004.

Mosely, Leonard. *Gideon Goes to War*. New York: Charles Scribner's Sons, 1955.
———. *The Glorious Fault: The Life of Lord Curzon*. New York: Harcourt Brace, 1960.
Moss, W. Stanley. *Ill Met by Moonlight*. London: Harrap, 1950.
Most, Johann. *Science of Revolutionary Warfare*: El Dorado: Desert Publications, 1978.
Moultrie, William. *Memoirs of the American Revolution, So Far as It Related to the States of North and South Carolina, and Georgia*. New York: David Longworth, 1802.
Moyar, Mark. *Triumph Forsaken: The Vietnam War, 1954–1965*. Cambridge: Cambridge University Press, 2006.
Muenchhausen, Friedrich von. *At General Howe's Side, 1776–1778: The Diary of General William Howe's Aide to Camp, Captain Friedrich von Muenchhausen*. Monmouth Beach: Philip Freneau Press, 1974.
Mundy, Rodney. *H.M.S. Hannibal at Palermo and Naples, during the Italian Revolution, 1859–1861*. London: John Murray, 1863.
Murray, W. H. *Rob Roy MacGregor: His Life and Times*. Edinburgh: Canongate Press, 1993.
Nagl, John A. *Learning to Eat Soup with a Knife: Counterinsurgency Lessons from Malaya and Vietnam*. Chicago: University of Chicago Press, 2005.
Naimark, Norman M. *Terrorists and Social Democrats: The Russian Revolutionary Movement under Alexander III*. Cambridge: Harvard University Press, 1983.
Napoleon I. *The Confidential Correspondence of Napoleon Bonaparte with His Brother Joseph, Sometime King of Spain*. 2 vols. New York: D. Appleton, 1856.
———. *Correspondance de Napoléon Ier: publiée par ordre de l'empereur Napoléon III*. 32 vols. Paris: Henri Plon, J. Dumaine, 1858–70.
Napoleoni, Loretta. *Insurgent Iraq: Al Zarqawi and the New Generation*. New York: Seven Stories Press, 2005.
Nashel, Jonathan. *Edward Lansdale's Cold War*. Amherst: University of Massachusetts Press, 2005.
Nasr, Vali. *The Shia Revival: How Conflicts within Islam Will Shape the Future*. New York: W. W. Norton, 2007.
Nasrallah, Hassan. *Voice of Hezbollah: The Statements of Sayyed Hassan Nasrallah*. London: Verso, 2007.
National Commission on Terrorist Attacks upon the United States. *The 9/11 Commission Report*. New York: W. W. Norton, n.d.
Neill, Edward D. *Memoir of Rev. Patrick Copland: A Chapter of the English Colonization of America*. New York: Charles Scribner, 1871.
Neligan, David. *The Spy in the Castle*. London: MacGibbon & Kee, 1968.
Netanyahu, Iddo. *Entebbe: The Jonathan Netanyahu Story: A Defining Moment in the War on Terrorism*. Green Forest: Balfour Books, 2003.
Neumann, Sigmund. *The Future in Perspective*. New York: G. P. Putnam's Sons, 1946.
Nguyen, Tien Hung, and Jerrold L. Schecter. *The Palace File*. New York: Harper & Row, 1986.
Nikolaejewsky, Boris. *Aseff the Spy: Russian Terrorist and Police Stool*. Hattiesburg, Miss.: Academic International, 1969.

Norris, J. A. *The First Afghan War, 1838–1842.* Cambridge: Cambridge University Press, 1967.
Norton, Augustus Richard. *Amal and the Shi'a: Struggle for the Soul of Lebanon.* Austin: University of Texas Press, 1987.
———. *Hezbollah: A Short History.* Princeton: Princeton University Press, 2007.
Oates, Stephen B. *To Purge This Land with Blood: A Biography of John Brown.* Amherst: University of Massachusetts Press, 1984.
O'Ballance, Edgar. *The Algerian Insurrection, 1954–62.* Hamden: Archon Books, 1967.
Oberdorfer, Dan. *Tet!* New York: Doubleday, 1971.
O'Connell, Robert L. *Of Arms and Men: A History of War, Weapons, and Aggression.* New York: Oxford University Press, 1989.
Ogburn, Charlton, Jr. *The Marauders.* New York: Harper & Brothers, 1956.
O'Hanlon, Michael, and Ian Livingston. "Iraq Index: Tracking Variables of Reconstruction and Security in Post-Saddam Iraq." www.brookings.edu/iraqindex.
Oliver, H. *The International Anarchist Movement in Late Victorian London.* New York: St. Martin's Press, 1983.
O'Malley, Ernie. *On Another Man's Wounds: A Personal History of Ireland's War of Independence.* Boulder: Roberts Rinehart, 1999.
Oman, Charles. *A History of the Peninsular War.* 7 vols. Oxford: Clarendon Press, 1902.
Omissi, David E. *Air Power and Colonial Control: The Royal Air Force, 1919–1939.* Manchester: Manchester University Press, 1990.
O'Neil, Bard E. *Insurgency and Terrorism: From Revolution to Apocalypse.* Washington: Potomac Books, 2005.
Oren, Michael. "Orde Wingate: Friend under Fire." *Azure,* Winter 2001.
Orwell, George. *The Collected Essays, Journalism & Letters.* 4 vols. Boston: Nonpareil Books, 2000.
Osanka, Franklin Mark, ed. *Modern Guerrilla Warfare: Fighting Communist Guerrilla Movements, 1941–1961.* New York: Free Press, 1962.
Ossoli, Margert Fuller. *Memoirs of Margaret Fuller Ossoli.* 2 vols. Boston: Phillips, Sampson, 1852.
Ott, Thomas O. *The Haitian Revolution, 1789–1804.* Knoxville: University of Tennessee Press, 1973.
Owings, W. A. Dolph, Elizabeth Pribic, and Nikola Pribic, eds. *The Sarajevo Trial.* 2 vols. Chapel Hill: Documentary Publications, 1984.
Pachonski, Jan, and Reuel K. Wilson. *Poland's Caribbean Tragedy: A Study of Polish Legions in the Haitian War of Independence, 1802–1803.* New York: Columbia University Press, 1986.
Pakenham, Thomas. *The Boer War.* New York: Avon Books, 1979.
———. *The Scramble for Africa.* New York: Avon Books, 1991.
Palij, Michael. *The Anarchism of Nestor Makhno, 1981–1921: An Aspect of the Ukrainian Revolution.* Seattle: University of Washington Press, 1976.
Pan Ku. *The History of the Former Han Dynasty.* 3 vols. New York: American Council of Learned Societies, 1938–55.

Pape, Robert A. *Dying to Win: The Strategic Logic of Suicide Terrorism.* New York: Random House, 2006.
Papen, Franz von. *Memoirs.* London: Andre Deutsch, 1952.
Paret, Peter. *French Revolutionary Warfare from Indochina to Algeria.* New York: Frederick A. Praeger, 1964.
———. *Internal War and Pacification: The Vendée, 1789–1796.* Princeton: Center of International Studies, 1961.
Paret, Peter, with Gordon A. Craig and Felix Gilbert, eds. *Makers of Modern Strategy: From Machiavelli to the Nuclear Age.* Princeton: Princeton University Press, 1986.
Parham, Althea de Puech, ed. *My Odyssey: Experiences of a Young Refugee from Two Revolutions by a Creole of Saint Domingue.* Baton Rouge: Louisiana State University Press, 1959.
Park, Thomas, and Aomar Boum. *Historical Dictionary of Morocco.* Lanham: Rowman & Littlefield, 2006.
Parker, Geoffrey, ed. *The Cambridge Illustrated History of Warfare: The Triumph of the West.* Cambridge: Cambridge University Press, 2004.
Parkman, Francis. *France and England in North America.* 2 vols. New York: Library of America, 1983.
Paroulakis, Peter H. *The Greek War of Independence.* Darwin: Hellenic International Press, 2000.
Parris, John. *The Lion of Caprera: A Biography of Giuseppe Garibaldi.* New York: David McKay, 1962.
Patti, Archimedes L. A. *Why Viet Nam? Prelude to America's Albatross.* Berkeley: University of California Press, 1980.
Pavlowitch, Stevan K. *Hitler's New Disorder: The Second World War in Yugoslavia.* New York: Columbia University Press, 2008.
Payne, Leslie. *The Life and Death of the SLA.* New York: Ballantine, 1976.
Peckham, Howard H., ed. *Sources of American Independence: Selected Manuscripts from the Collections of the William L. Clements Library.* 2 vols. Chicago: University of Chicago Press, 1978.
———. *Toll of Independence: Engagements and Battle Casualties of the American Revolution.* Chicago: University of Chicago Press, 1974.
Pedahzur, Ami. *The Israeli Secret Services and the Struggle against Terrorism.* New York: Columbia University Press, 2009.
———. *Suicide Terrorism.* Malden: Polity Press, 2008.
Peers, C. J. *Soldiers of the Dragon: Chinese Armies, 1500 BC–AD 1840.* Oxford: Osprey, 2006.
Peers, William R., and Dean Brelis. *Behind the Burma Road: The Story of America's Most Successful Guerrilla Force.* Boston: Atlantic Monthly Press, 1963.
Peng Dehuai. *Memoirs of a Chinese Marshal.* Beijing: Foreign Languages Press, 1984.
Pennell, C. R. *A Country with a Government and a Flag: "The Rif War" in Morocco, 1921–1926.* Cambridgeshire: Middle East and North African Studies Press, 1986.

Pennell, E. R. and J. *The Life of James McNeill Whistler*. 2 vols. London: William Heinemann, 1908.
Percy, Hugh Earl. *Letters of Hugh Earl Percy from Boston and New York, 1774–1776*. Boston: Charles E. Goodspeed, 1902.
Perdue, Peter. *China Marches West: The Qing Conquest of Central Eurasia*. Cambridge: Harvard University Press, 2005.
Peres, Shimon. *Battling for Peace: A Memoir*. New York: Random House, 1995.
Peretz, Don. *Intifada: The Palestinian Uprising*. Boulder: Westview Press, 1990.
Perez, Faustino. "Granma Voyage Began Revolutionary War." Radio address, Dec. 2, 1958. http://www.themilitant.com/1996/6013/6013_25.html.
Perowne, Stewart. *The Life and Times of Herod the Great*. London: Hodder and Stoughton, 1956.
Peterson, J. E. *Oman's Insurgencies: The Sultanate's Struggle for Supremacy*. London: SAQI, 2007.
Petraeus, David H. "The American Military and the Lessons of Vietnam." Ph.D. diss., Princeton University, 1987.
———. "Counterinsurgency Guidance." *Military Review*, September/October 2008.
———. "The Surge of Ideas: COINdinistas and Change in the U.S. Army in 2006." Speech to the American Enterprise Institute, May 6, 2010.
Pettifer, James, ed. *The New Macedonian Question*. London: Macmillan, 1999.
Phillips, Rufus. *Why Vietnam Matters: An Eyewitness Account of Lessons Not Learned*. Annapolis: Naval Institute Press, 2008.
Phillipps, L. March. *With Rimington*. London: Edward Arnold, 1901.
Pienaar, Philip. *With Steyn and De Wet*. London: Methuen, 1902.
Pieragostini, Karl. *Britain, Aden, and South Arabia: Abandoning Empire*. New York: St. Martin's Press, 1991.
Pike, Douglas. *PAVN: People's Army of Vietnam*. Novato: Presidio Press, 1986.
Pioneer. *The Risings on the North-West Frontier, 1897–1898*. Allahabad: Pioneer Press, 1898.
Pipes, Richard. *The Degaev Affair: Terror and Treason in Tsarist Russia*. New Haven: Yale University Press, 2003.
———. *Russia under the Old Regime*. New York: Penguin, 1995.
Playfair, I. S. O. *The Mediterranean and the Middle East*. Vol. 1, *The Early Successes against Italy (to May 1941)*. London: Her Majesty's Stationery Office, 1954.
PLO: Captured Documents. Philadelphia: Pavilion Press, 2004.
Plutarch. *Plutarch's Lives*. 2 vols. New York: Modern Library, 2001.
Politkovskaya, Anna. *A Small Corner of Hell: Dispatches from Chechnya*. Chicago: University of Chicago Press, 2003.
Polk, William R. *Violent Politics: A History of Insurgency, Terrorism, and Guerrilla War, from the American Revolution to Iraq*. New York: HarperCollins, 2007.
Polybius. *The Histories*. 6 vols. Cambridge: Harvard University Press, 1922–27.
Pomper, Philip. *Lenin's Brother: The Origins of the October Revolution*. New York: W. W. Norton, 2010.

Popkin, Jeremy D. *Facing Racial Revolution: Eyewitness Accounts of the Haitian Insurrection*. Chicago: University of Chicago Press, 2007.
Porch, Douglas. *The Conquest of Morocco*. New York: Farrar, Straus and Giroux, 2005.
———. *The Conquest of the Sahara*. New York: Farrar, Straus and Giroux, 2005.
———. *The French Foreign Legion: A Complete History of the Legendary Fighting Force*. New York: HarperPerennial, 1991.
———. *The French Secret Services: From the Dreyfus Affair to the Gulf War*. New York: Farrar, Straus and Giroux, 1995.
Pownall, Henry. *Chief of Staff: The Diaries of Lieutenant General Sir Henry Pownall*. Edited by Brian Bond. 2 vols. London: L. Cooper, 1972–74.
Prestwich, Michael. *Edward I*. New Haven: Yale University Press, 1988.
Price, David A. *Love and Hate in Jamestown: John Smith, Pocahontas, and the Heart of a New Nation*. New York: Alfred A. Knopf, 2003.
Price, Jonathan J. *Jerusalem under Siege: The Collapse of the Jewish State, 66–70 C.E.* Leiden: E. J. Brill, 1992.
Price, Richard, ed. *Maroon Societies: Rebel Slave Communities in the Americas*. Garden City: Anchor Books, 1973.
Priscus. "Priscus at the Court of Attila." Fragment 8. http://www.ucalgary.ca/~vandersp/Courses/texts/prisfr8.html.
Puls, Mark. *Samuel Adams: Father of the American Revolution*. New York: Palgrave Macmillan, 2006.
Qarakhi, Muhammad Tahir al-. *The Shining of Daghestani Swords in Certain Campaigns of Shamil*. In *Russian-Muslim Confrontation in the Caucasus: Alternative Visions of the Conflict between Imam Shamil and the Russians, 1830–1859*, ed. Thomas Sanders, Ernest Tucker, and Gary Hamburg. London: RoutledgeCurzon, 2004.
Qassem, Naim. *Hizbullah: The Story from Within*. London: Saqi, 2007.
Queen, Richard, with Patricia Hass. *Inside and Out: Hostage to Iran, Hostage to Myself*. New York: G. P. Putnam's Sons, 1981.
Quinn-Judge, Sophie. *Ho Chi Minh: The Missing Years, 1919–1941*. Berkeley: University of California Press, 2002.
Quirk, Robert E. *Fidel Castro*. New York: W. W. Norton, 1993.
Rabin, Yitzhak. *The Rabin Memoirs*. Berkeley: University of California Press, 1996.
Rabinovich, Itamar. *The War for Lebanon, 1970–1985*. Ithaca: Cornell University Press, 1985.
Rable, George C. *But There Was No Peace: The Role of Violence in the Politics of Reconstruction*. Athens: University of Georgia Press, 2007.
Radzinsky, Edvard. *Alexander II: The Last Great Tsar*. New York: Free Press, 2005.
Rainsford, Marcus. *An Historical Account of the Black Empire of Hayti*. London: James Cundee, 1805.
Raj, J. J., Jr. *The War Years and After: A Personal Account of Historical Relevance*. Selangor Darul Ehsan, Malaysia: Pelanduk Publications, 1993.

Ramakrishna, Kumar. *Emergency Propaganda: The Winning of Malayan Hearts and Minds, 1948–1958*. Richmond: Curzon, 2002.
———. "'Transmogrifying' Malaya: The Impact of Sir Gerald Templer (1952–54)." *Journal of Southeast Asian Studies*, February 2001.
Randal, Jonathan. *Osama: The Making of a Terrorist*. New York: Vintage Books, 2004.
Rankin, Hugh F. *Francis Marion: The Swamp Fox*. New York: Crowell, 1973.
Ranstorp, Magnus. *Hizb'allah in Lebanon: The Politics of the Western Hostage Crisis*. New York: St. Martin's Press, 1997.
Rapoport, David C. "Fear and Trembling: Terrorism in Three Religious Traditions." *American Political Science Review*, September 1984.
———. "The Fourth Wave: September 11 in the History of Terrorism." *Current History*, December 2001.
Rashid, Ahmed. *Taliban: Militant Islam, Oil, and Fundamentalism in Central Asia*. New Haven: Yale University Press, 2010.
Ratliff, William E. *Castroism and Communism in Latin America, 1959–1976: The Varieties of Marxist-Leninist Experience*. Washington: AEI-Hoover, 1976.
Raviv, Dan, and Yossi Melman. *Every Spy a Prince: The Complete History of Israel's Intelligence Community*. Boston: Houghton Mifflin, 1990.
Reich, Walter. *Origins of Terrorism: Psychologies, Ideologies, Theologies, States of Mind*. Washington: Woodrow Wilson Center Press, 1998.
Reitz, Deneys. *Commando: A Boer Journal of the Boer War*. London: Faber and Faber, 1929.
Rejali, Darius. *Torture and Democracy*. Princeton: Princeton University Press, 2007.
Remington, Frederic. *John Ermine of the Yellowstone*. New York: Macmillan, 1913.
Renehan, Edward J., Jr. *The Secret Six: The True Tale of the Men Who Conspired with John Brown*. New York: Crown Publishers, 1995.
Revere, Paul. *Paul Revere's Three Accounts of His Famous Ride*. Boston: Massachusetts Historical Society, 1968.
Reynolds, David S. *John Brown, Abolitionist: The Man Who Killed Slavery, Sparked the Civil War, and Seeded Civil Rights*. New York: Vintage Books, 2006.
Riall, Lucy. *Garibaldi: Invention of a Hero*. New Haven: Yale University Press, 2007.
Richardson, John S. *The Romans in Spain*. Oxford: Blackwell Publishers, 1996.
Richardson, Louise. *What Terrorists Want*. New York: Random House, 2006.
Richardson, Peter. *Herod: King of the Jews and Friend of the Romans*. Columbia: University of South Carolina Press, 1996.
Ricks, Thomas E. *The Gamble: General David Petraeus and the American Military Adventure in Iraq, 2006–2008*. New York: Penguin, 2009.
Ridley, Jasper. *Garibaldi*. London: Phoenix Press, 2001.
Rittenberg, Sidney, and Amanda Bennett. *The Man Who Stayed Behind*. Durham: Duke University Press, 2001.
Roberts, David. *Once They Moved like the Wind: Cochise, Geronimo, and the Apache Wars*. New York: Simon & Schuster, 1993.

Roberts, Frederick Sleigh. *Forty-One Years in India*. 2 vols. New York: Longmans, Green, 1898.

Roberts, Walter R. *Tito, Mihailovic, and the Allies, 1941–1945*. New Brunswick: Rutgers University Press, 1973.

Robinson, Charles M., III. *A Good Year to Die: The Story of the Great Sioux War*. New York: Random House, 1995.

Robinson, J. B. Perry. *Transformation in Malaya*. London: Secker & Warburg, 1956.

Robinson, Linda. *Tell Me How This Ends: General David Petraeus and the Search for a Way out of Iraq*. New York: PublicAffairs, 2008.

Robson, Brian. *Crisis on the Frontier: The Third Afghan War and the Campaign in Waziristan, 1919–1920*. Gloucestershire: Spellmount, 2007.

———. *The Road to Kabul: The Second Afghan War, 1878–1881*. Gloucestershire: Spellmount, 2007.

Rocca, Jean Albert de. *Memoirs of the War of the French in Spain*. London: John Murray, 1815.

Rodriguez, Felix I., and John Weisman. *Shadow Warrior*. New York: Simon & Schuster, 1989.

Rogers, Robert. *Journals of Major Robert Rogers*. Albany: Joel Munsell's Sons, 1883.

Rojo, Ricardo. *My Friend Che*. New York: Grove Press, 1968.

Rolls, S. C. *Steel Chariots in the Desert*. London: Jonathan Cape, 1937.

Rolo, Charles J. *Wingate's Raiders: An Account of the Fabulous Adventure That Raised the Curtain on the Battle for Burma*. New York: Viking, 1944.

Romanus, Charles F., and Riley Sunderland. *Stillwell's Command Problems*. Washington: Department of the Army, 1956.

Rooney, David. *Wingate and the Chindits: Redressing the Balance*. London: Cassell, 1994.

Roosevelt, Theodore. *Letters and Speeches*. New York: Library of America, 2004.

Rootham, Jasper. *Miss Fire: The Chronicle of a British Mission to Mihailovich, 1943–1944*. London: Chatto & Windus, 1946.

Ros, Martin. *Night of Fire: The Black Napoleon and the Battle for Haiti*. New York: Da Capo Press, 1994.

Rosenbaum, Naomi. "Success in Foreign Policy: The British in Cyprus, 1878–1960." *Canadian Journal of Political Science*, December 1970.

Rosengarten, John G. "John Brown's Raid: How I Got into It, and How I Got out of It." *Atlantic Monthly*, June 1865.

Rosenthal, Eric. *General de Wet: A Biography*. Cape Town: Simondium Publishers, 1968.

Ross, John F. *War on the Run: The Epic Story of Robert Rogers and the Conquest of America's First Frontier*. New York: Bantam Books, 2009.

Ross, Michael. *Banners of the King: The War of the Vendée, 1793–4*. New York: Hippocrene Books, 1975.

Rosslyn, Earl of. *Twice Captured: A Record of Adventure during the Boer War*. London: William Blackwood, 1900.

Rountree, Helen C. *Pocahontas's People: The Powhatan Indians of Virginia through Four Centuries*. Norman: University of Oklahoma Press, 1990.

———. *The Powhatan Indians of Virginia: Their Traditional Culture*. Norman: University of Oklahoma Press, 1989.

Rowan, A. R. *On the Trail of a Lion: Ahmed Shah Massoud, Oil, Politics, and Terror*. Oakville: Mosaic Press, 2006.

Rowlandson, Mary. *Narrative of the Captivity and Removes of Mrs. Mary Rowlandson*. 5th ed. Lancaster: Carter, Andrews, 1828.

Roy, Jules. *The Battle of Dienbienphu*. New York: Carroll & Graf, 2002.

———. *The War in Algeria*. New York: Grove Press, 1961.

Roy, Olivier. *Afghanistan: From Holy War to Civil War*. Princeton: Darwin Press, 1995.

Rozema, Vicki. *Voices from the Trail of Tears*. Winston-Salem: John F. Blair, 2003.

Rubin, Barnett R. *The Fragmentation of Afghanistan: State Formation and Collapse in the International System*. New Haven: Yale University Press, 1995.

Rubin, Barry, and Judith Colp Rubin, eds. *Anti-American Terrorism and the Middle East: A Documentary Reader*. New York: Oxford University Press, 2004.

———. *Yasir Arafat: A Political Biography*. Oxford: Oxford University Press, 2005.

Rubin, Hyman. *South Carolina Scalawags*. Columbia: University of South Carolina Press, 2006.

Ruchames, Louis, ed. *A John Brown Reader*. London: Abelard-Schuman, 1959.

Rudorff, Raymond. *Belle Epoque: Paris in the Nineties*. London: Hamish Hamilton, 1972.

———. *War to the Death: The Sieges of Saragossa, 1808–1809*. South Yorkshire: Pen & Sword Military, 2006.

Russell, Peter E. "Redcoats in the Wilderness: British Officers and Irregular Warfare in Europe and America, 1740 to 1760." *William and Mary Quarterly*, October 1978.

Russian General Staff. *The Soviet-Afghan War: How a Superpower Fought and Lost*. Edited by Lester W. Grau and Michael A. Gress. Lawrence: University Press of Kansas, 2002.

Ruud, Charles A., and Sergei A. Stepanov. *Fontanka 16: The Tsars' Secret Police*. Montreal: McGill-Queen's University Press, 1999.

Ryan, Henry Butterfield. *The Fall of Che Guevara: A Story of Soldiers, Spies, and Diplomats*. New York: Oxford University Press, 1998.

Ryan, Meda. *The Real Chief: Liam Lynch*. Cork: Mercier Press, 2005.

Ryan, Nigel. *A Hitch or Two in Afghanistan: A Journey behind Russian Lines*. London: Weidenfeld & Nicolson, 1983.

Sadler, John. *Border Fury: England and Scotland at War, 1296–1568*. New York: Longman, 2006.

Saggs, H. W. F. *The Might That Was Assyria*. London: Sidgwick & Jackson, 1984.

Saich, Tony. *The Rise to Power of the Chinese Communist Party*. Armonk: M. E. Sharpe, 1996.

Saich, Tony, and Hans van de Ven, eds. *New Perspectives on the Chinese Communist Revolution*. Armonk: M. E. Sharpe, 1995.

Sainteny, Jean. *Ho Chi Minh and His Vietnam: A Personal Memoir*. Chicago: Cowles, 1972.

Sale, Florentia. *A Journal of the First Afghan War*. Oxford: Oxford University Press, 2002.

Salisbury, Harrison. *The Long March: The Untold Story*. New York: McGraw-Hill, 1985.

Salmon, Gary Prado. *The Defeat of Che Guevara: Military Responses to Guerrilla Challenge in Bolivia*. New York: Praeger, 1987.

Sampson, Victor, and Ian Hamilton. *Anti-Commando*. London: Faber and Faber, 1931.

Sanford, Victoria. *Buried Secrets: Truth and Human Rights in Guatemala*. New York: Palgrave Macmillan, 2003.

Santayana, George. *Soliloquies in England and Later Soliloquies*. New York: Scribner's, 1922.

Sasson, Jack M., eds. *Civilizations of the Ancient Near East*. 4 vols. Peabody: Hendrickson, 2006.

Saville, Lord, William Hoyt, and John Toohey. *Report of the Blood Sunday Inquiry*. http://www.bloody-sunday-inquiry.org/.

Savinkov, Boris. *Memoirs of a Terrorist*. New York: Albert & Charles Boni, 1931.

Sawyer, Ralph D., ed. *The Seven Military Classics of Ancient China*. New York: Basic Books, 1993.

Sayigh, Yezid. *Armed Struggle and the Search for State: The Palestinian National Movement, 1949–1993*. Oxford: Clarendon Press, 1997.

Schaff, Philip, and Henry Wace, eds. *A Select Library of Nicene and Post-Nicene Fathers of the Christian Church*. Vol. 6, *Saint Jerome: Letters and Select Works*. New York: Christian Literature Company, 1893.

Schatzberg, Michael G. *Mobutu or Chaos? The United States and Zaire, 1960–1990*. Lanham: University Press of America, 1991.

Scheidel, Walter, Ian Morris, and Richard P. Saller, eds. *The Cambridge Economic History of the Greco-Roman World*. Cambridge: Cambridge University Press, 2008.

Scheina, Robert L. *Latin America's Wars*. 2 vols. Washington: Brassey's, 2003.

Scheuer, Michael. *Osama bin Laden*. Oxford: Oxford University Press, 2011.

Schiff, Ze'ev, and Ehud Ya'ari. *Israel's Lebanon War*. New York: Simon & Schuster, 1984.

Schikkerling, Roland William. *Commando Courageous: A Boer's Diary*. Johannesburg: Hugh Keartland, 1964.

Schiller, Friedrich. *History of the Thirty Years' War*. London: Bell and Daldy, 1873.

Schlesinger, Arthur M., Jr. *A Thousand Days: John F. Kennedy in the White House*. Boston: Houghton Mifflin, 1965.

Schoenburn, David. *As France Goes*. New York: Harper & Brothers, 1957.

Schofield, Victoria. *Afghan Frontier: Feuding and Fighting in Central Asia*. London: Tauris Parke, 2003.

Scholl-Latour, Peter. *Death in the Ricefields: An Eyewitness Account of Vietnam's Three Wars, 1945–1979*. New York: St. Martin's Press, 1979.

Schram, Stuart R. *Mao's Road to Power: Revolutionary Writings, 1912–1949*. 7 vols. Armonk: M. E. Sharpe, 1992–.

Schultz, Eric B., and Michael J. Tougias. *King Philip's War: The History and Legacy of America's Forgotten Conflict*. Woodstock: Countryman Press, 1999.

Schwartz, Maria Esperanza von. *Recollections of General Garibaldi; or, Travels from Rome to Lucerne*. London: Saunders, Otley, 1861.

Schweitzer, Yoram. "The Rise and Fall of Suicide Bombing in the Second Intifada." *Strategic Assessment*, October 2010.

Scirocco, Alfonso. *Garibaldi: Citizen of the World*. Princeton: Princeton University Press, 2007.

Scolnic, Benjamin Edidin. *Thy Brother's Blood: The Maccabees and Dynastic Morality in the Hellenistic World*. Lanham: University Press of America, 2008.

Scott, Douglas D., Richard A. Fox Jr., Melissa A. Connor, and Dick Harmon. *Archaeological Perspectives on the Battle of the Little Bighorn*. Norman: University of Oklahoma Press, 1989.

Scott, Ronald McNair. *Robert the Bruce: King of Scots*. New York: Carroll & Graff, 1996.

Scotti, Anthony J., Jr. *Brutal Virtue: The Myth and Reality of Banastre Tarleton*. Westminster, Md.: Heritage Books, 1995.

Secher, Reynald. *A French Genocide: The Vendée*. Notre Dame: University of Notre Dame Press, 2003.

Sefton, James E. *The United States Army and Reconstruction, 1865–1877*. Baton Rouge: Louisiana State University Press, 1967.

Sennott, Charles M. "The Good Soldier." *Men's Journal*, June 2008.

Serge, Victor. *Memoirs of a Revolutionary, 1901–1941*. London: Oxford University Press, 1963.

Sergeant, Harriet. *Shanghai: Collision Point of Culture, 1918–1939*. New York: Crown, 1990.

Servan-Schreiber, Jean-Jacques. *Lieutenant in Algeria*. New York: Alfred A. Knopf, 1957.

Seth, Ronald. *The Russian Terrorists: The Story of the Narodniki*. London: Barrie and Rockliff, 1966.

Seton-Watson, Hugh. *The Russian Empire, 1801–1917*. Oxford: Oxford University Press, 1967.

Shanks, Hershel, ed. *Ancient Israel: A Short History from Abraham to the Roman Destruction of the Temple*. Englewood Cliffs: Prentice-Hall, 1988.

Shaw, Brent D., ed. *Spartacus and the Slave Wars: A Brief History with Documents*. Boston: Bedford/St. Martin's, 2001.

Shea, William L. *The Virginia Militia in the Seventeenth Century*. Baton Rouge: Louisiana State University Press, 1983.

Sheehan, Neil. *A Bright Shining Lie: John Paul Vann and America in Vietnam*. New York: Random House, 1988.

Sheehan, William. *British Voices from the Irish War of Independence, 1918–1921: The Words of British Servicemen Who Were There*. Cork: Collins Press, 2005.

Shelley, Percy Bysshe. *Hellas: A Lyrical Drama*. London: Shelley Society, 1886.

Sherer, Moyle. *Military Memoirs of Field Marshal the Duke of Wellington*. 2 vols. London: Longman, 1830.

Sherry, Norman. *The Life of Graham Greene*. Vol. 2, *1939–1955*. New York: Viking, 1994.

Shirer, William L. *The Rise and Fall of the Third Reich: A History of Nazi Germany*. New York: Simon & Schuster, 1960.

Shirreff, David. *Bare Feet and Bandoliers: Wingate, Sandford, the Patriots and the Part They Played in the Liberation of Ethiopia*. London: Radcliffe Press, 1995.

Short, Anthony. *In Pursuit of Mountain Rats: The Communist Insurrection in Malaya*. Singapore: Cultured Lotus, 2000.

Short, K. R. M. *The Dynamite War: Irish-American Bombers in Victorian Britain*. Dublin: Gill and Macmillan, 1979.

Short, Philip. *Mao: A Life*. New York: Henry Holt, 1999.

Shotwell, James T. *At the Paris Peace Conference*. New York: Macmillan, 1937.

Showalter, Dennis. *The Wars of German Unification*. London: Hodder Arnold, 2004.

Shy, John. *A People Numerous and Armed: Reflections on the Military Struggle for American Independence*. Ann Arbor: University of Michigan Press, 1990.

Siao-yu. *Mao Tse-tung and I Were Beggars*. Syracuse: Syracuse University Press, 1959.

Siljak, Ana. *Angel of Vengeance: The "Girl Assassin," the Governor of St. Petersburg, and Russia's Revolutionary World*. New York: St. Martin's Press, 2008.

Sǐma, Qian. *Records of the Grand Historian: Han Dynasty*. 2 vols. Hong Kong: Columbia University Press, 1993.

Simpson, Howard R. *Dien Bien Phu: The Epic Battle America Forgot*. Washington: Brassey's, 1994.

———. *Tiger in the Barbed Wire: An American in Vietnam, 1952–1991*. Washington: Brassey's, 1992.

Sims, William Gilmore. *The Life of Francis Marion: The True Story of South Carolina's Swamp Fox*. Charleston: History Press, 2007.

Singer, Barnett, and John Langdon. *Cultured Force: Makers and Defenders of the French Colonial Empire*. Madison: University of Wisconsin Press, 2004.

Sinor, Denis, ed. *The Cambridge History of Early Inner Asia*. Cambridge: Cambridge University Press, 1990.

Sivan, Emmanuel. *Radical Islam: Medieval Theology and Modern Politics*. New Haven: Yale University Press, 1990.

Skidmore, Thomas E. *The Politics of Military Rule in Brazil, 1964–85*. New York: Oxford University Press, 1988.

Slatta, Richard W., and Jane Lucas De Grummond. *Simon Bolivar's Quest for Glory*. College Station: Texas A&M University Press, 2003.

Slepyan, Kenneth. *Stalin's Guerrillas: Soviet Partisans in World War II*. Lawrence: University Press of Kansas, 2006.

Slim, William. *Defeat into Victory: Battling Japan in Burma and India, 1942–1945*. New York: Cooper Square Press, 2000.
Smedley, Agnes. *The Great Road: The Life and Times of Chu Teh*. New York: Monthly Review Press, 2009.
Smith, David James. *One Morning in Sarajevo: 28 June 1914*. London: Phoenix, 2009.
Smith, Harvey, et al. *Area Handbook for South Vietnam*. Washington: Government Printing Office, 1967.
Smith, John. *The Generall Historie of New England, Virginia, and the Summer Isles*. 2 vols. New York: Macmillan, 1907.
Smith, Richard Harris. *OSS: The Secret History of America's First Central Intelligence Agency*. Guilford: Lyons Press, 2005.
Smith, Samuel Abbott. *West Cambridge on the Nineteenth of April, 1775*. Boston: Alfred Mudge, 1864.
Smith, Sebastian. *Allah's Mountains: The Battle for Chechnya*. New York: Tauris Parke, 2009.
Smuts, Jan Christian. *Memoirs of the Boer War*. Johannesburg: Jonathan Ball Publishing, 1994.
———. *Selections from the Smuts Papers*. Vol. 1, *June 1886–May 1902*. Edited by W. K. Hancock and Jean van der Poel. Cambridge: Cambridge University Press, 2007.
Smuts, J. C. *Jan Christian Smuts: A Biography*. New York: William Morrow, 1952.
Snell, Daniel C. *Life in the Ancient Near East, 3100–332 B.C.E.* New Haven: Yale University Press, 1997.
Snow, Dean R., and Kim M. Lanphear. "European Contact and Indian Depopulation in the Northeast: The Timing of the First Epidemics." *Ethnohistory*, Winter 1988.
Snow, Edgar. *Red Star over China*. New York: Grove Press, 1968.
Snow, Helen Foster. *The Chinese Communists: Sketches and Autobiographies of the Old Guard*. Westport: Greenwood Press, 1972.
Somerville, Thomas. *My Own Life and Times, 1741–1814*. Edinburgh: Edmonston & Douglas, 1861.
Sorenson, Theodore C. *Kennedy*. New York: Harper & Row, 1965.
Sorley, Lewis. *A Better War: The Unexamined Victories and Final Tragedy of America's Last Years in Vietnam*. New York: Harcourt Brace, 1999.
———. *Westmoreland: The General Who Lost Vietnam*. Boston: Houghton Mifflin Harcourt, 2011.
Soucek, Svat. *A History of Inner Asia*. Cambridge: Cambridge University Press, 2000.
Southey, Robert. *History of the Peninsular War*. 6 vols. London: John Murray, 1828.
Spalinger, Anthony John. *War in Ancient Egypt: The New Kingdom*. Malden: Blackwell, 2005.
Spence, Jonathan D. *Mao Zedong: A Life*. New York: Penguin, 1999.
Spencer, John H. *Ethiopia at Bay: A Personal Account of the Haile Selassie Years*. Algonac: Reference Publications, 1984.
Spotts, David L. *Campaigning with Custer and the Nineteenth Kansas Volunteer Cavalry on the Washita Campaign, 1868–'69*. New York: Argonaut Press, 1965.

Sprague, John T. *The Origins, Progress, and Conclusion of the Florida War.* New York: D. Appleton, 1848.
Spring, Matthew H. *With Zeal and with Bayonets Only: The British Army on Campaign in North America, 1775–1783.* Norman: University of Oklahoma Press, 2008.
Stapleton, William J. "Michael Collins's Squad." *Capuchin Annual* (1970).
Starkey, Armstrong. *European and Native American Warfare, 1675–1815.* Norman: University of Oklahoma Press, 1998.
Starobin, Joseph R. *Eyewitness in Indo-China.* New York: Greenwood Press, 1954.
St. Clair, Arthur. *A Narrative of the Manner in Which the Campaign against the Indians . . . Was Conducted.* Philadelphia: Jane Aiken, 1812.
St. Clair, William. *That Greece Might Still Be Free: The Philhellenes in the War of Independence.* Cambridge: OpenBook, 2008.
Steele, Ian K. *Warpaths: Invasions of North America.* New York: Oxford University Press, 1994.
Stein, Aurel. *On Alexander's Track to the Indus: Personal Narrative of Explorations on the North-West Frontier of India.* Chicago: Ares Publishers, 1974.
Stepniak (Sergei Kravchinski). *Underground Russia: Revolutionary Profiles and Sketches from Life.* London: Smith, Elder, 1883.
Stern, Susan. *With the Weathermen: The Personal Journal of a Revolutionary Woman.* New Brunswick: Rutgers University Press, 2007.
Stevenson, William. *90 Minutes at Entebbe.* New York: Bantam, 1976,
Stewart, Brian. *Smashing Terrorism in the Malayan Emergency: The Vital Contribution of the Police.* Selangor Darul Ehsan: Pelanduk Publications, 2004.
Stewart, Jules. *Crimson Snow: Britain's First Disaster in Afghanistan.* Gloucestershire: Sutton, 2008.
Stibbe, Philip. *Return Via Rangoon: A Young Chindit Survives the Jungle and Japanese Captivity.* London: Leo Cooper, 1994.
Stiles, Ezra. *The Literary Diary of Ezra Stiles.* Edited by Franklin Bowditch Dexter. 3 vols. New York: C. Scribner's Sons, 1901.
Stilwell, Joseph W. *The Stilwell Papers.* New York: William Sloane Associates, 1948.
Stirling, W. F. *Safety Last.* London: Hollis and Carter, 1953.
Stockwell, A. J., ed. *British Documents on the End of Empire.* Ser. B, vol. 3, *Malaya*, pt. 2, *The Communist Insurrection, 1948–1953.* London: Her Majesty's Stationery Office, 1995.
Stoddard, Lothrop. *The French Revolution in San Domingo.* Boston: Houghton Mifflin, 1914.
Stoll, Ira. *Samuel Adams: A Life.* New York: Free Press, 2008.
Storss, Ronald. *The Memoirs of Sir Ronald Storss.* New York: G. P. Putnam's Sons, 1937.
Stout, Mark E., et al., eds. *The Terrorist Perspectives Project: Strategic and Operational Views of Al Qaeda and Associated Movements.* Annapolis: Naval Institute Press, 2008.
Strauss, Barry. *The Spartacus War.* London: Simon & Schuster, 2009.

Strong, Morgan. "Playboy Interview: Yasir Arafat." *Playboy*, September 1988.
Strother, D. H. "The Late Invasion of Harper's Ferry." *Harper's Weekly*, November 5, 1859.
Stryker, William, ed. *Documents relating to the Revolutionary History of the State of New Jersey*. Vol. 1, *1776–1777*. Trenton: John L. Murphy, 1903.
Stubbs, Richard. *Hearts and Minds in Guerrilla Warfare: The Malayan Emergency, 1948–1960*. Singapore: Oxford University Press, 1989.
Sturgis, Mark. *The Last Days of Dublin Castle: The Mark Sturgis Diaries*. Dublin: Irish Academic Press, 1999.
Suchet, Louis-Gabriel. *Memoirs of the War in Spain, from 1808 to 1814*. 2 vols. London: Henry Colburn, 1829.
Suetonius. *The Twelve Caesars*. London: Penguin, 1979.
Sullivan, Joseph G., ed. *Embassies under Siege: Personal Accounts by Diplomats on the Front Lines*. Washington: Brassey's, 1995.
Sumida, Jon Tetsuro. *Decoding Clausewitz: A New Approach to On War*. Lawrence: University Press of Kansas, 2008.
Summers, Harry G. *On Strategy: A Critical Analysis of the Vietnam War*. New York: Dell, 1984.
Sun Shuyun. *The Long March: The True History of Communist China's Founding Myth*. New York: Doubleday, 2006.
Suri, Jeremi. *Power and Protest: Global Revolution and the Rise of Détente*. Cambridge: Harvard University Press, 2003.
Sutherland, William, and Richard Pope. *Late News of the Excursions and Ravages of the King's Troops, on the Nineteenth of April 1775*. Cambridge: Press at Harvard College, 1927.
Sweig, Julia E. *Inside the Cuban Revolution: Fidel Castro and the Urban Underground*. Cambridge: Harvard University Press, 2002.
Swinson, Arthur. *North-West Frontier: People and Events, 1839–1947*. London: Hutchinson, 1967.
Sykes, Christopher. *Orde Wingate: A Biography*. Cleveland: World, 1959.
Szulc, Tad. *Fidel: A Critical Portrait*. New York: Avon, 1986.
Tabachnick, David Edward, and Toivo Koivukoski. *Enduring Empire: Ancient Lessons for Global Politics*. Toronto: University of Toronto Press, 2010.
Taber, Robert. *War of the Flea*. Washington: Potomac Books, 2002.
Tacitus. *The Agricola and The Germania*. London: Penguin, 1970.
———. *The Annals & The Histories*. New York: Modern Library, 2002.
Taibo, Paco Igancio. *Guevara, Also Known as Che*. New York: St. Martin's Press, 1997.
Tamarov, Vladislav. *Afghanistan: A Russian Soldier's Story*. Berkeley: Ten Speed Press, 2001.
Tanner, Stephen. *Afghanistan: A Military History from Alexander the Great to the Fall of the Taliban*. New York: Da Capo Press, 2002.
Tarleton, Banastre. *A History of the Campaigns of 1780 and 1781 in the Southern Provinces of North American*. London: T. Cadell, 1787.

Taruc, Luis. *He Who Rides the Tiger: The Story of an Asian Guerrilla Leader.* New York: Frederick A. Praeger, 1967.
Tattersall, Ian. *The World from Beginnings to 4000 BCE.* New York: Oxford University Press, 2008.
Taylor, Alan. *American Colonies: The Settling of North America.* New York: Penguin, 2002.
Taylor, Jay. *The Generalissimo: Chiang Kai-shek and the Struggle for Modern China.* Cambridge: Harvard University Press, 2009.
Taylor, Maxwell D. *The Uncertain Trumpet.* New York: Harper & Brothers, 1960.
Terrill, Ross. *Mao: A Biography.* New York: Harper Colophon, 1980.
Thesiger, Wilfred. *The Life of My Choice.* New York: W. W. Norton, 1987.
Thomas, Gordon. *Gideon's Spies: The Secret History of the Mossad.* New York: St. Martin's Griffin, 2009.
Thomas, Hugh. *Cuba, or the Pursuit of Freedom.* New York: Da Capo Press, 1998.
Thomas, Lowell. *With Lawrence in Arabia.* London: Prion, 2002.
Thomas, S. Bernard. *Season of High Adventure: Edgar Snow in China.* Berkeley: University of California Press, 1996.
Thompson, E. A. *The Huns.* Oxford: Blackwell, 1996.
Thompson, J. Lee. *Forgotten Patriot: A Life of Alfred, Viscount Milner, of St. James's and Cape Town, 1854–1925.* Madison: Fairleigh Dickinson University Press, 2007.
Thompson, Julian. *The Imperial War Museum Book of War behind Enemy Lines.* London: Sidgwick & Jackson, 1998.
Thompson, Robert. *Defeating Communist Insurgency: The Lessons of Malaya and Vietnam.* St. Petersburg: Hailer, 2005.
———. *Make for the Hills: Memories of Far Eastern Wars.* London: Leo Cooper, 1989.
Thompson, Virginia. *French Indo-China.* London: George Allen & Unwin, 1937.
Thoreau, Henry David. *The Writings of Henry David Thoreau.* 11 vols. Boston: Houghton Mifflin, 1893.
Thornton, John K. *Warfare in Atlantic Africa, 1500–1800.* London: UCL Press, 1999.
Thrapp, Dan L. *The Conquest of Apacheria.* Norman: University of Oklahoma Press, 1967.
Thucydides. *History of the Peloponnesian War.* Harmondsworth: Penguin, 1986.
Tilman, Robert O. "The Non-Lessons of the Malayan Emergency." *Asian Survey,* August 1966.
Timerman, Jacobo. *Prisoner Without a Name, Cell Without a Number.* New York: Alfred A. Knopf, 1981.
Toland, John. *The Rising Sun: The Decline and Fall of the Japanese Empire, 1936–1945.* New York: Modern Library, 2003.
Tolstoy, Leo. *The Cossacks.* New York: Modern Library, 2006.
———. *Hadji Murad.* New York: Cosimo Classics, 2006.
———. *Sevastapol and Other Military Tales.* New York: Funk & Wagnall, 1903.
Tomasevich, Jozo. *War and Revolution in Yugoslavia, 1941–1945: Occupation and Collaboration.* Stanford: Stanford University Press, 2001.

———. *War and Revolution in Yugoslavia, 1941–1945: The Chetniks.* Stanford: Stanford University Press, 1975.

Tone, John Lawrence. *The Fatal Knot: The Guerrilla War in Navarre and the Defeat of Napoleon in Spain.* Chapel Hill: University of North Carolina Press, 1994.

Tourtellot, Arthur Bernon. *Lexington and Concord: The Beginning of the War of the American Revolution.* New York: W. W. Norton, 1959.

Towill, Bill. *A Chindit's Chronicle.* San Jose: Authors Choice Press, 2000.

Trelawny, E. J. *Recollections of the Last Days of Shelley and Byron.* Boston: Ticknor and Fields, 1859.

Trelease, Allen W. *White Terror: The Ku Klux Klan Conspiracy and Southern Reconstruction.* Baton Rouge: Louisiana State University Press, 1999.

Trevelyan, George Macaulay. *Garibaldi and the Thousand.* London: Longmans, Green, 1912.

———. *Garibaldi and the Making of Italy, June–November 1860.* New York: Longmans, Green, 1928.

———. *Garibaldi's Defence of the Roman Republic.* London: Longmans, Green, 1907.

———. "The War-Journals of 'Garibaldi's Englishman.'" *Cornhill Magazine*, January, June 1908.

Trevelyan, George Otto. *The American Revolution.* 14 vols. New York: Longmans, Green, 1915.

Trigger, Bruce G. *The Children of Aataentsic: A History of the Huron People to 1660.* Montreal: McGill-Queen's Press, 1987.

Trigger, Bruce G., and Wilcomb E. Washburn, eds. *The Cambridge History of the Native Peoples of the Americas.* Vol. 1, *North America*, pts. 1 and 2. Cambridge: Cambridge University Press, 1996.

Trinquier, Roger. *Les Maquis d'Indochine, 1952–1954.* Paris: SPL, 1976.

———. *Modern Warfare: A French View of Counterinsurgency.* Westport: Praeger, 2006.

———. *Le temps perdu.* Paris: Albin Michel, 1978.

Trofimov, Yaroslav. *The Siege of Mecca.* New York: Doubleday, 2007.

Trotsky, Leon. *Against Individual Terrorism.* New York: Pathfinder Press, 1980.

Truong Chinh. *Selected Writings.* Hanoi: Gioi, 1994.

Tulloch, Derek. *Wingate in Peace and War.* London: Macdonald, 1972.

Ulam, Adam B. *In the Name of the People: Prophets and Conspirators in Prerevolutionary Russia.* New York: Viking, 1977.

Ulloa, Marie-Pierre. *Francis Jeanson: A Dissident Intellectual from the French Resistance to the Algerian War.* Stanford: Stanford University Press, 2007.

Underhill, John. *Newes from America; or, A New and Experimentall Discoverie of New England.* London: Peter Cole, 1638.

Urban, Mark. *War in Afghanistan.* New York: St. Martin's Press, 1990.

U.S. Army and Marine Corps. *Counterinsurgency Field Manual.* Chicago: University of Chicago Press, 2007.

U.S. Commission on Beirut International Airport Terrorist Act. "Report of the DOD

Commission on Beirut International Airport Terrorist Act, October 23, 1983." Washington, December 20, 1983.

U.S. Commissioner of Indian Affairs. *Report of the Commissioner of Indian Affairs for the Year 1866.* Washington: Government Printing Office, 1866.

U.S. Congress. *Report of the Joint Special Committee Appointed under Joint Resolution of March 3, 1865.* Washington: Government Printing Office, 1867.

U.S. Congress. *Report of the Joint Select Committee on the Condition of Affairs in the Late Insurrectionary States* [KKK Report]. 13 vols. Washington: Government Printing Office, 1872.

U.S. Department of Defense. *The Pentagon Papers: The Senator Gravel Edition.* 5 vols. Boston: Beacon Press, 1971.

———. *United States–Vietnam Relations, 1945–1967: Study Prepared by the Department of Defense.* 12 vols. Washington: Government Printing Office, 1971.

U.S. Department of State. *Foreign Relations of the United States.* Washington: Government Printing Office, various dates.

U.S. House of Representatives. *Report of the Special Committee Appointed to Investigate the Troubles in Kansas.* Washington: Cornelius Wendell, 1856.

U.S. Secretary of the Interior. *Annual Report of the Secretary of the Interior on the Operations of the Department for the Year 1873.* Washington: Government Printing Office, 1873.

U.S. Senate. *South Carolina in 1876: Testimony as to the Denial of the Elective Franchise in South Carolina.* 3 vols. Washington: Government Printing Office, 1877.

U.S. Superintendent of Census. *The Statistics of the Population of the United States . . . Compiled from the Returns of the Ninth Census, June 1, 1870.* Washington: Government Printing Office, 1872.

Utley, Robert M. *Cavalier in Buckskins: George Armstrong Custer and the Western Military Frontier.* Norman: University of Oklahoma Press, 1988.

———. *Frontier Regulars: The United States Army and the Indian, 1866–1891.* Lincoln: University of Nebraska Press, 1973.

———. *Frontiersmen in Blue: The United States Army and the Indian, 1848–1865.* Lincoln: University of Nebraska Press, 1967.

Utley, Robert M., and Wilcomb E. Washburn. *Indian Wars.* Boston: Houghton Mifflin, 2002.

Uyar, Mesut, and Edward J. Erickson. *A Military History of the Ottomans: From Osman to Ataturk.* Santa Barbara: ABC Clio, 2009.

Valeriano, Napoleon D., and Charles T. R. Bohannan. *Counter-Guerrilla Operations: The Philippine Experience.* New York: Frederick A. Praeger, 1962.

Valerio, Anthony. *Anita Garibaldi: A Biography.* Westport: Praeger, 2001.

Vandervort, Bruce. *Indians Wars of Mexico, Canada, and the United States, 1812–1900.* New York: Routledge, 2006.

Van Wagner, R. D. *1st Air Commando Group: Any Place, Any Time, Any Where.* Montgomery: Air Command and Staff College, 1986.

Varon, Jeremy. *Bringing the War Home: The Weather Underground, the Red Army*

Faction, and Revolutionary Violence in the Sixties and Seventies. Berkeley: University of California Press, 2004.
Vaughan, Alden T. "'Expulsion of the Salvages': English Policy and the Virginia Massacre of 1622." *William and Mary Quarterly*, January 1978.
Vaughan, Charles Richard. *Narrative of the Siege of Zaragoza*. London: W. Flint, 1809.
Vecchj, Candido Augusto. *Garibaldi at Caprera*. London: Macmillan, 1862.
Venturi, Franco. *Roots of Revolution: A History of the Populist and Social Movements in Nineteenth-Century Russia*. Chicago: University of Chicago Press, 1960.
Vernadsky, George, Ralph T. Fisher Jr., Alan D. Ferguson, and Andrew Lossky, eds. *A Source Book for Russian History from Early Times to 1917*. 3 vols. New Haven: Yale University Press, 1972.
Verney, John. *Going to the Wars: A Journey in Various Directions*. London: Collins, 1955.
Victoria, Queen. *The Letters of Queen Victoria, Third Series*. 3 vols. London: John Murray, 1932.
Villard, Oswald Garrison. *John Brown, 1850–1859: A Biography Fifty Years After*. Boston: Houghton Mifflin, 1910.
Villegas, Harry. *Pombo, a Man of Che's Guerrilla: With Che Guevara in Bolivia, 1966–68*. New York: Pathfinder, 1997.
Vizetelly, Ernest Alfred. *The Anarchists, Their Faith and Their Record*. London: John Lane, 1911.
Volckmann, R. W. *We Remained: Three Years behind the Enemy Lines in the Philippines*. New York: W. W. Norton, 1954.
Vuckovich, Zvonimir. *A Balkan Tragedy: Yugoslavia, 1941–1946: Memoirs of a Guerrilla Fighter*. New York: Columbia University Press, 2004.
Waldron, Arthur. "China's New Remembering of World War II: The Case of Zhang Zizhong." *Modern Asian Studies*, October 1996.
———. *From War to Nationalism: China's Turning Point, 1924–1925*. Cambridge: Cambridge University Press, 1995.
———. *The Great Wall of China: From History to Myth*. Cambridge: Cambridge University Press, 1998.
Walker, Jonathan. *Aden Insurgency: The Savage War in South Arabia, 1962–1967*. Staplehurst: Spellmount, 2005.
Walker, Tony, and Andrew Gowers. *Arafat: The Biography*. London: Virgin Books, 2003.
Wall, Irwin M. *France, the United States, and the Algerian War*. Berkeley: University of California Press, 2001.
Waller, John H. *Beyond the Khyber Pass: The Road to British Disaster in the First Afghan War*. Austin: University of Texas Press, 1993.
Walsh, Robert. *A Residence at Constantinople*. 2 vols. London: Frederick Westley and A. H. Davis, 1836.
Warburton, Robert. *Eighteen Years in the Khyber, 1879–1898*. London: John Murray, 1900.
Waring, Alice Noble. *The Fighting Elder: Andrew Pickens (1739–1817)*. Columbia: University of South Carolina Press, 1962.

Watts, Dale E. "How Bloody Was Bleeding Kansas? Political Killing in Kansas Territory, 1854–1861." *Kansas History: A Journal of the Central Plains*, Summer 1995.

Wavell, Archibald. *The Good Soldier*. London: Macmillan, 1948.

Wawro, Geoffrey. *The Franco-Prussian War: The German Conquest of France in 1870–1871*. Cambridge: Cambridge University Press, 2003.

Weatherford, Jack. *Genghis Khan and the Making of the Modern World*. New York: Three Rivers Press, 2004.

Weaver, Mary Anne. "Inventing Zarqawi." *Atlantic Monthly*, July/August 2006.

Weber, Eugen. *France: Fin de Siècle*. Cambridge: Harvard University Press, 1986.

Weigley, Russell F. *The Age of Battles: The Quest for Decisive Warfare from Breitenfeld to Waterloo*. Bloomington: Indiana University Press, 1991.

Weiner, Tim. *Legacy of Ashes: The History of the CIA*. New York: Doubleday, 2007.

Weinstein, Jeremy M. *Inside Rebellion: The Politics of Insurgent Violence*. Cambridge: Cambridge University Press, 2007.

Weizmann, Chaim. *Trial and Error: The Autobiography*. New York: Harper & Brothers, 1949.

Wellington, Arthur Wellesley, Duke of, *Despatches, Correspondence, and Memoranda of Field Marshal Arthur Duke of Wellington, K.G.* 8 vols. London: John Murray, 1867–80.

———. *The Dispatches of Field Marshal the Duke of Wellington . . . From 1799 to 1818*. 13 vols. London: John Murray, 1834–39.

Wert, Jeffrey D. *Custer: The Controversial Life of George Armstrong Custer*. New York: Simon & Schuster, 1996.

West, Bing. *The Strongest Tribe: War, Politics, and the Endgame in Iraq*. New York: Random House, 2008.

West, Jerry L. *The Reconstruction Ku Klux Klan in York County, South Carolina, 1865–1877*. Jefferson: McFarland, 2002.

West, Richard. *Tito and the Rise and Fall of Yugoslavia*. New York: Carroll & Graf, 1994.

Westad, Odd Arne. *Decisive Encounters: The Chinese Civil War, 1946–1950*. Stanford: Stanford University Press, 2003.

———. *The Global Cold War*. Cambridge: Cambridge University Press, 2007.

Westenholz, Joan Goodnick. *Legends of the Kings of Akkade: The Texts*. Winona Lake: Eisenbrauns, 1997.

Westmoreland, William C. *A Soldier Reports*. New York: Da Capo Press, 1989.

Wickham-Crowley, Timothy P. *Guerrillas and Revolutions in Latin America*. Princeton: Princeton University Press, 1992.

Wickwire, Franklin and Mary. *Cornwallis: The American Adventure*. Boston: Houghton Mifflin, 1970.

———. *Cornwallis and the War of Independence*. London: Faber and Faber, 1971.

Willard, Margaret Wheeler, ed. *Letters on the American Revolution, 1774–1776*. Port Washington: Kennikat Press, 1925.

Williams, John W. "Carlos Marighela: The Father of Urban Guerrilla Warfare." *Terrorism*, 1989.

Williams, Louis. "Entebbe Diary." *IDF Journal*, 2004.
Williamson, Hugh Ross. *The Gunpowder Plot*. London: Faber and Faber, 1951.
Williamson, Joel. *After Slavery: The Negro in South Carolina during Reconstruction, 1861–1877*. Chapel Hill: University of North Carolina Press, 1965.
Williamson, Tony. *Counterstrike Entebbe*. London: Collins, 1976.
Wilson, David K. *The Southern Strategy: Britain's Conquest of South Caroline and Georgia, 1775–1780*. Columbia: University of South Carolina Press, 2005.
Wilson, Dick. *The Long March 1935: The Epic of Chinese Communism's Survival*. New York: Viking, 1971.
———. *Mao Zedong in the Scales of History*. Cambridge: Cambridge University Press, 1977.
Wilson, H. W. *After Pretoria: The Guerilla War*. 2 vols. London: Amalgamated Press, 1902.
Wilson, James. *The Earth Shall Weep: A History of Native America*. New York: Atlantic Monthly Press, 1999.
Wilson, Jeremy. *Lawrence of Arabia: The Authorized Biography of T. E. Lawrence*. New York: Atheneum, 1990.
Windrow, Martin. *The Last Valley: Dien Bien Phu and the French Defeat in Vietnam*. New York: Da Capo Press, 2004.
———. *Our Friends Beneath the Sands: The Foreign Legion in France's Colonial Conquests, 1870–1935*. London: Weidenfeld & Nicolson, 2010.
Winnington-Ingram, H. F. *Hearts of Oak*. London: W. H. Allen, 1889.
"Winograd Commission Final Report." January 30, 2008. http://www.cfr.org/israel/winograd-commission-final-report/p15385.
Winter, Ormonde. *Winter's Tale: An Autobiography*. London: Richards Press, 1955.
Winterton, Earl. *Fifty Tumultuous Years*. London: Hutchinson, 1955.
Witte, Sergei. *The Memoirs of Count Witte*. Garden City: Doubleday, Page, 1921.
Wolf, Markus. *Man without a Face: The Autobiography of Communism's Greatest Spymaster*. New York: Times Books, 1997.
Wolfe, Tom. *Radical Chic & Mau-Mauing the Flak Catchers*. New York: Farrar, Straus and Giroux, 1970.
Wolpert, Stanley. *Shameful Flight: The Last Years of the British Empire in India*. Oxford: Oxford University Press, 2006.
Woodcock, Caroline. *An Officer's Wife in Ireland*. London: Parkgate, 1994.
Woodhouse, C. M. *The Battle of Navarino*. London: Hodder and Stoughton, 1965.
———. *The Struggle for Greece, 1941–1949*. Lanham: Ivan R. Dee, 2003.
Woodward, David R. *Hell in the Holy Land: World War I in the Middle East*. Lexington: University Press of Kentucky, 2006.
Woolman, David S. *Rebels in the Rif: Abd el Krim and the Rif Rebellion*. Stanford: Stanford University Press, 1968.
Woolf, Greg. *Becoming Roman: The Origins of Provincial Civilization in Gaul*. Cambridge: Cambridge University Press, 1998.
Woolf, Stuart. *Napoleon's Integration of Europe*. London: Routledge, 1991.

Wooster, Robert. *Nelson A. Miles and the Twilight of the Frontier Army.* Lincoln: University of Nebraska Press, 1993.
Worthington, Ian. *Alexander the Great, Man and God.* Harlow: Pearson Longman, 2004.
Wright, David Curtis. "The Hsiung-nu-Hun Equation Revisited." *Eurasian Studies Yearbook*, 1997.
Wright, Lawrence. *The Looming Tower: Al-Qaeda and the Road to 9/11.* New York: Alfred A. Knopf, 2007.
Wright, Robin. *Sacred Rage: The Wrath of Militant Islam.* New York: Simon & Schuster, 2001.
Wright, Thomas C. *Latin America in the Era of the Cuban Revolution.* Westport: Praeger, 2001.
Wynter, H. W. *Special Forces in the Desert War, 1940–1943.* London: Public Record Office, 2001.
Xenophon. *Cyropaedia.* 2 vols. London: William Heinemann, 1914.
Yaari, Ehud. *Strike Terror: The Story of Fatah.* New York: Sabra Books, 1970.
Yadin, Yigael. *The Art of Warfare in Biblical Lands.* New York: McGraw-Hill, 1963.
———. *Bar-Kokhba: The Rediscovery of the Legendary Hero of the Second Jewish Revolt against Rome.* New York: Random House, 1971.
———. *Masada: Herod's Fortress and the Zealots' Last Stand.* London: Weidenfeld & Nicolson, 1966.
Yang, Benjamin. *From Revolution to Politics: Chinese Communists on the Long March.* Boulder: Westview Press, 1990.
Year Book 1898: City of Charleston. Charleston: Lucas & Richardson, n.d.
Yeatman, Ted P. *Frank and Jesse James: The Story behind the Legend.* Nashville: Cumberland, 2000.
Yenne, Bill. *Indian Wars: The Campaign for the American West.* Yardley: Westholme, 2006.
———. *Sitting Bull.* Yardley: Westholme, 2008.
Yoo, John. *War by Other Means: An Insider's Account of the War on Terror.* New York: Atlantic Monthly Press, 2006.
Young, Hubert. *The Independent Arab.* London: John Murray, 1933.
Young, Peter. *Commando.* New York: Ballantine, 1969.
Yousaf, Mohammad, and Mark Adkin. *Afghanistan—The Bear Trap: The Defeat of a Superpower.* Havertown: Casemate, 2001.
Yu, Ying-shih. *Trade and Expansion in Han China: A Study in the Structure of Sino-Barbarian Economic Relations.* Berkeley: University of California Press, 1967.
Zamoyski, Adam. *Moscow 1812: Napoleon's Fatal March.* New York: HarperCollins, 2004.
Zayyat, Montasser. *The Road to Al-Qaeda: The Story of bin Laden's Right-Hand Man.* London: Pluto Press, 2004.
Zelkina, Anna. *In Quest for God and Freedom: The Sufi Response to the Russian Advance in the North Caucasus.* London: Hurst, 2000.

Zhai, Qiang. *China and the Vietnam Wars, 1950–1975*. Chapel Hill: University of North Carolina Press, 2000.

Zimmerman, William. *A Popular History of Germany: From the Earliest Period to the Present Day*. 4 vols. New York: Henry J. Johnson, 1878.

Zips, Werner. *Black Rebels: African-Caribbean Freedom Fighters in Jamaica*. Princeton: Markus Wiener, 1999.

Zuckerman, Frederic S. *The Tsarist Secret Police Abroad: Policing Europe in a Modernising World*. Houndmills: Palgrave Macmillan, 2003.

———. *The Tsarist Secret Police in Russian Society, 1880–1917*. New York: New York University Press, 1996.

Zuczek, Richard. *State of Rebellion: Reconstruction in South Carolina*. Columbia: University of South Carolina Press, 1996.

索 引

（以下页码为本书边码；斜体页码为地图所在页。）

Abane, Ramdane, 367
Abbas, Mahmoud, 481, 513
Abbasid caliphate, 42
ABC News, 516
Abd el-Hafid, Sultan, 181
Abd el-Kader, 162
Abd el-Krim, 182
Abdullah, King of Transjordan, 277, 283
Abenaki Indians, 62
Abizaid, John, 533, 534
AB (Anti-Bolshevik) League, 334
abolitionists, U.S., 210–17
Abramowitz, Morton, 498
Ahrams, Creighton (Abe), 423–24
Abu Daoud, 465
Abu el Naam, 279
Abu Ghraib prison, 541
Abu Nidal, 466, 517
Abu Sayyaf, 548
Abyssinia, 266, 292, 296–99
Achaemenid dynasty, 16
Action Directe, 456
Adams, John, 384
Adams, Samuel, 65, 76
Addis Ababa, 266, 297

Aden, 70, *318*, 325, 391, 392, 397, 513
   al Qaeda in, 521, 523
Adenauer, Konrad, 379
Adrianople, *xxxii*, 26–27
Aeneas Tacticus, 54
Aetolians, 5
Affaires de l'Angleterre et de l'Amérique, 76
Afghanistan, 6, *xxxiii*, 163–72, *125*, 175, 345, 479, 514, 524, 548, 564
   al Qaeda in, 516, 521–22, 526, 530
   bin Laden in, 516, 519, 521–22, 526
   "blowback" and, 497
   British in, 42, 70, *125*, 127, 163–71, 173, 184, 187, 325, 390, 487, 499
   civil action in, 493
   civilians abused in, 492–93
   as "graveyard of empires," 169, 499
   Karzai in, 416
   Marjah meeting in (Oct. 23, 2011), 551–56
   mujahideen in, xxvi, 484, 487–91, 493, 495–500, 504, 519, 566
   Northern Alliance in, 479, 500, 522, 526
   refugees from, 492, 493, 499

Afghanistan (*continued*)
　　Soviet bombing campaign in, 485, 490, 491, 492
　　Soviets in, xxvi, 42, 54, 84, 166, 485–500, 514, 519–20, 525, 526, 546, 562, 564
　　Soviet withdrawal from, 498–99
　　Taliban in, 340, *479*, 493, 499–500, 516, 521, 526, 552
　　U.S. war in, xxvii, xxix, 127, 166, 176, 180, 194, 345, 469, 497, 513, 526, 540, 546, 548
Afghan War, First, xxv, *125*, 127, 163–68, 173, 325
Afghan War, Second, *125*, 169–70, 187
Afghan War, Third, *125*, 170–71
Africa, *xxxii*, 12, 57, *124–25*, 203, 266, *318*, 323, 348, *394–95*, 478
　　Barbary pirates from, 106
　　decolonization in, 279, 324, 325, 326
　　ethnic and tribal conflict in, 484
　　Haitian slaves' link to, 93, 94
　　imperial wars in, *124*, 127, 128–29, 139, 177, 178, 184–200
　　"Scramble for," 129
　　sub-Saharan, 10, 128
　　U.S. embassies bombed in, 507, 516, 523
　　wars of national liberation in, xxv, 326, 363–77
African National Congress, 374
African troops, in Indochina, 356, 360
Afrikaners, 189, 199
Aga Khan, 208
agriculture, 9, 26, 132–33
　　farm burning, 191–92, 194, 196
　　in Haiti, 93
　　of Indians, 135, 145, 146
Aguinaldo, Emilio, 198, 565
Air Force, U.S., 361, 402, 421
Air France, 369
Air France Flight 139, 450–56
airlines, airplanes, 229, 241, 289, 301, 344, 371, 386, 517, 528
　　accidents in, 518, 520
　　hijackings, 261, 447, 450–56, 458, 464, 466, 505, 525
　　psychological warfare and, 386
Akbar Khan, Muhammad, 167–69, 487
Akerman, Amos T., 222
Akkad, Akkadians, *xxxii*, 13–14, 20, 21, 41, 80, 278, 308, 555

Alamut, 154, 207, 208
al-Aqsa Martyrs Brigade, 471, 473
al-Asifa (the Storm), 462
Alaska, 157
Albania, 310
Alegría de Pío, 428, 435, 436
Alexander II, Tsar of Russia, 161, 162, 232, 235–40, 252, 270
Alexander III, Tsar of Russia, 240
Alexander the Great, *xxxiii*, 5–6, 53, 54, 169
Algeria, 15, 100, 181, 183, *318*, 390, *394*, 448, *478*, 511, 513, 514, 517, 526, 528, 540, 546
　　Abd el-Kader in, 162
　　Armed Islamic Group in, *478*, 523
　　civic-action programs in, 368
　　civil war in, 375
　　Fatah and, 461
　　FLN in, 322, 365, 367–76
　　"reconcentration" policies in, 381, 382
　　torture in, 364–66, 371–72, 375, 376, 386
　　War of Independence in, xxv, 79, *318*, 363–77, 392, 398, 416, 469, 560
Algerian Federation of Mayors, 369
Algiers, *318*, 365, 369–76, 482
　　Bab-el-Oued in, 375
　　Casbah in, 370–71, 375
　　civil insurrection in (May 1958), 373
Algiers, Battle of (1956–57), 369–72, 376
Algonquin, 135, 139
Ali, 277
Alleg, Henri, 365–66, 371, 372
Allen, W. E. D., 291
Allenby, Edmund, 282, 298, 312, 566
Al Manar (The Lighthouse), 508
al Masada (the Lions' Den), 519
Al Qaeda, xxiii, 162, 342, 484, 515–28, 532
　　in Afghanistan, 516, 521–22, 526, 530
　　assassinations and, 22, 521
　　first terrorist attack of, 521
　　funding for, 521, 522
　　Hezbollah compared with, 503, 513
　　Hezbollah's training of, 507
　　"martyrdom" operations as specialty of, 522–23, 524
　　in Pakistan, 479
　　regeneration of, 547–48
　　Services Office as precursor to, 519
　　suicide bombers and, 516

索 引 /831

Taliban and, 500, 516
see also September 11, 2001, terrorist attacks
Al Qaeda al-Askariya, 520
Al Qaeda in Iraq (AQI), xxvi, xxviii–xxix, 22, 161, 478, 484, 529–34, 545, 547, 555, 565, 566
 fundraising of, 532
 Petraeus's focus on, 542–43
Al Qaeda in the Arabian Peninsula, 478, 547
Al Qaeda in the Islamic Maghreb, 478, 547
Al Sahab (the Clouds), 523
Amalekite, 9
Amara, Ali (Ali la Pointe), 369, 370, 372
Amazonia, 10
ambushes, 167, 419
 at Alegría de Pío, 428, 435
 Beth-horon, 1–3, 170
 in Bolivia, 446
 Indian, 132, 136–37
 in Ireland, 246, 254, 256
 in Malaya, 380–81, 385
 Marighella in, 448
American Indians, 63, 79
 fighting style of, 10, 11, 72, 103, 135
 as French allies, 61
 nomads compared with, 157
American Indian wars, xxv, 53, 131–53, 173, 200, 205, 399
 Boer War compared with, 186, 192, 194, 195
 demographic disadvantage in, 137–38, 146
 in East, 72, 124, 132–40, 146, 153
 fighting the KKK vs., 222, 224
 lack of unity in, 137, 138–39, 174, 199
 Malaya compared with, 381, 386
 restraint vs. massacre in, 368
 in West, 17, 124, 127, 141–53
American Revolution, xxv, 56, 59, 62–80, 101, 123, 183, 235, 258, 309, 343, 384, 408, 489, 511, 560, 562, 563
 Boer War and, 189
 British unwillingness to compromise in, 170–71
 Dien Bien Phu compared with, 362–63
 French in, 74–78, 99, 107, 566
 lessons of, 77–79
 Marion in, 72–74, 199, 290

 Peninsular War compared with, 88, 89, 90
 public opinion and, 75–77, 338, 376–77
American University (Beirut), 505
Amery, Leo, 184–85, 199
Ames, Kingsley, 321
Ames, Lieutenant, 252
Amherst, Jeffrey, 76
Amin, Hafizullah, 486
Amin Dada, Idi, 451, 454, 455, 476
Amman, 478, 531
Ammianus Marcellinus, 27–28
Amorites, 14, 15
Amritsar, 255
Anabasis (Xenophon), 189
anarchists, anarchism, 203, 209–10, 226–34, 243, 258, 260, 263, 272, 449, 451, 458, 475, 531, 564
 bombings by, 226–27, 230–31
 government and international response to, 232–33
 lack of command structure and, 231–32
 Nihilists compared with, 235
 panic caused by, 231
 philosophers of, 228–29
Anatolia, 266, 278
Anbar Province, 478, 533, 543–44, 554
Andalusia, 84
Anderson, David, 367
Anderson, Terry, 505
Androutses, Odysseus, 104
Anglo-Egyptian army, 282
Anglo-Pashtun Wars (1849–1945), xxv, 125, 172–76
Angola, 326, 367, 397, 566
Antiochus IV, Seleucid king, 6
anti-Semitism, 271, 294, 307, 451
antiwar movement, U.S., 417, 420, 499
Antony, Mark, 23
Anzio, Battle of (1944), 383
Apache, 17, 144, 148, 149
Apache gunships, 507
Appian, 22
Aqaba, 266, 274, 280–81, 284, 286
AQI, *see* Al Qaeda in Iraq
Arabian Peninsula, 45, 278, 515
Arab League, 466
Arab rebellion (1936–39), 266, 294–96, 318, 461
Arab Revolt (1916–18), 266, 274–77, 286, 312, 379, 544

Arabs, 30, 42, 53, 289, 343, 391, 458
  captured terrorists released by, 466
  Lawrence and, 116, 275, 276
  Palestinians and, 461–66
  Taliban and, 500
  Turks vs., 274–83, 286
Arab Spring (2011), 514, 547, 548
Arafat, Yassar, xxvi, xxix, 115, 235, 397, 459–75, 481
  background of, 460–61
  bin Laden compared with, 517, 519, 523
  Black September and, 464–66
  cartoon watching of, 460
  death of, 472, 513
  Karameh battle and, 463–64
  marriage of, 470
  near death of, 469
  peace process and, 469, 470
  political astuteness of, 462
  as survivor, 467–68
  trademarks of, 462
  turning point for, 466
Arapaho, 142, 144
Arawak Indians, 99, 136
Arbenz, Jacobo, 434
archery, mounted, 35, 41, 43
Argentina, 110, 394, 433–34, 444, 447, 448
Arizona, 149
Arjam, Jayel Naji al-, 450–52
Arkansas, 221
Armed Islamic Group, 478, 523
Armenia, Armenians, 261, 509
Armenian Dashnak, 243
Armenian Revolutionary Federation (Dashnak Party), 243, 261
armies, 32, 38, 53, 368
  feudal, 44
  limited native resistance and, 128, 129, 130, 139
  national, spread of, 59–60
  origin of, 9–10, 13
  transition to, 42–43
Arminius, 20, 21
army, British, 61, 63–70, 95–96, 116, 147, 166–70, 184–87, 263, 274–75, 286, 295–96, 309, 399
Army, U.S., xviii, 63, 258, 309, 401–4, 537
  abuses of, 494–95
  counterinsurgency (COIN)and, 540–46

  Indian Wars and, 141–52, 173, 368, 386
  lack of family foe connection in, 173
  in Philippines, 402, 403
Army Air Forces, U.S., 301
Army Commandos, 289
Army of Retribution, 169
Army of the Indus, 166–68
Army of the Vosges, 119
Army Quarterly, 285–86
Army Rangers, U.S., 62, 290, 415
Army Reserves, U.S., 401
Army Special Forces, U.S. (Green Berets), 414–15
Arrian, 5–6
Art of War, The (Sun Tzu), 32
Ashurnasirpal II, King of Assyria, 19–20
Asia, *xxxiii*, 38, *125*, 266–67, *319*, 323, 395, 479
  decolonization in, 279, 324
  imperial wars in, *125*, 128, 139, 154–81
  tsarist Russia's advance in, 157–63
  wars of national liberation in, xxv
assassinations, assassins, 22–23, 159, 170, 205–8, 210, 258–61, 269–72
  Algerian War and, 373, 374–75
  al Qaeda and, 22, 521, 527
  by anarchists, 230, 232
  of Castro, 414
  in Cuba, 432
  of Franz Ferdinand, 261, 266, 269–71
  by IMRO, 260–61
  Irish struggles and, 246, 252–53, 258–59, 264
  by Israel, 465–66, 467
  of Kennedy, 417
  of Lumumba, 443
  in Middle East, 283
  of Trotsky, 435
  in tsarist Russia, 232, 235–44, 252, 270
  use of term, 206
  in World War II, 307
Assassins, xxv, 154, 206–8, 260, 264, 504, 508, 516
Associated Press, 249
Assyrians, Assyria, 19–20, 21, 80, 139–40, 158
Assyrian strategy, 139–40
astrologers, 409
Athens, 4–5, 19, *266*, 395, 450
Atlantic Ocean, 56, 106, *124*, 202, *318*, 394

Atlas Mountains, 182–83
Atlee, Clement, 324
atomic bombs, 361
Attila the Hun, 28–29
Augustus, 23
Aung San, 306, 307
Aung San Suu Kyi, 306
Auschwitz, 453
Aussaresses, Paul, 368, 371
Australia, 10, 51, 101, 290
Austria, 81, 89, 102, 185
　anarchism in, 232
　Italy and, 109, 112–16, 118
　liberals and, 109, 123
　War of Succession in, 57, 60–61
Austro-Hungarian Empire, 261, 269–71, 311
Autonomie Club, 229
Autumn Harvest uprising (Sept. 1927), 332–33, 429
Auxiliary Division (Auxies), 253, 254, 259, 263
Avars, 17, 30, 54
Ayiri, Yusuf al-, 524
Azef, Evno, 245
Azerbaijan, 509
Aztecs, 136
Azzam, Abdullah, 519–20

Baader, Andreas, 458
Baader-Meinhof Gang (Red Army Faction), xxvi, 210, 259, 394, 450–52, 456, 457–58, 467, 476, 503, 564, 569
Babur, 169
Babylonians, 20
Bactria, 6
Baddeley, John F., 158, 162
Baghdad, xvii–xx, 13, 266, 283, 375, 478, 532, 538–39, 544, 545, 552
　bombings in, 529
　Green Zone in, xix
　Petraeus's arrival in, 542
Bagram airbase, 485, 490, 494
Bailén, 84
Bakunin, Mikhail, 228–29, 231
Bali bombing (2002), 527
Balkans, 17, 51, 61, 102, 260–61, 310–12, 478, 562
Baltic states, 308
bandits, xxii, xxiii, 25, 60, 90
　Chinese, 179, 180, 333
　FLN *fellaghas*, 367–68, 372

Greek (klephts), 103–4
"social," 51, 242–43
Bangalore torpedoes, 360
Bangkok, 466
banks, 242, 261, 447
Banna, Hassan al-, 481
Bannockburn, Battle of, 49–50
Bao Dai, Emperor, 356, 407, 410, 412
Baqubah, 478, 532, 545
Barak, Ehud, 453, 465, 470, 510
barbarian invasions (370–476), *xxxii*, 26–30
Barbary pirates, 106
barbed wire, 194, 360, 366, 371
Barbour, John, 46, 48–49
Bariatinsky, Prince Alexander, 161, 200
Bar Kokhba revolt, *xxxii*, 7
Barrientos, René, 444, 445
Barron, Julia, 221
Barrow, Geoffrey, 48
Basayev, Shamil, 160
Basij, 505
Basque ETA, 210, 397, 456, 459
Basra, 478, 544
Bass, Gary, 107
Bataillon Bigeard, 348–49
Batista, Fulgencio, 30, 428–33, 435–41, 448, 449, 456
　amnesty of, 432–33
　flight of, 439
Battalion Landing Team, 502
"Battle Hymn of the Republic, The" (song), 217
Battle of Algiers (film), 370
Battle Update and Assessment, 543
Bavaria, in War of Austrian Succession, 60–61
Bay of Pigs, 414
Bazargan, Mehdi, 482
Baz Gul, Hajji, 553
BBC, 523
Bedouin, 42, 45, 274, 275, 277–78, 279, 544
Begin, Menachim, 474
Beirut, xxix, 452, 462, 467, 478
　airport in, 502, 510
　Hezbollah in, 501–6, 510
　Iraqi embassy in, 504
　Marines in, 484, 501–4, 506
　Operation Springtime of Youth in, 465
　U.S. embassy in, 502, 504
Beit Horon, 3

Bekaa Valley, xxix, *478*, 503, 506, 508
Belgium, 122, 256, 325, *394*, 456, 464
　in World War II, 288, 290, 307
Belgrade, 312
Bell, Madison Smartt, 96
Ben Bella, Ahmed, 373
Bengal, 260
Bengazi, 266
Bennett, Lieutenant, 252
Benson, George Elliot, 196
Bentham, Jeremy, 106
Berg, Nicholas, 531
Bergen, Peter, 522, 531
Berkman, Alexander, 232
Berlin Wall, fall of, 273, 458
Bernstein, Leonard, 398
Beslan school siege, 160, 528
Beth-horon, ambush at, 1–3, 170
Biafra, 397
Bible, 6, 293
Bigeard, Marcel, 537
　Algerian War and, 370, 376
　Indochina War and, 348–49, 359–61, 363
Bill of Rights, U.S., 408
bin Abd al-Wahhabi, Muhammad, 481
Binh Xuyen, 353, 407, 410–12
bin Laden, Muhammad, 517–18, 519
bin Laden, Osama, 496, 504, 508, 515–26, 530, 534
　in Afghanistan, 516, 519, 521–22, 526
　background of, 517–18
　death of, 547–49
　Mao compared with, 332–33
　media and propaganda and, 115, 122, 515–16, 519, 523
　in Pakistan, 333, 496, 519, 526, 547
　Saudi Arabia and, 483, 516
　suicide bombers and, 500, 516
bin Laden, Salem, 518, 520
Birth of a Nation (film), 225
Bismarck, Otto von, 115, 119–20
Black and Tans, 253, 255, 256, 258, 263, 390
Black Banner group, 243
"Black Flags," 179
Black Hand, 261, 270
"Black Hawk Down" battle, 65
Black Hundreds vigilantes, 242
Black International, 232
Black Jack, Battle of (1861), 214
Black Kettle, Chief, 143

Black Panthers, 397, 398, 456
blacks, 457
　in Haiti, 92–99
　KKK and, 218–25
　in South Africa, 188, 191, 192, 194, 195, 197
Black Sea, 158, *266*, *318*, 478
Black September, 464–66
Blackshirts, 271
"Black Tulip," 494
Black Watch, 185–86
"Black Week" (1899), 184–85, 187
Blanch, Lesley, 158
Bleda, 28
Bloch, Dora, 455
Bloemfontein, 187, 188–89
Blood, Bindon, 174
Blood Brotherhood, 272
Bloody Sunday (Jan. 30, 1972), 391
Bloody Sunday (Nov. 21, 1920), 252–54
"blowback," 497
Boers, xxiii, 183–97
　warfare style of, 186–87
Boer War (1899–1902), xxv, *124*, 127, 131, 183–200, 250, 255, 289, 377
　blockhouses in, 194, 335
　British concentration camps in, 140, 146, 192–94, 197, 381, 382
　farm burning in, 191–92, 194, 196
　as "last of the gentlemen's wars," 197
　mobility in, 193–94
　Philippine Insurrection compared with, 198, 199
　reconciliation and reconstruction after, 196–97
　utility of small groups in, 195–96
　Vietnam War compared with, 418
Boer War, first (1880–81), 195
Bogrov, Dmitri, 242, 244
Bohemia, 57, 61
Bois Cayman (Alligator Wood), 93
Bolívar, Simón, 102, 123, 475
Bolivia, *394*, 444–48
Böll, Heinrich, 458
Bolsheviks, 242–45, 247, 332
Bonaparte, Joseph, 84, 85, 89
Bonaparte, Napoleon, *see* Napoleon I, Emperor of France
Bonaparte, Pauline, 97
border reivers, 50
Border Ruffians, 213, 214, 222
Bose, Subhas Chandra, 307

索 引 /835

Böse, Wilfried, 450–52, 455
Bosnia, Bosnians, xxvii, 107, 217, 269–70, 509, 514, 517, 525, 537
Boston, Mass., 64–67, 70
Boston Tea Party, 64
Botha, Louis, 188
Boudicca, 52
Bourbon family, 84, 89, 116–17
Bourdin, Martial, 230
Boxer Rebellion, 39, 329
Braddock, Edward, 132, 150
Bradford, William, 137
Brandenburg commandos, 288, 289
Bratton, J. Rufus, 221, 224
Brazil, 110, 394, 447–48, 567
Bréda family, 95
Breen, Dan, 246, 247–48
Bremer, L. Paul, III, 539
Brezhnev, Leonid, 486
bribery, 345
Brideshead Revisited (Waugh), 276
Briggs, Harold, 381–83, 385, 388, 389
Brighton, 259
Britain, 29
British Commandos, 291
British Commonwealth, 324, 326, 380
British Empire, 256, 308, 323, 417, 499
 dismantling of, 324
British Legion, 71–72
Bronson, Charles, 455
Brooks, Preston S., 214
Brousse, Paul, 229
Brown, John, xxv, 202, 211–17, 228, 260, 261, 432, 447, 457
Brownshirts, *see* SA
Brunais, David, xviii–xx, 552, 555
Brus, The (Barbour), 48–49, 300
Brydon, William, 168
Brzezinski, Zbigniew, 482
bubonic plague, 137
Buck, Pearl, 339
Buckley, William, 505
Buda, Mario, 230
Buddhist monks, 416
Buenos Aires, 394, 448, 507
Bugles and a Tiger (Masters), 175
Bulgaria, Bulgarians, 260, 310
Bulgars, 17, 30
Buller, Redvers, 187
Bunker Hill, Battle of, 67
Burdick, Eugene, 400–401
Burke, Edmund, xxii, 76

Burma, 267, 298–306, 319, 324, 381
 Wingate in, 292, 298–305
Burma National Army, 306
Burnes, Alexander, 167
Burroughs, William S., 435
Burton, Richard Francis, 443
Burundi, 443
buses, 409, 467
Bush, George W., 526–27, 533, 534, 542, 546, 549
bushwhackers, 120, 212, 222
Byrne, Vincent, 252
Byron, Lord, 106, 108
Byzantine Empire, 102, 106

Cabrinovic, Nedeljko, 269, 270
Cacciatorei delle Alpi, 116
Caepio, Servilius, 22
Caesar, Julius, 53, 54, 206, 236
Cairo, 266, 276, 277, 298, 395
 Arafat in, 460–61
 Tal assassination in, 464
Calabria, 81, 91, 117–18
Calatafimi, 117
Calcutta, 323
California, 12, 146, 457
Callwell, Charles Edward, 200, 247, 540, 541
Calvert, "Mad Mike," 303, 382
Cambodia, 319, 354, 395, 419, 476
Cambridge, 291
Campaigns of Alexander, The (Arrian), 5–6
Campbell-Bannerman, Henry, 193
Camp David, 470
Canada, 139, 152, 171, 224, 256, 290
Cánovas del Castillo, Antonio, 230
Caobang, 319, 355
Cao Dai sect, 353, 407, 410–12
Cape Colony, 124, 186, 189–91, 195, 196, 197
Cap-Français, 93–94, 97–99
capitalism, 434, 476
Caprera, 114, 115, 118
captivity narratives, 168
car bombings, 261, 452, 465, 521, 528
 in Lebanon, 502, 504, 507, 508–9
Caribbean, 63
 see also Cuba; Haiti; Jamaica
Caribs, 136
Carlists, 90
Carlos the Jackal, 517

Carlson's Raiders, 291
Carnegie, Andrew, 198
Carnot, Sadi, 230
carpetbaggers, 219
Carter, Jimmy, 482, 495–96
Carthage, 21
Casey, Bill, 498
Casey, George, 533, 534, 541–42
Caspian Sea, 158, 478
castles, 45, 49
Castries, Christian de, 358, 361
Castro, Angel, 429, 430
Castro, Fidel, xxv, 235, 343, 397, 427–33, 435–42, 475, 494, 559, 566
    Arafat compared with, 460, 461
    attempts to overthrow, 414, 441
    background of, 95, 429–31, 433
    imprisonment and exile of, 431–33, 440
    Matthews's popularizing of, 436–37
    Nasrallah compared with, 508
    Taber's interview with, 398, 437
    as womanizer, 430, 432
Castro, Raúl, 432, 441
Catechism of a Revolutionary (Bakunin and Nechaev), 229
Catholic and Royal Army, 81
Catholics, 46, 50, 102, 119, 353, 369, 448, 509
    and antecedents of terrorism, 208–9
    Irish, 248, 391, 392
    Italian unification and, 113, 114
Caucasus, 53, 172, 281
    imperial wars in, *125*, 158–63, 165, 200
    Stalin in, 242, 244, 263
cavalry charge, 47
Cavour, Count Camillo di, 115, 116
CBS, 437
cell phones, 229, 517, 523
censorship, 243, 259, 420, 436
Central America, 10
Central Asia, 27, 35, 45
    Alexander the Great in, *xxxiii*, 6, 53, 54
    Russian advance in, 157, 165
Central Europe, 307
Central Junta, 85
Centurions, The (Lartéguy), 376
Cestius Gallus, 1–3
Cetshwayo, 129

Ceylon (Sri Lanka), 197, *319*, 324, 472, 514
Challe, Maurice, 374
Chamber of Deputies, French, 231
Champlain, Samuel de, 135–36
Ch'ang-an, *xxxiii*, 34
Changsha, *319*, 330–33, 340
Chaplin, Charlie, 272
Chapman, Thomas, 275
Charles I, King of England, 206
Charleston, S.C., 70–73, 79
Charlie Wilson's War (Crile), 497
Charlie Wilson's War (movie), 497
Chávez, Hugo, 566
Chechnya, Chechens, 127, 186, 478, 489, 533
    independence of, 514
    Russians vs. (1990s–present), 509, 511, 514, 528
    Russian war in (1829–59), xxv, 155–56, 158–61, 174
chemical weapons, 356
Cherokee, 140
Cherokee War (1759–61), 72
Cherusci, 21
Chetniks, xxiii, *266*, 311–12
chevauchée, 44–46, 49, 50, 62
Cheyenne, 17, 141–45, 151, 152
Chiang Kai-shek, 30, 312, 331–32, 334–38, 343–46, 440, 456
Chile, 447
China, *xxxiii*, xxiv, 8, 27, 30–41, 52, 53, 157, *267*, *319*, 326–46, 345, 387, 388, 395, 409, 417, 476, 477, 479, 564
    Afghanistan and, 494, 496
    civil war in, 273, 332–40, 344–46, 353, 398
    Communists in, *319*, 326–29, 331–46, 373, 437, 440, 511, 558, 570
    Congo and, 443
    Cultural Revolution in, 340, 562
    economy of, 345, 476
    First Opium War in, 165–66
    Great Wall of, 15, 40
    Guevara and, 441
    imperialism and, 326–29
    Japanese in, 307, 309, 326, 328, 338, 343–46, 349
    Long March in, 114, *319*, 335–40, 345
    Nationalist Party (Kuomintang) in, *see* Nationalist Party, Chinese

purges in, 333
revolution in, xxv, 31, 322, 326–27
style of ancient warfare in, 31–33
Tiananmen Square in, 468–69
Vietnam and, 350–53, 355
Vietnam War and, 420, 424, 425
warlords in, 329, 330, 332, 335, 336, 343
wars of national liberation supported by, 323
World War II and, 271
Xiongnu vs. Han in, *xxxiii*, 34–39, 54
Chindits, 267, 299–306, 357, 417
first expedition of, 299–302
second expedition of, 302–5
Chinese, in Malaya, 379–82, 384, 385, 388, 417
Chinese Home Guards, 382
Chin Peng, 379–80, 385–88
Chios, 105
Chivington, John M., 143
cholera, 300
Christianity, Christians, 25, 40, 51, 61, 278, 442
Armenian, 509
Indians and, 136, 139
in Lebanon, 467, 501, 506, 509
Muslim alliance with, 274
Muslims vs., 105, 162, 207–8, 509
Orthodox, 157
see also Catholics
Christian Science Monitor, 490–91
Church, Benjamin, 139
Churchill, Randolph, 291
Churchill, Winston, 174–75, 256, 379
Lawrence as adviser to, 282–83
on Lawrence's death, 284
national liberation and, 324, 325
Wingate and, 301, 305
World War II and, 113, 288–89, 301, 384
CIA, 307, 351, 402, 405, 410, 411, 439, 546
Afghanistan and, 486, 496, 497, 498, 526
Al Qaeda and, 526–27, 531
bin Laden and, 496, 515
Bolivia and, 445, 446
in Guatemala, 434
Lebanon and, 505
Saigon Military Mission of, 407–8, 421
Vietnam War and, 419, 420, 421

Cienfuegos, Camillo, 438
Circassian campaign, 162
Circassians, *125*, 215, 281
citizenship:
Malayan, 384
Nazis and, 308
Roman, 24–25, 308, 384
civic action, 183
in Afghanistan, 493
in Algeria, 368
Lansdale's view of, 409
in Malaya, 384, 389
in Philippines, 405
in South Vietnam, 410
civil disobedience, 324
Civilian Irregular Defense Groups, 419
Civilis, Julius, 20
civilizations, clash of, 509
civil liberties, suppression of, 264, 527
civil rights, 219, 224
civil rights movement, 457
Civil War, U.S., 77, 90, 120, 142, 151, 219, 527
Garibaldi and, 118–19
guerrilla warfare in, 212–13
start of, 213, 217
civil wars, xx, 25, 29
in Assyria, 20
in China, 273, 332–40, 344–46, 353, 398
in Corfu, 5
in Greece, 398
in Guatemala, 448
in Iraq, 532
Irish, 256–57
in Lebanon, 467, 501, 509
in Mexico, 273
Russian, 233, 234, 273
in Spain, 90, 123, 234, 273, 431
Clancy, Peadar, 253
Clansman, The (Dixon), 225
Clark, Lewis, 392
Clarke, Dudley, 291, 292
classical conflicts, 4–7
Clausewitz, Carl von, 9, 90–91, 278, 524, 558
Clinton, Henry, 69–70, 71, 384, 562
Clinton administration, 516
CNN, 516, 523
"coastal road massacre," 467
Codrington, Edward, 107

Colby, William, 411, 413–14, 424
Cold War, 323, 350, 443, 509, 538
Cole, USS, 522–23
Colley, Linda, 158, 169
Collins, J. Lawton, 411
Collins, Michael, 248–52, 256–59, 264, 289, 343, 362, 379, 467, 566
  death of, 256–57
  as heroic and likeable terrorist, 265
Cologne, 379
Colombia, xxix, 447, 449, 472, 477, 545, 562, 564, 566
Colombian Revolutionary Armed Forces, *see* FARC
Colonial Office, British, 282–84
Colonial Route 4, 355
colonization, 127, 139, 400, 442
  see also imperial wars
Colorado volunteers, 143, 368
coloreds, in South Africa, 197
Colt revolver, 393
Comanche, 144, 145
Combat Organization, 241–42, 244–45
Combat Outposts, 542
Combined Action Program, 419
Combined Chiefs of Staff, 301
commandos, 288–91
  assessment of, 313–17
  use of term, 289
Committee of Correspondence, 76
Committee of Public Safety, 80
Committee to Promote Virtue and Prevent Vice, Saudi, 483
Common Sense (Paine), 76
communism, Communists, 31, 209–10, 400, 448–49
  Afghan, 485–86, 488
  in Algeria, 365
  anarchism vs., 228, 234
  in China, 319, 326–29, 331–46, 373, 437, 440, 511, 558, 570
  conspiracy claims about, 369
  in Cuba, 430, 431, 432, 440, 441
  demise of, 476–77
  in Germany, 271, 272
  Greek, 363, 566
  in Malaya, 322, 325, 379–81, 383–88
  in Philippines, 401–7
  in Poland, 310
  Vietnamese, 349–52, 369, 373, 380, 407–12, 416–20, 422–25, 440, 558

  in Yugoslavia, 310–12
  see also Soviet Union
Communist Combatant Cells, 456
Communist International (Comintern), 310, 329
  Ho Chi Minh and, 349–50
Communist Party, Bolivian, 445
Communist Party, French, 349
Communist Party, Indochina, 350
Communist Party, Japanese, 343
computers, 517
Comyn, John, 46–47
concentration camps:
  in Boer War, 140, 146, 192–93, 194, 197, 381, 382
  in Philippine Insurrection, 198, 381
concentration strategy, 146
  see also reservations
Conduct of Anti-Terrorist Operations in Malaya, The, 386
Conein, Lucien, 421
Confederacy:
  army of, 90
  guerrillas in, 212–13
  veterans of, 219, 220
Confucians, 31
Congo, 394–95, 397, 443–44
Congo, Belgian, 325, 443
Congress, U.S., 140, 213, 526, 549
  anarchism and, 232
  KKK and, 221, 223
  see also Senate, U.S.
Conrad, Joseph, 230, 262
Conrad of Montferrat, King of the Crusader Kingdom of Jerusalem, 207–8
Conservative Party, British (Tories), 193
Constantinople, 30, 42, 43, 105
Constitution, U.S., 223
Continental army, 67–70, 72, 73, 74, 78
Continental Congress, 67
conventional warfare, as recent development, 9–10
CORDS (Civil Operations and Revolutionary Development Support), 424
Corfu, 5
Cornwallis, Lord, 70, 71, 73–75, 78
Corps of Gendarmes, 243–44
corruption, 412, 444, 546
  in Cuba, 428, 430–31
  in Philippines, 403, 405, 406

PLO and, 463, 470
  in Soviet Red Army, 494, 495
Corsica, 51, 109, 373
Cossacks, 61, 155, 238, 242, 243
Costa Rica, 434
Council on Foreign Relations, xxvii–xxx
counterinsurgency, 63, 78, 127–201, 561–63
  advantages of, 52–55
  British success at, 389–93
  coinage of term, 389
  compromise and, 170–71
  importance of political side of, 392–93
  legitimacy of, 563–64
  limitations of, 273
  in Malaya, 377–93
  manuals on, xviii, 54, 398–99
  nation building and, 409–10
  origins of, 8, 19–25
  "population-centric," *see* "population-centric" counterinsurgency
  proper ratio in, 309
  radical chic and, 398–99
  resiliency and, 170
  as "spot of oil," 127, 179
  Vietnam War and, 414, 419–20, 424
  wars of national liberation and, 322, 323, 325
Counterinsurgency Field Manual (Field Manual 3-24; U.S. Army-Marine Corps), xviii, 540–41, 542, 546
"Counterinsurgency Guidance" (Petraeus), 542
Counterinsurgency Warfare (Galula), 398–99
counting coup, 145–46
Crane, Conrad, 540
Crazy Horse, 150, 152
Crimean War, 160–61
criminal underworld, in special operations, 291
Croatia, Croats, 61, 261, 270
Crook, George, 147–49, 151, 178, 179
Crusades, Crusaders, 523
  Assassins and, 207–8
Cuba, 30, 393, 394, 449, 456, 477
  Batista's amnesty in, 432–33
  Bay of Pigs and, 414
  economy of, 441–42, 447
  reconcentrado camps in, 192, 381
  revolution in, xxv, 343, 389, 397, 398, 426–40, 566
  in Spanish-American War, 108, 415, 426, 428, 469, 560
Cultural Revolution, Chinese, 340, 562
curfews, 282, 287, 371, 390
Curtius Rufus, Quintus, 6
Custer, George Armstrong, 141–45, 147, 149–52, 348
  Last Stand of, 150–51, 163, 362
Custer, Libbie, 142
Cyprus, 70, *318,* 325, 390, 391, 392, 513, 569
Cyrus II, King of Persia, 16–17
Czechoslovakia, 307, 487

Dadu River, 336
Dagestan, *125*
  Gimri in, 154–56, 159
  Russian war in, xxv, 154–56, 159, 160, 161
Dahomey, 95
Dáil Eireann, 248, 256
Damascus, 162, *266,* 281, 282, 507
Dani, 12
Daoud, Mohammad, 488
Daraa, 281–82, 284
Dar es Salaam, *395,* 443
Darius, King of Persia, 17–18, 151
database of insurgencies, xxvi, 564, 565, 569–89
David, King, 9, 54
Dawes, William, 65
Dayan, Moshe, 295
Day of the Jackal, The (novel and film), 375
D-Day, 290, 309
Deakin, William, 311
death squads, 448, 532
Debray, Régis, 442, 445, 456
Decima MAS, 288
Decker, George, 415, 561
Declaration of Independence, U.S., 76, 350–51, 408
"Declaration of the World Islamic Front for Jihad against the Jews and the Crusaders," 515, 516
Decline and Fall of the Roman Empire, The (Gibbon), 26, 75
decolonization, xxv, 273, 322–26, 393, 410
Defeating Communist Insurgency (Thompson), 398–99

Defense Department, U.S., 413, 497–98, 538
DeFreeze, Donald, 457
Degaev, Sergei, 240, 244
de Gaulle, Charles, 322, 373–75
Degueldre, Roger, 375
Delacroix, Eugène, 106, 108
de la Rey, Jacobus Hercules, 188
De Lattre Line, 357
Delaware River, 69
Delta Commandos, 375
democracy, 123, 259, 264, 382, 390, 400, 449, 457, 527, 541, 559, 563
　in China, 329, 476
　in Cuba, 430, 432, 436
　in Israel, 468–69, 474
　in Japan, 272
　in Philippines, 403, 405
　in South Vietnam, 416, 422
Democratic Party, U.S., 220, 224, 225
Demons (Dostoevsky), 229, 262
Demosthenes, 5
Deng Xiaoping, 476
Denmark, Danes, 307
Desert One, 482
Dessalines, Jean-Jacques, 98
Detachment 101, 267, 306
de Valera, Eamon, 248–49
de Wet, Christiaan, 188–89, 194, 249–50, 289, 467
Dhofar Province, *318*
Dhofar separatists, *318*, 391, 392
Diamond, Jared, 10
diamonds, 186
Diana, Princess, 106
Díaz-Balart, Mirta, 430, 432
Dien Bien Phu, *319*, 349, 357–63, 373, 375, *395*, 407
Dill, Solomon Washington, 221
Dimitrijevic, Dragutin, 270
Dinka, 12
Dio, Cassius, 7
direct action, 289
"Dirty War," 448
disease, imperial wars and, 129, 136, 137–38, 193
Division of Navarre, 87
Dixon, Thomas, Jr., 225
Djebel Sahaba, 12
Dodge, David, 505
Dominican Republic, 95, 439, 449
Donovan, "Wild Bill," 290

Dost Muhammad Khan, King of Afghanistan, 165, 166, 167, 170, 173
Dostoevsky, Fyodor, 229, 262
Dostum, Abdul Rashid, 499
Douglass, Frederick, 217
Doyle, Arthur Conan, 185
Doyle, Drury, 211–12
Doyle, James, 211–12
Doyle, John, 211–12
Doyle, Mahala, 211
Doyle, William, 211–12
drone strikes, 175, 549
drugs, 340
　in Afghanistan, 495
　Assassins and, 206
　Opium War and, 165–66
Druze, 467, 501
Duarte, José Napoleón, 416
Dublin, 246–54
　Bloody Sunday in, 252–54
　Easter Rising in (1916), *203*, 247, 249
　Mansion House in, 248
Dublin Castle, 251, 253–54, 259
Dublin Metropolitan Police, 251
Dulles, Allen, 412
Dulles, John Foster, 407
Duma, Russian, 245
Durand Line, 172
Dutch East Indies, *see* Indonesia
Dyak headhunters, 383
dynamite, 209, 236, 237, 246, 367
dysentery, 279, 300, 337, 350, 495

Eastern Europe, 476, 499
　anti-Nazi resistance in, 308–9
"Eastern Way of War," 31–33
Easter Offensive (1972), 424
Easter Rising (1916), *203*, 247, 249
East Jerusalem, 470
East Timor, 397
East Turkestan Islamic Movement, 479
Echevarría, José Antonio, 437
Edirne, 26
Edward I, King of England, 46, 49
Edward II, King of England, 49
Edward of Woodstock (Black Prince), 45
Edwards, Bryan, 92, 93, 94
Egypt, 42, 107, 183, 208, 266, *318*, *395*, 478, 496, 513, 523, 524, 528, 567
　al Qaeda and, 521, 526
　ancient, 9
　Israel's war with, 461

索 引 /841

Muslim Brotherhood in, 461, 481, 488
PLO and, 462, 466
Suez Canal and, 323
Egyptian Camel Corps, 274
Eighth Route Army, Chinese, 343
Eighty-Second Airborne Division, U.S.,
  xix–xx, 552
Eighty Years' War, 46
Eisenhower, Dwight D., 309, 323, 361,
  411, 412, 439
El Al, 452, 466
Elamites, 14, 15, 27
Elburz Mountains, 154, 206
elections, 405, 430, 508
  Irish, 257
  U.S., 198, 224, 225
  in Vietnam, 351, 412
El Empecinado (Juan Martin Díaz), 89
Elizabeth, Empress of Austria-Hungary,
  230, 231
Elliott, Joel, 144
Ellis, John, 27, 192
Ellsberg, Daniel, 421
Elphinstone, Monstuart, 172
Elphinstone, William, 167, 168, 172
El Salvador, 416, 447, 449, 537, 544, 562
Emerson, Ralph Waldo, 67
Encyclopaedia Britannica, 286
Encyclopedia of Jihad, 522
Endehors, L', 232
"enemy-centric" strategies, 180
Engels, Friedrich, 110
England, 46, 229–30
  in Indian wars, 132–34, 139
  Scotland vs., xxxii, 46–50, 557
Enlightenment, 55, 475
  irregulars in, 59–63
  see also liberal revolutions
Enosis, 390, 391
Entebbe, 395, 451–56, 458, 467, 476, 525
EOKA (National Organization of Cypriot
  Fighters), *318*, 390, 391, 569
Eskimo, 11
Espoz y Mina, Francisco, 86–87, 89, 475
ETA, Basque, 210, 397, 456, 459
Ethiopia, 296, 517, 521
ethnic cleansing, 105, 532
ethnic wars, 397, 484, 509
Everett, Edward, 106
"Evolution of a Revolt, The" (Lawrence),
  285–86
Ewald, Johann von, 63

Exodus affair, 325
explosives, 248, 280, 516, 517, 528, 529,
  530
  see also dynamite; gelignite
expropriations, 242–43
Eyre, Vincent, 164, 168

Fair Play for Cuba Committee, 398
Falkland Islands War (1982), 324
Fall, Bernard B., 354–55, 537
Fallujah, 545
Fanon, Frantz, 456
Farabundo Martí National Liberation
  Front (FMLN), 447, 449
FARC (Colombian Revolutionary Armed
  Forces), xxix, 447, 449, 472, 477, 566,
  570
fascism, 209–10, 343
  see also Italy, Fascist
Fatah (Conquest), 461–64, 467, 473
Fathers and Sons (Turgenev), 235
Fawkes, Guy, 208–9
Fayyad, Salam, 513
FBI, 522
fedayeen, 206–7, 461, 465
Feisal, King of Iraq, 274, 275, 277, 283
Fenians, *see* Irish Republican Brotherhood
Ferdinand VII, King of Spain, 85
Fergusson, Bernard, 300–301
feuds, 11, 173, 533
Fez, *124*, 182
Field Intelligence Department, British,
  195
Fifteenth Amendment, 219, 224
Fifth Infantry Regiment, U.S., 151
Figner, Vera, 235–36, 238, 240
Finch, Peter, 455
fireship, 104–5
First Congress of the Chinese Communist Party (July 1921), 329
First Front Army, 338
First Intifada, 468–69, 471, 472, 474, 478
First Opium War (1839–42), 165–66
Fischer, David Hackett, 65
Fitzgerald, Lord Edward, 101
flagellation disorder, 284–85
FLN (National Liberation Front), 322,
  365, 367–76, 392–93, 473, 511
Florida, *124*, 140, 149
Florus, 21
FM 3–24, xviii
foco theory, 431, 442, 447–48

Fonda, Jane, 420
Foner, Eric, 221
Force 17, 503
Force X, 404
Foreign Affairs, 422
Foreign Legion, 178, 356, 359, 360
forgers, 291
Forrest, Nathan Bedford, 219
Fort Duquesne, 132
Fort Leavenworth, Kans., Combined Arms Center at, 540–41
Fort Sill, Okla., 149
Forward Operating Bases, U.S., in Iraq, xvii, xviii
For Whom the Bell Tolls (Hemingway), 431
Fourteenth Amendment, 219, 224
Fourteenth Army, 301
Fourth Front Army, 338
Fourth Regiment (King's Own), 66
Fox, 140
Fox, Charles James, 76
France, 46, 53, 57, 80–91, 97–100, 119–22, 147, 177–83, 203, 261, 264, 266, 318, 394, 417, 451, 456, 527, 537
 in Algeria, 15, 79, 100, 181, 183, 322, 326, 363–77, 382, 390, 392–93, 416, 469, 473–74, 513, 514, 527, 546, 560
 in American Revolution, 74–78, 99, 107, 566
 anarchism in, 203, 226–33
 Boer War and, 185
 British compared with, 390, 392–93
 British wars with, 78, 95–96, 99, 185
 Caucasus and, 161
 chevauchée in, 45
 colonial troops of, 61
 Communist Party in, 349
 Diem and, 411, 412
 Entebbe hijacking and, 452, 453
 Greek independence and, 107
 growth of army in, 60
 Haiti and, 91, 93, 95, 97–100, 120, 180, 205, 308, 561
 Hezbollah and, 506
 Huns in, 29
 in Indochina, *see* Indochina, France in
 intelligence service of, 496
 Italian unification and, 113, 115–16
 maquis (resistance) in, 309, 312, 343, 348
 metropolitan vs. colonial army of, 178, 179, 181
 Middle East and, 281, 282, 326
 in Morocco, xxv, 124, 180–83, 200, 356, 368
 navy of, 74, 78
 Nice and, 109, 115, 116
 Normans in, 40
 in Peninsular War, 81–91, 102, 107, 120, 123, 205, 309, 561
 police in, 244
 post–World War II, 322, 323, 325–26
 Prussia's war with, 119–20
 in Shanghai, 328
 Suez Canal and, 323
 torture used by, 364–66, 371–72, 527
 U.S. aid to, 354, 356, 361
 Vendée revolt and, 57, 81, 91, 120, 180, 205, 561
 in War of Austrian Succession, 60–61
 in World War I, 120, 179, 182
 in World War II, 182, 289, 290, 304, 307, 309, 312, 348
Franco, Francisco, 233
francs-tireurs, 119, 120
Franklin, Benjamin, 76
Franz Ferdinand, Archduke of Austria-Hungary, 261, 266, 269–71
Frederick the Great, 61
Freedmen's Bureau, 222
Free French, 309, 348
French, David, 390
French, Lord, 258
French and Indian Wars (1689–1763), 67, 124, 132, 137, 139
French Community, 326
French Far East Expeditionary Corps, 349, 356–62
French Revolution, 91, 101, 122–23, 334, 561
 Reign of Terror in, xxii, 80–81
French Union, 354
Friedman, Thomas, 462
Frist, Bill, 535
Fromkin, David, 283
Fuentes, Carlos, 435
Fujian Province, 333
Fuller, J. F. C., 197
Funston, Frederick, 198

Gadea, Hilda, 435
Gage, Thomas, 64, 65, 70
Gallic War (Caesar), 54
Gallieni, Joseph, 179–80, 181, 183

Galula, David, 369, 398–99, 403, 408, 537, 538, 540
Galvin, John, 537
Gambetta, Léon, 119
Gandhi, Mahatma, 229, 324, 474
Gaozu, Han emperor, 35–36
Garfield, James, 232
Garibaldi, Anita, 111–14
Garibaldi, Giuseppe, xxi, xxv, 109–23, 215, 225, 271, 340, 342, 379, 475
  Castro compared with, 431
  fame of, 112, 115, 118–21
  Guevara compared with, 433, 434, 435, 439, 442
Garibaldi, Ricciotti, 119
Gates, Horatio, 73, 74
Gaucher, Jules, 360
Gaul, 29
Gaza City, 470
Gaza Strip, 64, 283, 395, 461, 462, 463, 465, 468–71, 473, 478, 548
  First Intifada in, 468–69
  Hamas in, 512, 564
gazavat, 155, 158–62
G Division, 251
gégène, 364–66, 372
Geggus, David Patrick, 95
Geifman, Anna, 245
gelignite, 246, 248
Gemayel, Bashir, 501
General Orders No. 100, 120
General Staff, British, Geographical Section of, 276
General Staff, Russian, 498
Geneva Accords (1954), 363
Genghis Khan, 28, 42, 169
genocide, 193
  against American Indians, 146
  against Armenians, 261
George III, King of England, 96
George V, King of England, 256
Georgia (country), *125*, 162
  Stalin in, 109, 242–43
Georgia (U.S. state), 70, 73
Geraghty, Tim, 501–2, 506
German East Africa, 443
Germanic tribes, 21, 26
Germans, in French Foreign Legion, 354, 356
Germany, 109, 123, 266, 263
  American Revolution and, 75, 77
  Baader-Meinhof Gang in, 394

Boer War and, 185, 193
Exodus affair and, 325
hostage rescue attempt in, 453
imperialism of, 178, 182, 193
metropolitan vs. colonial army of, 178
occupied, 379
terrorism in, 210
in Thirty Years' War, 46, 51
Weimar, 271
in World War I, 120, 182, 271
Germany, East, 449, 455, 456, 458
Germany, Nazi, xxiii, xxiv, 72, 80, 158, 233, 273, 390, 562, 563
  Allied bombing of, 174–75
  anarchism in, 233
  appeal of, 271–72
  expansion of, 266
  racial attitudes of, 307–8, 323
  resistance to, 307–12
  in World War II, 174–75, 288, 289, 290, 307–12, 321, 322, 366, 403, 409, 493, 536
  in Yugoslavia, 54, 84, 261, 310–12, 493, 514
Germany, West, 379, 451, 458
  terrorism in, *see* Baader-Meinhof Gang
Germentchug, 156
Geronimo, *124*, 148–49, 195
Gestapo, 366
Ghana, 324, 325
Ghazi Muhammad, 155–57
Ghilzai tribal confederation, 166–67
Gibbon, Edward, 25, 26, 75
Gibraltar, 86
Gibson, Mel, 71
Gideon Force, 296–97, 299
Gimri, 154–56, 159
Girardet, Edward, 490–91
gliders, 288, 301, 303
globalization, 229
Gobi Desert, 35
Gogol (Greek chieftain), 104
Golan Heights, 510
gold, 22, 186, 280, 544
Gold Coast, 324
  see also Ghana
Golden Mosque, 532
Goldman, Emma, 232
Goldsworthy, Adrian, 25, 30
Goliath, 9
Gone with the Wind (film), 225
Good Earth, The (Buck), 339

Good Friday Agreement (1998), 391, 569
Gorbachev, Mikhail, 476, 498
Gorenberg, Gershom, 474
Goya, Francisco de, 85
Grand Mosque, 483
Granma (ship), 427–28
Grant, Ulysses S., 223, 224
Graves, Robert, 284
Great Britain, 50, 53, 60–81, 123, 157, 246–60, *318*, 350, 527
 in Aden, 70, 325, 391, 392, 513
 in Afghanistan, *see* Afghanistan, British in
 American Revolution and, 59, 62–79, 88, 170–71, 183, 258, 309, 362–63, 560, 563, 566
 Boer War and, 140, 146, 183–97, 250, 335, 381, 382
 Caribbean possessions of, 96, 100
 Caucusus and, 160–61
 counterinsurgency success of, 389–93
 in Cyprus, 70, 325, 390, 391, 392, 513
 economy of, 321, 381
 First Opium War and, 165–66
 France's wars with, 78, 95–96, 99, 185
 Greek independence and, 106, 107
 in imperial wars, xxv, 70, 80, 127–31, 147, 163–78, 183–97
 in India, *see* India, British in
 Indochina War and, 351
 intelligence services of, 251–52, 257–58, 496
 IRA and, xxiii, xxv, 251–52, 254–58, 289, 391, 569
 in Iraq, 70, 255, 282, 287, 390
 Irish rebellion against (1798), 80, 101–2, 107
 Irish War of Independence and, 246–58, 263, 362, 389, 469
 in Kenya, 93, 367, 390, 391, 392
 in Malaya, 70, 322, 325, 377–93, 399, 416, 419–20, 546
 metropolitan vs. colonial army of, 178
 Middle East division and, 281, 282–83
 in occupied Germany, 379
 in Oman, 390–91, 392
 in Palestine, 282, 283, 294–96, 323, 324, 325, 379, 461
 in Peninsular War, 85–89, 107
 post–World War II, 321–22
 racism of, 308, 323
 in Shanghai, 328
 Suez Canal and, 323
 in War of Austrian Succession, 60–61
 in war on terror, 176
 in World War I, 276–77, 280–83
 in World War II, 288–91, 296–302, 312, 324, 351, 381, 383
 Yugoslavia and, xxiii, 312
Greater East Asia Co-Prosperity Sphere, 306
Greater Israel, *395*
Greater Serbia, 270
Great Snowy Mountains, 337
Greece, 75, 260, *266*, 310, 343, *394–95*, 406, 440, 566
 ancient, 4–5, 10, 19, 31, 35, 54, 60
 civil war in, 398
 Cypriot *Enosis* with, 390, 391
 War of Independence in, xxv, 57, 102–8, 122, 123, 170–71, 215, 376–77, 469, 560
Greek Communists, 363
Greek Orthodox Church, 105
Greek Revolutionary Organization 17 November, 456
Green, Israel, 216
Green Berets, 445, 449
Greene, Graham, 400, 407, 408
Greene, Nathanael, 74, 78
Grenada, 449
grenades, 517
Griffith, Samuel B., II, 341
Griyazanov, Fyodor, 242
Gromov, Boris, 498
Grozny, 158, 478
GSG-9, 458
Guangdong Province, *319*, 336
Guantánamo Bay, 162, 526, 531, 549
Guatemala:
 civil war in, 448
 Guevara in, 434, 435
Gubbins, Colin, 289
Guerre de guerrillas, La (*Guerrilla Warfare*) (Guevara), 442, 445
guerrilla warfare, guerrillas, 1–201, 205, 266–67, 557–61, 567
 in Algeria, 367
 as cheap and easy, xx
 in Cuba, 431
 definition problems with, xxi–xxvi

索 引 / 845

direct action vs., 289
greatest effectiveness of, 566
importance of forceful personality to, xxi
IRA as, 258
JFK's advocacy of, 415
liberals and, *see* liberal revolutions
in Malaya, 379–88
of Mao, 333, 335, 340–43
mystique of (1960s–1970s), 397–99
myth of invincibility of, 326
and native resistance to imperial rule, *see* imperial wars
North Korean use of, 346
origin of word, xxii, xxiv, 60, 85
origins of, *xxxii–xxxiii*, xxi, 1–55
partisans vs., 120
public opinion and, 559–61
speed vs. size in, 150–51
terrorism compared with, 209
of Tibetans, 337
as ubiquitous and important, 557–58
as underestimated and overestimated, 558–59
as universal war of weak, 558
"urban," xxii–xxiii
in U.S. Civil War, 212–13
U.S. failure to learn lessons of, 417–18
Vietnamese use of, 346, 350, 352–53, 356
in the World Wars, 266–67, 269–317
Guevara, Ernesto "Che," 235, 433–35, 438–49, 457, 467–68, 475, 559
Arafat compared with, 463
asthma of, 433, 435, 446
background of, 95, 433
in Cuban revolution, 427, 428, 435, 438–39, 441–42
death of, 446
Marighella compared with, 447–48
myth of, 447
in spreading of Cuban revolution, xxv, 394, 397
writings of, 413, 434, 435, 441, 442, 445, 489, 524
Guinea-Bissau, 326, 397
Gulf War (1991), 515, 537–38
Gunib, 162
gunpowder, 64, 78, 93, 105, 209, 441
gunpowder empires, 53
Gunpowder Plot, 209

guns, 136, 150, 152, 163, 170, 174, 179, 270, 397, 430
in Algeria, 368, 371
in Entebbe operation, 454
in Irish struggles, 251
terrorism and, 209, 450, 457
Gurkhas, 299, 305
Gurney, Henry, 380
Gutians, 14, 27
Guzmán, Abimael, 507

Habash, George, 452, 461, 477
habeas corpus, 223
Habsburgs:
  Austro-Hungarian, 269–71
  Spanish, 107
Haddad, Wadia, 452, 455, 461
Hadji Murad (Tolstoy), 160
Hafez, Mustafa, 465
Hahn, Steven, 219, 220
haiduks, 51, 53
Haifa, 9
Haile Selassie, Emperor of Ethiopia, 296, 297
Haining, Robert, 296
Haiphong, *319*, 351, 424
Haiti, 56, 92–100, 120, 128, 180, 215, 308, 343, 514, 537, 561
  independence of, 99–100, 123
  Leclerc in, 97–99, 429
  slave revolts in, xxv, 92–95, 100, 205, 219
  U.S. troops in, xxvii, 399
Hajim Bey, 281
Hakim, Mohammed Baqir al-, 529
Halberstam, David, 537
Halliday, Jon, 335–36
Hamas, xxix, 22, 98, 461, 470–73, 478, 512, 513, 519, 548, 564
Hamburg, 175
Hamzat Bek, 159
Hancock, John, 65
Handcock, Peter, 197
Han dynasty, 34–39
Hannibal, 53
Hanoi, *319*, 351, 355, *395*, 409, 424
Hanover, 60–61
Hanson, Victor Davis, 4–5
Haqqani Network, 479, 546, 548
Hara, Kei, 272
Harakat ul-Mujahideen, 523

Hardy, Jocelyn, 263–64
Hardy, Thomas, 284
Hariri, Rafiq, 509
Hariri, Saad, 512
Harpers Ferry, W. Va., 202, 215–16, 261, 432, 447
Harrison, William Henry, 139
Hasan-i Sabbah, 206–7, 208, 508
Hashemites, 283
Hasmonean clan, 6
Hassrick, Royal, 145–46
Hatem, George, 339
Havana, 394, 429, 437, 438, 439
  La Cabaña prison in, 441
Havana University, 430, 461
Hayes, Rutherford B., 225
Hearst, Patty, 457
Heath, William, 67
"Hedy," 290
Hejaz, 276–77, 283
Hejaz railway, 278–80
Hekmatyar, Gulbuddin, 496–97, 499
helicopters, 288, 372, 418, 490, 492, 498, 521
Helsinki Watch, 492
Hemingway, Ernest, 431
Henry, Émile, 226–33, 243
Henry, Fortuné, 228
hensoppers, 192, 194
hepatitis, 495
Hercules (yacht), 106
Herero, 193
Herodotus, 17–18, 20, 54
Herod the Great, 23, 154
Hertzog, James Barry, 188
Hesse, in War of Austrian Succession, 60–61
Heydrich, Reinhard, 307
Hezbollah, xxvi, 162, 478, 484, 501–14, 564, 565
  as "A-Team of Terrorists," 513
  birthplace and early development of, 503–4
  bombings by, 504–10
  extensive reach of, 507
  hijackings and, 505
  hostage taking and, 504, 505–6
  Israel and, xxix, 98, 467, 472, 504, 506–13, 548, 560
  media outlets and, 508, 511, 512, 513
  as political party, 508
  secretiveness of, 504
  sophisticated warfare of, 511
He Zizhen, 340
Hiba, Ahmed el-, 182
Higgins, William, 505
hijackings, 261, 283, 450–56, 458, 464, 466, 467, 489, 525
  Entebbe, 451–56, 458, 467, 476, 525
  Hezbollah and, 505
Hill, Elias, 218, 220–21
Hill, J. P., 221
Hilsman, Roger, 422
Himmler, Heinrich, xxiii
Hindu Kush, 168, 176, 332–33, 487
Hippel, Theodor von, 288
Hiroshima, 137
Histories (Herodotus), 17–18, 54
History of Alexander, The (Curtius Rufus), 6
History of the Peloponnesian War (Thucydides), 4, 5
History Will Absolve Me (Castro), 432
hit-and-run tactics, 288–91, 293, 342–43
Hitler, Adolf, xxiv, 109, 271–72, 308, 451
Hizb-i-Islami, 496–97
Hoa Hao sect, 353, 407, 410–12
Hoare, "Mad Mike," 443
Hobhouse, Emily, 192–93
Hobsbawm, Eric, 51
Ho Chi Minh, 31, 322, 349–53, 362, 393, 420, 449, 475, 559, 566
  Castro compared with, 429, 440
  death of, 425
  exile of, 349–50
  Nasrallah compared with, 508
Ho Chi Minh Trail, 419, 425, 496
Holland, J. C. F., 289
Holocaust, 451, 452–53, 474
Holy Land, 7, 116, 275, 325
holy war, 105
Homage to Catalonia (Orwell), 234
homosexuality, 178–79, 285
Hong Kong, 350
"horns of the bull," 128
horses, 22, 23, 27, 37, 136, 145, 496
  mounted archery and, 35, 41, 43
hostages, 261, 528
  beheadings of, 530–31
  in Bolivia, 446
  British, 168, 169
  in Entebbe hijacking, 451–56
  Hezbollah and, 504, 505–6

at Munich Olympics, 453, 465, 476
  in Tehran, 169, 478, 481–82, 485
Hotel Terminus, 226–27, 230
House of Commons, British, 76, 258, 321
Howard, Thomas Phipps, 96
Howe, Admiral Lord, 70
Howe, Julia Ward, 217
Howe, Samuel Gridley, 103, 215, 217
Howe, William, 68, 70
How to Survive under Siege (Aeneas Tacticus), 54
Hryniewicki, Ignat, 239
Hue, 423
Huk Politburo, 404
Huk Rebellion, xxv, 395, 397, 400–407, 419–20
humanitarian intervention, 107–8
  Greek independence and, 103, 107
human rights, 19, 108, 198, 390
  in Afghanistan, 492–95
Human Rights Watch, 492
Humphrey, Hubert, 421
Hunan Province, 319, 330–33, 434
Hundred Regiments Offensive (1940), 344
Hundred Years' War, 45
Hungary, Hungarians, 61, 119, 308, 310, 487
Huns, 17, 26–30, 39, 41
hunter-gatherers, 9
Huntington, Samuel, xxiii, 509
Huron, 135
hush-hush men, 252
hussars, 61
Hussein, King of Jordan, 464
Hussein, Qusay, 539
Hussein, Saddam, xvii, 469, 520, 529, 530
Hussein, Sharif, Emir of Mecca, 277, 283
Hussein, Uday, 539
Hussein (Muhammad's grandson), 505
Hutus, 509
"hybrid warfare," 78, 511

Ia Drang Valley, 418
Ibn Saud, King of Saudi Arabia, 283
Ibn Taymiyya, 481
Ibrahim Pasha, 106–7
Idanthyrsus, Scythian king, 18
ideology, xxvi, 60, 130, 273
  of Castro, 432, 441
  importance of, 59
  Lansdale's view of, 408
  terrorism and, 209–10, 262

IEDs, xviii, xxviii, 541, 553
Iklé, Fred, 497–98
Imam Ali mosque, 529
immigrants, anarchism and, 229, 230
imperialism, 442, 475
  China and, 326–29
  end of, 324, 362
  seeds of destruction in, 198–201
Imperial Japanese Army, 429
Imperial Light Horse Regiment, 195
Imperial War Cabinet, British, 197
imperial wars, xxv, 124–25, 127–201, 393, 397, 416
  reasons for limited native resistance in, 127–32
  implications, xxvi, 557–67
Incas, 136
India, 50, 53, 197, 267, 319, 395, 479, 548
  British in, xxv, 80, 125, 129–30, 147, 166–77, 187, 255, 298, 299, 301–2, 323, 324
  British troops sent back to, 166–67
  independence of, 175, 324
  Japanese offensive against, 301
  Kashmir and, 509
  nationalism in, 307
  Northwest Frontier of, xxv, 125, 147, 172–76, 191
  sepoys from, 166, 167
  Thuggee cult in, 209
  warfare in, 32–33
  Wingate in, 298, 299, 301–2, 304
Indian Army, 173, 178, 305
Indian Removal Act (1830), 140
Indians, in Malaya, 380, 384
Indian Territory, 124, 140, 141
"indirect rule" doctrine, 179–80, 181, 183
Indochina, xxv, 346–63, 448, 564–65
  Algeria compared with, 366, 367, 369, 373
  France in, 42, 100, 178–81, 319, 322, 323, 326, 346–49, 351–64, 366, 369, 380, 387–88, 392–93, 407, 421, 425, 513, 537, 546
  Japan in, 349, 350
  Malaya compared with, 380, 386, 387–88
  torture in, 354, 355, 376, 386
  see also Vietnam War
Indonesia (Dutch East Indies), 267, 307, 319, 323, 326, 395, 523, 547

information operations, 106, 200, 377, 437, 512, 523
Inoue, Junnosuke, 272
Institutional Revolutionary Party (PRI), 435
insurgency, insurgents, xx, xxi, xxiii, xxiv, xxvii, xxviii–xxix, 51
  database of, xxvi, 564, 565, 569–89
  expansion of range of motivations for, 55
  importance of intelligence in, 257–58
  importance of political side of, 393
  legitimacy of, 563–64
  as long-lasting, 564–65
  manuals of, 54–55
  Mao's three-stage model of, 341, 343, 353
  origins of, 13–15
  success of, 559
Internal Macedonian Revolutionary Organization (IMRO), 260–61
International Working Men's Association (First International), 228
Internet, 54, 229, 512, 517, 523, 531, 567
Interpol, 210, 233
Inter-Services Intelligence, Pakistani (ISI), 496
Inukai, Tsuyoshi, 272
IRA, *see* Irish Republican Army
Iran, 13, 14, 203, 478–479, 492, 524, 526, 545
  Hezbollah and, 503–8, 512
  hostage crisis in (1970–81), 169, 478, 481–82
  Iraq's war with, 504, 505
  suicide volunteers in, 505
Iran-contra scandal, 506
Iraq, 13, 15, 63, 80, 203, 266, 345, 416, 478, 526, 528, 564
  Al Qaeda in, *see* Al Qaeda in Iraq
  Assassins and, 203, 207
  British in, 70, 255, 282, 287, 390
  disintegration of, 532
  Feisal made king of, 283
  Iran's war with, 504, 505
  Khomeini in, 503, 508
Iraqi security forces, 539–40, 542, 543
Iraq War, xvii–xxii, xxvii–xxix, 84, 127, 180, 194, 287, 345, 469, 472, 486, 507, 513, 527, 528, 565
  Algerian War compared with, 375
  AQI and, 529–34

"surge" in, 161, 534, 542, 544
U.S. counterinsurgency in, 534–46
Ireland, xxv, 50, 64, 187, 245–59, 264, 557
  Boers as inspiration to, 183
  rebellion of 1798 in, 80, 101–2, 107
Ireland, Republic of, 391
Ireland, War of Independence in (1919–21), 203, 248–58, 263, 343, 362, 389, 469, 566
  see also Irish Free State; Northern Ireland
Irgun, 325, 474, 476
Irish-Americans, 246
Irish Free State, 256–57
Irish Republican Army (IRA), xxiii, xxv, 210, 220, 247, 249–60, 262–63, 289, 391, 397, 415, 476, 511, 559, 564
  British spies in, 251
  in countryside vs. cities, 258
  Dublin Brigade of, 252, 253
  Flying Columns of, 254
  negotiated settlement opposed by, 256–57
  in 1920s vs. 1970s–1990s, 257–58
  Provisional, 258, *318*, 391, 456, 459, 569
  public opinion and, 376–77
Irish Republican Brotherhood (Fenians), 229, 246, 247, 249, 250
Irish Volunteers, 247–50, 255
Iroquois, 11, 139
Isherwood, Christopher, 322
Islam, *see* Muslims, Islam
Islamabad, 479, 483–84
Islamic Jihad, 503, 520
Islamic Movement of Uzbekistan, 479
Islamic revolt (1921), 182
Islamists, xxvi, 461, 481–84, 496, 513–14, 547–48
Isle of Pines, *394*, 432–33
Ismailis, 206–8
Israel, 22, 50, 283, 393, 450–55, 461–74, 478, 506–14, 527
  Arab terrorism against, 461, 462–63, 465, 467, 470–73
  Ben Gurion airport in, 451, 453
  Entebbe operation and, 453–55, 467
  Hamas and, xxix, 98, 472, 473, 512, 513
  Hezbollah and, xxix, 98, 467, 472, 504, 506–13, 548, 560
  intelligence service of, 472

索 引 /849

kibbutzim in, 417
Olympics and, 453, 465
PFLP and, 450, 451
Suez Canal and, 323
War of Independence of, 461
Israel Defense Forces (IDF), 295, 468, 469, 472–73, 562
  in Lebanon, 467, 503, 506, 507, 509–12
Istanbul, 30, 261, 285
Italian-Americans, 230, 231
Italian Legion, 111, 112–13
Italy, 64, 81, 261, 266, 342
  al Qaeda in, 521
  anarchism in, 203, 229, 230, 231, 233
  army of, 118, 297
  Fascist, 233, 271
  resistance in, 309, 312
  terrorism in, see Red Brigades
  unification of, xxv, 57, 109–22
  in World War II, 266, 288, 289, 296, 297, 308–12, 378

Jaber, Fayez Abdul-Rahim, 450–52
Jackson, Andrew, 140
Jackson, Julian, 309
Jacobins, 80–81
Jacobite rising (1745–46), 50
Jaish al Mahdi (Mahdist Army), xix, 478, 507, 532, 544, 545
Jaji, 479, 519
Jalalabad, 167, 168, 169, 479, 498, 519, 526
Jamaica, 63, 96, 100
James, Henry, 179
James, Jesse, 51, 213
Jamestown, Va., 124, 132–37, 147
janissaries, 42, 107
Japan, 129, 267, 273, 298–309, 319, 323, 379
  in China, 307, 309, 326, 328, 338, 343–46, 349
  Communist Party in, 343
  in Indochina, 349, 350, 351, 429
  militarists in, 271, 272
  secret police in (Kempeitai), 364
  terrorism in, 210
  in World War II, 175, 267, 298–308, 321, 324, 351, 403, 409, 497, 504–5
Japanese Red Army, 451, 456, 458
Jedburgh teams, 309
Jeddah, 276, 478, 518

Jemaah Islamiyah, 523
Jenin, 471
Jenkins, Brian, 528
Jerome, Saint, 29
Jerusalem, 6, 207, 282
  Arafat in, 460–61
  Roman siege of, 1, 4, 21, 23, 154
  Temple in, 4, 6
  Temple Mount in, 471
Jewish Antiquities (Josephus), 6
Jewish Revolts, xxxii, 4, 7, 24, 54, 209, 310
Jews, 6–7, 162, 471, 483, 531
  Entebbe hijacking and, 452–53
  French, 365
  Polish, 310
  as refugees, 325
  Romans vs., xxxii, 1–4, 7, 21, 23, 24, 25, 54, 154, 209
  terrorism of, 325, 391, 461, 474
  Zealot sect of, 154, 516
  see also anti-Semitism; Zionists, Zionism
Jiang Qing (Madame Mao; stage name Lan Ping), 339, 340
Jiangxi Province, 319, 332–35, 338
jihad, jihadists, 54, 130, 162, 174, 484, 519, 521, 523, 564
  Afghanistan and, 484, 487, 496, 499, 530
  U.S. damage to, 527
Jihad Inc., 522
"jihad trail," 496
Jinggang Mountains, 333
"John Brown's Body" (song), 217
John of Fordun, 47, 49
John of Lorne, 46, 48–49
Johnson, Lyndon, 384, 417, 420, 423, 533
Joint Chiefs of Staff, U.S., 497, 533
Joint Security Stations, 542
Joint Special Operations Command, U.S., 532
Joint Special Operations Task Force, U.S., 548
Jomini, Antoine-Henri de, 9, 90, 91
Jordan, 283, 395, 462, 473, 478, 526, 529, 547
  Karameh battle in, 463–64
  PLO expelled from, 464
  Zarqawi and, 530, 531
Jordanes, 28
Josephus, Flavius, 1, 3, 4, 6, 23

Journal of the Disasters in Afghanistan, A (Sales), 169
Juárez, Benito, 122
Judaea, *xxxii*, 6–7, 9, 21, 23, 24, 154
　Sicarii in, 208, 209
Judas Maccabeus, 6, 52, 54
Jugurtha, 20
Juhayman al-Uteybi, 478, 483
Jung Chang, 335–36
Junger, Sebastian, 488

Kabila, Laurent, 444
Kabul, *125*, 127, 163–71, *479*, 485–88, 493, 499, 500
　British retreat from, 127, 163, 164–65, 167–68, 171, 325
Kabul Polytechnic Institute, 488
Kachin tribesmen, 306, 570
Kagan, Frederick, 534
Kalinga, 12
Kalyvas, Stathis, 562, 563
Kambula, Zulu defeat at, 128–29
kamikazes, Japanese, 504–5
Kandahar, 169, 170
Kansas, 141
　"Bleeding" (1854–59), *202*, 211–15, 222
Kaplan, Robert, 489, 496
Karameh, Battle of (1968), 463–64
Karine A (freighter), 472
Karmal, Babrak, 486
Karzai, Hamid, 416
Kashmir, 50, *479*, 509, 523
Katyusha rockets, 510
Keane, Jack, 534
Keegan, John, 10, 31
Keeley, Lawrence, 11
Kelly, Ned, 51
Kelly, Patrocinio (Pat), 402
Kempeitai (Japanese secret police), 364
Kennan, George, 244
Kennedy, Hugh, 41
Kennedy, John F., 206, 374, 413, 414–15, 417
Kennedy, Robert F., 206, 414
Kenya, 297, 325, 392, 451, 455, 517
　Mau Mau in (1952–60), 93, *318*, 367, 375, 390, 391, 392, 404
　"reconcentration" policies in, 381
　U.S. embassy bombed in, 516
Kenyatta, Jomo, 325, 391

Keppel, Augustus, 76
Kerouac, Jack, 435
KGB, 452, 486, 492, 493, 499
Khalturin, Stepan, 237
Kharijites, 481
Khartoum, *266*, 296, *395*, 464
Khobar Towers bombing, 507, 521
Khomeini, Ayatollah Ruhollah, 482, 503, 506, 508
Khrushchev, Nikita, 414
Khyber Pass, 167, 169, 174
kidnappings, 224, 258, 343, 437, 447, 457, 458, 466, 510
Kim Il-sung, 346
King, Martin Luther, Jr., 229, 474
King Abdul Aziz University, 518
King David Hotel bombing, 325
King Fuad University (later Cairo University), 461
King Philip's War (1675–76), *124*, 138, 139
Kiowa, 144, 145
Kipling, Rudyard, 163, 165, 175, 187, 201
Kissinger, Henry, 423
Kitchener, Lord, 179, 182, 191–93, 196, 197, 255, 418
kleine Krieg, 60
klephts, 51, 103–4, 343, 489
Knowlton, Holly, 536
Koenigstein, François-Claudius, 263
Kolokotrónis, Théodorus, 103
Koran, 493, 505, 522
Korda, Alberto, 447
Korea, 364
　see also North Korea; South Korea
Korean War, 388, 424
Kosovo, 107, 514
Kravchinski, Sergei, 261–62
Kropotkin, Peter, 229, 236, 519
Kropotkin, Prince Dimitry, 236
Krueger, Alan, 264
Kuala Lumpur, *319*, 378, 380–81, 383
Kuhlmann, Brigitte, 450–52, 455
Ku Klux Klan (KKK), xxv, 210, 218–25, 235, 258, 262–63, 503, 569
　anarchists compared with, 228, 234
　OAS compared with, 375
　size of, 260
Ku Klux Klan Act (1871), 223–24
Kuomintang, *see* Nationalist Party, Chinese

Kurdistan, 478, 514, 530
Kuwait, 395, 461, 469, 478, 520

labor unions, 233, 331, 430
Labour Party, British, 321, 324
La Cabaña prison, 441
Lacroix, Pamphile, 95
Ladysmith, 184, 195
La Higuera, *394*, 446
Lake, Gerald, 130
Land and Freedom, 235
landmines, 254, 279, 360, 378, 463, 492
Lansdale, Edward Geary, xxi, 71, 399–417, 419, 425–26, 439, 441, 449, 476, 492, 562
   Diem and, 407–13, 416, 421
   fictional versions of, 400–401, 402, 413
   Huk Rebellion and, 400–406
   second South Vietnam tour of, 421–23
Lansdale, Helen, 402
"Lansdalism," 408–9
Laos, *319*, 354, 357, *395*, 419, 425
La Poderosa, 434
Laqueur, Walter, xxi–xxii, 261
Lartéguy, Jean, 376, 537
Lashkar-e-Taiba, *479*, 547–48
Latin America, 444, 447–49, 456, 537
   death squads in, 448
   independence in, 102, 123
   oligarchies in, 434
Lattre de Tassigny, Jean de, 356
Law and Order Party, 211
Lawrence, Kans., 212, 214
Lawrence, Sarah, 275
Lawrence, T. E., xxv, 116, 273–89, 462, 538, 540, 544, 557, 566, 567
   Charles Lee compared with, 68
   coinage of appellation, 275
   at Colonial Office, 282–84
   Daraa incident and, 281–82, 284
   death of, 284, 304
   fame of, 275, 284, 413
   as Feisal's advisor, 275, 277
   flagellation disorder of, 284–85
   Giap compared with, 352
   guerrilla warfare and, 45, 200, 278, 285–86
   illegitimate birth of, 275–76
   Mao compared with, 342
   memoirs of, 281, 283, 285

   Wingate compared with, 292, 296, 298, 301, 304
   Woolls-Sampson compared with, 195
League for the Independence of Vietnam, *see* Vietminh
League of Nations, 283
Lebanon, xxix, 75, 453, 500–513, 524
   civil war in, 467, 501, 509
   French in, 282
   Hezbollah in, 467, 478, 501–14, 548, 564
   Israeli invasion of, 467, 471, 501, 503, 506, 510, 514, 548
   Israeli withdrawal from, 510
   PLO in, 464–68, 473, 501, 503
Leclerc, Victor Emmanuel, 97–99, 429
Lederer, William, 400–401
Le Duan, 425
Lee, Charles, 68, 71
Lee, Harry "Light Horse," 74
Lee, Robert E., 74, 90, 216
leftist revolutionaries, as romantic figures, *see* radical chic
Lehi (Stern Gang), 325, 474, 476
Lémass, Sean, 252
Lenin, Vladimir Ilich, 240, 242, 243, 244, 431, 451
Lentaigne, Joe, 304
Lermontov, Mikhail Yurievich, 163
Lettow-Vorbeck, Paul von, 288
Lewis, Bernard, 208
Lewis, Mark Edward, 38
Lexington and Concord, Battle of, *56*, 65–67, 76
Lezaky, eradication of, 307
liberalism, 55, 271, 273, 330, 392
liberal revolutions, xxiv–xxvii, 56–57, 59–123, 475
   achievements of, 122–23
   Mazzini's inspiration to, 110
Liberal Party, British, 193, 196, 255
Libya, 108, *266*, *318*, *394*, 451, 456, 469, 514
Lidell-Hart, Basil, 286
Lidice, eradication of, 307
Lieber, Francis, 120
Lieber Code, 120
Life, 323
Life of Alexander the Great, The (Plutarch), 6
Lin Biao, 345

Lincoln, Abraham, 118, 120, 236, 527
literacy, 54–55, 95, 209, 218, 241
Little Beaver, Chief, 141
Little Big Horn, Battle of the (1876), *124,* 127, 150, 151
Liverpool, 258, 321
Lloyd George, David, 193, 253, 255–56, 265
Lodge, Henry Cabot, 421, 422
Lombardy, 112, 116
London, 48, 76, 118, 185, 247, 250, 276, 515
  anarchists in, 229–30, 232
  post–World War II, 321–22
  2005 bombing in, 527
Londonderry, *318,* 391
London *Times,* 184–85, 187, 259
Long March, 114, *319,* 335–40, 345
Long-Range Desert Group, 289
Long-Range Reconnaissance Patrols, 195, 419
Louis Napoleon, Emperor of France, 115, 119, 122
Louis XVI, King of France, 78, 206
Lovat, Lord, 291
low-intensity conflict, xxvi, 9, 44, 46, 273, 343, 415
  Greek tradition of, 103–4
Luding Bridge, *319,* 335, 336
Lufthansa, 458, 466
Lugard, Frederick, 183
Lumumba, Patrice, 443
Luzon, *395,* 404, 405
Lyautey, Louis Hubert Gonsalve, xxi, 177–83, 200, 356, 368, 433, 493, 538
  Lawrence compared with, 287
  "population-centric" counterinsurgency and, 71, 127, 177–83, 399, 403
  Templer compared with, 379, 384
Lyttelton, Oliver, 381

M-26-7, *see* 26th of July Movement
Ma'alot, 453
MacArthur, Arthur, 199
MacArthur, Douglas, 199, 307, 462
Maccabees, *xxxii,* 3, 6–7, 415
Macedonia, Macedonians, 6, 104, 260–61
MacGregor, Rob Roy, 51
Macnaghten, William, 166–67
Macready, Nevil, 253, 254, 256, 259
Madagascar, *125,* 179, 181, *318,* 326

Madrid:
  bombing in (2004), 522, 527
  Peninsular War and, 84–85, 87–90
Mae Enga, 11
magazines, 115, 209, 451, 531
Maggiore, Lake, 112, 116
Maginot, André, 372
Maginot Line, 348, 372
magneto, 364
Magsaysay, Ramón, 402–6, 421, 449, 494
Magyars, 17, 30
Mahdi, 483
Mahdist Army, *see* Jaish al Mahdi
Mahdist uprising, 182
Maiwand, Battle of (1878), 170
Maiwand district, 176
Maji-Maji, 193
Makhno, Nestor, 233
Malakand Field Force, 174, 175
Malakand Pass, 174
malaria, 100, 114, 279, 298, 300, 350, 444, 495
Malawi, 392
Malaya, xxv, 70, 196, 307, *319,* 324, 377–93, 404, 416, 449, 540, 543–46, 562
  civic action in, 384, 389
  Huk Rebellion compared with, 403, 404
  New Villages in, 382, 386, 417
  suppression of communism in, 322, 325, 379–88, 399, 406, 419–20
  see also Malaysia
Malayan People's Anti-Japanese Army, 379
Malayan Races Liberation Army (MRLA), 379–80, 391–92
Malaysia, 387
Maliki, Nouri al-, 416, 544, 545
malnutrition, 300, 322
Mamluks, 42, 208
Manchu dynasty, 39, 40, 329, 330
Manchuria, *319,* 343–46
Manchus, 17, 53
Mangin, Charles, 181–82
Manila, *395,* 401, 404, 525
Manishtushu, 14
Maoists, 441, 447, 457, 477
Mao Zedong, xxi, xxiv, 329–38, 340–46, 393, 410, 476, 494, 566
  bumpkin origins of, 329–30

Castro compared with, 429, 431, 436, 438, 440
cult of personality of, 115, 333
death of, 340, 476
education of, 330–31
Giap compared with, 352, 353
Guevara compared with, 434
Ho Chi Minh compared with, 349, 350, 352
as inspiration, xxv, 327, 346, 353, 380, 449, 489
Long March of, 114, *319*, 335–40, 345
"luring the enemy in deep" strategy of, 334
marriages and womanizing of, 339–40
Nasrallah compared with, 508
outside assistance and, 343
as rebel from childhood on, 330
Tito compared with, 312, 340
triumph of, 322, 327, 346, 355, 558–59
Vietminh supported by, 363
warfare style of, 31, 32
writings of, 110, 340–43, 413, 431, 489, 524
"Mao Zedong Thought," 338
maquis (French Resistance), 309, 312, 343, 348
Marathas, 129–30
March, Aleida, 435, 442
Marcos, Ferdinand, 405
Marcuse, Herbert, 456
Marighella, Carlos, 447–48, 524
Marine Corps, U.S., xviii, 79, 199–200, 216, 399, 482
counterinsurgency and, 540–41
in Lebanon, 484, 501–4, 506
in Marjah, 551–54
Raider operations of, 290, 291
in Vietnam War, 419
Marine Force Reconnaissance, xxviii
Marion, Francis, 72–74, 188, 290
Marjah meeting (Oct. 23, 2011), 551–55
Marlborough, 285
maroons, 63, 100
Marrakech, *124*, 182
Marsala, 116
Marshall, George, 345
Marshall Plan, 323
Martí, José, 428, 431, 436
Marx, Karl, 110, 228, 229, 244

Marxism, 201, 232, 234, 323, 332, 437, 452
bankruptcy of, 476–77, 564
Castro and, 431
Guevara and, 441
personalism and, 416
Marxism-Leninism, 338, 443, 493
Marxist National Liberation Front, 391
Masada, 154
Mason-Dixon Line, 213
Massachusetts, 230
colonial, 10, 11, 122, 137
Massagetae, 17
mass media, 115, 209, 216–17, 233, 397–98, 469, 539, 559
Hezbollah and, 508, 511, 512, 513
Massoud, Ahmad Shah, 487–91, 496–97, 499, 500, 526
Massu, Jacques, 370, 371, 373
Masters, John, 175, 305
Matthews, Herbert L., 436–37
Mau Mau (1952–60), 93, *318*, 367, 375, 390, 391, 392, 404
Maurice, Byzantine emperor, 54
Maximalists, 241
Maximilian, Emperor of Mexico, 122
Mazower, Mark, 308, 312
Mazzini, Giuseppe, 12, 110, 112, 113, 115, 122, 342, 475
McChrystal, Stanley, 539
McDonnell, James, 248
McKee, Dick, 252, 253
McKinley, William, 230
McMaster, H. R., 542
McNamara, Robert, 420, 534
Mecca, 276, 478, 483
Mecklenburg-Schwerin, 109
Medes, 20
Medina, 277, 279, 280
Mediterranean Sea, *xxxii*, 106, *124*, 203, 266, 276, *318*, 478
Algerian War and, 371, 373
Megiddo, 9
Mehmet Ali, 106–7
Meinhof, Ulrike, 458
Meir, Golda, 465, 466
Mekong Delta, *319*, 354, 418, 424
Mendes-France, Pierre, 363
Mengele, Josef, 453
Mensheviks, 242
Meo, 353
Merrill, Lewis M., 222–24

Merrill's Marauders, 304, 306
Mesopotamia, *xxxii*, 8, 9, 12–16, 27, 72, 137, 140, 308, 392, 555
Metacom (King Philip), 138, 139
Metternich, Prince, 110
Mexico, 51, 122, 148–49, 157, 570
 civil war in, 273
 political exile in, 427, 433, 434–35
Mexico City, 434–35
Mezentsov, Nikolai, 236
Middle Ages, 44–46, 59, 62, 138, 247, 260, 264
 torture in, 364
middle class, 235, 241, 264, 523
Middle East, xxv, 6, 7, 9, 102, 274–87, 524
 spread of Islam in, 42
 Sykes-Picot Agreement and, 281
Mihailović, Dragoljub "Draža," xxiii, 311, 312
Mikhailov, Alexander, 238
Milan, 112
Miles, Nelson A., 149, 151–52
Military Assistance Command, Vietnam, U.S., 418–21
militias, 220, 372, 419
 in Afghanistan, 489, 499
 black, 221–22
 of Boers, 186–87
 in Indochina, 356
 in Iraq, 532, 533
 in Lebanon, 283, 467, 501
 in Northwest Frontier, 173
 Red Guards, 341
 of U.S. settlers, 146
Milner, Alfred, 196
Milorg, 307
Mina y Larrea, Martin Javier, 86
Ming dynasty, 40
Minimanual of the Urban Guerrilla (Marighella), 447
Ministry of Public Works, Kuwaiti, 461
"minutemen," 66, 122
Min Yuen, 380
Miot de Melito, Count, xv
Mississippi River, 140
Missolonghi, 106
Missouri, 212, 222
Mitterrand, François, 368
Mobile Field Brothels, 359
Mobutu, Joseph, 443, 444
Mockaitis, Thomas R., 390

Modern Warfare (Trinquier), 369
Modoc Indians, 12
Modun, Xiongnu Chanyu, 36, 54
Mogadishu, 65, *395*, 452, 458, 521
Moguls, 53, 169
Mohammad Reza Pahlavi, Shah of Iran, 481–82
Mohammed, Khalid Sheikh, 21, 524–25, 526
Mohawk Indians, 135–36, 139
Moloney, Ed, 257
Moltke, Helmuth von, the Elder, 109
Moncada army barracks, 432, 439, 440
Mongolia, 34, *319*, 335
Mongols, 17, 20, 30, 40, 41, 208, 353
 army of, 40, 42
 tsarist Russia's relations with, 157
 Western (Zunghars), 39
Monongahela, massacre at the (1755), 132, 150
Montagnards, 353, 419
Montana, 150
Montefiore, Simon Sebag, 263
Montgomery, Bernard Law, 381, 462
Montoneros, 447
Morant, Harry, 197
Moravia, 57, 61
Morgan, Edward S., 136
Morice Line, 15, 372
Moro, Aldo, 458
Morocco, xxv, *124*, 127, 199, *318*, 368, 390, 513
 FLN in, 373
 Lyautey in, 180–83, 200, 356, 379
Morris, Benny, 325
Mosby, John Singleton, 212
Mosby's Rangers, 212
Moscow, *203*, 241, 349–50, 528
mosquitoes, 100, 382
Mossad, 453, 455, 465, 507
Most, Johann, 232
Mosul, xxvii, *478*, 538–39, 545
Moto Khan, Hajji, 554
Motorcycle Diaries (Guevara), 434
Mountbatten, Lord, 258
moutarik, 489
Mozambique, 326, 367, 397
Mubarak, Hosni, 521
Muenchhausen, Friedrich von, 69
Mughniyeh, Imad, 503–4, 507
Muhammad, Prophet, 42, 505, 507

mujahideen, xxvi, 484, 487–91, 493, 495–500, 504, 519, 566
mulattos, 93, 95, 98, 100, 430
Multi-National Security Transition Command–Iraq, 539–40
Mumbai shootings (2008), 527
Munich, 394, 453, 465, 466, 525
Munro, Bill, 254
Muong Thanh, 347–49
Murad, Hadji, 160
murids, the, 155–56, 160–62
Musawi, Abbas, 503, 507–8
Muslim Brotherhood, 461, 481, 488, 519, 525
Muslims, Islam, 451, 461, 467, 471, 527
 in Afghanistan, 493, 499
 in Algeria, 367–72, 375, 376, 382
 Assassins, 154, 206–8
 Bosnian, 509
 in Caucasus, 158–62, 172
 in Chechnya and Dagestan, xxv, 154–63
 Christian alliance with, 274
 Christians vs., 105, 162, 207–8
 fundamentalist, 481, 482–83, 488, 499, 511, 520, 524
 imperial wars and, 130–31, 154–63, 172
 in Kashmir, 509
 in Malaya, 388
 Shiite, see Shiites
 spread of, 42
Muslim Youth, 488
Mussolini, Benito, 271, 288, 296, 309

Nachaev, Sergei, 262
Nagorno-Karabakh, 509
Najaf, 478, 503, 508, 529, 530
Najibullah, 499, 500, 519
Nam Yum River, 347, 360
Nancahuazú Region, 394, 445
Nanchang, 319, 332
Nanking, Rape of (1937), 343
napalm, 356
Naples, 113, 116–18, 310
Napoleon I, Emperor of France, 57, 285, 352, 566
 defeat of, 89, 101, 119
 Haiti and, 97, 98
 Peninsular War and, xxii, xxv, 84–86, 89, 102, 130, 309

Napoleonic Wars, 91, 97, 100
 see also Peninsular War
Nasrallah, Hassan, 115, 505, 507–8, 510, 512
Nasser, Gamal Abdel, 323, 462, 518
Natal, 124, 186, 196, 197
National Guard, Saudi, 521
nationalism, 55, 115, 130, 199, 201, 323–24, 392, 509, 563
 Afghan, 487
 Arab, 283
 Asian, 307
 birthplace and, 109
 in Bolivia, 445
 of Ho Chi Minh, 350, 351
 in Ireland, 210, 477
 Nazi definition of, 308
 Palestinians and, 461, 473, 477
 terrorism and, 209–10, 259, 262, 459
 in Yugoslavia, 311
Nationalist Party, Chinese (Kuomintang), 331–40, 343–46, 350, 353, 390
 AB (Anti-Bolshevik) League of, 334
 blockhouse strategy of, 334–35
 German advisers to, 334
 Sino-Japanese War and, 343–44
 U.S. aid to, 344
nationalist separatism, 397
national liberation, wars of, xxv, 318–19, 321–93, 475
National Liberation Action, 447
National Liberation Front, Algerian, see FLN
National Liberation Front, Vietnamese, 416
National Organization of Cypriot Fighters, see EOKA
nation building, 537
 in Iraq, 538, 539
 in South Vietnam, 409–10
nation-states, rise of, 51, 59, 110, 115, 393
NATO, 176, 493
Navarino, Battle of, 107
Navarre, 86–87
Navarre, Henri-Eugène, 357
Navy, U.S., 108, 405
Naxalites, 477
Nazis, see Germany, Nazi
Nechaev, Sergei, 228–29, 231
Nehru, Jawaharlal, 324
Nepal, 477

Netanyahu, Benjamin, 453, 455
Netanyahu, Jonathan, 454–55
Netherlands, the Dutch, 46, 107, *318*, 536
  Boer War and, 193
  in Indonesia, 323, 326
  in War of Austrian Succession, 60–61
  in World War II, 288, 307
Neumann, Sigmund, 273
New Delhi, 267, 301–2
New England:
  French-Indian Wars in (1689–1763), *124*, 137
  King Philip's War (1675–76) in, *124*, 138, 139
New Guinea, 10, 11, 12
New Hampshire, 137
New Jersey, American Revolution in, 56, 68–71
New Left terrorists, 456–58
Newport, R.I., 70, 79
newspapers, *see* press
New Villages, 382, 386, 417
New York (state), 214
New York City, 70, 79
  terrorism in, 230, 231, 484, 500, 523, 525, 528
New Yorker, The, 321
New York Herald, 436
New York Times, 232, 436–37, 515, 540
New Zealand, 171
Ngo Dinh Diem, 352, 363, 407–13, 416, 417, 421, 456
Ngo Dinh Nhu, 412, 416, 417
Nguyen Tat Thanh, *see* Ho Chi Minh
Nicaragua, Sandinistas in, 397, 448
Nice, 57, 109, 115, 116
Nicholas I, Tsar of Russia, 161
Nicholas II, Tsar of Russia, 206, 242, 243, 245, 260
Nigeria, 183, 397
Nihilists, Russian, xxv, 210, 228–29, 235–40, 252, 262, 430, 456, 460
Nineveh, 201
Niven, David, 291, 378
Nixon, Richard M., 423, 424
Nizari Ismailis, 206–8
Nkrumah, Kwame, 325
No. 1 Air Commando, 301
Noé plantation, 92
nomad paradox, 41–43

nomads, 14–20, 26–30, 34–43, 52–53, 338
  Bedouin as, 278
  military advantages of, 41–42
  tsarist Russian expansion and, 157
  Xiongnu, 34–39, 41
nonviolence, 264, 324
Normans, 40
North, Lord, 76–77, 560
North Africa, 25, 29, 45, 147, 168, 547
  in World War II, *266*, 289, 296–98
North Carolina, 74
Northern Alliance, 479, 500, 522, 526
Northern Expedition, 332, 345
Northern Ireland, 196, 256, 257, 362, 392, 544–45, 562
  see also Irish Republican Army
North Korea, 36, *319*, 346, 399, 477
North Ossetia, 528
North Vietnam, *319*, 363, *395*, 409, 414–20, 422–25, 533
Northwest Frontier, xxv, *125*, 147, 172–76, 191
Northwest Passage (film), 290
Norway, 307, 465
Novaya Uda, 244
Nyasaland, 392
Nyere, Julius, 325

OAS, *see* Secret Army Organization
Obama, Barack, 546, 547, 549
Oceania, 178
O'Connell, Patrick, 248
Odessa, 236
Odierno, Ray, 542
Oerlikon, 497
Office of Special Services (OSS), 290, 291, 306, 309, 311–12, 350, 401, 409
oil, 409, 461, 466, 486–87, 539
Okada, Keisuke, 272
Okhrana (tsarist secret police), 236, 237–38, 240, 242–45, 262
Oklahoma, 149
  as Indian Territory, *124*, 140, 141
Oklahoma City bombing, 230
Oliver Twist (Dickens), 165
Olmert, Ehud, 510
Olympics (1972), 453, 465, 525
Oman, *318*, 390–91, 392, 397
Omdurman, Battle of (1898), 130, 182
101st Airborne Division, U.S., 538–39

111th Brigade, 304
On Guerrilla Warfare (Mao), 340–41
On Protracted War (Mao), 340–43
On War (Clausewitz), 90–91
OPEC, 466
Opechancanough, 133, 136
Operation Brotherhood, 410
Operation Castor, 357
Operation Defensive Shield, 471–73
Operation Iraqi Freedom, 538–39
Operation Lea, 351
Operation Longcloth, 299–301
Operation Magistral, 498
Operation Mongoose, 414
Operation Rolling Thunder, 417
Operation Springtime of Youth, 465
Operation Thunderball, 454–55
Operation Thursday, 301–5
Operation Wrath of God, 465, 466
opium, 165–66, 347, 357
Orange Free State, *124*, 186–89, 197
Orange River, 189
Oriente Province, *394*, 427–29, 436
Ortodoxos, 431
Orwell, George, 234, 324
Osachi, Hamagushi, 272
Osage, 141
Osawatomie, Kans., 214
Oslo peace process, 469
OSS, *see* Office of Special Services
Oswald, Lee Harvey, 206
Ottoman Central Bank, 261
Ottomans, xxv, 51, 53, 61, *266*, 287, 310
  Arabs vs., 274–83, 286, 312, 566
  army of, 42
  Caucasus and, 160, 161
  Greek independence and, 102–7, 170–71, 469
  terrorists vs., 260, 261
outside assistance, xxvi, 77–78, 343, 416, 477, 514, 566
Oxford, 276, 278, 291
Oxyartes, 6

Pac Bo, 350, 429
Paine, Thomas, 76
Pakenham, Thomas, 187
Pakistan, 50, 53, *479*, 514, 548
  Afghans and, 487, 488, 492, 496, 499
  Al Qaeda in, *479*, 521, 526, 527
  army of, 484

  bin Laden in, 333, 496, 519, 526, 547
  Inter-Services Intelligence of, 496
  Islamists in, 496
  Kashmir and, 509
  madrassas in, 499
  "tribal areas" in, 172
  U.S. embassy attacked in, 483–84
  war on terror in, 176
Pakistani Taliban (Tehrik-i-Taliban), *479*, 546, 547–48
Palermo, 117, 439
Palestine, 14, 50
  Arab rebellion in (1936–39), *266*, 294–96, *318*, 461
  British, 282, 283, 294–96, 323, 324, 325, 379, 461
  as Jewish homeland, 283
  Jewish terrorism in, 325, 391
  origin of name, 7
  Wingate in, 292, 294–96, 298, 299
Palestine Liberation Army, 467
Palestine Liberation Organization, *see* PLO
Palestine Students' Union, 461
Palestinian Authority, 469, 471, 513
Palestinian Islamic Jihad, 470, 471
Palestinians, 458–74, 504
  First Intifada of, 468–69, 471, 472, 474
  Hezbollah compared with, 511
  as refugees, 461, 463, 467, 501
  Second Intifada of, 294, 470–74, 510
  statehood for, 461, 473
  see also PLO; Popular Front for the Liberation of Palestine
Palmer, A. Mitchell, 232
Palmer Raids, 232
Pamplona, 87
Pan Am, 452
pandours, 61, 63
Panjshir Valley, *479*, 487–91, 500
Pape, Robert, 531
Papen, Franz von, 285
Papua New Guinea, 10
Paris, 57, 120, 263, 373, 375, 450, 453, 470
  anarchism in, 226–28, 231, 232
Paris Commune, 227–28, 244, 310
Paris Peace Accords (1972), 424
Paris Peace Conference (1919), 249, 282
Parker, John, 65
Parkman, Francis, 137

Parliament, British, 76, 77, 192, 196, 209, 248, 363, 385
parliament, Irish (Dáil Eireann), 248–49
"Parthian shot," 43
partisans, xxiii, 72, 86, 88
  guerrillas vs., 120
  Soviet, 290, 308–9
  in Yugoslavia, xxiii, 266, 311–12, 343
"partizans," 60
Pashtuns, xxv, 53, 125, 127, 200, 499
  Afghan "tribute" to, 166
  British wars with (1849–1945), xxv, 125, 172–76, 186, 192
  Ghilzai tribal confederation, 166–67
passports, 194, 321
Paterson, Ivy, 293–94
Paterson, Lorna, see Wingate, Lorna Paterson
Patriot, The (movie), 71
Pauwels, Philibert, 231
Pax Romana, 25
"peaceful penetration" doctrine, 179
"peacekeeping" missions, xxvii
Peace to End All Peace, A (Fromkin), 283
Peake, Frederick W., 274–75
peasants:
  in Bolivia, 444, 446
  Chinese, 328–29, 332, 333, 336, 340
  Cuban, 428, 429, 436
  Vietnamese, 354, 358
Peelers, 248
Peking, 319, 331, 339, 346
Peking University, 331
Peloponnese, 105
Peloponnesian War, *xxxii*, 4–5
Peninsular War, 57, 80–91, 99, 102, 107, 120, 123, 130, 205, 290, 309, 561
  regular and irregular forces working together in, 89, 566
Pentagon, 500, 523
"Pentagon East," 421–22
Pentagon Papers, 421
People's Army, 350
People's Democratic Party of Afghanistan, 485–86, 488
People's Liberation Army, Chinese, 332, 344
  see also Red Army, Chinese
People's Liberation Army, Congolese, 443–44
People's Will (*Narodnaya Volya*), 203, 235–40, 260

Percy, Lord Hugh, 66, 67
Peres, Shimon, 453
Pérez, Faustino, 427, 428
Perovskaya, Sophia, 238, 240
Persia, 157
  Assassins in, 154, 206–7
Persia, shah of, 230
Persian Empire, *xxxii, xxxiii*, 6, 16–18, 29, 106, 151
Persian Gulf, 276, 469, 478, 486–87
personalism, 416
personality, cult of, 115, 333
Peru, 394, 452
  Shining Path in, 507, 511
Peshawar, 173, 479, 496, 520
Péta, 104
Pétain, Philippe, 182
petite guerre, 60, 68
petite guerre, La (monograph), 63
PETN (pentaerythritol tetranitrate), 502
Petraeus, David H., xviii, xxi, xxix, 161, 287, 534–46
  accidents and health problems of, 535
  in Afghanistan, 546
  background and career path of, 536–38
  COIN manual and, 540–41, 542
  Operation Iraqi Freedom and, 538–39
  "population-centric" counterinsurgency and, 538–45, 562
Pew Global Attitudes Project, 547
PFLP, *see* Popular Front for the Liberation of Palestine
Phalangists, 467, 501
Philadelphia, Pa., 70
philhellenes, 103–6, 123
Philiki Etairia (Society of Friends), 103
Philippeville, 318, 367
Philippine army, 403–4, 405
Philippine Insurrection, 198–99, 343, 381, 399, 440, 565
Philippine navy, 405
Philippines, xviii, xxix, 12, 307, 390, 408, 449, 544, 548, 564
  civic action program in, 405
  Huk Rebellion in, xxv, 395, 397, 400–406, 419–20
  imperial wars in (1899–1902), 125, 131, 377
  in World War II, 291
Philistines, 9
Phoenix Program, 419

索 引 /859

Piccadilly, 302
Pickens, Andrew, 72
Piedmont-Sardinia, 109, 112–13, 115–16
pieds noir (black feet; European settler population), 367–70, 374, 375
Pillsbury, Michael, 497–98
PKK, 397, 459
plantations, 380, 434
  in Haiti, 92, 93, 95, 97
Plautius, Gaius, 22
PLO (Palestine Liberation Organization), xxvi, 374, 395, 453, 459–74, 477, 531, 548, 559, 564
  Black September and, 464–66
  creation of, 462
  funds of, 463, 469
  Hezbollah compared with, 503
  Jordan's expulsion of, 464
  Lebanon evacuation of, 467–68, 501, 503
  peace process and, 469, 470
  turning point for, 466
Plutarch, 5–6
Plymouth Brethren, 292–93
Pocahontas, 133
Pointe du Hoc, 290
Poland, Poles, 64, 102, 119, 157, 266, 496
  resistance fighters in, 309
  World War II and, 271, 307, 309, 310
police, 448
  anarchists and, 232–33, 258
  in China, 329
  Iranian, 481, 484
  Irish struggles and, 248, 251, 252, 254–55, 258
  Okhrana, 236, 237–38, 240, 242–45, 262
  Pakistani, 484
  secret, 259
  U.S., 457
  West German, 458
Polish Home Army, 310
Polish Socialist Party, 243
Politburo, Chinese, 332, 335
Politburo, Soviet, 485–86, 498
political organizing, xxvi, 271, 331, 332, 341, 431
political prisoners, 216–17
political reform, 264
political rights, suppression of, 264
politics, 200, 209, 241
Pollack, George, 169

Polybius, 21
Popski's Private Army, 266, 289
Popular Forces militia, 419
Popular Front for the Liberation of Palestine (PFLP), 395, 397, 450–52, 458, 464, 465, 476, 477, 566
"population-centric" counterinsurgency, xxvi–xxvii, 70–71, 363, 384, 399, 449, 562–63
  coinage of term, 127
  Lyautey and, 71, 127, 177–83, 399, 403
  Petraeus and, 538–45, 562
  in Philippines, 403
Porch, Douglas, 178, 180
Portugal, 84–87, 89, 326
Post, Jerrold, 264
post–World War II world, 321–27
Pottawatomie killings, 211–12, 214, 215
Powell, Colin, 538
Powhatan, 133, 138
Powhatan Indians, 132–36, 147
Powhatan War (1622–44), *124*, 132–35
Praetorians, The (Lartéguy), 376
Prague, 307
Predator drones, 527
press, 112, 115, 201, 209, 231, 376–77, 392, 451, 531
  American Revolution and, 76–77
  anarchist, 232
  Arafat's use of, 462, 463–64
  press freedom, 259
Pretoria, 187, 189
primitive warfare, 10–12
Princeton, Washington's attack on, 69
Princeton University, 537, 540
Princip, Gavrilo, 270
Principles of Revolution (Bakunin and Nechaev), 228–29
printing, printing press, 54–55, 286, 462, 567
prisoners of war, 308, 348, 361–62, 363, 488
proletariat, 241, 242, 332
propaganda, xxvi, 55, 531
  Algerian War and, 374
  Arafat's use of, 462
  bin Laden and, 519, 523
  Castro and, 437, 440
  hijackings and, 452
  liberals' use of, 59, 76, 112, 122
  Mao and, 331, 338–39
"Propaganda by the Deed," xxii

Protestants, 46, 101, 256, 264, 392
  Plymouth Brethren, 292–93
protests, 324
Proudhon, Pierre Joseph, 228, 229
Proust, Marcel, 178
Provincial Reconstruction Teams, 180
Prussia, 53, 89, 102, 109, 118, 256
  Bismarck in, 115, 119–20
  France's war with, 119–20
  in War of Austrian Succession, 60–61
psychological warfare, xxii, 23, 55, 386
  Huk Rebellion and, 404–5
public opinion, xxvi, 19, 63, 393, 559–61
  Afghanistan and, 494
  Algerian War and, 374, 376–77
  American Revolution and, 75–77, 79, 338, 376–77
  anarchism and, 228
  Boer War and, 193
  Chinese civil war and, 338–39
  Greek independence and, 105–6
  Indochina War and, 362
  Iraq War and, 533, 534
  Irish policy and, 256, 257, 338, 376–77
  Philippines Insurrection and, 198
  torture and, 366
  Vietnam War and, 79, 393, 420, 425, 494
Pulaski, Tenn., 219
Punjab, 172
Pyongyang, *319,* 346

Qaddafi, Muammar, 257, 467
Qana, 511
Quantrill, William Clarke, 212–13
Quebec Liberation Front, 456
Quebec meeting (1943), 301
Question, The (Alleg), 366
Quiet American, The (Greene), 400, 413
Qurashi, Abu Ubayd al-, 524

Rabat, *124,* 182
Rabin, Yitzhak, 453, 454, 469, 470
race, 484
racism, 307–8, 323, 362, 375
  see also Ku Klux Klan
radical chic, xxv–xxvi, *394–95,* 397–477
"Radical Chic" (Wolfe), 398
radical Islam, rise of, 478–79, 481–549
radio, 289, 294, 373, 374, 392, 405, 486
  Hezbollah and, 508, 513

Raid on Entebbe (Film), 455
railroads, 129, 152, 229, 409
  Hejaz, 278–80
  in tsarist Russia, 236–37, 242
Ramadi, *478,* 533, 545
Ramallah, 463, 470, 471–72
Ramdi, xxviii–xxix
Ramírez Sánchez, Ilich, 466
Randolph, Benjamin Franklin, 221
rangers, 61–63, 67, 290
Rangoon, 267
rape, 221, 281, 354
Rathenau, Walter, 271
rationing, 321
Ravachol, 263
Rawlinson, Lord, 196
razzia, 45
Reagan, Ronald, 476, 482
  Afghanistan and, 497, 498
  Hezbollah and, 506
Rebels of the Sierra Maestra (CBS program), 437
reconcentrado camps, 192, 381
"reconcentration" policies, 390
  in Malaya, 381–82, 385
  see also concentration camps; reservations
Reconstruction, xxv, 218–25
Rectification Campaign, 338
Red Army, Chinese, 334–38, 341, 456
  as Eighth Route Army, 343
  in Tiananmen Square, 468–69
  see also People's Liberation Army, Chinese
Red Army, Soviet, xviii, 233, 308, 310, 399
  in Afghanistan, xxvi, 485–88, 490–9 519
  "jackals" in, 494
  in Manchuria, 344
  in Yugoslavia, 312
Red Army Faction, *see* Baader-Meinhof Gang
Red Brigades, *394,* 456, 458
Red Eyebrows, 39
Red Front Fighters' League, 271
Red Guards, 341
Red River Delta, 356–57, 423
Red Scare (1919–20), 232
Red Sea, 266, 274, 276, 280, 395, 478, 518

Redshirts, 116–17, 271, 439
Red Star Over China (Snow), 339
Reformation, 45
refugees:
　Afghan, 492, 493, 499
　Jewish, 325
　Palestinian, 461, 463, 467, 501
regicide, 206
Reichstag, burning of, 271–72
Reitz, Deneys, 189–90, 196
Remnants of an Army, The (Butler), 168
Renaissance, 45
rendition, 224, 526
Republican Guard, Iraqi, xvii–xviii
Republican Party, U.S., 218–22, 225
reservations, 146–47, 151, 172, 192
"revenge, renown, reaction," 523–24
Revere, Paul, 65
Reveries (Saxe), 63
Revolt in the Desert (Lawrence), 285
Revolutionary Guard Corps, Iranian, 503, 507
Revolution in the Revolution? (Debray), 442
revolutions of 1848–49, 112–14
Rhodes, Cecil, 189, 195
Rhodesia, 404
rice, 382, 386
Richardson, Louise, 523
Rif Mountains, 182
Rimush, 14
Rio Grande do Sul, 110
Risorgimento, 112, 115–18
Riyadh, 521, 528
Robert I, King of Scotland, xxi, 46–50, 52
Roberts, Lord Frederick, 170, 175, 187, 191
Robespierre, Maximilien de, 80
Robin Hood, 51
Rochambeau, Donatien, 99
Rockingham, Lord, 77
Rodriguez, Felix, 446
Rogers, Robert, 61–63, 142, 290
Rogers's Rangers, 61, 62
Roman History (Dio), 7
Romans, Roman Empire, 8, 10, 19–35, 41, 52, 75, 86, 129, 196, 403, 417, 560, 561
　antecedents of terrorism in, 208, 209
　auxilia in, 173
　bonding with local elites and, 23–25
　China compared with, 35, 38
　citizenship in, 24–25, 308, 384
　counterinsurgency of, 19–25
　Eastern, 30
　European empires compared with, 177
　fall of, *xxxii*, 25–30, 39, 44, 51, 52
　Jews vs., *xxxii*, 1–4, 7, 21, 23, 24, 25, 54, 154, 209
　longevity of, 24
　military manuals of, 54
　Nazis compared with, 308
　resiliency of, 170
　Spain and, *xxxii*, 20, 22, 54, 215, 507, 565
Rome, 113, 118, 233, *394*, 466
Roosevelt, Franklin D., 301
Roosevelt, James, 291
Roosevelt, Theodore, 108, 177, 198, 232, 433
Rorke's Drift, 128
Rossini, Gioacchino, 230
Roxane, 6
Royal Air Force, British (RAF), 173, 284, 286, 289
　in Burma, 299, 300
Royal Irish Constabulary, 248, 253
Royal Marines, British, 289, 325
Royal Military Academy, Woolwich, 292, 293
Royal Navy, British, 78, 79, 99, 286, 289
　Exodus affair and, 325
　in Middle East, 276
Royal Observatory, 230
Royal Sardinian Navy, 110
Royal Tank Corps, 284
Royal Ulster Constabulary, Special Branch of, 257
rubber, rubber seeds, 380, 381, 386, 388
Rules for the Conduct of Guerrilla Bands (Mazzini), 110, 342
Rumsfeld, Donald, 533, 534, 538
Rural Guard, Cuban, 428, 432, 436
Rusk, Dean, 413
Russia, 109, 159
　Chechens vs. (1990s–present), 509, 511, 514, 528
Russia, tsarist, xxv, 53, 89, 102, 123, *125*
　Afghanistan's relations with, 170, 171
　anarchism in, 228–29, 232, 233, 235, 243, 260, 263
　Chechnya and Dagestan wars of, xxv, 154–63, 174

Russia, tsarist (*continued*)
  French invasion of, 88, 90
  Greek independence and, 107
  internal passports in, 194
  terrorism in, 203, 209, 210, 235–45, 252, 260, 261, 264
  U.S. compared with, 157, 158, 163
  in World War I, 271, 311
  see also Soviet Union
Russian Civil War, 233, 234, 273
Russian Revolution (1905), 244, 245
Russian Revolution (1917), 247, 260, 332
Rwanda, 509

SA (*Sturmabteilung*), 271
Saadi, Yacef, 369, 370, 372, 373
Sabena Airlines, 453
Sabra refugee camp, 467, 501
Sacco, Nicola, 230
Sadat, Anwar, 520
Sadr, Moqtada al, xix, 532, 544
Sadr City, 544
Sadullah of Swat, 174
safe-crackers, 291
Sahara Desert, 181
Saigon, 319, 395, 410
  Greene's visit to, 400, 407
  Indochina War and, 351, 353, 357
  Lansdale in, 407–8, 412, 413, 416, 421–23
  underworld in, 353
Saigon Liaison Office, 421
St. Clair, Arthur, 150
Saint-Domingue, *see* Haiti
St. Petersburg, 203, 233, 236–39
  Winter Palace in, 237, 238, 239, 241
Saito, Makoto, 272
Saladin, 207
Salafist Group for Preaching and Combat, 478
Salafists, 483, 533
Salameh, Ali Hassan, 465
Salan, Raoul, 374, 375
Salang Highway, 489
Salazar, Antonio, 326
Sale, Florentia, 165, 167–69
Sale, Robert, 167
Salisbury, Harrison, 336
Salisbury, Lord, 193
salt, 73
Salvador, Santiago, 230

Samarra, 532
Sanchez, Ricardo, 539
Sand Creek Massacre (1864), 143, 145, 368
Sandinistas, 397, 448
San Martín, José de, 102, 123
Sanna's Post, 188–89
Santa Clara, 439
Santayana, George, 555
Santiago, 394, 428, 438
  Moncada army barracks in, 432, 439, 440
Santo Domingo, 95
Saragossa (Zaragoza), 57, 81–85
Sarajevo, 266, 269–70
Saratoga, British defeat at, 70, 77, 78
Sardinia, 114
Sargon, 13–14
Sartre, Jean-Paul, 375
SAS, *see* Special Air Service
Saudi Arabia, 395, 451, 478, 482–83, 513, 517–18, 520–21, 523, 527–28, 531
  Afghanistan and, 496, 497
  al Qaeda in, 521, 547
  bin Laden expelled from, 516, 521
  formation of, 283
  intelligence in, 519
  Khobar Towers bombing in, 507, 521
  madrassas funded by, 499
  PLO and, 464, 466
  Wahhabism in, 481, 483
Sauk, 140
Saul, King, 9
Savage Wars of Peace, The (Boot), xxvii
Savannah, Ga., 70, 79
Savoy, 116
Saxe, Marshal de, 63
Saxony, in War of Austrian Succession, 60–61
Sayeret Matkal, 453–55, 458, 465
Sayyid Qutb, 481, 518
scalawags, 219
Schamyl, 215
Schiller, Friedrich, 51
Schiller, Moritz, 270
Schlesinger, Arthur M., Jr., 398
Schmitt, Daniel A., 552–55
schools, 201, 209, 559
"Science of Guerrilla Warfare" (Lawrence), 286
Science of Revolutionary Warfare, The (Most), 232

索 引 /863

Scipio, 53
Scobell, Harry, 195
scorched-earth tactics, xxvii, 50, 158, 541
Scotland, 46–51
　England vs., *xxxii*, 46–50, 557
　rebellion in (1745), 78, 107
Scottish Highlanders, 63
Scythians, Scythia, *xxxii*, 6, 17–18, 151
SEALs, 288
"search and destroy" missions, xxvii, 54, 389, 419
Second Intifada, 294, 470–74, 478, 509, 513, 562
Second Seminole War (1835–42), *124*, 140
Secret Agent, The (Conrad), 230, 262
Secret Army Organization (OAS), 374–75
Secret International Terrorist Organization, 310
Secret Service, 224
Secret Six, 215
Section Administrative Spécialisée, French, 368
segregationists, U.S., 210, 213, 217–25
Seleucids, *xxxii*, 3, 6, 7
Seljuks, 17
Selous Scouts, 404
Seminole, *124*, 140, 157
Senate, Roman, 24
Senate, U.S., 214
　Church Committee of, 414
sepoys, 166, 167
September 11, 2001, terrorist attacks, xx–xxi, xxvii, 231, 465, 496, 500, 523–27, 548
　cost of, 522, 525
　origin of idea for, 524–25
　responses to, 176, 232, 525–28, 549
Serbia, Serbs, 261, 311, 509
　assassination of Franz Ferdinand and, 270–71
Sergei Aleksandrovich, Grand Duke, 241
Sertorius, Quintus, 20, 52, 86
Service des Affaires Indigènes, French, 368
Services Office, 519
Seven Pillars of Wisdom (Lawrence), 283, 285
Seventh U.S. Cavalry Regiment, 141, 150, 152, 222, 224
Seventy-Five Years' War, 273

Seventy-Seventh Indian Infantry Brigade, 299, 304
Seville, 85
Shaanxi Province, 34, *319*, 335, 337–40
Shah Shuja ul-Malkh, 165, 166, 170
Shamil, 156–57, 159–62, 348, 489, 533
Shamir, Yitzhak, 474
Shanghai, 328–29, 332, 570
Sharon, Ariel, 471
Shatila refugee camp, 467, 501
Shaw, George Bernard, 284
Shebaa Farms, 510
Sheehan, Neil, 412
Shelley, Percy Bysshe, 123
Shelton, Ralph, 445
Sher Ali, 170, 487
Sheridan, Phil, 142
Sherman, William Tecumseh, 151, 173
Shi Huangdi, Chinese emperor, 33
Shiites:
　Amal movement of, *see* Hezbollah
　in Iraq, xviii, xix, 529–32, 544, 545
　Ismailis, 206–8
　in Lebanon, 501, 503, 505, 506, 508, 512, 513
　weakness of, 505
Shin Bet, 463
Shining Path, 507, 511
Shultz, George, 498
Shy, John, 68
Siberia, 157, 244
Sicarii, 208, 209
Sichuan Province, *319*, 336–37
Sicily, 51, 116–17, 118
Sidi Bou Othman, 182
siege warfare, 44
Sierra Madre, pursuit of Geronimo in (1882–86), *124*, 148–49, 195
Sierra Maestra, 428, 436, 437, 438
Sihanoukville, 395, 419
Silesia, 57, 61
Silva, Anna Maria Ribeiro da, *see* Garibaldi, Anita
Sima Qian, 35, 38
Simon bar Gioras, 54
Simrell, Samuel, 221
Sinai Peninsula, 454
Sinan, Rashid al-Din, 207, 208
Singapore, 324, 362
Sinn Féin, 220, 247–50, 255, 256, 391
Sino-Japanese War, 343–46

Sioux, 17, 53, 129, 145, 148, 151, 152, 157, 186
Sirhan, Sirhan, 206
Sitting Bull, 152
Six-Day War (1967), 464
Sixth Colonial Parachute Battalion (*Bataillon Bigeard*), 347–49
Sixth Legion, Roman, 2
Skorzeny, Otto, 288
slaves, slavery, 42, 92–96, 123
 abolition of, 95, 119
 in American Revolution, 71–72
 in Haiti, xxv, 92–95, 98, 100
 John Brown's opposition to, 211–12, 214–17, 447
 in Kansas, 211, 212
 white, 168
Slavs, 54, 261, 270, 307
Slim, William, 301
Slovenians, 509
smallpox, 136, 137
Small Wars (Callwell), 199–200, 247, 541
Small Wars Manual (U.S. Marine Corps), 199–200, 399, 541
Smith, John, 133–34
Smuts, Jan Christiaan, 189–91, 197
Snow, Edgar, 339, 350, 436, 437
Snow's Island, 73–74
"social bandits," 51, 242–43
Social Democrats, Russian, 242–43
 see also Bolsheviks; Mensheviks
socialism, socialists, 55, 209–10, 244, 330, 392, 397, 475
 French, 368
 in tsarist Russia, xxv, 203, 210, 234
Socialist Revolutionary Combat Organization, 503
Socialist Revolutionary (SR) Party, 241–42, 244–45
Social War, 24
Society of United Irishmen, 101
SOE, *see* Special Operations Executive
Sogdiana, 6
Solohedbeg Quarry, 246–49
Somalia, 10, 53, 395, 452, 509, 514, 524, 548, 570
 al Qaeda in, 517, 521
Somoza, Anastasio, 448, 449
Sons of Iraq, xxix, 533, 544
Sophie, Archduchess of Austria-Hungary, 269, 270

Sorley, Lewis, 421
South Africa, 197, 367, 395, 544, 566
 Churchill in, 289
 mercenaries from, 443
 in World War II, 197, 297
 see also Boer War
South African Women and Children's Distress Fund, 192–93
South America, 9, 10, 51, 56, 124, 202, 394, 444
 anarchists' immigration to, 229
 Garibaldi in, 110–12
 Guevara's trip across, 434
South Asians, 451
South Carolina:
 American Revolution in, 56, 70–75
 KKK in, 218, 220–21, 222
South Dakota, 152
South Korea, 319, 346
South Lebanon Army, 509–10
South Tipperary Brigade, 247
South Vietnam, xxiii, 195, 319, 345, 395, 413, 416–24, 456, 473, 474, 533, 564
 creation of, 363, 407–12
 "reconcentration" policies in, 381
 Strategic Hamlets program in, 416–17
South Vietnamese army, 410–11, 417
South Yemen, 318, 391
Soviet Union, 80, 266, 319, 388, 395, 449, 476, 479, 567
 in Afghanistan, *see* Afghanistan, Soviets in
 anarchism in, 233
 breakup of, 261, 326, 476, 477, 487, 499, 564
 Chiang Kai-shek and, 335–36
 Chinese Communists and, 331, 343, 344, 355
 Congo and, 443
 Cuba and, 440, 441, 442
 Nazis in, 308–9
 Palestinians and, 452, 465
 Stalin in, xxiv, 245, 308, 340, 343, 346, 476, 562
 Vietnam War and, 420, 424, 495
 wars of national liberation supported by, 323
 in World War II, 290, 308–9, 312
Spain, 46, 51, 157, 343, 527
 in Africa, 182
 anarchism in, 203, 229, 230, 233–34

barbarians in, 29
in imperial wars, 136
Latin American independence and, 102
Peninsular War in, 57, 81–91, 99, 102, 107, 120, 123, 130, 205, 290, 561, 566
Roman, *xxxii*, 20, 22, 54, 215, 507, 565
in Santo Domingo, 95
Spanish-American War, 108, 198, 415, 426, 428, 469, 560
Spanish Civil War (1936–39), 90, 123, 234, 273, 431
Spanish irregulars, xxii, xxv
Sparta, 4–5
Spartacus, 20, 52
Special Air Service (Borneo), 382–83
Special Air Service (SAS), 289, 291, 453
Special Branch, 229, 381, 385–86
Special forces, South Vietnamese, 419
Special Group, Counterinsurgency, 414
specialization, 9
Special Night Squads, 294–95
special operations:
use of term, 290
in war on terror, 176
in World War II, 288–91
Special Operations Executive (SOE), 289, 296–97, 306, 307, 309, 311, 379, 409
force 136 of, 379
special operations forces, xxii, 273
Special Operations Forces, U.S., xxix, 64–65, 418, 413, 521, 526, 547
Speke, John, 443
Spetznas commandos, 290
spies, 60, 251
Spitamenes, 54
"spot of oil," use of phrase, 127, 179
Squad, the, 251, 252, 264
squatters, Chinese, 381–82, 385
Sri Lanka, *see* Ceylon
Stalag 12A, 348
Stalin, Josef, xxiv, 109, 242–45, 263, 343, 346, 430, 434, 476, 562
Mao compared with, 333, 340
Tito's break with, 363
World War II and, 308, 310
Stalinism, 350
State Department, U.S., 497–98
steamships, 129, 229, 242
steel, 136

Stepniak, 261–62
Stern Gang, *see* Lehi
Stilwell, Joseph, 304
Stinger antiaircraft missiles, 497–98
Stolypin, Pyotr, 241–42
"Stolypin's necklace," 241
Stormberg, 184, 191
Strategic Hamlets program, 416–17
Strategikon (Maurice), 54
Street without Joy (Fall), 354–55
strikes, 324, 370, 468
Stuart, J. E. B., 216
Stuarts, 50
Students for a Democratic Society, 457
Suchet, Louis-Gabriel, 88, 89
Sudan, 12, *124*, 130, 182, 191, 266, 296–97, *318*, 395, *478*, 514, 524
bin Laden in, 521, 522
independence of, 324
Sudan Defense Force, 293
Suez Canal, 280, 370
Sufis, 155, 488
sugar, sugarcane, 93, 428, 442
suicide, 154, 298, 467, 505
suicide bombers, xix, 241, 261, 531
in Afghanistan, 500
in Iraq, 529, 530, 531
in Israel, 470–73
in Lebanon, 500, 504
suicide knifers, 206–8
Sukarno, 307
Sumerians, Sumeria, 14–15, 201
Summary of the Art of War (Jomini), 90
Summers, Harry, 425
Sumner, Charles, 214
Sumter, Thomas, 72, 73, 188
Sunni:
Hamas and, 512
in Iraq, xviii, xix, xxix, 505, 530–33, 544, 545
Sunni Awakening, 544
Sun Tzu, 31–33, 333, 342, 524, 558
Sun Yat-sen, 331
Sûreté, 364
Suri, Abu Musab al-, 524, 527
Suru, 19–20
Swat Valley, 174, 175
Sweden, 157
Switzerland, 113, 451
anarchists in, 231
Sykes-Picot Agreement (1916), 281

Symbionese Liberation Army (SLA), 456, 457
Syria, 13, *318, 395*, 513, 523, 531, 539, 545
 ancient, 1, 14
 Assassins in, *203*, 207, 208
 Fatah and, 461, 462
 French in, 282, 326
 Hezbollah and, 503, 507–10, 512
 Lawrence in, 276, 280, 281–82
Syria Palaestina, 7

Taber, Robert, 398, 437, 524
Tacfarinus, 20
Tacitus, 21, 22
Taft, William Howard, 199, 384
Taiping Rebellion (1850–64), 329
Taipings, 39
Taiwan, *319*, 345, 346
Tajbeg Palace, 486
Tajiks, 487, 499
Tajik Soviet Socialist Republic, 479
Takuma, Baron Dan, 272
Tal, Wasfi, 464, 466
Tal Afar, 478, 542
Taliban, 340, *479*, 493, 499–500, 516, 521, 526, 552, 555
 Pakistani, *479*, 546, 547–48
Tamil Tigers, 472, 514
Tandy, Napper, 101
Tanganyika, Lake, *395*, 443
Tanjong Malim, *319*, 385
tanks, 224, 344, 418, 468, 486, 510, 512, 522
Tanzania, *318*, 325, *395*, 443, 517
 U.S. embassy bombed in, 516
Tanzim, 471
Tarleton, Banastre, 71–72, 73, 78, 142
Tartan Rebellions, 46–50
Taruc, Luis, 401, 404, 405
Tatars, 17
Tawil, Suha, 470
Taylor, A. J. P., 121
Taylor, Maxwell, 414
Technical Group, 242
technology, 129, 152, 163, 176, 559, 567
 al Qaeda's use of, 517, 523, 531
 anarchism and, 233
Tecumseh, 139, 173
Tehran, 505
 hostage crisis in (1970–81), 169, 478, 481–82, 485

Tehrik-i-Taliban, *see* Taliban, Pakistani
Tel Aviv, 450, 453
telegraph, 152, 209, 229, 335, 404
telephones, 335, 364, 517
television, 392, 451, 457, 486, 531
 bin Laden and, 516
 satellite, 229, 508, 512, 513, 517, 523
Templer, Gerald, 71, 378–81, 383–89, 399, 404, 449, 543, 545, 562, 565
Tenth Parachute Division, French, 366, 370
Ter-Petrossian, Simon (a.k.a. Kamo), 263
terror, war on, xxvii–xxviii, 22, 176, 332, 526–28, 549
terrorism, terrorists, xx–xxi
 in Assyria and Rome, 19–25
 causes of, 264
 cost of, 522
 definition problems with, xxi–xxiv, 205
 failure vs. influence of, 210
 first age of international, *202–3*, 205–65
 FLN start of, 365, 367–70
 growth of, xxv
 guerrilla warfare compared with, 209
 international, second age of, 449–59
 in Northwest Frontier, 176
 in Palestine, 325
 portraits of, 261–65
 as "propaganda by the deed," 229
 as psychological weapon, xxii
 purpose of, 451
 World War I and, 269–71
 World War II and, 271–73
Terrorist Faction of the People's Will, 240
terrorist manuals, 232
Tet Offensive (1968), 253, 356, 422–23
Teutoburg forest, 21
Texas, 221, 520
Thailand, Thais, *319*, 387, *395*
 in Vietnam, 347, 353, 360
Thatcher, Margaret, 258–59, 476
Third Armored Cavalry Regiment, 542
Third Colonial Parachute Regiment, French, 370, 371
Third World, 130, 324, 475
Thirteenth Amendment, 218–19, 224
Thirty Years' War, 46, 51, 59
 second, 273
Thomas, Lowell, 284

Thompson, Robert, 383, 385, 398–99, 403, 408, 422, 476, 538, 540, 565
　Strategic Hamlets program and, 416–17
Thoreau, Henry David, 217
Thucydides, 4, 5
Thuggee cult, 209
Tiananmen Square, 468–69
Tibetans, 337
Tiflis, 242–43
Tilden, Samuel J., 225
Time, 464
Times History of the War in South Africa, The, 199
tin, 380, 388
Tirah Valley, 174
Tito, Josip Broz, xxiii, xxv, 115, 273, 310–12, 340, 352
　Castro compared with, 429, 430, 431
Titus, 23
TNT, 201, 290, 502
Tokyo, 175
Tolstoy, Leo, 158, 159, 160, 163
Tomahawk cruise missiles, 516
Tone, Wolfe, 101, 475
Tonkin, Gulf of, 417
Tora Bora, 479, 526
Tornau, Fedor Fedorovich, 155–56
torture, 101, 105, 197, 263, 334, 364–66, 403, 505, 520
　in Afghanistan, 488, 492
　in Algeria, 364–66, 371–72, 375, 376, 386, 527
　in Cuba, 432
　in Indochina, 354, 355, 376, 386
　in Malaya, 386
　September 11 attacks and, 526, 527
　water cure (waterboarding), 198, 365
totalitarianism, 259, 273
total war, 51, 174–75
Touré, Samory, 162
Toussaint Louverture, 94–98, 100, 159, 215, 343, 429, 475
Trail of Tears (1838–39), *124*, 140
Transjordan, 282, 283
Transvaal, *124*, 186, 187, 189, 195, 197
Treacy, Sean, 247–48
Treatise on Partisan Warfare (von Ewald), 63
Trenton, Washington's attack on, 69
"tribal areas," 172
tribal territories, 514

tribal wars, ancient, 8–12
Trinquier, Roger, xv, 353, 369, 371, 376
Tripolitza, 105
Trotsky, Leon, 242, 435
Trotskyites, 447
Troupes de la Marine, 61
truck bombings, 507, 516, 525
　in Iraq, 529
　in Lebanon, 502, 503, 504
trucks, 289, 418, 486, 496, 499
Truman administration, 323
Truong Chinh, 564
Tufeili, Subhi, 503
Tu-Lê, *319*, 348
Tunis, 373
Tunisia, *266*, *318*, 372, 373, 467, 524
Tunku Abdul Rahman, 387
Tupamaros, 447, 476
Turgenev, Ivan, 235
Turkestan, 485
Turkey, 13, 157, 524, 539
　navy of, 105, 107
Turkish Seljuks, 207
Turks, 30, 42, 53, 157
Tutsi, 509
tuyau, 368
TWA flight 847, 505
Twain, Mark, 198
"Twelve Apostles," 251
Twenty-Fourth Marine Amphibious Unit, 501–3
26th of July Movement (M-26-7), 432, 433, 435–41, 443, 456
"Twenty-Seven Articles" (Lawrence), 286–87, 557
typhus, 300, 302, 337, 495
Tyre, 201, 207–8, 478, 504, 506
Tyrol, 81, 91

Uganda, 395, 476
　Entebbe hijacking and, 451–56
Ugly American, The (Lederer and Burdick), 400–401, 413
Ukraine, *xxxii*, 17, 308
　anarchists in, 233
Ulyanov, Alexander, 240
Umayyad caliphate, 42
Umberto I, King of Italy, 230, 231
Underground Railroad, 214
Underground Russia (Kravchinski), 262
Union army, 119, 121, 142, 212, 217, 221
Union League, 218, 220

United, 452
United Fruit Company, 434
United Kingdom, 256, 257, 391, 557
  see also Great Britain
United Nations, 325, 374, 410, 466, 471, 505, 529, 537
  PLO and, 466
United States, xx–xxi, 12, 51, 123, *124*, 264, 449, 525–28, 566, 567
  in Afghanistan, see Afghanistan, U.S. war in
  anarchism in, 230, 232
  AQI and, 529–34
  bin Laden and, 496, 515–17, 519, 524, 525–26
  Black Panthers in, 397, 398
  Cuban revolution and, 439, 441, 444
  decolonization and, 323
  French aid from, 354, 356, 361
  Garibaldi and, 113, 118–19
  Hezbollah and, 501–6
  Ho Chi Minh and, 350
  Indian policy in, see American Indian wars; reservations
  in World War I, 527
  Iran Hostage Crisis and, 169
  Iranian hostage crisis and, 481–82
  in Iraq, xvii–xx, xxvii–xxix, 84, 127, 161, 180, 194, 287, 345, 469, 472, 486, 507
  Islamists and, 481–84
  Japan's relations with, 272
  John Brown's attacks in, xxv, *202*, 211–17, 228, 261, 432, 447, 457
  Ku Klux Klan in, see Ku Klux Klan
  legitimacy established by, 563–64
  "manifest destiny" of, 157
  mujahideen and, 495–98
  Nationalists aided by, 344
  Nicaragua and, 448
  Philippines Insurrection and, 198–99, 565
  PLO and, 464, 466, 467
  post–World War II world and, 321, 323
  Saudi relations with, 520–21
  in Shanghai, 328
  in Spanish-American War, 108, 198, 426
  Suez Canal and, 370
  terrorism in, *202*, 210–25, 456, 457

torture used by, 198
tsarist Russia compared with, 157, 158, 163
in Vietnam War, see Vietnam War
war on terror
in World War II, 290–91, 307, 312, 401, 418, 527
universities, 209–10, 559
  in tsarist Russia, 235, 241
Untermenschen, 307
Ur, 15
Uribe, Alvaro, 449, 562
Uruguay, 110–11, *394,* 447
Ustaša, 261
Uzbekistan, *479*
Uzbeks, 499
Uzbek Soviet Socialist Republic, 498

Vaillant, August, 230–31
Valens, Roman emperor, 27
van der Lubbe, Marinus, 271–72
Vann, John Paul, 422, 424, 476, 563, 565
Vanzetti, Bartolomeo, 230
Veliaminov, Alexander, 155
Vendée revolt, 57, 81, 91, 120, 180, 205, 257, 561
Venice, 112, 118
Vercingetorix, 52
Verdi, Giuseppe, 114
Verdier, Jean-Antoine, 83
Vespasianus, Titus Flavius, 4
Vetilius, Gaius, 22
Victor Emmanuel II, King of Italy, 115, 118
Victoria, Queen of England, 185
Vieira de Mello, Sergio, 529
Vienna, 106, *394,* 466
Viet Bac, *319,* 351
Vietcong, xxiii, xxv, 355, 412, 417–20, 422, 423, 456, 463, 473, 495, 511, 531, 566
Vietminh, 347, 348–49, 351, 353–63, 392–93, 409, 412, 511
  conspiracy claims about, 369
Vietnam, 346–63, 476–77, 524
  division of, 363
  independence of, 354
Vietnam, Democratic Republic of, 351
Vietnamese National Army, 356
Vietnamization, 423–24

索 引 /869

Vietnam War, xviii, xxv, 31, 54, 395, 397, 412–26, 537, 561, 565
  Afghanistan compared with, 487, 494, 495, 496, 499
  bombing campaign in, 417, 418, 420, 423, 424
  deaths in, xxiii
  Ho Chi Minh Trail in, 419, 425, 496
  Iraq War compared with, 533–34
  limits of firepower in, 363, 413–26
  public opinion and, 79, 393, 420, 425, 494
  U.S. defeat in, 42, 326, 473, 474, 528
Vikings, 30, 40
Villa, Pancho, 51
Villa des Tourelles, 371
Virginia, 74, 78, 212, 215, 447
Virginia Company, 133, 134
Viriathus, 22, 52, 54, 86, 507, 565
Vis, 312
Vlasov, Andrei, 308
Vo Nguyen Giap, 352–53, 355–59, 361, 373, 489, 524, 565
  Castro compared with, 429, 430
  Vietnam War and, 422–23, 424
Vorontsov, Mikhail, 161
Vuono, Carl, 538

Waffen SS units, 308
Wahhabi movement, 155, 481, 483
Wallace, William, 48
Wall Street, 230, 291
Wampanoag, 137–38, 139
Warburton, Robert, 173–74, 176
War Department, U.S., Freedmen's Bureau in, 222
warlords, 329, 330, 332, 335, 336, 343
War of Austrian Succession, 57, 60–61
War of the Flea, The (Taber), 398
Warren, Joseph, 76
Warsaw, 266, 310, 465
Warsaw Ghetto uprising, 310
Washington, George, 216, 408, 475
  American Revolution and, 67–69, 73, 74, 75, 79, 90, 189
  Indian wars and, 132, 135
Washita, Battle of the (1868), *124*, 142–45, 150, 151
water cure (waterboarding), 198, 365
Waugh, Evelyn, 276, 291
Wavell, Archibald, 298, 299

weapons, 9, 13, 39, 47, 522, 548, 567
  in Afghanistan, 486, 489, 492, 496–98
  in Algeria, 367, 368, 371, 372, 373
  of Arabs, 278, 279
  in Boer War, 186, 199
  in Cuba, 430, 432
  Hezbollah and, 510–11, 512
  in imperial wars, 128, 134, 135, 136, 199
  in Indochina, 351, 356, 358, 360
  in Irish struggles, 247, 251, 252, 257
  in Malaya, 379, 386, 388
  OSS, 290
  of Palestinians, 472
  in siege of Constantinople, 43
  terrorism and, 209, 270
  Westerners' spreading of, 201
  in World War I, 197
  see also guns; landmines; suicide bombers
Weathermen, 259, 456, 457, 564
Weems, Parson, 73
Wehrmacht, 308, 311
Wei Liao, 32–33
Wei Liao-tzu (Wei Liao), 32–33
Weimar Republic, 271
Weinberger, Caspar, 498
Weizmann, Chaim, 296
Wellington, Duke of, 87–89, 130, 566
West, Bing, 544
West Bank, 3, 64, 283, 395, 462, 463, 468–73, 478, 513
  First Intifada in, 468–69
"Western Way of War," 31, 33
Westmoreland, William Childs, 418–21, 423, 533–34
Westphalia, Peace of (1648), 51, 59, 80
West Point, 536, 537
We Were Soldiers Once . . . And Young (book and movie), 418
Weyler, Valeriano, 192
Whampoa Military Academy, 331, 345
Whigs, Whig Party, 70, 76, 77, 362–63
Whistler, James McNeill, 185
white supremacy, 375
  see also Ku Klux Klan
"Wild Field," 157
Wilhelm I, Kaiser of Germany, 120, 230
Williams, Jim, 221, 224
William Tell (Rossini), 230
Wilson, Charlie, 497

Wilson, Harold, 324
Wilson, Henry, 256, 258
Wilson, Woodrow, 232, 527
Windrow, Martin, 361
Wingate, Lorna Paterson, 293, 294
Wingate, Orde, xxi, xxv, 273, 292–305, 348, 435
  in Abyssinia, 292, 296–99
  in Burma, 292, 298–305
  Charles Lee compared with, 68
  death of, 304
  marriage of, 293–94
  in Palestine, 292, 294–96, 298, 299
  religious rebellion of, 292–93
  suicide attempt of, 298
  unconventional habits of, 293
Wingfield, John, 45
Witte, Count Sergei, 241, 243–44
Wolf, Markus, 456
Wolfe, Tom, 398
Woolls-Sampson, Aubrey, 195, 196
Workers and Peasants Revolutionary Army, 332–33
World Revolutionary Alliance, 231
World Trade Center, xxvii, 484, 500, 523, 525
World War I, xxv, 120, 197, 273, 289, 311, 343, 378
  Lawrence in, 276–82, 288
  start of, 182, 217, 245, 261, 269–71
  trench warfare in, 137, 179
World War II, xx, xxv, 182, 197, 296–317, 378, 399, 409, 536
  assessment of commando role in, 313–17
  birth of special forces in, 288–91
  Churchill and, 113, 288–89
  resistance and collaboration in, 306–12
  terrorism and, 271–73
  total war in, 174–75
  world after, 321–27
Wounded Knee Creek, Battle of (1890), 152
Wu, Han emperor, 36–40
Wyatt, Francis, 134

Xenophon, 16–17, 189
Xinxiang, 35
Xiongnu, *xxxiii*, 17, 34–39, 41, 54

Yadin, Yigael, 295
Yan'an, 339–40, 344
Yellow Turbans, 39
Yemen, 478, 514, 527, 547
Yermolov, Alexei, 158
Yom Kippur War (1973), 455
York County, S.C., Reconstruction in, 202, 218, 220–21
Yorktown, Battle of (1781), 74, 75, 77, 78, 79, 362–63
Young Bosnia, 261, 270
Young Italy, 110
Yousef, Ramzi, 525
Youssef, Moulay, 181
Yugoslavia, 260, 343, 363, 566
  Chetniks vs. Partisans in, xxiii, 266, 311–12
  creation of, 261, 270
  former, 509
  Germans in, 54, 84, 261, 310–12, 493, 514

Zahir Shah, King, 488
Zaire, 444
Zaragoza, *see* Saragossa
Zaragoza, Agustina, 83
Zarqa, 478, 530
Zarqawi, Abu Musab al-, 22, 530–32, 545
Zawahiri, Ayman al-, 515, 520, 526, 530
Zealot sect, 154, 516
Zhao Zuo, 35
Zhelyabov, Andrei, 238
Zhou Enlai, 331, 336, 338
Zhu De, 332, 333, 334, 336
Zia ul-Huq, Mohammed, 484, 496
Zionists, Zionism, 283, 294–96, *318*, 325, 393, 452, 461
  Hezbollah vs., 503, 504, 507, 508
Zulus, 128–29, 136
Zunghars (Western Mongols), 39
Zuurberg Mountains, battle in, 191

图书在版编目(CIP)数据

隐形军队:游击战的历史/(美)布特(Boot, M.)著;赵国星,张金勇译.—北京:社会科学文献出版社,2016.4(2019.3重印)
ISBN 978-7-5097-7623-0

Ⅰ.①隐… Ⅱ.①布…②赵…③张… Ⅲ.①游击战-战争史-世界 Ⅳ.①E831-091

中国版本图书馆CIP数据核字(2015)第130791号

隐形军队:游击战的历史

著　者 / [美]马克斯·布特(Max Boot)
译　者 / 赵国星　张金勇

出 版 人 / 谢寿光
项目统筹 / 段其刚　董风云
责任编辑 / 周方茹　张金勇

出　版 / 社会科学文献出版社·甲骨文工作室(分社)　(010)59366432
　　　　 地址:北京市北三环中路甲29号院华龙大厦　邮编:100029
　　　　 网址:www.ssap.com.cn
发　行 / 市场营销中心(010)59367081　59367083
印　装 / 三河市东方印刷有限公司

规　格 / 开 本:889mm×1194mm　1/32
　　　　 印 张:29　插 页:0.5　字 数:669千字
版　次 / 2016年4月第1版　2019年3月第5次印刷
书　号 / ISBN 978-7-5097-7623-0
著作权合同
登 记 号 / 图字01-2013-5066号
定　价 / 118.00元

本书如有印装质量问题,请与读者服务中心(010-59367028)联系

▲ 版权所有 翻印必究